Magnus Frisch
Prudentius, *Psychomachia*

TEXTE UND KOMMENTARE

Eine altertumswissenschaftliche Reihe

Herausgegeben von

Michael Dewar, Karla Pollmann, Ruth Scodel,
Alexander Sens

Band 62

De Gruyter

Prudentius, *Psychomachia*

Einleitung, Text, Übersetzung
und Kommentar

von

Magnus Frisch

De Gruyter

ISBN 978-3-11-099151-2
e-ISBN (PDF) 978-3-11-063083-1
e-ISBN (EPUB) 978-3-11-062848-7
ISSN 0563-3087

Bibliografische Information der Deutschen Nationalbibliothek
Die Deutsche Nationalbibliothek verzeichnet diese Publikation in der
Deutschen Nationalbibliografie; detaillierte bibliografische Daten sind im Internet
über http://dnb.dnb.de abrufbar.

© 2022 Walter de Gruyter GmbH, Berlin/Boston
Dieser Band ist text- und seitenidentisch mit der 2020 erschienenen gebundenen Ausgabe.
Druck und Bindung: CPI books GmbH, Leck
www.degruyter.com

Inhaltsverzeichnis

Vorwort ix

I. Einleitung   1

1. Zu diesem Kommentar 3
   1.1. Notwendigkeit eines neuen *Psychomachia*-Kommentars . . 3
   1.2. Forschungsstand 4
   1.3. Kommentarkonzeption 6
       1.3.1. Kommentartheoretische Vorüberlegungen 6
       1.3.2. Umsetzung für den *Psychomachia*-Kommentar . . . 8

2. Aurelius Prudentius Clemens 11
   2.1. Leben 11
   2.2. Werk 14

3. Psychomachia 17
   3.1. Einordnung ins Gesamtwerk 17
   3.2. Titel „Psychomachia" 18
   3.3. Inhalt und Struktur 23
       3.3.1. Beziehungen zwischen den Kämpfen 24
   3.4. Die Protagonisten – Tugenden und Laster 28
       3.4.1. Darstellung und Charakteristik der Akteurinnen . . . 28
       3.4.2. Genus und Sexus der Akteurinnen 32
       3.4.3. Auswahl und Bedeutung der Tugenden und Laster . 33
   3.5. Personifikation und Allegorik 36
   3.6. Wirkung und Rezeption 39

4. Textüberlieferung 43
   4.1. Handschriften 43
       4.1.1. Beschreibung der Handschriften 44
       4.1.2. Verwandtschaftsverhältnis der Handschriften 51
   4.2. Ausgaben 61
       4.2.1. Gesamtausgaben 61
       4.2.2. Einzelausgaben der *Psychomachia* 65

4.3. Lexikon und Konkordanz 66

## II. Text und Übersetzung	67

## III. Kommentar	147

Praefatio 149

Anrufung Christi (vv. 1–20) 169

Fides vs. Cultura veterum deorum (vv. 21–39) 177

Pudicitia vs. Sodomita Libido (vv. 40–108) 199

Patientia vs. Ira (vv. 109–177) 233

Superbia vs. Mens humilis & Spes (vv. 178–309) 249

Luxuria vs. Sobrietas (vv. 310–453) 277

Avaritia vs. Ratio & Operatio (vv. 454–628) 315

Triumphzug / Discordia vs. Concordia & Fides (vv. 629–725) 351

Siegesrede (vv. 726–822) 379

Tempelbau (vv. 823–887) 401

Dankgebet (vv. 888–915) 427

## IV. Anhang	437

Bibliographie 439

Stellenverzeichnis 473
    Prudentius 473
    Antike und mittelalterliche Autoren 490
    Bibel 505

Namens- und Ortsverzeichnis 513

Tabellenverzeichnis

4.1. Klasseneinteilung nach Bergman 1926: XXIII (Datierungen wurden von dort übernommen) 55
4.2. Klasseneinteilung nach Cunningham (vgl. Cunningham 1966: XX–XXII u. CXXVI §§ 5–74; Siglen und Datierungen nach Cunningham) 58

Vorwort

Der vorliegende Kommentar ist die überarbeitete Fassung meiner Dissertation, die im Wintersemester 2015/16 vom Fachbereich 10 Fremdsprachliche Philologien der Philipps-Universität Marburg angenommen wurde und zuerst im Selbstverlag erschienen ist.[1] Der textkritische Apparat ist gestrafft worden, die deutsche Übersetzung stilistisch geglättet, soweit das bei einem Text, der voller Wortspiele und Mehrdeutigkeiten ist, möglich war. Der Kommentar ist gekürzt worden, wobei vor allem Worterklärungen sowie einige weniger wichtige grammatische, prosodische und metrische Erklärungen gestrichen wurden.

Ich danke meinem Doktorvater, Professor Dr. Gregor Vogt-Spira, der mein Interesse an der *Psychomachia* geweckt und meine Dissertation jederzeit mit größtem Wohlwollen betreut hat, sowie Professor Dr. Michael Weißenberger, der die Arbeit über Jahre hinweg mit kritischem Blick begleitet hat. Mein besonderer Dank gilt Dr. Immanuel Musäus für seine überaus gründliche Durchsicht meines ursprünglichen Manuskripts und viele unschätzbar wertvolle Ratschläge. Äußerst dankbar bin ich auch Sandra Herrmann, die mich durch ihre gründliche Korrektur meiner Arbeit vor manchem Rechtschreib-, Typographie- und Ausdrucksfehler bewahrt hat, wie sie sich in eine so umfangreiche Arbeit allzu leicht einschleichen. Dr. Boris Dunsch danke ich für seine hilfreichen Anmerkungen zu meinem Kapitel über die Textüberlieferung der *Psychomachia* sowie Rebekka Ott für die Hilfe bei der Beschaffung entlegenerer Literatur.

Meine Frau Franziska und meine Söhne Clemens und Jakob haben in all den Jahren, die ich der Kommentierung der *Psychomachia* gewidmet habe, viel Geduld und Verständnis aufgebracht und viele Wochenenden und manche Ferienwoche auf Ehemann und Vater verzichten müssen. Dafür bin ich ihnen unendlich dankbar. Ich freue mich umso mehr, nun den Kommentar vorlegen und zeigen zu können, dass ihre Geduld sich gelohnt hat.

Hamburg, im März 2020   Magnus Frisch

---

[1] Magnus Frisch, Kommentar zu Aurelius Prudentius Clemens, *Psychomachia*. Diss. phil. Marburg 2016 (vi, 487 Seiten).

Teil I.

Einleitung

1. Zu diesem Kommentar

1.1. Notwendigkeit eines neuen *Psychomachia*-Kommentars

Angesichts der Bedeutung des Prudentius und besonders seiner *Psychomachia* als des ersten vollständig allegorischen Epos' des Abendlandes, seiner Rezeption in der Kunst und Literatur des Mittelalters und der intensiven Forschung zu Prudentius verwundert das Fehlen eines neueren Kommentars sehr.

Bergman postulierte 1921: „Die nächste grössere Aufgabe der Prudentius-Forschung bildet aber vor allem ein ausführlicher und zeitgemäss erklärender Kommentar."[1] Doch noch 1966 konstatierte Christian Gnilka, dass „trotz des wiedererwachten Interesses an Prudentius [...] für die Einzelinterpretation seiner Gedichte noch wenig geleistet worden" sei, und bedauerte angesichts der ungeklärten „dunklen" Stellen, auf die man bei der Interpretation treffe, den Mangel an modernen Kommentaren.[2] An dieser Situation hat sich bis heute – abgesehen von einigen Teilkommentaren – wenig geändert, so dass Maria Becker noch 2006 in der Einleitung zu ihrem Kommentar zu Prud. *cath.* 3 feststellte, dass die kommentierte Ausgabe des Prudentius von Faustino Arévalo von 1788–1789 (nachgedruckt 1862 bei Migne, PL 59/60) „bis heute den einzigen durchgehenden Kommentar zum Werk des Prudentius"[3] liefere und somit trotz der intensiven Prudentiusforschung der letzten Jahrzehnte „das oft formulierte Desiderat einer wissenschaftlichen Kommentierung zu den Werken des Prudentius [...] bestehen"[4] bleibe.

Für die *Psychomachia* stellt sich die Situation folgendermaßen dar: Abgesehen von den „alten" Kommentaren (Weitz 1613, Arévalo 1788 und Obbarius 1845) haben wir lediglich den sehr spärlichen, in der Literatur fast vergessenen, Kommentar von Bergman (1897) und den ebenfalls recht knappen Kommentar von Lavarenne (1933), der jedoch hauptsächlich sprachliche Erklärungen bietet. Ansonsten ist der Leser auf die wenigen Anmerkungen in den heute gängigen Leseausgaben und Übersetzungen angewiesen[5] (z. B.

---

[1] Bergman 1921: 7.
[2] Gnilka 1966: 84 = Gnilka 2001a: 9.
[3] Becker 2006: 1–2.
[4] Becker 2006: 3.
[5] Vgl. Becker 2006: 4. Zu den Ausgaben und Kommentaren siehe Abschnitt 4.2, S. 61–65 und Abschnitt 4.2.2, S. 65–66.

Thomson 1949, Lavarenne 1948/2002). Die Ergebnisse der intensiven Forschung zur *Psychomachia* aus den letzten Jahrzehnten von philologischer, theologischer und mediävistischer Seite bleiben dabei jedoch gänzlich unberücksichtigt.

Auch darauf, dass bis vor kurzem eine neuere philologisch gründliche deutsche Übersetzung fehlte,[6] sei hier ebenso hingewiesen wie auf einige Mängel in den modernen kritischen Editionen.

Ein neuer Kommentar zur *Psychomachia* ist nicht nur dringend notwendig, es liegen dafür aufgrund der umfangreichen neueren Forschungen auch hervorragende Ausgangsbedingungen vor.

1.2. Forschungsstand[7]

Hans Ulrich Gumbrecht formuliert die „Annahme, daß die Menge der Kommentare im Umkreis eines bestimmten Texts zu einem Indikator für die Bedeutung dieses Texts wird."[8] Das könnte im Falle der Gedichte des Prudentius und vor allem seiner *Psychomachia* zu dem trügerischen Schluss führen, dass dieser Text in unserer Zeit offenbar bedeutungslos geworden ist. Das Gegenteil ist jedoch der Fall.

Ganz anders als bei den Editionen und Kommentaren sieht es bei der Sekundärliteratur zu Prudentius aus. Die Ergebnisse der Prudentiusforschung haben sich in einer Vielzahl von Monographien und Aufsätzen niedergeschlagen.[9]

Bereits das 19. Jh. und das frühe 20. Jh. hatten unter verschiedenen Gesichtspunkten[10] großes Interesse an Prudentius und seiner *Psychomachia* gezeigt.[11]

---

[6] Erst vor kurzer Zeit erschien die Übersetzung aller Gedichte von Prudentius von Fels (2011). Davor stand für die *Psychomachia* nur die – gelegentlich recht freie – Prosaübersetzung von Engelmann (1959) zur Verfügung.

[7] Berücksichtigt werden hier neben der Forschung zur *Psychomachia* nur Untersuchungen zu Prudentius, zur Überlieferung seiner Gedichte, zu seinen Vorbildern, zu Sprache, Stil und Metrik, die allgemeiner Natur sind. Spezialuntersuchungen zu anderen Gedichten als der *Psychomachia* bleiben bei diesen Betrachtungen außen vor.

[8] Gumbrecht 2003: 78.

[9] Vgl. dazu allgemein auch Gnilka 2008a: 21–22.

[10] Gegenstand der Untersuchungen waren vor allem textkritische Fragen und Prudentius' Abhängigkeit von bzw. Bezüge zu früheren Autoren, daneben auch die Metrik seiner Gedichte sowie seine Sprache und sein Stil. Theologische und literaturwissenschaftliche Untersuchungen sind seltener.

[11] So z. B. Delisle 1867, Ellis 1868, Morel 1868, Mommsen 1870, Steinmeyer 1873, Kantecki 1874, Holder 1878, Dobbelstein 1879, Engelhard 1881, Krenkel 1884, Robert 1884, Olsen 1885, Stowasser 1885, Breidt 1887, Schmitz 1889, Manitius 1890, Weyman 1891, Brandt 1894, Sixt 1892, Lease 1895, Stettiner 1895, Merkle 1896,

1. Zu diesem Kommentar

Nach dem Erscheinen der Gesamtausgabe von Bergman (1926) und der kommentierten Einzelausgabe der *Psychomachia* von Lavarenne (1933) folgten neue Untersuchungen sowie Reaktionen auf diese beiden Ausgaben.[12] Etwa gleichzeitig mit seiner kommentierten Ausgabe legte Lavarenne eine umfangreiche Studie zur Sprache des Prudentius vor.[13]

Ab dem Ende der 1950er Jahre erschienen dann auch Cunninghams – vor allem textkritische – Beiträge,[14] die wohl als Nebenprodukte zu seiner Ausgabe entstanden waren.[15]

Einen Wendepunkt in der Prudentiusforschung und den Beginn einer intensiveren Auseinandersetzung bilden die Studien von Gnilka (1963) und Herzog (1966). Seit den 1960er Jahren hat die Forschung zu den verschiedensten Aspekten von Prudentius und seinem Werk eine große Zahl von Veröffentlichungen hervorgebracht: allgemeine Literatur zu Prudentius und seiner Dichtung,[16] zu seinen Vorbildern und Anlehnungen an andere Autoren,[17] zu philosophischen und theologischen Vorbildern,[18] seinen Bezügen zur antiken Mythologie,[19] theologischen und kirchengeschichtlichen Hintergründen,[20] zu Textüberlieferung, Textkritik und Glossierung der Handschriften,[21]

Bergman 1897, Burnam 1900, Winstedt 1903, Winstedt 1904, Winstedt 1904a, Winstedt 1904b, Burnam 1905, Burnam 1910, Dexel 1907, Winstedt 1907, Bergman 1908, Bergman 1912, Brakman 1920, Bergman 1921 und Hench 1924.

[12] Nämlich Woodruff 1929, Klinger 1930, Thomson 1930, Strzelecki 1930/31, Deferrari-Campbell 1932, Meyer 1932, Fletcher 1933/34, Mahoney 1934, Heinisch 1935, Alexander 1936, Cotogni 1936, Rodriguez-Herrera 1936, Schwen 1937, Pelosi 1940, Jannaconne 1948, Guillen 1950, Rapisarda 1950, Morison 1951, Schmid 1953, Alfonsi 1959, Engelmann 1959, Bartalucci 1961, Hanley 1962 u. Marie 1962.

[13] Lavarenne 1933 a.

[14] Cunningham 1958, Cunningham 1960, Cunningham 1962, Cunningham 1968, Cunningham 1971 sowie Cunningham 1976.

[15] Cunningham 1966.

[16] So etwa Witke 1968, Brožek 1970, Steidle 1971, Argenio 1973, Ludwig 1977, Haworth 1980, Harries 1984, Malamud 1990, Levine 1991, Pietsch 2001, Coşkun 2008, Mastrangelo 2008, Strzelecki 1930/31, Bastiaensen 1993, Wilson 1995, Gnilka 2004a, Gnilka 2008 und Heinz 2007.

[17] So z. B. Opelt 1970, Smith 1976, Hanna 1977, Evenepoel 1982, Cannon 1989, Gnilka 1990, Lühken 2002, Schwind 2005 und Dorfbauer 2012.

[18] Vor allem Mastrangelo 1997 und Mastrangelo 2008.

[19] Besonders Malamud 1985, Malamud 1989, Gnilka 1996 = Gnilka 2000e und Henderson 2000.

[20] Etwa Opelt 1967, Micaelli 1984, Buchheit 1985, Gnilka 1985 = Gnilka 2000b, Buchheit 1986, Gnilka 1994, Gnilka 2000g, Herzog 2002a, Gnilka 2007b und Klein 2003.

[21] Gnilka 1965, Gnilka 1985, Gnilka 1986 = Gnilka 2000c, Wieland 1994, Gnilka 1985 = Gnilka 2000b, Gnilka 2000f, Gnilka 2000h sowie Tiefenbach 2003.

zu Sprache und Stil,[22] zu metrischen und musikalischen Aspekten;[23] ferner zur Allegorik der *Psychomachia*,[24] zu einzelnen Textstellen oder Interpretationsaspekten der *Psychomachia*[25] und schließlich zur Rezeption vor allem der *Psychomachia*, aber auch des Gesamtwerks des Prudentius in der späteren Literatur, Musik und bildenden Kunst.[26]

1.3. Kommentarkonzeption

1.3.1. Kommentartheoretische Vorüberlegungen

Ein Kommentar soll das bereitstellen, was für andere nötig ist, um einen Text verstehen und interpretieren zu können, und dem interessierten Leser durch Zusammenstellung von Erklärungen und Diskussion verschiedener Deutungen das eigene Urteil erleichtern.[27] Dazu muss der Kommentar zwischen dem Autor, seinem Text und der ursprünglich indendierten Leserschaft auf der einen Seite und dem heutigen Leser des Textes, dem potentiellen Adressaten des Kommentars, auf der anderen Seite vermitteln.[28]

Ein Kommentator kann nie ganz sicher wissen, was der Leser des Werkes und Benutzer des dazugehörigen Kommentars alles benötigen könnte und zu Rate ziehen möchte, und erst recht nicht, was für künftige Leser erklärungsbedürftig ist; deshalb sollte ein Kommentar umfangreich und breit angelegt sein.[29]

Dazu muss ein Kommentar zunächst ausführliche einführende Bemerkungen zum Autor und zum Werk sowie zu theoretischen, historischen und kul-

---

[22] Thraede 1965, Bardzell 2004, Brožek 1954/55 und Brožek 1957/58.
[23] Zur Metrik: Luque Moreno 1978, Schelter 1986, Shackleton Bailey 1994, Encuentra Ortega 2000; zur Musik: Zimmerl-Panagl 2010 a.
[24] So etwa Jauss 1965, Beatrice 1971, Nugent 1985, Cannon 1989, Shanzer 1989, Mastrangelo 1997, Glau 2000 und Pillinger 2010.
[25] Gnilka 1966 = Gnilka 2001 a, Lee 1966, Smith 1976, Hermann 1977/78, Evenepoel 1981, Gnilka 1988 = Gnilka 2000 d, Buchheit 1990, Philonenko 1991, Oostenbroek 1992, Atherton 1997, Hajdu 1998, Henderson 1999, James 1999, Gnilka 1984 = Gnilka 2000 a, Lewis 2000, Gnilka 2001 i, Gnilka 1994 a = Gnilka 2001 k, Smolak 2001, Cambronne 2002, Lewis 2002, Charlet 2003, Dihle 2003, Rohmann 2003, Gnilka 2004 = Gnilka 2007 a, Desy 2005, Schwind 2005, Zarini 2005, Verdoner 2006, Gnilka 2007 c, Gnilka 2007 d, Evenepoel 2010, Kreuz 2010, Summers 2012, Oser-Grote 1999, Corsano 2004, Grebe 2008 und Cutino 2010.
[26] Hier überwiegen allerdings die Beiträge zur literarischen Rezeption: Esch 1960, Doubleday 1970, Mickel 1970, Irvine 1981, Cannon 1989, Jackson 1990, Atherton 1997, Giovini 2005, Sjökvist 2008/09, Dorfbauer 2010 sowie Dorfbauer 2012.
[27] Vgl. Hier. *adv. Ruf.* 1, 16, Markschies 1999: 91–92, Goldhill 1999: 408, Gumbrecht 1999: 443 u. Gumbrecht 2003: 69–70.
[28] Vgl. Gumbrecht 1999: 443 u. Gumbrecht 2003: 74–78.
[29] Vgl. Gumbrecht 1999 bes. 444–449 u. Gumbrecht 2003: 74–78.

turellen Hintergründen enthalten, ebenso wie zu speziellen Voraussetzungen und Quellen.[30]

Der Kommentar sollte den Text des Werkes selbst darbieten, möglichst vom Kommentator selbst revidiert. Dabei sollte alles Nebensächliche aus dem Apparat des Textes verbannt werden und nur das aufgenommen werden, was wirklich wichtig ist, um die Übersichtlichkeit des Apparats bzw. der Apparate zu gewährleisten. Neben dem Originaltext sollte auch eine eigene Übersetzung geboten werden, die das eigene Verständnis des Texts, in Ergänzung zum Stellenkommentar, dokumentiert.

Der eigentliche Stellenkommentar analysiert schließlich den Text Abschnitt für Abschnitt und Vers für Vers. Dazu muss der Text zunächst gegliedert und in einzelne Abschnitte zerlegt werden. Dadurch wird es dem Nutzer erleichtert, „den Argumentationsgang als Ganzes [zu] verfolgen […] und im Falle eines Falles rasch die Stellen [zu finden], die ihn besonders interessieren."[31] Dieser Gliederung folgen die Kommentarnotizen. Dazu sollte es zu jedem Abschnitt jeweils Vorbemerkungen zum speziellen Inhalt und zu der vorliegenden Problematik, zu den einzelnen Vers- bzw. Wortgruppen jeweils einen Kommentar mit Inhaltsparaphrase,[32] Sacherklärungen, wo nötig textkritischen und metrischen Überlegungen, Erklärungen zu Sprache, Ausdruck und Stil geben.[33] Dazu gehören auch Belege zum Wortgebrauch, d. h. zum Verständnis des Textes bzw. einzelnen Wortes in dem Bedeutungsumfang, den es zur Zeit der Entstehung des Werkes für den Dichter und seine Adressaten hatte. Bei der Behandlung eines Problems ist die Problemgeschichte mit den bisher vorgeschlagenen Lösungen zu berücksichtigen. Schließlich sollte der Kommentator auch zu einem eigenen Urteil kommen und dieses begründen.[34]

Darüberhinaus sollte der Kommentar jeweils auf neuere Spezialliteratur und bewährte Standardwerke hinweisen, ebenso auf antike Primärquellen und Parallelzeugnisse, und Auskünfte zu Realien geben, die für das Verständnis nötig sind.[35]

Die Gefahr bei einer solch umfangreichen Darbietung von Hintergrundinformationen, Erklärungen und Deutungen besteht darin, den Text zu zerstückeln bzw. zu „atomisieren" und allein schon aufgrund der Ausmaße und

---

[30] Vgl. Markschies 1999: 79, Goldhill 1999: 419 u. Gumbrecht 1999: 443.
[31] Raible 1995: 61. Vgl. auch Goldhill 1999: 411.
[32] Die Paraphrase als Form der Umkodierung erleichtert das Verstehen des Textes. Vgl. dazu Raible 1995: 54 u. Barié 1993, bes. 23–24 u. 30–31.
[33] Vgl. Markschies 1999: 79, Goldhill 1999: 418–419, Gumbrecht 1999: 443, Raible 1995: 67.
[34] Vgl. Markschies 1999: 92 u. Goldhill 1999: 408.
[35] Vgl. Markschies 1999: 79 u. Goldhill 1999: 419.

Detailversessenheit des Kommentars den Textzusammenhang und das Textverständnis aus den Augen zu verlieren und den „praktischen Gebrauch [des Kommentars] so gut wie unmöglich zu machen."[36]

Insofern ist es durchaus notwendig, sich als Kommentator nicht nur Gedanken über die eigenen Ziele und Interessen, sondern auch über die Adressaten des Kommentars, ihre Ziele und ihre Arbeitsweise zu machen.[37]

1.3.2. Umsetzung für den *Psychomachia*-Kommentar

Text und Übersetzung

Als Adressaten für einen *Psychomachia*-Kommentar kommen neben Klassischen Philologen auch Theologen und Kirchenhistoriker, Mediävisten und u. U. auch Kunsthistoriker in Frage. Schon aufgrund der unterschiedlichen Lateinkenntnisse dieser verschiedenen Adressatengruppen ist eine Übersetzung unerlässlich. Die Wahl der Prosaübersetzung ermöglicht es, ohne metrische Zwänge zu versuchen, die Ausdrucksweise des Prudentius möglichst treffend wiederzugeben und, wo immer es möglich ist, auch von ihm intendierte Mehrdeutigkeiten so gut wie möglich abzubilden und seine sprachlichen Bilder angemessen ins Deutsche zu übertragen.[38] Doch eine metrische Übertragung in deutsche Hexameter verbietet sich auch noch aus anderen Gründen: Der von Prudentius verwendete daktylische Hexameter ist vor allem ein Gattungsmerkmal des lateinischen und griechischen Epos. Bei einer metrischen Übertragung wäre also, um der Gattung gerecht zu werden, entweder ein für die deutsche Epik typisches Versmaß zu wählen gewesen,[39] oder um ein im Deutschen etwa ebenso häufig verwendetes Metrum zu nutzen, ein jambisches Versmaß. Die Übertragung in deutsche Hexameter ist darüber hinaus, auch wenn sie häufig anzutreffen ist, aufgrund der Unterschiede zwischen antiker lateinischer und moderner deutscher Metrik unangemessen.

Die Darbietung des Textes versteht sich bei der derzeitigen Editionssituation von selbst. In einem ersten Schritt habe ich hierzu die Texte und Apparate der Ausgaben von Bergman, Lavarenne und Cunningham kollationiert.

---

[36] Gumbrecht 2003: 75–76. Vgl. außerdem Gumbrecht 1999: 444 u. 447 sowie Gumbrecht 2003: 71.

[37] Vgl. Goldhill 1999: 405 u. Gumbrecht 2003: 75.

[38] Vgl. Wilamowitz 1925: 7–8 u. 10–12 = Wilamowitz 1963: 144–145 u. 147–149, Marouzeau 1970: 170–171 u. Fuhrmann 1986: 7 u. 20–21.

[39] Für die mittelalterliche Epik typisch sind der Stabreim, der kein Versmaß im eigentlichen Sinne darstellt, oder paarweise gereimte Verse wie beispielsweise in der sogenannten Nibelungenstrophe. Die Epen, die Johann Wolfgang von Goethe in deutschen Hexametern verfasst hat, sind m. E. nicht repräsentativ, da sie eine Nachahmung der antiken Dichtung und vielleicht auch eine Anlehnung an die Hexameterübersetzungen antiker Epen von Johann Heinrich Voss darstellen.

1. Zu diesem Kommentar

Es zeigte sich hierbei, dass Lavarenne seinen Text nur auf der Grundlage der Edition von Bergman (1926) hergestellt hatte, wobei er in einigen Fällen Lesarten aus Bergmans Apparat in den Text übernahm und die von Bergman favorisierten Lesarten in den Apparat setzte. Die Durchsicht mehrerer umfangreicher Rezensionen zu Cunninghams Ausgabe (1966) ergab, dass dieser nicht nur einige schwerwiegende methodische Fehler gemacht hatte, sondern auch – trotz eigener Revision der Handschriften – Fehler, die bereits Bergman unterlaufen waren, übernommen und weitere Fehler in den Text und den Apparat gebracht hatte. Die Kritik stützte sich dabei auf mehrere gründliche textkritische Studien zu einzelnen Manuskripten oder zu einzelnen Textproblemen bei Prudentius.[40]

Der von mir edierte Text stützt sich neben der Ausgabe von Bergman (1926) unter Hinzuziehung des Textes von Lavarenne (1933) auf die Kollation der Mss. B, C, P, N und S sowie einiger jüngerer Handschriften.[41] Es zeigte sich bei der Kollation, dass Bergman und in der Folge Lavarenne in ihren Apparaten einige Male falsche Angaben über die Lesarten insbesondere von Ms. B gemacht hatten, offenbar Flüchtigkeitsfehler. Für Ms. A konnte ich auf bereits publizierte Untersuchungen zurückgreifen.[42] Außerdem kollationierte ich die Editionen von Weitzius, Cellarius und Obbarius, die ihre Textfassungen weitestgehend auf jüngere Mss. gestützt hatten, wie ein Vergleich mit Mikrofilmen jüngerer Mss. zeigte.

Dem Text habe ich einen textkritischen Apparat hinzugefügt sowie einen Apparat mit Parallelstellen aus der Bibel und einen Similienapparat mit Parallelen zu lateinischen Dichtern.

Der textkritische Apparat ist dabei so knapp wie möglich gehalten: Er verzeichnet nur solche Lesarten, die metrisch und syntaktisch möglich sind. Bloße orthographische Varianten werden nicht aufgeführt, ausgenommen abweichende Schreibweisen, die Ms. A, unser ältester Textzeuge, bietet. Darüber hinaus sind dort auch Konjekturen verzeichnet, die nach gründlicher Untersuchung plausibel erscheinen.

Die Similienapparate dagegen enthalten nach gründlicher Prüfung alle nachweisbaren oder aufgrund ihres Umfangs plausiblen Reminiszenzen an klassische und nachklassische Autoren – besonders an Prudentius' Vorbilder Vergil, Horaz und Ovid – bzw. Anklänge an Bibelstellen auf der Grundlage der einschlägigen Arbeiten und eigener Untersuchungen.

---

[40] Siehe zu dieser Kritik an Cunninghams Ausgabe S. 65.

[41] Bei einem Aufenthalt in Washington D.C. hatte ich Gelegenheit, in der *Library of Congress* die von Cunningham genutzten Mikrofilme einer großen Anzahl von Prudentius-Handschriften zu nutzen.

[42] Vgl. u.a. Delisle 1867, Mommsen 1870, Robert 1884, Jannaconne 1948 u. Bartalucci 1961. Siehe dazu auch S. 44.

Stellenkommentar

Der Stellenkommentar gliedert sich auf der höchsten Ebene nach den Hauptteilen der *Psychomachia*: *praefatio*, *invocatio*, einzelne Kämpfe, Siegesreden, Tempelbau und Dankgebet.

Der Kommentar zu jedem dieser Teile beginnt zunächst mit einem Überblick über die überlieferten Titel des jeweiligen Abschnitts und über die Struktur und den Inhalt. Dann werden die beteiligten Akteure charakterisiert und unter mythologischen, religiösen und ethischen Aspekten eingeordnet. Darauf folgt ein erster Überblick über Deutungsansätze zum jeweiligen Abschnitt.

Daran schließt sich der eigentliche Kommentar zu einzelnen Textstellen an: Dieser ist wieder nach Abschnitten und Sinneinheiten gegliedert. Zu jedem größeren oder inhaltlich selbständigen Abschnitt gibt es eine knappe Inhaltsparaphrase und – wenn nötig – erklärende Hintergrundinformationen und Deutungsansätze.

Es folgen Erklärungen zu sprachlichen Besonderheiten auf morphologischer, syntaktischer und semantischer Ebene sowie zu stilistischen Auffälligkeiten, Sacherklärungen sowie Hinweise zu prosodischen und – bei besonders auffälligen Abweichungen – auch metrischen Besonderheiten. Umfangreichere und komplexere Überlieferungsprobleme und textkritische Fragen, die im Apparat nur angedeutet werden, werden hier erörtert. Auch auf komplexere oder aus anderen Gründen bedeutsame Reminiszenzen wird hier eingegangen.

2. Aurelius Prudentius Clemens

2.1. Leben

Unsere nahezu einzige Quelle für Informationen über das Leben des Aurelius Prudentius Clemens ist die *Praefatio* zu seinen Werken. Hinzu kommen einige über seine Werke verstreute Hinweise.[1] Außerhalb seines eigenen Werkes finden wir in der Spätantike nur bei Gennadius *De viris illustribus* 13 einige wenige Informationen über Prudentius; doch scheinen die dort vorhandenen biographischen Informationen auf die von Prudentius selbst verfasste *Praefatio* zurückzugehen.[2]

Den Namen unseres Autors, Aurelius Prudentius Clemens, entnehmen wir den überlieferten Handschriften. Bereits der älteste erhaltene Codex A, der *Puteanus*, enthält diesen Namen.[3]

Geboren wurde Prudentius wohl im Jahre 348, wie wir aus der Andeutung über seine *prima dies* zur Zeit des Konsulats des Salia schließen (*praef.* 24–25). Auch wenn sein Geburtsort ungenannt bleibt, hat man doch versucht, aus zahlreichen Andeutungen auf das tarraconesische Spanien als seine Heimat zu schließen. Als möglicher Geburtsort werden in der Diskussion Tarraco, Caesaraugusta und Calagurris in Betracht gezogen. Grund für diese Vermutungen ist, dass Prudentius im *Peristephanon* an verschiedenen Stellen jede dieser drei Städte als *urbs nostra* o. ä. bezeichnet.[4] Dabei ist aber zu bedenken, dass das Attribut *nostra* keinesfalls ein Hinweis auf die Herkunft des Prudentius, also seinen Geburtsort, sein muss, sondern stattdessen auch anzeigen könnte, dass es sich bei der jeweils so titulierten Stadt (a) um einen häufigen Aufenthaltsort, (b) um eine bedeutende Stadt in seiner Heimat oder (c) eine Stadt in seinem Amtsbereich handelt.[5] Allerdings scheint Bergmans Argument, dass Prudentius das Attribut *noster* auch für Rom gebrauche, unpassend; denn an den beiden von ihm zitierten Textstellen (*c. Symm.* 1, 36 *felix nostrae res publica Romae* und 1, 192 *noster populus*) spricht Prudentius nicht aus seiner persönlichen, sondern aus gesamtrömischer Perspektive.

---

[1] Vgl. Bergman 1926: VII.
[2] Vgl. Bergman 1921: 44 u. Kurfeß 1957: 1041.
[3] Vgl. Schanz 1914: 235.
[4] Vgl. zur Diskussion über die Herkunft des Prudentius Bergman 1921: 31–34; Bergman 1926: IX–X, Kurfeß 1957: 1040.
[5] Vgl. Schanz 1914: 235 u. Bergman 1921: 32–33.

In der *Praefatio* schreibt Prudentius jedenfalls nichts über seine Herkunft. Auch die Stationen seines Lebens deutet Prudentius in der *Praefatio* nur an: In der *prima aetas* habe er unter Rutenschlägen geweint (*praef.* 7–8). Nach Anlegen der *toga virilis* habe er gelernt *vitiis falsa loqui* (*praef.* 8–9) Diesen Angaben entnehmen wir, dass Prudentius offenbar den üblichen Bildungsweg der Oberschicht gegangen ist, der in der Rhetorikausbildung gipfelte. Anschließend war er als Anwalt vor Gericht tätig (*praef.* 13–15). Prudentius berichtet auch, dass er zweimal *frenos nobilium [...] urbium* gelenkt habe (*praef.* 16–18), was gewöhnlich so gedeutet wird, dass er Provinzstatthalter gewesen sei.[6] Unklar bleibt, wann und wo er diese Ämter innehatte.[7] Schließlich habe ihn die *pietas principis* – dabei muss es sich wohl um Kaiser Theodosius gehandelt haben[8] – *militiae gradu* herausgehoben und *ordine proximo* zu sich an den Hof geholt (*praef.* 19–21).

Über die Bedeutung der Ausdrücke *militia* und *ordo proximus* besteht Uneinigkeit. So verstehen einige den Begriff *militia* wörtlich und nehmen an, dass Prudentius tatsächlich einen militärischen Rang bekleidet haben könnte.[9] Es ist jedoch durchaus wahrscheinlich, dass *militia* hier im übertragenen Sinne für den Staatsdienst gebraucht wird.[10]

Was mit dem *ordo proximus* gemeint ist, können wir nur vermuten.[11] Thomson nimmt an, dass Prudentius damit auf den Rang eines *comes primi ordinis* verweist.[12] Bergman dagegen meint, den „Schlüssel der Lösung" in einer an-

---

[6] Vgl. Engelmann: 9, Schanz 1914: 235 u. Kurfeß 1957: 1041. Thomson 1949: vii–viii nennt ihn vorsichtig einen *administrator*.

[7] Vgl. Bergman 1921: 39.

[8] Vgl. Kurfeß 1957: 1041.

[9] Vgl. Dressel 1860: IV.

[10] Vgl. Arévalo 1862: 601, Thomson 1949: viii, Witke 1968: 511, Bergman 1921: 40–43, bes. 43 u. Bergman 1926: IV–VI. Bergman weist nach, dass die Bezeichnungen *miles* und *militia* mitunter auch für den zivilen Staatsdienst gebraucht werden. So könnte die Bezeichnung *miles palatinus* bei Gennadius *vir. ill.* 13 „auf ein hohes Zivilamt am Kaiserhof" deuten (Bergman 1921: 40). Gegen die wörtliche, militärische, Bedeutung spricht, dass Prudentius in der *Praefatio* nirgends militärische Erlebnisse andeutet, sondern eine rein zivile Laufbahn schildert. Das Argument Dressels, dass Prudentius ja in der *Psychomachia* militärische Vorgänge so eindrucksvoll schildere und dies doch wohl nur aus eigener Erfahrung könne (vgl. Dressel 1860: IV), widerlegt Bergman, hierin Arévalo folgend, zu Recht, indem er darauf verweist, dass Prudentius diese Schilderungen anderen Dichtern, insbesondere Vergil, entlehnt habe (vgl. Bergman 1926: VI u. Arévalo 1862: 601). Das Wort *militia* kommt bei Prudentius ansonsten allerdings nur in militärischem Kontext vor (*psych.* 575, 647; *c. Symm.* 1, 494; *c. Symm.* 2, 433. Die Wendung *militiae gradu*, die Prudentius in *praef.* 19 gebraucht, verwendet er ebenfall in *psych.* 575 – hier in eindeutig militärischem Gebrauch. Der Gebrauch von *militia* bei Prudentius legt also die wörtliche, militärische Bedeutung nahe (vgl. Deferrari–Campbell: 424).

[11] Vgl. Alfonsi 1959: 181–183.

[12] Vgl. Thomson 1949: viii u. Alfonsi 1959: 181.

2. Aurelius Prudentius Clemens 13

deren Deutung gefunden zu haben und meint: „es dürfte sich ganz einfach um die Rangstufe des *proximatus* handeln. Prudentius wird – *sit venia verbo!* – zum ‚Geheimrat' befördert."[13]

Schließlich zieht Prudentius Bilanz und fragt sich, welche Bedeutung alles das, was er getan hat, nach seinem Tode haben werde. Er kommt zu dem Schluss, dass sein bisheriges auf die Welt gerichtetes Leben unwichtig war (*praef.* 22–33). Darum entschließt er sich zu einem Wandel (*praef.* 33–34) und beschließt, sein restliches Leben Gott zu widmen. Am Schluss der *Praefatio* formuliert Prudentius daher explizit das Programm seiner Dichtung:[14] Er will Gott durch die Sprache bekanntmachen bzw. feiern, wenn er es schon durch seine weltlichen Verdienste nicht konnte (*praef.* 36); Tag und Nacht den Herrn besingen (*praef.* 37–38); gegen Häresien kämpfen und den katholischen Glauben erklären (*praef.* 39); die Heiligtümer der Heiden vernichten und die Götzenbilder Roms zu Fall bringen (*praef.* 40–41); den Märtyrern ein Gedicht weihen und die Apostel loben (*praef.* 42).[15]

Mit dem Wunsch, auf diese Weise nach dem Tode in den Himmel zu gelangen, schließt Prudentius seine *Praefatio* (*praef.* 43–45).

Wann und wo Prudentius gestorben ist, wissen wir nicht. Als *terminus post quem* müssen wir aber wohl das Jahr 405 annehmen, in dem die *Praefatio* zur Gesamtausgabe seiner Werke verfasst worden ist. Dies ergibt sich aus der Angabe in *praef.* 24–25, dass er im Konsulatsjahr des Salia (348) geboren sei, und der Aussage in *praef.* 1–3, dass er bei Abfassen der *Praefatio* 57 Jahre alt gewesen sei.

Aus Bemerkungen im *Peristephanon* sowie in *Contra Symmachum* können wir außerdem darauf schließen, dass Prudentius in seinem Leben wenigstens einmal nach Rom gereist ist und sich dort länger aufgehalten hat.[16] Die Vermutungen über den genauen Zeitpunkt und die Dauer der Romreise variieren, doch wird sie gewöhnlich für ca. 400 – ca. 405 angenommen.[17]

---

[13] Bergman 1921: 44. Vgl. auch Bergman 1926: VII u. Kurfeß 1957: 1041, der *proximatus* mit ‚Hofrat' übersetzt.

[14] Vgl. Kurfeß 1957: 1041

[15] Den meisten Programmpunkten lassen sich bestimmte Werke konkret zuordnen: *praef.* 37–38 = *Cathemerinon*; *praef.* 39 = *Apotheosis, Hamartigenia* und wahrscheinlich *Psychomachia*; *praef.* 40–41 = *Contra Symmachum*; *praef.* 42 = *Peristephanon* (vgl. Kurfeß 1957: 1041; Schanz 1914: 235–236 u. Bergman 1921: 46–48). Es fehlen in diesem Programm das *Dittochaeon*, das bei Gennadius erwähnte, aber nicht erhaltene *Hexameron* sowie möglicherweise die *Psychomachia* (vgl. Mastrangelo 1997: 8). Außerdem lässt sich der *Epilogus* keinem der Programmpunkte zuordnen, was nicht verwundert, weil er ebenso wie die *Praefatio* außerhalb des eigentlichen Werkes steht und dieses einrahmt.

[16] Vgl. z. B. *perist.* 2 passim; 9, 3–4; 11, 1–18, 179–180, 231–234, 243–246; 12, 65–66. Cunningham 1976: 56–57 erörtert außerdem mögliche Gründe für diese Romreise.

[17] Vgl. Kurfeß 1957: 1043, der die Romreise auf 401–403 datiert.

2.2. Werk

Von Prudentius sind uns die *Praefatio* zu seiner Gesamtausgabe, der *Cathemerinon liber*, die *Apotheosis*, die *Hamartigenia*, die *Psychomachia*, zwei Bücher *Contra Symmachum*, der *Peristephanon liber*, das *Dittochaeon* sowie ein *Epilogus* zu der Gesamtausgabe überliefert.

In der *Praefatio* schildert Prudentius in groben Zügen seinen Lebenslauf und seinen Gesinnungswandel, der ihn zur christlichen Dichtung geführt hat, um abschließend das Programm seiner Dichtung zu formulieren.

Im *Cathemerinon liber* finden wir zwölf Gedichte in lyrischem Versmaß, davon sechs Tageslieder (zwei Morgen-, zwei Tisch- und zwei Abendlieder), ein Lied geeignet für jede Stunde des Tages, zwei Fastenlieder, ein Festlied auf Weihnachten, ein Festlied auf die Epiphanie sowie ein Totenlied.

Die *Apotheosis*, dem Titel nach das Buch von der „Vergöttlichung Christi"[18], befasst sich mit der Lehre von der Dreifaltigkeit und den beiden Streitfragen, die darum entbrannt sind: der Frage nach dem Verhältnis von Gott-Vater und Sohn sowie der Frage nach der Göttlichkeit Christi. Dem hexametrischen Gedicht stellt Prudentius zwei Einleitungen voran, eine kurze ebenfalls in Hexametern gehaltene, in der die orthodoxe Trinitätslehre zusammengefasst präsentiert wird, und eine iambische *praefatio*, welche die Gefahren der Häresien aufzeigt. Mit verschiedenen Häresien setzt sich Prudentius im weiteren Verlauf auseinander: den Patripassianern, den Sabellianern, den Juden, den Ebioniten sowie den Manichäern.[19]

Mit dem Ursprung des Bösen befasst sich die *Hamartigenia*. Prudentius wendet sich hier gegen Marcion, der einen bösen und einen guten Gott annimmt und so Gott selbst zur Quelle der Sünde erklärt.[20] Dem hexametrischen Gedicht geht eine *praefatio* in iambischen Trimetern voraus, in der die Geschichte von Kain und Abel erzählt wird.

In der *Psychomachia* stellt Prudentius allegorisch die Kämpfe zwischen den Hauptlastern und den ihnen jeweils entgegengesetzten christlichen Tugenden dar. Nach dem Sieg der Tugenden wird der Bau des Tempels der Weisheit geschildert. Dem hexametrischen Gedicht geht eine *praefatio* in iambischen Trimetern voraus, in der Abraham als Vorbild für ein christliches Leben dargestellt wird.

In seinen beiden Büchern *Contra Symmachum* bezieht sich Prudentius auf den zur Zeit der Abfassung seines Werks bereits fast zwanzig Jahre zurückliegenden Streit um den Victoria-Altar und die heidnischen Kulte, zu deren Schutz Q. Aurelius Symmachus als Vertreter heidnischer Senatoren im Jahr

---

[18] Schanz 1914: 244.
[19] Bergman 1921: 45 Anm. 2 nennt die *Apotheosis* „eine poetische Christologie".
[20] Vgl. Schanz 1914: 245.

384 n. Chr. eine vielbeachtete Rede abgefaßt hatte, die sogenannte dritte *Relatio*.[21] Prudentius legt dagegen im ersten Buch eine Kritik des Polytheismus vor, in der er die einzelnen heidnischen Götter vorstellt und allesamt als verwerflich entlarvt. Nur Christus könne Rom Glück bringen. Im zweiten Buch widerlegt er dann die *Relatio* des Symmachus Punkt für Punkt. Prudentius vereinigt hier den christlichen Glauben mit der römischen Vaterlandsliebe und verbindet so die Werte der Antike mit dem Geist des Christentums. Beide Bücher sind in Hexametern verfasst, ihnen geht jeweils eine allegorische *praefatio* in asklepiadeischen Versen voran, in denen anhand von überwundenen Notsituationen des Paulus und des Petrus die Macht Christi und des christlichen Glaubens gezeigt wird.

Im *Peristephanon liber* sind 14 Hymnen auf spanische und römische Märtyrer gesammelt, die sehr ausführlich und bildhaft – teilweise dramatisch – deren Leiden darstellen. Interessant ist die metrische Vielfalt, die Prudentius hier gebraucht: jeder Hymnus unterscheidet sich durch Metrum und Strophenbau von den anderen.

Das *Dittochaeon* ist eine Sammlung von 49 hexametrischen Tetrasticha, in denen biblische Geschichten dargestellt sind. Diese Epigramme haben wohl ursprünglich als „Erläuterungen zu Bildwerken"[22] gedient.

Im *Epilogus* schließlich weiht Prudentius seine Werke Gott.

Es ist nicht unwahrscheinlich, dass Prudentius vor der im Jahre 405 veranstalteten Gesamtausgabe bereits Teile davon separat veröffentlicht hat.[23]

Alle Werke des Prudentius sind wahrscheinlich in der Zeit zwischen 392 und 405 n. Chr. verfasst und veröffentlicht worden. Der *terminus ante quem* ergibt sich aus *praef.* 1–3 und 24–25, den *terminus post quem* versucht man daraus abzuleiten, dass Hieronymus in seiner Schrift *de viris illustribus* Prudentius nicht erwähnt.[24]

---

[21] Ediert in Seeck 1883, zweisprachig bei Pabst 1989. Zu dem Streit um den Victoriaaltar vgl. Klein 1972.

[22] Schanz 1914: 250.

[23] Vgl. Kurfeß 1957: 1041 u. Schanz 1914: 236.

[24] Da Hieronymus erklärt, alle kirchlichen Schriftsteller erwähnt zu haben, die bis zum 14. Jahre der Regierung des Theodosius (392 n. Chr.) etwas veröffentlicht haben, und Prudentius in seiner Sammlung fehlt, vermutet man, dass Prudentius bis zu diesem Zeitpunkt noch nichts veröffentlicht hatte (vgl. Kurfeß 1957: 1042–1043 u. Bergman 1921: 53). Allerdings ist auch vorstellbar, dass Prudentius zu diesem Zeitpunkt bereits Teile seines Werks veröffentlicht hatte, diese jedoch noch nicht besonders verbreitet waren.

3. Psychomachia

Die *Psychomachia* stellt das erste vollständig allegorische Großgedicht der europäischen Literatur dar.[1] In ihr lässt Prudentius sieben personifizierte Tugenden gegen ihnen entgegengesetzte Laster kämpfen, wobei auch die äußerliche Erscheinung dieser Personifikationen in engster Beziehung zum Wesen der jeweiligen Tugend bzw. des jeweiligen Lasters steht.

Die Schlacht zwischen Tugenden und Lastern spielt sich dabei auf drei Ebenen ab: zum einen als innerer Kampf in jedem einzelnen Menschen, zum anderen als Ringen der Kirche gegen Häresien und Heidentum und schließlich als eschatologischer Sieg, auf den der Tempelbau am Ende des Gedichts hindeutet.[2]

3.1. Einordnung ins Gesamtwerk

Die *Psychomachia*, das Gedicht über den ‚Seelenkampf', gehört zu einer Gruppe von vier eher didaktisch orientierten Gedichten, die formal dadurch gekennzeichnet sind, dass sie in daktylischen Hexametern abgefasst sind und jeweils durch inhaltlich auf sie bezogene *praefationes* in anderen Versmaßen eingeleitet werden: In der *Apotheosis* erörtert Prudentius die katholische Trinitätslehre; in der *Hamartigenia* befasst er sich mit dem Ursprung des Bösen und der Sünden; in der *Psychomachia* stellt er allegorisch die Kämpfe zwischen den Hauptlastern und den ihnen jeweils entgegengesetzten Tugenden dar; in *Contra Symmachum* dekonstruiert er die anthropomorphe griechisch-römische Götterwelt und präsentiert seinen Mitbürgern Christus als Heilsbringer Roms.[3]

Gnilka zeigt darüber hinaus, dass das Motiv des Seelenkampfes sich bei Prudentius nicht nur in der *Psychomachia* findet, sondern auch in *Contra Symmachum* (*c. Symm.* 2, 123–160 u. 184–269), in der *Hamartigenia* (*ham.* 390–425) und im *Peristephanon liber* (*perist.* 5, 153–172 sowie 3, 66–70).[4]

---

[1] Vgl. Ebert–Krüger 1905: 186, Schanz 1914: 246 § 871, Manser 1936: 532, Manser–Kurfeß 1963: 845, Jauss 1965: 186, Evenepoel 1997: 605, Döpp 1998: 523 u. Glau 2000: 161.
[2] Vgl. Pollmann 2017: 53.
[3] Vgl. Lavarenne 1933: 15–16 u. Ludwig 1977: 313.
[4] Vgl. Gnilka 2008 a: 24–27.

Gnilka sieht in der *Psychomachia* des Prudentius eine „*Summa* seiner Gedankenwelt" und vermutet deshalb, dass es sich dabei um „sein letztes, ein Alterswerk also" gehandelt habe.[5]

3.2. Titel „Psychomachia"

Die *Psychomachia* trägt ebenso wie die anderen Werke des Prudentius – ausgenommen *Contra Symmachum*[6] – einen griechischen Titel. Zwar nennt Prudentius diese Titel nicht explizit in der *Praefatio* zu seinem Gesamtwerk, doch werden sie durch die Handschriften eindeutig belegt und es gibt „keine äußeren Gründe, die Titel als später entstanden anzunehmen".[7] Bereits Ende des 5. Jh. finden wir nämlich bei Gennadius *de viris illustribus* 13 zu Prudentius die Notiz: „Conposuit et libellos, quos Graeca appellatione praetitulavit Ἀποθέοσις, Ψυχομαχία, Ἁμαρτιγένεια, id est, *De divinitate, De conpugnantia animi, De origine peccatum*."[8]

Umstritten ist allerdings die Frage, was der Titel *Psychomachia* eigentlich bedeuten soll. Henriksson formuliert das Problem so: „Eine Übersetzung wie ‚Seelenkampf' kann wohl allgemein als richtig angenommen werden, aber die Vorstellungen von der Art des Kampfes sind verschieden."[9]

Die Komposita auf -μαχία lassen sich in zwei Gruppen einteilen: (1) Komposita, deren erster Bestandteil die *Art und Weise* des Kampfes adjektivisch bzw. adverbiell näher bestimmt und so angibt, *wie* bzw. *womit*[10], *wann*[11] oder *wo*[12] der Kampf stattfindet, oder aber den Kampf allgemein[13] charakterisiert;[14] (2) Komposita, deren erster Bestandteil das Subjekt bzw. die Subjekte des Kampfes[15] angibt. Interessant sind darunter vor allem diejenigen Komposita auf -μαχία, die auch als Titel von Gedichten dienen: βατραχομυομαχία, γαλεομυομαχία, θεομαχία, κολοβομαχία, λογομαχία, τειχομαχία, Γιγαντομαχία, Κενταθρομαχία, Τιτανομαχία.[16] Es fragt sich aber, welche dieser Kom-

---
[5] Gnilka 2008 a: 27–28.
[6] Vgl. Gnilka 1963: 19.
[7] Henriksson 1965: 83.
[8] Gennadius *de vir. ill.* 13. Vgl. dazu Henriksson 1956: 82.
[9] Henriksson 1956: 84; vgl. Haworth 1980: 116 u. Gnilka 1963: 19.
[10] Z. B. ῥαβδομαχία, μαχαιρομαχία, χειρομαχία.
[11] Z. B. ἡμερομαχία, νυκτομαχία.
[12] Z. B. οἰκομαχία, τειχομαχία.
[13] Z. B. κακομαχία, ἐθυμαχία.
[14] Vgl. Haworth 1980: 117.
[15] Z. B. θεομαχία, σκιαμαχία, ἀνεμομαχία.
[16] Vgl. Buck: 167 s. v. μαχία, bei dem sich 73 Einträge finden – sowie Pape, bei dem sich 60 Komposita auf -μαχία finden. Vgl. dazu auch Haworth 1980: 117 und Gnilka 1963: 24–25.

3. Psychomachia

posita Prudentius bekannt waren. Mit diesem Problem verbunden ist auch die Frage nach den Griechischkenntnissen im Westen des römischen Reiches im allgemeinen und denen des Prudentius im besonderen.[17]

Es ist aber wohl anzunehmen, dass er zumindest einige der als Gedichttitel gebrauchten Komposita, wie z. B. Βατραχομυομαχία, Γιγαντομαχία, Κενταυρομαχία, Τιτανομαχία kannte, in denen der erste Bestandteil jeweils die Subjekte des Kampfes angibt.[18]

Das Substantiv ψυχομαχία ist außer bei Prudentius nur bei Polybios *hist.* 1, 59, 6[19] und in einem Papyrus aus dem 1. Jh.[20] belegt. Dieser verwendet daneben auch mehrfach das Verb ψυχομαχεῖν (1, 58, 7 τοῖς ψυχομαχοῦσι; 1, 59, 1 ψυχομαχοῦντες; 6, 52, 7 ψυχομαχοῦντες; 10, 39, 7 ψυχομαχεῖν), das später auch in der christlichen Literatur zweimal belegt ist[21].

Als Übersetzung für ψυχομαχία bei Polybios finden wir für gewöhnlich „Kampf *um* das Leben" oder „verzweifelter Kampf auf Leben und Tod"[22]. Diese Übersetzung liegt wohl in der Sudanotiz zu dieser Stelle begründet, auf die sich sowohl die Lexikographen als auch Weyman und spätere Prudentiusforscher[23] beziehen. Sie erklärt nämlich den Sinn des Wortes ψῡχομαχία mit τῆς ψυχῆς μάχη[24]. Das Verb ψυχομαχεῖν wird dementsprechend normalerweise mit „auf Leben und Tod kämpfen (wie ein Verzweifelter)"[25] übersetzt. So wird es auch bei Athanasius und Anastasius Sinaita gebraucht.[26] In dem alexandrinischen Papyrus wird es in der Bedeutung „einen schweren Tod haben"[27] gebraucht.

Gnilka hat jedoch überzeugend nachgewiesen, dass die auf der Sudanotiz fußende übliche Übersetzung von ψυχομαχία und ψυχομαχεῖν bei Polybios

---

[17] Vgl. Haworth 1980: 116 u. 121 Anm. 3, außerdem 118; vgl. ferner Gnilka 1963: 24 Anm. 23.
[18] Vgl. Haworth 1980: 118.
[19] Vgl. Buck: 167 s. v. ψυχομαχία, Passow s. v. ψῡχομαχία, Pape II:1404 s. v. ψυχομαχία und Liddell–Scott s. v. ψῡχομᾰχία.
[20] Pap. Ox. II 219 (*Lyr. Alex. Adesp.* 4, 21. Vgl. Liddell–Scott s. v. ψῡχομᾰχία und Gnilka 1963: 22.
[21] Vgl. Lampe s. v. ψυχομαχέω. Dieser gibt als Belegstellen Athanasius *quaestiones ad Antiochum* 105 (vor 373) und Anastasius Sinaita *quaestiones et responsiones* 96 (um 700) an.
[22] Pape II: 1404 s. v. ψυχομαχία und Passow s. v. ψῡχομᾰχία; vgl. Liddell–Scott s. v. ψῡχομᾰχία: *desperate fighting*.
[23] Weyman 1897, Lavarenne, Rodriguez Herrera, Henriksson und Rapisarda. Vgl. dazu Gnilka 1963: 21–22
[24] Suda s. v. ψυχομαχοῦντες (Ψ 854).
[25] Passow s. v. ψῡχομαχέω und Pape II: 1404 s. v. ψυχομαχέω; vgl. Liddell–Scott s. v. ψῡχομᾰχέω: *fight to the last gasp, fight desperately*.
[26] Vgl. Lampe s. v. ψυχομαχέω
[27] Pape II: 1404 s. v. ψῡχομαχέω; vgl. Liddell–Scott s. v. ψῡχομᾰχέω: *suffer anguish*.

als ‚Kampf um das Leben' und ‚auf Leben und Tod kämpfen' ein Missverständnis ist. Vielmehr bedeutet ψυχομαχεῖν bei Polybios soviel wie ‚kämpfen mit/durch die ψυχή' und eine ψυχομαχία ist dementsprechend der Kampf, der mit Hilfe der Seele geführt wird, „wenn man sonst nichts mehr besitzt, um Widerstand zu leisten".[28] Vor Prudentius haben ψυχομαχία und ψυχομαχεῖν also eine Bedeutung, die zur Handlung der *Psychomachie* wohl nicht passt.[29]

Der Titel *Psychomachia* war immer schon Gegenstand von Erklärungsversuchen. Meist wird er in den Handschriften als *pugna animae* bzw. *pugna animi* ins Lateinische übersetzt.[30]

Es gibt drei konkurrierende Deutungen des Titels *Psychomachia* bzw. *Pugna animae*: (a) Kampf *der* Seele, d. h. die Seele wird als Akteur verstanden;[31] (b) Kampf *in der* Seele, d. h. die Seele wird als Schlachtfeld verstanden, auf dem der Kampf ausgetragen wird;[32] (c) Kampf *um die* Seele, d. h. die Seele wird als Streitobjekt verstanden.[33] Da diese Deutungsansätze stark umstritten sind, ist es nötig, die Argumente für und wider die einzelnen Deutungen hier kurz zu erörtern.

(a) Kampf *der* Seele: Souter übersetzt den Titel *Psychomachia* als „the soul's conflict (*with sin*)"[34], versteht also die Seele als Akteur des Kampfes. Ihm folgt Henriksson, der diese „Erklärung [...] für die einzig richtige" hält.[35] Diese Deutung des Titels ist wohl zugleich die älteste und im Mittelalter übliche.[36] Zudem „besitzt [sie] den großen Vorteil, mit dem Inhalt

---

[28] Gnilka 1963: 22. Gnilka weist jedoch darauf hin, dass der Fehler nur in allgemeinen Lexika auftaucht, in den Polybioskommentaren und den Spezialwörterbüchern zu Polybios finde man schon lange die richtige Deutung; so z. B. in Schweighaeuser 1795 s. v. Ψυχομαχία und s. v. Ψυχομαχεῖν sowie s. v. Θυμομαχεῖν.

[29] Vgl. Gnilka 1963: 23.

[30] So etwa im Inhaltsverzeichnis des *Codex Reg. Lat.* 321 der Bibliotheca Vaticana „liber de anime pugna" (zitiert nach Burnam 1900: 301), in einem anonymen Kommentar zu Prudentius „pugna animae cum vitiis" (Der karolingische Kommentar B II zitiert nach Burnam 1910: 11 u. 84.) und ähnlich in der alten bei Arévalo zitierten Glosse „animae certamen, eo quod ibi bella figurentur, quibus adversus vitia fidelis anima proeliatur" (Arévalo 1862: 11).

[31] Ähnlich der *Gigantomachia* Claudians. Vgl. Thomson 1930: 111, Gnilka 1963: 19–20, Henriksson 1956: 85–86, Arévalo 1862: 11, Souter s. v. psychomachia, Bergman 1921: 46.

[32] Vertreten von Hoefer 1895: 10, Bergman 1897, Lavarenne 1933, Lavarenne 1933a u. Lavarenne 1948/2000, Engelmann 1959: 10 u. 12. Vgl. Henriksson 1956: 84–85.

[33] Vertreten von Weyman 1897: 84–85. Vgl. Henriksson 1956: 84–85, Thomson 1930: 111 u. Gnilka 1963: 21–26.

[34] Souter s. v. *psy̆chomachia*

[35] Henriksson 1956: 85–86. Es ist jedoch anzumerken, dass nicht nur Souter, wie Henriksson meint, sondern auch Bergman 1921: 46 u. a. bereits vor Henriksson diese Deutung vertraten. Vgl. dazu Gnilka 1963: 20.

[36] Zum Beispiel bei Gennadius *de vir. illustr.* 13, dem karolingischen Kommentator B II

des Gedichts voll und ganz in Einklang zu stehen; denn die Vorstellung der *mens armata* beherrscht die Psychomachie."[37] Henriksson räumt dagegen allerdings ein, dass der Titel „den Inhalt des Werkes nicht völlig zutreffend" wiedergebe, denn die *anima* erscheint ja „im Hauptteil des Gedichts nicht als Teilnehmer des Kampfes [und tritt] wenig in den Vordergrund."[38] Stützen lässt sich diese These aber z. B. durch die Formulierung *luctantisque animae* ‚der kämpfenden Seele' in v. 892. Haworth modifiziert diese Deutung, indem er annimmt, dass der erste Bestandteil des Titels *Psychomachia* für den Plural ψυχαί steht und diese wiederum für die *vitia* stehen. „The psychomachia is, then, the battle of psychai, or spirits, otherwise designated in the poem as the Vices."[39]

(b) Kampf *in* der Seele: Hoefer widersprach als erster der traditionellen Deutung und interpretierte den Titel stattdessen als „pugnae in anima gestae"[40], worin ihm Bergman, Lavarenne, Engelmann und andere folgten.[41] Hoefer argumentiert dabei vom Inhalt des Gedichts aus, wobei er die Seele als Schauplatz der beschriebenen Kämpfe auffasst. Leider bringen weder Hoefer noch die späteren Vertreter dieser Deutung weitergehende Argumente vor, obwohl doch gerade die Frage des Schauplatzes der Kämpfe umstritten ist, so dass die These nur schwer belegt werden kann.[42] Henriksson widerspricht der These Hoefers darüber hinaus, weil „der Gedanke von einem Seelenkampf als *pugna in anima gesta* [...] nicht der antiken Vorstellungsweise" entspreche, da „ψυχή [...] den lateinischen Wörtern *anima, animus* oder *mens*" entspräche, für die Bezeichnung der Seele als Kampfplatz im Lateinischen jedoch nur „Begriffe wie *cor* und *pectus* in Betracht" kämen.[43] Gnilka bietet jedoch Belegstellen für einen durchaus ähnlichen Gebrauch in der Antike.[44] Man darf dabei allerdings nicht vergessen, dass Prudentius eben gerade nicht *anima* im Titel verwendet, sondern das griechische ψυχή.

(vgl. dazu Burnam 1910: 11 u. 84 sowie Gnilka 1963: 19–20.) sowie der Glosse, die Arévalo 1862: 11 zitiert. Freilich muss man dabei bedenken, dass die meisten alten Kommentare *nicht* von Zeitgenossen des Prudentius stammen, so dass sie uns nichts über Prudentius' intendierte Bedeutung des Titels oder die ursprüngliche griechische Bedeutung sagen können (vgl. dazu Haworth 1980: 116).

[37] Gnilka 1963: 20.
[38] Henriksson 1956: 85–86.
[39] Haworth 1980: 119, vgl. auch 118.
[40] Vgl. Hoefer 1892: 10.
[41] Bergman 1897: XXVI, Lavarenne 1933 a: 439, Lavarenne 1933: 40. Vgl. dazu Henriksson 1956: 84–85 u. Gnilka 1963: 20–21.
[42] Gnilka 1963: 20 widerspricht daher mit Hinweis auf seine These zum Schauplatz der Kämpfe.
[43] Henriksson 1956: 85.
[44] Gnilka 1963: 20–21, bes. 21 Anm. 12.

(c) Kampf *um* die Seele: Diese Deutung geht auf Weyman zurück und beherrschte bis zu Gnilkas Untersuchung die moderne Literatur.[45] Weyman geht von Polybios *hist.* 1, 59, 6 aus und deutet diese Stelle gemäß der Sudanotiz als ‚Kampf um das Leben'.[46] Da diese Bedeutung für die *Psychomachia* so nicht passt,[47] geht er jedoch von der Grundbedeutung von ψυχή als ‚Seele' aus. Gnilka weist aber, wie oben gezeigt, überzeugend nach, dass die von Weyman zugrundegelegte Deutung der Polybiosstelle irreführend ist.[48] Als Parallele für die Deutung als Kampf *um* die Seele wird auf die homerische τειχομαχία verwiesen,[49] die ja auch „als ein Kampf um die Mauer verstanden werden kann".[50] Dagegen spricht allerdings, dass *anima* bzw. *mens* weder am Anfang noch am Ende der *Psychomachia* „als ein Objekt des Kampfes, sondern als selbst kämpfend dargestellt"[51] werden; somit gäbe der Titel – wenn man ihm die Bedeutung ‚Kampf *um* die Seele' unterstellen wollte – den Inhalt der *Psychomachia* nicht zutreffend wieder.[52] Henriksson warnt außerdem davor, der Parallele zur τειχομαχία zu viel Bedeutung beizumessen. Denn es gibt einige Komposita auf -μαχία, „deren Sinn durchaus nicht ganz eindeutig ist"[53].

Von diesen drei Varianten erscheint Variante (a) am plausibelsten belegt.[54]

Über diese drei Varianten hinaus ist aber noch eine vierte Deutung denkbar, die durchaus wahrscheinlich ist, dass nämlich (d) Prudentius den Titel bewusst mehrdeutig gewählt hat.[55] Dafür spricht z. B., dass zwar die vergleichbaren Komposita auf -μαχία eher für Variante (a) sprechen, zugleich aber Variante (c) nicht endgültig ausschließen und sich trotz der Einwände gegen den Gebrauch von *anima* bzw. ψυχή als Kampfplatz dennoch ähnliche Belegstellen finden lassen. Auch darf man dabei nicht vergessen, dass es sich bei dem Gedicht um ein vollständig allegorisch angelegtes Werk handelt. – Was spricht dagegen, dass der Autor auch den Titel allegorisch gebraucht? – Schließlich ist ja Prudentius' Neigung zum „Wortspiel" bekannt, wie Malamud treffend zusammenfasst:

> He puts his words through their linguistic paces, running through all their possible meanings, making puns and anagrams, sometimes ba-

---

[45] Vgl. Thomson 1930: 111 u. Kurfeß 1957: 1057.
[46] Weyman 1897: 84–85 und Weyman 1926.
[47] Vgl. auch Henriksson 1956: 84.
[48] Gnilka 1963: 21–26.
[49] Weyman 1897: 84 und Weyman 1926: 71 sowie diejenigen, die seiner Argumentation folgen.
[50] Henriksson 1956: 85.
[51] Henriksson 1956: 85. Vgl. *psych.* 5–6; 892 u. 899–900.
[52] Vgl. Henriksson 1956: 86; Herzog 1966: 104 u. Gnilka 1963: 25–26.
[53] Henriksson 1956: 85. Vgl. Haworth 1980: 117.
[54] Vgl. dazu auch Gnilka 1963: 26.
[55] Vgl. dazu Rapisarda 1962: 15–16.

sing entire poems on the various meanings of a single word or name [and is] fond of Greek etymologies as well as Latin ones.[56]

Sie kommt daher zu dem Schluss, „that [...] he relies on us, his readers, to take the extra steps, to supply the information, to make the final equation, which he will or cannot make for us."[57] Warum sollte ausgerechnet der Titel der *Psychomachie* von dieser Faszination am Wortspiel ausgenommen sein? Es ist zumindest möglich, dass Prudentius die Bedeutung des Titels bewusst offen hält, um entweder mehrere Bedeutungsebenen damit abzudecken oder dem Leser die Deutung des Titels zur freien Entscheidung zu überlassen, so dass das Verständnis des Titels beim Leser sich während der Lektüre bzw. zugleich mit dem Verständnis der Handlung und ihrer Bedeutung entwickeln und verändern kann oder gar soll. Vielleicht hält er also die Bedeutung des Titels bewusst in der Schwebe.[58]

3.3. Inhalt und Struktur

Die *Psychomachia* handelt vom Kampf der Tugenden gegen die ihnen jeweils entgegengesetzten Laster. Sie beginnt mit einer *praefatio* in iambischen Trimetern, in der Abraham als Vorbild des Glaubens für jeden Christen dargestellt wird.

Die eigentlichen Kämpfe der *Psychomachia* werden umrahmt von zwei Gebeten an Christus, einem Anruf mit der Bitte zu zeigen, wie ein Christ die Laster besiegen kann, und einem abschließenden Dankgebet.

Im Hauptteil werden zunächst die Kämpfe der Tugenden gegen die Laster dargestellt: So kämpft *Fides*, in altrömischem Verständnis die Treue, in christlichem jedoch der feste Glaube an Gott, gegen die *Cultura ueterum deorum*, die Verehrung der alten heidnischen Götter. *Pudicitia*, die Keuschheit, kämpft gegen die Unzucht, die *Sodomita Libido*. Die Geduld, *Patientia*, besiegt *Ira*, den Zorn. *Mens humilis*, die demütige Gesinnung, hält – unterstützt durch *Spes*, die Hoffnung – den Angriffen der *Superbia*, der Hochmut, stand; die *Sobrietas*, das Maßhalten oder auch die Nüchternheit, beendet die Aristie der *Luxuria*, der Genusssucht. *Ratio*, die Vernunft, und *Operatio*, Mildtätigkeit, besiegen die *Auaritia*, sowohl Geiz als auch Gier. Schließlich hält die *Concordia*, die Eintracht, der *Discordia*, der Zwietracht, stand und kann sie mit Hilfe der *Fides* besiegen.

An die Kämpfe schließt sich eine Siegesrede der *Concordia* und der *Fides* an, die im Aufruf zum Tempelbau gipfelt, der abschließend ausgeführt wird.

---

[56] Malamud 1989: 43.
[57] Malamud 1989: 43.
[58] Vgl. Gnilka 1963: 26 sowie Haworth 1980: 116.

> *praefatio* (pr. 1–68)
>> *Invocatio Christi* (vv. 1–20)
>>> *Fides — veterum Cultura deorum* (vv. 21–39)
>>> *Pudicitia — Sodomita Libido* (vv. 40–108)
>>> *Patientia — Ira* (vv. 109–177)
>>> *Mens humilis & Spes — Superbia* (vv. 178–309)
>>> *Sobrietas — Luxuria* (vv. 310–453)
>>> *Ratio & Operatio — Avaritia* (vv. 454–628)
>>> *Concordia & Fides — Discordia* (vv. 629–725)
>>> *Siegesrede: Fides & Concordia* (vv. 726–822)
>>> *Tempelbau* (vv. 823–887)
>> *Dankgebet* (vv. 888–915)

Abbildung 3.1.: Aufbau der *Psychomachia*

3.3.1. Beziehungen zwischen den Kämpfen

Die Abfolge der Kämpfe ist – allem Anschein nach – nicht ganz zufällig gewählt. Zwar ist die Reihenfolge der Kämpfe auf den ersten Blick willkürlich, doch ist ein klarer Gestaltungswille erkennbar: Zwischen dem fünften und sechsten Kampf wird ein inhaltlicher Zusammenhang hergestellt, auch der siebente Kampf verweist auf diesen Zusammenhang zurück.

Auch unter historischem Gesichtspunkt finden sich Gemeinsamkeiten.[59] So ist der Tod der ersten vier Laster „entweder mit dem Erlösungsgeschehen selbst oder mit der Ausbreitung des Evangeliums historisch in der Vergangenheit fundiert"[60], während *Luxuria*, *Avaritia* und *Discordia* auch bei Christen, ja sogar bei Priestern immer noch auftreten, also gleichsam die Laster der eigenen Zeit sind.[61]

Formal – im Umfang der Kämpfe – und inhaltlich – durch den wachsenden Bezug auf die eigene Lebenswelt – lässt sich eine Steigerung der Kämpfe feststellen.[62] Der Text zeigt einen geordneten An- und Abstieg der Länge: Drei lange Zentralepisoden (*Mens humilis / Spes* vs. *Superbia*, *Sobrietas* vs. *Luxuria*, *Ratio* vs. *Avaritia*) werden auf beiden Seiten durch je zwei Abschnitte identischer Länge eingerahmt.[63]

---

[59] Vgl. Smolak 2001 sowie Pollmann 2017: 52–62.
[60] Gnilka 1963: 39.
[61] Vgl. Gnilka 1963: 39.
[62] Vgl. Gnilka 1963: 40.
[63] Vgl. Nugent 1985: 66.

3. Psychomachia

Wir haben es also mit einem intentionell strukturierten Werk zu tun, das sowohl Steigerung bis zum Höhepunkt als auch gefällige Symmetrie des Rahmens der drei Zentralepisoden zeigt.[64]

Auch die Ordnung der Schlachten ist weder statisch noch chaotisch: Wir finden eine Entwicklung von klarer, polarisierter Konfrontation zwischen klar identifizierbaren Tugenden und Lastern hin zu verwickelten Täuschungsversuchen, die mit der enormen Schwierigkeit der korrekten Interpretation von Tugend und Laster und ihrer Unterscheidung zusammenhängt.[65]

Doch durch ihre Namen, Attribute und Taten werden Tugenden und Laster letztlich deutlich charakterisiert.

Die – allerdings nur scheinbare – Willkürlichkeit der Reihenfolge der Kämpfe spiegelt vielleicht, wie Smith argumentiert, den Wankelmut des Fleisches aus christlicher Sicht wieder. So haben Individuen zu verschiedenen Zeiten Neigungen zu unterschiedlichen Lastern. Dass die Laster am Ende eines jeden Kampfes getötet werden, heißt dann, dass sie keine permanenten Merkmale der Seele sind. Ähnlich verhält es sich wohl auch für Prudentius mit den Tugenden: Mit Ausnahme der *Fides*, der notwendigen „Schutzherrin" über alle anderen christlichen Tugenden, die deshalb die ganze Handlung über präsent ist, schreiten die christlichen Tugenden so fort, wie ihre speziellen Eigenschaften benötigt werden und ziehen sich in die Anonymität zurück, wenn ihre Aufgabe erfüllt ist.[66]

Hinsichtlich der inhaltlichen, räumlichen und zeitlichen Beziehungen zwischen den Kämpfen sind auf der Bildebene grundsätzlich zwei Möglichkeiten vorstellbar:

(1) Die geschilderten Kämpfe finden alle gleichzeitig auf demselben Schlachtfeld statt. Die Kampfbeschreibungen stellen dann jeweils Ausschnitte aus einer Gesamtschau der Schlacht dar. In diesem Falle könnte die Anordnung der Kämpfe entweder wahllos sein oder aber nach bestimmten Prinzipien festgelegt. (2) Die Kämpfe finden einzeln statt. Es befindet sich dann immer nur das jeweilige Hauptlaster mit seinen Begleitern und die Haupttugend mit ihren Begleitern auf dem Schlachtfeld. In diesem Falle fragt sich, ob sie chronologisch in dieser Reihenfolge stattfinden müssen oder ob sie auch in anderer Reihenfolge stattfinden könnten. Es fragt sich ferner, ob es sich dann bei allen Kämpfen um dasselbe Schlachtfeld handelt.

Zunächst zum zeitlichen Zusammenhang, soweit er aus der allegorischen Darstellung ersichtlich ist. Wir haben eine grobe Zweiteilung in die Phase des Kampfes und die Phase der Siegesreden und des Tempelbaus nach dem Sieg.

---

[64] Vgl. Nugent 1985: 66.
[65] Vgl. Nugent 1985: 70–80.
[66] Vgl. Smith 1976: 156–157.

Der Kampf der *Fides* gegen die *Cultura ueterum deorum* ist offenbar nicht zufällig der erste, den Prudentius schildert. Denn er sagt explizit, daß *Fides* als erste (v. 21 *prima*) das Schlachtfeld betritt. Auch die Schilderung des Kampfes der *Pudicitia* gegen die *Sodomita libido* ist nicht zufällig an zweiter Stelle angefügt. Auch hier haben wir eine explizite Angabe über das Zeitverhältnis: *exim*, also hierauf, d. h. direkt nach dem Sieg der *Fides* betritt *Pudicitia* das Schlachtfeld (v. 40). Wir erfahren darüberhinaus, das die *Sodomita libido* seit der Geburt Christi von einer Jungfrau gegen die *Pudicitia* machtlos sei (vv. 70–71).

Auch die Stellung des Kampfes der *Patientia* gegen *Ira* erscheint in Prudentius Darstellung nicht zufällig. Bevor *Ira* die *Patientia* herausfordert, steht diese bereits inmitten der Schlachtreihen und beobachtet die wechselnden Kämpfe (vv. 109–112). Sie kann also nicht die erste Kämpferin sein, muss jedoch – wie wir in vv. 176–177 erfahren – auf jeden Fall von Anfang an anwesend sein, denn keine Tugend beginnt einen gewagten Kampf ohne *Patientia*. Ohne die stärkende Geduld wären die anderen Tugenden nämlich verlassen. Wir können daraus jedoch noch nicht sicher schließen, dass *Patientia* genau nach dem Kampf zwischen *Pudicitia* und *Sodomita libido* kämpft. Unsicher ist auch der genaue Zeitpunkt des Kampfes der *Mens humilis* gegen *Superbia*. Das *forte* zu Beginn des Kampfes gibt uns keine genaue Auskunft, auch sonst lassen sich keine zeitlichen Beziehungen herstellen.

In der Beschreibung des Kampfes zwischen *Sobrietas* und *Luxuria* erfahren wir, dass die Männer (v. 322 *mirantum ... uirorum*) – gemeint ist das Tugendheer, das soeben dabei ist, zur *Luxuria* überzulaufen – bisher weder von der *Ira* noch von der *Idololatria* zum Weichen gebracht worden sind.[67] Der Kampf gegen *Ira* und der Kampf gegen die *Cultura ueterum deorum* müssen also vorher stattgefunden haben und mehr noch: Das Tugendheer, das nun von der *Sobrietas* als der Haupttugend dieses Kampfes zur Vernunft gerufen wird, muss in den genannten Kämpfen mitgekämpft haben (vv. 379–380).

Die folgenden Kämpfe lassen sich noch genauer einordnen:

Der Kampf zwischen *Sobrietas* und *Luxuria* muss in jedem Falle vor dem der *Ratio* und *Operatio* gegen *Auaritia* und vor dem Attentat der *Discordia* auf *Concordia* stattgefunden haben, da die *Auaritia* bei ihrem Auftreten den Tand an sich rafft, den die Mitstreiter der *Luxuria* auf ihrer Flucht verloren haben (vv. 454–455), und die *Discordia* eine dieser Mitstreiterinnen der *Luxuria* ist, die sich nach ihrer Flucht unter die Laster eingeschlichen hat.

Der Übergang zwischen dem Kampf gegen *Luxuria* und dem Auftritt der *Auaritia* ist fließend gestaltet. Der Triumphzug der Tugenden, während dessen das Attentat auf *Concordia* verübt wird, schließt explizit an den Sieg über

---

[67] Siehe zur Funktion der Männer S. 290.

Auaritia an, die für das letzte Laster gehalten wird. Bei der Vorstellung der *Discordia* erfolgt ein Rückbezug auf deren Flucht nach dem Tod der *Luxuria*.

Die Siegesreden schließen sich zeitlich und inhaltlich direkt an die Vernichtung der *Discordia* an und enden mit dem Appell zum Bau eines Tempels, der gleich darauf in die Tat umgesetzt wird.

Es zeigt sich also: Auf der Bildebene haben wir es mit einer eindeutigen zeitlichen Abfolge der Kämpfe zu tun.[68] Sie werden nicht nur nacheinander geschildert, sondern finden auch in ebendieser Reihenfolge statt. Ganz sicher ist die Reihenfolge für die ersten beiden Kämpfe und die drei letzten. Der vierte lässt sich nicht genau festlegen. Dem fünften Kampf muss zumindest der erste und der dritte Kampf vorausgegangen sein.

Das Schlachtfeld[69] scheint, nach den spärlichen Informationen, die wir aus dem Text ziehen können, auf der Bildebene immer dasselbe zu sein. Es wird im ersten Kampf schlicht als *campus* bezeichnet. Im zweiten Kampf erfahren wir darüberhinaus, dass es sich um ein mit Gras bewachsenes Feld handelt. Da *Patientia* sich bereits mitten unter den Schlachtreihen befindet, hält es Prudentius offenbar nicht für nötig, das Schlachtfeld selbst im dritten Kampf explizit zu erwähnen. Erst im vierten Kampf erfahren wir wieder Näheres. Denn *Superbia* erklärt in ihrer Rede, worum eigentlich gekämpft wird: grünende Hügel und Äcker. Prudentius geht soweit, die Bildebene zu verlassen, und lässt *Superbia* „Klartext" reden: *totum hominum* ergreifen die Laster – den ganzen Menschen. Die Tugenden kommen *ab oris*. Das Schlachtfeld selbst wird weiter illustriert: *pulvere in isto*, die Ebene ist inzwischen von Gräben und Erdfällen durchzogen. In der Schilderung des fünften Kampfes werden weitere Elemente des Schlachtfeldes genannt: ein Abgrund und dorniges Gestrüpp. Vor Beginn des sechsten Kampfes erfahren wir, dass die Begleiter der *Luxuria* ihre Schätze auf der Flucht *inter harenarum cumulos* verloren haben. Ansonsten ist wieder nur vom *campus* und vom *pulvere campi* die Rede. Der Eingang des Lagers im siebenten Kampf wird genauer beschrieben: Zwei Torflügel in der Verschanzung des Lagers geben einen engen Weg frei. Das Lager scheint sicher ummauert zu sein. Die Bildebene des Tempels ist dann eine andere.[70]

Wir haben es gemäß der Schilderung des Prudentius also stets mit demselben Schlachtfeld zu tun, das nur unterschiedlich detailliert und aus verschiedenen Perspektiven beschrieben wird – eben so, wie es der jeweilige Kampf erfordert. Allerdings bleibt die Darstellung der Szenerie der Kämpfe sehr grob und skizzenhaft – ohne Potential für allegorische Deutung.[71]

---

[68] Vgl. Smolak 2001: 134–143.
[69] Vgl. zum Schauplatz der *Psychomachia* Gnilka 1963: 9–18 u. Kreuz 2010.
[70] Vgl. Kreuz 2010: 249–251.
[71] Vgl. Kreuz 2010: 244–245.

Doch hat Herzog gezeigt, dass das Nacheinander der Kämpfe und des Tempelbaus auf der Bildebene nicht schlüssig ist, sondern „[sich] beide Geschehnisse [...] überlagern", insofern „während des Kampfes und durch ihn [...] allegorisch ein ‚Stein' nach dem anderen in den Bau eingefügt [wurde]."[72]

3.4. Die Protagonisten – Tugenden und Laster

3.4.1. Darstellung und Charakteristik der Akteurinnen

Prudentius verteilt die Charakteristik der Akteurinnen über die gesamte *Psychomachia*, wobei naturgemäß die Aussagen in der *inuocatio* und im Dankgebet eher programmatisch und allgemein gehalten sind, während er in den Kampfschilderungen meist detaillierter auf die jeweils kämpfenden Akteurinnen eingeht.[73]

Die jeweils entgegengesetzten Tugenden und Laster werden meist auch mit einander jeweils deutlich entgegengesetzten Attributen und Verhaltensweisen dargestellt.

Tugenden

Bereits im Eröffnungsgebet vor Beginn der Kämpfe charakterisiert Prudentius die Tugenden im voraus mit eindeutig militärischen Begriffen: Er sieht in ihnen eine Streitmacht (v. 5 *quo milite*), durch die die menschliche Seele die Laster aus den Tiefen des Herzens vertreiben kann (vv. 5–6), einen Wachposten zum Schutz der Freiheit des Menschen (v. 9 *praesidium pro libertate tuenda*), eine überlegene Kampftruppe gegen die Dämonen (vv. 10–11 *acies ... meliore manu*). Die Tugenden sind nach seiner Vorstellung mächtig (v. 12 *magnarum uirtutum*), heilbringend (v. 14 *salutiferas ... turmas*) und stellen vortreffliche Fertigkeiten dar (v. 15–16 *excellentibus ... artibus*), die den Menschen dazu befähigen, siegreich seine Seele zu verteidigen (vv. 16–17).

Das Endziel des Kampfes der Tugenden gegen die Laster formuliert Prudentius dagegen am Schluss seines Gedichts nach der Darstellung des Tempelbaus, wiederum in einem Gebet an Christus, diesmal einem Dankgebet. Auch hier streut Prudentius ein Urteil über die Tugenden ein: Sie sollen die Edelsteine (v. 911 *uirtutum gemmas*) am Thron Christi – der *Sapientia* – sein, wenn dieser in den neu errichteten Tempel der Seele einzieht (vv. 910–915).

---

[72] Herzog 1966: 112.
[73] Detailliertere Charakteristiken der einzelnen Akteurinnen mit genauen Stellenangaben finden sich jeweils zu Beginn der Kommentare zu den einzelnen Kämpfen.

In den Kämpfen werden die einzelnen Tugenden sehr detailliert vorgestellt und charakterisiert:

Fides ist kampfbegierig und herausfordernd, voller Vertrauen auf Gott und auf ihre eigenen Kräfte und bedarf deshalb keiner Waffen. Sie ist eine Königin unter den Tugenden, befiehlt den Märtyrern, rettet durch ihr beherztes Eingreifen die *Concordia*, gemeinsam mit dieser hält sie die Siegesrede und errichtet den Tempel. Um die Perle für den Tempel zu kaufen, hat sie ihre gesamte Habe verkauft.

Auch *Pudicitia* ist kampfbereit, trägt jedoch im Gegensatz zu *Fides* eine Rüstung und ein Schwert. Sie ist unerschrocken und kämpft mit einem Felsbrocken – einer typischen Waffe herausragender epischer Helden. Ihr Schwert verwendet sie nur, um das Laster endgültig zu vernichten; danach reinigt sie es im Jordan und weiht es vor dem Altar.

Patientia ist besonnen und bleibt angesichts der um sie herum tobenden Kämpfe unbeeindruckt, im Geschoßhagel der wütenden *Ira* harrt sie ruhig aus, bis das Laster sich verzweifelt selbst tötet. *Patientia* wird als wichtig für alle anderen Tugenden dargestellt. Sie ist die Tugend, ohne die sich keine andere Tugend in einen gefährlichen Kampf wagt.

Die *Mens humilis* wird zwar ebenfalls als eine Königin unter den Tugenden vorgestellt, doch bedarf sie der Hilfe der *Spes*, um zu siegen. *Mens humilis* hat nur eine kleine schlechtbewaffnete Kämpferschar bei sich. Sie bleibt auch nach dem Sturz des Lasters gelassen und heiter und zügelt ihre Freude. *Spes* muss ihr das Schwert reichen und sie ermutigen, bis sie das Laster *Superbia* tötet. *Spes*, eine Jungfrau mit goldenen Flügeln, deren Reich nicht von dieser Welt ist, schwingt sich dann zum Himmel empor.

Sobrietas tritt erst auf, als die Kämpfer des Tugendheeres schon ganz in den Bann des Lasters *Luxuria* geraten sind. Sie wird als tapfere Tugend vorgestellt. In einem Rückgriff erfährt man, dass sie bisher immer das Kreuz als Feldzeichen vor dem Tugendheer hergetragen hatte. Nun rammt sie das Kreuz in die Erde und mahnt ihre Kameraden – mit abwechselnden Vorwürfen und Erinnerungen an die bisherigen Erfolge – zum Widerstand. Allein dadurch, dass sie dem Gespann des Lasters das Kreuzzeichen entgegenhält, bringt sie die Pferde zum Scheuen, so dass der Wagen des Lasters stürzt und *Luxuria* unter die Räder gerät. Mit einem Felsbrocken zerschmettert sie Gesicht und Kehle des Lasters. Die von den Gefährten der *Luxuria* auf ihrer Flucht zurückgelassenen Schätze und Schmuckstücke rühren *Sobrietas* und ihre Begleiter nicht an.

Ratio wird als immer treue Tugend beschrieben, die die anderen Kämpfer mit ihrem eigenen Schild vor den offenen Angriffen der *Auaritia* erfolgreich schützt. Gegen deren Täuschungsversuche scheint sie jedoch machtlos zu sein. *Operatio* dagegen vermag es, das Laster als solches zu erkennen und zu vernichten. Sie ist frei von aller Last, weil sie all ihren Reichtum an die Armen verschenkt hat. Prudentius charakterisiert sie explizit als tapfer und unbesiegbar. Bei der Vernichtung des Lasters geht sie – wie alle anderen Tugenden auch – erbarmungslos und konsequent vor.

Concordia kommandiert die Truppen des Tugendheeres auf dem Rückmarsch ins Lager. Sie trägt ein Kettenhemd, das sie – abgesehen von einer winzigen Stelle – sicher schützt. Nach dem Attentat der *Discordia* ist sie erschrocken und wie unter Schock. Die Gefangennahme und das Verhör des Lasters übernehmen deshalb die umstehenden Tugenden. Die Vernichtung des Lasters obliegt der *Fides*, die deren Gotteslästerungen nicht länger erträgt. Gemeinsam mit *Fides* ruft *Concordia* ihr Heer zusammen und hält eine Rede, in der sie vor erneuter Zwietracht warnt und zur Einigkeit in der Liebe auffordert. Gemeinsam mit *Fides* übernimmt sie auch den Bau des Tempels.

Die Tugenden lassen sich dabei in aktive, kämpferische Tugenden, wie *Fides*, *Pudicitia*, *Spes*, *Sobrietas*, *Ratio* und *Operatio* auf der einen Seite, sowie in eher passive Tugenden wie *Patientia* und *Mens humilis* einteilen. Aber allen diesen Tugenden ist gemeinsam, dass sie furchtlos und konsequent bei der endgültigen Vernichtung der Laster sind.

Laster

Auch die Laster werden in den Gebeten, die die Kämpfe umrahmen, allgemeiner charakterisiert: Sie verbergen sich in der Tiefe des Herzens (v. 6 *nostri de pectoris antro*) und sorgen dort für Verwirrung der Gefühle und Aufruhr der Leidenschaften (vv. 7–9). Prudentius bezeichnet sie als Dämonen, die ins Herz eingedrungen sind (v. 10 *furiis inter praecordia mixtis*) und beurteilt sie als verheerend (v. 13 *uitiis populantibus*), als Scheusale mit bedrohlichen Kräften (vv. 19–20).

Im Dankgebet werden die Laster als Schmutz (v. 890 *uitiorum stercore*) und verborgene Gefahren des Fleisches (v. 891) und ihre Wirkung als Pesthauch bezeichnet (v. 899 *uitiorum peste*). Ja, es wird sogar eingeräumt, dass die Sünden vor dem Sieg der Tugenden in der Seele des Menschen geherrscht haben (vv. 912).

Die Laster werden in den Kämpfen unterschiedlich detailliert beschrieben und charakterisiert, je nachdem wie viel Informationen aus Prudentius' Sicht notwendig sind, um sie hinreichend deutlich darzustellen:[74]

Die *Cultura ueterum deorum* trägt die typischen Binden paganer Priester um ihre Schläfen.

---

[74] Auf die Begleiter der Hauptlaster soll hier nicht näher eingegangen werden. Beschreibungen und Charakteristika dieser Akteurinnen finden sich jeweils in den einleitenden Kommentaren zu den einzelnen Kämpfen.

3. Psychomachia

Sodomita Libido wird schon durch ihre Bezeichnung auf die sexuellen Ausschweifungen und rücksichtslosen sexuellen Übergriffe des biblischen Sodom bezogen. Darüber hinaus wird sie durch ihre brennenden Fackeln, ihren heißen Atem und ihr Feuer charakterisiert.

Ira wird wie eine Karikatur des Zorns mit Schaum vor dem Mund, rollenden Augen und triefend vor Blut und Galle dargestellt. Sie ist ungeduldig und kämpft völlig unüberlegt.

Superbia wird in allen Details ihres Aussehens und Verhaltens als aufgeblasen und überheblich präsentiert. Sie verachtet ihre Gegner und hält sich selbst für das größte aller Laster.

Luxuria wirkt auf den Betrachter gar nicht wie ein Laster. Sie durchwacht die Nächte bei Gelagen und wirkt auf den ersten Blick auch nicht sonderlich mächtig oder attraktiv – verweichlicht und verlebt, wie sie ist, mit ihrem triefenden Haar, dem unsteten Blick und der brüchigen Stimme. Sie begegnet dem anrückenden Tugendheer mit Blumen, die sie körbeweise über ihre Gegner ausschüttet. Sie ist unbewaffnet und ihre „Kampfweise" geradezu grotesk. Doch genau damit hat sie Erfolg – zumindest bis *Sobrietas* ihrer Aristie ein Ende bereitet. Dass sie beim Scheuen ihrer Pferde die Kontrolle über den Wagen verliert, verwundert kaum angesichts ihrer Trunkenheit. Sie hat eine umfangreiche Begleiterschar, die nach ihrem Tod die Flucht ergreift.

Auaritia wird ebenfalls von mehreren anderen Lastern begleitet. Sie ist besonders mächtig und macht nicht einmal vor engen Verwandtschaftsbeziehungen oder vor christlichen Priestern halt. Sie schafft es eine Zeitlang, sich erfolgreich als Tugend zu tarnen.

Discordia, eine der früheren Begleiterinnen der *Luxuria*, hat es geschafft, sich ins Tugendheer einzureihen, nachdem sie ihr Aussehen verändert hat. Ursprünglich war sie gekennzeichnet durch ein zerschlissenes Gewand und eine Geißel mit vielen Schlangen. Nun trägt sie einen Kranz aus grünenden Oliven im Haar und ein makelloses Gewand, unter dem sie einen Dolch verbirgt. Sie nutzt die Sicherheit des Triumphzuges der Tugenden, um ausgerechnet *Concordia*, eine der Führerinnen des Tugendheeres, hinterrücks anzugreifen. *Discordia* wird explizit als Häresie bezeichnet.

Es zeigt sich, dass einige der Laster nicht nur detaillierter beschrieben werden, sondern vor ihrer Niederlage auch deutlich erfolgreicher sind als andere. Letztendlich gehen alle Laster an ihren eigenen Taten bzw. Charakteristika zugrunde.[75] Die Tugenden sorgen durch die Tötung meist nur dafür, dass die Laster sich auch wirklich nicht wieder erholen können.

---

[75] Vgl. zum Motiv des *contrapasso* ausführlich Gnilka 1963: 51–81.

3.4.2. Genus und Sexus der Akteurinnen

Sämtliche Haupttugenden und Hauptlaster in der *Psychomachia* werden als weiblich präsentiert. Zwei der Begleiter des Lasters *Luxuria* sind männlich: *Amor* und *Iocus*. Über das Geschlecht der ungenannt bleibenden mitkämpfenden Tugenden erfahren wir nichts. Lediglich einmal in v. 322 ist von den *mirantum ... corda uirorum* die Rede, die im weiteren Geschehen nicht näher bezeichnet werden. Hier ist nicht ganz klar, ob es sich bei den *uiri*, Männern bzw. Kriegern, um Menschen handelt, die Bildebene sozusagen bricht, oder ob hier bereits das Tugendheer gemeint ist, von dem gleich darauf die Rede ist.

Die Haupttugenden und Hauptlaster werden auch grundsätzlich durch weibliche Pronomina bezeichnet.

Die meisten der Tugenden und Laster gehören zu einer Gruppe von grammatisch femininen Substantiven, die auf *-ia*, *-ies*, *-itia*, *-tas*, *-tus* oder *-tudo* enden und bei denen es sich um Nominalabstrakta handelt, die Eigenschaften bezeichnen, vergleichbar den deutschen Suffixen *-heit*, *-keit* oder *-schaft* bzw. den Lehnwörtern aus dem Lateinischen und Griechischen auf *-ie*.[76] Dies lässt sich auch noch genauer differenzieren: Die Substantive auf *-ia* und *-itia* sind Abstrakta, die zu Adjektiven und Partizipien gebildet werden, die menschliches Verhalten bezeichnen. Die Substantive auf *-tas* sind abstrakte Wortbildungen zu beliebigen Adjektiven. Die Substantive auf *-tus* bezeichnen Klassen von menschlichen Wesen und ihre Haupteigenschaften. Die Substantive auf *-io* bezeichnen dagegen eine Handlung in ihrem Verlauf.

Fast alle Nominalabstrakta werden auf diese Weise grammatisch feminin gebildet, während die Verbalabstrakta entweder maskulin auf *-tor* bzw. feminin auf *-trix* gebildet werden und dabei jeweils auch das entsprechende natürliche Geschlecht mitgedacht ist, oder auch neutral auf *-ium*, wie z. B. *uitium* ‚Laster / Sünde' zu *uitare* ‚meiden', also ‚das zu Meidende'.[77]

Es gibt dagegen verhältnismäßig wenige Abstrakta, die maskulin sind: *aequus animus* als Entsprechung für *patientia* ist kein Abstraktum, sondern ein konkretes Exemplum der *patientia*, ebenso der *animus demissus* als Entsprechung für *humilitas* oder ähnliches und der *consensus* als ein Ergebnis der *concordia*. Es gibt zwar andere Wörter für diese Konzepte, aber auch diese sind fast alle grammatisch feminin.

---

[76] Vgl. LHS 1: 262–263 §§ 254–255, Nägelsbach 1905: 221–248 sowie Menge–Burkard–Schauer: 2–11 §§ 1–3.

[77] Ursprünglich sind im Indogermanischen wahrscheinlich die Abstrakta auf *-a* und *-o* Neutrum, später wurden sie aber dann in Analogie zu den Feminina als weiblich aufgefasst und infolgedessen kam es dann wahrscheinlich im Griechischen und Lateinischen zur Bildung weiterer grammatisch-weiblicher Abstrakta der o- und der konsonantischen Deklination. Vgl. dazu Brugmann 1997 u. Brugmann 1997 a.

3. Psychomachia

Wenn also Prudentius abstrakte Konzepte allegorisieren will, kann er das nur, indem er Frauengestalten aus ihnen macht. Eine Personifikation eines Abstraktums, ohne das grammatische Genus auch in das entsprechende natürliche Geschlecht der Personifikation zu übertragen, wäre nicht schlüssig. Das zeigt das übliche Vorgehen im Kultus und in der Mythologie: Grammatisch maskuline Abstrakta werden männlich personifiziert, grammatisch feminine weiblich.[78]

Prudentius nimmt das Motiv auf und führt es durch die Neubildung – oder Verwendung sonst kaum belegter – explizit weiblicher Substantive auf -*trix*[79] und den Gebrauch explizit weiblicher Pronomina für die Akteurinnen konsequent weiter aus.

Jede Tugend, jedes Laster verhält sich ihrem Wesen entsprechend. Jedes noch so kleine Detail, und sei es der Kleidung, lässt sich allegorisch deuten und auf einen Aspekt der Tugend bzw. des Lasters beziehen.

3.4.3. Auswahl und Bedeutung der Tugenden und Laster

In der christlichen Tradition geht man von einem Kanon von sieben Haupttugenden aus, den drei göttlichen Tugenden[80] *fides* ‚Glaube', *spes* ‚Hoffnung' und *caritas* ‚Liebe' sowie den vier durch Augustinus aus antiker philosophischer Tradition übernommenen Kardinaltugenden *iustitia* ‚Gerechtigkeit', *fortitudo* ‚Tapferkeit', *sapientia* ‚Weisheit' und *temperantia* ‚Mäßigung'.[81] Dieser Kanon deckt sich offenbar nicht mit Prudentius' Auswahl.

Eine Sünde ist zunächst jeder Verstoß gegen Gottes Gebote. Lasterkataloge finden sich bereits im NT (*Rm* 1, 29–31; 1 *Cor* 6, 9–10; *Gal* 5, 19–21; *Col* 3, 5–9).[82] Als die sieben Hauptsünden oder Hauptlaster, die die Ursache des sündigen Verhaltens bzw. konkreter Sünden bilden, gelten seit Gregor dem Großen: *superbia* ‚Hochmut', *auaritia* ‚Geiz' und zugleich ‚Habsucht / Gier', *luxuria* ‚Genusssucht', *ira* ‚Zorn', *gula* ‚Völlerei', *inuidia* ‚Neid' und *acedia* ‚Trägheit des Herzens'.[83]

---

[78] Vgl. dazu die Beispiele bei Axtell 1907, ferner LHS 2: 5 § 8 u. Petersen 1939: 4. Vgl. zur Kritik an der grammatischen Erklärung der häufig weiblichen abstrakten Personifikationen und zu einem sozialgeschichtlichen Erklärungsansatz Rentmeister 1976 sowie Rentmeister 1977: 260–261 u. 292.
[79] Vgl. Manitius 1890: 488 u. Lavarenne 1933: 100 § 213.
[80] Diese finden sich im NT in 1 *Cor* 13, 13. Zu den Tugend- und Lasterkatalogen im NT vgl. auch Dihle 1950: 710 mit Verweis auf 1 *Tim* 3, 8–12 und den nicht ins NT aufgenommenen Ersten Clemensbrief (1 *Clem* 21, 6–8).
[81] Vgl. Renaud 2002: 896 u. Peschke 1997: 349–350.
[82] Vgl. Peschke 1997: 327 Anm. 3 u. Bloomfield 1967: 37.
[83] Vgl. Peschke 1997: 349.

Dieser Lasterkatalog entwickelte sich schrittweise ab dem ausgehenden 4. Jh. und wurde in der Folge weiter modifiziert.[84] Als die sieben Hauptsünden oder Hauptlaster, die die Ursache des sündigen Verhaltens bzw. konkreter Sünden bilden, gelten seit Gregor dem Großen: *superbia* ‚Hochmut', *auaritia* ‚Geiz' und zugleich ‚Habsucht / Gier', *luxuria* ‚Genusssucht', *ira* ‚Zorn', *gula* ‚Völlerei', *inuidia* ‚Neid' und *acedia* ‚Trägheit des Herzens'.[85]

Die Ordnung der Hauptsünden und Hauptlaster ist zu Prudentius' Zeit also offenbar noch im Fluss. Trotzdem gibt es Übereinstimmungen mit den später kanonischen Tugend- und Lasterkatalogen:

Auch bei Prudentius finden wir als Tugenden *fides* und *spes*; der *temperantia* entspricht bei Prudentius die *sobrietas*; der *prudentia / sapientia* entspricht die *ratio*, die *caritas* findet sich in der *Psychomachia* auf *concordia* und *operatio* verteilt. Er fügt diesen Tugenden die *pudicitia* und die *Mens humilis* hinzu.

Deckungsgleich mit dem späteren Lasterkatalog sind bei Prudentius *superbia* und *ira*; seine *auaritia* umfasst *auaritia* und *inuidia*, seine *luxuria* die *luxuria* und die *gula* des späteren Lasterkatalogs; auch wenn Prudentius die *acedia* nicht personifiziert, spricht er doch in der Einleitung zu den Siegesreden *languor* ‚Trägheit' (vv. 741–743) als eine Gefahr für die Seele an. Hinzu kommen bei Prudentius *discordia* und *idololatria*, deren Bekämpfung er sich in der *Praefatio* zur Gesamtausgabe ganz besonders zum Ziel gemacht hat, und die *Sodomita libido*, die der πορνεία des Euagrios Pontikos entspricht.

Es fehlen unter den Tugenden also im Vergleich zum späteren kanonischen Katalog nur *iustitia* und *fortitudo*, unter den Lastern *acedia* nur insofern, als sie nicht personifiziert und näher thematisiert wird.

Prudentius scheint bei der Auswahl seiner Tugenden und Laster zunächst von den Lastern ausgegangen zu sein, wobei er besonders auch jene aufnimmt, die zu seiner Zeit als besonders gefährlich und besonders aktuell angesehen werden, wie etwa die *luxuria* (= *luxuria* und *gula*), *auaritia* (= *auaritia* und *inuidia*) sowie *discordia*, deren Gefahren er auch besonders eindringlich darstellt, indem er sie als nicht eindeutig als Sünden erkennbar zeigt und ausführlich ausmalt, wie sie selbst auf Christen wirken.[86] Wohl aus demselben

---

[84] Vorher schwankten die Lasterkataloge zwischen sieben und acht Lastern (vgl. Vögtle 1950: 74). So findet sich beispielsweise in Euagrios Pontikos (345–399 n. Chr.) *De octo spiritibus malitiae* ein Achtlasterkatalog: γαστριμαργία, πορνεία, φιλαργυρία, λυπή, ὀργή, ἀκηδία, κενοδοξία und ὑπερφανία (vgl. Vögtle 1950: 75, Bloomfield 1967: 44–45 u. Wenzel 1968: 2–3.). Zu den verschiedenen Lasterkatalogen und ihren hellenistischen und christlich-jüdischen Ursprüngen vgl. Bloomfield 1967: 37–57.

[85] Vgl. Peschke 1997: 349.

[86] Vgl. etwa für die *auaritia* die Belege bei Hübner 2005: 153–155, 160–163 u. 179–180 sowie für die *luxuria* bei Hübner 2005: 184–185. Zur Aktualität der einzelnen Laster zu Prudentius' Zeit siehe jeweils die Einleitungen zu den Kommentaren der einzelnen

Grund fügt er auch die *pudicitia* hinzu.[87] Die Demut spielt in der frühchristlichen Ethik in Anlehnung an die Worte Jesu eine besonders wichtige Rolle und ist deshalb wohl von Prudentius ergänzt worden.[88]

Durch die Gegenüberstellung einer entgegengesetzten Tugend zu jedem Hauptlaster gewinnt Prudentius seine Tugendauswahl.

Bloomfield zeigt, dass die Lasterauswahl in Prudentius' *Psychomachia* und *Hamartigenia* vor allem auf jüdische und christliche Quellen zurückgeht, auch wenn sich hellenistische Einflüsse nachweisen lassen. Er kommt im Vergleich mit dem Sündenkatalog des Euagrios Pontikos und anderen Katalogen zu dem Schluss, dass Prudentius entweder eine eigenständige Liste erstellt oder aber Anleihen bei verschiedenen Traditionen macht, aus denen er eigenständig auswählt.[89]

Die Reihenfolge der Kämpfe ermöglicht zumindest teilweise Rückschlüsse auf die Gewichtung der einzelnen Tugenden und Laster bei Prudentius. Sie wird als Kriterium durch in den Text eingestreute Beurteilungen und die Beschreibung ihrer Wirkung ergänzt.[90]

Prudentius beginnt mit der *Fides*, der ersten der drei göttlichen Tugenden des Paulus (1 *Cor* 13, 13), die er als Königin unter den Tugenden bezeichnet und auch am Schluss die *Concordia* retten und mit dieser gemeinsam die Siegesrede halten und den Tempel bauen lässt. Sie rahmt sozusagen das gesamte Gedicht und ist daher von ganz besonderer Bedeutung. Die Laster *Idololatria* und *Discordia*, die *Fides* vernichtet, sind einerseits als Widerstand der paganen Partei des Senats noch nicht lange besiegt, andererseits als Häresien noch immer aktuell.[91]

Dass *Pudicitias* Kampf gegen die *Sodomita libido* an zweiter Stelle folgt, deutet darauf hin, dass dieses Laster Prudentius ebenfalls als besonders gefährlich erscheint, auch wenn es – seiner eigenen Deutung gemäß – mit der Geburt Jesu durch die Jungfrau Maria endgültig besiegt ist.[92]

Die *Patientia* kämpft an dritter Stelle gegen *Ira*. Ihre Bedeutung wird noch exlizit durch die Feststellung hervorgehoben, dass keine andere Tugend sich ohne Unterstützung der *Patientia* auf einen ungewissen Kampf einlasse.

An vierter und damit mittlerer Stelle unterstützt *Spes*, die zweite der paulinischen Tugenden, die *Mens humilis*, die Demut also, die zwar nicht zu

---

Kämpfe. Vgl. ferner Gnilka 1963: 31–46, bes. 38–39.
[87] Diese findet sich auch im Tugendkatalog des Ersten Clemensbriefes: 1 *Clem* 21, 7.
[88] Vgl. Dihle 1950: 710–711 mit Verweis auf 1 *Clem*, wo die Demut den gesamten Tugendkatalog durchzieht: 1 *Clem* 21, 4–9.
[89] Vgl. Bloomfield 1967: 64.
[90] Vgl. Gnilka 1963: 31–46.
[91] Vgl. Gnilka 1963: 31–33 sowie 41.
[92] Vgl. Gnilka 1963: 33–34.

den sieben Haupttugenden des späteren Tugendkatalogs gehört, doch von Anfang an im christlichen Verständnis von besonderer Bedeutung ist.[93] Die ihnen entgegengesetzte *Superbia* führt sogar den späteren Lasterkatalog der sieben Hauptsünden an.

Die letzten drei Kämpfe werden durch ihre Verknüpfungen als zusammenhängend dargestellt: Der fünfte und durch seinen Umfang hervorgehobene Kampf zeigt *Luxuria* als eines der besonders gefährlichen und aktuellen Laster, das als solches kaum erkennbar und somit äußerst erfolgreich ist, ebenso verhält es sich im sechsten Kampf mit der *Auaritia* und im siebenten mit der *Discordia*. Die ihnen jeweils entgegengesetzten Tugenden *Sobrietas*, *Ratio* und *Operatio* sowie *Concordia* und *Fides* gewinnen damit besondere Bedeutung und Aktualität.

Fünf der von Prudentius ausgewählten Tugenden – und noch dazu drei so herausgehobene wie *Concordia*, *Spes* und *Fides* und zusätzlich die Prudentius so wichtige *Pudicitia* und die mit *Concordia* verbundene *Pax* – sind darüber hinaus dem paganen römischen Publikum ebenso vertraut, da sie bereits teils seit republikanischer Zeit, teils seit der Kaiserzeit als vergöttlichte Personifikationen von für die Römer wichtigen abstrakten Prinzipien kultisch verehrt wurden.[94] Hier scheint Prudentius' in der *Praefatio* geäußertes Bedürfnis, die Heiden zu bekehren, mitzuwirken, denn indem er auf in Rom seit langem Bekanntes und Bewährtes zurückgreift, erleichtert er den noch nicht bekehrten Mitbürgern das Verständnis seines christlichen Tugend- und Heilskonzepts.

3.5. Personifikation und Allegorik

In der Kirchen- und Literaturgeschichte gilt die *Psychomachia* als erstes vollständig allegorisches Großgedicht der europäischen Literatur.[95] Einige moderne Kritiker dagegen sehen darin lediglich eine naive Allegorie oder sogar bloße Personifikation bzw. personifizierte Abstrakta.[96] Natürlich ist ein wesentliches Prinzip der *Psychomachia* die Personifikation der Tugenden und Laster, die jedoch allegorisch weiter ausgeführt wird.[97]

---

[93] Vgl. Dihle 1950: 710–711 u. Dihle 1957.
[94] Vgl. Axtell 1907: 11–13, 18–21 u. 37–40 sowie Pollmann 2017: 52–62.
[95] Vgl. Ebert–Krüger 1905: 186, Schanz 1914: 246 § 871, Manser 1936: 532, Manser–Kurfeß 1963: 845, Jauss 1965: 186, Evenepoel 1997: 605, Döpp 1998: 523 u. Glau 2000: 161.
[96] Vgl. Kent 1979: 22.
[97] Vgl. zur allegorischen Personifikation Bloomfield 1972: 302–303 und zur Tradition der Personifikation in der Antike Petersen 1939 sowie Shapiro 1993.

Die Allegorie ist nach Quint. *inst.* 8, 6, 44–53 u. 9, 2, 46–47 eine narrativ fortgeführte Metapher oder eine Abfolge von Metaphern. Diese ist narrativ ausgestaltet und steht übertragen für etwas anderes, als der Wortsinn besagt, nämlich für eine „kohärente Sinnfolge im abstrakten Zielbereich".[98]
Kohl ergänzt diese Definition folgendermaßen:

> Der Begriff bezeichnet auch Personifikationen, die einem Abstraktum konkrete Gestalt verleihen, häufig mit bedeutungsträchtigen Requisiten (z. B. ‚Justitia' mit der Waage); die narrative Elaborierung ist hier gewissermaßen in der gestalthaften Personifikation verdichtet.[99]

Genau dies geschieht in der *Psychomachia* durchgängig, auch wenn die Waffen der beiden ersten Akteurinnen *Fides* und *Cultura ueterum deorum* noch keine „Beziehung auf [deren] Wesen haben".[100] Glau zeigt, dass die Allegorie der *Psychomachia* „weniger in den Personifikationen der Tugenden und Laster als in der Geschichte von ihrem Kampf gegeneinander [besteht]" und eine „didaktische Funktion" erfüllt und „im Verhältnis zur Schilderung vom Bau des Tempels [...] als neu zu entschlüsselndes Bild ... zum Bestandteil einer Allegorese [wird], in der sie eine neue Funktion erhält.[101]

Herzog zeigt, dass „Prudentius [...] scheinbar [das] Problem eines einheitlichen allegorischen Bildes in der *Psychomachie* durch die Einführung der Tugenden als Gegenpersonifikationen gelöst [hat]", die „in dieser Hinsicht als durchaus geglückte Verwirklichung des ihr zugrundeliegenden Konzepts [wirkt]", und dass die *Psychomachia* ein „freies allegorisches Konzept" darstellt, das „einen Musterfall für die Verschmelzung von Antikem und Christlichem darbietet."[102]

Auch die Verweise auf biblische Figuren und Erzählungen sind bei Prudentius allegorisch, was die These stützt, dass eine der Quellen der prudentianischen Allegorik die allegorische Bibelexegese ist.[103]

Allerdings geht in der *Psychomachia* gelegentlich die Konzinnität des Bildes verloren, wie Herzog exemplarisch für das Nach- und Nebeneinander von Kampf und Tempelbau und weitere Durchbrechungen der Bildbene zeigt.[104] Gnilka hat am Beispiel der Tötungsszenen in der *Psychomachia* die Widersprüche deutlich gemacht, die sich aus der epischen Allegorisierung des Tugend-Laster-Kampfes ergeben.[105]

---

[98] Kohl 2007: 87. Vgl. Reinhard 1960: 34.
[99] Kohl 2007: 78.
[100] Herzog 1966: 105.
[101] Glau 2000: 163–164; vgl. auch 165.
[102] Herzog 1966: 103–104, zur Verschmelzung von Antikem und Christlichem auch mit Verweis auf Schwen 1937.
[103] Vgl. Gnilka 1963: 91.
[104] Vgl. Herzog 1966: 111–112 u. Herzog 2002: 190–191.
[105] Vgl. Gnilka 1963: 47–50.

Allegorisch nicht weiter ausdeutbar bleibt allerdings die ohnehin kaum dargestellte Landschaft, in der die Kämpfe stattfinden.[106]

Die *Psychomachia* stellt demnach eine deutlich komplexere Allegorie dar, als Kritiker wie Kent erkennen, „mehr als nur personifizierte Affekte oder Zustände einer individuellen Psyche".[107]

Gnilka identifiziert in der *Psychomachia* zwei Bedeutungsebenen: eine mikrokosmische, auf die Seele des einzelnen Menschen bezogene, und eine makrokosmische, heilsgeschichtliche.[108]

Glau erkennt mit Bezug auf Beatrice drei allegorische Bedeutungsebenen:

> als Allegorie der Heilsgeschichte in Bezug auf Christus und die Kirche, als Tropologie in der täglichen asketischen Erfahrung und als Anagogie in der eschatologischen Synthese des endzeitlichen Aspekts der Heilsgeschichte und des asketischen Aspekts der Tropologie.[109] Sie vermutet daher, das Prudentius die Theorie des dreifachen Schriftsinns des Origenes kannte und diese bei der Konzeption der *Psychomachia* zugrundegelegt habe.[110]

---

[106] Vgl. Kreuz 2010: 244. Siehe dazu oben S. 27.
[107] Jauss 1965: 197.
[108] Vgl. Gnilka 1963, bes. 27–46 u. 125–128.
[109] Glau 2000 S. 168 mit Verweis auf Beatrice 1971: 54.
[110] Vgl. Glau 2000: 168–175.

3.6. Wirkung und Rezeption

In den ersten Jahrzehnten nach ihrem Erscheinen scheint die *Psychomachia* noch kaum bekannt gewesen zu sein,[111] doch verbreitet sie sich im ausgehenden 5. Jh. – wohl zuerst in Gallien – stärker. Darauf deutet neben der Behandlung bei Gennadius *de vir. ill.* 13 auch eine Anspielung auf das *Peristephanon* bei Sidonius Apollinaris (*epist.* 2, 9, 4). Um 500 n. Chr. finden wir bei Alcimus Avitus ein Lob auf die *Psychomachia*.[112]

Zu diesem Zeitpunkt war Prudentius schon hochberühmt; seine Hymnen hatten großen Einfluss auf die christliche Hymnologie, sieben Lieder aus dem *Cathemerinon* gingen ins römische Brevier ein.[113] Gnilka bezeichnet deshalb auch das „fünfte Jahrhundert [...] als die schicksalhafte Phase der Textgeschichte" der Werke des Prudentius.[114] Um 570 n. Chr. erwähnt ihn Venantius Fortunatus, um 700 Beda Venerabilis. „Von da an ist das Ansehen des Prudentius in fortwährendem Steigen begriffen; er findet Eingang in alle christliche Länder und neben der hl. Schrift gehörte Prudentius zu den gelesensten Autoren"[115].

Nur die Bibel wurde im Althochdeutschen häufiger mit Glossen versehen als die Werke des Prudentius, auch im Altenglischen finden wir sehr viele Glossen dazu.[116] Prudentius war im Mittelalter also stark verbreitet – besonders die *Psychomachia* und wurde von anderen Autoren sogar imitiert.

Darüberhinaus war Prudentius Schulautor. Man findet ihn u. a. in den „Bildungsplänen" des Balbulus (9. Jh.), des Domschullehrers Winrich (11. Jh.), des Konrad von Hirsau (12. Jh.) und Eberhards des Deutschen (13. Jh.); in Spanien gehört Prudentius sogar noch bis ins 15. Jh. hinein zur Schullektüre.[117] Vor allem die *Psychomachia* soll neben den Hymnen auch in Nonnenklöstern „fleissig gelesen worden" sein.[118]

So schreibt Bergman zu Recht: „Man kann ruhig behaupten, dass Prudentius der meistgelesene antike Autor der mittelalterlichen Klosterschulen gewesen ist."[119] Bentley nennt Prudentius einen „Christianorum Maro et Flac-

---

[111] Gnilka widerspricht dem neuerdings und schreibt: „Schon in den ersten Jahrzehnten muß er starke Beachtung gefunden haben" (Gnilka 2008 a: 20).
[112] Vgl. Bergman 1921: 12–13.
[113] Vgl. Schanz 1914: 255 § 875.
[114] Gnilka 2008 a: 20.
[115] Schanz 1914: 256 § 875, vgl. Bergman 1921: 13.
[116] Vgl. Bergman 1921: 14. Zu den Glossen vgl. Steinmeyer 1873, Holder 1878, Burnam 1905, Burnam 1910, Heinisch 1935, Meritt 1959, Wieland 1983 u. Tiefenbach 2003.
[117] Vgl. Curtius 1993: 59–60; 265–266 u. 271–271.
[118] Bergman 1921: 14.
[119] Bergman 1921: 14.

cus".[120] Curtius bezeichnet ihn als „bedeutendste[n] und originellste[n] altchristliche[n] Dichter".[121]

Im 16. Jh. fordern Humanisten seine Beibehaltung bzw. Wiederaufnahme in den Schulkanon – neben Vergil und Horaz; so wird er in katholischen Ländern weiterhin gelesen, in den protestantischen Ländern dagegen sinkt sein Stern.[122] Vielleicht schreckten seine Heiligenlegenden die Protestanten doch zu sehr ab.

Motive der *Psychomachia* wurden in der romanischen Bauplastik und in der bildenden Kunst stark rezipiert. Doch auch in der Literatur wirkte die *Psychomachia* nach: So verwendet Cynewulf im 8. Jh. die *Psychomachia*-Allegorie in der Tradition des Prudentius.[123] Auch im *Anticlaudian* des Alanus ab Insulis (12. Jh.)[124] und im *Chanson de Roland* (zw. 1075 u. 1110)[125] finden wir das *Psychomachia*-Motiv und explizite Parallelen zu *Psychomachia* des Prudentius. Im *Rosenroman* (13. Jh.) wird das *Psychomachia*-Motiv strukturell verfremdet: Tugenden und Laster kämpfen nicht direkt gegeneinander, sondern existieren nur als Bilder auf der Gartenmauer; es gibt zwar personifizierte Allegorien, doch nicht mehr von Tugenden und Lastern.[126]

In der englischen religiösen Epik des 14. Jh. findet sich schließlich wieder die typologische religiöse Deutung dieses Motivs. Die *morality plays* übernehmen die allegorische Darstellung des Kampfes von Tugenden und Sünden um die Seele des Menschen. Doch anders als in der *Psychomachia* des Prudentius kämpfen die Tugenden nicht in brutalen Gefechten gegen die Laster, sondern reagieren auf die Angriffe der Laster mit vernünftigen Argumenten. Einzig in *The Castle of Perseverance* finden wir eine Schlacht zwischen Tugenden und Lastern, so dass dieses Stück als das einzige *morality play* gelten darf, welches das *Psychomachia*-Motiv genauso wie Prudentius gebraucht. Das Stück *Mankind* ist ebenfalls noch recht nahe an der prudentianischen *Psychomachia*, weil es dort eine Schlacht zwischen Gut und Böse innerhalb des Charakters *Mankind* gibt. In *Pride of Life* ist der Seelenkampf nicht voll entwickelt, sondern nur impliziert. Gewisse Spuren lassen sich noch in Marlowes *Dr. Faustus* finden, auch in Spensers *Faerie Queen* (1589) und Bunyons *Pilgrim Progress* (1678), doch ansonsten ist das Motiv aus der englischen Literatur verschwunden. Die moralische Belehrung verlor an Bedeutung. Hinzu

---

[120] So in seinem Horazkommentar von 1711 zu *carm.* 2, 2, 15, hier zitiert nach Lühken 2002: 11.
[121] Curtius 1993: 453.
[122] Vgl. Bergman 1921: 14–15.
[123] Vgl. Irvine 1981.
[124] Vgl. Basile 2007 u. Curtius 1993: 117.
[125] Vgl. Mickel 1970.
[126] Vgl. Jauss 1965 u. Curtius 1993: 211–212.

kommt, dass die allegorische Natur der Stücke für Protestanten ein Problem darstellte.[127]

In neuerer Zeit finden wir zwar noch gelegentlich das *Psychomachia*-Motiv oder einzelne Strukturelemente der *Psychomachia* in der Literatur, doch lässt sich hier meist kein direkter Bezug mehr auf die *Psychomachia* des Prudentius erkennen.[128]

Außer in der bildenden Kunst und in der Literatur finden sich auch in der Musik Rezeptionsdokumente prudentianischer Dichtung, auch zur *Psychomachia*.[129]

---

[127] Vgl. Cannon 1989 u. Curtius 1993: 212.
[128] Vgl. Hannemann 2008, Orth 2008 u. Schmid 2008.
[129] Vgl. Jakobs 2008 u. Zimmerl-Panagl 2010.

4. Textüberlieferung

4.1. Handschriften

Prudentius erfreute sich im Mittelalter großer Beliebtheit und war typischer Schulautor.[1]

Daraus erklärt sich die große Anzahl erhaltener Handschriften seiner Werke. Es sind mehr als 320 Handschriften überliefert, von denen wir wissen. So hat Bergman bei den Vorbereitungen seiner Gesamtausgabe in Bibliothekskatalogen in Italien, Frankreich, Spanien, Großbritannien, Deutschland, Österreich, der Schweiz, Belgien, den Niederlanden und anderen europäischen Ländern selbst ca. 280 Handschriften ausfindig gemacht, mehr als 30 weitere wurden ihm von Bibliothekaren aus ihm nicht zugänglichen Bibliotheken mitgeteilt.[2]

Die meisten dieser Codices sind entweder jüngeren Datums oder enthalten nur einzelne Gedichte – häufig die *Psychomachia* oder die *Tituli historiarum*.[3] Allerdings kann das niemand mit Sicherheit sagen, weil aufgrund ihrer enormen Anzahl nicht einmal Bergman alle Codices genau untersuchen konnte.[4]

Der Großteil dieser Codices stammt aus dem 11.–15. Jh., einige aus dem 9.–10. Jh., zwei aus dem 6.–7. Jh.[5] Einige Handschriften enthalten Illustrationen, insbesondere zur *Psychomachia*.[6]

Das Problem der Doppelfassungen und der Interpolationen in den Prudentiushandschriften kann hier nicht umfassend dargelegt werden.[7] Daher werden diese Fragen, insofern sie die *Psychomachia* betreffen, an den jeweiligen Stellen des Kommentars diskutiert.

---

[1] Vgl. Curtius 1993: 59–60, 265–266 u. 271–272.
[2] Vgl. Bergman 1926: XIX.
[3] Vgl. Bergman 1926: XIX–XX.
[4] Vgl. Bergman 1926: XX.
[5] Vgl. Bergman 1926: XX u. Bergman 1908.
[6] Vgl. Stettiner 1895 u. Homburger 1962.
[7] Vgl. Pelosi 1940, Schmid 1953, Bartalucci 1961: 164–165, Gnilka 1965: 246 = Gnilka 2000 S. 1–15, Gnilka 1968: 361–362, Gnilka 1985 = Gnilka 2000 b u. Gnilka 1986 = Gnilka 2000 c.

4.1.1. Beschreibung der Handschriften

Diese Beschreibung der Handschriften folgt im Wesentlichen Bergman[8], da dieser auf der Grundlage einer sorgfältigen *recensio* eines großen Teils der existierenden Handschriften die zwölf wichtigsten Textzeugen für die Werke des Prudentius, sowie drei weitere, nur für die *Psychomachia* wichtige Handschriften ausgewählt und detailliert beschrieben hat, bisweilen Cunningham[9], der für seine Ausgabe die von Bergman zugrundegelegten sowie einige weitere Handschriften einer erneuten *recensio* unterzogen hat, und gelegentlich Lavarenne[10], der für seinen Kommentar einige der Handschriften in der Pariser Nationalbibliothek eingesehen hat. Die von Cunningham zusätzlich hinzugezogenen Codices werden hier nicht beschrieben, da sie für den hier abgedruckten Text nicht herangezogen wurden; ihre Namen, Signaturen, Siglen und Datierungen sind jedoch in Tab. 4.2, S. 58 abgedruckt, die Beschreibungen finden sich bei Cunningham 1966: XX–XXII §§ 5–74.

A – *Parisinus bibl. nat. Lat.* **8084 („*Puteanus*")**:[11] Den Namen *Puteanus*, unter dem er meist zitiert wird, hat der Codex nach seinem früheren Besitzer, dem französischen Gelehrten Jacob du Puy (†1656).[12] Er befindet sich heute in der Nationalbibliothek von Paris. Der Pergamentcodex umfasst 155 Folia mit einer Länge von 29,5 cm und einer Breite von ca. 25 cm. Auf einer Seite finden sich jeweils 20 Verse. Geschrieben ist er in *capitalis rustica* ohne Worttrennung und ohne Interpunktion.

Aufgrund der Schrift, des Materials und einiger orthographischer Spezifika vermutet Bergman, dass der Codex im 6. Jh. in Italien abgeschrieben wurde. Somit ist er der älteste erhaltene Textzeuge.

Ms. A ist sowohl am Anfang als auch am Ende lückenhaft: Zu Beginn fehlt die *Praefatio*, die nach Bergmans Meinung aber ursprünglich vorhanden gewesen sein muss, was Cunningham widerlegt hat.[13] Der Codex endet nach *perist.* 5, 142. Er enthält *cath., apoth., ham., psych.* sowie *perist.* 1–5, 142.

---

[8] Bergman 1908 u. Bergman 1926: XIX–XLVIII, vgl. auch Bergman 1912.
[9] Cunningham 1966: X–XXIV.
[10] Lavarenne 1933:27–35 §§ 35–59. Lavarennes Leseausgabe (Lavarenne 2002: 47) enthält dagegen einige Fehler in der Datierung der Handschriften, die der Datierung im Kommentar (Lavarenne 1933), der gewöhnlich Bergman folgt, widersprechen.
[11] Vgl. Bergman 1908: 5 u. 40–41, Bergman 1926: XXV–XXVI, Lavarenne 1933: 29–30 §§ 41–42, Cunningham 1958, Bartalucci 1961, Cunningham 1966: X–XII §§ 5–12, Brožek 1970 sowie Cunningham 1971: 63 u. 65. Vgl. ferner Mommsen 1870: 352–353, Morel 1868, Delisle 1867, DeRossi 1868: 49–50, Ellis 1868, Dobbelstein 1879, Robert 1884, Winstedt 1904 a u. Jannaconne 1948.
[12] Vgl. Bergman 1926: XXV.
[13] Vgl. Cunningham 1958: 32, Cunningham 1966: XI § 10, Thraede 1968: 685 Anm. 2 u. Brožek 1970: 34.

Der Codex enthält am unteren Rand von fol. 45v nach dem Ende von *cath.* den Vermerk „[VET]TIVS AGORIVS [BA]SILIVS". Dieser Vettius Agorius Basilius Mavortius, Konsul des Jahres 527 n. Chr., hatte auch eine *recensio* der Werke des Horaz vorgenommen. Es gibt daher einige, die meinen, dass es sich bei Ms. A um ein Exemplar handle, das einst Mavortius gehört hat, andere wiederum meinen, es handle sich dabei um eine Abschrift des von Mavortius besessenen Exemplars.[14] Wieder andere vermuten aufgrund dieses Vermerkes, dass Ms. A das Resultat einer Rezension der Werke des Prudentius durch Mavortius ist.[15] Dies wird gestützt durch Cunninghams Untersuchung des Ms. A, der zu dem Ergebnis kommt, dass es sich dabei höchstwahrscheinlich um das Ergebnis einer Kompilation handelt, bei der für die verschiedenen Werke des Prudentius jeweils unterschiedliche Vorlagen benutzt wurden.[16]

C – *Cantabrigiensis Collegii Corporis Christi* 223:[17] Der Pergamentcodex befindet sich in der Bibliothek des *Corpus Christi College* in Cambridge. Er umfasst 173 Folia mit einer Länge von 24 cm und einer Breite von ca. 18 cm, deren Seiten jeweils 34 Verse enthalten, und ist in karolingischen Minuskeln geschrieben.

Bergman datiert den Codex aufgrund der karolingischen Schrift und den Angaben auf der ersten Seite ins 9. Jh. und vermutet, dass er in Frankreich geschrieben worden sei; Cunningham präzisiert die Datierung auf die Mitte des 9. Jh.

Nach einer tabellarischen Übersicht der Frankenkönige auf der ersten Seite und anscheinend medizinischen Rezepten o. ä. auf den folgenden Seiten, beginnt die Prudentiusausgabe auf der vierten Seite zunächst mit dem vorangestellten Bericht des Gennadius über Prudentius,[18] der jedoch beim Wort *praeuaricationem* abbricht, da hier ein Blatt aus dem Codex herausgetrennt ist, auf dem das Ende des Berichts von Gennadius sowie die *Praefatio* des Prudentius und der Beginn des *Cathemerinon liber* gestanden haben müssen. Das Folgeblatt beginnt bei *cath.* 3. Der Codex enthält: *cath.* 3–12, *apoth., ham., psych., perist.* 10, *perist.* 1–9; 11–14, *c. Symm., ditt., epil.*.

Es finden sich selten Glossen zwischen den Zeilen, öfter jedoch Wort- oder Sacherklärungen am Rand. Die Überschriften zu den Werken scheinen später

---

[14] Vgl. Bergman 1926: XXV Anm. 2 mit Verweis auf Delisle 1867: 297–298, Winstedt 1904 b: 112–113, Winstedt 1907: 10–11, Mommsen 1870: 352–353 u. a.
[15] Vgl. Klingner 1930: 41 u. Jannaconne 1948: 231.
[16] Vgl. Cunningham 1958: 33–37.
[17] Vgl. Stettiner 1895: 17–22, Bergman 1926: XXVII–XXVIII u. Cunningham 1966: XIX–XX §§ 63–64.
[18] *De uiris illustribus* 13.

hinzugefügt worden zu sein, vielleicht zu Beginn des 10. Jh., wie Bergman vermutet. Die *Psychomachia* ist illustriert.[19]

D – *Dunelmensis bibl. Cathedr.* B 4.9 (4446):[20]   Der Pergamentcodex befindet sich in der *Dean and Chapter Library* der Kathedrale von Durham. Er umfasst 171 Folia mit einer Länge von 24 cm und einer Breite von 16 cm, deren Seiten jeweils 34 Verse enthalten.

Der Codex ist wahrscheinlich im frühen 10. Jh. in Britannien von zwei Kopisten abgeschrieben worden, von denen der erste die Folia 1–99 und der zweite die restlichen Folia beschrieben hat. Er beginnt ebenso wie Ms. C mit Gennadius' Beschreibung der Werke des Prudentius, enthält die Werke des Prudentius in derselben Reihenfolge wie in Ms. C und ist dieser Handschrift überhaupt – bis in die Rand- und Interlinearbemerkungen hinein – so ähnlich, dass man meinen könnte, Ms. D sei aus Ms. C abgeschrieben. Doch hält Bergman es für wahrscheinlicher, dass beide Mss. Abschriften desselben Archetyps sind, allerdings so, dass durch Hinzuziehung anderer Mss. hier und da einiges verändert wurde.

B – *Ambrosianus* D 36 *sup.*:[21]   Die Handschrift befindet sich in der *Biblioteca Ambrosiana* in Mailand. Der Pergamentcodex umfasst 222 Folia von 22,5 cm Länge und 14,5 cm Breite mit jeweils 28 Zeilen pro Seite. Von den 29 Quaternionen sind acht, die verlorengegangen waren, später ersetzt worden.

Die 21 älteren Quaternionen datiert Bergman aufgrund der darin verwendeten Unziale ins 7. Jh., die jüngeren ins 9. oder frühe 10. Jh., nicht nur wegen der dort verwendeten Schrift, sondern auch aufgrund von Ähnlichkeiten zu einem Codex (*Vat. Reg.* 2078), der die *Psychomachia* anscheinend in einer Abschrift aus Ms. B enthält.[22] Cunningham datiert die älteren Teile ins 6. Jh.[23] Dieser ältere Teil des Ms. B ist wahrscheinlich in *Bobium* (Bobbio) in Italien geschrieben worden.

Der Codex enthält:[24] *cath.* 7, 149–9, 93; (*cath.* 9, 94–10; *perist.* 10; 11; 13; 12; *cath.* 11; 12, 1–112); *cath.* 12, 113–208; *perist.* 10, 1–205; (206–453;) 454–1140; *perist.* 1; 2; 3, 1–112 (113–215); (*perist.* 5, 1–342); *perist.* 5, 343–575; *perist.* 4; 14; 6; 7; 9; *apoth.* 1–847; (*apoth.* 848 bis *ham.* 135); nach einer nicht ersetzten Lücke folgen vier jüngere Quaternionen, die *ham.* 681–805

---

[19] Vgl. Stettiner 1895: 18–20.
[20] Vgl. Bergman 1926: XXVIII–XXIX u. Lavarenne 1933: 31 §§ 43–44.
[21] Vgl. Bergman 1908: 5 u. 19–23, Bergman 1926: XXXI–XXXIV, Lavarenne 1933: 31–32 § 46 u. Cunningham 1966: XII–XIII §§ 13–22.
[22] Vgl. Bergman 1926: XXXII.
[23] Vgl. Cunningham 1966: XII § 13 u. Cunningham 1971: 61 Anm. 3.
[24] Die in runden Klammern angegebenen Verse sind von späterer Hand ergänzt worden.

enthalten; darauf folgen *ham.* 806 bis *psych.* 667 (668–892); *psych.* 893 bis *c. Symm.* 1, 336; nach einer weiteren Lücke folgen *c. Symm.* 1, 561–2, 84 (85–520); der Rest der Werke fehlt.

Ms. B enthält weder Scholien noch Glossen, nur wenige Korrekturen, obwohl dem ursprünglichen Schreiber der älteren Teile viele Schreibfehler unterlaufen sind. Es gibt keine Wortzwischenräume, keine Rubrizierungen oder Majuskeln zu Versbeginn.

V – *Vaticanus Reginensis* 321:[25] Der Pergamentcodex befindet sich in der Bibliothek des Vatikans. Er umfasst 66 Folia mit einer Länge von 32 cm und einer Breite von 23 cm. Auf jeder Seite des Codex finden sich zwei Spalten, bei den lyrischen Gedichten sogar drei Spalten mit je 38 Zeilen.

Der Codex stammt wahrscheinlich aus Frankreich. Bergman und Lavarenne datieren ihn ins (frühe) 10. Jh., Cunningham dagegen ins späte 9. Jh. Inzwischen hat sich das Pergament bräunlich verfärbt und einige Flecken, so dass nicht selten Buchstaben verschwunden sind.

Nach dem Bericht des Gennadius über Prudentius[26] und einer Erklärung des Metrums der *Praefatio* folgen ab dem zweiten Folium: *cath.* 1–12, *apoth., ham., psych., perist.* 10; *perist.* 1–3; 5; 4; 14; 6; 7; 9; 8; 11–13, *epil., ditt.* und nochmals *epil.*

Es finden sich im gesamten Codex Bemerkungen am Rand und zwischen den Zeilen.

N – *Parisinus bibl. nat. Lat.* 8305:[27] Der Pergamentcodex befindet sich in der Nationalbibliothek in Paris. Er umfasst 157 Folia mit einer Länge von 23 cm und einer Breite von 19 cm, die auf jeder Seite 30 Zeilen enthalten, wobei sich bei den lyrischen Gedichten je zwei Verse auf einer Zeile befinden. Die letzten acht Folia scheinen von anderer Hand und mit blasserer Tinte geschrieben zu sein, ebenso die Korrekturen im übrigen Text.

Bergman und Lavarenne datieren den Codex auf das 10. Jh., Cunningham dagegen auf das 9. Jh.

Die Prudentiusausgabe beginnt auf dem dritten Folium mit dem Bericht des Gennadius; darauf folgen: *cath.* 1–12, *apoth., ham., psych., perist.* 10; *perist.* 1–3; 5; 4; 14; 6; 7; 9; 8; 11–13, *ditt., epil.*

Es finden sich zahlreiche Rasuren und Korrekturversuche von zweiter Hand, die nicht selten den Text verschlechtern.

---

[25] Vgl. Bergman 1926: XXXIV–XXXV, Lavarenne 1933: 32 § 47 u. Cunningham 1966: XIV § 26.

[26] *De uiris illustribus* 13.

[27] Vgl. Bergman 1926: XXXV, Lavarenne 1933: 32–33 § 48 u. Cunningham 1966: XIV § 27. Der Codex trug früher zuerst die Signatur *Colbertinus* 4411, dann *Regius* 4429.

P – *Parisinus bibl. nat. Lat.* 8086:[28] Der Pergamentcodex, der sich in der Nationalbibliothek von Paris befindet, umfasst 110 Folia von 23,5 cm Länge und 16 cm Breite. Je Seite finden sich 35 Zeilen, wobei der Text in den lyrischen Gedichten zweispaltig angeordnet ist.

Geschrieben wurde der Codex in karolingischen Minuskeln. Bergman datiert ihn auf das frühe 10. Jh.

Ms. P enthält: *praef., cath.* 1–10, *perist.* 1; 5; 4; 6–9; 11–14; 2; 3; 10, *cath.* 11–12, *apoth., ham., psych., c. Symm., ditt., epil.*; allerdings klafft in der Mitte eine große Lücke, so dass *ham.* 454 bis zum Ende und *psych. praef.* sowie *psych.* 1–811 fehlen.

Es finden sich gelegentlich Bemerkungen am Rand oder zwischen den Zeilen, auf vielen Seiten fehlen diese jedoch ganz.

E – *Leidensis Burmanni* Q 3 („*Egmondanus*"):[29] Da er sich früher in der Benediktinerabtei Egmond befand, trägt dieser Pergamentcodex auch den Namen „Egmondanus" und die Sigle E; heute befindet er sich in der Universitätsbibliothek von Leiden. Er umfasst 181 Folia mit je 24,5 cm Länge und 15,5 cm Breite und jeweils 35 Versen pro Seite.

Bergman datiert den Codex auf das frühe 10. Jh., Cunningham dagegen auf das 9. Jh. Der Codex geht offenbar auf Vorlagen aus dem 5. u. 6. Jh. zurück.[30]

Die Prudentiusausgabe beginnt auf dem neunten Folium des Codex mit dem Bericht des Gennadius über Prudentius; es folgen: *Praefatio, cath.* 1–10, *perist.* 1; 5; 4; 6–9; 11–14; 2; 3; 10, *cath.* 11–12, *apoth., ham., psych., c. Symm., ditt., epil.* 1–9 (das letzte Blatt fehlt).

Die *Psychomachia* ist mit vielen Abbildungen illustriert. Glossen oder Anmerkungen finden sich nur sehr selten.

M – *Casinensis bibliothecae monasterii* 374:[31] Der Pergamentcodex, der sich in der Klosterbibliothek der Benediktinerabtei Monte Cassino befindet, umfasst 194 Folia mit einer Länge von 23,5 cm und einer Breite von 18 cm. Auf jeder Seite befinden sich 22 oder 23 Verse.

Der Codex ist in beneventanischer Schrift geschrieben, die aber Ähnlichkeit mit einer älteren Minuskelschrift hat, die im 9. Jh. in Italien in Gebrauch

---

[28] Vgl. Bergman 1926: XXXVIII–XXXIX u. Lavarenne 1933: 33 § 50. Zuvor trug der Codex die Signaturen 770 und 4018.

[29] Vgl. Stettiner 1895: 33–37, Bergman 1926: XXXIX–XL, Lavarenne 1933: 33 § 51, Cunningham 1966: XV §§ 34–36 u. Cunningham 1971: 63.

[30] Vgl. Cunningham 1966: XXVII § 110 u. Cunningham 1971: 63.

[31] Vgl. Bergman 1908: 23, Bergman 1926: XL–XLI, Lavarenne 1933: 33–34 § 53 u. Cunningham 1966: XVII § 49. Der Codex trug vorher die Signatur 403.

war. Ms. M ist wohl von zwei verschiedenen Schreibern im 9. Jh. abgeschrieben worden.[32]

Der Anfang des Codex ist unvollständig; es fehlen einige Folia. Außerdem scheint die Reihenfolge der Folia durcheinandergeraten zu sein. Der Text beginnt erst mit *apoth.* 188, es folgen: der Rest der *apoth., ham., psych., c. Symm.*, auf den Folia 11–12 sind einige Verse eingeschoben, die nicht Prudentius zuzuordnen sind, dann folgen ab Folium 13: *perist.* 10; 2; 3; 8; 9; 14; 4, *cath.* 2; 12, auf Folium 157 findet sich dann in roten Buchstaben die Überschrift „Incipiunt ymni aurelii prudentii", gefolgt von *praef., cath.* 3–10, *perist.* 1; 5–7; 13; 12, *epil., cath.* 11.

Es finden sich fast keine Glossen.

S – *Sangallensis bibl. monasterii* 136:[33] Der Pergamentcodex befindet sich in der Stiftsbibliothek St. Gallen. Er umfasst 185 Folia mit einer Länge von 27,5 cm und einer Breite von 15 cm. Je Seite finden sich 24 bis 26 Zeilen, wobei sich bei den lyrischen Gedichten jede Zeile zwei Verse enthält.

Der Codex ist in karolingischen Minuskeln geschrieben und stammt aus dem 9. oder frühen 10. Jh., wie Bergman und Lavarenne meinen; Cunningham datiert ihn auf die Mitte des 9. Jh.

Nach Gennadius' Beschreibung des Prudentius folgen: *Praefatio, cath.* 1–10, *perist.* 1; 5; 2; 11; 13; 12; 4; 14; 3; 6; 7; 9; 8; 10, *cath.* 11–12, *epil., ditt., apoth., ham., psych., c. Symm..* Es gibt ein paar kleinere Lücken, u. a. *cath.* 7, 36–105.

Es finden sich kaum Glossen oder Anmerkungen.

---

[32] Man hat aufgrund der Ähnlichkeit mit einer beneventanischen Schrift des 11. Jh. vermutet, dass der zweite Schreiber im 11. Jh. gewirkt habe, doch Bergman wendet dagegen sein, dass die gesamte beneventanische Schriftfamilie sich wenig verändert habe und daher das Alter schwer zu bestimmen sei, dass aber beide Schreiber sich wohl derselben Vorlage bedient haben und die Beschaffenheit des Textes dieselbe sei. Lavarenne folgt in der Datierung Bergman, Cunningham jedoch ordnet den zweiten Schreiber ins 11. Jh. ein. Vom zweiten Schreiber sind die Seiten 49–64 u. 224–309 geschrieben.

[33] Vgl. Bergman 1926: XLII, Lavarenne 1933: 34 § 55, Cunningham 1966: XVII § 46 u. Cunningham 1971: 65.

U – *Bernensis bibl. urbanae* 264 („*Bongarsianus*"):[34] Der Pergamentcodex trug früher den Namen „Bongarsianus" und die Sigle B, da er dem Gelehrten Jacques Bongars (= Iacobus Bongarsius, 1554–1612) gehört hat, und befindet sich heute in der *Burgerbibliothek* Bern. Er umfasst 289 Seiten mit einer Länge von 27,8 cm und einer Breite von 21,5 cm auf 18 Quaternionen zu je acht Folia. Es finden sich je 29 Zeilen pro Seite (bisweilen bei den lyrischen Gedichten zweispaltig).

Ms. U stammt aus dem späten 9. Jh. und ist illustriert.

Der Codex enthält einige Lücken, zudem ist die Reihenfolge der Gedichte beim Binden durcheinander geraten.

Ms. U enthält: *praef., cath.* 1–11, 100; nach einer Lücke von sechs Folia folgen *perist.* 5, 539–575; 2; 11, 1–240, *psych., perist.* 11, 241–246; 13; 12; 4; 14; 3; 6; 7; 9; 10, *epil., ditt., apoth., ham., c. Symm.*

Aus der *Psychomachia* fehlen vv. 284–520 und 641–915. Die *Psychomachia* hat eine eigene, bei 1 beginnende Numerierung der Folia, weshalb Bergman vermutet, dass dieser Teil des Codex ursprünglich eigenständig gewesen ist.

Es finden sich wenige Glossen; viele Seiten haben überhaupt keine Glossen oder Anmerkungen.

W – *Vaticanus Reginensis* 2078:[35] Der Pergamentcodex aus dem 9. Jh. befindet sich in der Bibliothek des Vatikans. Er hat eine Länge von 20 cm und eine Breite von 9 cm.

Der Codex enthält die *Psychomachia*, jedoch ohne die dazugehörige *praefatio* und vv. 668–892.

Bergman hält Ms. W für eine Abschrift des Ambrosianus (Ms. B) und zieht ihn für den Text der *Psychomachia* heran, um zu zeigen, auf welchem Wege gewisse Korruptelen entstanden sind und weiter überliefert wurden.

K – *Cantabrigiensis Collegii Corporis Christi* 23:[36] Der Pergamentcodex im Folioformat befindet sich in der Bibliothek des *Corpus Christi College* in Cambridge. Er stammt aus dem 11. Jh., wurde jedoch früher wegen seiner Schrift für älter gehalten.

Auf Gennadius' Bericht über Prudentius folgen nach einigen Versen, die nicht von Prudentius stammen, ab der dritten Seite: *psych.* (mit Illustrationen), *perist.* 10; 1–9; 11–14, *c. Symm.* 1 *praef.* 1–29. Es folgt ein Werk des Orosius, von anderer Hand geschrieben.

---

[34] Vgl. Stettiner 1895: 70–117, Bergman 1926: XLII–XLIII, Lavarenne 1933: 34 § 56, Homburger 1962: 136–159, Cunningham 1966: XVII–XVIII § 50 u. Cunningham 1971: 65.

[35] Vgl. Bergman 1926: XLV u. Lavarenne 1933: 34 § 57.

[36] Vgl. Bergman 1926: XLV–XLVI u. Lavarenne 1933: 34 § 58.

Ms. K wurde von Bergman nur für die *Psychomachia* herangezogen, um die Überlieferung der Illustrationen und Überschriften zu verdeutlichen.

R – *Aurelianus* 307:[37] Der Pergamentcodex aus dem 11. Jh. befindet sich in der Bibliothek von Orléans. Er hat Klein-Oktav-Format und ist in einen hölzernen Deckel eingebunden, der jedoch nur schlecht erhalten ist.

Der Codex enthält die Werke des Sedulius, dazwischen finden sich Fragmente aus den Gedichten des Prudentius, so u. a. auf den Seiten 83–118 ein Teil der *Psychomachia* (vv. 111–915).

Ms. R enthält verschiedene grammatische Anmerkungen und Kommentare.

Bergman hat den Codex für den Text der *Psychomachia* herangezogen, weil er als einziger von allen Codices, welche die *Psychomachia* enthalten, einen gänzlich anderen Ursprung zu haben scheint.

4.1.2. Verwandtschaftsverhältnis der Handschriften

Aufgrund der ungeheuren Anzahl von überlieferten Handschriften und der Tatsache, dass es bisher niemand vermocht hat, sie alle zu kollationieren, lässt sich eine letztgültige Aussage über die Verwandtschaftsverhältnisse der Codices nicht treffen. Selbst diejenigen Herausgeber, die eine größere Anzahl an Handschriften untersucht haben, haben meist nicht versucht, die Verwandtschaftsverhältnisse zwischen den Handschriften zu klassifizieren.[38]

Dies haben zunächst Steinmeyer anhand einiger Handschriften mit althochdeutschen Glossen, Stettiner anhand einiger illustrierter Prudentiushandschriften, Winstedt, dann Bergman für seine Gesamtausgabe und in der Folge seine Kritiker und schließlich Cunningham für seine Ausgabe getan.[39] Ihre Untersuchungskriterien waren meist die Reihenfolge der Gedichte[40] und natürlich charakteristische Lesarten, daneben Illustrationen und Glossen.

Die Aufstellung eines Stemmas für diese Codices ist mehrfach versucht worden,[41], doch mehren sich inzwischen die Anzeichen, dass die Überlieferung kontaminiert ist.

---

[37] Vgl. Bergman 1926: XLVI, Lavarenne 1933: 34 § 59.
[38] Vgl. Winstedt 1904: 166.
[39] Vgl. Steinmeyer 1873, Stettiner 1895, Winstedt 1904, Bergman 1908, Bergman 1926, Klingner 1930, Meyer 1932, Meyer 1939, Jannaconne 1948, Cunningham 1960, Cunningham 1962, Cunningham 1966 u. Thraede 1968: 686.
[40] Vgl. dazu auch Brožek 1970, bes. 35 Anm. 23.
[41] So bei Stettiner 1895: 201 (nachgedruckt bei Winstedt 1904: 169) Winstedt 1904: 79, Bergman 1926: XXIV (nachgedruckt bei Lavarenne 1933: 35) und Brožek 1970: 35 Anm. 23.

Stettiners und Winstedts Klasseneinteilung[42]

Stettiner kommt in seiner Untersuchung der illustrierten Prudentiushandschriften anhand der Illustrationen zu einer Einteilung in zwei Klassen von illustrierten Handschriften: die eine Gruppe bestehend aus in Frankreich und England kopierten Handschriften, die andere – größere – bestehend aus in Deutschland kopierten Handschriften.[43] Diese Klassifizierung hat Winstedt anhand weiterer Kriterien verifiziert und feiner ausdifferenziert.[44]

Beide Klassen stammen anscheinend von einem Archetypus aus dem 5. Jh. ab, allerdings hatte wohl jede dieser Klassen einen Hyparchetypus, der keine direkte Abschrift vom Archetypus war, was Stettiner anhand der Illustrationen und ihrer Überschriften, die teilweise nicht zueinander passen, überzeugend darstellt.[45] Stettiner stellt die von ihm angenommenen Verhältnisse in einem *stemma codicum* für die illustrierten Handschriften dar, wobei Ms. A aufgrund der fehlenden Illustrationen ausgenommen bleibt.[46]

Ein weiteres Kriterium neben den Illustrationen ist die Reihenfolge der Gedichte in den Handschriften, je nachdem, ob *perist.* direkt auf *cath.* folgt oder durch andere Gedichte von diesem getrennt ist; wobei sich diese Klassifizierung noch anhand weiterer Unterschiede in der Gedichtreihenfolge differenzieren lässt.[47]

Winstedt fasst die Ergebnisse seiner eigenen Untersuchungen zur Textüberlieferung und derjenigen Stettiners in einem Stemma zusammen.[48]

Klasse α:[49]   Diese Klasse besteht aus in Frankreich und England verfertigten Handschriften. In den Mss. dieser Klasse ist *perist.* durch andere Gedichte von *cath.* getrennt.

Familie α.1:[50]   Die Handschriften dieser Familie stammen alle aus Frankreich. Sie bieten die Gedichte des Prudentius in folgender Reihenfolge dar: *praef., cath., apoth., ham., psych., c. Symm., perist.* 10; 1–3; 5; 4; 14; 6; 7; 9; 8; 11–13, *epil., ditt.*

---

[42] Vgl. Stettiner 1895: 149–207 u. Winstedt 1904.
[43] Vgl. Stettiner 1895: 149–166 u. Winstedt 1904: 166.
[44] Vgl. Winstedt 1904, bes. 169–179.
[45] Vgl. Stettiner 1895: 151–166 u. Winstedt 1904: 166–167.
[46] Siehe Stettiner 1895: 201, nachgedruckt bei Winstedt 1904: 169.
[47] Vgl. Winstedt 1904: 169–171.
[48] Winstedt 1904: 179.
[49] Vgl. Winstedt 1904: 169–170 u. 175–177.
[50] Vgl. Winstedt 1904: 169.

4. Textüberlieferung

Familie α.2:[51] Die aus England stammenden Handschriften dieser Gruppe ordnen die Gedichte folgendermaßen an: *praef., cath., apoth., ham., psych., perist.* 10; 1–9; 11–14, *c. Symm., ditt. epil.*

Klasse β:[52] Die Handschriften dieser Klasse sind alle in Deutschland und der Schweiz kopiert worden. Die Unterteilung dieser Klasse stützt sich neben der Reihenfolge der Gedichte auch auf die Überschriften der Teile der *Psychomachia* sowie auf die althochdeutschen Glossen.[53]

Familie β.1:[54] In den Handschriften dieser Familie finden sich die Gedichte in der Reihenfolge: *praef., cath.* 1–10, *perist.* 1; 5; 2; 11; 13; 12; 4; 14; 3; 6; 7; 9; 8; 10, *cath.* 11–12, *epil., ditt., apoth., ham., psych., c. Symm.*

Familie β.2:[55] Die Codices dieser Gruppe bieten die Gedichte in derselben Reihenfolge wie Fam. β.1, nur dass *cath.* 11–12 an ihrem richtigen Platz nach *cath.* 10 stehen, weshalb man sie auch als Untergruppe von β.1 ansehen könnte.

Familie β.3:[56] Die Reihenfolge der Gedichte in den Mss. dieser Familie ist: *praef., cath.* 1–10, *perist.* 1; 5; 4; 7–9; 11–14; 2; 3; 10, *cath.* 11–12, *apoth., ham., psych., c. Symm., ditt., epil.*

Klasseneinteilung nach Bergman[57]

Bergman teilt auf der Grundlage seiner gründlichen *recensio* die erhaltenen Codices in zwei Klassen ein: A und B, die sich im wesentlichen dadurch unterscheiden, dass sie die einzelnen Werke des Prudentius in unterschiedlicher Reihenfolge bieten bzw. bestimmte wahrscheinlich interpolierte Verse haben oder nicht; jede der beiden Klassen gliedert sich wiederum in zwei Familien (siehe Tab. 4.1, S. 55). Auf der Grundlage dieser Einteilung hat Bergman auch ein *Stemma codicum* vorgeschlagen.[58]

---

[51] Vgl. Winstedt 1904: 169–170.
[52] Vgl. Winstedt 1904: 170–175.
[53] Vgl. Winstedt 1904: 172–173 u. Steinmeyer 1873.
[54] Vgl. Winstedt 1904: 170.
[55] Vgl. Winstedt 1904: 170.
[56] Vgl. Winstedt 1904: 170.
[57] Vgl. Bergman 1908, Bergman 1926: XIX–XXIV, XXIX–XXXI, XXXV–XXXVIII u. XL, Klingner 1930: 40–41, Meyer 1932: 355–356, Lavarenne 1933: 29–36 u. Meyer 1939.
[58] Bergman 1926: XXIV; vgl. auch Lavarenne 1933: 35.

Klasse A: Die Codices der Klasse *A* haben hinsichtlich der Reihenfolge der Werke gemeinsam, dass die hexametrischen Gedichte *Apotheosis, Hamartigenia* und *Psychomachia* jeweils zwischen dem *Cathemerinon liber* und dem *Peristephanon liber* stehen. Außerdem fehlen ihnen bestimmte – wahrscheinlich interpolierte – Verse, welche die Codices der Klasse *B* enthalten.[59]

Bergman bezeichnet Klasse A als *classis superior*.[60]

Familie *Aa*: Die Codices der Familie *Aa* bieten die Werke des Prudentius in der Reihenfolge: *praef., cath., apoth., ham., psych., perist., c. Symm., ditt., epil.*, wobei sich diese Familie noch in zwei Untergruppen einteilen lässt, die sich nach der Reihenfolge der Gedichte des *Peristephanon liber* unterscheiden: α *perist.* 1–5, während die übrigen Gedichte fehlen, β enthält die Gedichte *perist.* 10; 1–9; 11–14.

Zu Gruppe *Aa*.α zählt Bergman nur Ms. A, von dem er meint, dass er die *Praefatio* ursprünglich enthalten habe, zu Gruppe *Aa*.β die Mss. C und D sowie drei weitere Mss. aus dem 11. Jh., die er für seinen Text nicht heranzieht.

Familie *Ab*: Die Codices der Familie *Ab* bieten die Werke des Prudentius in der Reihenfolge: *praef., cath., apoth., ham., psych., c. Symm., perist., epil., ditt.*, wobei die Gedichte des *Peristephanon liber* folgendermaßen geordnet sind: *perist.* 10; 1–3; 5; 4; 14; 6; 7; 9; 8; 11–13.

Zu dieser Familie gehören die Mss. B, V und N sowie fünf weitere Codices aus dem 10.–13. Jh., die Bergman für seinen Text nicht heranzieht.

Klasse B: Die Codices der Klasse B beginnen nach der *Praefatio* alle mit *cath.* 1–10, haben dann *perist.*, worauf *cath.* 11–12 folgt, daran schließen sich dann die übrigen Werke an.

Zu den wahrscheinlich interpolierten Versen in den Handschriften dieser Klasse vgl. Bergman 1908: 26–29.

Bergman bezeichnet Klasse B als *classis inferior*.[61]

Familie *Ba*: Die Codices dieser Familie bieten die Werke des Prudentius in dieser Reihenfolge: *praef., cath.* 1–10, *perist., cath.* 11–12, *apoth., ham., psych., c. Symm., ditt., epil.*, wobei die Gedichte des *Peristephanon liber* folgendermaßen geordnet sind: *perist.* 1; 5; 4; 6–9; 11–14; 2; 3; 10.

---

[59] Vgl. Bergman 1908: 26–34 (bes. 30–32), Lavarenne 1933: 29.
[60] Vgl. Bergman 1908: 17.
[61] Vgl. Bergman 1908: 24.

4. Textüberlieferung

Zur Familie *Ba* gehören die Mss. P und E sowie zehn weitere Codices aus dem 10.–14 Jh., die von Bergman für den Prudentiustext nicht herangezogen wurden.

Familie *Bb*: In den Codices der Familie *Bb* sind die Werke des Prudentius in folgender Reihenfolge enthalten. *praef., cath.* 1–10, *perist., cath.* 11–12, *epil., ditt., apoth., ham., psych., c. Symm.*, wobei die Gedichte des *Peristephanon liber* folgendermaßen geordnet sind: *perist.* 1; 5; 2; 11; 13; 12; 4; 14; 3; 6; 7; 9; 8; 10.

Zu dieser Familie gehören die Mss. M, O, S und U sowie 18 weitere Codices aus dem 10.–12. Jh., die Bergman für seinen Text nicht heranzieht.

kontaminierte Handschriften:[62] Bergman zählt ferner einige Handschriften auf, die mit der Klasse B verwandt seien, aber mit anderen Überlieferungslinien kontaminiert, dazu gehört nach Bergman auch der von ihm sonst Fam. *Bb* zugeordnete Codex *Bernensis bibl. urb.* 264 (Ms. U) (s. o.), da dieser mitten in der *Psychomachia* das Gedicht *perist.* 11 enthält.

Klasse A	Fam. *Aa*	A	=	*Parisinus Lat.* 8084 („*Puteanus*"), 6. Jh.
		C	=	*Cantabrigiensis Coll. Corp. Chr.* 223, 9. Jh.
		D	=	*Dunelmensis bibl. Cathedr.* B. 4.9, 10. Jh.
	Fam. *Ab*	B	=	*Ambrosianus* D 36 *sup.*, 7. Jh.
		V	=	*Vaticanus Reg.* 321, 10. Jh.
		N	=	*Parisinus Lat.* 8305, 10. Jh.
Klasse B	Fam. *Ba*	P	=	*Parisinus Lat.* 8086, 10. Jh.
		E	=	*Leidensis Burm.* Q 3 („*Egmondanus*"), 10. Jh.
	Fam. *Bb*	M	=	*Casinensis* 374, 10. Jh.
		O	=	*Oxoniensis Oriel Coll.* 3, 10. Jh.
		S	=	*Sangallensis* 136, 9.-10. Jh.
		U	=	*Bernensis bibl. urbanae* 264 („*Bongarsianus*"), 9. Jh.

Tabelle 4.1.: Klasseneinteilung nach Bergman 1926: XXIII (Datierungen wurden von dort übernommen)

---

[62] Vgl. Bergman 1908: 25.

Kritik an Bergmans Einteilung

Bergmans Einteilung der Handschriften – vor allem das Verhältnis der von ihm postulierten Klassen und die dafür zugrundegelegten Kriterien – ist mehrfach kritisiert worden.[63]

So hält Klingner das Stemma von Bergman insofern für falsch, als darin der Archetypus β „als Ableger der Überlieferung steht, die auch in CD vorliegt" und darin die Hyparchetypen der Familien *Ba* und *Bb* von β abgeleitet sind; dann müssten nämlich „βα (PE) und ββ (MOSU) einander näher stehen als irgendeiner anderen Gruppe".[64] Nach Überprüfung der Gemeinsamkeiten in den Korruptelen kommt Klingner zu dem Ergebnis, dass sich „in Wahrheit […] PE in unmittelbare Nähe von C [stellen]", „alle anderen Verwandtschaften […] weniger erheblich [seien]" und „die Gruppen PE und MOSU […] fast gar nichts miteinander gemein [haben]".[65]

Bergmans Kriterium der Reihenfolge der Gedichte hält Klingner nicht für hinreichend, da diese Tendenzen auch unabhängig voneinander entstanden sein könnten; das Kriterium der charakteristischen Interpolationen sieht er dagegen von Bergman nicht streng genug beachtet, da man anhand dieser ansonsten viel mehr Unterschiede zwischen den Familien *Ba* und *Bb* finde als Gemeinsamkeiten.[66]

Klingner hält daher eine neue Untersuchung über die Einordnung von PE und MOSU für nötig und stellt aufgrund der Reihenfolge der Gedichte und seltener gemeinsamer Korruptelen die These auf, dass die „mittelalterliche Rezension, die in MOSU vorliegt, […] mit der in CD vorliegenden Überlieferung" sowie „mit der in VN vorliegenden Überlieferung" verwandt sei, wobei es sich „um das Ergebnis der Verschmelzung der beiden Seiten der Überlieferung wahrscheinlich in der frühmittelalterlichen Zeit" handle.[67] Das „Urexemplar dieser Rezension" sei dabei „nicht von der unmittelbaren Vorlage von CD oder der von VN und erst recht nicht von diesen Handschriften selbst abhängig gewesen, denn es enthielt hier und da ein Mehr an Überlieferung."[68] Möglicherweise lasse sich das Zustandekommen dieser frühmittelalterlichen Rezension durch eine ausführliche Untersuchung des gesamten Apparates noch weiter aufklären.[69]

Eine ebensolche Rezension habe „zu dem geführt, was in PE vorliegt", wobei diese im Gegensatz zur Rezension von MOSU sehr willkürlich durch-

---

[63] Vgl. Klingner 1930, Meyer 1932, Meyer 1939, Jannaconne 1948 u. Thraede 1968: 686.
[64] Klingner 1930: 44.
[65] Klingner 1930: 44.
[66] Vgl. Klingner 1930: 44.
[67] Klingner 1930: 45–46.
[68] Klingner 1930: 46.
[69] Vgl. Klingner 1930: 46.

geführt worden sein müsse und der Bearbeiter „was ihm aus irgendeinem Grunde nicht paßte, ziemlich leichtfertig verändert hat, ähnlich wie es später die Humanisten getan haben."[70]

Auch zweifelt Klingner auf Grund von charakteristischen Interpolationen an, dass die Mss. PE von Ms. C abstammen, und vermutet vielmehr, dass „jene Vorlage von CD die Interpolationen aus einem PE verwandten Texte bezogen hat, ebenso wie die VN-Interpolationen aus einem VN verwandten Text", daher müsse es den Text von PE schon vor der Vorlage von CD gegeben haben.[71] Er kommt daher zu dem Ergebnis, „daß CPE einen karolingischen Mischtext bieten, der keine Überlieferung über CD und VN hinaus enthält […], wohl aber ziemlich viel Interpolation."[72] Für „Bearbeitungen auf Grund von Kollationen, nicht nur Abschriften" hält Klingner auch die Mss. P, S und vor allem U.[73]

Meyer kommt aufgrund seiner Untersuchungen zu dem Schluss, dass Ms. A, auf den Bergman seine Ausgabe im Wesentlichen stützt, mit Vorsicht zu betrachten, aber durchaus wertvoll sei und dass die Familien *Aa* und *Ab* „stark erschüttert" erscheinen.[74] Daher fordert er, die Mss. „A und B nicht zu Klassenführern zu machen, sondern sie möglichst für sich zu stellen"[75], da die Mss. A und CD sowie B und VN häufig voneinander abweichen.[76]

Jannaconne kommt aufgrund von Übereinstimmungen der Mss. VNMOSU zu dem Schluss, dass die von Bergman postulierte Klasse B gar nicht existiere, sondern vielmehr nur ein Zweig eines Zweiges sei, der zu Klasse A gehört, nämlich ein Zweig der Familie *Aa*.[77]

---

[70] Klingner 1930: 46.
[71] Klingner 1930: 46–47, vgl. auch 48.
[72] Klingner 1930: 47–48.
[73] Vgl. Klingner 1930: 48.
[74] Vgl. Meyer 1932: 355, vgl. 352–353.
[75] Meyer 1932: 355.
[76] Vgl. Meyer 1932: 355–356.
[77] Vgl. Jannaconne 1948: 231–232.

eigenständige Mss.	A	=	Parisinus Lat. 8084 („Puteanus"), 6. Jh.
	B	=	Ambrosianus D 36 sup., 7. Jh.
Klasse Γ	T	=	Parisnus Lat. 8087 („Thuaneus"), 9, Jh.
	V	=	Vaticanus Reg. 321, 9. Jh.
	N	=	Parisinus Lat. 8305, 9. Jh.
	J	=	Montepessulanus sch. med. H 220 („Boherianus I"), 9. Jh.
	Z	=	Audomaropolitanus 306, 9. Jh.
	d	=	Dusseldorpensis F 1, 9. Jh.
Klasse Δ	E	=	Leidensis Burm. Q 3 („Egmondanus"), 9. Jh.
	G	=	Guelferbytanus Augusteus 56, 9. Jh.
	F	=	Parisinus Lat. 8085, 9. Jh.
	Q	=	Bernensis 394, 9. Jh.
Klasse Θ	S	=	Sangallensis 136, 9. Jh.
	t	=	Caesarodunensis siue Turonensis 887, 9. Jh.
	M	=	Casinensis 374, 9. u. 11. Jh.
	U	=	Bernensis bibl. urbanae 264 („Bongarsianus"), 9. Jh.
	b	=	Vaticanus Lat. 3860, 9.–10. Jh.
	X	=	Sangallensis134, 9. Jh.
	Y	=	Neapolitanus IV G, 9. Jh.
	g	=	Vaticanus Reg. lat. 339, 9. Jh.
	i	=	Vaticanus Reg. lat.348, 9. Jh.
	H	=	Berolinensis Hamiltonensis 542, 9. Jh.
	Wid	=	Londinensis Mus. Brit. add. 34248 („Widmannianus"), 11. Jh.
nicht eindeutig einer Klasse zuzuordnende Mss.	Q	=	Parisinus Lat. 13026, 9. Jh.
	h	=	Parisinus Lat. 7530, 8. Jh.
	Verc	=	Vercellensis Arch. Cathed. 183, 9. Jh.
	W	=	Vaticanus Lat. 2078, 9. Jh.
	Weiss	=	Guelferbytanus Weissenburgensis 77, 9. Jh.
	Gud	=	Guelferbytanus Gud. lat. 292, 11. o. 12. Jh.
	C	=	Cantabrigiensis Coll. Corp. Chr. 223, 9. Jh.
	P	=	Parisinus Lat. 8086, 9. Jh.
	D	=	Dunelmensis bibl. Cathedr. B. 4.9, 10. u. 11. Jh.
	Ox	=	Oxoniensis Bodleianus Auct. F. 3.6, 10.–11. Jh.
	p	=	Vaticanus Reg. lat. 74, 12. Jh.
	Urb	=	Vaticanus Urbinas 666, 1481

Tabelle 4.2.: Klasseneinteilung nach Cunningham (vgl. Cunningham 1966: XX–XXII u. CXXVI §§ 5–74; Siglen und Datierungen nach Cunningham)

Klasseneinteilung nach Cunningham[78]

Cunningham verabschiedet sich ganz von Bergmans mehrfach kritisierter Klasseneinteilung. So bestätigt er, dass die Mss. PE und MOSU kaum etwas miteinander zu tun haben, wodurch Bergmans Klasse B ins Wanken gerät, und weist nach, dass die Mss. P und E nicht zusammengehören; ferner scheidet er Ms. P gänzlich aus. Cunningham teilt die Handschriften nach einer eigenen *recensio* auf der Grundlage der Reihenfolge der Gedichte, bestimmter Bindefehler oder ihrer Herkunft in drei Klassen ein; die Mss. A. u. B, die bei Bergman Führer der Klassen *A* und *B* waren, hält Cunningham für eigenständig; ein Dutzend Handschriften lässt sich seiner Meinung nach keiner Klasse eindeutig zuordnen. Zu beachten ist, dass die Datierungen von Cunningham öfter von denen Bergmans und Lavarennes abweichen. (Siehe Tab. 4.2, S. 58.)

Hinsichtlich ihrer Bedeutung hält Cunningham alle Überlieferungslinien für gleichwertig.[79]

eigenständige Mss.: Die Mss. A u. B ordnet Cunningham keiner Klasse zu.

Klasse Γ: Dieser Klasse ordnet Cunningham einige Mss. des 9. Jh. mit der Gedichtreihenfolge *praef., cath., apoth., ham., psych., c. Symm., perist.* 10, *perist., epil., ditt.* zu, die einige gemeinsame Bindefehler haben.[80] Zu dieser Klasse gehören die Mss. T, V, N, J, Z und d, wobei Cunningham Ms. T als Klassenführer ansieht.[81]

Klasse Δ: Die Codices dieser Klasse datiert Cunningham alle auf das 9. Jh.; zu dieser Klasse gehören die Mss. E, G, F und q, wobei Cunningham Ms. E als Klassenführer betrachtet.[82] Sie bieten die Werke des Prudentius entweder in der Reihenfolge *praef., cath.* 1–10, *perist.* 1; 5; 4; 6; 7–9; 11–14; 2; 3, *perist.* 10, *cath.* 11–12, *apoth., ham., psych., c. Symm., ditt., epil.* (Mss. E, F, q) oder aber in der Reihenfolge *praef., cath.* 1 – 11, 100, *perist.* 5, 539 – Ende, *perist.* 2; 11; 13; 12; 4; 14; 3; 6; 7; 9; *perist.* 10; *epil., ditt., apoth., ham., c. Symm.* 1 – *c. Symm.* 2, 715; 2, 1063–1132.[83]

---

[78] Vgl. Cunningham 1966: XX–XXII §§ 5–74 sowie Cunningham 1960 u. Cunningham 1962.
[79] Vgl. Cunningham 1966: XX § 66.
[80] Vgl. Cunningham 1966: XIII–XIV §§ 23–32.
[81] Vgl. Cunningham 1966: XIII § 24.
[82] Vgl. Cunningham 1966: XIV–XVI §§ 33 u. 41.
[83] Vgl. Cunningham 1966: XIV–XVI §§ 33–41.

Klasse Θ: Zu dieser Klasse zählt Cunningham eine große Zahl von Handschriften, die vorwiegend aus dem 9. Jh., aber auch aus dem 10. u. 11. Jh. stammen. Gemeinsames Merkmal dieser Handschriften ist, dass der Großteil von ihnen in St. Gallen geschrieben worden ist, so dass Cunningham sie auch als *traditio Sangallensis* bezeichnet. Zu diesen Codices gehören Mss. S, t, M, U, b, X, Y und g, wobei Cunningham Ms. S für den ältesten hält und als Klassenführer behandelt. In der Reihenfolge der Gedichte unterscheiden sich die Codices oft.[84]

nicht eindeutig einer bestimmten Klasse zuzuordnende Mss.: Den Großteil der von ihm herangezogenen Codices kann Cunningham keiner bestimmten Klasse eindeutig zuordnen. Dazu zählen Codices des 9.–12. Jh. (Q, h, Verc, W, Weiss, Gud, C, P, D, Ox, p) sowie ein Codex aus dem Jahre 1481 (Urb).[85]

Kritik an Cunninghams Einteilung

Thraede hält Cunningham zu Gute, dass er sich angesichts der Undurchsichtigkeit der Verwandtschaftsverhältnisse zwischen den Handschriften nicht auf ein Stemma eingelassen hat und einige der Zweifel an Bergmans Klasseneinteilung bestätigt und darüber hinaus weitere Fehler nachgewiesen hat, kritisiert aber, dass es sich bei Cunninghams Einteilung gar nicht um eine „echte Klassifizierung" handle.[86]

Fazit

Angesichts der Ergebnisse der textkritischen Untersuchungen zu Prudentius von Bergmans *recensio* über Klingners und Meyers Kritik bis hin zu Cunninghams *recensio* unter Zuhilfenahme neuer technischer Mittel und der Kritik von Thraede lässt sich folgendes feststellen:

Die handschriftliche Überlieferung der Werke des Prudentius ist äußerst „kompliziert" und „vielfältig".[87] Vieles spricht dafür, dass die Handschriften der karolingischen Zeit und danach durch Kollationierung verschiedener früherer Handschriften zustande gekommen sind.[88] Wahrscheinlich ist sogar, dass schon Ms. A entweder eine Zusammenstellung der Werke aus früheren

---

[84] Vgl. Cunningham 1966: XVI–XVIII §§ 42–53.
[85] Vgl. Cunningham 1966: XVIII–XX §§ 54–64.
[86] Thraede 1968: 686, vgl. 685–686.
[87] Thraede 1968: 681.
[88] Vgl. Klingner 1930: 41 u. 45–48

4. Textüberlieferung

Einzelausgaben oder aber das Resultat der Kollationierung verschiedener älterer Handschriften ist, und zwar dergestalt, dass für die einzelnen Werke teilweise unterschiedliche Textzeugen herangezogen wurden.[89]

Thraede kommt daher zu dem Schluss, dass „keine der älteren Hss. eine Gesamtausgabe repräsentiert" und „von Rechts wegen den verschiedenen Gedichtkomplexen ein eigenes Stemma zustünde".[90] Der Versuch einer solchen Klasseneinteilung und einer Untersuchung der genauen Überlieferungsgeschichte erscheint mir aussichtslos, auch wenn Klingner eine solche *recensio* fordert,[91] da – wie Thraede zu Recht feststellt – „ein Einzelleben kaum ausreichen will", diese Überlieferung „rezensorisch zu durchdringen".[92]

Das bedeutet für die Textkonstitution, dass ein eklektisches Verfahren notwendig ist, das möglichst viele Einzeltraditionen unter sprachlichen, metrischen, stilistischen und inhaltlichen Gesichtspunkten berücksichtigt.[93]

4.2. Ausgaben

4.2.1. Gesamtausgaben[94]

Die *editio princeps* erschien wohl im Jahre 1492 in Deventer, zumindest ist keine ältere Ausgabe nachweisbar. Allerdings ist in den Exemplaren dieser Ausgabe selbst weder Ort noch Jahr vermerkt; diese lassen sich nur aufgrund von zusätzlichen Angaben erschließen. So trägt ein Exemplar in der Universitätsbibliothek von Cambridge auf dem letzten Blatt den handschriftlichen Vermerk: „Impressum Dauentriae, typis Richardi Pafraet circa ann. 1490" sowie auf dem Einband außen die Bemerkung „Dauentriae 1492" und innen „Première édition très rare de ce père de l'Eglise et poète chrétien. Très bel exemplaire." Dagegen datiert der Katalog des *British Museum* in London das dort vorhandene Exemplar derselben Ausgabe auf 1497, allerdings mit einem Fragezeichen versehen. Aufgrund dieser Angaben datiert Bergman die Ausgabe auf 1492. Die Ausgabe trägt den Titel „Opera Aurelii Clementis Pruden-

---

[89] Vgl. Cunningham 1958: 33–37 mit Verweis auf Mommsen 1870: 354, Robert 1884: 405–413 u. Thraede 1968: 685.
[90] Thraede 1968: 685.
[91] Vgl. Klingner 1930: 41.
[92] Thraede 1968: 681.
[93] Vgl. Thraede 1968: 686, Meyer 1932: 249–250 u. 352–353 sowie Meyer 1939: 390. Klingners Vorschlag, außer den Mss. A und B „in der Hauptsache nur VN und (C)D" und gelegentlich MOSU für die Textgewinnung heranzuziehen (Klingner 1930: 48) scheint mir in die falsche Richtung zu weisen. Methodisch vergleichbar ist die offene Rezension der Liebesdichtung Ovids; vgl. dazu Dunsch 2007, bes. 317–318 Anm. 22.
[94] Zu den Gesamtausgaben vgl. vor allem Bergman 1926: XLVIII–LVIV u. Lavarenne 1933: 36–38 §§ 60–67.

tii" und enthält nach einigen Versen des Mönchs C. Rudolphus auf Prudentius und dem *Testimonium Gennadii* (Gennadius *ill.* 13) die Werke des Prudentius in der Reihenfolge: *ditt., apoth., psych., ham., epil.* [allerdings fälschlich als Prolog des *perist.* betitelt], *perist., praef., cath.* 1–12, *c. Symm.* Diese ungewöhnliche Anordnung führt Bergman auf die Reihenfolge der Werkaufzählung bei Gennadius zurück.

Im Jahre 1501 erschien dann in Venedig bei Aldus Manutius unter dem Titel „Prudentii poetae opera" bereits die nächste Ausgabe. Sie enthält nach der Vorrede des Herausgebers und einer Übersicht über die verwendeten Metra die Werke des Prudentius in der Reihenfolge: *psych., cath.* 5, *praef.* [als *praefatio* zu *cath.* bezeichnet], *cath.* [komplett, einschließlich 5 an der richtigen Stelle], *apoth., ham., perist., c. Symm., ditt., epil.* Diese Ausgabe wurde wahrscheinlich auf der Grundlage einer britannischen Handschrift zusammengestellt; Bergman vermutet, dass es sich dabei um den inzwischen in Bologna befindlichen Codex *Bolon.* 189 handle.

Bald darauf erschien die wohl dritte gedruckte Ausgabe im Jahre 1527 in Basel bei Andreas Catander, besorgt von Johannes Sichardus. Sie trägt den Titel „Aurelii Prudentii Clementis uiri consularis, Psychomachia, Cathemerinon, Peristephanon, Apotheosis, Hamartigenia, Contra Symmachum praefectum urbis libri duo, Enchiridion noui et ueteris testamenti" und ist von ihrem Herausgeber mit Anmerkungen versehen worden. Sichardus hat anscheinend ältere Codices herangezogen, von denen wohl einer der heutige *Bernensis urb.* 264 (Ms. U) war, wie Bergman meint.

Die nächste Ausgabe nach der von Sichardus erschien im Jahre 1562 in Paris unter dem Titel „Aurelii Prudentii Clementis uiri consularis opera"; sie enthält zusätzlich zum Text auch Anmerkungen ihres Herausgebers Victor Giselinus. Diese Ausgabe enthält außer dem *Testimonium Gennadii* und einer *Vita Prudentii* die Werke des Prudentius in dieser Reihenfolge: *psych., praef., perist., apoth., ham.,* [als Zusatz die *Relatio Symmachi*], *c. Symm., epil.* [betitelt als Ἐγχειρίδιον *historiarum Noui et Veteris instrumenti* [sic!] *praefatio*], *ditt.,* worauf die Anmerkungen von Giselinus folgen. Giselinus nutzt anscheinend Codices, die für die früheren Ausgaben noch nicht herangezogen worden waren, und zwar aus Fam. *Ba*, wie Bergman meint.

Bereits kurz darauf erfolgte eine vermehrte und verbesserte Neuauflage dieser Ausgabe durch Theodor Pulmannus in Antwerpen bei Christopher Plantinus. Pulmannus hat dazu weitere Codices herangezogen.

Giselinus und Pulmannus scheinen sowohl Codices aus Fam. *B a* als auch aus Fam. *A b* benutzt zu haben, jedoch keinen der ältesten Codices. Beide Ausgaben sind in der Folgezeit immer wieder nachgedruckt worden.

Im Jahre 1613 erschien in Hanau bei Wechelianus unter dem Titel „Aurelii Prudentii Clementis V. C. opera" eine von Johannes Weitzius besorgte

Ausgabe. Diese brachte zwar textkritisch keinen Fortschritt, enthält aber eine große Anzahl an Anmerkungen.

Nicolaus Heinsius besorgte im Jahre 1667 eine Ausgabe mit dem Titel „Aurelii Prudentii Clementis quae exstant", die in Amsterdam bei Daniel Elzevir erschien. Heinsius hat für seinen Text gute Codices herangezogen, darunter den *Parisinus lat.* 8084 (Ms. A) sowie Exzerpte aus zweiter Hand aus dem Codex *Ambrosianus* (Ms. B), und stellt damit einen deutlichen Fortschritt in der Textkonstitution dar.[95]

Bereits 1687 folgt die nächste Ausgabe in Paris, besorgt von Stephen Chamillard, latinisiert Stephanus Chamillardus. Sie trägt den Titel „Aurelii Prudentii Clementis opera" und ist mit Anmerkungen des Herausgebers versehen. Diese Ausgabe trug zwar nichts Neues zur Textkritik bei, da sie nur den Text von Heinsius wiedergibt und ihn in lateinischer Prosa paraphrasiert, enthält aber einen sehr umfangreichen *Index verborum*, der jedoch oft fehlerhaft und nicht immer vollständig ist.

Christophorus Cellarius gab 1703 in Halle (Saale) im Orphanotropheum (Buchhandlung des Hallischen Waisenhauses) unter dem Titel „Aurelii Prudentii Clementis quae exstant" eine Ausgabe mit textkritischen Anmerkungen, Kommentaren sowie einem *Index rerum* und einem *Index verborum* heraus.

Einen großen Fortschritt stellt die in den Jahren 1788–1789 in Rom erschienene zweibändige Ausgabe von Faustino Arévalo, latinisiert Arevalus, dar. Die Ausgabe trägt den Titel „M. [*sic*!] Aurelii Clementis Prudentii V̄. C̄. Carmina" und enthält neben dem Text und textkritischen Anmerkungen auch die ma. Glossen des Magisters Iso und umfangreiche Kommentare, besonders auch zu theologischen und dogmatischen Fragen. Diese Ausgabe stellt bisher den gründlichsten und umfangreichsten Gesamtkommentar zur Verfügung und bietet bis heute – aufgrund des Mangels an Kommentaren zu Prudentius – zu manchen Werken immer noch den aktuellsten und reichhaltigsten Kommentar. Arévalo hat außerdem als erster einige gute Codices aus der *Bibliotheca Vaticana* für seinen Text herangezogen.

Die Ausgabe von Arévalo wurde später von Jacques Paul Migne in die *Patrologia Latina* aufgenommen, wo sie 1862 in zwei Bänden (PL 59–60) erschien.

Ebenfalls im Jahre 1788 erschien in Parma die Ausgabe von Johannes Teolius, die jedoch nichts Neues brachte, sondern nur den Text von Heinsius ergänzt durch einige unwesentliche Kommentare darbietet. Ihr folgt im Jahre 1824 in London eine weitere Ausgabe, die den Text von Teoli – also letztendlich den von Heinsius – bietet, ergänzt durch die Paraphrase, den Kommentar und den Index von Chamillard.

---

[95] Vgl. Lavarenne 1933: 36 § 60.

Im Jahre 1845 erschien in Tübingen die Ausgabe von Theodor Obbarius unter dem Titel „Aurelii Prudentii Clementis Carmina". Obbarius nutzte Codices der Fam. *Ba* und versuchte als erster, ein *Stemma codicum* zu erstellen, das aber nach Bergmans Urteil aufgrund zu geringer Kenntnisse über die Herkunft und Verwandtschaft der Codices wertlos ist. Dafür bietet die Ausgabe jedoch kurze, aber sehr brauchbare Erklärungen.

In Leipzig erschien im Jahre 1860 eine Ausgabe, besorgt von Albert Dressel, unter dem Titel „Aurelii Prudentii Clementis quae exstant carmina". Dressel hat für den Text die besten Codices der *Bibliotheca Vaticana* – wohl besonders den *Vaticanus Reg.* 321 aus der Fam. *Ab* – benutzt und stützt seinen Text ingesamt auf mehr Handschriften als die früheren Herausgeber. Seine Ausgabe bietet viele Lesarten und Anmerkungen, wobei manche Lesart falsch referiert wird, weil Dressel die Codices teilweise nicht selbst eingesehen hat.

Die zweibändige Ausgabe der „Aurelii Prudentii Clementis opera" von Vincentius Lanfranchius, erschien in den 1890er Jahren in Turin.[96] Für die Textkritik brachte diese Ausgabe nichts Neues, da sie nur den Text von Teoli und damit also den von Heinsius wiedergibt.

Einen Meilenstein der Prudentiusedition setzte 1926 Johannes Bergman mit seiner Ausgabe im *Corpus Scriptorum Ecclesiasticorum Latinorum*, erschienen in Wien und Leipzig.[97] Bergman hatte über viele Jahre einen beachtlichen Teil der vorhandenen Prudentiushandschriften gründlich untersucht, auf der Grundlage dieser Untersuchung in Klassen und Familien eingeteilt und die zwölf besten Textzeugen für seine Ausgabe zugrundegelegt. Methodisch ist anzumerken, dass Bergman grundsätzlich den ältesten Codices (A u. B) das größte Vertrauen entgegenbringt, wofür er stark kritisiert wurde. Sein umfangreicher und sorgfältiger Apparat, in dem sich dennoch einige wenige Fehler finden, bietet jedoch bis heute die beste Grundlage für ein Beurteilung des Textes.[98] Ergänzt wird der Text durch sehr umfangreiche *Indices (sacrae scripturae, imitationum, nominum, rerum, uerborum et elocutionum)*.

---

[96] Vgl. Bergman 1908 S. 4, Bergman 1926: LIII u. Lavarenne 1933: 37 § 63. Allerdings stimmen die dort angegebenen Erscheinungsjahre nicht: Bergman datiert die Ausgabe auf 1897, Lavarenne auf 1896. Tatsächlich erschien Bd. 1 im Jahre 1896, Bd. 2 im Jahre 1898. Die zweite Auflage dieser Ausgabe erschien 1904.

[97] Vgl. Lavarenne 1933: 37 § 64 sowie Klingner 1930, Meyer 1932 u. Meyer 1939.

[98] So lobt schon Klingner: „Das Ergebnis dieser Arbeit ist es, daß nun der Leser und Interpret durchweg festen Boden unter den Füßen fühlt und die Möglichkeit hat, über die Überlieferung zu urteilen, ohne auf Überraschungen von Seiten neu auftauchender Handschriften gefaßt sein zu müssen." (Klingner 1930: 40). Meyer dagegen bemängelt Bergmans Textgestaltung, da dieser in erster Linie das Alter der Handschriften und seine subjektive Bewertung als Auswahlkriterium verwandt habe, wobei er „die eigentlichen, inneren Gründe (Sprache, Metrik, Stil, Sinn)" zu wenig berücksichtigt habe, so dass an einigen Stellen sein Text hinter der früherer Ausgaben zurückstehe (Meyer 1939: 389–390; vgl. auch Meyer 1932: 249–260 u. 352–353).

Die meisten Ausgaben der Folgezeit basieren auf Bergmans Text bzw. zumindest auf seiner Auswahl der zugrundegelegten Handschriften: so etwa die lateinisch-englische Ausgabe von H. J. Thomson in der *Loeb Classical Library*, die in den Jahren 1949 (Bd. 1) und 1953 (Bd. 2) erschien und nur sehr spärliche textkritische und sachliche Anmerkungen enthält; ebenso die vierbändige lateinisch-französische Ausgabe von Maurice Lavarenne mit Apparat und Anmerkungen, die 1943–1951 erstmals in der *Collection Budé* erschien und seitdem mehrfach wieder aufgelegt und durch Jean-Louis Charlet verbessert worden ist.

Den Versuch, seine Prudentius-Ausgabe auf eine eigene *recensio* zu gründen, unternahm Maurice P. Cunningham. Seine Ausgabe erschien im Jahre 1966 in Turnhout im *Corpus Christianorum*.[99] Cunningham hat neben den von Bergman herangezogenen Handschriften einige weitere für seinen Text benutzt, die auch Bergman schon gesichtet hatte (siehe Tab. 4.2, S. 58).

Im Jahre 2011 erschien die erste moderne lateinisch-deutsche Gesamtausgabe der Werke des Prudentius, herausgegeben von Wolfgang Fels in der *Bibliothek der mittellateinischen Literatur*. Fels übersetzt die Werke des Prudentius metrisch unter Beibehaltung der von Prudentius verwendeten Versmaße.

4.2.2. Einzelausgaben der *Psychomachia*

Unter den zahlreichen Einzelausgaben der *Psychomachia* sind für uns folgende von Bedeutung:

Im Jahre 1897 veröffentlichte Johannes Bergman in Upsala seine Habilitationsschrift mit dem Titel „Aurelii Prudentii Clementis Psychomachia rerum et verborum copia explicata". Diese Ausgabe basiert auf einer *recensio* der Mss. M (*Casinensis* 374) u. W (*Vaticanus Reg.* 2078) und ist mit umfangreichen Kommentaren versehen.

Maurice Lavarenne präsentierte im Jahre 1933 als *Thèse complementaire* eine immer noch maßgebliche Ausgabe der *Psychomachia* mit einer umfangreichen sprachlichen, stilistishen und inhaltlichen Einleitung, französischer Übersetzung, Similienapparaten, textkritischem Apparat und Kommentar.

Im Jahre 1959 veröffentlichte der Benediktinerpater Ursmar Engelmann auf der Textgrundlage von Bergmans Ausgabe von 1926 eine lateinisch-deutsche Ausgabe der *Psychomachia*, welche die erste moderne deutsche

---

[99] Vgl. Cunningham 1966 sowie Cunningham 1971 u. Thraede 1968. Thraede lobt Cunninghams Berichtigung falscher Lesarten, die sich eingebürgert hatten, mit Hilfe besserer technischer Mittel (vgl. Thraede 1968: 681–683), kritisiert aber scharf seine Darbietung des Textes und des textkritischen Apparates sowie seine Methodik (vgl. Thraede 1968: 683–691).

Prosaübersetzung der *Psychomachia* sowie 24 Bildtafeln nach Codex 135 der Stiftsbibliothek St. Gallen enthält.

Eine lateinische Ausgabe mit sprachlichen und inhaltlichen Anmerkungen von Rosemary Burton erschien 1989 in der Reihe *Bryn Mawr Latin Commentaries* und wurde 2004 neu aufgelegt. Burton nennt ihre Textgrundlage nicht, an einigen problematischen Textstellen unterscheidet sich ihr Text sowohl von Bergman und Lavarenne als auch von Cunningham. Die sprachlichen Anmerkungen sind oft nicht mehr als reine Vokabel- oder Formenhilfen, einige inhaltliche Anmerkungen sind allerdings hilfreich.

Im Jahre 2000 ist eine lateinisch-italienische Leseausgabe der *Psychomachia* mit einer Einleitung von Giovanni Castelli sowie einer Übersetzung und einem stellenweise sehr ausführlichem Kommentar von Carlo Prosperi erschienen.

4.3. Lexikon und Konkordanz

Im Jahre 1894 – wohl als Vorarbeit zu seinem Kommentar zur *Psychomachia* – veröffentlichte Johannes Bergman in Upsala das erste Faszikel eines „Lexicon Prudentianum" mit XXXII Seiten Prolegomena und 40 Spalten Lexicon zum Buchstaben A von „**A**, interiect." bis „**adscendo**". Weitere Faszikel sind offenbar leider nicht erschienen.

In Cambridge (Mass.) erschien 1932 eine von Roy Joseph Deferrari und James Marshall Campbell erarbeitete Konkordanz unter dem Titel „A Concordance of Prudentius".

Teil II.

Text und Übersetzung

Psychomachia

Conspectus siglorum

Codices

A	*Parisinus bibl. nat. Lat.* 8084 (*„Puteanus"*)	*saec.* VI.
C	*Cantabrigiensis Coll. Corp. Chr.* 223	*saec.* IX.
D	*Dunelmensis bibl. Cathedr.* B 4.9	*saec.* X.
B	*Ambrosianus* D 36 *sup.*	*saec.* VI. *uel)* VII.
V	*Vaticanus Reg.* 321	*saec.* (IX. *uel*) X.
N	*Parisinus bibl. Lat.* 8305	*saec.* (IX. *uel*) X.
P	*Parisinus bibl. Lat.* 8086	*saec.* X.
E	*Leidensis Burm.* Q 3 (*„Egmondanus"*)	*saec.* (IX. *uel*) X.
M	*Casinensis* 374	*saec.* IX.
O	*Oxoniensis Oriel Coll.* 3	*saec.* X.
S	*Sangallensis bibl. monast.* 136	*saec.* IX. *uel* X.
U	*Bernensis bibl. urb.* 264 (*„Bongarsianus"*)	*saec.* IX.
W	*Cantabrigiensis Coll. Corp. Chr.* 23	*saec.* IX.
K	*Vaticanus Reg.* 2078	*saec.* XI.
R	*Aurelianus* 307	*saec.* XI.

Editiones

Ald. Prudentii poetae opera, Venetiis apud Aldum 1501.
Sich. Io. Sichardus (ed.), Aurelii Prudentii Clementis uiri consularis, Psychomachia, Cathemerinon, Peristephanon, Apotheosis, Hamartigenia, Contra Symmachum praefectum urbis libri duo, Enchiridion noui et ueteris testamenti, Basileae 1527.
Gis. V. Giselinus (ed.), Aurelii Prudentii Clementis uiri consularis opera, Parisiis 1562.
Weitz. Io. Weitzius (ed.), Aurelii Prudentii Clementis V. C. opera, Hanouiae 1613.
Heins. N. Heinsius (ed.), Aurelii Prudentii Clementis quae exstant, Amstelodami 1667.
Cham. St. Chamillardus (ed.), Aurelii Prudentii Clementis opera, Parisiis 1687.

Cellar.	Chr. Cellarius (ed.), Aurelii Prudentii Clementis quae exstant, Halae Magdeburgicae 1703.
Arev.	F. Arevalus (ed.), M. [*sic*!] Aurelii Clementis Prudentii V̄. C̄. Carmina, vol. II, Romae 1789 = Parisiis 1862 (*PL* 60).
Obb.	Th. Obbarius (ed.), Aurelii Prudentii Clementis Carmina, Tubingae 1845.
Dress.	A. Dresselius (ed.), Aurelii Prudentii Clementis quae exstant carmina, Lipsiae 1860.
Bergm.	Io. Bergman (ed.), Aurelii Prudentii Clementis carmina, Vindobonae / Lipsiae 1926 (*CSEL* 61).
Lav.	Prudence, Psychomachie, ed. M. Lavarenne, Parisiis 1933.
Cunn.	M. Cunningham (ed.), Aurelii Prudentii Clementis Carmina, Turnholti 1966 (*Corpus Christianorum, Series Latina* 126).

Abbrevationes

a. c.	ante correctionem
add.	addidit
adscr.	adscripsit, adscriptum
al.	alii, alibi, aliter, alias
alt.	alter, alteri
a. r.	ante rasuram
cett.	ceteri
codd.	codices
coni.	coniecit, coniectura
corr.	correxit, correctum
def.	defendit
del.	delevit
det., dett.	deterior, deteriores
in ras.	in rasura
p. c.	post correctionem
p. r.	post rasuram
m	manus
m^2	secunda manu
mg.	in margine
om.	omisit
recc.	recentiores
s.	supra
secl.	seclusit
ut vid.	ut videtur
v. comm.	vide commentarium
*	signum rasurae
[ ]	signum interpolationis
† †	locus nondum sanatus vel nondum explicatus

Praefatio

Senex fidelis, prima credendi uia,
Abram, beati seminis serus pater,
adiecta cuius nomen auxit syllaba,
Abram parenti dictus, Abraham deo,
5   senile pignus qui dicauit uictimae
docens, ad aram cum litare quis uelit,
quod dulce cordi, quod pium, quod unicum
deo libenter offerendum credito,
pugnare nosmet cum profanis gentibus
10 suasit suumque suasor exemplum dedit
nec ante prolem coniugalem gignere
deo placentem, matre uirtute editam,
quam strage multa bellicosus spiritus
portenta cordis seruientis uicerit.
15 uictum feroces forte reges ceperant
Loth inmorantem criminosis urbibus
Sodomae et Gomorrae, quas fouebat aduena
pollens honore patruelis gloriae.
Abram sinistris excitatus nuntiis
20 audit propinquum sorte captum bellica
seruire duris barbarorum uinculis.
armat trecentos terque senos uernulas,
pergant ut hostis terga euntis caedere,
quem gaza diues ac triumphus nobilis
25 captis tenebant inpeditum copiis.
quin ipse ferrum stringit et plenus deo

1–2 cf. *Gn* 15, 5–6   **1** cf. *Gn* 15, 6; *Gal* 3, 9   **2** cf. *Gn* 22, 18; 17, 4; 21, 2; 21, 5   **3–4** cf. *Gn* 17, 5–6   **5–8** cf. *Gn* 22, 1–19   **7** cf. *Gn* 22, 2; 22, 16   **15–37** cf. *Gn* 14, 12–16   **15–18** cf. *Gn* 14, 12   **16–17** cf. *Gn* 13, 10–12; 19, 4–9   **16** cf. *Gn* 13, 13; 19, 4–9   **17** cf. *Gn* 19, 9   **19–20** cf. *Gn* 14, 13–14   **22** cf. *Gn* 14, 14   **26–28** cf. *Gn* 14, 15

---

26 Lucan. 9, 564

---

1 uia] uia est *U, SK p. c. m²* Weitz.   **2** Abram] Abraham *VS a. r.*   **4** parenti] parente *DK p. c. (in D iterum in* parenti *corr.)*   **5** qui] quid *S*   dicauit] dicabit *N p. c. m²*   **7** cordi] cordi est *Aldus, Giselinus*   **12** placentem] parente *MSU (*parente matre uirtute *in ras. S) Weitz.*   **14** seruientis] saeuientis *MUK*   **15** uictum] uinctum *K, D p. c.*   ceperant] coeperant *CVEUK, A a. c. S p. c.*   **19** Abram] Abraham *C p. c., K a. c.*   **25** tenebant] tenebat *S p. c.*

Praefatio

(1–14) Der gläubige Alte, das erste Vorbild des Glaubens, Abram, erst spät Vater eines gesegneten Stammes, dessen Namen eine hinzugefügte Silbe vergrößert hat – denn Abram wurde er von seinem Vater genannt, Abraham aber von Gott –, der das Pfand seines Alters zum Opfer geweiht hat und so gelehrt hat, dass, wenn jemand am Altar opfern will, er das, was seinem Herzen lieb und teuer, was fromm, was einzig ist, im Vertrauen auf Gott gerne darbringen soll, hat uns geraten, dass wir mit den gottlosen Völkern kämpfen, und hat als Ratgeber selbst sein Beispiel gegeben, dass wir keine eheliche Nachkommenschaft zeugen können, die Gott gefällt und von der Mutter „Tugend" hervorgebracht ist, bevor in großem Gemetzel der kriegerische Geist die vielen Ungeheuer des versklavten Herzens besiegt hat.

(15–18) Als Besiegten hatten einmal wilde Könige Loth gefangen genommen, der sich in Sodom und Gomorrha aufhielt, diesen verdorbenen Städten, die er als Fremder bewohnte, einflussreich aufgrund der Hochachtung vor dem Ruhm seines Onkels. (19–21) Abram, von unheilvollen Nachrichten aufgeschreckt, hört, dass sein Verwandter durch Kriegsschicksal gefangen worden ist und unter den rauhen Fesseln der Barbaren als Sklave dient. (22–25) Er bewaffnet dreihundert und dreimal sechs Diener, damit sie dem Feind nachsetzen und ihm auf dem Marsch in den Rücken fallen. Denn diesen behinderten ein kostbarer Schatz und der vortreffliche Triumphzug mit den erbeuteten Reichtümern.

(26–31) Ja, er zieht sogar selbst das Schwert und schlägt von Gott erfüllt

reges superbos mole praedarum graues
pellit fugatos, sauciatos proterit.
frangit catenas et rapinam liberat:
30 aurum, puellas, paruulos, monilia,
greges equarum, uasa, uestem, buculas.
Loth ipse ruptis expeditus nexibus
attrita bacis colla liber erigit.
Abram triumphi dissipator hostici
35 redit recepta prole fratris inclytus,
ne quam fidelis sanguinis prosapiam
uis pessimorum possideret principum.
adhuc recentem caede de tanta uirum
donat sacerdos ferculis caelestibus,
40 Dei sacerdos, rex et idem praepotens,
[origo cuius fonte inenarrabili]
[secreta nullum prodit auctorem sui,]
Melchisedec, qua stirpe, quis maioribus
ignotus, uni cognitus tantum deo.
45 Mox et triformis angelorum trinitas
senis reuisit hospitis mapalia,
et iam uietam Sarra in aluum fertilis
munus iuuentae mater exsanguis stupet
herede gaudens et cachinni paenitens.
50 Haec ad figuram praenotata est linea,
quam nostra recto uita resculpat pede:
uigilandum in armis pectorum fidelium
omnemque nostri portionem corporis,

29–37 cf. *Gn* 14, 16   **38–44** cf. *Gn* 14, 17–19   **39** cf. *Gn* 14, 18; *Hbr* 7, 1   **41–44** cf. *Hbr* 7, 3   **45–49** cf. *Gn* 18, 1–15   **45** cf. *Gn* 18, 1–2   **47** cf. *Gn* 21, 2   **48–49** cf. *Gn* 18, 10–15

---

38 Verg. *Aen.* 9, 455–456   **39–40** Verg. *Aen.* 3, 80

---

31 greges] oues *Bergm. cum A, CD mg.*   buculas] bucula *A*   **32** nexibus] uinculis *V (mg. m² al.* nexibus) *NS, s. in K*   **33** bacis] bacis *D (in ras. m²)* boiis *Weitz, Giselinus, Arevalo cum recc.*   **34** Abram] Abraham *E, K a. c.*   **35** inclytus] inclytis *A*   **36** quam] qua *K (mg.* quam*), CD p. r.*   prosapiam] prosapiem *U, Weitz*   **37** possideret] possidere *B a. c. m²* possederet *A*   **41–42** om. *A del. Heins., Bergm., Lav.*   **43–44** del. *Gnilka*   **46** mapalia] magalia *S, Weitz*   **47** uietam] uieta *K, DVE p. r.* (uietam *D mg.*) quietam *MU, C a. r.* fertilis] fertile *U, S p. c.*   **48** iuuentae] inuente *S a. c.* uenire *U, S*   **53** corporis] pectoris *C (mg. m²* corporis*), D mg.* corporis*), E, S in ras.* pectorum *Obbarius* die hochmütigen Könige in die Flucht, die schwer mit der Last der Beute beladen sind, und zertritt die Verwundeten. Er sprengt die Ketten und befreit die „Beute": Gold, Mädchen, Knaben, Schmuck, Stutenherden, Gefäße, Kleidung, Kühe.

(32–33) Loth selbst streckt nun, da die Ketten zerbrochen sind, befreit den Hals empor, der von den Ketten wundgerieben ist.
(34–37) Abram, der Zerstörer des feindlichen Siegeszuges, kehrt nach der Befreiung des Neffen ruhmreich zurück, damit die Macht der äußerst bösen Fürsten nicht eine Familie gläubigen Blutes festhielte.

(38–44) Als er gerade von so großem Blutbad zurückkehrt, beschenkt den Mann ein Priester mit himmlischen Speisen, ein Priester Gottes und zugleich ein mächtiger König, [dessen geheime Herkunft aus unsagbarem Ursprung keinen seiner Ahnherren verrät,] Melchisedech, unbekannt, aus welchem Geschlecht, von welchen Ahnen, bekannt nur dem einen Gott.

(45–49) Bald auch besucht die dreigestaltige Dreifaltigkeit der Engel die Zelte des gastfreundlichen Alten; und Sara staunt, wie die Gabe der fruchtbaren Jugend in ihren schon welken Schoß gelangt, obwohl sie als Mutter nicht mehr empfängnisfähig ist; sie freut sich über ihren Erben und bereut ihr Lachen.
(50–58) Diese Linie ist zu einer Skizze vorgezeichnet worden, die unser Leben in rechtem Maß nachzeichnen soll: Wir müssen mit gläubigen Herzen bewaffnet wachen und jeden Teil unseres Körpers, der als Gefangener der abscheulichen Begierde dient, mit Hilfe der in uns versammelten Kräfte be-

    quae capta foedae seruiat libidini,
55 domi coactis liberandam uiribus;
    nos esse large uernularum diuites,
    si, quid trecenti bis nouenis additis
    possint, figura nouerimus mystica.
    mox ipse Christus, qui sacerdos uerus est,
60 †parente natus alto et ineffabili,†
    cibum beatis offerens uictoribus
    paruam pudici cordis intrabit casam
    monstrans honorem trinitatis hospitae.
    animam deinde spiritus conplexibus
65 pie maritam, prolis expertem diu,
    faciet perenni fertilem de semine,
    tunc sera dotem possidens puerpera
    herede digno patris inplebit domum.

---

59 cf. *Ps* 110, 4

---

58 possint] possit *U*   **60** parente natus alto et ineffabili] parente inenarrabili atque uno satus *CDVNEK* (*in C et N mg. m² adscr.:* parente natus alto et ineffabili) parente natus alto et inenarrabili *Fabricius* parente natus alto et haud effabili *Henke*   **64** spiritus] spiritibus *A, E a. c.*   **65** prolis] polis *B a. c.*   expertem] experte *B a. c.* expertam *Cellarius cum recc.*   **67** possidens] possedens *A a. c.*   **68** inplebit] inpleuit *B* impleuit *E, CD* (u *in* b *corr.*)

freien; wir sind überreich an Dienern, wenn wir durch das geheimnisvolle Vorbild verstehen, was die Dreihundert mit zweimal neun Hinzugefügten vermögen.

(59–63) Bald wird Christus selbst, welcher der wahre Priester ist, †gezeugt von dem einen und unaussprechlichen Vater,† das kleine Haus des keuschen Herzens betreten und dabei den glücklichen Siegern das Mahl darbringen und ihnen die Ehre erweisen, die Dreifaltigkeit zu Gast zu haben.

(64–68) Dann wird der Heilige Geist die Seele, die durch Umarmungen rechtmäßig vermählt worden ist, obwohl sie lange kinderlos war, fruchtbar machen mit ewigem Samen; darauf wird die erst spät Gebärende, die nun die Mitgift besitzt, das Haus des Vaters mit einem seiner würdigen Erben füllen.

Psychomachia

Christe, graues hominum semper miserate labores,
qui patria uirtute cluis propriaque, sed una, –
unum namque deum colimus de nomine utroque,
non tamen et solum, quia tu deus ex patre, Christe, –
5 dissere, rex noster, quo milite pellere culpas
mens armata queat nostri de pectoris antro,
exoritur quotiens turbatis sensibus intus
seditio atque animam morborum rixa fatigat,
quod tunc praesidium pro libertate tuenda
10 quaeue acies furiis inter praecordia mixtis
obsistat meliore manu. nec enim, bone ductor,
magnarum uirtutum inopes neruisque carentes
christicolas uitiis populantibus exposuisti;
ipse salutiferas obsesso in corpore turmas
15 depugnare iubes, ipse excellentibus armas
artibus ingenium, quibus ad ludibria cordis
obpugnanda potens tibi dimicet et tibi uincat.
uincendi praesens ratio est, si comminus ipsas
uirtutum facies et conluctantia contra
20 uiribus infestis liceat portenta notare.
Prima petit campum dubia sub sorte duelli
pugnatura Fides agresti turbida cultu,
nuda umeros, intonsa comas, exerta lacertos;
namque repentinus laudis calor ad noua feruens
25 proelia nec telis meminit nec tegmine cingi,
pectore sed fidens ualido membrisque retectis

---

8 cf. *Iac* 4, 1   21 cf. *Eph* 6, 16; I *Io* 5, 4

---

1 Verg. *Aen.* 6, 56   11 Claud. *Seren.* 205   21 Verg. *Aen.* 7, 647–648   23 Claud. *Prob.* 87

---

2 propriaque] propia *A*   3 utroque] utroque (s. trino) *S* trino *UK*, *D in ras. W p. c*   4 tu deus] tu es deus *K*   8 animam] animum *U*, *D p. c. m² anim*m K*   11 ductor] doctor (*al. u s.o*) *K*, *V p. c.* (*o pr. in ras.*) doc*or (*o pr. in ras.* t *s. ras.*) *N*   13 populantibus] spoliantibus *Weitz*.   15 *om. K add. mg.*   armas] (as *in ras.*) *CS* armis *E*   16 ludibria] ludebria *A*   17 obpugnanda] *Bergm. et Lav. cum ABNE* oppugnanda *alii codd., Cunn.*   dimicet] dimicat *W*   18 si] sic *S a. c.*   20 portenta] (r *in ras.*) *B* potenta *W a. c.*   21 duelli] belli *NC* (*super* duelli)   23 umeros] humeros *DVU* humerus *S a. c.*   24 calor] labor *A, D mg.*

Psychomachia

(1–11) Christus, der Du Dich stets der schweren Mühen der Menschen erbarmt hast, der Du für des Vaters Macht gepriesen wirst und für deine eigene, aber doch für eine einzige – denn einen einzigen Gott verehren wir unter beiden Namen, und dennoch nicht nur einen, weil Du Gott aus dem Vater bist, Christus –, sag, unser König, mit was für einem Heer gerüstet der Geist vermag, die Schuld aus der Tiefe unseres Herzens zu vertreiben, sooft darin – durch die Verwirrung der Gefühle – Aufruhr ausbricht und der Streit der Leidenschaften die Seele quält, was dann für ein Posten oder was für ein Heer sich zum Schutze der Freiheit den ins Herz eingedrungenen Dämonen mit überlegener Stärke entgegenstellt. (11–17) Denn Du, unser guter Führer, hast die Christen nicht ohne den Beistand großer Tugenden und ohne Kraft den verheerenden Sünden ausgesetzt; Du selbst heißt die heilbringenden Scharen im bedrängten Leib um die Entscheidung kämpfen, Du selbst rüstest mit vortrefflichen Fertigkeiten den Geist, damit er mit diesen – zum Kampf gegen die Schändung der Seele fähig – für Dich kämpfe und siege. (18–20) Die Siegesstrategie ist gegenwärtig, wenn es erlaubt ist, von nahem die Gestalten der Tugenden selbst und die Scheusale zu zeigen, die mit bedrohlichen Kräften auf der anderen Seite kämpfen.

(21–23) Als erste eilt *Fides* (Glaube) auf das Schlachtfeld, um dem zweifelhaften Los des Zweikampfes ausgesetzt zu kämpfen: ungestüm, in einfacher Kleidung, mit nackten Schultern, ungeschnittenem Haar, entblößten Armen. (24–27) Denn ihr plötzlicher Lobeseifer brennt auf neue Schlachten und denkt nicht daran, sich mit Waffen und Rüstung zu gürten, sondern fordert – im Vertrauen auf ihr starkes Herz und ihre bloßen Glieder – die Gefahren des

prouocat insani frangenda pericula belli.
ecce lacessentem conlatis uiribus audet
prima ferire Fidem ueterum Cultura deorum.
30   illa hostile caput phalerataque tempora uittis
altior insurgens labefactat et ora cruore
de pecudum satiata solo adplicat et pede calcat
elisos in morte oculos animamque malignam
fracta intercepti commercia gutturis artant
35   difficilemque obitum suspiria longa fatigant.
exultat uictrix legio, quam mille coactam
martyribus regina Fides animarat in hostem.
nunc fortes socios parta pro laude coronat
floribus ardentique iubet uestirier ostro.
40   Exim gramineo in campo concurrere prompta
uirgo Pudicitia speciosis fulget in armis,
quam patrias succincta faces Sodomita Libido
adgreditur piceamque ardenti sulpure pinum
ingerit in faciem pudibundaque lumina flammis
45   adpetit et taetro temptat subfundere fumo,
sed dextram furiae flagrantis et ignea dirae
tela lupae saxo ferit inperterrita uirgo,
excussasque sacro taedas depellit ab ore.
tunc exarmatae iugulum meretricis adacto
50   transfigit gladio; calidos uomit illa uapores
sanguine concretos caenoso, spiritus inde
sordidus exhalans uicinas polluit auras.

---

42 cf. *Gn* 19, 1–29

---

27 Verg. *Aen.* 7, 461; 11, 505   **30** Verg. *Aen.* 2, 133; Ov. *met.* 13, 643; *Pont.* 3, 2, 75   **31–34** Verg. *Aen.* 8, 259–261   **31–32** Verg. *Aen.* 4, 201   **31** Verg. *Aen.* 12, 902   **32–33** Tert. *spect.* 29, 3; Lucr. 1, 78–79   **32** Verg. *Aen.* 12, 303   **33** Verg. *Aen.* 8, 261   **33** Verg. *Aen.* 8, 261   **34** Verg. *Aen.* 8, 260–261   **35** Verg. *Aen.* 4, 694   **40** Verg. *Aen.* 5, 287; Ov. *fast.* 3, 519   **41** Verg. *Aen.* 6, 826; 10, 170–171; 11, 769; 11, 854   **42–45** Verg. *Aen.* 7, 465–466; 9, 72–76   **47** Verg. *Aen.* 10, 415; 10, 770   **48** Verg. *Aen.* 9, 109   **50–51** Lucan. 3, 573   **50** Verg. *Aen.* 9, 414   **51** Verg. *Aen.* 2, 277; Ov. *met.* 12, 270

---

29 ferire] perire *D*   Fidem] fide *A*   **31** ora] ore *S p. c.*   **32** de] e *Cellar.*   **33** morte] mortem *CDSUK Weitz., Cellar.*   **34** intercepti] intercoepti *AU*   **36** uictrix] uictrex *A* coactam] *conicio* coactis, *v. comm. ad loc.*   **38** nunc] tunc *Obbar., Weitz.*   **40** Exim] exin *CDUK, NS p. r.*   **42** patrias succincta faces] patria ... face *N, V a. c.*   **43** sulpure] sulpore *A*   **46** ignea dirae] igne adire *V*   **51** caenoso] sanioso *coni. Heins.*

wütenden Krieges heraus, um sie zu bezwingen. (28–29) Siehe, da wagt die *Cultura veterum deorum* (Verehrung der alten Götter) als erste, die mit geballten Kräften anstürmende *Fides* anzugreifen.
(30–35) Jene richtet sich höher auf und bringt so das feindliche Haupt und die mit Binden geschmückten Schläfen zu Fall, sie drückt den Mund, der vom Blut der Opfertiere gesättigt ist, zu Boden und zertritt mit dem Fuß die im Tode hervortretenden Augen; die zerquetschte Kehle hemmt den üblen Atem und lange Seufzer erschweren das mühsame Sterben.

(36–37) Die siegreiche Legion jubelt, welche die *Fides* aus tausend Märtyrern aufgestellt und im Kampf gegen den Feind angespornt hatte. (38–39) Jetzt bekränzt sie die tapferen Mitstreiter zum Lohn mit Blüten und heißt sie, sich in leuchtendes Purpur zu kleiden.
(40–41) Dann erstrahlt auf dem grasbewachsenen Schlachtfeld, zum Kampf entschlossen, die Jungfrau *Pudicitia* (Keuschheit) in herrlicher Rüstung. (42–45) Die *Sodomita Libido* (Wollust), gerüstet mit den Fackeln ihrer Heimat, greift sie an und schleudert ihr eine Pechfackel mit brennendem Schwefel ins Gesicht; sie bedroht ihre keuschen Augen mit Flammen und versucht, sie in beißenden Rauch einzuhüllen. (46–48) Aber die unerschrockene Jungfrau schlägt die rechte Hand der brennenden Furie und die feurigen Geschosse der unheilvollen Dirne mit einem Stein, und stößt die Fackeln, die sie ihr aus der Hand geschlagen hat, von ihrem heiligen Antlitz fort. (49–52) Darauf richtet sie ihr Schwert auf die Kehle der entwaffneten Hure und durchbohrt sie; jene speit heißen, mit Blut vermengten Rauch; deshalb beschmutzt ihr unreiner, ausdünstender Hauch die umgebenden Lüfte.

„hoc habet", exclamat uictrix regina, „supremus
hic tibi finis erit, semper prostrata iacebis
55 nec iam mortiferas audebis spargere flammas
in famulos famulasue dei, quibus intima casti
uena animi sola feruet de lampade Christi.
tene, o uexatrix hominum, potuisse resumptis
uiribus extincti capitis recalescere flatu,
60 Assyrium postquam thalamum ceruix Olofernis
caesa cupidineo madefactum sanguine lauit
gemmantemque torum moechi ducis aspera Iudith
spreuit et incestos conpescuit ense furores,
famosum mulier referens ex hoste tropaeum
65 non trepidante manu, uindex mea caelitus audax!
at fortasse parum fortis matrona sub umbra
legis adhuc pugnans, dum tempora nostra figurat,
uera quibus uirtus terrena in corpora fluxit,
grande per infirmos caput excisura ministros.
70 numquid et intactae post partum uirginis ullum
fas tibi iam superest? post partum uirginis, ex quo
corporis humani naturam pristina origo
deseruit carnemque nouam uis ardua seuit
atque innupta deum concepit femina Christum,
75 mortali de matre hominem, sed cum patre numen.
inde omnis iam diua caro est, quae concipit illum
naturamque dei consortis foedere sumit.
uerbum quippe caro factum non destitit esse
quod fuerat, uerbum, dum carnis glutinat usum,

---

57 cf. *Mt* 25, 1–13   **60–65** cf. *Idt* 13   **60–61** cf. *Idt* 13, 3–9   **61** cf. *Idt* 12, 17; 13, 9
64 cf. *Idt* 13, 10–31   **66–67** *Hbr* 10, 1; cf. *Hbr* 8, 5; *Col* 2, 17   **67** cf. I *Cor* 10, 6; 10, 11
70–75 cf. *Is* 7, 14; *Mt* 1, 18–25; *Lc* 1, 27–35   **70** cf. *Lc* 1, 35   **71–77** cf. *Eph* 4, 24; *Gal*
6, 8; *Col* 3, 9–10; *Ez* 36, 26   **78** *Io* 1, 14

---

53 Verg. *Aen.* 12, 296   **58** cf. Lact. *inst.* 3, 29   **62** Verg. *Aen.* 11, 664   **64** Verg. *georg.*
3, 32

---

53 hoc habet] hoc habe *C*   uictrix] uictris *A*   **56** famulasue] famulasque *BS, W a. c.*   **62** gemmantemque] gemmamque *S a. c.* (tem *s.* am) gemmatumque *C* (*mg.* gemmantem), *DUV* gemmatum *ex* gemmantum *W*   **63** incestos] ingestos *N*   **64** tropaeum] triumphum *C* (*mg.* tropheum)   **66** at] ad *A* ut *W a. c.*   **67** figurat] figurant *B*   **68** terrena in corpora] terreno in corpore *W*   **75** mortali] mortalem *K, C a. c., Weitz.*   **76** concipit] concepit *CESK a. c.*   **77** consortis] consorti *DMUK, CS p. c.*   sumit] sumpsit *EK*

(53–57) „Das hat gesessen!", ruft die siegreiche Königin aus. „Das wird für dich der letzte Tag sein, ein für alle Mal wirst du niedergestreckt liegen, und du wirst nicht mehr wagen, todbringende Flammen gegen die Diener oder Dienerinnen Gottes zu schleudern, denen das Innerste ihrer keuschen Seele allein durch das Licht Christi glüht.

(58–69) Dass du, oh Quälerin der Menschen, nachdem Du Deine Kräfte wiedererlangt hattest, durch den Hauch des vernichteten Hauptes wiedererstarken konntest, nachdem der abgehauene Hals des Holofernes das assyrische Schlafgemach mit lüsternem Blut getränkt hatte und die unbarmherzige Judith das von Edelsteinen erstrahlende Lager des ehebrecherischen Heerführers verschmäht und das unzüchtige Wüten mit dem Schwert gezähmt hatte. Sie, meine durch himmlische Hilfe furchtlose Rächerin, brachte – obwohl sie eine Frau war – das berühmte Siegeszeichen vom Feind heim, ohne dass ihre Hand zitterte! Aber vielleicht war diese Frau, die noch unter dem Schatten des Gesetzes kämpfte, während sie auf unsere Zeiten vorausweist, in denen die wahre Tugend in die irdischen Körper strömte, nicht stark genug, um durch die schwachen Diener das große Haupt abzuschlagen.

(70–71) Ist dir noch irgendetwas erlaubt, nachdem jemand von einer unberührten Jungfrau geboren wurde? (71–75) Nach der Niederkunft einer Jungfrau, seit welcher der vormalige Ursprung die Natur des menschlichen Leibes verlassen, die himmlische Kraft das neue Fleisch gesät und eine unverheiratete Frau Gott als Christus empfangen hat, einen Menschen von einer sterblichen Mutter, aber zusammen mit dem Vater Gott. (76–77) Daher ist nun das Fleisch göttlich, das jenen empfängt und die Natur Gottes durch den gemeinsamen Bund annimmt. (78–81) Das Wort, das Fleisch geworden ist, hat allerdings nicht aufgehört zu sein, was es gewesen war, das Wort nämlich, solange es †am Gebrauch des Fleisches haftet†, wobei freilich seine Größe

80 maiestate quidem non degenerante per usum
   carnis, sed miseros ad nobiliora trahente.
   [ille manet, quod semper erat, quod non erat, esse]
   [incipiens; nos, quod fuimus, iam non sumus, aucti]
   [nascendo in melius: mihi contulit et sibi mansit,]
85 nec deus ex nostris minuit sua, sed sua nostris
   dum tribuit, nosmet dona ad caelestia uexit.
   dona haec sunt, quod uicta iaces, lutulenta Libido,
   nec mea post Mariam potis es perfringere iura.
   tu princeps ad mortis iter, tu ianua leti,
90 corpora conmaculans animas in tartara mergis.
   abde caput tristi iam, frigida pestis, abysso,
   occide, prostibulum, manes pete, claudere Auerno,
   inque tenebrosum noctis detrudere fundum!
   te uolant subter uada flammea, te uada nigra,
95 sulpureusque rotet per stagna sonantia uertex,
   nec iam christicolas, furiarum maxima, temptes,
   ut purgata suo seruentur corpora regi."
   dixerat haec et laeta Libidinis interfectae
   morte Pudicitia gladium Iordanis in undis
100 abluit infectum, sanies cui rore rubenti
   haeserat et nitidum macularat uulnere ferrum.
   expiat ergo aciem fluuiali docta lauacro
   uictricem uictrix abolens baptismate labem
   hostilis iuguli nec iam contenta piatum
105 condere uaginae gladium, ne tecta rubigo
   occupet ablutum scabrosa sorde nitorem,
   catholico in templo diuini fontis ad aram

98–99 cf. III *Rg* 2, 25; *Ier* 18, 21; *Apc* 2, 23   **99–102** cf. *Mt* 3; *Mc* 1, 5–9; *Lc* 3, 3–22; *Io* 3, 22–26

---

89 Lucr. 1, 1112; 5, 373; Ov. *met.* 1, 662; Val. Flacc. 4, 231; cf. Verg. *Aen.* 2, 661; Sil. 11, 187; Tert. *cult. fem.* 1, 1, 2   **90** cf. Verg. *Aen.* 6, 127; Ov. *met.* 10, 697   **94–95** cf. Verg. *Aen.* 6, 550–551; 10, 557–560   **96** Verg. *Aen.* 6, 605; 3, 252; Val. Fl. 1, 816   **98–99** Cic. *Att.* 14, 9, 2   **98** Verg. *Aen.* 2, 621; 2, 705; 4, 238; 4, 331; 4, 663

82–84 *del. Gnilka*   **83** aucti] auctor *K p. c. m²*   **87** iaces] iacis *AE*   **88** potis es] potes es *S* potes (es *om.*) *E s.*   perfringere] perstringere *K*   **92** prostibulum] prostibulo *VN a. c.*   **94** uolant] uolunt *N a. c.* uoluant *Cellar.* uoluunt *S a. c. m²*   **95** uertex] uortex *CDVMUK, NS p. c.*   **101** macularat] (rat *in ras.*) *N* maculauerat *V a. c.*   **103** labem] lauem *B a. c.*   **104** iuguli] iugulis *B, W a. r.*   **105** ne tecta rubigo] ne sorde latenti *E* (*alt. lectio mg.*)   **107** diuini] diuino *V a. c.*

durch den Gebrauch des Fleisches nicht abnimmt, sondern die Elenden zu Edlerem führt. (82–84) [Jener bleibt, was er immer war, und beginnt doch zu sein, was er nicht war; wir sind nicht mehr, was wir gewesen sind, zum Besseren erhöht durch die Geburt; für mich hat er sich hingegeben und ist doch für sich selbst geblieben.](85–88) Und Gott hat aus dem Unsrigen nicht das Seine verringert, sondern hat, während er dem Unsrigen das Seine gewährte, uns zu den himmlischen Gaben emporgezogen. Dies sind seine Gaben: dass du besiegt daliegst, schmutzige Wollust, und dass du nach Maria nicht mehr imstande bist, meine Rechte zu verletzen. (89–90) Du Führerin zum Weg des Todes, Du Ursprung des Untergangs, stürzt die Seelen in die Hölle, indem du die Leiber besudelst.

(91–93) Verbirg dein Haupt in der finsteren Hölle, du schon erkaltete Unheilbringerin! Geh zugrunde, Dirne! Eile zu den Manen! Verbirg dich in der Unterwelt und lass dich in die finstere Tiefe der Nacht hineinziehen! (94–97) Mögen dich dort unten die flammenden Meere fortreißen, mögen dich die schwarzen Meere und der Schwefelstrudel durch die tönenden Seen herumschleudern, und du, größte der Furien, die Christen nicht mehr in Versuchung führen, damit die gereinigten Leiber für ihren König gerettet werden."

(98–101) Nachdem sie dies gesagt hatte, wusch sie, froh über den Tod der vernichteten Wollust, in den Wassern des Jordan ihr beflecktes Schwert, an dem Eiter mit rotem Nass aus der Wunde gehaftet und das glänzende Eisen befleckt hatte.

(102–104) Die kundige Siegerin reinigt also die siegreiche Schneide durch das Bad im Fluss, indem sie durch die Taufe den Schmutzfleck beseitigt, den die Kehle der Feindin hinterlassen hatte. (104–108) Und nicht mehr zufrieden damit, das gereinigte Schwert in die Scheide zu stecken, weiht sie es, damit nicht etwa verborgener Rost mit rauhem Schmutz sich des gereinigten Glanzes bemächtige, im katholischen Tempel am Altar der göttlichen Quelle,

consecrat, aeterna splendens ubi luce coruscet.
Ecce modesta graui stabat Patientia uultu
per medias inmota acies uariosque tumultus
uulneraque et rigidis uitalia peruia pilis
spectabat defixa oculos et lenta manebat.
hanc procul Ira tumens, spumanti feruida rictu,
sanguinea intorquens subfuso lumina felle,
ut belli exsortem teloque et uoce lacessit
inpatiensque morae conto petit, increpat ore,
hirsutas quatiens galeato in uertice cristas.
„en tibi Martis", ait, „spectatrix libera nostri,
excipe mortiferum securo pectore ferrum
nec doleas, quia turpe tibi gemuisse dolorem."
sic ait et stridens sequitur conuicia pinus
per teneros crispata notos et certa sub ipsum
defertur stomachum rectoque inliditur ictu,
sed resilit duro loricae excussa repulsu.
prouida nam uirtus conserto adamante trilicem
induerat thoraca umeris squamosaque ferri
texta per intortos conmiserat undique neruos.
inde quieta manet Patientia, fortis ad omnes
telorum nimbos et non penetrabile durans.
nec mota est iaculo monstri sine more furentis
opperiens propriis perituram uiribus Iram.

109–112 Verg. *Aen.* 6, 156–157 **109–110** Verg. *Aen.* 5, 437 **109** Verg. *Aen.* 6, 156; 7, 706; 10, 322 **110** Verg. *georg.* 4, 82; *Aen.* 12, 224; Hor. *carm.* 3, 2, 12 **111** cf. Verg. *georg.* 1, 508; *Aen.* 12, 304 **112** Verg. *Aen.* 6, 156 **113–114** Ov. *met.* 11, 367–368 **113** Ov. *met.* 4, 97; Suet. *Claud.* 30 **114** Verg. *Aen.* 7, 399; Ov. *met.* 11, 368; cf. Verg. *Aen.* 8, 219; *georg.* 4, 451 **115** Verg. *Aen.* 10, 644; Ov. *met.* 5, 91 **116** Lucan. 6, 424; Sil. 8, 4 **117** Verg. *Aen.* 12, 493 **121–124** Verg. *Aen.* 10, 776–778 **121–123** Verg. *Aen.* 9, 698–700 **121** Verg. *Aen.* 1, 142 **122** Verg. *Aen.* 1, 313; 12, 165 **124–125** Verg. *Aen.* 3, 467; 5, 259–260 **124** Sen. *de ira* 3, 5, 8; Tert. *pat.* 14, 6 **125** Verg. *Aen.* 3, 467; 5, 259; 7, 639; 11, 487 **126** Verg. *Aen.* 11, 487–488 **129** Lucan. 4, 776 **130** Verg. *Aen.* 7, 376–377; 5, 694

---

112 lenta] leta *V a. c.* **114** subfuso] suffusa *A* **115** exsortem] expertem *CK, D a. c.* **117** hirsutas] hirsuto *Weitz.* **119** pectore] in pectore *K, W p. c.* **120** nec] ne *R* quia] qua *B a. c. m^2 W a. c.* quae *S a. c. m^2* tibi] tibi est *W p. c.* gemuisse] genuisse *CV, D a. c.* dolorem] dolore *R, NS p. r.* **122** teneros] tenues *Cham.* **124** repulsu] repulso *V* **125** trilicem] trilice *N, C p. r.* (*mg.* trilicem) **126** thoraca] thoracam *CDSK* umeris] humeros *U* **127** intortos] innumeros *U* **129** penetrabile] penetrabilis (is *ex* es) *W* **131** perituram] perituris *A*

damit es dort es glänzend im ewigem Licht schimmere.
(109–112) Siehe da, mit ernster Miene stand *Patientia* (Geduld) unbewegt inmitten der Schlachtreihen und verschiedenen Kämpfe, betrachtete die Wunden und die von starren Speeren durchbohrten Eingeweide mit festem Blick und blieb gelassen. (113–117) Zu dieser eilt von ferne *Ira* (Zorn), aufgeblasen, kochend mit schäumendem Maul, die blutunterlaufenen Augen rollend, nachdem Galle eingeflossen ist, fordert die am Kampf Unbeteiligte mit Waffe und Stimme heraus, droht ungeduldig über die Verzögerung mit einer Lanze, beschimpft sie sie mit dem Mund und schüttelt den borstigen Helmbusch auf dem behelmten Kopf.
(118–120) „Nimm das, unbeteiligte Beobachterin unseres Kampfes", spricht sie, „empfange das todbringende Schwert in der sorglosen Brust, und du sollst keine Schmerzen erleiden, weil es für dich ja schimpflich ist, den Schmerz herauszuschreien." (121–124) So spricht sie, und zischend folgt ein schwirrender Wurfspieß ihren Beschimpfungen durch die ruhigen Lüfte, findet treffsicher direkt unter dem Magen sein Ziel und schlägt mit geraden Stoß ein, prallt aber ab, aufgehalten durch den harten Widerstand vom Brustpanzer. (125–127) Denn vorausschauend hatte die Tugend einen dreifädigen, aus Stahl zusammengefügten Panzer über den Schultern angelegt und hatte schuppiges Eisengeflecht mit geflochtenen Lederriemen auf allen Seiten verbunden. (128–129) Deshalb bleibt *Patientia* gelassen, tapfer im Angesicht aller Geschosshagel und undurchdringlich standhaltend. (130–131) Ebenso unbewegt bleibt sie vom Speer des entsetzlich wütenden Ungeheuers und wartet darauf, dass *Ira* an ihren eigenen Kräften zugrundegeht.

scilicet indomitos postquam stomachando lacertos
barbara bellatrix inpenderat et iaculorum
nube superuacuam lassauerat inrita dextram,
135 cum uentosa leui cecidissent tela uolatu
iactibus et uacuis hastilia fracta iacerent,
uertitur ad capulum manus inproba et ense corusco
conisa in plagam dextra sublimis ab aure
erigitur mediumque ferit librata cerebrum.
140 aerea sed cocto cassis formata metallo
tinnitum percussa refert aciemque retundit
dura resultantem, frangit quoque uena rebellis
inlisum chalybem, dum cedere nescia cassos
excipit adsultus ferienti et tuta resistit.
145 Ira, ubi truncati mucronis fragmina uidit
et procul in partes ensem crepuisse minutas,
iam capulum retinente manu sine pondere ferri
mentis inops ebur infelix decorisque pudendi
perfida signa abicit monumentaque tristia longe
150 spernit et ad proprium succenditur effera letum.
missile de multis, quae frustra sparserat, unum
puluere de campi peruersos sumit in usus:
rasile figit humi lignum ac se cuspide uersa
perfodit et calido pulmonem uulnere transit.
155 quam super adsistens Patientia: „uicimus", inquit,
„exsultans uitium solita uirtute sine ullo
sanguinis ac uitae discrimine; lex habet istud
nostra genus belli, furias omnemque malorum
militiam et rabidas tolerando extinguere uires.
160 ipsa sibi est hostis uaesania seque furendo
interimit moriturque suis Ira ignea telis."

135–150 Verg. *Aen.* 12, 728–741   **137–139** Verg. *Aen.* 2, 552–553; 5, 642–643   **139** Verg. *Aen.* 9, 417   **140–142** cf. Verg. *Aen.* 9, 808–809; 10, 330   **143** Hor. *carm.* 1, 6, 6   **145–150** Verg. *Aen.* 12, 731–734   **148** Ov. *fast.* 4, 457   **149** cf. Verg. *Aen.* 12, 731   **155** Verg. *Aen.* 10, 490   **156** Verg. *Aen.* 11, 415; Ov. *met.* 9, 163

---

134 superuacuam] superuacua *Heins.*   **136** iactibus] ictibus *D p. r.*   **138** conisa] conixa *R*   dextra] dextram *W, S a. r.*   **140** sed] set *A* et *E*   cocto cassis] cassis cocto *Weitz., Cellar.* cassis cocto informata *coni. Heins.*   formata] informata *A*   **143** cassos] cassis *CD, SK p. c.*   **146** ensem] ense *A*   **150** succenditur] succendetur *A*   **155** uicimus] uincimus *N a. r.*   **157** ac] aut *C*   **159** rabidas] rapidas *C*

(132–139) Nachdem also die wilde Kriegerin ihre unüberwindlichen Arme in ihrem Ärger verausgabt und ihre nutzlos gewordene rechte Hand durch den Geschosshagel nutzlos ermüdet hatte, weil ihre windigen Geschosse im leichten Flug gefallen waren und ihre durch vergebliche Würfe gebrochenen Lanzen am Boden lagen, wendet sich ihre ruchlose Hand zum Schwertgriff. Mit dem funkelnden Schwert erhebt sich die zum Hieb angestrengte Hand auf Höhe des rechten Ohres schwebend und schlägt kraftvoll mitten auf den Kopf. (140–144) Aber der eherne Helm, aus geschmolzenem Metall geformt, hallt nur klirrend wieder, obwohl er heftig erschüttert wurde, und macht, hart wie er ist, die an ihm abprallende Schneide unbrauchbar. Auch bricht das widerspenstige Metall den hineingeschlagenen Stahl, während sie standhaft die nutzlosen Angriffe abfängt und gefahrlos der Schlagenden widersteht.

(145–150) Sobald *Ira* die Bruchstücke ihrer zerschlagenen Klinge sah und dass ihr Schwert klirrend in weithin verstreute Teile zerbrochen ist, obwohl ihre Hand noch den Griff ohne das Gewicht des Eisens zurückhält, wirft sie von Sinnen das glücklose Elfenbein und die verräterischen Zeichen der schändlichen Zier hin und verstreut die traurigen Zeichen weithin, und rasend entschließt sie sich leidenschaftlich für den eigenen Tod. (150–151) Sie hebt ein Wurfgeschoss von den vielen, die sie vergebens geschleudert hatte, aus dem Staub des Schlachtfeldes zu verkehrtem Gebrauch auf. (152–154) Sie rammt das glatte Holz in den Boden, durchbohrt sich mit der auf sich selbst gerichteten Spitze und durchstößt ihre Lunge mit einer brennenden Wunde. (155–161) *Patientia* stellt sich über sie und spricht: „Wir haben triumphierend ein Laster mit unserer gewohnten Stärke besiegt, ohne jedwede Gefahr für Blut und Leben. Unser Gesetz verlangt diese Art des Kämpfens, nämlich die Furien und das ganze Heer der Laster sowie die wütenden Gewalten durch Erdulden auszulöschen. *Ira* ist ihr eigener Feind und vernichtet sich durch[ihr Rasen und so stirbt die feurige *Ira* an ihren eigenen Waffen."

haec effata secat medias inpune cohortes
egregio comitata uiro; nam proximus Iob
haeserat inuictae dura inter bella magistrae,
165 fronte seuerus adhuc et multo funere anhelus,
sed iam clausa truci subridens ulcera uultu
perque cicatricum numerum sudata recensens
milia pugnarum, sua praemia, dedecus hostis.
illum diua iubet tandem requiescere ab omni
170 armorum strepitu captis et perdita quaeque
multiplicare opibus nec iam peritura referre.
ipsa globos legionum et concurrentia rumpit
agmina uulniferos gradiens intacta per imbres.
omnibus una comes uirtutibus adsociatur
175 auxiliumque suum fortis Patientia miscet.
nulla anceps luctamen init uirtute sine ista
uirtus nam uidua est, quam non Patientia firmat.
Forte per effusas inflata Superbia turmas
effreni uolitabat equo, quem pelle leonis
180 texerat et ualidos uillis onerauerat armos,
quo se fulta iubis iactantius illa ferinis
inferrat tumido despectans agmina fastu.
turritum tortis caput adcumularat in altum
crinibus, exstructos augeret ut addita cirros
185 congeries celsumque apicem frons ardua ferret.
carbasea ex umeris summo collecta coibat

---

163 cf. *Iob* 1–3   **177** cf. *Lc* 21, 19; *Hbr* 10, 36; *Iac* 5, 7

---

162 Verg. *Aen.* 10, 440; 12, 683   **165** Verg. *Aen.* 2, 283–284; *georg.* 3, 246–247   **173** Verg. *Aen.* 12, 683   **174–177** Tert. *pat.* 15   **178–197** cf. Verg. *Aen.* 11, 768–777   **178–182** Verg. *Aen.* 11, 768–771   **178** Verg. *Aen.* 3, 22; 6, 682; 11, 768; 12, 267   **179–180** cf. Verg. *Aen.* 5, 351–352; 8, 177; 8, 552–553; 11, 770–771   **179** Verg. *Aen.* 2, 722; 12, 126   **183–189** Verg. *Aen.* 11, 772–777   **183** Verg. *Aen.* 12, 267; Hier. *epist.* 130, 7, 13; Tert. *cult. fem.* 2, 7   **186–189** cf. Verg. *Aen.* 11, 775–776   **186–187** cf. Verg. *Aen.* 1, 320; 11, 776   **186** cf. Verg. *Aen.* 11, 775

---

163 egregio] egraegio *B*   **164** haeserat] haec serat *B*   bella] tela *W*   magistrae] magistras *A*   **165** seuerus] securus *BW a. c.*   funere] uulnere *CD* (*mg.* funere), *V p.c.*, *Weitz.*, *Cellar.*   **169** diua] diu *CD a. c. m*^{2} **170** captis] partis et *coni. Gis.*   **172** globos] globum *U, Cellar.*   **176** ista] ipsa *CD* ista *in ras. K*   **177** nam] et *AW, BVS a. c. N a. r., Heins., Cellar., Bergm.*   **180** onerauerat] ornauerat *K, Bergm.*   armos] armis *V*   **182** tumido] tumidos *W*   despectans] dispectans *AE*   agmina] agmine *V a. c.* omnia *S*   **184** augeret] auderet *BW a. c.*

(162–168) Nach diesen Worten eilt sie ohne Schaden mitten durch die Kohorten, begleitet von einem besonderen Mann. Denn Hiob hatte sich während der harten Kämpfe ganz nah bei der unbesiegbaren Lehrmeisterin befunden, mit ernster Miene bisher und keuchend wegen des vielen Tötens. Aber nun lacht er schon mit trotziger Miene über seine verheilten Wunden mit, und anhand der Vielzahl seiner Narben erinnert er sich an Tausende durchschwitzter Kämpfe, seinen Lohn und die Schmach des Feindes. (169–171) Jenem befiehlt die Göttliche, sich endlich auszuruhen von all dem Getöse der Waffen, all das Verlorene aus der Beute vielfach zu ersetzen und Dinge heimzutragen, die nicht mehr verlorengehen werden. (172–173) Sie selbst durchbricht die Scharen der Legionen und die zusammenstoßenden Schlachtreihen und schreitet unberührt durch die Wunden reißenden Geschosshagel. (174–175) Als einzige gesellt sich *Patientia* zu allen Tugenden als Gefährtin und hilft ihnen. (176–177) Keine Tugend tritt ohne sie in einen Kampf mit ungewissem Ausgang ein, denn einsam ist die Tugend, welcher nicht *Patientia* Verstärkung bietet.

(178–182) Es traf sich, dass die aufgeblasene *Superbia* (Hochmut) auf einem unbändigen Pferd durch die versprengten Schwadronen eilte, das sie mit dem Fell eines Löwen bedeckt und dem sie die kräftigen Schultern mit seiner zottigen Mähne beladen hatte, auf dass sie sich – verstärkt durch die wilde Mähne – umso prahlerischer mit aufgeblasenem Hochmut von oben auf sie herabblickend auf die Scharen stürzen konnte. (183–185) Das turmhohe Haupt hatte sie aus zusammengedrehten Haaren hoch aufgetürmt, und zwar so, dass eine hinzugefügte Masse die aufgetürmten Haarlocken aufbauschte und ihre hocherhobene Stirn eine hoch aufgerichtete Zierde trug. (186–187)

palla sinu teretem nectens a pectore nodum;
a ceruice fluens tenui uelamine limbus
concipit infestas textis turgentibus auras.
190 nec minus instabili sonipes feritate superbit
inpatiens madidis frenarier ora lupatis,
huc illuc frendens obuertit terga negata
libertate fugae pressisque tumescit habenis.
hoc sese ostentans habitu uentosa uirago
195 inter utramque aciem supereminet et phaleratrum
circumflectit equum uultuque et uoce minatur
aduersum spectans cuneum, quem milite raro
et paupertinis ad bella coegerat armis
Mens humilis, regina quidem, sed egens alieni
200 auxilii proprio nec sat confisa paratu.
Spem sibi collegam coniunxerat, edita cuius
et suspensa ab humo est opulentia diuite regno.
ergo humilem postquam male sana Superbia Mentem
uilibus instructam nullo ostentamine telis
205 aspicit, in uocem dictis se effundit amaris:
„non pudet, o miseri, plebeio milite claros
adtemptare duces ferroque lacessere gentem
insignem titulis, ueteres cui bellica uirtus
diuitias peperit laetos et gramine colles
210 imperio calcare dedit? nunc aduena nudus
nititur antiquos, si fas est, pellere reges!
en qui nostra suis in praedam cedere dextris
sceptra uolunt, en qui nostras sulcare nouales

---

202 cf. *Mt* 6, 20; 19, 21; *Lc* 12, 33; *Col* 3, 1–2

---

188 Sil. 8, 187 **189** cf. Verg. *Aen.* 11, 775 **190–193** Verg. *Aen.* 11, 599–601 **190–191** Verg. *Aen.* 4, 135; Ov. *am.* 1, 2, 15 **191** Verg. *georg.* 2, 297–298; Hor. *carm.* 1, 8, 7–8 **203–252** cf. Verg. *Aen.* 9, 595–620 **203–205** cf. Verg. *Aen.* 9, 595–597 **205** Verg. *Aen.* 10, 368; 10, 591; Ov. *trist.* 3, 11, 31 **206–252** cf. Verg. *Aen.* 12, 229–237 **206–209** cf. Verg. *Aen.* 9, 599–600 **206** Verg. *Aen.* 9, 598; 12, 229 **210–211** cf. Verg. *Aen.* 7, 422–425; 9, 601 **210** Verg. *Aen.* 12, 261 **212–215** cf. Verg. *Aen.* 9, 600 **212** Verg. *Aen.* 9, 600; 12, 265 **213** cf. Verg. *Aen.* 7, 422

---

190 instabili] stabili *A* **192** obuertit terga] obuertitterga *W, B a. c. m²* obuertittega *A* **194** ostentans] ostentas *B a. c.* **204** instructam] extructam *R* **205** se effundit] se fundit *R* se om. *W* **208** titulis] telis *U* ueteres] ueteris *W, BN a. c.* **210** nudus] nudos *A, V a. c.* C mg. **212** praedam] predam *A* cedere] caedere *CD*

Ein leinener Mantel, der von ihren Schultern hing, war hoch über ihrer Brust in einem Bausch zusammengebunden und schloss sich zu einem gerundeten Knoten. (188–189) Vom Nacken herabfließend erfasst der Saum vom zarten Schleier die unruhigen Lüfte, wobei der Stoff sich aufbläst. (190–191) Und ihr Ross ist nicht weniger hochmütig vor unsteter Wildheit, unwillig, sich mit dem feuchten Brechzaum im Maul führen zu lassen. (192–193) Hierhin und dorthin wendet es mit den Zähnen knirschend seinen Rücken, weil ihm die Freiheit zur Flucht verweigert wird, und braust unter dem Druck der Zügel auf. (194–200) Indem sie sich mit diesem Auftreten zur Schau stellt, überragt das stürmische Mannsweib beide Schlachtordnungen und wendet ihr mit einem Schmuckgeschirr verziertes Pferd. Sie droht mit Miene und Stimme, als sie die feindliche Abteilung anschaut, welche die *Mens humilis* (Demut) aus wenigen Soldaten und mit armseligen Waffen zum Kampf zusammengezogen hatte. Diese ist zwar eine Königin, aber bedarf doch fremder Hilfe und hat kein hinreichendes Vertrauen in ihre eigenen Fähigkeiten. (201–202) Sie hatte sich mit der *Spes* (Hoffnung) als Mitstreiterin verbündet, deren Reichtum sich hoch oben und von der Erde abgehoben im prächtigen Reich befindet. (203–205) Deshalb platzt die rasende *Superbia*, nachdem sie die mit wertlosen Waffen ohne jeden Prunk versehene *Mens humilis* erblickt, mit beißenden Worten heraus: (206–211) „Schämt ihr Euch nicht, ihr Elenden, mit einem gemeinen Heer berühmte Führer anzugreifen und mit dem Schwert ein Volk, das sich durch Ruhmestitel auszeichnet, herauszufordern, dem die kriegerische Tugend alte Schätze verschafft hat, und durch ihre Herrschaft erlaubt hat, die grasreichen Hügel zu betreten? Nun strebt ein nackter Neuankömmling danach, – als ob das möglich wäre! – die alten Könige zu verjagen! (212–215) Seht die, welche begehren, dass sich unsere Szepter als Beute ihren Händen fügen! Seht die, welche danach trachten, unsere Äcker zu pflü-

aruaque capta manu popularier hospite aratro
215 contendunt duros et pellere Marte colonos!
nempe – o ridiculum vulgus! – natalibus horis
totum hominem et calidos a matre amplectimur artus
uimque potestatum per membra recentis alumni
spargimus et rudibus dominamur in ossibus omnes.
220 quis locus in nostra tunc uobis sede dabatur,
congenitis cum regna simul dicionibus aequo
robore crescebant? nati nam luce sub una
et domus et domini paribus adoleuimus annis,
ex quo plasma nouum de consaepto paradisi
225 limite progrediens amplum transfugit in orbem
pellitosque habitus sumpsit uenerabilis Adam,
nudus adhuc, ni nostra foret praecepta secutus.
quisnam iste ignotis hostis nunc surgit ab oris
inportunus, iners, infelix, degener, amens,
230 qui sibi tam serum ius uindicat, hactenus exul?
nimirum uacuae credentur friuola famae,
quae miseros optare iubet quandoque futuri
spem fortasse boni, lenta ut solacia mollem
desidiam pigro rerum meditamine palpent.
235 quidni illos spes palpet iners, quos puluere in isto
tirones Bellona truci non excitat aere
inbellesque animos uirtus tepefacta resoluit?
anne Pudicitiae gelidum iecur utile bello est,
an tenerum Pietatis opus sudatur in armis?
240 quam pudet, o Mauors et Virtus conscia, talem
contra stare aciem ferroque lacessere nugas
et cum uirgineis dextram conferre choreis,
Iustitia est ubi semper egens et pauper Honestas,

---

226 cf. *Gn* 3, 21

---

214 cf. Verg.*Aen.* 12, 263   215 cf. Verg.*Aen.* 12, 261   216–219 cf. Verg.*Aen.* 9, 602–604
217 Verg. *Aen.* 2, 253; Iuv. 7, 196   227 Verg. *georg.* 4, 448; Iuv. 7, 196   228–239 cf.
Verg. *Aen.* 9, 614–618   240–251 cf. Verg. *Aen.* 9, 620   240 Verg. *Aen.* 5, 455; 12, 668;
Stat. *Theb.* 1, 644; Sil. 1, 493–494   241 Verg. *Aen.* 5, 414; 5, 477; 11, 282

---

220 uobis] nobis *W*, *B a. c.*   221 congenitis] cum genitis *C*, *D a. c.*   222 robore] robure
AB, Bergm. robora *N a. c.*   226 pellitosque] pelliceosque *K*   228 ignotis] ignotus *V a. c.*
232 iubet] iubent *U*   quandoque] quando (que *s. m²*) *N*   233 lenta] laeta *NMU*, *V a. c.*

gen und die mit Gewalt ergriffenen Fluren mit fremdem Pflug zu verwüsten und die harten Siedler mit Krieg zu vertreiben! (216–219) Freilich, ihr lächerlicher Pöbel, nehmen wir in der Stunde der Geburt den ganzen Menschen und die vom Mutterleib her noch heißen Glieder ein und verbreiten die Kraft unserer Macht in den Gliedern des neugeborenen Kindes, und wir beherrschen alle in ihren noch unbeholfenen Knochen. (220–222) Welcher Ort wurde euch damals in unserem Wohnsitz gegeben, als die Herrschaft zusammen mit der zugleich entstandenen und gleich starken Befehlsgewalt wuchs? (222–227) Denn wir, die wir unter ein und demselben Licht geboren sind, sowohl das Hausgesinde als auch die Herren, sind in gleichen Jahren herangewachsen, seitdem das neue Geschöpf aus der eingezäunten Grenze des Paradieses fortschreitend in die weite Welt hinausging und der ehrenwerte Adam die Pelzkleidung in Gebrauch nahm, der bis jetzt nackt wäre, wenn er nicht unsere Weisungen befolgt hätte. (228–230) Wer ist denn dieser Feind da, der sich nun von unbekannten Küsten erhebt, unbequem, ungeschickt, unglücklich, entartet, kopflos, der für sich so spät auf sein Recht Anspruch erhebt, wo er doch bis jetzt verbannt war? (231–234) Natürlich werden die nichtssagenden Worte des leeren Gerüchts geglaubt werden, das die Elenden sich Hoffnung auf ein vielleicht irgendwann einmal zukünftiges Gut machen lässt, damit die langsam wirkenden Trostmittel der weichen Untätigkeit mit laxer Vorbereitung auf die Dinge schmeicheln. (235–237) Warum schmeichelt die träge Hoffnung nicht jenen, die in diesem Staub als Rekruten die *Bellona* mit grimmigem Erz nicht herausruft und welche die laue Tugend als unkriegerische Geister schlaff macht? (238–239) Ist die kalte Leber der *Pudicitia* für den Krieg brauchbar? Oder müht sich das zarte Werk der *Pietas* unter Waffen? (240–248) Wie beschämend ist es, o Mars und vertraute Tugend, einer solchen Schlachtordnung gegenüberzustehen und mit dem Schwert solche Nichtsnutze herauszufordern und mit jungfräulichen Chören zu kämpfen, worunter sich die immer notleidende *Iustitia* (Gerechtigkeit) und die arme *Honestas* (Ehrbarkeit) befinden, die trockene *Sobrietas* (Ent-

arida Sobrietas, albo Ieiunia uultu,
245 sanguine uix tenui Pudor interfusus, aperta
Simplicitas et ad omne patens sine tegmine uulnus
et prostrata in humum nec libera iudice sese
Mens humilis, quam degenerem trepidatio prodit!
faxo ego, sub pedibus stipularum more teratur
250 inualida ista manus; neque enim perfringere duris
dignamur gladiis algenti et sanguine ferrum
inbuere fragilique uiros foedare triumpho."
Talia uociferans rapidum calcaribus urget
cornipedem laxisque uolat temeraria frenis
255 hostem humilem cupiens inpulsu umbonis equini
sternere deiectamque supercalcare ruinam.
sed cadit in foueam praeceps, quam callida forte
Fraus interciso subfoderat aequore furtim,
Fraus detestandis uitiorum e pestibus una,
260 fallendi uersuta opifex, quae praescia belli
planitiem scrobibus uitiauerat insidiosis
hostili de parte latens, ut fossa ruentes
exciperet cuneos atque agmina mersa uoraret,
ac, ne fallacem puteum deprendere posset
265 cauta acies, uirgis adopertas texerat oras
et superinposito simulerat caespite campum.
at regina humilis, quamuis ignara, manebat
ulteriore loco nec adhuc ad Fraudis opertum
uenerat aut foueae calcarat furta malignae.
270 hunc eques illa dolum, dum fertur praepete cursu,
incidit et caecum subito patefecit hiatum.

257–273 cf. *Ps* 7, 16–17; 9, 16; 57, 7; *Prv* 16, 18; 26, 7; *Sir* 27, 29; *Ecl* 10, 8

246 Verg. *Aen.* 11, 644   248 Verg. *Aen.* 4, 13   251–252 Verg. *Aen.* 7, 541–542   253 Verg. *Aen.* 2, 679; 10, 651   259 Tac. *ann.* 4, 69   262 Claud. *Eutrop.* 2, 438–439   266 Ov. *met.* 9, 100   270 Claud. *Rufin.* 1, 262

---

248 degenerem] degener est *E p. c. m*^{2} 250 perfringere] perstringere *R*   251 algenti] aligenti *S* albenti *E mg.*   252 foedare] foedera *B a. c. m*^{2} foederare *S*   256 ruinam] ruinis *V, K s.*   258 interciso] interfuso *AK, C mg.*   259 detestandis] detestantis *CD* e] om. *S* (*s. m*^{2})   261 uitiauerat] *Bergm. cum A, C mg.* uiolarat *R* uiolauerat *cett.*   263 atque] adque *AV, N a. c. m*^{2} *E a. c.*   mersa] uersa *ex* morsa *B*   264 posset] possit *A*   265 cauta] causa *W* clara *R*   270 hunc] hinc *E* huc *R a. c.*

haltsamkeit), die *Ieiunia* (Fasten) mit bleichem Gesicht, der von kaum ein wenig Blut durchströmte *Pudor* (Scham), die offenherzige und gegenüber jeder Wunde ungeschützte *Simplicitas* (Einfachheit), und die sich auf die Erde streckende und – nach ihrem eigenen Urteil – unfreie *Mens humilis*, die ihr Zittern als unwürdig verrät. (249–252) Ich werde dafür sorgen, dass diese schwache Schar wie Strohhalme unter unseren Füßen zerrieben wird; denn wir halten sie nicht für wert, sie mit den harten Schwertern zu zerschmettern und unser Eisen mit kaltem Blut zu benetzen und unsere Männer mit einem unwürdigen Triumph zu entehren."
(253–256) Solcherlei ruft sie laut, treibt mit den Sporen das ungestüme Huftier an und galoppiert verwegen mit lockeren Zügeln, begierig, den unbedeutenden Feind mit einem Stoß des Pferdes niederzureiten und die zu Boden geworfenen Leiber von oben zu zertreten. (257–266) Aber sie fällt kopfüber in eine Grube, welche die verschlagene *Fraus* (Betrug) einmal heimlich gegraben hatte, als sie die Erdoberfläche durchstochen hatte. *Fraus*, eine von den fluchwürdigen Geißeln der Laster, die listige Meisterin des Täuschens, hatte den Kampf vorausgeahnt und das Schlachtfeld mit tückischen Gruben unterminiert, verborgen vor der feindlichen Seite, damit der Graben die heranstürmenden Schlachtreihen aufnähme und die hineingestürzten Truppen verschlänge. Damit das vorsichtige Heer die trügerische Grube nicht entdecken konnte, hatte sie die verborgenen Öffnungen mit Zweigen bedeckt und mit darübergelegten Grassoden den Anschein einer ebenen Fläche erweckt. (267–269) Aber die demütige Königin blieb, auch wenn sie nichts ahnte, jenseits davon und war bis jetzt noch nicht zur versteckten Grube der *Fraus* gelangt oder in die Falle der unheilbringenden Grube getappt. (270–271) Jene Reiterin aber ist auf diese List hereingefallen, während sie in schnellem Ritt getragen wurde, und hat den verborgenen Schlund plötzlich sichtbar gemacht. (272–273) Vornüber geneigt rollt sie vom Hals des stürzenden Pferdes her-

prona ruentis equi ceruice inuoluitur ac sub
pectoris inpressu fracta inter crura rotatur.
at uirtus placidi moderaminis, ut leuitatem
275 prospicit obtritam monstri sub morte iacentis,
intendit gressum mediocriter, os quoque parce
erigit et comi moderatur gaudia uultu.
cunctanti Spes fida comes succurit et offert
ultorem gladium laudisque inspirat amorem.
280 illa cruentatam correptis crinibus hostem
protrahit et faciem laeua reuocante supinat,
tunc caput orantis flexa ceruice resectum
eripit ac madido suspendit colla capillo.
extinctum uitium sancto Spes increpat ore:
285 „Desine grande loqui, frangit deus omne superbum,
magna cadunt, inflata crepant, tumefacta premuntur.
disce supercilium deponere, disce cauere
ante pedes foueam, quisquis sublime minaris!
peruulgata uiget nostri sententia Christi
290 scandere celsa humiles et ad ima redire feroces.
uidimus horrendum membris animisque Goliam
inualida cecidisse manu: puerilis in illum
dextera funali torsit stridore lapillum
traiectamque cauo penetrauit uulnere frontem.
295 ille minax, rigidus, iactans, truculentus, amarus,
dum tumet indomitum, dum formidabile feruet,
dum sese ostentat, clipeo dum territat auras,

---

285 cf. I *Rg* 5, 5; *Iac* 4, 6   **290** cf. *Mt* 23, 12; *Lc* 1, 52; 14, 11   **291–299** cf. I *Rg* 17, 4–51
291 cf. I *Rg* 17, 4   **292–294** cf. I *Rg* 17, 49–50   **292** cf. I *Rg* 17, 4   **295** cf. I *Rg* 17, 4; 17, 8–10; 17, 23; 17, 43–45

272–273 cf. Verg. *Aen.* 11, 891–896; 11, 903   **272** Verg. *Aen.* 12, 364   **278–279** cf. Verg. *Aen.* 9, 171; 9, 176; 11, 590   **279** Verg. *Aen.* 5, 394; 7, 496; 9, 197; *georg.* 3, 112; Ov. *met.* 11, 527; Hor. *epist.* 1, 1, 36   **282–283** Verg. *Aen.* 12, 511–512   **282** Verg. *Aen.* 8, 633; 10, 535–536; 10, 554; Ov. *ars* 3, 779   **290** cf. Hor. *carm.* 1, 34, 12   **297** Verg. *Aen.* 11, 351

---

274 at] ad *A*, *S a. c.* ac *W* et *U*   ut] et *CD a. c.*   **275** prospicit] *A*, *R p. c. m² CD mg.* perspicit *cett.*   **276** parce] parte *D*   **277** comi moderatur] commoderatur *A*   **279** gladium] gaudium *W*, *B a. c. m²*   **283** ac] et *VNR*   **284** sancto] sancta *K*   **290** et] om. *B*   **292** inualida] inuada *B a. c. m²*   **293** funali] fundali *CDK*, *B p. c. VMS p. c. m²*, Weitz., Cellar., Bergman 1897   torsit] retorsit *B* intorsit *W*   **295** amarus] auarus *W*   **296** feruet] terret *CD* (*mg. al.* feruet), *MS p. c.*   **297** auras] ense *E* ab, und unter dem Druck seiner Brust wird sie zwischen dessen gebrochenen Beine gewälzt. (274–277) Aber sobald die Tugend der sanften Selbstbeherrschung die Leichtfertigkeit des Scheusals zertreten und im Sterben liegend vor sich sieht, wendet sie den Schritt gelassen zu ihr, hebt auch die Mundwinkel nur ein wenig und zügelt die Freude auf ihrem freundlichen Gesicht. (278–279) Weil sie zögert, eilt ihr ihre treue Kameradin *Spes* zur Hilfe, reicht ihr das rächende Schwert und flößt ihr die Sehnsucht nach Lob ein. (280–283) Jene greift nach den Haaren der blutigen Feindin, zieht diese daran hervor und kehrt ihr Gesicht nach oben, indem sie es mit der linken Hand nach hinten bewegt; dann reißt sie das abgeschnittene Haupt der zuvor noch mit gebeugtem Nacken Flehenden ab und lässt den Hals am triefenden Haarschopf baumeln.

(284–286) *Spes* tadelt das vernichtete Laster mit heiligem Mund: „Hör auf, großspurig zu reden! Gott bricht jeden Hochmütigen, Großes fällt, Aufgeblasenes zerplatzt, Aufgeblähtes wird zerdrückt. (287–288) Lerne, den Blick demütig zu senken, lerne, auf die Grube vor Deinen Füßen achtzugeben, wer auch immer du hochmütig drohst! (289–290) Es gilt der allseits bekannte Ausspruch unseres Christus, dass die Demütigen in die Höhe aufsteigen und die Hochmütigen in die Tiefen zurückkehren. (291–294) Wir haben Goliath, obwohl er durch seinen Körper und seine Gesinnung schreckenerregend war, durch eine schwache Hand fallen sehen: Die rechte Hand eines Knaben hat mit dem Zischen seiner Schleuder ein Steinchen gegen jenen geschleudert und es in die von einer tief klaffenden Wunde durchbohrte Stirn befördert. (295–299) Jener – drohend, unbeugsam, prahlerisch, grimmig, bitter, während er sich unüberwindlich aufbläst, während er furchtbar aufbraust, während er sich präsentiert, während er mit dem Schild die Lüfte in Schrecken

expertus, pueri quid possint ludicra parui,
subcubuit teneris bellator turbidus annis.
300 me tunc ille puer uirtutis pube secutus
florentes animos sursum in mea regna tetendit,
seruatur quia certa mihi domus omnipotentis
sub pedibus domini meque ad sublime uocantem
uictores caesa culparum labe capessunt."
305 dixit et auratis praestringens aëra pinnis
in caelum se uirgo rapit. miratur euntem
uirtutes tolluntque animos in uota uolentes
ire simul, ni bella duces terrena retardent.
confligunt uitiis seque ad sua praemia seruant.
310 Venerat occiduis mundi de finibus hostis,
Luxuria extinctae iam dudum prodiga famae,
delibuta comas, oculis uaga, languida uoce,
perdita deliciis, uitae cui causa uoluptas,
elumbem mollire animum, petulanter amoenas
315 haurire inlecebras et fractos soluere sensus.
ac tunc peruigilem ructabat marcida cenam,
sub lucem quia forte iacens ad fercula raucos
audierat lituos atque inde tepentia linquens
pocula lapsanti per uina et balsama gressu
320 ebria calcatis ad bellum floribus ibat.
non tamen illa pedes, sed curru inuecta uenusto
saucia mirantum capiebat corda uirorum.
o noua pugnandi species! non ales harundo
neruum pulsa fugit nec stridula lancea torto
325 emicat amento, frameam nec dextra minatur,

305–309 cf. Verg. *Aen.* 4, 276–280; 5, 654–663; 9, 14–24; 9, 655–663   **305–306** Verg. *Aen.* 9, 14–15   **305** Verg. *Aen.* 9, 14; Cic. *Arat.* 282 (48); Tib. 4, 1, 209; Val. Flacc. 1, 233   **310** Verg. *Aen.* 10, 719   **316** Claud. *Gild.* 44–445   **320** Verg. *Aen.* 11, 535   **323–324** Verg. *georg.* 4, 313; *Aen.* 12, 856   **324** Verg. *Aen.* 12, 267   **324–325** Verg. *Aen.* 9, 665

---

298 possint] possit *A, C a. r.* possent *BVNSKW, C p. c., M a. c.*   ludicra] ludrica *AE, C a. c.*   **305** praestringens] perstringens *M*   aëra] aere *W*   pinnis] pennis *CDVKR, BNES p. c. m^2*   **316** ac] at *R, Ald.*   tunc] tum *CK*   **317** quia] qua *Wakefield v. comm. ad loc.*   raucos] mortis *W*   **319** uina] uinea *B a. c.*   **322** mirantum] minantum *B a. c., W (mg. alt. in ras.)*   **323** o] en *W*   ales] alis *BEW* hales *M*   **324** neruum] neruu* *NS* neruo *KR, D p. c. m^2, BVEM p. c., CD mg., Weitz.*   **325** amento] admento *W, B a. c.*   frameam] framea *VR*

versetzt – hat am eigenen Leib erfahren, was die Spielzeuge eines kleinen Jungen ausrichten können. Er ist, obwohl er ein stürmischer Kriegsmann war, vor einem Knaben niedergesunken. (300–304) Mir folgte damals jener Knabe, dessen Tugend schon heranreifte, und richtete seinen aufblühenden Geist empor auf mein Reich. Denn für mich ist ein sicheres Haus zu Füßen des allmächtigen Herrn reserviert, und zu mir eilen die Sieger nach dem Sturz der besiegten Verbrechen, weil ich sie in die Höhe rufe."
(305–309) So sprach sie, und mit goldenen Flügeln die Lüfte streifend eilt die Jungfrau in den Himmel fort. Die Tugenden bewundern die Forteilende und heben ihre Seelen empor zu Gelübden. Denn sie würden gerne ebenso fortgehen, wenn nicht irdische Kriege sie als Heerführerinnen zurückhielten. Sie kämpfen mit den Lastern und bewahren sich zu ihrem eigenen Lohn.
(310–315) Von den westlichen Grenzen der Welt war die Feindin *Luxuria* (Genusssucht) gekommen, ohne Sorge um ihren schon lange verloschenen Ruf, mit gesalbtem Haar, unstetem Blick, matter Stimme, verdorben durch Vergnügungen. Für sie ist das Lebensziel die Lust, den Geist zu verweichlichen, bis er alle Kraft verloren hat, ausgelassen die lieblichen Reize auszukosten und die schlaffen Sinne treiben zu lassen. (316–320) Auch damals war sie träge und spie das Mahl aus, das sie während der durchwachten Nacht zu sich genommen hatte, weil sie bei Tagesanbruch, als sie zufällig noch beim Mahl lag, die dumpf tönenden Signalhörner gehört hatte. Sie ließ die lauwarmen Kelche zurück und zog von dort in die Schlacht. Dabei strauchelte sie durch Wein- und Balsampfützen und trat mit den Füßen auf Blüten. (321–322) Dennoch gewann jene nicht zu Fuß, sondern auf einem reizenden Wagen fahrend die verwundeten Herzen der staunenden Männer für sich. (323–327) Oh, was für eine neue Art zu kämpfen! Kein gefiederter Pfeil schnellt abgeschossen von der Sehne, und keine zischende Lanze schießt aus dem gedrehten Wurfriemen heraus, keine Rechte droht mit dem Wurfspieß. Statt-

sed uiolas lasciua iacit foliisque rosarum
dimicat et calathos inimica per agmina fundit.
inde eblanditis uirtutibus halitus inlex
inspirat tenerum labefacta per ossa uenenum,
330 et male dulcis odor domat ora et pectora et arma
ferratosque toros obliso robore mulcet.
deiciunt animos ceu uicti et spicula ponunt
turpiter, heu, dextris languentibus obstupefacti
dum currum uaria gemmarum luce micantem
335 mirantur, dum bratteolis crepitantia lora
et solido ex auro pretiosi ponderis axem
defixis inhiant obtutibus et radiorum
argento albentem seriem, quam summa rotarum
flexura electri pallentis continet orbe.
340 et iam cuncta acies in deditionis amorem
sponte sua uersis transibat perfida signis
Luxuriae seruire uolens dominaeque fluentis
iura pati et laxa ganearum lege teneri.
ingemuit tam triste nefas fortissima uirtus
345 Sobrietas dextro socios decedere cornu
invictamque manum quondam sine caede perire.
uexillum sublime crucis, quod in agmine primo
dux bona praetulerat, defixa cuspide sistit
instauratque leuem dictis mordacibus alam
350 exstimulans animos nunc probris, nunc prece mixta:
„quis furor insanas agitat caligine mentes?
quo ruitis? cui colla datis? quae uincula tandem –

326–327 cf. Verg. *ecl.* 2, 45–47; Ov. *met.* 5, 292–293 **329** Verg. *Aen.* 1, 688; 8, 390; 8, 683; *georg.* 4, 236–237 **332–337** Verg. *Aen.* 1, 494–495 **334–339** Ov. *met.* 2, 107–111 **335** Verg. *Aen.* 6, 209 **337** Verg. *Aen.* 1, 495 **343** Verg. *Aen.* 12, 819; Ov. *met.* 10, 203 **344–406** Verg. *Aen.* 10, 362–379; 11, 727–744; Ov. *met.* 3, 531–563 **344–350** Verg. *Aen.* 10, 365–368; 11, 727–744 **348** Verg. *Aen.* 7, 817; Stat. *Theb.* 2, 598 **349** cf. Verg. *Aen.* 11, 730 **350** Verg. *Aen.* 10, 368 **351–406** Verg. *Aen.* 10, 369–378; 11, 732–740 **351** Verg. *Aen.* 5, 670; 11, 732; *georg.* 4, 495; Ov. *ars* 3, 172; Tib. 1, 10, 33; 4, 3, 7 **352** Verg. *Aen.* 10, 369; 12, 313; Hor. *epod.* 7, 1; Prop. 2, 10, 15; Stat. *Ach.* 1, 944

---

327 fundit] fudit *W* **331** toros obliso] torosubliso *A* toros subliso *K, C mg.* robore] robure *Bergm. cum A* rubore *EW* **334** luce] lucem *B a. c.* **338** quam] quem *W, C a. c., DB a. c. m²* **339** orbe] orbem *CD mg.* orbe* *MR* **341** perfida] perdita *Gis.* **343** ganearum] ganeorum *N p. c. m²* sanctarum *W* **350** exstimulans] et stimulans *V* instimulans *C (mg. exstim.) D (mg. extim.) K, MS p. c., Weitz.* prece] praece *B* **351** insanas] insanus *E* dessen wirft sie ausgelassen Veilchen und kämpft mit Rosenblättern, die sie körbeweise in die feindlichen Reihen streut.

(328–331) Dann bläst den geschmeichelten Tugenden ein verführerischer Hauch zartes Gift durch die erschütterten Knochen. Ein widerlich süßlicher Duft bezwingt ihre Münder, Herzen und Waffen und besänftigt ihre mit Eisen gepanzerten Muskeln, nachdem ihre Kraft überwältigt worden ist. (332–339) Sie lassen den Mut sinken, als ob sie besiegt wären, und legen ihre Spieße ab, schimpflich – ach! – mit schlaffen Händen, betäubt, während sie den Wagen bewundern, der vom bunten Licht der Edelsteine strahlt, während sie die mit Goldplättchen klappernden Zügel und die Achse aus gediegenem Gold von wertvollem Gewicht mit gebanntem Blick begaffen, und die Folge der Speichen aus glänzendem Silber, welche die äußerste Lauffläche der Räder mit einem Ring aus matt schimmerndem Silbergold zusammenhält. (340–343) Und schon war das ganze Heer drauf und dran, sich aus freien Stücken der Sehnsucht nach Unterwerfung hinzugeben, wollte treulos mit umgedrehten Feldzeichen der *Luxuria* dienen, sich das Recht der ausschweifenden Herrin gefallen lassen und vom lockeren Gesetz der Spelunken beherrscht werden.

(344–346) *Sobrietas* (Mäßigung), eine äußerst starke Tugend, beseufzte den unheilvollen Frevel, dass die Gefährten vom rechten Flügel wichen und die bisher unbesiegte Schar nun dabei war, kampflos unterzugehen. (347–350) Das Kreuz, ihr emporragendes Feldzeichen, das sie in der ersten Schlachtreihe als gute Führerin getragen hatte, stellt sie mit in den Boden eingerammter Spitze auf. Sie ruft die leichtbewaffnete Truppe mit bissigen Worten wieder wieder zur Ordnung, indem sie ihren Mut bald mit Vorwürfen, bald mit einer eingeworfenen Bitte anfeuert. (351–355) „Welche Tollheit trübt eure rasenden Sinne? Wohin eilt ihr? Vor wem beugt ihr den Nacken? Welche Fes-

pro pudor! – armigeris amor est perferre lacertis,
lilia luteolis interlucentia sertis
et ferrugineo uernantes flore coronas?
his placet adsuetas bello iam tradere palmas
nexibus, his rigidas nodis innectier ulnas,
ut mitra caesariem cohibens aurata virilem
conbibat infusum croceo religamine nardum,
post inscripta oleo frontis signacula, per quae
unguentum regale datum est et chrisma perenne,
ut tener incessus uestigia syrmate uerrat
sericaque infractis fluitent ut pallia membris
post inmortalem tunicam, quam pollice docto
texuit alma Fides dans inpenetrabile tegmen
pectoribus lotis, dederat quibus ipsa renasci,
inde ad nocturnas epulas, ubi cantharus ingens
despuit effusi spumantia damna Falerni
in mensam cyathis stillantibus, uda ubi multo
fulcra mero ueterique toreumata rore rigantur?
excidit ergo animis eremi sitis, excidit ille
fons patribus de rupe datus, quem mystica uirga
elicuit scissi salientem uertice saxi?
angelicusne cibus prima in tentoria uestris
fluxit auis, quem nunc sero felicior aeuo
uespertinus edit populus de corpore Christi?
his uos inbutos dapibus iam crapula turpis
Luxuriae ad madidum rapit inportuna lupanar,
quosque uiros non Ira fremens, non idola bello

360–361 cf. I *Io* 2, 27; II *Cor* 1, 21–22; *Io* 12, 3; *Lc* 7, 38   **371–374** cf. *Ex* 15, 22–23; 16; 17, 1–6   **371** cf. *Ex* 17, 1–3; *Nm* 33, 11–12; *Mt* 4, 1–4; *Mc* 1, 12–13; *Lc* 4, 1–4   **371–373** cf. *Ex* 17, 5–6   **374** cf. *Ex* 16, 14–35; *Dt* 8, 3; *Io* 6, 31; I *Cor* 10, 3

---

362 Verg. *georg.* 3, 59; Claud. *Stil.* 2, 248–249   **364** Claud. *Prob.* 176   **373** Verg. *georg.* 1, 109–110

---

356 his] ac *Weitz.*   **359** infusum] infusam *MS, Weitz.*   religamine] relegamine *AW, B a. c. m², E a. c.*   **360** per quae] postquam *Weitz.*   **361** unguentum] ungentum *CDE*   **364** docto] caro *M p. r.*   **367** inde] i*e *C (ex inde) M* ite *K, D p. c. m²*   **368** despuit effusi] deposuit fusi *CD*   **369** uda] unda (a *in ras.*) *M* undam *R* da *W, B a. c.*   ubi multo] simulto *W, B a. c.*   **371** animis] animi *N a. c. m²*   **375** quem] quam *W*   felicior] feliciter *Weitz.*   **376** uespertinus edit populus] uespertinos ... populos *N a. c. m²*   **378** inportuna] inporna *A (mg. m² inportuna)* seln wollt Ihr denn eigentlich – oh Schande! – ertragen, obwohl ihr doch Waffen in den Händen tragt? Lilien, die zwischen gelben Girlanden hervorscheinen, und grünende Kränze mit rostfarbener Blüte? (356–370) Gefällt es euch, diesen Schlingen eure kampferprobten Hände auszuliefern, dass eure unbeugsamen Arme mit diesen Fesseln umschlungen werden, damit eine goldgeschmückte Mitra mit einem gelben Band das männliche Haar zusammenhält und gierig das hineingeschüttete Nardenöl einsaugt, nachdem euch mit Öl die Zeichen auf die Stirn eingeschriebenen worden sind, durch die euch das königliche Salböl gegeben worden ist und die ewige Salbung? Wollt ihr, dass der zarte Gang die Fußspuren mit einem Schleppenkleid durchstreicht und seidene Mäntel um Eure erlahmten Beine herum wallen, nachdem ihr das unsterbliche Hemd empfangen habt, das die segenspendende *Fides* mit ihren kundigen Fingern gewebt und damit denjenigen ein undurchdringliches Gewand für die gereinigten Seelen gegeben hat, denen sie selbst die Wiederauferstehung gegeben hatte? Wollt ihr dann zu den nächtlichen Gelagen, wo der gewaltige Krug schäumende Opfergaben vergossenen Falernerweines auf den Tisch ausspuckt, während die Becher überlaufen, wo die feuchten Lager vom vielen unvermischten Wein und die Reliefs von altem Nass genässt werden? (371–373) Habt ihr den Durst der Wüste vergessen, habt ihr jenen Quell vergessen, der euren Vorfahren aus einem Felsen gegeben worden war, den der geheimnisvolle mystische Stab sprudelnd aus der Spitze eines gespaltenen Felsens hervorgelockt hat? (374–376) Floss nicht euren Urahnen Engelsspeise in die ersten Zelte, die nun in der späten Zeit das glücklichere Volk abendlich vom Leib Christi isst? (377–380) Nachdem ihr euch an solche Festmähler gewöhnt habt, reißt euch der schändliche Rausch der *Luxuria* schon ungestüm zum trunkenen Bordell fort, und diejenigen Männer, die weder die wutschnaubende *Ira* noch die Götzenbilder dazu treiben

380 cedere conpulerant, saltatrix ebria flexit!
state, precor, uestri memores, memores quoque Christi.
quae sit uestra tribus, quae gloria, quis deus et rex,
quis dominus, meminisse decet. uos nobile Iudae
germen ad usque dei genetricem, qua deus ipse
385 esset homo, procerum uenistis sanguine longo.
excitet egregias mentes celeberrima Dauid
gloria continuis bellorum exercita curis,
excitet et Samuel, spolium qui diuite ab hoste
adtrectare uetat nec uictum uiuere regem
390 incircumcisum patitur, ne praeda superstes
uictorem placidum recidiua in proelia poscat.
parcere iam capto crimen putat ille tyranno,
at uobis contra uinci et subcumbere uotum est.
paeniteat, per si qua mouet reuerentia summi
395 numinis, hoc tam dulce malum uoluisse nefanda
proditione sequi; si paenitet, haud nocet error.
paenituit Ionatham ieunia sobria dulci
conuiolasse fauo sceptri mellisque sapore
heu, male gustato, regni dum blanda uoluptas
400 oblectat iuuenem iurataque sacra resoluit.
sed quia paenituit, nec sors lacrimabilis illa est
nec tinguit patrias sententia saeua secures.
en ego Sobrietas, si conspirare paratis,
pando uiam cunctis uirtutibus, ut malesuada
405 Luxuries multo stipata satellite poenas
cum legione sua Christo sub iudice pendat."

383–385 cf. *Mt* 1; *Lc* 3, 23–38; I *Tim* 2, 8 **388–390** cf. I *Sm* 15 **389** cf. I *Sm* 15, 33 **397–402** cf. I *Sm* 14, 24–30; 43–45 **397–399** cf. I *Sm* 14, 27–30 **397** cf. I *Sm* 14, 43–45 **400** cf. I *Sm* 14, 24–30 **402** I *Sm* 14, 44–45

---

384 Verg. *Aen.* 4, 230 **388** Verg. *georg.* 2, 243 **391** Verg. *Aen.* 8, 614; 10, 661 **394** Verg. *Aen.* 2, 142; 10, 903 **400** Verg. *Aen.* 2, 157 **402** Hor. *carm* 3, 23, 12–13 **403–404** Verg. *Aen.* 10, 372–373

---

381 memores] *alt. om.* BMW **383** meminisse] meminisset B decet] docet D, C *a. c.* **385** longo] longe W **389** adtrectare] attractare CD, V *a. c.* m^2 **390** ne] nec B **391** recidiua] rediuiua K **394** mouet] moueat CD **395** uoluisse] uouisse W uobisse B *a. c.* m^2 **397** Ionatham] Ionathan CDVSKR **401** nec sors] nesors A sors *om.* Dress. **402** tinguit] tinguat M *a. c.* tinxit S **404** ut] et CD (ut *mg.*) malesuada] malasuada V **405** stipata] spata W, B *a. c.* m^2

konnten, vom Kampf zu weichen, beugt eine trunkene Tänzerin! (381–385) Erinnert euch, bitte, daran, wer ihr seid; erinnert euch an Christus! Es ziemt sich, dass Ihr euch erinnert, welches euer Stamm ist, welcher Ruhm, wer der Gott und König ist, wer der Herr. Ihr, der edle Spross Iudas bis hin zur Mutter Gottes, durch die Gott selbst Mensch wurde, stammt von einer langen Reihe edelster Ahnen ab. (386–391) Der viel gepriesene Ruhm Davids, der durch fortwährende Kriegsbemühungen geübt war, möge eure vortrefflichen Geister aufwecken, aufwecken möge euch auch Samuel, der verbietet, die Beute von einem reichen Feind anzurühren, und nicht duldet, dass ein unbeschnittener König, wenn er besiegt worden ist, am Leben bleibt, damit nicht ein überlebender Besiegter den nachsichtigen Sieger zu neuen Schlachten fordert. (392–393) Einen schon gefangenen Tyrannen zu schonen, hält jener für ein Verbrechen, euer Wunsch dagegen ist es, euch besiegen zu lassen und zu unterliegen. (394–396) Ihr sollt bereuen, dass ihr diesem so süßen Übel mit gottlosem Verrat folgen wolltet, wenn euch irgendeine Achtung vor der höchsten Gottheit dazu bewegt; wenn ihr bereut, wird die Verfehlung nicht bestraft. (397–400) Jonathan bereute, das enthaltsame Fasten mit einer süßen Honigwabe und durch den übel gekosteten Geschmack des Honigs am Stab gebrochen zu haben, als die verlockende Lust auf die Herrschaft den jungen Mann betörte und die heiligen Gelübde zunichte machte. (401–402) Aber weil er es bereute, ist sein Schicksal nicht beweinenswert, und das strenge Urteil benetzte nicht die väterliche Henkersaxt. (403–406) Los! Ich, *Sobrietas*, bahne allen Tugenden den Weg, wenn Ihr bereit seid, mit mir zusammenzuwirken, damit die verführerische *Luxuries*, auch wenn sie von ihrer großen Leibwache dicht umringt ist, ihre Strafen zusammen mit ihrer Legion vor Christus als Richter abbüßt."

Sic effata crucem domini feruentibus offert
obuia quadriiugis lignum uenerabile in ipsos
intentans frenos. quod ut expauere feroces
410 cornibus obpansis et summa fronte coruscum,
uertunt praecipitem caeca formidine fusi
per praerupta fugam. fertur resupina reductis
nequiquam loris auriga comamque madentem
puluere foedatur, tunc et uertigo rotarum
415 inplicat excussam dominam; nam prona sub axem
labitur et lacero tardat sufflamine currum.
addit Sobrietas uulnus letale iacenti
coniciens silicem rupis de parte molarem.
hunc uexilliferae quoniam fors obtulit ictum
420 spicula nulla manu, sed belli insigne gerenti
casus agit saxum, medii spiramen ut oris
frangeret et recauo misceret labra palato.
dentibus introrsum resolutis lingua resectam
dilaniata gulam frustis cum sanguinis inplet.
425 insolitis dapibus crudescit guttur et ossa
conliquefacta uorans reuomit, quas hauserat offas.

„ebibe iam proprium post pocula multa cruorem",
uirgo ait increpitans, „sint haec tibi fercula tandem
tristia praeteriti nimiis pro dulcibus aeui,
430 lasciuas uitae inlecebras gustatus amarae
mortis et horrificos sapor ultimus asperet haustus!"

407–416 cf. Verg. *Aen.* 1, 474–478; 10, 570–574; 12, 371–373 **407** Verg. *Aen.* 4, 30; 7, 456 **410** Tert. *adv. Marc.* 3, 18 **412–416** Verg. *Aen.* 1, 476–478; 12, 531–534 **413** Verg. *Aen.* 4, 216 **415** Verg. *Aen.* 1, 115 **416** Iuv. 8, 148 **417–426** cf. Verg. *Aen.* 10, 415–416; 10, 698–699 **417** Verg. *Aen.* 9, 580; 11, 749; Stat. *Theb.* 11, 535–536 **418** Sen. *epist.* 82, 24; Ov. *met.* 3, 59; Stat. *Theb.* 5, 561; *Ach.* 2, 141; Tac. *hist.* 2, 22; Verg. *Aen.* 8, 250 **419–421** Verg. *Aen.* 12, 896–898 **419** Verg. *Aen.* 12, 896–898 **420** Verg. *Aen.* 8, 683; 12, 289 **421–422** cf. Verg. *Aen.* 10, 322–323 **423–426** cf. Verg. *Aen.* 5, 468–470 **427–431** cf. Verg. *Aen.* 12, 359–361

---

407 effata] et fata *W, B a. c. m²* **408** quadriiugis] quadrigis *CDKR, MSW p. c.* **416** currum] cursum *W* **418** molarem] lapidem (*s. al.* silicem) *K* **419** fors] sors *K p. c.* **421** agit] ait *B a. c.*   ut oris] uto *al. m., litteris priscis uetustate abolitis A* odoris *E, C mg.* **422** et] ut *R p. c.* **424** frustis] frustris *EW, B a. c.*   cum sanguinis inplet] et sanguine conplet *Gis.* **425** guttur] guttor *N a. c. m²* **426** reuomit] remouit *CD*   hauserat] auserat *RW, S a. c.* **429** pro dulcibus] (dulcibus *in ras.*) *S* pro ducibus *N a. c.* pro luxibus *MKR, DBN p. c. m²* sub luxibus *Ald. Cell.* **431** horrificos] (h)orrifico *DBVM, A a. c. m² CN a. c., RW* (h)orrifico* *S*   asperet] asperat *BMS, A a. c. m² N W a. c.* asper et *VE*   haustus] haustu *DBVMS, C a. c., N p. c.*

(407–409) Nachdem sie so gesprochen hat, tritt sie dem heißblütigen Viergespann in den Weg, hält ihm das Kreuz des Herrn entgegen und streckt das verehrungswürdige Holz direkt in die Zügel. (409–412) Als die unbändigen Pferde vor diesem Holz scheuen, das an den ausgestreckten Hörnern und ganz oben an der Spitze funkelt, wenden sie sich Hals über Kopf, von blinder Scheu über unwegsames Gelände getrieben, zur Flucht. (412–414) Zurückgebeugt, nachdem sie vergeblich die Zügel angezogen hat, wird die Lenkerin fortgerissen und ihr feuchtes Haar vom Staub verunstaltet. (414–416) Dann wickelt die Drehung der Räder die herausgeschleuderte Herrin auf; denn vornüberhängend fällt sie unter die Achse und hält anstelle der zerbrochenen Bremse den Wagen auf. (417–418) *Sobrietas* fügt ihr, als sie daliegt, eine tödliche Wunde zu, indem sie einen mühlsteingroßen Felsbrocken schleudert. (419–422) Weil nun schon der Zufall der Fahnenträgerin, die in der Hand keine Spieße, sondern das Feldzeichen trägt, diesen Wurf ermöglichte, lenkte das Glück den Stein nach dem Wurf so, dass er die Öffnung mitten im Gesicht zerbrach und die Lippen mit dem hohlen Gaumen vermengte. (423–424) Nachdem die Zähne nach innen herausgebrochen sind, füllt die zerfetzte Zunge zusammen mit blutigen Brocken die aufgeschnittene Kehle. (425–426) Die Kehle wird angesichts dieser ungewohnten Speisen hart und speit, als sie die aufgelösten Knochen verschlingt, die schon verschlungenen Bissen wieder aus.

(427–431) „Trink jetzt dein eigenes Blut nach den vielen Kelchen", spricht die Jungfrau höhnend, „diese traurigen Speisen sollst Du nun statt der allzu vielen süßen Speisen der vergangenen Zeit haben; die zügellosen Reize Deines Lebens soll der Geschmack des bitteren Todes und die Grausen erregenden Schlucke der allerletzte Geschmack ungenießbar machen!"

    caede ducis dispersa fugit trepidante pauore
    nugatrix acies: Iocus et Petulantia primi
    cymbala proiciunt; bellum nam talibus armis
435 ludebant resono meditantes uulnera sistro.
    dat tergum fugitivus Amor, lita tela ueneno
    et lapsum ex umeris arcum pharetramque cadentem
    pallidus ipse metu sua post uestigia linquit.
    Pompa, ostentatrix uani splendoris, inani
440 exuitur nudata peplo, discissa trahuntur
    serta Venustatis collique ac uerticis aurum
    soluitur et gemmas Discordia dissona turbat.
    non piget adtritis pedibus per acuta frutecta
    ire Voluptatem, quoniam uis maior acerbam
445 conpellit tolerare fugam, formido pericli
    praedurat teneras iter ad cruciabile plantas.
    qua se cumque fugax trepidis fert cursibus agmen,
    damna iacent: crinalis acus, redimicula, uittae,
    fibula, flammeolum, strophium, diadema, monile.
450 his se Sobrietas et totus Sobrietatis
    abstinet exuuiis miles damnataque castis
    scandala proculcat pedibus nec fronte severos
    conivente oculos praedarum ad gaudia flectit.
    Fertur Auaritia gremio praecincta capaci,
455 quidquid Luxus edax pretiosum liquerat, unca
    corripuisse manu, pulchra in ludibria uasto
    ore inhians aurique legens fragmenta caduci
    inter harenarum cumulos. nec sufficit amplos
    inpleuisse sinus; iuuat infercire cruminis
460 turpe lucrum et grauidos furtis distendere fiscos,
    quos laeua celante tegit laterisque sinistri
    uelat opermento; uelox nam dextra rapinas

432–446 cf. Verg. *Aen.* 11, 868–871   446 Verg. *ecl.* 10, 49   447 Verg. *Aen.* 11, 762   452 Ov. *met.* 12, 364   457 Verg. *georg.* 4, 483

---

432 pauore] pudore *M*   434 bellum] bello *NV* a. c. *m*²   435 ludebant] ludebat *MS* a. c.
442 dissona turbat] dissonat turbat *W* dissona turpat *Ald., Gis.*   448 iacent] iaceat *B a. c. m*²   acus] acuus *B*   uittae] uitae *K, S a. c. m*²   uietae *C*   449 fibula] fibulam *B, W* a. c.
453 conivente] cohibente *A mg. rec. m* conhibente *W*   456–468 pulchra ... harenarum] *secl. Gnilka, Thraede; def. Cunn., Dihle [v. comm.]*

(432–435) Durch den Tod ihrer Führerin versprengt flieht die frivole Schar in hastiger Furcht. *Iocus* (Scherz) und *Petulantia* (Ausgelassenheit) werfen als erste die Zimbeln fort; denn mit solcherlei Waffen spielten sie Krieg und mit widerhallender Rassel sannen sie auf Wunden. (436–438) Seinen Rücken bietet der flüchtige *Amor* (Trieb) dar, seine mit Gift bestrichenen Pfeile, den von den Schultern geglittenen Bogen und den fallenden Köcher lässt er – nun selbst bleich vor Furcht – hinter seinen Schritten zurück. (439–442) *Pompa* (Prunksucht), Zurschaustellerin prahlerischer Zier, entledigt sich entblößt des wertlosen Prachtmantels; die zerrissenen Girlanden der *Venustas* (Schönheit) schleifen hinterher, der Goldschmuck an ihrem Halses und Nacken löst sich. Die unharmonische *Discordia* (Zwietracht) bringt ihr Edelsteine durcheinander. (443–446) Die *Voluptas* (Lust) verdrießt es nicht, mit ihren geschundenen Füßen durch dornige Büsche zu gehen, weil eine größere Macht sie zwingt, die schmerzliche Flucht zu ertragen; die Furcht vor der Gefahr härtet ihre zarten Fußsohlen für den qualvollen Weg ab. (447–449) Wohin auch immer sich der fliehende Zug in furchtsamem Lauf begibt, liegen verlorene Dinge: eine Haarnadel, Bänder, Kopfbinden, eine Spange, ein Brautschleier, ein Mieder, ein Diadem, eine Halskette.
(450–453) Von diesen Beutestücken halten sich *Sobrietas* und das ganze Heer der *Sobrietas* fern; sie zertreten mit keuschen Füßen die zurückgelassenen Stolpersteine und wenden mit verschlossener Miene ihre ernsten Blicke nicht auf die Freuden der Beutestücke.
(454–458) Man sagt, *Avaritia* (Habgier) – hochgeschürzt an ihrem geräumigen Schoß – habe, was auch immer der gefräßige *Luxus* Wertvolles zurückgelassen hatte, mit gekrümmter Hand zusammengerafft, dabei den schönen Tand mit unermesslich weit aufgerissenem Mund bestaunt und die herrenlosen Goldbruchstücke zwischen den Sandhaufen aufgesammelt. (458–463) Es reicht ihr nicht, ihre weiten Taschen gefüllt zu haben; es freut sie, den schändlichen Gewinn in ihre Geldbeutel hineinzustopfen und die schweren Geldkörbe durch ihre Diebstähle auszudehnen, die sie mit ihrer verbergenden linken Hand bedeckt und mit dem Umhang auf der linken Seite verbirgt;

abradit spoliisque ungues exercet aënos.
Cura, Famis, Metus, Anxietas, Periura, Pallor,
465 Corruptela, Dolus, Commenta, Insomnia, Sordes,
Eumenides uariae monstri comitatus aguntur.
nec minus interea rabidorum more luporum
crimina persultant toto grassantia campo,
matris Auaritiae nigro de lacte creata.
470 si fratris galeam fuluis radiare ceraunis
germanus uidit conmilito, non timet ensem
exserere atque caput socio mucrone ferire
de consanguineo rapturus uertice gemmas.
filius extinctum belli sub sorte cadauer
475 aspexit si forte patris, fulgentia bullis
cingula et exuuias gaudet rapuisse cruentas:
cognatam ciuilis agit Discordia praedam
nec parcit propriis Amor insatiatus habendi
pigneribus spoliatque suos Famis inpia natos.
480 Talia per populos edebat funera uictrix
orbis Auaritia sternens centena uirorum
millia uulneribus uariis: hunc lumine adempto
effossisque oculis uelut in caligine noctis
caecum errare sinit perque offensacula multa
485 ire nec oppositum baculo temptare periclum;
porro alium capit intuitu fallitque uidentem
insigne ostentans aliquid, quod dum petit ille,
excipitur telo incautus cordisque sub ipso
saucius occulto ferrum suspirat adactum.
490 multos praecipitans in aperta incendia cogit
nec patitur uitare focos, quibus aestuat aurum,
quod petit, arsurus pariter, speculator auarus.
omne hominum rapit illa genus, mortalia cuncta

464–466 Verg. *Aen.* 6, 273–681   **464** Verg. *Aen.* 2, 274–276   **466** Verg. *Aen.* 12, 336
472 Verg. *Aen.* 12, 511   **475–476** Verg. *Aen.* 9, 358–364   **475** Verg. *Aen.* 9, 358–359
478 Verg. *Aen.* 8, 327   **480** Verg. *Aen.* 10, 602   **482** Verg. *Aen.* 3, 658   **483–484** Verg.
Aen. 3, 203–204   **487** Verg. *Aen.* 7, 655–666   **488** Verg. *Aen.* 3, 332; 10, 386   **493–494**
cf. Verg. *georg.* 3, 242–243

---

492 speculator] *def. Lav. cum KR, C a. r., N a. c., DBM p. c. m², VS p. c.* peculator *A, B a. c., Bergman 1926* peculatur *B a. c. m²* speculatur *W, N p. c., S a. c.*   auarus] amarus (m *in ras.*) *C* denn schnell kratzt ihre Rechte ihren Raub zusammen und übt die ehernen Nägel im Raffen der Beute. (464–465) Sorge, Hunger, Furcht, Ängstlichkeit, Meineid, Blässe, Bestechung, List, Lüge, Schlaflosigkeit, Niederträchtigkeit, verschiedene Eumeniden treiben sich als Gefolge des Scheusals herum. (466–469) Ebenso springen indessen Verbrechen wie tollwütige Wölfe umher, die auf dem ganzen Schlachtfeld toben, Geschöpfe aus der schwarzen Milch ihrer Mutter *Avaritia*. (470–473) Wenn ein Bruder und Kampfgefährte den Helm seines Bruders mit rotgelben Edelsteinen glänzen sieht, fürchtet er sich nicht, das Schwert zu ziehen und das Haupt mit verbündeter Schneide abzuschlagen, um von einem blutsverwandten Kopf die Edelsteine zu rauben. (474–476) Wenn ein Sohn den durch Kriegsgeschick ausgelöschten Leichnam seines Vaters zufällig erblickt, freut er sich, das von goldenen Knöpfen strahlende Wehrgehenk und die blutbefleckte Rüstung geraubt zu haben. (477–479) Mitbürgerliche Zwietracht macht bei Verwandten Beute, die nimmersatte Habgier schont nicht die eigenen Sprösslinge, der gottlose Hunger beraubt seine eigenen Kinder.

(480–485) Solche Leichenspiele veranstaltete durch alle Völker hindurch *Avaritia*, die Siegerin über den Erdkreis, wobei sie je hunderttausend Männer mit verschiedenen Verletzungen niederstreckte: Diesen lässt sie etwa mit geraubtem Augenlicht und ausgekratzen Augen in der Finsternis der Nacht wie blind umherirren, über viele Stolperstellen gehen und die Gefahr, die vor ihm lauert, nicht mit dem Stab ertasten. (486–489) Ferner ergreift sie einen anderen bei seinem Blick und täuscht ihn, obwohl er sieht, indem sie ihm etwas Auffallendes zeigt, bis jener es haben will, und dann wird der Unvorsichtige von einem Geschoss getroffen und beklagt verletzt das direkt unter das Innerste seines Herzens hineingetriebene Eisen. (490–492) Viele richtet sie zugrunde, zwingt sie ins offene Feuer und duldet nicht, dass sie die Feuerstätten meiden, in denen das Gold glüht, nach dem der gierige Betrachter strebt, um ebenso zu brennen.

(493–496) Das ganze Menschengeschlecht ergreift jene, alles Sterbliche reißt

occupat interitu neque est uiolentius ullum
495 terrarum uitium, quod tantis cladibus aeuum
mundani inuoluat populi damnetque gehennae.
quin ipsos temptare manu, si credere dignum est,
ausa sacerdotes domini, qui proelia forte
ductores primam ante aciem pro laude gerebant
500 uirtutum magnoque inplebant classica flatu.
et fors innocuo tinxisset sanguine ferrum,
ni Ratio armipotens, gentis Leuitidis una,
semper fida comes, clipeum obiectasset et atrae
hostis ab incursu claros texisset alumnos.
505 stant tuti Rationis ope, stant turbine ab omni
inmunes fortesque animi; uix in cute summa
praestringens paucos tenui de uulnere laedit
cuspis Auaritiae. stupuit luis inproba castis
heroum iugulis longe sua tela repelli,
510 ingemit et dictis ardens furialibus infit:
„uincimur, heu, segnes nec nostra potentia perfert
uim solitam, languet uiolentia saeua nocendi,
sueuerat inuictis quae uiribus omnia ubique
rumpere corda hominum; nec enim tam ferrea quemquam
515 durauit natura uirum, cuius rigor aera
sperneret aut nostro foret inpenetrabilis auro.
ingenium omne neci dedimus, tenera, aspera, dura,
docta, indocta simul, bruta et sapientia, nec non
casta, incesta meae patuerunt pectora dextrae.
520 sola igitur rapui, quidquid Styx abdit auaris
gurgitibus, nobis ditissima tartara debent,
quos retinent populos; quod uoluunt saecula nostrum est,
quod miscet mundus, uesana negotia, nostrum.

---

500 cf. *Ios* 6, 4–20

---

497 Verg. *georg.* 3, 391; *Aen.* 5, 499; 6, 173; Ov. *met.* 3, 311   **499** Verg. *Aen.* 7, 531; 7, 673; 9, 595   **501–502** Verg. *Aen.* 5, 232–233   **511–550** cf. Verg. *Aen.* 1, 37–49; 2, 387–391; 7, 292–322   **517** Verg. *Aen.* 12, 341; *georg.* 3, 480; 4, 90   **520–521** Verg. *georg.* 2, 492; Ov. *met.* 3, 290–291   **523** Verg. *Aen.* 12, 341; *georg.* 3, 480; 4, 90

---

494 neque est] neque enim est *M a. c., Cellar.*   **500** inplebant] implebat *W*   **510** ingemit] ingemuit *B*   **515** durauit] *CD (mg.* formauit), *B p. c. m^2, Bergm., Lav.* formauit *cett. (in ras. M), Weitz., Cellar., Obb., Cunn.*   rigor aera] uigor aera *CD (in D s. m^2 al.* rigor)   **519** incesta] incasta *W, B a. c. m^2*   **520** rapui] rapuit *A, C a. c.*   **523** quod] aut *U* sie im Untergang an sich, und kein Laster auf Erden ist grausamer, weil es mit solchen Schäden das Leben des weltlichen Volkes einhüllt und zur Hölle verurteilt. (497–500) Ja, sie hat es sogar gewagt – wenn man das denn glauben darf –, an die Priester des Herrn selbst Hand anzulegen, die als Anführer vor der ersten Schlachtreihe zum Lobe der Tugenden tapfer die Schlachten führten und mit lautem Blasen ihre Signalhörner anfüllten.

(501–504) Und vielleicht hätte sie das Eisen mit unschuldigem Blut benetzt, wenn nicht die waffenmächtige *Ratio* (Vernunft), die einzige immer treue Gefährtin des Stammes Levi, ihr den Schild entgegengestreckt und ihre strahlenden Zöglinge vor dem Ansturm der düsteren Feindin geschützt hätte. (505–508) Sie stehen sicher durch den Beistand der *Ratio*, sie stehen gefeit vor jedem Sturm und tapfer im Geiste; die Lanzenspitze der *Avaritia* verletzt nur wenige mit einer leichten Wunde, weil sie kaum die oberste Hautschicht streift. (508–510) Das ruchlose Unheil stutzte, dass seine Geschosse weit von den keuschen Kehlen der Helden abgehalten wurden; es seufzt und hebt glühend mit rasenden Worten an:
(511–516) „Wir werden besiegt, ach, und schlaff geworden bringt unsere Macht nicht mehr die gewohnte Kraft bis zum Ziel, kraftlos ist die wilde Grausamkeit des Schadens, die gewohnt war, mit unbesiegten Kräften alle Herzen der Menschen überall zu brechen. Denn keine noch so eiserne Natur härtete irgendeinen Mann so ab, dass seine Unbeugsamkeit Geld verschmähen würde oder für unser Gold undurchdringbar wäre. (517–519) Jeden Charakter haben wir dem Tode überantwortet: Sanfte, bittere, harte, gelehrte und ungelehrte zugleich, stumpfsinnige und weise, keusche und besonders auch unzüchtige Herzen waren meiner Hand zugänglich.
(520–523) Als einzige raffte ich also, was auch immer Styx in ihren gierigen Strudeln verbirgt. Uns verdankt der äußerst reiche Tartarus die Völker, die er festhält. Was die Zeiten herumwälzen, ist unser, was die Welt treibt, nämlich rasende Geschäfte, ist unser. (524–525) Wie kommt es, dass der mächtige

qui fit, praeualidas quod pollens gloria uires
525 deserit et cassos ludit fortuna lacertos?
sordet christicolis rutilantis fulua monetae
effigies, sordent argenti emblemata et omnis
thensaurus nigrante oculis vilescit honore.
quid sibi docta uolunt fastidia? nonne triumphum
530 egimus e Scarioth, magnus qui discipulorum
et conuiua dei, dum fallit foedere mensae
haudquaquam ignarum dextramque parabside iungit,
incidit in nostrum flammante cupidine telum,
infamem mercatus agrum de sanguine amici
535 numinis, obliso luiturus iugera collo?
uiderat et Iericho propria inter funera, quantum
posset nostra manus, cum uictor concidit Achar.
caedibus insignis murali et strage superbus
subcubuit capto uictis ex hostibus auro,
540 dum uetitis insigne legens anathema fauillis
maesta ruinarum spolia insatiabilis haurit.
non illum generosa tribus, non plebis auitae
iuuit Iuda parens, Christo quandoque propinquo
nobilis et tali felix patriarcha nepote.
545 quis placet exemplum generis, placeat quoque forma
exitii: sit poena eadem, quibus et genus unum est.
quid moror aut Iudae populares aut populares
sacricolae summi – summus nam fertur Aaron –
fallere fraude aliqua Martis congressibus inpar?

---

530 cf. *Mt* 26, 14–15   **532** cf. *Mt* 14, 20; 26, 23; *Mc* 14, 20; *Io* 13, 26–27   **533** cf. *Io* 12, 6   **534** cf. *Act* 1, 18–19   **535** cf. *Act* 1, 18   **536–541** cf. *Ios* 6–7   **537** cf. *Ios* 7, 1; 7, 21; 7, 25; I *Chr* 2, 7   **538** cf. *Ios* 6, 20   **539** cf. *Ios* 7   **543** cf. *Ios* 7, 16   **548** cf. *Nm* 3, 6–10

---

531 Hor. *carm.* 1, 28, 7; 4, 14, 12; Ov. *met.* 7, 403; Stat. *Theb.* 8, 240; Iustin. 7, 3   **536–541** cf. Ambros. *off.* 2, 26, 129; 1, 39, 193   **538–539** cf. Verg. *Aen.* 6, 503–504; 6, 836–837   **544** Verg. *Aen.* 6, 784   **547–595** cf. Verg. *Aen.* 2, 386–430   **549** Verg. *Aen.* 1, 475

---

524 qui fit] quid fit *BRW, N p. c. m²* quid sit *C* (*mg.* qui fit), *U*   **527** omnis] omnes *A, BEW a. c.*   **529** docta] dicta *C, D a. c. m²*   **530** magnus] summus *U, CD mg., s. in E, B s. m², Weitz.*   **531** foedere] foedera *C, DK a. c. m²*   **532** dextramque] dextraque *A, B a. c. m², E a. c.*   iungit] tingit *Ald.*   **535** obliso] eliso *Ald.*   **537** concidit] decidit *S p. c., Weitz.*   **538** murali] morali *A, BW a. c.*   **545** generis] ueneris *A*   **546** genus] uenus *A*   **547** moror] miror *B p. c. m²*   **549** aliqua] aliquem *W*

Ruhm unsere äußerst starken Kräfte verlässt und das Glück die leeren Arme verspottet? (526–528) Gering erscheint den Christen das rotgelbe Bild einer rötlich schimmernden Münze, gering erscheinen ihnen die silbernen Reliefs, und ein jeglicher Schatz wird bedeutungslos für ihre Augen, weil seine Ehre verdunkelt wird. (529–535) Was bedeuten diese gelehrten Ekel? Haben wir etwa nicht über Judas Iscarioth triumphiert, der als großer unter den Jüngern und als Tischgenosse Gottes in unser Geschoss stürzte, als er beim gemeinsamen Mahl ihn, der keineswegs unwissend war, täuschte und mit seiner rechten Hand zugleich mit ihm in die Schüssel griff, weil seine Begierde entbrannte, und der dann mit dem Blut des göttlichen Freundes den verrufenen Acker gekauft hat, um den Morgen Land mit seinem erdrosselten Hals zu büßen?
(536–537) Auch Jericho hatte bei seinem eigenen Untergang gesehen, wieviel unsere Hand vermochte, als der siegreiche Achar fiel. (538–541) Durch Blutvergießen ausgezeichnet und übermütig vom Mauerneinreißen unterlag er dem erbeuteten Gold der besiegten Feinde, als er das auffällige Weihegeschenk aus der verbotenen Asche auflas und unersättlich die traurigen Beutestücke aus den Ruinen sammelte. (542–544) Nichts half ihm seine edle Herkunft, nicht Juda, von dem das Volk seiner Ahnen stammte, berühmt für den später einmal verwandten Christus und ein glückseliger Stammvater durch einen solchen Nachkommen. (545–546) Denjenigen, denen das Vorbild seiner Verwandtschaft gefällt, möge auch die Art seines Endes gefallen: Ein und dieselbe Strafe soll diejenigen treffen, die von gleicher Art sind. (547–549) Was zögere ich, entweder die Landsleute des Judas oder die Landsleute des höchsten Opferdieners – denn Aaron soll der höchste gewesen sein – mit irgendeinem Betrug zu täuschen, da ich dem Aufeinandertreffen nach Art des

118 *II. Text und Übersetzung*

550 nil refert, armis contingat palma dolisve."

Dixerat et toruam faciem furialiaque arma
exuit inque habitum sese transformat honestum:
fit Virtus specie uultuque et ueste seuera,
quam memorant Frugi, parce cui uiuere cordi est
555 et seruare suum, tamquam nil raptet auare:
artis adumbratae meruit ceu sedula laudem.
huius se specie mendax Bellona coaptat,
non ut auara lues, sed Virtus parca putetur,
nec non et tenero pietatis tegmine crines
560 obtegit anguinos, ut candida palla latentem
dissimulet rabiem diroque obtenta furori,
quod rapere et clepere est auideque abscondere parta,
natorum curam dulci sub nomine iactet.
talibus inludens male credula corda uirorum
565 fallit imaginibus, monstrumque ferale sequuntur
dum credunt uirtutis opus, capit inpia Erinys
consensu faciles manicisque tenacibus artat.
attonitis ducibus perturbatisque maniplis
nutabat uirtutum acies errore biformis
570 portenti ignorans, quid amicum credat in illo
quidue hostile notet. letum uersatile et anceps
lubricat incertos dubia sub imagine uisus,
cum subito in medium frendens Operatio campum
prosilit auxilio sociis pugnamque capessit
575 militiae postrema gradu, sed sola duello

---

550 Verg. *Aen.* 2, 390; 7, 415–416   **551–554** cf. Verg. *Aen.* 7, 415–419   **551** Hor. *epist.* 1, 19, 12   **552** Verg. *Aen.* 7, 417   **553–554** cf. Iuv. 14, 109–111   **553** cf. Verg. *Aen.* 7, 417–419   **557** Verg. *Aen.* 7, 419   **559** Verg. *Aen.* 7, 417; 7, 329; 7, 356; 7, 447   **560–571** cf. Lact. *inst.* 6, 17, 20   **566** cf. Lact. *inst.* 6, 7, 2–3   **569** cf. Verg. *Aen.* 2, 412   **573** Lact. *inst.* 6, 12, 24

---

550 contingat] contingit *S a. c.*   **551** furialiaque] furialique *B*   **553** ueste] uoce *Dress. et Weitz. cum codd. dett.*   **554** cordi est] cordia *W*   **556** sedula] sedola *A* s*edula *B*   **560** anguinos] anguineos *MR*, *B p. c. m²*, *SK p. r.*   **561** rabiem] formam *U* famam *C mg.*   obtenta] obtecta *VK*   **563** curam] curae *N p. c.*   dulci] dulcis *N*   iactet] iactat *M* (cta *in ras.*), *R p. c. m²*, *Ald.*   **564** uirorum] uiuorum *A*   **565** monstrumque ferale] *CDKR, Weitz., Cellar.* monstrum ferale *cett.*, *Obb., Bergm., Lav.*   **567** manicisque] -que *om. DN, add. m² C*   **571** notet] uocet *Ald.*   **572** incertos] incertus *BEUW, CD a. c., N p. c. m²* incestus *V a. c.*   **573** cum] dum *Ald.* tum *Weitz.*   in] *om. V, add. s.*   Operatio] miseratio *Ald. Gis.*   **575** postrema] postremo *A*   gradu] gradui *B*

Krieges nicht gewachsen bin? (550) Nichts macht es aus, ob der Sieg mit Waffen gelingt oder durch Täuschungen."
(551–556) Sprach's, legte ihre schreckliche Miene und die entsetzlichen Waffen ab und verwandelte sich in eine ehrenhafte Erscheinung: Sie wurde nach Aussehen, Gesichtsausdruck und strenger Kleidung eine Tugend, die sie *Frugi* (Sparsamkeit) nennen, der es am Herzen liegt, sparsam zu leben und das Ihre zu bewahren, als ob sie nichts begierig raubte. Ganz beflissen hat sie sich das Lob ihrer vorgegaukelten Kunst verdient. (557–563) An deren Aussehen passt sich die verlogene Kriegsgötting an, so dass sie nicht für ein gieriges Unheil, sondern für eine sparsame Tugend gehalten wird. Ganz besonders bedeckt sie ihre Schlangenhaare mit einem zarten Schleier der Frömmigkeit, so dass ihr weißer Mantel über die verborgene Wildheit hinwegtäuscht und wie ein Deckmantel über den unheilvollen Schrecken. Was nämlich Rauben und Stehlen und begieriges Verbergen des Geraubten ist, bezeichnet sie mit lieblichem Namen als Sorge für die Kinder. (564–567) Indem sie mit solcherlei Bildern spielt, täuscht sie die leichtgläubigen Herzen der Männer auf üble Weise, und diese folgen dem todbringenden Scheusal, weil sie es für ein Werk der Tugend halten. Die frevlerische Erynie ergreift die bereitwillig Zustimmenden und bindet sie mit festen Fesseln. (568–572) Weil die Führer entsetzt waren und die Einheiten verwirrt, wankte die Schlachtordnung der Tugenden durch die Täuschung des zweigestaltigen Ungeheuers, nicht wissend, was man an jenem für freundlich gesinnt halten oder was man als feindlich betrachten solle. Der veränderliche und doppelköpfige Tod führt die unsicheren Blicke mit seinem zweifelhaftem Bild aufs Glatteis.
(573–576) Da plötzlich springt *Operatio* (Barmherzigkeit) wütend mitten auf das Schlachtfeld als Hilfe den Kameraden bei und reißt den Kampf von der letzten Reihe der Schlachtordnung aus an sich. Als einzige ist sie bereit, dem

inpositura manum, ne quid iam triste supersit.
omne onus ex umeris reiecerat, omnibus ibat
nudata induuiis multo et se fasce leuarat
olim diuitiis grauibusque oppressa talentis,
580 libera nunc miserando inopum, quos larga benigne
fouerat effundens patrium bene prodiga censum.
iam loculos didata fidem spectabat inanes
aeternam numerans redituro faenore summam.
horruit inuictae uirtutis fulmen et inpos
585 mentis Auaritia stupefactis sensibus haesit
certa mori. nam quae fraudis uia restet, ut ipsa
calcatrix mundi mundanis uicta fatiscat
inlecebris spretoque iterum sese inplicet auro?
inuadit trepidam uirtus fortissima duris
590 ulnarum nodis obliso et gutture frangit
exsanguem siccamque gulam, conpressa ligantur
uincla lacertorum sub mentum et faucibus artis
extorquent animam, nullo quae uulnere rapta
palpitat atque aditu spiraminis intercepto
595 inclusam patitur uenarum carcere mortem.
illa reluctanti genibusque et calcibus instans
perfodit et costas atque ilia rumpit anhela.
mox spolia exstincto de corpore diripit, auri
sordida frusta rudis nec adhuc fornace recoctam

---

576 cf. *Mt* 29, 20–21   **577–581** cf. *Mt* 19, 21   **583** cf. *Mt* 6, 19; 19, 21; 19, 29   **595** cf. *Apc* 3, 18   **599** cf. *Apc* 9, 18

577–581 cf. Lact. *inst.* 6, 12, 36–40; 6, 17, 15–20   **577** Verg. *Aen.* 5, 421; Ov. *met.* 2, 582   **578** Verg. *ecl.* 9, 65   **580–581** cf. Lact. *inst.* 6, 12, 24   **581** Lact. *inst.* 6, 17, 18–19   **584–588** cf. Verg. *Aen.* 12, 867; 10, 446–447   **586** Verg. *Aen.* 4, 564   **587** Verg. *georg.* 1, 180   **588** Verg. *Aen.* 4, 148   **589–595** cf. Verg. *Aen.* 8, 259–261   **590–591** Verg. *Aen.* 8, 260–261   **596** Verg. *Aen.* 12, 303; 12, 356   **597** Verg. *Aen.* 9, 432; 7, 499; 9, 415; 10; 778; *ecl.* 7, 26   **598** Verg. *Aen.* 11, 193   **599** Verg. *Aen.* 7, 636

---

578 induuiis] indubiis *W, S a. r.* exuuiis *Ald.*   multo et se fasce] multo se fasce *DU* multo et fasce *B* multoque et fasce *W*   **580** miserando] miserendo *UR, VNEK p. c.*   **581** prodiga] prodita *E a. c.*   **582** fidem] fide* *NES* fides *K, C p. c.* fide *DBVR, C a. c. m²*   **583** redituro] reddendo *Weitz.*   **585** stupefactis] stupefactus *A*   **586** fraudis] fraudi *R* restet] restat *CDU, N p. c., Ald., Gis.*   **590** obliso] eliso *Ald.*   gutture] guttore *A* robore *Weitz.*   **591** ligantur] legantur *W, B a. c.* ligabant *UR, B p. c. m²*   **593** nullo quae] nulloque *DVNR, B a. c. m² CESK a. c.* nullo quoque *E p. c.*   rapta] rapto *V p. c. m²* raptam *E p. c.* rumpta *Weitz.*   **595** inclusam] inlusam *A a. c. m²*   **598** exstincto] exuncto *A, C mg.* exuto *Cellar.*   **599** frusta] frustra *CDVK*   recoctam] recocta *EW, B a. c. m²*

121

Kampf ein Ende zu bereiten, damit nichts Unheilvolles übrigbleibe. (577–581) Jegliche Last hatte sie von den Schultern abgeworfen, sie ging von aller Kleidung entblößt und hatte sich von einer großen Bürde erleichtert, weil sie einst von schweren Schätzen und Talenten belastet gewesen war. Nun ist sie frei durch ihre Barmherzigkeit gegenüber den Mittellosen, welche die Großzügige freigebig gefördert hatte, indem sie das ererbte Vermögen wohltätig aufopfernd verteilte. (582–582) Sie betrachtete die nun leeren Schatzkästchen, doch war sie reich an Glauben und schätze die ewige Summe mit dem zu erwartenden Zins ab. (584–588) *Avaritia* erschrak über den blitzartigen Auftritt der unbesiegten Tugend und verharrte ohnmächtig mit betäubten Sinnen, weil sie sich sicher war, nun zu sterben. Denn welcher Weg des Betrugs könnte wohl noch offenstehen, dass die Verächterin der Welt selbst besiegt durch weltliche Verführungen erschlaffen könnte und sich wiederum mit dem verschmähten Gold einwickeln ließe? (589–595) Diese äußerst starke Tugend greift mit den harten Knochen der Arme die Verwirrte an, und nachdem die Gurgel zerdrückt ist, zerbricht sie die blutleere und trockene Kehle. Die zusammengedrückten Arme werden als Fesseln unter dem Kinn verbunden und drücken aus dem engen Schlund den Lebenshauch heraus. Die unverwundet Ergriffene zuckt, und erleidet, nachdem der Zugang zu den Atemwegen unterbrochen ist, den Tod, der im Kerker der Adern im Inneren eingeschlossen ist. (596–603) Jene steht mit Knien und Fersen auf der Widerstand Leistenden, durchbohrt die Rippen und zerquetscht die keuchenden Eingeweide. Gleich darauf reißt sie die Beute weg vom toten Leib. Schmutzige Brocken unbearbeiteten Goldes und noch nicht in der Esse eingeschmol-

600 materiam, tineis etiam marsuppia crebris
exesa et uirides obducta aerugine nummos
dispergit seruata diu uictrix et egenis
dissipat ac tenues captiuo munere donat.
tunc circumfusam uultu exultante coronam
605 respiciens alacris media inter milia clamat:
„soluite procinctum, iusti, et discedite ab armis!
causa mali tanti iacet interfecta; lucrandi
ingluuie pereunte licet requiescere sanctis.
summa quies nil uelle super quam postulet usus
610 debitus, ut simplex alimonia, uestis et una
infirmos tegat ac recreet mediocriter artus
expletumque modum naturae non trahat extra.
ingressurus iter peram ne tollito neue
de tunicae alterius gestamine prouidus ito
615 nec te sollicitet res crastina, ne cibus aluo
defuerit: redeunt escae cum sole diurnae.
nonne uides ut nulla auium cras cogitet ac se
pascendam, praestante deo, non anxia credat?
confidunt uolucres uictum non defore uiles
620 passeribusque subest modico uenalibus asse
indubitata fides dominum curare potentem,
ne pereant; tu, cura dei, facies quoque Christi,
addubitas, ne te tuus umquam deserat auctor?
ne trepidate, homines! uitae dator et dator escae est.

600–601 *Mt* 6, 19; *Lc* 12, 33   **610** cf. *Mt* 10, 10; *Mc* 6, 8–9; *Lc* 9, 3; I *Cor* 9, 14; I *Tim* 6, 8–11   **613–614** cf. *Mt* 10, 10; *Mc* 6, 8–9; *Lc* 9, 3; 10, 4   **613** cf. *Mt* 10, 10   **615–628** cf. *Mt* 6, 25–34; 10, 29–31   **615** cf. *Mt* 6, 34   **616** cf. *Mt* 6, 11   **617** cf. *Mt* 6, 26   **619–620** cf. *Mt* 10, 29

602–603 Verg. *Aen.* 5, 282–283   **603** Verg. *Aen.* 5, 282; 5, 361; Ov. *ars* 2, 261; Hor. *carm.* 4, 2, 19–20   **605** Verg. *Aen.* 9, 549   **607** Verg. *Aen.* 6, 93; 11, 480   **609–612** cf. Hor. *epist.* 1, 12, 4–6   **609** Ov. *met.* 13, 215   **617** Verg. *georg.* 3, 250; Hor. *carm.* 1, 14, 3–4; *sat.* 1, 4, 109; 2, 5, 42   **621** Iuvenc. 2, 693; cf. Plin. *nat.* 31, 27, 2   **624** Verg. *Aen.* 9, 114

---

600 materiam] materiem *CDVEMK, Weitz., Cellar., Obb.*   marsuppia] marsuppiam *W a. c.*   **601** obducta] subducta *N, CD mg.*   **607** mali tanti] militanti *N a. c. m² E. a. c.* militandi *N p. c. m²* (a *sub* mi *add. al. m.*) *E p. c.*   **609** super] supra *Weitz.*   postulet] postulat *Ald., Gis.*   **610** debitus, ut] debitus et *Ald.*   **611** recreet] recreat *R*   **612** naturae] natura *S*   **614** ito] esto *MR, Ald., Gis.*   **616** diurnae] diurno *E p. c.*   **618** credat] credit *K, V p. c. m²*   **623** addubitas] at dubitas *CDVUR, E a. c. BNS p. c.* andubitas *MK p. c. m²* et dubitas *S a. c. m²*   **624** trepidate] trepidante *AB, SW a. r.*

zenes Material, sogar von vielen Motten zerfressene Geldbeutel und grüne Münzen, über die sich Grünspan gelegt hatte, verstreut die längst gerettete Siegerin, schleudert sie unter die Bedürftigen und beschenkt mit der Beute die Armen. (604–605) Als sie dann mit jubelnder Miene die Menge um sich herum erblickt, ruft sie mitten unter Tausenden freudig: (606–608) „Legt eure Rüstung ab, Ihr Gerechten, und lasst ab von den Waffen! Die Ursache solch großen Übels liegt getötet da. Wenn der Schlund der Habgier zugrundegeht, dürfen die Frommen zur Ruhe kommen. (609–612) Tiefste Seelenruhe besteht darin, nichts über das Maß hinaus zu wollen, was der notwendige Gebrauch erfordert, so dass eine einfache Ernährung und ein einziges Gewand die schwachen Glieder bedecke und belebe und das vollkommene Maß der Natur nicht überschreite. (613–616) Wenn Du eine Reise machen willst, nimm keinen Ranzen mit, und belaste Dich auch nicht aus Vorsorge mit einer zweiten Tunica. Auch sollst du dir keine Sorgen um das machen, was morgen sein wird, dass es etwa dem Leib an Nahrung fehlen könnte. Die Speisen kehren jeden Tag mit der Sonne zurück. (617–618) Siehst du nicht, wie keiner der Vögel an das Morgen denkt und zuversichtlich daran glaubt, dass er ernährt werde, weil Gott dafür sorgt? (619–623) Die Vögel vertrauen wohlfeil darauf, dass ihnen ihr Lebensunterhalt nicht fehlen wird, und die Spatzen, die günstig für ein As zu kaufen sind, glauben fest daran, dass der mächtige Herr dafür sorgen werde, dass sie nicht zugrundegehen. Du, der du ein Gegenstand der Sorge Gottes, sogar ein Abbild Christi bist, fürchtest, dass dein Schöpfer dich jemals verlassen könnte? (624) Schwankt nicht, Ihr Menschen! Der das Leben gibt, gibt auch die Speisen. (625–628) Sucht in der himmlischen Lehre lichtbringende Nahrung, welche die Hoffnung auf

625 quaerite luciferum caelesti dogmate pastum,
qui spem multiplicans alat inuitiabilis aeui,
corporis inmemores: memor est qui condidit illud,
subpeditare cibos atque indiga membra fovere."
His dictis curae emotae, Metus et Labor et Vis
630 et Scelus et placitae fidei Fraus infitiatrix
depulsae uertere solum. Pax inde fugatis
hostibus alma abigit bellum, discingitur omnis
terror et auulsis exfibulat ilia zonis.
uestis ad usque pedes descendens defluit imos,
635 temperat et rapidum priuata modestia gressum.
cornicinum curua aera silent, placabilis inplet
uaginam gladius sedato et puluere campi
suda redit facies liquidae sine nube diei
purpuream uideas caeli clarescere lucem.
640 agmina casta super uultum sensere Tonantis
adridere hilares pulso certamine turmae
et Christum gaudere suis uictoribus arce
aetheris ac patrium famulis aperire profundum.
dat signum felix Concordia reddere castris
645 uictrices aquilas atque in tentoria cogi.
numquam tanta fuit species nec par decus ulli
militiae, cum dispositis bifida agmina longe
duceret ordinibus peditum psallente caterua,
ast alia de parte equitum resonantibus hymnis.
650 non aliter cecinit respectans uictor hiantem
Israel rabiem ponti post terga minacis,

---

625 cf. *Mt* 6, 20; I *Tim* 6, 17–19 **626** cf. *Apc* 21–22, 5 **627–628** cf. *Mt* 6, 26–34 **642** cf. *Apc* 3, 21 **650–662** cf. *Ex* 15, 1–21; 14

629–631 cf. Verg. *Aen.* 6, 276–277; 6, 381–382 **629** Verg. *Aen* 6, 382 **634** Verg. *Aen.* 1, 404 **639** Verg. *Aen.* 6, 640–641 **645** Lucan. 5, 238

625 luciferum] lucifluum *S p. c.*, *Weitz.* **626** inuitiabilis] inmutabilis (inuiolabilis *R, Cellar.*) **627** illud] illum *S, U a. c.* **630** placitae] placidae *R*, placide *K* **632** abigit] abiit *S* discingitur] discingitur (c *in ras.*) *WB* discinditur *R, U p. c.* **633** exfibulat] exfibula *N a. c.* fibulat *W, B a. c. m²* ilia zonis] elazonis *A* **634** ad usque] et usque *Weitz., Gis.* **635** rapidum] rabidum *W* gressum] gradum *W, B a. c. m²* **641** adridere] adride *A* **642** arce] arcem *EMR, B p. c. m²*, *S a. c.*, *Weitz., Cellar.* **649** ast] ast (st *in ras.*) *M* est *W, B a. c.* **651** Israel] israel *S, Cellar.*, Bergman 1897 istrahel *A, N a. c.*, Bergman 1926, Lavarenne 1933 israhel *cett.*, *Weitz.*, Lavarenne 2002 ponti] pontis *W, B a. r.* minacis] minaces *A, C mg. a. c., D mg* *inacis *W* minantis *CD* das unzerstörbare Zeitalter vervielfältigend nährt, ohne an den Leib zu denken: Er, der jenes geschaffen hat, denkt daran, Nahrung bereitzustellen und die bedürftigen Glieder zu versorgen."

(629–633) Durch diese Worte sind alle Sorgen vertrieben. *Metus* (Furcht), *Labor* (Mühe), *Vis* (Gewalt), *Scelus* (Verbrechen) und *Fraus* (Betrug), die Leugnerin des anerkannten Glaubens, haben nach ihrer Niederlage das Land verlassen. Die segensreiche *Pax* (Friede) verjagt durch die Vetreibung der Feinde den Krieg, aller Schrecken wird entwaffnet und befreit die Hüften durch das Ablegen der Gürtel. (634–635) Das Kleidung wallt bis zu den Füßen herab, und zivile Mäßigung zügelt den schnellen Schritt. (636–639) Die gekrümmten Blechinstrumente der Hornisten schweigen, versöhnlich füllt das Schwert die Scheide aus. Nachdem der Staub des Schlachtfeldes sich gelegt hat, kehrt das heitere Antlitz des klaren wolkenlosen Tages zurück, man sieht das strahlende Licht des Himmels hervorleuchten. (640–643) Die Scharen, froh über den Sieg im Kampf, fühlten, dass das Antlitz des Donnerers den frommen Truppen von oben zulächelt, dass Christus in der Höhe sich über seine Siege freut und die himmlischen Höhen des Vaters für seine Diener öffnet.

(644–645) Die glückliche *Concordia* (Eintracht) gibt das Signal, die siegreichen Feldzeichen wieder ins Lager zu bringen und sich in den Zelten zu versammeln. (646–649) Niemals gab es solch einen Anblick und vergleichbaren Schmuck bei irgendeinem Heer, als sie nach dem Antreten der Abteilungen den doppelten Heereszug in langer Reihe aufmarschieren ließ, wobei die Truppe der Fußsoldaten Psalmen sang, aber auf der anderen Seite die Hymnen der Reiterei widerhallten. (650–657) Nicht anders sang das siegrei-

cum iam progrediens calcaret litora sicco
ulteriora pede stridensque per extima calcis
mons rueret pendentis aquae nigrosque relapso
655 gurgite Nilicolas fundo deprenderet imo
ac refluente sinu iam redderet unda natatum
piscibus et nudas praeceps operiret harenas.
pulsauit resono modulantia tympana plectro
turba dei celebrans mirum ac memorabile saeclis
660 omnipotentis opus liquidas inter freta ripas
fluctibus incisis et subsistente procella
crescere suspensosque globos potuisse teneri.
sic expugnata uitiorum gente resultant
mystica dulcimodis uirtutum carmina psalmis.

665 Ventum erat ad fauces portae castrensis, ubi artum
liminis introitum bifori dant cardine claustra.
nascitur hic inopina mali lacrimabilis astu
tempestas, placidae turbatrix inuida Pacis,
quae tantum subita uexaret clade triumphum.
670 inter confertos cuneos Concordia forte
dum stipata pedem iam tutis moenibus infert,
excipit occultum uitii latitantis ab ictu
mucronem laeuo in latere, squalentia quamuis
texta catenato ferri subtegmine corpus
675 ambirent sutis et acumen uulneris hamis
respuerent rigidis nec fila tenacia nodis
inpactum sinerent penetrare in uiscera telum.
rara tamen chalybem tenui transmittere puncto
commissura dedit, qua sese extrema politae

---

662 cf. *Ex* 15, 1–22

652–664 cf. Verg. *Aen.* 5, 178–182   **654** Verg. *Aen.* 1, 105   **665** Verg. *Aen.* 5, 45; 5, 201   **667** Verg. *Aen.* 12, 556   **673–674** Stat. *Theb.* 5, 354

652 cum iam] cumia *A*   **654** relapso] relaxo *A, CD mg.* repulso *Weitz.*   **661** incisis] illisis *D*   **663** gente resultant] genere pulset *W*   **664** dulcimodis] *al.* multimodis *CD mg.*   **666** liminis] luminis *D*   **667** hic] hinc *RWB, N p. c., E a. c.*   **668** placidae] placida *A*   **669** uexaret] uexauit *Ald.*   triumphum] triumfum *A*   **674** subtegmine] sub tegmine *Bergman 1926 nescio an perperam* subtecmine *V p. c.* subtemine *E, N a. c. m^2, Weitz., Cellar.*

che Israel, als es auf den klaffend geöffneten Rachen des drohenden Meeres hinter seinem Rücken zurückblickte, als es schon vormarschierend das jenseitige Ufer trockenen Fußes betrat, und zischend direkt hinter ihren Fersen der Berg des in der Luft hängenden Wassers niederstürzte und durch einen zurückfließenden Strudel die schwarzen Nilbewohner in tiefste Tiefe mitriss, die Wogen mit zurückströmender Wallung den Fischen schon wieder das Schwimmen ermöglichten und die nackten Sandflächen in steilem Herabstürzen bedeckten. (658–662) Mit widerhallendem Plektrum schlug die Schar Gottes die rhythmisch singenden Becken und feierte damit das wunderbare und für Jahrhunderte verehrungswürdige Werk Gottes, dass nämlich flüssige Ufer inmitten des Meeres durch die Teilung der Fluten und durch Mithilfe des Windes in der Luft hängende Wassermassen empor wachsen und gehalten werden konnten. (663–664) So hallen nach dem Sieg über das Geschlecht der Laster mystische Lieder der Tugenden mit lieblich tönenden Psalmen wider.

(665–666) Man war zu den engen Zugängen des Lagertors gelangt, wo eine Absperrung durch ein zweiflügeliges Tor nur einen schmalen Eingang freigibt. (667–669) Hier entsteht ein unerwarteter Aufruhr durch die List eines beweinenswerten Übels, die missgünstige Störerin des ruhigen Friedens, die diesen großen Triumph durch ein plötzliches Unheil erschütterte. (670–677) Während *Concordia* gerade eng umringt zwischen den dicht gedrängten Schlachtreihen ihren Fuß schon in die sicheren Mauern setzt, trifft sie durch den Stoß eines sich versteckt haltenden Lasters ein verborgener Dolch in der linken Seite, obwohl schuppenartige Gewebe aus kettenförmig angeordnetem Eisengespinst den Körper umgaben und mit ihren verflochtenen Ringen die Spitze von der Wunde abhielten, und die festen Fäden mit den harten Knoten nicht zuließen, dass die hineingestoßene Waffe in die Eingeweide eindrang. (678–680) Dennoch ermöglichte eine lockere Verbindung, dass der Stahl an einem kleinen Punkt hindurchdrang, wo sich die letzte Schuppe des feinen Kettenhemdes schließt und dessen Brustteil in den Saum übergeht.

680 squama ligat tunicae sinu et sibi conserit oras.
intulit hoc uulnus pugnatrix subdola uictae
partis et incautis uictoribus insidiata est;
nam pulsa culparum acie Discordia nostros
intrarat cuneos sociam mentita figuram.
685 scissa procul palla structum et serpente flagellum
multiplici media camporum in strage iacebant,
ipsa redimitos olea frondente capillos
ostentans festis respondet laeta choraeis.
sed sicam sub ueste tegit, te, maxima Virtus,
690 te solam tanto e numero, Concordia, tristi
fraude petens; sed non uitalia rumpere sacri
corporis est licitum, summo tenus extima tactu
laesa cutis tenuem signauit sanguine riuum.
exclamat Virtus subito turbata: „quid hoc est?
695 quae manus hic inimica latet, quae prospera nostra
uulnerat et ferrum tanta inter gaudia uibrat?
quid iuuat indomitos bello sedasse furores
et sanctum uitiis pereuntibus omne receptum,
si Virtus sub pace cadit?" trepida agmina maestos
700 conuertere oculos, stillabat uulneris index
ferrata de ueste cruor. mox et pauor hostem
comminus adstantem prodit; nam pallor in ore
conscius audacis facti dat signa reatus
et deprensa tremunt languens manus et color albens.
705 circumstat propere strictis mucronibus omnis
uirtutum legio exquirens feruente tumultu
et genus et nomen, patriam sectamque, deumque
quem colat et missu cuiatis uenerit. illa
exsanguis turbante metu: „Discordia dicor,

681–693 cf. Verg. *Aen.* 7, 415–419   **683–685** Verg. *Aen.* 8, 702–703   **690–691** Verg. *Aen.* 9, 438–439   **692** Verg. *Aen.* 1, 737   **697** Hor. *epod.* 12, 9   **699–715** Verg. *Aen.* 2, 67–78   **700** Verg. *Aen.* 11, 746; 12, 705; 11, 121; 11; 800   **703** Verg. *Aen.* 11, 812   **705** Verg. *Aen.* 12, 662–663; Ov. *fast* 3, 231; cf. Verg. *Aen.* 2, 66–80; 9, 801

---

681 subdola] sordida *C mg.*   **685** scissa] scisso A *a. c.*   structum] strictum *Weitz.*   **686** iacebant] iacebat *R, VEM p. c.*, (n *in ras.*) *B p. c.*   **688** respondet] respondit *ESKR, N p. c.*   **690** tristi] christi (*mg.* tristi) *C*   **695** prospera] pectora *Ald.*   **697** bello] ferro *CD*, (*mg.* bello) *K*   **704** tremunt] tremit *Weitz.* tremit (it *in ras.*) *M* tremit* *S a. c.* tremet (*mg.* tremunt) *CD*   **708** missu] iussu *Ald., Cellar.*

(681–682) Eine heimtückische Kämpferin aus den Reihen der besiegten Partei, die den unvorsichtigen Siegern aufgelauert hatte, fügte ihr diese Wunde zu. (683–684) Denn nachdem die Truppe der Laster geschlagen worden war, hatte *Discordia* (Zwietracht) die Gestalt einer Verbündeten angenommen und sich in unsere Schlachtreihen eingereiht. (685–686) Ihr weithin zerrissenes Gewand und ihre aus vielen Schlangen zusammengefügte Geißel lagen inmitten der Überreste der Schlachtfelder. (687–688) Sie selbst zeigt ihre mit einem grünenden Ölzweig bekränzten Haare und antwortet fröhlich den festlichen Chören. (689–693) Aber sie verbirgt einen Dolch unter ihrem Gewand und dich, größte Tugend, dich allein aus der großen Zahl, *Concordia*, greift sie mit unheilvoller Tücke an. Aber es war ihr nicht erlaubt, lebenswichtige Organe des heiligen Körpers zu verletzen, nur an der Oberfläche zeigte die verletzte äußere Haut ein zartes Rinnsal aus Blut. (694–696) Die Tugend ruft plötzlich verwirrt aus: „Was ist das? Welche feindliche Hand verbirgt sich hier, die unser Glück verletzt und eine Waffe schwingt inmitten so großer Freuden? (697–699) Was nützt es, die ungezähmten Schrecken im Kampf bezwungen zu haben und das Heiligtum unversehrt gerettet zu haben, als die Laster zugrunde gingen, wenn eine Tugend im Frieden fällt?" (699–704) Die beunruhigten Truppen richteten ihre bestürzten Augen auf sie. Es tropfte als Zeichen der Wunde von der Rüstung Blut, bald verrät auch Furcht die nahe stehende Feindin; denn Blässe im Gesicht, der frechen Tat bewusst, verrät ihre Schuld, ihre ertappte matte Hand und ihr bleiches Gesicht zittern. (705–708) Die gesamte Legion der Tugenden umzingelt sie mit eilig gezogenen Schwertern und fragt mit wildem Aufruhr nach Abstammung, Namen, Heimat, Glaubensrichtung, welchen Gott sie verehre und in wessen Auftrag sie komme. (708–714) Jene spricht bleich und verwirrt vor Furcht: „*Discordia* werde ich genannt, mit Beinamen Häresie; Gott ist für mich verschiedenartig, bald kleiner oder größer, bald zweifach und bald einfach, wenn es mir gerade so gefällt, luftig und die Erscheinung eines Trugbildes, oder die eingeborene Seele, sooft ich mit der Gottheit spielen will. Mein Lehrer ist Belial, meine

710 cognomento Heresis; deus est mihi discolor", inquit,
„nunc minor aut maior, modo duplex et modo simplex,
cum placet, aërius et de phantasmate uisus,
aut innata anima est, quoties uolo ludere numen;
praeceptor Belia mihi, domus et plaga mundus."
715 non tulit ulterius capti blasphemia monstri
uirtutum regina Fides, sed uerba loquentis
inpedit et uocis claudit spiramina pilo
pollutam rigida transfigens cuspide linguam.
carpitur innumeris feralis bestia dextris;
720 frustatim sibi quisque rapit, quod spargat in auras,
quod canibus donet, coruis quod edacibus ultro
offerat, inmundis caeno exhalante cloacis
quod trudat, monstris quod mandet habere marinis.
discissum foedis animalibus omne cadauer
725 diuiditur, ruptis Heresis perit horrida membris.
Conpositis igitur rerum morumque secundis
† in commune bonis, postquam intra tuta morari
contigit ac statione frui ualloque foueri
pacificos sensus, et in otia soluere curas,†
730 exstruitur media castrorum sede tribunal
editiore loco, tumulus quem uertice acuto
excitat in speculam, subiecta unde omnia late
liber inoffenso circum inspicit aëre uisus.
hunc sincera Fides, simul et Concordia, sacro
735 foedere iuratae Christi sub amore sorores,

---

714 cf. II *Cor* 6, 15

---

715 Ov. *met.* 3, 487   724 Iuv. 3, 260

---

714 Belia mihi] belial mihi *KR, V p. c. m², B p. c.* bella mihi *S* mihi belial *C*   **715** blasphemia] blasfemia *Bergm.* cum *AN*   **719** feralis] feralis (*mg.* ferialis *al.* furialis) *C* furialis *Weitz.*   **720** spargat] spargit *A*   **724** discissum foedis] discissumque feris *S p. c.*   **727–730**] *Ita, ut supra edidimus, ediderunt Weitz., Cellar.* (fouere), *Arev., Obb., Thomson cum E* (fouere); 727 in commune ... ad unum | 728/9 sensibus ... locatis | 730 exstruitur ... tribunal *edd. Bergman 1926 et Lav. cum AVR, NMS* (*mg. aliter*) *E mg.*; 727 in commune ... ad unum | 728 contigit ... foveri | 729 pacificos ... curas | 729 *b* sensibus ... locatis | 730 exstruitur ... tribunal *CD* (fouere) *K, V mg. N mg.* (tueri) *M mg. m²*   **728** foueri] fouere *E, Weitz, Cellar.*   **731** tumulus] tumulis *V a. c. m²*   quem] quem in *K p. c.*   **732** speculam] speluncam *R a. c. m²*   unde] inde *R*   **733** circum inspicit] *Bergman 1926, Lav., Thomson 1949* circuminspicit *A, Heins.* circumspicit *cet., Weitz., Arev., Obb., Bergman 1897*   **734** hunc] hinc *CD, EK p. c.* huc *A, E a. c.*

Heimat und mein Land ist die Welt." (715–718) Nicht länger ertrug *Fides*, die Königin der Tugenden, die Gotteslästerungen des gefangenen Scheusals, sondern hemmte die Worte der Sprechenden und verschloss die Wege der Stimme mit einem Wurfspieß, indem sie mit starrer Spitze die lasterhafte Zunge durchbohrt. (719–723) Die unheilvolle Bestie wird von unzähligen Händen in Stücke gerissen; stückweise reißt sich ein jeder etwas ab, um es in die Lüfte zu schleudern, den Hunden zu schenken, den gefräßigen Raben zu übergeben, in die schmutzigen Kloaken mit ihrem stinkenden Schlamm hineinzustoßen oder den Seeungeheuern anzuvertrauen. (724–725) Der ganze zerfleischte Leichnam wird unter wilden Tieren verteilt, die schreckliche Häresie geht mit zerrissenen Gliedern zugrunde.

(726–733) Nachdem sich nun allgemein glückliche Umstände in Bezug auf Sitten und Verhältnisse eingestellt hatten und nachdem es den friedlichen Empfindungen geglückt ist, innerhalb des Lagers geschützt zu verweilen und den Schutz einer mit einem Wall umgebenen Garnison zu genießen und ihre Sorgen in Frieden zu verwandeln, wird im Zentrum des Lagers eine Tribüne auf erhöhter Stelle errichtet, die ein Hügel mit hohem Gipfel zu einem erhöhten Beobachtungsplatz macht, von wo aus der Blick alles unterhalb Liegende weithin frei und ungehindert ringsum betrachtet. (734–739) Diesen Gipfel besteigen die reine *Fides* und *Concordia* zusammen, auf einen heiligen Bund eingeschworene Schwestern in der Liebe Christi; bald auch überragt das hei-

conscendunt apicem; mox et sublime tribunal
par sanctum carumque sibi supereminet aequo
iure potestatis, consistunt aggere summo
conspicuae populosque iubent adstare frequentes.
740 concurrunt alacres castris ex omnibus omnes,
nulla latet pars mentis iners, quae corporis ullo
intercepta sinu per conceptacula sese
degeneri languore tegat, tentoria apertis
cuncta patent uelis, reserantur carbasa, ne quis
745 marceat obscuro stertens habitator operto.
auribus intentis expectant contio, quidnam
uictores post bella uocet Concordia princeps,
quam uelit atque Fides uirtutibus addere legem.
erumpit prima in uocem Concordia tali
750 adloquio: „cumulata quidem iam gloria uobis,
o patris, o domini fidissima pignera Christi,
contigit. ex(s)tincta est multo certamine saeua
barbaries, sanctae quae circumsaepserat urbis
indigenas ferroque uiros flammaque premebat,
755 publica sed requies priuatis rure foroque
constat amicitiis. scissura domestica turbat
rem populi titubatque foris, quod dissidet intus.
ergo cauete, uiri, ne sit sententia discors
sensibus in nostris, ne secta exotica tectis
760 nascatur conflata odiis, quia fissa uoluntas
confundit uariis arcana biformia fibris.
quod sapimus, coniungat amor, quod uiuimus uno
conspiret studio; nil dissociabile firmum est.
utque homini atque deo medius interuenit Iesus,

---

753 cf. *Hbr* 12, 22   **756** cf. *Mt* 12, 25; I *Cor* 1, 18   **757** cf. *Mt* 12, 25   **758** cf. I *Cor* 1, 10

---

736 cf. Claud. *Eutrop.* 1, 311   **754** Verg. *Aen.* 10, 232   **761** Pers. 5, 29   **763** Hor. *carm.* 1, 3, 22

---

736 sublime] suble *A*   **742** intercepta] intercoepta *A*   **743** degeneri] degenerem *Weitz.*
745 stertens] sternens *ES a. c. m²*   **746** expectant] expectat *DVESKR, C a. c., N p. c. m²*,
Weitz., Arev.   **748** atque] adque *A, N a. c. m²*   **749** prima] primam *Ald., Cellar.*   **751**
patris] patres *A, EK a. c., N p. c. m²*   **752** contigit] concidit *N p. c. m²* hoc habet *M a. c.,
S (mg.* contigit), *Weitz.*   **753** sanctae] sanctas *M p. c.*   **758** cauete] caueto *V*   **759** nos-
tris] uestris *Ald., Gis.*   ne] nec *S*   **760** fissa] scissa *M p. c., Ald., Gis.*   **761** uariis] ali-
is *V a. c.*   **763** conspiret] confirmet *D p. c. m²*   **764** utque] atque *R*   atque] adque *AN*
medius] medium *Ald.*

lige und einander teure Paar mit gleichem Recht der Macht sogar die hoch aufragende Tribüne; sie stellen sich deutlich sichbar auf die höchste Erhebung und befehlen den Leuten, zahlreich heranzutreten.

(740–745) Alle laufen eilig aus dem ganzen Lager zusammen, kein Teil der Seele bleibt untätig verborgen, so dass er in irgendeinem Winkel des Körpers durch abgetrennte Gefäße sich mit entarteter Trägheit verbergen würde; alle Zelte stehen offen mit geöffneten Vorhängen, die Tücher werden entfernt, damit kein Einwohner matt sei und schnarche, nachdem das Dunkel zugedeckt worden ist. (746–748) Mit gespannten Ohren erwartet die Versammlung, warum denn nach den Kämpfen die Fürstin *Concordia* die Sieger rufe, und welches Gesetz *Fides* den Tugenden hinzugeben wolle.

(749–750) Als erste bricht *Concordia* mit solch einer Ansprache hervor: (750–752) „Ihr habt euch schon großen Ruhm erworben, oh des Vaters, oh des Herrn Christi treueste Kinder. (752–754) In heftigem Kampf ist die schreckliche Barbarei ausgelöscht worden, die die Eingeborenen der heiligen Stadt umgeben hatte und mit Schwert und Flamme die Männer bedrängte. (755–756) Aber öffentliche Ruhe hat auf dem Land und in der Stadt durch persönliche Freundschaften Bestand. (756–757) Ein häusliches Zerwürfnis stiftet Unruhe im Staat, und es wankt draußen, was innen uneins ist. (758–761) Also gebt acht, Männer, dass kein zwieträchtiger Gedanke in unseren Herzen sei und dass nicht – angefacht durch verborgenen Hass – eine fremde Glaubensrichtung entstehe, weil ein gespaltener Wille die zwiegestaltigen Geheimnisse in den unbeständigen Herzen in Verwirrung stürzt. (762–764) Was wir wissen, möge die Liebe verbinden; wie wir leben, stimme in einheitlichem Bestreben überein; nichts, was sich trennen lässt, hat Bestand. (765–768) Und wie mitten zwischen Mensch und Gott Jesus erscheint, der das Sterbliche mit dem Vater vereint, damit nicht das Fleischliche vom ewigen Geist

765 qui sociat mortale patri, ne carnea distent
spiritui aeterno sitque ut deus unus utrumque,
sic, quidquid gerimus mentisque et corporis actu,
spiritus unimodis texat conpagibus unus.
pax plenum uirtutis opus, pax summa laborum,
770 pax belli exacti pretium est pretiumque pericli,
sidera pace uigent, consistunt terrea pace.
nil placitum sine pace deo: non mundus ad aram
cum cupias offerre probat, si turbida fratrem
mens inpacati sub pectoris oderit antro,
775 nec si flammicomis Christi pro nomine martyr
ignibus insilias seruans inamabile uotum
bile sub obliqua, pretiosam proderit Iesu
inpendisse animam, meriti quia clausula pax est.
non inflata tumet, non inuidet aemula fratri,
780 omnia perpetitur patiens atque omnia credit,
numquam laesa dolet, cuncta offensacula donat,
occasum lucis uenia praecurrere gestit,
anxia ne stabilem linquat sol conscius iram.
quisque litare deo mactatis uult holocaustis,
785 offerat in primis pacem: nulla hostia Christo
dulcior, hoc solo sancta ad donaria uultum
munere conuertens puro oblectatur odore.
sed tamen et niueis tradit deus ipse columbis
pinnatum tenera plumarum ueste colubrum
790 rimante ingenio docte internoscere mixtum
innocuis auibus; latet et lupus ore cruento

---

772 cf. *Mt* 5, 24; I *Cor* 13, 3   774 cf. *Mt* 5, 24   775 cf. I *Cor* 13, 3   779–781 cf. I *Cor* 13, 4–7   779 cf. I *Cor* 13, 4–8   782–783 cf. *Eph* 4, 26   787 cf. *Eph* 5, 2   788 cf. *Mt* 10, 16   791–793 cf. *Mt* 7, 15; 10, 16   791 cf. *Mt* 7, 15; 10, 16; *Act* 20, 29

---

769 Verg. *Aen.* 10, 469; Claud. *Seren.* 12   786 Verg. *georg.* 3, 533   787 Hor. *carm.* 1, 5, 2   791 Verg. *Aen.* 1, 296; 9, 341; 10, 489; 12, 8

---

767 quidquid] *A, S a. r.* quicquid *cet., Weitz.* mentisque] que *om. N*   773 probat] probet *Ald.*   775 flammicomis] flammiuomis *Ald., Gis.*   777 proderit] prosit *Ald.*   781 cuncta] contra *E* (*mg.* cuncta), *Obb.*   783 conscius] concius *A*   787 puro] liquido *VS, CDE* (*mg.* puro), *N* (*s.* puro), *Weitz., Cellar., Arev., Obb., Thoms.*   788 tradit] tradidit M p. c. m^2 790 rimante ingenio docte internoscere mixtum] rimantem ingenio docte internosse meatum *CD* (*mg.* rimante ... mixtum)   791 auibus] ouibus *C* (*mg.* auibus), *V* (auibus m^2 *s.*) *EK, D a. c.*

getrennt sei, und damit beide ein einziger Gott seien, so webe, was auch immer wir im Handeln der Seele und des Körpers ausführen, ein einziger Geist mit Verknüpfungen von einer Art. (769–771) Frieden ist das vollendete Werk der Tugend, Frieden ist die wichtigste der Mühen, Frieden ist der Lohn des beendeten Krieges und der Lohn der Gefahr, Gestirne stehen im Frieden in Blüte, es bleiben die irdischen Dinge im Frieden bestehen. (772–778) Nichts gefällt Gott ohne Frieden: Wenn Du die Opfergabe zum Altar bringen willst, billigt der Himmel es nicht, wenn eine aufgewühlte Seele den Bruder in der Tiefe des unversöhnten Herzens hasst; nicht einmal wenn Du als Märtyrer in Christi Namen in flammende Feuer hineinspringst und dabei trotzdem einen unerträglichen Wunsch in verstecktem Zorn bewahrst, wird es Dir nützen, dass Du deine kostbare Seele für Jesus aufgeopfert hast, weil das Ziel einer verdienstvollen Tat der Friede ist. (779–783) Er bläht sich nicht angeschwollen auf, er beneidet nicht eifersüchtig den Bruder, alles erträgt er geduldig und alles glaubt er, niemals trauert er gekränkt, alle Beleidigungen verzeiht er, er wünscht, dass die Verzeihung dem Untergang der Sonne vorausgehe, aus Furcht, dass die Sonne als Mitwisser einen beständigen Zorn zurücklasse. (784–786) Jeder, der Gott ein Opfer bringen will mit Brand- und Schlachtopfern, biete vor allem Frieden an: Kein Opfer ist Christus angenehmer, nur durch diese Gabe allein wendet er sein Antlitz zu den heiligen Altären und erfreut sich am reinen Duft. (787–793) Aber dennoch verleiht Gott selbst auch den schneeweißen Tauben die Fähigkeit, die gefiederte Schlange, die sich mit zartem Federkleid unter die unschuldigen Vögel gemischt hat, auf gelehrte Art und Weise mit erforschendem Verstand von diesen zu unterscheiden; es verbirgt sich auch der Wolf mit blutbeflecktem Maul unter weichem Fell und täuscht vor, ein schneeweißes Schaf zu sein, und übt doch seine Schnauze mit blutigen Morden unter den Lämmern. (794–798) Mit dieser Kunst verbergen

lacteolam mentitus ouem sub uellere molli,
cruda per agninos exercens funera rictus.
hac sese occultat Photinus et Arrius arte,
795 inmanes feritate lupi; discrimina produnt
nostra recensque cruor, quamvis de corpore summo,
quid possit furtiua manus." gemitum dedit omnis
uirtutum populus casu concussus acerbo.
tum generosa Fides haec subdidit: „immo secundis
800 in rebus cesset gemitus. Concordia laesa est,
sed defensa Fides, quin et Concordia sospes
germanam comitata Fidem sua uulnera ridet.
haec mea sola salus, nihil hac mihi triste recepta.
unum opus egregio restat post bella labori,
805 o proceres, regni quod tandem pacifer heres
belligeri armatae successor inermus et aulae
instituit Solomon, quoniam genitoris anheli
fumarat calido regum de sanguine dextra;
sanguine nam terso templum fundatur et ara
810 ponitur auratis Christi domus ardua tectis.
tunc Hierusalem templo inlustrata quietum
suscepit iam diua deum, circumuaga postquam
sedit marmoreis fundata altaribus arca.
surgat et in nostris templum uenerabile castris,
815 omnipotens cuius sanctorum sancta reuisat!
nam quid terrigenas ferro pepulisse phalangas

---

793 cf. *Mt* 7, 15   **795** cf. *Act* 20, 29   **805** cf. III *Rg* 5, 1–5   **808** cf. I *Chr* 28, 2–3; III *Rg* 5, 2–5   **810** cf. III *Rg* 6, 22   **811–813** cf. III *Rg* 8, 1–21   **811** cf. I *Sm* 4, 7   **813** cf. III *Rg* 8, 6; 8, 21   **815** cf. III *Rg* 8, 6

797–798 Verg. *Aen.* 5, 869   **798** Verg. *Aen.* 5, 700   **803** Verg. *Aen.* 9, 257; 9, 262   **812** Verg. *Aen.* 12, 139

---

794 hac] ac *CDN a. c.*   occultat] occultant *DV p. c., E p. c. m², Weitz., Arev.* ocultant *SR* occultans (*mg.* -tat) *C, D a. c.*   **797** dedit] credit *C* (*mg. al.* dedit), *D a. c.*   **799** tum] tunc *VR, Cellar., Obb.*   **802** comitata] comita *A, R a. c. m²*   **803** nihil] nil *R*   hac] ac *VS, CDN a. c. m²*   **804** egregio] egregium *MR, S a. c., Weitz.* aegregium *E p. c.* (-um *ex* -o *vel* -om)   **806** inermus] inermis *K, C a. c., NMS p. c.*   **807** Solomon] Salomon *DVESK, C a. c., N p. c., Weitz., Arev.* Salamon *R*   **811** Hierusalem] *CDMSR, VNE p. c., K a. r., Weitz., Cellar., Obb., Bergman 1897* Ierusalem *K p. r.* Jerusalem *Arev.* hic Ierusalem *Ald.* et Ierusalem *Gis.* Hierusales *A, Heins., Bergman 1926, Lav.*   **814** castris] sacris *C* (*mg.* castis) *D* (*s.* castris)   **815** reuisat] reuiset *C a.,*   **816** nam quid] numquid *DP, C a. c., E p. c. m²*   pepulisse] repulisse *C* sich Photinus und Arrius, Wölfe schrecklich an Wildheit; unsere Bedrängnisse und das frisch vergossene Blut – wenn auch nur an der Oberfläche des Körpers – legen beredtes Zeugnis davon ab, was eine verstohlene Schar vermag." Das ganze Volk der Tugenden seufzte, erschüttert durch den bitteren Unglücksfall.

(799–802) Darauf warf die edle *Fides* ein: „Oh nein! Im Glück soll das Seufzen weichen. *Concordia* ist verletzt, aber *Fides* verteidigt, ja sogar *Concordia* belacht wohlbehalten ihre Wunden und begleitet ihre Schwester *Fides*. (803) Diese ist mein einziges Heil, nichts ist für mich traurig, nachdem ich diese unversehrt zurückerhalten habe. (804–810) Ein einziges Werk für eure herausragende Mühe steht nach den Kämpfen noch aus, ihr Vornehmen, das nämlich, was schließlich auch Salomon, der friedensbringende Erbe eines kriegerischen Reiches und waffenlose Nachfolger eines bewaffneten Hofes unternahm, weil die rechte Hand des keuchenden Vaters vom warmen Blut der Könige geraucht hatte; denn nachdem das Blut abgewischt worden ist, wird der Grundstein für den Tempel gelegt, der Altar wird aufgestellt und das hohe Haus Christi mit den goldgeschmückten Dächern. (811–813) Dann nahm das durch den Tempel verherrlichte und nun selbst göttliche Jerusalem den zur Ruhe gekommenen Gott in Empfang, nachdem die umherschweifende Bundeslade, auf marmorne Altäre gegründet, zu liegen kam. (814–815) Auch in unserem Lager soll sich ein ein verehrungswürdiger Tempel erheben, dessen Allerheiligstes der Allmächtige besuchen möge! (816–819) Denn was nützt es, die erdgeborenen Schlachtreihen der Sünden mit dem Schwert vertrieben

culparum prodest, hominis si filius arce
aetheris inlapsus purgati corporis urbem
intret inornatam templi splendentis egenus?
820 hactenus alternis sudatum est comminus armis:
munia nunc agitet tacitae toga candida pacis
atque sacris sedem properet discincta iuventus!"
Haec ubi dicta dedit, gradibus regina superbis
desiluit tantique operis Concordia consors
825 metatura nouum iacto fundamine templum.
aurea planitiem spatiis percurrit harundo
dimensis, quadrent ut quattuor undique frontes,
ne commissuris distantibus angulus inpar
argutam mutilet per dissona semetra normam.
830 Aurorae de parte tribus plaga lucida portis
inlustrata patet, triplex aperitur ad austrum
portarum numerus, tris occidualibus offert
ianua trina fores, totiens aquilonis ad axem
panditur alta domus; nullum illic structile saxum,
835 sed caua per solidum multoque forata dolatu
gemma relucenti limen conplectitur arcu
uestibulumque lapis penetrabile concipit unus.
portarum summis inscripta in postibus auro
nomina apostolici fulgent bis sena senatus.
840 spiritus his titulis arcana recondita mentis
ambit et electos uocat in praecordia sensus,
quaque hominis natura uiget, quam corpore toto

---

822 cf. *Eph* 2, 21–22   **823** cf. I *Sm* 4, 7   **824** cf. *Apc* 3, 12; 21, 2   **826** cf. *Apc* 21, 15–17
830 cf. *Apc* 21, 13   **851–865** cf. *Apc* 21, 14

823–824 Verg. *Aen.* 11, 500; Curt. 9, 3, 18   **823** Verg. *Aen.* 1, 697; 2, 790; 6, 628; 7, 323; 7, 471; 8, 541; 10, 633; 12, 81; 12, 441; Iuvenc. 2, 561; 3, 176   **824** Curt. 9, 3, 18; Ov. *fast.* 1, 675   **834** cf. Verg. *Aen.* 8, 262

---

819 intret] intrat *K*   **820** est] om. *K*   **821** munia] moenia *Weitz.*   **822** atque] adque *A*, *N a. c.*   discincta] distincta *AE, VS a. c.*   **824** consors] concors *PS*   **828** ne commissuris] nec commissuris *CD*, *E a. r.* nec omissuris *N a. c.* ne commissuri *M a. c.*   **829** semetra] semita *CD (mg. semetra)*, *P, K a. c. m²* symmetra *Ald., Gis.*   **832** tris] tres *CDPER, Sp. c.*, *K a. c., Cellar., Arev.*   **834** structile] strictile *E*   **835** sed caua per] secat per *P*   forata dolatu] dolatu forata *K* dolata foratu *P, C (mg. forata dolatu)*, *D a. c. forata dolatu N*   **836** relucenti] reculenti *A*   limen] lumen *V a. r.*   arcu] arcus *C (s. l. actu)*, *P* actu *A*   **837** concipit] conceipit *D p. c.*   **838** inscripta] inscribta *A*   **842** quam] qua *DMSR, V p. c., E p. r., Weitz.*

zu haben, wenn der Menschensohn, der von der Burg des Himmels herabsteigt, die schmucklose Stadt des gereinigten Körpers betritt und auf einen glänzenden Tempel verzichten muss? (820–822) Bis jetzt wurde mit wechselnden Waffen angestrengt im Nahkampf gekämpft, nun erfülle die weiße Toga des ruhigen Friedens ihre Pflichten und die Jugend eile entgürtet zur Errichtung des Sitzes für die Heiligen!"
(823–825) Sobald sie diese Worte gesprochen hatte, stieg die Königin mit erhabenen Schritten herab, und ebenso *Concordia*, die Gefährtin bei einem solch großen Werk, um nach der Grundsteinlegung den neuen Tempel abzumessen. (826–829) Ihr goldenes Messrohr durcheilt die Fläche und misst die Längen aus, damit sich die vier Außenwände auf allen Seiten ins Geviert fügen, damit kein falscher Winkel in klaffenden Fugen das rechte Maß durch unharmonische Abweichungen verstümmele.
(830–837) Auf der Seite des Sonnenaufgangs ist eine glänzende, erleuchtete Seite mit drei Toren zugänglich, eine dreifache Anzahl Tore öffnet sich nach Süden hin, drei Türen bietet im Westen das dreifache Tor dar, durch ebensoviele öffnet sich zur Himmelsgegend des Nordens das hohe Haus. Dort umschließt kein gemauerter Stein, sondern ein massiver, gewölbter und durch vieles Behauen durchbohrter Edelstein die Schwelle mit einem strahlenden Bogen, und die Vorhalle bildet ein einziger durchschreitbarer Stein. (838–839) Ganz oben an den Torbögen strahlen mit Gold eingeschrieben die zweimal sechs Namen des apostolischen Senats. (840–841) Der Geist umgibt mit diesen Namen die verborgenen Geheimnisse der Seele und ruft die auserwählten Gefühle in die Herzen. (842–844) Welche Natur im Menschen auch vorherrscht, im ganzen Körper von einer vierfachen Kraft beseelt, sie tritt durch die je drei Zugänge an den Altar des Herzens heran und verehrt die

II. Text und Übersetzung

quadrua uis animat, trinis ingressibus aram
cordis adit castisque colit sacraria uotis,
845 seu pueros sol primus agat, seu feruor ephebos
incendat nimius, seu consummabilis aeui
perficiat lux plena uiros, siue algida Borrae
aetas decrepitam uocet ad pia sacra senectam;
occurrit trinum quadrina ad compita nomen,
850 quod bene discipulis disponit rex duodenis.
quin etiam totidem gemmarum insignia textis
parietibus distincta micant animasque colorum
uiuentes liquido lux euomit alta profundo:
ingens chrysolitus natiuo interlitus auro
855 hinc sibi sapphirum sociauerat, inde beryllum,
distantesque nitor medius uariabat honores;
hic chalcedon hebes perfunditur ex hyacinthi
lumine uicino; nam forte cyanea propter
stagna lapis cohibens ostro fulgebat aquoso.
860 sardonicem pingunt amethystina, pingit iaspis
sardium iuxta adpositum pulcherque topazon.
has inter species smaragdina gramine uerno
prata uirent uoluitque uagos lux herbida fluctus.
te quoque conspicuum structura interserit, ardens
865 chrysoprase, et sidus saxis stellantibus addit.
stridebat grauidis funalis machina uinclis
inmensas rapiens alta ad fastigia gemmas.
at domus interior septem subnixa columnis
crystalli algentis uitrea de rupe recisis

851–852 cf. *Apc* 21, 19–20   **858** cf. *Apc* 4, 6   **868** cf. *Prv* 9, 1

---

845 Iuv. 2, 133; Sen. *Herc. O.* 487   **851–865** Claud. 10, 85–91   **856** cf. Verg. *Aen.* 1, 591
865 Ov. *met.* 1, 723; 15, 385   **868–870** Verg. *Aen.* 1, 637–638   **868–869** Verg. *Aen.* 1, 428; Claud. 10, 89   **868** cf. Verg. *Aen.* 1, 37; 2, 486

---

843 animat] animae *CPK, SR p. c., Weitz.* anime *DM, E p. c. m²*   **845** sol primus] supremus *A* subpremus *E mg.*   **847** perficiat] perficiet *V*   siue] seu *N p. c. m²*   Borrae] boreae *C* (*mg.* borrae)   **848** aetas decrepitam uocet] acta est decrepitum uocem *P*   **849** nomen] numen *CDVEK, NS p. c. m², Weitz., Cellar.*   **852** colorum] colonum *D, K a. c.* polorum *P a. c.*   **853** profundo] profundum *P*   **856** uariabat] uariarat *E, VN p. c., Obb.*   **857** hic] hinc *CDMSR, Weitz.*   **862** gramine] gramina *E*   **863** uirent] uerent *A*   **864** structura] in structura *V*   **865** stellantibus] stillantibus *ACPER*   **868** at] ad *A, N a. c. m²*   columnis] columbis *P*   **869** algentis] albentis *P, E p. c. S p. c. m², Weitz.* algenti *Cellar.*

Heiligtümer mit frommen Gebeten. (845–850) Ob nun die erste Sonne die Knaben lenkt, ob nun Glut die Jünglinge allzu sehr entflammt, ob nun das volle Licht die Männer des vervollkommnungsfähigen Alters vollendet, ob nun die kalte Nordwind-Zeit das altersschwache Greisenalter zu frommen Gottesdiensten ruft; es begegnet ein dreifacher Name an vierfachen Zugängen, den der König den zwölf Jüngern trefflich zugeordnet hat. (851–853) Ja es funkeln sogar ebensoviele unterschiedliche Zeichen aus Edelsteinen an den zusammengefügten Mauern, und deren inneres Licht bringt aus der klaren Tiefe die lebendigen Seelen der Farben hervor: (854–856) Ein gewaltiger Chrysolit, von Natur aus mit Gold durchzogen, hatte sich auf einer Seite mit einem Saphir verbunden, auf der anderen Seite mit einem Beryll, und der Glanz in der Mitte veränderte die verschiedenen Zierden. (857–859) Hier wird ein matter Chalcedon gefärbt vom benachbarten Licht eines Hyazinthen; denn zufällig erglänzte der Stein wegen der meerblauen Edelsteinwasser, die er in kristallklarem Purpur umfasst. (860–861) Einen Sardonix färben Amethyste, ein Jaspis und ein schöner Topaz färben einen Sardius, der daneben angeordnet ist. (862–863) Zwischen diesen Anblicken schimmern smaragdene Wiesen wie von frühlingsgrünem Gras und grasgrünes Licht sprudelt unstete Fluten hervor. (864–865) Auch dich, glühender Chrysopras, hat der Bau sichtbar dazwischen eingefügt, und als ein Gestirn den sternenhaften Edelsteinen hinzugefügt. (866–867) Ein Kran knarrte mit schweren Fesseln und schaffte die unermesslichen Edelsteine schnell zum hohen Giebel hinauf.

(868–872) Aber das Innere des Hauses wird so errichtet, dass es sich auf sieben Säulen aus eisklarem Kristall stützt, die aus einem gläsernen Felsen

870 construitur, quarum tegit edita calculus albens
in conum caesus capita et sinuamine subter
subductus conchae in speciem, quod mille talentis
margaritum ingens opibusque et censibus hastae
addictis animosa Fides mercata pararat.
875 hoc residet solio pollens Sapientia et omne
consilium regni celsa disponit ab aula
tutandique hominis leges sub corde retractat.
in manibus dominae sceptrum non arte politum
sed ligno uiuum uiridi est, quod stirpe reciso,
880 quamuis nullus alat terreni caespitis umor,
fronde tamen uiret incolumi, tum sanguine tinctis
intertexta rosis candentia lilia miscet
nescia marcenti florem submittere collo.
huius forma fuit sceptri gestamen Aaron
885 floriferum, sicco quod germina cortice trudens
explicuit tenerum spe pubescente decorem
inque nouos subito tumuit uirga arida fetus.
Reddimus aeternas, indulgentissime doctor,
grates, Christe, tibi meritosque sacramus honores
890 ore pio – nam cor uitiorum stercore sordet –
tu nos corporei latebrosa pericula operti
luctantisque animae uoluisti agnoscere casus.
nouimus ancipites nebuloso in pectore sensus
sudare alternis conflictibus et uariato
895 pugnarum euentu nunc indole crescere dextra,

872–874 cf. *Mt* 13, 44–46   873 cf. *Mt* 13, 46   885 cf. *Nm* 17, 8; *Hbr* 9, 4

875–877 Verg. *Aen.* 1, 505–508   876 Verg. *Aen.* 9, 227   878–883 Verg. *Aen.* 12, 206–211   879 cf. Verg. *Aen.* 12, 208   884 cf. Verg. *Aen.* 3, 286   885–887 Verg. *georg.* 2, 335; 2, 74–77   889 Verg. *Aen.* 3, 118; 8,189

---

870 quarum] quadrum *E, Heins., Cham., Cellar.; v. comm.*   871 conum] quonum *V, E a. c.*   caesus] cedunt *P, C mg.*   872 subductus conchae] ductos concarum *P* ductus concarum *Weitz.*   873 censibus] uiribus *DVNPMSKR, CE (mg. censibus)*, *Weitz.*   hastae] haustae *C (mg. astae), D, PS p. c.* hausta *E p. c. m²* arte *MR, Ald.* arcae *Gis.*   874 pararat] parabat *MS, Weitz.*   877 retractat] retractans *P*   878 dominae] domine *A a. c.*   879 ligno] lignum *E p. c. m²* ligni *P (et fort. E) a. c.*   reciso] recisum *CDPR, NK p. c., E p. c. m², Weitz., Cellar., Arev., Obb., Lav.* recisos *A a. c.* reciso* (um s. o) *M*   882 intertexta] intertecta *Weitz.*   885 floriferum] florigerum *VK, E a. c. m², Weitz.*   germina] germen *VK, E a. c. m², Obb.*   886 decorem] decorum *Dress.*   894 sudare] suda*re *B p. r.*   et] ac *BW*   895 dextra] *CDVPSR, BN (p. c. ut Bergm., Lav., Cunn. perperam legunt; v. comm. ad loc.)* dextram (m *in ras.*) *K*

geschnitten worden waren und deren herausgehobene Kapitelle eine weiße Perle bedeckt, die in Kegelform geschnitten ist und darunter mit einer Wölbung nach unten in die Gestalt einer Muschel gezogen ist. (872–874) Diese gewaltige Perle hatte die beherzte *Fides* für tausend Talente und nach der Versteigerung ihrer Reichtümer und ihres Vermögens käuflich erworben.
(875–877) Auf diesem Thron sitzt die mächtige *Sapientia* (Weisheit), ordnet den ganzen Plan für das Reich vom erhabenen Hof aus und bedenkt in ihrem Herzen immer wieder die Gesetze zum Schutz des Menschen. (878–883) In den Händen der Herrin befindet sich ein Zepter, nicht von Menschenhand angefertigt, sondern lebendig aus grünem Holz, das zwar, weil es vom Stamm abgeschnitten ist, nicht durch die Feuchtigkeit eines irdischen Wurzelballens genährt wird, aber dennoch von unversehrtem Laub grünt; dazu mischt es hineingeflochtene weiße Lilien, die keine Blüte von einem kraftlosen Stengel verlieren könnten, mit blutroten Rosen. (884–887) Sein Vorbild war die blütentragende Zier Aarons, die aus trockener Rinde sprosste, zarten Schmuck mit reifender Hoffnung ausbreitete und als trockener Zweig plötzlich in neue Triebe ausbrach.

(888–892) Wir statten Dir, gütigster Lehrer, ewigen Dank ab, Christus, und erweisen Dir die gebührenden Ehren mit frommem Mund – denn unser Herz strotzt vom Unflat der Sünden. Du wolltest, dass wir die verborgenen Gefahren der Untiefen des Fleisches und die Wechselfälle der kämpfenden Seele erkennen.
(893–898) Wir wissen, dass die schwankenden Gefühle im düsteren Herzen sich in wechselhaften Kämpfen abmühen und aufgrund des verschiedenen Ausgangs der Gefechte bald aufgrund ihres heilbringendes Wesen erstarken,

nunc inclinatis uirtutibus ad iuga uitae
deteriora trahi seseque addicere noxis
turpibus et propriae iacturam ferre salutis.
o quotiens animam uitiorum peste repulsa
900 sensimus incaluisse deo, quotiens tepefactum
caeleste ingenium post gaudia candida taetro
cessisse stomacho! feruent bella horrida, feruent
ossibus inclusa, fremit et discordibus armis
non simplex natura hominis; nam viscera limo
905 effigiata premunt animum, contra ille sereno
editus adflatu nigrantis carcere cordis
aestuat et sordes arta inter uincla recusat.
spiritibus pugnant uariis lux atque tenebrae
distantesque animat duplex substantia uires,
910 donec praesidio Christus deus adsit et omnes
uirtutum gemmas conponat sede piata
atque, ubi peccatum regnauerat, aurea templi
atria constituens texat spectamine morum
ornamenta animae, quibus oblectata decoro
915 aeternum solio diues Sapientia regnet.

904–905 cf. *Gn* 2, 7   **908** cf. *Gal* 5, 17

---

900 Ov. *met.* 2, 641   **902** Verg. *Aen.* 6, 68–69; 7,41–42; Stat. *Theb.* 4, 601; 6, 457   **903** Verg. *georg.* 2, 459; Stat. *Theb.* 11, 100   **906–907** Verg. *Aen.* 10, 870–871

---

896 uirtutibus] ceruicibus *VNMR, CD mg.*   **899** repulsa] reuulsa *aliqui recc., Weitz.*   **900** sensimus] sensibus *D, C p.c.*   incaluisse] inclausisse *E*   **902** feruent bella horrida, feruent] feruent (n *ex a corr.*) bella horrida ferueant (a *in ras.*) *B*   **905** animum] animam *Bergm. cum A, Heins., Cellar.*   ille] illa *P, E a. c.*   **906** adflatu] afflatum *P*   carcere] corpore *M a. c.*   **909** substantia] abstantia *W, B a. c. m²*   **910** adsit et] asstat et *P* adstat et *C mg.* adsistet *M a. r.*   **911** piata] beata *C, D* (piata *s.*)

bald – wenn die Tugenden sich zurückgezogen haben – unter das allzu widrige Joch des Lebens gezerrt werden und sich schändlichen Verbrechen hingeben und den Verlust des eigenen Heils verursachen.
(899–902) Oh, wie oft haben wir gespürt, dass die Seele, nachdem der Pesthauch der Sünden vertrieben worden war, für Gott entbrannte, wie oft, dass die erglühte himmlische Natur nach reinen Freuden hässlichem Unwillen gewichen ist! (902–907) Es wüten schreckliche Schlachten, sie wüten in den Knochen eingeschlossen, und mit zwieträchtigen Waffen lärmt die zwiefache Natur des Menschen; denn das aus Lehm geformte Fleisch bedrängt die Seele, jene dagegen, durch reinen Hauch hervorgebracht, lodert im Kerker des dunklen Herzens und wehrt – in engen Fesseln – den Schmutz ab.

(908–915) Auf unterschiedliche Weise kämpfen Licht und Dunkel, und das zweifache Wesen beseelt die unterschiedlichen Kräfte, bis endlich zum Schutz Christus, der Gott, da ist und alle Edelsteine der Tugenden am gereinigten Thron zusammenfügt und, wo die Sünde geherrscht hatte, die goldenen Hallen des Tempels errichtet und so aus dem Anblick der Sitten Zierden für die Seele fertigt, damit – durch diese ergötzt – auf ewig glänzendem Thron die reiche Weisheit herrschen möge.

Teil III.

Kommentar

Praefatio

Den hexametrischen Gedichten des Prudentius, der *Apotheosis*, der *Hamartigenia*, der *Psychomachia* sowie den beiden Büchern *contra Symmachum*, stehen jeweils selbständige allegorische *praefationes* voran, die sich metrisch vom Hauptteil des Gedichts abheben. Diese fünf *praefationes* stehen thematisch, formal und metrisch untereinander ebenso in Beziehung, wie die epischen Werke selbst, die Ludwig als ein Großgedicht und als zusammengehörigen „allegorischen Lehrgang" versteht (vgl. Ludwig 1977: 313). Als Literaturform dürfen die allegorischen *praefationes* als Neuschöpfung des Prudentius gelten, mit der sich allenfalls die allegorische *praefatio* Claudians vergleichen lässt (vgl. Gnilka 2000 b: 102, Herzog 1966: 119 u. Felgentreu 1999). Diese bereiten den Leser auf das folgende Gedicht vor, „jedoch nicht durch ein bloßes Résumée des Inhalts, sondern in der Weise einer abstrahierenden Skizze, die das geistige Profil des Themas herausarbeitet" und die Themen zugleich „in einen weiteren geschichtlichen und spirituellen Zusammenhang" (Gnilka 2000 b: 102) einbettet. Durch die Auswahl biblischer Vorbilder charakterisiert Prudentius so die „großen Themen" seiner Dichtung, nämlich Kampf gegen die Häresien und die Sünde sowie gegen das Heidentum, als bereits in der Heiligen Schrift vorweggenommen (vgl. Gnilka 2000 b: 102 sowie Beatrice 1971).

Prudentius bezieht seine *praefationes* direkt auf das jeweils folgende Gedicht, indem er dessen Thema allegorisch umschreibt und „in einem abgesonderten Paradigma" (Herzog 1966: 122) verankert. Dabei bedient er sich der Tradition der Exegese, die er weiter ausbaut und so adaptiert, dass sich die zugrundeliegende biblische Geschichte verselbständigt, um die Kernaussagen des jeweiligen Gedichts zusammenzufassen (vgl. Herzog 1966: 121–122 u. 126–127).

Die *praefatio* zur *Psychomachia* ist das vollendetste Beispiel dieser Technik (vgl. Herzog 1966: 126). So ist die Darstellung Abrahams und seines Kampfes sowohl Zusammenfassung als auch Ausgangspunkt der Seelenkampfkonzeption des Prudentius (vgl. Charlet 2003: 232–233 u. Gnilka 1963: 25).

Hanna verweist darauf, dass die *praefatio*, obgleich sie der am wenigsten originelle Teil der *Psychomachia* sei, da sie ja im wesentlichen auf Versatzstücken aus der *Genesis* aufbaut, doch zugleich der künstlerisch bedeutendste Teil. Denn Prudentius entwirft hier bereits die Grundlagen des Seelenkampfes, die er im Hauptteil des Werkes detailliert ausführt. Zugleich verknüpft er die alttestamentarischen Hauptelemente der *praefatio* mit Anspielungen auf neutestamentarische Passagen aus den Briefen des Paulus, welche dieselben Elemente der Abrahamsgeschichte aufgreifen und ausdeuten und so bereits Abraham als Vorbild des Glaubens thematisieren (vgl. Hanna 1977: 108–110 u. Mastrangelo 2008: 49–50).

Als Metrum gebraucht Prudentius hier den iambischen Trimeter, den er sichtlich beherrscht; vgl. dazu Krenkel 1884, Lease 1895: 60 § 143 u. Luque Moreno 1978: 39–55.

Die *praefatio* gliedert sich in drei Teile: eine Einführung in Form einer Charakteristik Abrahams, in der die „Lehre" aus der folgenden Erzählung vorweggenommen wird (*pr.* 1–14), einen narrativen Teil, der drei Elemente der Abrahamsgeschichte aus der *Genesis* miteinander verbindet und deren Deutung gelegentlich durchscheinen lässt (*pr.* 15–49): die Befreiung Loths, die Begegnung mit Melchisedech und der Besuch der drei Engel bei Abraham und Sara mit der darauffolgenden späten Mutterschaft Saras, und einen Schlussteil, in dem die Erzählung des Mittelteils kommentiert wird und zugleich einige Themen der Einleitung wieder aufgenommen werden. Die Erzählung im Mittelteil wird also von zwei etwa gleich langen Abschnitten eingerahmt (*pr.* 50–68), die deren Auslegung dienen (vgl. Herzog 1966: 126, Smith 1976: 206 u. Gnilka 2000 b: 102–103). Diese Klammertechnik setzt Prudentius in der gesamten *Psychomachia* als „wichtigstes verbindendes Kompositionsprinzip" ein (Kirsch 1989: 245).

Prudentius verwendet für jeden der drei Teile eine andere literarische Technik: Während in der Einführung Abraham in einer einzigen Periode im Perfekt mit eingeschobenen Appositionen und einer Partizipialkonstruktion vorgestellt wird, von der eine indirekte Rede über mehrere Verse abhängt, wird die Erzählung im dramatischen Präsens dargeboten, und die drei Ereignisse aus der Abrahamsgeschichte werden stark gerafft und aufeinander bezogen; der Schlussteil wiederum nimmt zunächst im Perfekt Bezug auf die Erzählung, um gleich darauf bei der Ausdeutung und der „Moral" der Geschichte für den Leser zum Präsens und schließlich bei den abschließenden Aussagen über das Verhältnis Gottes zur Seele in ein quasi-prophetisches Futur zu wechseln (vgl. Smith 1976: 207).

Durch die allegorische Deutung des Krieges, den Abraham laut *Gn* 14 geführt hat, stellt Prudentius bereits in der *praefatio* den Seelenkampf auf eine biblische Grundlage, wie er auch in die Kampfdarstellungen immer wieder biblische Gestalten einbindet, um die Kämpfe mit der Heiligen Schrift zu begründen (vgl. Gnilka 2001 f: 176; zur Präfiguration Christi durch Abraham vgl. Smith 1976: 208–211, Mastrangelo 1997: 35–36, 39–40 u. 206–207, Mastrangelo 2008: 63–64 sowie Charlet 2003: 232).

Am Beispiel Abrahams behandelt Prudentius in der *praefatio* Themen, die für die Allegorie der *Psychomachia* grundlegend sind, nämlich zum einen den Kampf gegen die Gottlosigkeit, zum anderen die angemessene Verehrung Gottes; doch die Deutung – über die „Lehre" in *pr.* 6–14 hinaus – erschließt sich nicht ohne weiteres (vgl. Smith 1976: 208).

So macht etwa Malamud darauf aufmerksam, dass die Allegorie der *praefatio* den Leser zunächst auf eine falsche Fährte locke, indem sie suggeriere, dass es sich bei der *Psychomachia* ebenso wie bei der *praefatio* um eine typologische Allegorie handle, so als ob eine Figur als etwas oder jemand anderes zu verstehen sei, während im Hauptteil doch Abstrakta personifiziert würden und in einer Szenerie kämpften, die weder historisch noch biblisch sei. Malamud deutet diese Inkongruenz als einen versteckten Hinweis darauf, dass man sehr sorgfältig lesen müsse und dass die *praefatio* möglicherweise anders verstanden werden müsse, als es auf den ersten Blick erscheint (vgl. Malamud 1990: 66).

Charlet schlägt auf der Grundlage seiner detaillierten Untersuchung der Bezüge der *praefatio* zu ihren biblischen Quellen vor, die *praefatio* als ein mystisches Gedicht zu verstehen, das in der Figur des Abraham und in dessen Taten den Kampf des christlichen Asketen als eines neuen Märtyrers besingt (vgl. Charlet 2003: 232 u. 248).

Die Elemente der *praefatio* lassen sich folgendermaßen deuten: Sara steht für die Seele, Loth für den gefangenen und zu befreienden Leib, Abraham für den Geist, der den Leib befreit. Der Empfang Abrahams durch Melchisedech steht ebenso wie der Empfang der Engel durch Abraham und Sara für den Empfang Gottes durch den Christen in der Eucharistie (vgl. Gnilka 1963: 25–26 u. Engelmann 1959: 12).

Die *praefatio* erfüllt eine ähnliche Funktion wie die *inuocatio*, so dass der Anfang der Klammer aus *praefatio*, *inuocatio* und *gratiarum actio*, welche die Kampfschilderungen umschließt, verstärkt ist (vgl. Kirsch 1989: 245).

Mastrangelo verweist auf die in der *praefatio* vorkommenden Anklänge an neuplatonische Sprache und Konzepte (vgl. Mastrangelo 1997: 144–149) sowie auf östliche Vorbilder von Prudentius' allegorischer Technik (vgl. Mastrangelo 1997: 201), Bardzell diskutiert stoische Einflüsse (vgl. Bardzell 2004: 69–73).

***pr.* 1–14:** Vorstellung und Charakteristik Abrahams in einer einzigen Periode, die sich über 14 Verse erstreckt und die Deutung der *praefatio* bereits vorwegnimmt (*pr.* 9–14, vgl. Herzog 1966: 126). Abraham wird dem Leser als Vorbild des Glaubens präsentiert, an dessen Leben und Taten er die Bedeutung des Glaubens erkennen kann und dessen Beispiel er in bezug auf Glauben, Gottvertrauen und Kampf gegen die Gottlosigkeit folgen soll.

Die Periode weist durch Appositionen, Relativsätze und satzwertige Konstruktionen eine hohe Informationsdichte auf. Unter die Hauptaussagen ... *Abram* ... *pugnare nosmet cum profanis gentibus suasit suumque suasor exemplum dedit* ... sind alle übrigen Informationen untergeordnet. So zerfällt die Periode in zwei Teile: einerseits den Rat Abrahams, gegen die Heiden zu kämpfen, in den eine dichte Charakteristik und ein geraffter Überblick über seine Taten eingeflochten ist, die dem Christen aus der *Genesis* vertraut sind und deshalb nur stichwortartig in Erinnerung gerufen werden müssen (*pr.* 1–10), andererseits das konkrete Beispiel Abrahams mit eingestreuten Deutungshinweisen (*pr.* 10–14).

pr. **1 senex fidelis:** ‚der gläubige Alte'; *senex* bezeichnet nicht nur das hohe Alter, das Abraham bei der Geburt seines Sohnes bereits erreicht hatte, sondern ist hier vor allem auch als eine Art Ehrentitel zu verstehen. *fidelis* ist jemand, der entweder aktiv ‚vertrauensvoll' oder aber passiv ‚vertrauenswürdig' bzw. ‚verlässlich' ist. Im christlichen Gebrauch ist *fidelis* häufig übertragen eine Bezeichnung für jemanden, der die *fides christiana* verkörpert, der also an Gott glaubt bzw. auf Gott vertraut (vgl. Bergman 1897: XXXVII u. ThLL VI,1: 658 s. v. fidēlis I.B.1). Bei Prudentius ist diese Bedeutung die Regel (vgl. die Belegstellen in Deferrari–Campbell 1932: 244).

Gleich zu Beginn der *praefatio* wird die Bedeutung des Glaubens, der *fides*, die zentral für die gesamte *Psychomachia* ist, deutlich hervorgehoben. Im Zusammenspiel mit *prima credendi uia* (*pr.* 1), *deo ... credito* (*pr.* 8) und *pectorum fidelium* (*pr.* 52) wird die Bedeutung des Glaubens von einem Attribut Abrahams zur Triebfeder seines Handelns bis hin zur notwendigen Eigenschaft jedes einzelnen im Kampf gegen die Laster ausgeweitet (vgl. Mastrangelo 1997: 36–37).

prima credendi uia: ‚das erste Vorbild des Glaubens', Apposition zu *Abram*; nimmt die Bedeutung von *fidelis* (*pr.* 1) wieder auf. *uia* bedeutet hier ‚Zugang / Weg zu' bzw. ‚Mittel' oder ‚Vorbild' bzw. ‚Beispiel', insofern Abraham ja als erster auf dem Weg des Glaubens geht und allen anderen damit diesen Weg zeigt (vgl. Bergman 1897: XXXVII, Burnam 1910: 84 u. Lavarenne 1933: 207). Für den christlichen Leser klingt hier das Wort Jesu „ego sum *uia* et ueritas et uita" (*Io* 14, 6) an (vgl. Bergman 1897: XXXVII u. Lavarenne 1933: 207). Indem Prudentius Abraham als *uia* bezeichnet, deutet er ihn also als Präfiguration Christi.

pr. **2–4 Abram ... Abraham:** Prudentius betont die Bedeutungserweiterung des Namens durch die Hinzufügung einer Silbe (vgl. *Gn* 17, 4–8). Aus *Abram* ‚erhabener Vater' wird *Abraham* ‚Vater vieler Völker' (vgl. Castelli–Prosperi 2000: 100). Prudentius führt die Bedeutung dieser Namensänderung aus, indem er Abraham als *beati seminis serus pater* charakterisiert und die Empfängnis Saras und die *coniugalis proles* zu einem der Kernthemen der *praefatio* macht (vgl. Malamud 1990: 66–67 u. Charlet 2003: 234). Denn erst durch seinen ehelichen Sohn Isaak, nicht durch Ismael, den er mit einer Sklavin gezeugt hat, wird Abraham zum ‚Vater vieler Völker' (vgl. *Gn* 17, 21).

pr. **2 beati seminis serus pater:** ‚erst spät Vater eines gesegneten Stammes'. Das Adjektiv *serus* hat hier adverbielle Funktion. *serus pater* heißt demnach ‚erst spät Vater geworden' (vgl. Bergman 1897: XXXVII) und spielt auf Abrahams hohes Alter bei der Geburt seines Sohnes Isaak an (vgl. *Gn* 21, 5). Vgl. dazu parallel *sera ... puerpera* (*pr.* 67).

Durch Isaak wird Abraham zum Stammvater eines *beatum semen* (vgl. auch Lavarenne 1933 S. 207 u. Burton 2004 S. 1). *beatus* verweist auf *Gn* 22, 18 u. 15, 5–6 und heißt hier sowohl ‚groß / zahlreich' als auch ‚gesegnet' bzw. ‚heilig' (vgl. Bergman 1897: XXXVII).

pr. **4 Abram parenti dictus, Abraham deo:** ‚Abram vom Vater genannt, Abraham von Gott', erklärt *pr.* 3 mit Bezug auf *Gn* 14, 5.

pr. **5 senile pignus qui dicauit uictimae:** ‚der das Greisenpfand zum Opfer weihte'. *senile pignus* steht für Isaak, den Sohn, den Abraham erst im Greisenalter bekam. Man ist geneigt, *pignus* hier einfach als ‚Kind' zu verstehen, wie der Plural *pignora* in klassischer Dichtung bisweilen gebraucht wird (vgl. Lavarenne 1933: 207). Doch *pignus* heißt zunächst ‚Pfand', ‚Garantie' oder ‚Zeichen', Bedeutungen, welche die Rolle Isaaks genau charakterisieren, insofern Gott einen Bund mit Abraham schließt und ihm zugleich einen Sohn und zahlreiche Nachkommenschaft verspricht. Isaak ist also das Zeichen Gottes bzw. das Pfand, das er Abraham zur Bekräftigung des Bundes gibt (vgl. *Gn* 17).

pr. **6–8 docens, ... :** Die syntaktische Struktur der von *docens* abhängigen indirekten Rede ist kompliziert und leicht misszuverstehen, auch wenn man den Inhalt intuitiv recht leicht erfasst. Der Kern der indirekten Rede ist der *AcI* mit der unpersönlichen Gerundivkonstruktion *libenter offerendum* [sc. esse] (*pr. 8*), von dem der Relativsatz *quod dulce cordi, quod pium, quod unicum* [sc. *sit*] (*pr.* 7) (mit kausalem Nebensinn und deshalb wohl vorangestellt) abhängt; der durch iteratives *cum* eingeleitete Nebensatz (*pr.* 6) kennzeichnet die Allgemeingültigkeit der Lehre. Der Konjunktiv bei iterativem *cum* ist im Spätlatein üblich (vgl. LHS 2: 624 § 334).

pr. **6 ad aram cum litare quis uelit:** = *cum quis ad aram litare uelit. cum* steht hier enklitisch (vgl. LHS 2: 399 § 212.a.β). Das Indefinitpronomen *quis* wird im Spätlatein häufig recht frei gleichbedeutend mit *aliquis* gebraucht (vgl. LHS 2: 194 § 107). Möglicherweise schwebt Prudentius hier aber auch ein hypothetischer Charakter des *cum*-Satzes vor, der den Gebrauch von *quis* statt *aliquis* begründet (vgl. LHS 2: 194 § 107).

pr. **7 quod ... quod ... quod ...**: Die Triplikation des *quod* verstärkt noch die Emphase, die der Klimax *dulce cordi ... pium ... unicum ...* ohnehin anhaftet (vgl. LHS 2: 810–811 § 46). *dulce cordi* ‚dem Herzen lieb und teuer' charakterisiert die Bedeutung Isaaks für seinen Vater Abraham, während *pium* ‚lieb' das ‚fromme', d. h. ‚pflichtbewusste', Verhältnis des Sohnes gegenüber seinem Vater bezeichnet (vgl. ThLL X,1: 2232 s. v. pius I.A.b.α). Prudentius stellt hier die Gegenseitigkeit der Liebe zwischen Vater und Sohn dar (vgl. Bergman 1897: XXXVII), wodurch der Wert des Opfers umso höher erscheint. Diese Funktion erfüllt auch *unicum* i. S. v. ‚einziger Sohn', das zugleich auf *Gn* 22, 2 u. 22, 16 anspielt und ebenso auf Christus als Gottes einzigen Sohn hindeutet.

pr. **8 deo ... credito:** umklammert den Vers durch betonte Stellung an Versanfang und -ende. *deo* ist als Dativ-Objekt auf *offerendum* zu beziehen; *credito* ist *participium coniunctum* zu *deo*, so dass sich für *pr.* 6–8 ergibt: ‚dass man das, was ... ist, G o t t gerne darbieten müsse, w e i l m a n a n i h n g l a u b t' (vgl. Bergman 1897: XXXVII).

Inhaltlich nimmt *deo credito* Abrahams Attribut *prima credendi uia* (*pr.* 1) wieder auf (vgl. Burton 2004: 2).

pr. **9 pugnare nosmet:** ‚dass wir kämpfen'; *acc. c. inf.* abhängig von *suasit* (*pr.* 10) (vgl. Lavarenne 1933: 95 § 196). Gleichzeitiger Bezug von *pugnare* auf *exemplum dedit* (*pr.* 10) (vgl. dazu Burton 2004: 2) ist unwahrscheinlich. *nosmet* ist emphatisches *nos* (vgl. LHS 2: 174 § 102.a Zus. sowie Lavarenne 1933: 83 § 155 z. St.) in der Bedeutung ‚a u c h wir' (vgl. Bergman 1897: XXXVII), nämlich genauso wie Abraham.

profanis gentibus: ‚mit heidnischen Völkern'. Die *profanae gentes* stehen für die *uitia*, wie schon die mittelalterlichen Glossen erklären (vgl. Arévalo 1862: 13, Burnam 1910: 84 u. Lavarenne 2002: 48).

pr. **10 exemplum dedit:** ‚er gab das Beispiel' nimmt *uia* (*pr.* 1) wieder auf. Das Beispiel wird sowohl durch die vorhergehende Erwähnung der Bereitschaft zur Opferung Isaaks (*pr.* 5) als auch durch die folgende Anspielung auf die Schwangerschaft Saras nach dem Sieg Abrahams über die Könige (*pr.* 11–14) erläutert.

So wie Abraham die Könige besiegt hat, soll jeder einzelne die *uitia* besiegen (vgl. Arévalo 1862: 13).

pr. **11–13 nec ante ..., quam ... :** *nec* ‚nicht' ohne kopulative Bedeutung, archaisch oder volkssprachlich für *non* (vgl. LHS 2: 448–449 § 241.B).

nec ante ... quam ‚nicht eher ... als' ist gleichbedeutend mit *nec ... antequam* ‚nicht ... bevor', wie häufig im Spätlatein (vgl. LHS 2: 601 § 323 Zus. α).

pr. **11 prolem coniugalem:** ‚eheliche Nachkommenschaft', d. h. rechtlich legitimiert (vgl. Lavarenne 1933: 208 u. Burton 2004: 2). Prudentius erinnert hier daran, dass Abraham schon in hohem Alter, da seine Frau Sara kinderlos blieb, mit deren Sklavin Hagar einen Sohn gezeugt hatte, nämlich Ismael (vgl. *Gn* 16). Doch einen ehelichen Sohn, d. h. einen Sohn mit Sara, bekommt Abraham erst viele Jahre später. Prudentius Darstellung weicht hier von der *Genesis* in einem entscheidenden Punkt ab: Denn dort zeugt Abraham sowohl Ismael als auch Isaak erst nach der Befreiung Loths und der Begegnung mit Melchisedech. Prudentius' Formulierung suggeriert jedoch, dass Abraham v o r h e r zwar uneheliche Nachkommenschaft haben konnte, *prolem coniugalem* jedoch erst n a c h dem Sieg über die *reges* = *uitia* (vgl. Burnam 1910: 84–85).

pr. 13 strage: *strages* ‚Vernichtung' bzw. ‚Zerstörung' nimmt hier die Kämpfe der *Psychomachia* vorweg und kann – deren oft grausamen Charakter entsprechend – wohl als ‚Blutbad' oder ‚Gemetzel' verstanden werden (vgl. die Glosse bei Arévalo 1862: 13).

multa: entweder Ablativ *multā* als Attribut zu *strage* (vgl. Burton 2004: 2) oder Akkusativ Plural neutrum *multă* zu *portenta* (*pr.* 14). Metrisch ist beides möglich, da die letzte Silbe von *multa* auf die erste Silbe des zweiten iambischen Metrums fällt. Die Wortstellung scheint aufgrund der Nähe für Bezug auf *strage* zu sprechen, doch ist inhaltlich der Bezug auf *portenta* ebenso plausibel. Auch dieser Bezug lässt sich durch die Wortstellung begründen, denn *multus* gehört zu einer Gruppe von Adjektiven, die aufgrund ihres qualifizierenden Charakters vor ihrem Bezugswort stehen (vgl. LHS 2: 406–407 Synt. § 215.A) und für eine affektische Steigerung durch weite Sperrungen besonders geeignet sind (vgl. LHS 2: 690–691 Stilist. § 2.I). Bezug von *multa* auf *portenta* lässt sich also durch Inhalt und Wortstellung gut begründen. Doch ist natürlich in Fragen der Wortstellung, gerade in der Dichtung mit ihren Verszwängen, größte Vorsicht geboten, da neben Prosodie und Rhythmus auch eine Inversion der Wortstellung zur besonderen Hervorhebung zum Abweichen von der usuellen Wortstellung führen kann (vgl. LHS 2: 406–407 Synt. § 215.A). Die Sperrung von *multa ... portenta*, hier durch den Einschub des Subjekts, spricht jedenfalls nicht gegen, sondern sogar eher noch für diesen Bezug.

Nicht unwahrscheinlich ist auch, dass Prudentius hier mit der Möglichkeit beider Bezüge spielt, also vielleicht nicht ‚mit g r o ß e m Gemetzel ... die Ungeheuer ... besiegt' *oder* ‚mit Gemetzel ... die v i e l e n Ungeheuer ... besiegt', sondern ‚mit g r o ß e m Gemetzel ... die v i e l e n Ungeheuer ... besiegt'.

bellicosus spiritus: ‚der kriegerische Geist'; gemeint ist der Geist des Menschen, der gegen die Laster kämpft (vgl. Arévalo 1862: 13 u. Burnam 1905: 58).

pr. **14 portenta cordis seruientis:** ‚die Ungeheuer des versklavten Herzens'. Die *portenta* ‚Ungeheuer / Scheusale' stehen hier – ebenso wie *psych.* 20 – synonym für die *uitia* (vgl. Arévalo 1862: 13), die zugleich Ursache der Knechtschaft der Herzens sind (vgl. Lavarenne 1933: 208, der auch den Teufel als gedachtes Objekt zu *seruientis* annimmt; zur Vorstellung der *uitia* als Dämonen oder Emanationen des Teufels vgl. auch Haworth 1980: 74–87 u. Castelli–Prosperi 2000: 100).

cor ‚Herz' und *spiritus* ‚Geist' (*pr.* 13) stehen für zwei Teile der Seele: *cor* wird bis zur Rettung durch *spiritus* von den *uitia* versklavt (vgl. Burton 2004: 2).

pr. **15–49:** Paraphrase dreier Berichte über Abraham aus *Gn* 14, 12–19; 18, 1–15 und 21, 2. (Zu weiteren biblischen Bezügen vgl. Charlet 2003: 235–236.)

Prudentius lässt die Berichte, die in der *Genesis* durch andere Erzählungen unterbrochen sind, rasch aufeinander folgen und setzt sie zueinander in Beziehung (vgl. Smith 1976: 207). Er wählt gezielt aus und komponiert diese Berichte nach einem eigenen Plan neu zu einem Ganzen. Auf ausgelassene Partien der *Genesis* spielt er bisweilen an. Er geht also davon aus, dass seinen Lesern die gesamte Abrahamgeschichte aus der *Genesis* geläufig ist.

Gelegentlich lässt er Ansätze zur Deutung einzelner Elemente der Berichte anklingen (vgl. Herzog 1966: 126).

pr. **15 uictum:** ‚besiegt' bezieht sich auf *Loth* (*pr.* 16). Prudentius nutzt die Wortstellung im Vers hier geschickt, indem er am Anfang von *pr.* 15 mit *uictum* Spannung aufbaut, zunächst jedoch nur die Urheber des Gefangennehmens nennt, dann aber am Anfang von *pr.* 16 – an betonter Stelle – das *uictum* wieder aufnimmt, indem er den Gefangenen als *Loth* identifiziert, um diesen dann durch das Partizip *inmorantem* (*pr.* 16), den Relativsatz *quas fouebat aduena* (*pr.* 16) und das Partizip *pollens* – zwar direkt bezogen auf *aduena*, damit aber zugleich indirekt auf *Loth* – ausführlicher vorzustellen.

feroces ... reges: ‚wilde Könige' stehen für die *uitia*. Das Attribut *ferox* ist eine Hinzufügung des Prudentius, während in der *Genesis* die Könige nicht weiter charakterisiert werden (vgl. Charlet 2003: 236). Siehe auch *reges superbos* (*pr.* 27).

pr. **16 Loth inmorantem:** ‚den in ... wohnenden Loth'. Loth ist hier Akkusativ und wird wie viele hebräische Namen im Lateinischen nicht dekliniert (vgl. Burton 2004: 3). *immorare* ‚wohnen' bzw. ‚sich aufhalten' (vgl. Arévalo 1862: 14 u. Bergman 1897: XXXVIII) bezieht sich auf *Gn* 14,12. (Vgl. auch *pr.* 17 *fouebat*.)

Zu *criminosis urbibus* vgl. *Gn* 13, 13 u. besonders *Gn* 19, 4–9; vgl. auch Bergman 1897: XXXVIII.

pr. **17 quas fouebat aduena:** ‚die er als Fremder bewohnte'. *aduena* ist hier der ‚Fremde' als ‚Einwanderer' oder ‚Neuankömmling'. *fouere* kann als ‚bewohnen' verstanden werden (vgl. Arévalo 1862: 14, Bergman 1897 S. XXXVIII u. Lavarenne 1933: 209), und nimmt somit *inmorantem* (*pr.* 16) wieder auf (vgl. *Gn* 14, 12). Diese Deutung allein wirft jedoch die Frage auf, warum Prudentius den Aspekt des Wohnens innerhalb desselben Satzes redundant ausdrücken und damit betonen sollte. Den Gedanken der Fremdheit hätte er sicher auch mit der ersten Aussage über das Wohnen verknüpfen können. Stattdessen wählt er bei der zweiten Erwähnung des Wohnens sogar ein Verb, dass nur in übertragener Bedeutung – und auch nur sehr selten – ‚wohnen' heißt. Es ist also anzunehmen, dass Prudentius hier mit *fouere* noch etwas anderes ausdrücken will, wie bereits von Iso mit der Glosse „diligebat" (vgl. Arévalo 1862: 14) gesehen: So bedeutet hier *fouere* auch – oder vielleicht vor allem – ‚schätzen' oder auch ‚unterstützen', denn Loth hat ja die Städte der Jordanebene bei der Trennung von Abraham gezielt als neue Heimat ausgewählt (vgl. *Gn* 13, 10–12).

pr. **18 pollens honore patruelis gloriae:** ‚einflussreich aufgrund der Hochachtung vor dem Ruhm seines Onkels'. *pollens* ‚mächtig, einflussreich, bedeutend' charakterisiert die Stellung Loths in Sodom und Gomorrha; *pollere* und *pollens* gebraucht Prudentius häufiger (vgl. Deferrari–Campbell 1932: 546–547 u. Lavarenne 1933: 209). *honore patruelis gloriae* gibt den Grund für Loths Einfluss an, nämlich die Hochachtung vor dem Ruhm seines Onkels Abraham, der hier jedoch nur indirekt durch das Adjektiv *patruelis* genannt wird (vgl. die Glossen bei Arévalo 1862: 14 u. bei Burnam 1905: 58 sowie Bergman 1897: XXXVIII). Diese Charakterisierung lässt sich nicht durch die Erzählung von Abraham und Loth in der *Genesis* belegen und ist wohl eine eigene Ergänzung von Prudentius.

pr. **19 sinistris excitatus nuntiis:** ‚von unheilvollen Nachrichten aufgeschreckt' oder ‚von Unheilsboten aufgeschreckt'. Die alten Glossen und die Mehrzahl moderner Kommentatoren und Übersetzer deuten *nuntiis* als ‚Boten' (vgl. Arévalo 1862: 14, Bergman 1897: XXXVIII, Burton 2004: 3 u. Thomson 1949: 274–275), Lavarenne und Engelmann dagegen verstehen *nuntiis* als ‚Neuigkeiten' bzw. ‚Nachrichten' (vgl. Lavarenne 1933: 128–129, Lavarenne 2002: 48 u. Engelmann 1959: 30–31). Grund dafür könnte sein, dass in *Gn* 14, 13 die Rede davon ist, dass ein Flüchtling aus den überfallenen Städten Sodom und Gomorrha Abraham alles berichtet. Doch spricht auch dies nicht ernsthaft gegen eine Deutung von *nuntiis* als ‚Nachrichten'. Der Erklärungsansatz Burtons, dass man *nuntiis* eher als ‚Boten' verstehen sollte, weil Abraham die Neuigkeiten ja erst ab dem folgenden Vers höre, überzeugt nicht; vielmehr werden die Neuigkeiten, die durch *sinistris ... nuntiis* eingeführt werden, in *pr.* 20–21 konkretisiert. Man stelle sich vor: Abraham erfährt zunächst, dass Loth Schlimmes zugestoßen sei, dann erst erfährt er die Details.

Gegen die Deutung als ‚Boten' spricht auch die Verwendung von *sinistris* ‚widrig / unheilvoll' als Attribut, auch wenn man natürlich einen übertragenen Gebrauch (vgl. Burton 2004: 3) oder Enallage annehmen kann. Gleichwohl erscheint der Bezug von *sinistris* auf die Nachrichten als natürlicher und so dürfte wohl der römische Leser das doppeldeutige *nuntiis* denn auch als ‚Nachrichten' aufgefasst haben.

pr. **21 seruire ... barbarorum uinculis:** ‚unter den Fesseln der Barbaren als Sklave dienen'. *seruire* steht hier ohne Objekt in der Bedeutung ‚Sklave sein / als Sklave dienen' und *uinculis* ist Ablativ der äußeren Erscheinungsform bzw. der begleitenden Umstände (vg. LHS 2: 115–116 § 76.b), *abl. modi* (vgl. LHS 2: 116–117 § 77) oder vielleicht auch *abl. causae*, da ja die Fesseln nicht nur Begleitumstand, sondern zugleich auch Ursache des *seruire* sind (vgl. LHS 2: 132 § 82).

Die *barbari* präfigurieren die Laster der Kampfszenen (vgl. Gnilka 2001 c: 534 [Addendum zu 72]).

pr. **22 trecentos terque senos uernulas:** ‚dreihundert und dreimal je sechs Diener'; vgl. *pr.* 57. Die Auflösung von *duodeuiginti* mag metrische Gründe haben; jedenfalls ist die Umschreibung von Zahlausdrücken in der Dichtung, insbesondere bei Prudentius' Vorbild Vergil üblich (vgl. Lavarenne 1933: 99 § 212). Eine Andeutung einer tieferen theologischen Bedeutung, wie sie Burton hier aus der Angabe durch Vielfache von drei herausliest (vgl. Burton 2004: 3), ist aus der Formulierung allein wohl noch nicht zu schlussfolgern, zumal Prudentius die Zahlenangabe in *pr.* 57 variiert.

Prudentius referiert hier mit der Zahlenangabe den Bericht aus *Gn* 14, 14. Die Angabe der Zahl 318 dort hat schon früh zu Spekulationen über deren Bedeutung geführt. Auch Prudentius versteht die 318 Diener als *figura mystica* (*pr.* 58). Zu den Deutungsansätzen siehe unten den Kommentar zu *pr.* 56–58.

pr. **24 gaza dives ac triumphus nobilis:** ‚der kostbare Schatz und der vortreffliche Triumphzug'. *gaza ... ac ... triumphus = gaza triumphi* deutet Lavarenne als Hendiadyoin (Lavarenne 1933: 210). *gaza* ‚Schatz' ist persisch und wird besonders für Schätze orientalischer Fürsten gebraucht. *triumphus* ‚Triumphzug' hier zwar nicht mit einem typischen römischen Triumphzug zu vergleichen, aber als allgemeine Bezeichnung für einen Siegeszug doch wohl treffend für den Abtransport reicher Schätze und vieler Gefangener nach dem Sieg der Großkönige über die Stadtkönige von Sodom und Gomorrha und deren Plünderung (vgl. *Gn* 14, 8–11 sowie die Glosse bei Burnam 1910: 85).

pr. **27 reges superbos:** ‚hochmütige Könige' stehen für die *uitia*. Das Attribut *superbus* ist eine Hinzufügung des Prudentius, während in der *Genesis* die Könige nicht weiter charakterisiert werden (vgl. Charlet 2003: 236). Siehe auch *feroces reges* (*pr.* 16).

pr. **28 pellit fugatos, sauciatos proterit:** ‚er vertreibt die Fliehenden, die Verwundeten zertritt er'; *fugatos* und *sauciatos* trennen das Objekt *reges superbos* (*pr.* 27), oberflächlich betrachtet, in zwei Teilmengen, die jeweils von einem eigenen Prädikat regiert werden. Genaugenommen ist die zweite Handlung eine Folge der ersten: Solange die Könige fliehen, schlägt er sie; wenn sie durch seinen Angriff verwundet worden sind und nicht weiter fliehen können, zertritt er sie. Die beiden Prädikate mit ihrem jeweiligen Objekt sind chiastisch gestellt: Die Prädikate geben die wesentliche Information und stehen an Versanfang und -ende als den betonten Positionen, die Ergänzungen zum Objekt durch die Partizipien stehen unbetont dazwischen (vgl. Meyer 1932: 333 u. Lavarenne 1933: 210).

pr. **30–31:** Apposition zu *rapinam* (*pr.* 29) in asyndetischer Aufzählung (vgl. Lease 1895: 65 § 147.a.I, Lavarenne 1933: 105 § 231 u. Burton 2004: 4). Dabei ordnet Prudentius die einzelnen Begriffe kunstvoll an, indem er unbelebtes – *aurum, monilia, uasa, uestem* – und belebtes Beutegut – *puellas, paruulos, greges equarum, buculas* – in zwei parallel gebauten Reihen chiastisch verschränkt und die jeweiligen Binnenpaare der Chiasmen – in *pr.* 30 zwei Bezeichnungen für Lebewesen, in *pr.* 31 zwei Bezeichnungen für Sachen – durch Alliteration zueinander in Beziehung setzt: *p*uellas, *p*aruulos ...| ...*u*asa, *u*estem (vgl. Meyer 1932: 333). Anders als bei den Chiasmen in *pr.* 28 u. 29, stehen die betonten Glieder hier jeweils in der Mitte, denn die Betonung durch die Alliteration wirkt stärker als die Position im Vers.

pr. **30 monilia:** (eigentl.) ‚Halsketten' steht hier als Plural stellvertretend für sämtliche ‚Schmuckstücke' (vgl. Arévalo 1862: 14, Burnam 1910: 85 u. Lavarenne 1933: 210). Vgl. *monile* (v. 449).

pr. **31 greges equarum:** (wörtl.) ‚Stutenherden' lassen sich – nach *Gn* 14, 11 u. 14, 16 in der Fassung der Septuaginta oder Vetus latina – als die ‚Reiterei' der Sodomiter verstehen, die Abraham nach dem Sieg über die Könige zufällt, die Sodom und Gomorrha geplündert haben (vgl. Gnilka 2000 d: 162–165). Gnilka erwägt als Quelle für die Formulierung *greges equarum* auch die altlateinische Variante *omnem equitium* ‚Gestüt', die sich in der spanischen Bibel von Valvanera findet (vgl. Gnilka 2000 d: 165–166).

Die beiden ältesten Mss. weichen hier voneinander ab: während A die Lesart *oues* bietet und *equarum* auf *uasa* i. S. v. *ornamenta* bezieht (vgl. Thomson 1949: 276 u. Bergman 1912: 143–144), bietet B die Lesart *greges* (in der graph. Variante *graeges*), der alle weiteren Mss. folgen. Bergman folgt, veranlasst durch Schafsabbildungen in *Psychomachia*-Illustrationen, als einziger Herausgeber Ms. A (vgl. Bergman 1912: 143). Meyer hat jedoch dieses Argument überzeugend widerlegt und zugleich die Richtigkeit der Lesart *greges equarum* sprachlich, sachlich, stilistisch und metrisch nachgewiesen (vgl. Meyer 1932: 332–334, Lavarenne 1933: 210–211 u. zusammenfassend Gnilka 2000 d: 159–162).

pr. 33 attrita bacis colla: ‚den von den Ketten wundgeriebenen Hals'. *colla* ist poetischer Plural (vgl. LHS 2: 16–17 § 26 u. Lavarenne 1933: 97 § 205). *baca*, eigentl. ‚Beere' oder Bezeichnung für verschiedene kleine Früchte von Bäumen und Sträuchern (vgl. ThLL 2: 1657 s. v. bāca 1), steht hier übertragen aufgrund der ähnlichen Gestalt für ein ‚Kettenglied', so dass wir den Plural als ‚Kette' verstehen müssen (vgl. ThLL 2: 1657 s. v. bāca 2 z. St.; Bergman 1897: XXXIX, Lavarenne 1933: 211–212 u. Burton 2004: 4). In derselben Bedeutung gebraucht Prudentius das Wort in *perist.* 1, 46: *colla bacis duris*.

pr. 34 triumphi dissipator hostici: ‚der Vernichter des feindlichen Triumphes'. *dissipator* ‚Zerstreuer' bzw. ‚Vernichter' – spätlateinisch und äußerst selten – wird meist für Häretiker, Kirchengegner oder gar den Teufel gebraucht; in positiver Bedeutung ist es nur bei Prudentius – an eben dieser Stelle – einmal sowie in der *collectio Avellana* belegt (vgl. ThLL V,2: 1486 s. v. dissipātor, Souter: 109 s. v. dissipātor u. Lavarenne 1933: 100 § 213).

Abraham hat die Könige ihrer Beute und ihrer Gefangenen beraubt und somit ihren Triumphzug vereitelt. Bergman interpretiert daher *triumphi dissipator* als *dissipator praedae*, da ja Abraham die Beute verstreut habe, welche die Könige auf ihrem Triumphzug mitgeführt haben (vgl. Bergman 1897: XXXIX). Das ist aber doch wohl abwegig, da Abraham ja die Beute weder zerstreut noch vernichtet, sondern sie im Anschluss, nachdem er Melchisedech den Zehnten davon gegeben hat, dem König von Sodom zurückgibt (vgl. *Gn* 14, 16 u. 14, 20–23). Vielmehr hat Prudentius hier die militärische Bedeutung von *dissipare* im Sinn: ‚mit Gewalt zerstreuen / zersprengen', was zum Aufbringen und Zerschlagen des mit der feindlichen Beute schwer beladenen feindlichen Zuges passt, der bisher siegreich war und insofern durchaus als Triumphzug zu verstehen ist.

pr. 36–37 prosapiam | ... pessimorum possideret principum: viergliedrige Alliteration auf *p*-, die zudem durch die chiastische Stellung ihrer Glieder – innen das Wortpaar auf *poss-* / *pess-*, außen das Wortpaar auf *pr-* – kunstvoll gestaltet ist. Hier wird der Zweck und die Bedeutung der Befreiung Loths (= des Leibes) von den Königen (= den *uitia*) besonders hervorgehoben.

pr. 38–44: Vgl. *Gn* 14, 17–19 und *Hbr* 7, 1–3. Melchisedech präfiguriert Christus sowohl als Priesterkönig als auch durch die Gabe von Brot und Wein; auch das Rätsel seiner Herkunft wird mit der göttlichen Herkunft Christi verglichen. (Zur Präfiguration Christi durch Melchisedech vgl. allg. Bardy 1926 u. Bardy 1927 sowie z. St. Mastrangelo 1997: 41–42 u. 204, Charlet 2003: 239 u. Mastrangelo 2008: 85–86.)

pr. **38 adhuc** *recentem caede* **de tanta uirum:** deutliche Anlehnung an Verg. *Aen.* 9, 455: „tepidaque *recentem caede* locum" (vgl. Schwen 1937: 78). *de caede* ist adverbielle Bestimmung zu *recentem*. Die Präposition *de* + Ablativ steht hier anstelle des *abl. instrum.* (vgl. LHS 2: 125 § 79.I Zus. g; 262 § 146 u. 264 § 146 Zus. c).

pr. **39 donat ... ferculis caelestibus:** ‚beschenkt ... mit himmlischen Speisen'; vgl. *cibum beatis offerens uictoribus* (*pr.* 61). Prudentius gebraucht *ferculum* ‚Tablett' metonymisch für die ‚Speise', die darauf serviert wird; in der eigentlichen Bedeutung dagegen *psych.* 317.

Die *ferculae caelestes* des Melchisedech präfigurieren bei Prudentius die Eucharistie, die Christus bietet (*pr.* 61) (vgl. die Glossen bei Arévalo 1862: 15–16, Burnam 1910: 85–86 u. Lavarenne 1933: 212). Zur Präfiguration Christi durch Melchisedech s. o. den Kommentar zu *pr.* 38–44. Vgl. auch *cibum ... offerens* (*pr.* 61).

pr. **41–44:** Die inhaltliche Redundanz der Verspaare *pr.* 41–42 und *pr.* 43–44 sowie das Fehlen von *pr.* 41–42 im ältesten Textzeugen (Ms. A) haben Anlass zur Diskussion der Echtheit von entweder *pr.* 41–42 oder *pr.* 43–44 gegeben (vgl. Gnilka 2000 b: 103–105 u. 114–125, Pelosi 1940: 159–162 u. Charlet 2003: 239–241).

pr. 41–42 wurden zuerst von Heinsius, dann von Bergman athetiert, dem Lavarenne in seinen Ausgaben folgte (vgl. Bergman 1897: XXXIX u. Lavarenne 1933: 130; Lavarenne 2002: 49). Lediglich die Ausgaben Cunninghams und Thomsons athetieren dieses Verspaar nicht.

Pelosi hält *pr.* 41–42 für eine verbesserte Autorvariante (vgl. Pelosi 1940: 159–162, vgl. auch Gnilka 2000 b: 104–105).

Gnilka dagegen hält *pr.* 41–42 für echt, *pr.* 43–44 allerdings für eine Interpolation (vgl. Gnilka 2000 b: 113–114 u. 121–124). Er begründet diese These mit dem „trivialen" Charakter von *pr.* 43–44 gegenüber der „erhabene[n] mystische[n] Aussage" in *pr.* 41–42, die an *Hbr* 7, 3 heranreiche (Gnilka 2000 b: 114). Darüberhinaus sei *pr.* 43–44 keine „sinnvolle Variation" von *pr.* 41–42, weil „auch inhaltlich viel von dem zurückgenommen wird, was zuvor gesagt ward" (Gnilka 2000 b: 114). Auch die Erwähnung des Namens Melchisedech in *pr.* 43–44 beweise nichts für deren Echtheit, sondern sei vielmehr Indiz für die Fälschung (vgl. Gnilka 200 b: 116 u. Gnilka 2000 f: 355). Charlet widerspricht diesem Argument auf der Grundlage eines Vergleichs mit *cath.* 7, 27 u. 9, 4–6, der zeigt, dass die Nennung des Namens weder für noch gegen die Echtheit spricht (vgl. Charlet 2003: 240).

Charlet widerlegt auch Gnilkas stilistische Argumente und kommt zu dem Schluss, dass es keinen ernstzunehmenden Grund gebe, *pr.* 43–44 zu athetieren, und dass man vielmehr bei der Athetese von *pr.* 41–42 bleiben müsse (vgl. Charlet 2003: 240–241).

***pr.* 41 origŏ:** Für die Unechtheit von *pr.* 41–42 spricht möglicherweise auch die Prosodie von *origo*, das *pr.* 41 *origŏ* zu lesen ist. Allerdings zeigt Krenkel, dass Kürzung von -ō zu -ŏ in Substantiven bei Prudentius häufiger vorkommt: So findet sich etwa *origŏ* auch in *ham.* 202, *c. Symm.* 1, 172 u. 2, 971 (vgl. Krenkel 1884: 16–17).

***pr.* 45 mox:** ‚bald'. Prudentius verknüpft die Berichte aus *Gn* 14 und 18 und suggeriert dem Leser einen engeren zeitlichen – und damit sachlichen – Zusammenhang als in der Vorlage (vgl. Burton 2004: 5).

***tri*formis angelorum *tri*nitas:** ‚die dreigestaltige Dreifaltigkeit der Engel'. *Gn* 18, 1–2 erscheint Gott Abraham in Gestalt von drei Engeln, die Prudentius mit seiner Formulierung in Bezug zur Dreifaltigkeit Gottes setzt (vgl. Burton 2004: 5).

***pr.* 47–48 et ... Sarra ... | ... stupet:** = *et Sarra, mater exsanguis, munus iuuentae fertilis in aluum iam uietam* [sc. *uenisse*] *stupet* (vgl. Bergman 1897: XL u. Lavarenne 1933: 212–213).

***pr.* 47 iam uietam ... in aluum:** ‚in den schon welken Schoß'. *uietus* ‚welk / verschrumpelt' beschreibt sehr bildlich die Funktionsunfähigkeit der Gebärmutter.

Die Variante *quietam* stellt wohl einen Versuch dar, diese schroffe Bildhaftigkeit in Bezug auf Geschlechtsorgane zu umgehen.

***pr.* 47–48 fertilis | munus iuuentae:** ‚das Geschenk der fruchtbaren Jugend'; gemeint ist damit entweder allgemein die Fruchtbarkeit als Eigenschaft junger Frauen oder aber ganz konkret die Empfängnis (vgl. Lavarenne 1933: 212–213).

mater exsanguis: ‚die blutleere / erschöpfte Mutter'. *exsanguis* i. S. v. ‚nicht mehr menstruierend' charakterisiert Sara als aufgrund ihres hohen Alters nicht mehr empfängnis- und gebärfähig (vgl. *Gn* 18, 11).

***pr.* 49 cachinni paenitens:** ‚ihr Lachen bereuend'. Sara hatte wegen ihres und Abrahams hohen Alters die Prophezeihung der Geburt eines Sohnes nicht glauben wollen und bei sich darüber gelacht; doch als Gott Abraham für Saras Lachen schalt, leugnete sie dies aus Furcht (vgl. *Gn* 18, 10–13).

***pr.* 50–68:** Der Schlussteil der *praefatio* kommentiert – beginnend mit einer Begründung der typologischen Betrachtung (vgl. Herzog 1966: 126) – den narrativen Teil (*pr.* 15–49) und nimmt zugleich einige Themen der Einleitung (*pr.* 1–14) wieder auf (vgl. Smith 1976: 207).

***pr.* 50–51:** Prudentius erklärt das Leben Abrahams, wie es im narrativen Teil dargestellt wurde, zum Vorbild für das Leben des Christen und weist darauf hin, dass die Erzählung allegorisch gedeutet werden soll (vgl. Herzog 1966: 126, Hanna 1977: 109–110 u. Mastrangelo 1997: 148). Insbesondere weist *pr.* 50 explizit darauf hin, dass alles zuvor Berichtete den Kampf gegen die Laster präfiguriert (vgl. Gnilka 1963: 25).

pr. **50 haec ad figuram praenotata est linea:** ‚zu einem (Vor-)Bild ist diese Linie vorgezeichnet worden'. *ad figuram* ‚zu einem Bild' steht hier in der Bedeutung ‚als Beispiel' (vgl. Bergman 1897: XL). *figura* steht bei Prudentius sowohl – wie hier und in *pr.* 58 – für die allegorische Bedeutung einer Bibelstelle als auch – wie in *cath.* 1, 16 – für ein Natursymbol (vgl. Gnilka 2001 c: 112). *lineam praenotare* ‚eine Linie ausziehen' spielt mit der Bedeutung der Präposition *prae-*, die zugleich darauf verweist, dass dieses Bild das Vorbild für das Leben eines jeden Christen sein soll, eben die *Vor*zeichnung. Genau wie Tertullian gebrauchst Prudentius *praenotare* im Sinne von ‚vorhersagen' bzw. ‚vorherbestimmen' (vgl. Mastrangelo 2008: 63–64).

pr. **51 recto ... pede:** ‚in rechtem Maße'; doch spielt Prudentius in diesem Kontext mit der Bedeutung als ‚metrischer Fuß' bzw. ‚Rhythmus' , da er ja auch im weiteren Verlaufe seines Gedichts, den „Entwurf" Abrahams dichterisch, d. i. metrisch, „ausgestaltet". Möglicherweise verknüpft er auch die Bedeutung der Phrase *dextro pede* ‚mit dem rechten Fuß', d. h. ‚glücklich', mit der moralischen Komponente von *rectus* ‚richtig'.

resculpat: ‚wieder gestalten' im Sinne von ‚dauerhaft / nachhaltig gestalten', da es in der Regel vom Gravieren oder Schnitzen gesagt wird. Jeder einzelne Christ soll dieselbe Linie, die das Leben Abrahams als Entwurf vorgezeichnet hat, für sich nachziehen und so zu einem dauerhaften Bild machen (vgl. Bergman 1897: XL u. Burton 2004: 6). In diesem Sinne ist auch die Deutung von *resculpere* als *renouare* in den mittelalterlichen Glossen zu verstehen (vgl. Arévalo 1862: 17 u. Burnam 1905: 58).

pr. **52–58:** indirekte Rede, abhängig von *haec ... praenotata est linea* (*pr.* 50). Das Vorbild Abrahams wird hier in konkrete Regeln für das Leben des Christen gefasst.

pr. **52 uigilandum in armis:** ‚man muss unter Waffen wachen'. Bereits die mittelalterlichen Glossen deuten *arma* als die Tugenden (vgl. Arévalo 1862: 10 u. Burnam 1910: 87). Lavarenne nimmt darüber hinaus mit Bezug auf *Eph* 6, 11–17 die göttliche Gnade als ‚Waffe' an (vgl. Lavarenne 2002: 50 Anm. 1).

pr. **53 omnem ... portionem:** ‚jeder Teil', Subjektsakkusativ zu *liberandam* [*esse*] (*pr.* 55); *portio* bedeutet hier ‚Teil' (vgl. ThLL X,2: 33-40 s. v. portiō II sowie Bergman 1897: XL).

pr. **56–58:** Prudentius stellt das „Wissen" durch *figurae mysticae* als einzige Möglichkeit dar, zu erkennen, wie die Schlacht zwischen Tugenden und Lastern erfolgreich geschlagen werden kann (vgl. Mastrangelo 1997: 40–41).

Was aber genau die *figura mystica* der 318 Diener Abrahams bedeutet, ist nicht ohne weiteres klar. Der Bericht in *Gn* 14, 14, dass Abraham mit 318 Dienern zur Befreiung Loths losgezogen sei, ist zunächst insofern erstaunlich, als diese Zahl von Männern für einen Kleinnomaden wie Abraham im Vergleich mit anderen Größenordnungen von Streitkräften im Alten Testament sehr hoch erscheint (vgl. Meinhold 1911: 39–40). Daher hat man schon früh versucht, diese Zahl mystisch zu deuten.

In der spätantiken christlichen Literatur finden sich zwei verschiedene Deutungsansätze zur Bedeutung der 318 Diener Abrahams, die von den Glossen und Kommentaren für die Deutung der Andeutung bei Prudentius herangezogen worden sind (vgl. Obbarius 1845: 111 u. Charlet 2003: 242–243):

(a) Auf dem Konzil von Nicaea haben 318 Bischöfe die *fides christianae* bekräftigt und die Häresien bekämpft (vgl. Arévalo 1862: 18, Obbarius 1845: 111, Riviere 1934: 361–366, Aubineau 1966; Chadwick 1966 u. Beatrice 1971: 56–57 u. 60–61).

(b) Die Zahl 318 wird mit griechischen Zahlzeichen als TIH geschrieben. Das T erinnert an das Kreuz, IH sind die ersten beiden Buchstaben von Ἰησοῦς. TIH stehe somit für Jesus am Kreuz (vgl. Burnam 1905: 58–59, Burnam 1910: 87, Obbarius 1845: 111, Lavarenne 1933: 209, Riviere 1934: 350–361, Dölger 1958: 14 ff., Herzog 1966: 98 Anm. 12).

Weitzius und Cellarius bieten dagegen für die Formulierung bei Prudentius noch eine dritte Deutung an: (c) Der zweite Bestandteil der 318, die *bis nouenis*, (*pr.* 57) stehen für ΘΘ, zweimal das griechische Zahlzeichen Θ für die 9, was sowohl, z. B. auf Grabsteinen, als Abkürzung für θάνατος als auch von Richtern als Zeichen für ein Todesurteil verwendet wurde. ΘΘ stehe daher für den zweifachen Tod des Menschen, da Prudentius hier einerseits auf das Buch Satans mit den Vergehen der Menschen, andererseits auf das Buch Gottes in *Ex* 32, 32 anspiele (vgl. Obbarius 1845: 111). Diese Deutung ist aber wohl zu weit hergeholt, zumal sie die 300 unerklärt lässt und sich diese Erklärung unmöglich sinnvoll auf die *uernulae* beziehen lässt.

Prudentius erklärt die Bedeutung der 318 *uernulae* als *figura mystica* nicht, sondern erwartet offenbar vom Leser, dass er weiß, wofür sie stehen (vgl. Malamud 1990: 67).

In unseren heutigen Ausgaben findet sich seit Lavarennes Kommentar nur noch die Deutung (b) als Erklärung, obwohl (a) mindestens ebenso plausibel ist. Deutung (a) findet sich für *Gn* 14, 14 in der Spätantike bei Tertullian *adv. Iud.* 11 u. *adv. Marc.* 3, 22, Ambr. *in Luc.* 6, 17 u. *de Abrah.* 1, 3 u. 2, 7, Ps.-Barnab. *epist.* 9, 18, Clem. Alex. *Strom.* 6, 11, Orig. *in Gen. hom.* 2, 5, Aug. *quaest. hept.* 7, 37. Die Zahl der Bischöfe beim Konzil von Nicaea ist zu Prudentius' Lebzeiten den Christen möglicherweise geläufig (zu den Textzeugnissen dafür vgl. Riviere 1934: 362) und wird bereis bei Ambr. *de fide* 1 mehrfach auf Abraham bezogen und sogar mit Deutung (a) in Verbindung gebracht (vgl. *de fide* 1, 18, 121). Deutung (a) und (b) könnten Prudentius für *Gn* 14, 14 also geläufig gewesen sein, so dass beide als mögliche Deutung für *psych. praef.* 22 u. 56–58 in Frage kommen. Die Eingrenzung des Blickwinkels auf (b) in den Leseausgaben ist daher unberechtigt und insofern gefährlich, als sie die Interpretation durch die Prudentiusphilologie bereits beeinflusst hat: So entwickelt sich Deutung (b) inzwischen ungerechtfertigterweise zur *communis opinio* (vgl. z. B. die Deutung bei Malamud 1990: 67 oder Burton 2004: 6).

pr. **57 trecenti bis nouenis additis:** ‚dreihundert mit zweimal neun hinzugefügten'. Zur Periphrase von *trecenti et duodeuiginti* siehe oben den Kommentar zu *trecentos terque senos* (*pr.* 22).

pr. **58 figura mystica:** ‚durch das geheimnisvolle (Vor-)Bild'. *figura* steht bei Prudentius sowohl – wie hier und *pr.* 50 – für die allegorische Bedeutung einer Bibelstelle als auch – wie in *cath.* 1, 16 für ein Natursymbol (vgl. Gnilka 2001 c: 112). Das Adjektiv *mysticus* gebraucht Prudentius nahezu immer im christlichen Sinne, lediglich in *perist.* 10, 251 u. 10, 1063 gebraucht er es polemisch in Bezug auf die heidnische Religion (vgl. Gnilka 2000 f: 315, siehe vv. 372 u. 664).

pr. **59–63:** Prudentius macht deutlich, dass Christus den Zugang zur Dreifaltigkeit für die Menschen darstellt, denn Christus betritt das Zelt Abrahams und erweist diesem damit die Ehre, die Dreifaltigkeit zu empfangen (*pr.* 62–63) (vgl. Mastrangelo 1997: 37–39).

Ebenso wie die Begegnung Abrahams mit Melchisedech lässt sich auch der Besuch der Engel als Symbol für den Einzug Christi in die Seele deuten (vgl. Burton 2004: 6–7).

pr. **60:** Die in A und B überlieferte Fassung *parente natus alto̲ et ĭneffabili* ⏑ — ⏑ — ⏑ — ⏑ ⏑ — — ⏑ — ist im zweiten Iambus metrisch fehlerhaft. Bergman schlug daher vor, dort Hiat und Auflösung der zweiten Hebung anzunehmen: *-tus alto et inef-* ⏑ — ⏑^H ⏑ ⏑ ⏑ (vgl. Bergman 1908 S. 46). Doch sind sowohl Hiat als auch aufgelöste Hebungen bei Prudentius selten (vgl. Müller 1894: 375–376, Krenkel 1884: 26–27, Meyer 1932: 254 u. Gnilka 2000 b: 105). Entscheidend kommt noch hinzu, dass die Endsilbenkürzung in *altŏ* sich, wie Meyer nachweist, durch keine Parallele bei Prudentius stützen lässt (vgl. Meyer 1932: 252–253 Anm. 11 u. Gnilka 2000 b: 106–107). Der Versuch, Hiat zu vermeiden und den Vers durch Längung von *ĭneffabili* zu retten, ist ebenso „einwandfrei zweifelhaft" (Meyer 1932: 253 Anm. 11; vgl. Pelosi 1940: 162).

Die Mss. C, D, V, N, E und K bieten die Alternativfassung 60 a: *parente̲ inenarrabili̲ atque̲ uno satus* ⏑ — ⏑ — — — ⏑ — — — ⏑ ⏑. Diese aufgrund des fehlenden Einschnittes „oft verkannte" (Meyer 1932: 252 Anm. 11) Fassung versucht Meyer als metrisch einwandfrei nachzuweisen, in dem er durch Synaloephe verdunkelte Hephthemimeres postuliert und dasselbe sogar für die Penthemimeres in Erwägung zieht (Meyer 1932: 252 Anm. 11).

Denn Hephthemimeres ohne Penthemimeres findet sich bei Prudentius nur im Romanushymnus, der „in metrisch-prosodischer Hinsicht unter den iambischen Gedichten [...] eine Sonderstellung einnimmt" (Gnilka 2000 b: 106), und in *psych. praef.* 53 sowie der Variante 60a, die beide problematisch sind (vgl. Gnilka 2000 b: 109). Gnilka betont darüberhinaus die Unnötigkeit, an dieser Stelle durch den Zusatz *parente ... uno satus* die „Einheit und Einzigkeit Gottes zu betonen" (Gnilka 2000 b: 110) und hält 60a daher und wegen der für Prudentius untypischen unvariierten Wiederholung des bereits in *pr.* 41 verwendeten *inenarrabilis* für eine Fälschung (vgl. Gnilka 2000 b: 110–112). Bergman hält 60a für eine Fälschung, die daraus resultiere, dass der Interpolator den Hiat in 60 für fehlerhaft hielt und ihn beseitigen wollte (vgl. Bergman 1908: 46, Bergman 1921: 77 Anm. 2; vgl. dazu auch Gnilka 2000 b: 112). Gnilka zieht dagegen bewusste Fälschung in Zusammenhang mit der von ihm postulierten Einfälschung von *pr.* 43–44 in Betracht (vgl. Gnilka 2000 b: 121–125 u. Charlet 2003: 239–241).

Pelosi hält beide Varianten für echt und erklärt wie vor ihm Giselinus 60 a zur späteren Autorvariante (vgl. Pelosi 1940: 162 u. 167), was Gnilka für einen „Lieblingsirrtum der modernen Prudentiusphilologie" hält (Gnilka 2000 b: 112).

Bergman verzeichnet in seinem Apparat weitere Fassungen von *pr.* 60 (vgl. Bergman 1897: XL–XLI sowie Bergman 1908: XXXI), die 60 oder 60 a leicht variieren und entweder metrisch oder sachlich fragwürdig sind.

In der Humanistenzeit findet sich bei Fabricius (zitiert nach Arévalo 1862: 13) eine Konjektur, die beide Fassungen verknüpft: *parente natus alto̯ et inenarrabili* ∪ — ∪ — ∪ — ∪∪ — — — — ∪ —. Doch erscheint hier – bei Prudentius ansonsten nie vorkommender – Anapäst im 4. Fuß problematisch (vgl. Gnilka 2000 b: 108).

Henke (vgl. Gnilka 2000 b: 108–109) bietet einen Emendationsversuch, der sämtliche metrischen Probleme beseitigt: *parente natus alto̯ et haud effabili* ∪ — ∪ — ∪ — ∪ — — — ∪ —. Das in *pr.* 60 überlieferte *ineffabili* wäre „dann nichts weiter als Angleichung an Vers 41 *inenarrabili*" (Gnilka 2000 b: 109).

Endgültig lässt sich das Problem wohl nicht entscheiden. Zusammenfassend kann man allerdings feststellen, dass es sich bei 60a wahrscheinlich um eine Fälschung handelt, während 60 metrisch fehlerhaft und darin für Prudentius untypisch ist, so dass man wohl Bergmans Ausgabe von 1897 folgen und 60 in *cruces* setzen muss (vgl. Bergman 1897: XL u. Gnilka 2000 b: 108 u. 111–112).

pr. **61 cibum:** ‚Mahl' spielt auf die Eucharistie an (vgl. Lavarenne 1933: 214); vgl. *ferculis* (*pr.* 39).

pr. **64–65 animam ... conplexibus | pie maritam:** ‚die Seele, die durch Umarmungen rechtmäßig vermählt ist'. *maritam = maritatam* (vgl. Arévalo 1862: 19 u. Burton 2004: 7). *complexus* ‚Umarmung' kann auch – eine im Zusammenhang mit Ehe und Nachkommenschaft naheliegende Konnotation – für ‚Geschlechtsverkehr' stehen, was auf die Bildebene bezogen bedeuten würde, dass die Vermählung erst durch den Beischlaf rechtmäßig – *pie* – vollzogen wurde. Dieses Bild wird durch die Wortwahl in *pr.* 66 noch verstärkt.

pr. **64 spiritus:** bezeichnet hier – anders als in *pr.* 13 – den ‚Heiligen Geist' (vgl. Lavarenne 1933: 214); andernfalls müsste man mit Burton eine seltsame Selbstbefruchtung des menschl. *Geistes* annehmen (vgl. Burton 2004: 7).

spiritus ist entweder Subjekt des Satzes in *pr.* 64–66 (vgl. Burton 2004: 7) oder aber *genetivus objectivus* zu *conplexibus* (*pr.* 64). Im letztgenannten Fall wäre *Christus* (*pr.* 59) weiterhin das Subjekt.

pr. **65 prolis expertem:** ‚kinderlos'; vgl. *prolem coniugalem* (*pr.* 11).

pr. **66 fertilem:** ‚fruchtbar' deutet Iso als „fructiferam cum bonis operibus" ‚Ertrag bringend mit guten Werken' (Arévalo 1862: 19).

perenni de semine: ‚mit ewigem Samen'; *semen perenne* steht hier für die Gnade Gottes (vgl. Lavarenne 1933: 214), welche die Seele befruchtet, damit aus ihr gute Werke erwachsen (vgl. Arévalo 1862: 19–20).

pr. **67 dotem possidens:** ‚die Mitgift besitzend'. *dōs* ist zunächst die ‚Mitgift' bzw. ‚Gabe' im eigentl. Sinne (vgl. ThLL V: 2041–2045 s. v. dōs I), kann darüberhinaus auch übertragen von (menschl.) ‚Eigenschaften' bzw. ‚Vorzügen' (vgl. ThLL V: 2046–2047 s. v. dōs II.B) und ‚Gaben' bzw. ‚Vorteilen' im weitesten Sinne gebraucht werden (vgl. ThLL V: 2047–2048 s. v. dōs II.C). Hier steht *dos* wohl für die Tugenden (vgl. Arévalo 1862: 20, Burnam 1905: 59 u. Lavarenne 1933: 214).

sera ... puerpera: ‚die spät Gebärende'; das Adjektiv *serus* hat hier adverbiellen Charakter. Sara gebiert insofern spät, als sie erst in hohem Alter, also später als normal, ein Kind bekommt. Vgl. parellel dazu *serus pater* (*pr.* 2).

pr. **68 herede digno ... inplebit:** ‚füllt mit einem würdigen Erben'. Im Spätlatein steht *implere* regelmäßig mit dem *abl. instrum.* (vgl. LHS 2: 82 § 60.d).

patris: Die Stellung direkt nach *herede digno* spricht dafür, dass *patris* sich auf *digno* bezieht (vgl. LHS 2: 79 § 59.d), also ‚des Vaters würdig'. Burton bezieht *patris* auf *domum*, also ‚des Vaters Haus' (vgl. Burton 2004: 7; zur Sperrung von Subst. u. Gen.-Attr. vgl. LHS 2: 692 Stilist. § 2.D). Denkbar – und inhaltlich völlig gerechtfertigt – ist aufgrund der Mittelstellung allerdings auch ein Bezug auf beides.

Anrufung Christi (vv. 1–20)

Nach der *praefatio* ruft Prudentius zu Beginn des hexametrischen Teils der *Psychomachia* Christus an und bittet ihn zu erklären, wie die Sünden aus den Herzen der Menschen vertrieben werden können und wie die Freiheit von den Sünden dann aufrechterhalten werden kann. Prudentius gründet sein Vertrauen zu Christus auf dessen bisheriges Erbarmen mit den Menschen und dessen Einheit mit Gott, die er besonders betont. Er erinnert auch daran, dass Christus, der ‚gute Führer' den Christen bereits die Tugenden als ‚heilbringende' Beschützer beigegeben habe, die den Geist zum Schutze der Seele befähigen und ihn so im Kampfe für Christus zum Sieg führen werden. *Wie* der Sieg über die Sünden errungen werden könne, lasse sich erkennen, wenn man die Tugenden mit den ihnen entgegenstehenden Sünden im Nahkampf zeige.

Eine Rahmung des hexametrischen Teils des Gedichts durch ein Proömium, die *inuocatio* (vv. 1–20), und einen Epilog, das Dankgebet (vv. 888–915), gibt es bei Prudentius nur in der *Psychomachia*, wodurch sich diese von den vorangehenden Gedichten, der *Apotheosis* und der *Hamartigenia*, und vom folgenden Gedicht, den beiden *Libri contra Symmachum*, auch formal unterscheidet (vgl. Ludwig 1977: 312). Durch diesen Rahmen wird das Epos formal und inhaltlich eingeklammert, wobei der Anfang der Klammer dadurch verstärkt ist, dass *praefatio* und *invocatio* dieselbe Funktion erfüllen, nämlich die einer zusammenfassenden Vorschau (vgl. Kirsch 1989: 245).

Den Titel *inuocatio* trägt dieser Abschnitt in den Mss. C u. D, *inuocatio ad deum* in S; die Überschrift *inuocatio* findet sich auch in weiteren jüngeren Mss. (vgl. Obbarius 1845: 11), so z. B. im *Berolinus bibl. reg. Ham. 542*. Dieser Titel wurde in der Folge von einigen Editoren übernommen, so etwa von Heinsius und Weitzius. Da die Mss. des 6. u. 7. Jh. diesen Titel nicht kennen, muss es sich um einen späteren Zusatz handeln, der den Inhalt des folgenden Abschnitts kurz zusammenfassen soll. Einige andere Mss., die ansonsten Überschriften für die einzelnen Abschnitte angeben, betiteln hier nur mit *Psychomachia*.

Dieses Gebet zur Einleitung der *Psychomachia* stimmt in seinem Aufbau und stilistisch „mit den hymnenartigen Musenanrufen" (Gnilka 2001 c: 76) der griechisch-römischen Dichtung, wie z. B. Verg. *Aen.* 1, 8–10 und *georg.* 1, 1–40 überein, wie bereits Schwen nachgewiesen hat (Schwen 1937: 4–5):

> Anruf im Vokativ – Begründung des Anrufes in der Macht der Gottheit, durch Partizipium oder Relativsatz angefügt – Imperativ: ‚lege dar' – abhängig im indirekten Fragesatz das Thema – abschließend: ‚Wir wollen berichten ..' […] Auf den Musenanruf setzt abgesetzt die Erzählung ein.

Direkt vergleichen lässt sich hier neben *Aen.* 6, 55–76. auch 7, 641–664.

Prudentius übernimmt zwar den „Gedanken […], daß der Dichter sein Werk mit dem Anruf göttlicher Hilfe und der Bezeichnung seines Themas beginnen müsse, und die stilistische Formung", gibt dem Anruf aber eine ganz neue Bedeutung. Während die epischen Musenanrufe die Musen dazu bewegen sollen, dem Dichter „Ereignisse aus grauer Vorzeit in Erinnerung" zu bringen, ruft Prudentius denjenigen an, „der selbst Lenker und Herr des Geschehens ist", vgl. *rex noster* (v. 5) und *bone ductor* (v. 11), damit er ihm „ein sich täglich erneuerndes, aber tief verborgenes, geistliches Geschehen" zeige (Gnilka 2001c: 77). Besser vergleichen lässt sich die *inuocatio* zur *Psychomachia* deshalb inhaltlich wohl mit den Götteranrufen zu Beginn von Verg. *georg.* 1, 5–23 oder Lucr. 1, 21–23, wo ebenfalls „die Beherrscher der vom Dichter behandelten Bereiche" angerufen werden und es um Themen „von überzeitlicher, dauernder Bedeutung" geht (Gnilka 2001c: 77; vgl. auch Lühken 2002: 46).

1–11: Prudentius spricht Christus direkt an, erinnert an dessen Erbarmen mit den Menschen und deren Lobpreis für ihn, der eins mit Gott ist, und bittet ihn, den Menschen zu zeigen, wie die Sünden besiegt werden können.

1–4 Christe ... Christe: zweimal direkte Anrede an Christus an prominenter Stelle im Vers, zu Beginn von v. 1 und am Ende von v. 4. Dadurch wird die Widmung bzw. Weihung des Werkes an Christus intensiv betont. Innerhalb dieser Klammer lobt Prudentius die Macht Gottes (vgl. Gnilka 2001c: 78) und betont seine orthodoxe Auffassung der Gleichheit von Gott-Vater und Christus.

1–2 Christe, *graues* hominum *semper miserate labores,* | *qui* ...: Anklang an Verg. *Aen.* 6, 56: „Phoebe, *grauis* Troiae *semper miserate labores,* | *...qui* ...", der „in solcher Deutlichkeit auch bei Prudentius selten [ist] und […] wie ein Signal wirkt und wirken soll. Gleich zu Beginn soll der Leser auf Vergil hingewiesen werden: er ist es, den der christliche Dichter vorzugsweise nutzen will" (Gnilka 2001c: 58). Die Bedeutung der *Aeneis* „als Prätext der *Psychomachia*" wird so bereits im ersten Vers deutlich (vgl. Lühken 2002: 45).

Allerdings nimmt Prudentius wesentliche Änderungen vor: Durch den Ersatz von *Phoebe* durch *Christe* und von *Troiae* durch *hominum* „wird das Übernommene auf das Ziel christlichen Glaubens hin ‚ausgerichtet' [und] die Aussage überdies aus ihrer geschichtlichen Beschränktheit gelöst und in eine universale Weite gehoben" (Gnilka 2001 c: 58). Lühken sieht darin zugleich eine „subtile Kritik an heidnischen Vorstellungen", weil der Name des heidnischen Gottes durch Christus und der „Zuständigkeitsbereich" des Angerufenen „von einer einzelnen Gruppe – den Trojanern – auf die ganze Menschheit" erweitert wird (Lühken 2002: 45).

Zugleich verändert sich so der Sinn von *miserate* und *labores*: Die ‚Leiden' sind nun nicht mehr nur äußere Leiden wie die Strapazen und Gefahren der *Aeneis*, sondern viel mehr; bei Prudentius stehen „die spirituellen *labores* der ψυχομαχία" im Vordergrund; das ‚Erbarmen' Christi mit den Menschen schließt für den Christen auch den Kreuzestod als „Erlösertat" mit ein und erhält dadurch eine ganz andere Bedeutung als das ‚Erbarmen' des Phoebus (Gnilka 2001 c: 58).

Durch „diese Ausweitung und Verallgemeinerung" wird das Zitat „zu einer idealen Einleitung des allegorischen Epos, das die konkreten Kämpfe der Aeneaden auf die menschliche Innenwelt überträgt" (Lühken 2002: 46).

Da der gebildete Römer Vergil gründlich kannte, kam dem von Prudentius indendierten Leser bei diesem Vers wahrscheinlich auch der Kontext des imitierten Apollanrufes in den Sinn: Dort ist, obwohl die Ekstase der Seherin die Anwesenheit Apolls bereits bezeugt, Aeneas' eigenes Gebet nötig, damit die Grotte sich öffnet und ihm die Zukunft gezeigt wird (vgl. Gnilka 2001 c: 59). Die Parallele ist deutlich: Christus ist gegenwärtig und hat sich bereits zuvor immer der Menschen erbarmt, doch Prudentius – stellvertretend für die Menschen, denn sich selbst nennt er nicht – muss ihn anrufen und bitten, damit er den Menschen – mittels Prudentius' Gedicht – zeigt, wie die Sünden überwunden werden.

Daneben klingen auch *Aen.* 1, 597 und Ovid *met.* 4, 531 an; vgl. auch Paul. Nol. *carm.* 18, 260: „*Felix sancte, meos semper miserate labores*"; für weitere Parallelstellen vgl. Schwen 1937: 112 u. Dexel 1907: 2.

2 patria uirtute cluis propriaque, sed una: *uirtute* mit Gen. oder possess. Adj. ‚durch das Verdienst von' oder ‚dank ...'. *uirtute* hier jedoch wahrscheinlicher *abl. causae* zu *cluis*, besonders weil *uirtute* durch *una* näher bestimmt wird.

propria: proprius ‚eigen' hier statt *tuus* ‚dein' (vgl. auch Lavarenne 1933 § 185 S. 92).

cluis: cluĕre jüngere Nbf. zu *cluēre* ‚genannt werden, gepriesen werden' seit Seneca (vgl. LHS 1: 553 § 415 B), gebraucht Prudentius regelmäßig, z. B. *c. Symm.* 1, 417; 2, 585; *cath.* 9, 107 (vgl. Deferrari–Campbell 1932: 108 u. Lease 1895: 7); in der Spätantike verbreitet (vgl. dazu Neue–Wagener III: 266; vgl. dagegen Manitius 1890: 490–491, der diese Form als Archaismus erklärt).

una: ‚eine einzige' / ‚ein und dieselbe' / ‚eine ganze / zusammenhängende'; von der Bedeutung von *una* hängt das Verständnis dieses Verses wesentlich ab. Prudentius betont durch das *sed una* am Versende die Einheit Christi mit Gott besonders deutlich.

3–4: Einschub einer dogmatischen Aussage über die Einheit Christi mit Gott, die gegen zeitgenössische Häresien, besonders die Arianer, gerichtet ist und den Charakter des gesamten Gebets klar hervorhebt: Glaube an den *einen* Gott (vgl. Bergman 1897: 1 u. Gnilka 2001 c: 78–79).

3 de nomine utroque: ‚unter beiden Namen', d. h. des Vaters und des Sohnes. Viele jüngere Mss. und mit ihnen einige ältere Editoren wie z. B. Weitzius und Arévalo haben *de nomine trino*, einen mittelalterlichen Korrekturversuch, der davon ausgeht, dass hier die Lehre der Dreifaltigkeit im Mittelpunkt stehe (vgl. Lavarenne 1933: 215 u. Burnam 1910: 88). Das ist jedoch hier nicht der Fall, wie der vorangehende Vers zeigt; es geht um die Einheit Christi mit Gott, die betont werden soll. Der Hl. Geist steht in diesem Vers, wie in der gesamten *inuocatio* nicht zur Diskussion, vielmehr fokussiert Prudentius an dieser Stelle den christologischen Aspekt der Trinität, nämlich die Einheit von Vater und Sohn. Auch wenn Prudentius hier den pneumatologischen Aspekt nicht thematisiert, vertritt er doch das Trinitätsdogma in seiner Gesamtheit, wie aus *psych.* 764–768 u. natürlich der *Apotheosis* deutlich hervorgeht.

4 solum: *solus* ‚einzig / allein' ist kaum von *unus* ‚einzig' zu unterscheiden; es handelt sich wohl um eine feine Bedeutungsnuance, die eine Charakteristik der Dreifaltigkeit auf den Punkt bringt (vgl. Lavarenne 1933: 215): Gott-Vater, Christus und der Hl. Geist – der hier nicht genannt wird – sind *eins*, aber zugleich drei Manifestationen.

deus ex patre: erinnert an die Formulierung „*deum de deo*" aus dem Glaubensbekenntnis von Nicaea; vgl. *cath.* 6,7: „*deus ex Deo*" u. *perist.* 10,600: „*ex patre Christus*" (vgl. Bergman 1897: 1 u. Lavarenne 1933: 215).

5–20: Prudentius gebraucht die Begriffe *culpa* (v. 5), *morbus* (v. 8), *furia* (v. 10), *vitium* (v. 13), *ludibrium cordis* (v. 16) und *portenta* (v. 20) synonym.

5–11 dissere ..., quo milite ..., quod ...praesidium ..., quaeue acies ...: Prudentius fordert Christus auf, darzulegen, mit welchen Mitteln der Mensch sich gegen die Sünden schützen und diese besiegen kann. Er bedient sich dafür militärischer Metaphern.

5 rex noster: bei Prudentius gelegentlich Bezeichnung für Gott im allgemeinen und Christus im besonderen (vgl. Lavarenne 1933: 215 u. Deferrari–Campbell 1932: 631–632).

6 de pectoris antro: *antrum* ‚Höhle' hier übertragen gebraucht, *de pectoris antro* also ‚aus der Tiefe des Herzens'; so auch v. 774 *sub pectoris ...antro* ‚in der Tiefe des Herzens'. Vgl. auch Iuvenc. 1, 588: „*pectoris an-*

tra" (vgl. Fletcher 1933/34: 204) und Augustinus *civ.* 14, 24 (vgl. Lavarenne 1933: 215).

7 sensibus: *sensus* ‚Gefühl' bei Prudentius häufiger für das Innere des Menschen, vgl. *cath.* 1, 86; 6, 30; 10, 36 (vgl. Bergman 1897: 2).

9 quod ...praesidium pro libertate tuenda: = *quod praesidium ... | quaeue acies ...| obsistat* ...(9–11), beide Subjekte – durch *-ue* verbunden – haben dasselbe Prädikat. Vgl. dagegen die Annahme der Ellipse der Kopula bei Lease 1895: 33 u. Burton 2004: 8.

10 furiis: *furia* ‚böser Geist / Dämon', hier wohl synonym für *vitium* gebraucht. Bergman sieht darin eine Anlehnung an die drei mythischen Furien und identifiziert sie mit den „tres affectus" *Ira, Avaritia* und *Libido* (vgl. Bergman 1897: 2).

praecordia: ‚Herz', eigentlich der untere Teil der Brust als Sitz der Gefühle. Vgl. v. 841 *praecordia*.

11 meliore manu: ‚mit überlegener Macht' oder ‚mit überlegener Streitkraft'; *manu* ‚durch körperliche Anstrengung'; *manus* steht in diesem Kontext für ‚Streitkraft, Truppe' als bewaffnete Gruppe unabhängig von ihrer Größe oder aber für ‚Kontrolle / Befehlsgewalt'.

11–17: Prudentius begründet sein Vertrauen auf Christus: Der ‚gute Führer' habe die Christen nicht schutzlos den Sünden ausgesetzt, sondern ihnen mächtige Tugenden gegeben, welche die Seele des Menschen im umkämpften Leib schützen und die Sünden besiegen sollen.

11 bone ductor: eines der vielen Epitheta, die Prudentius für Gott im allgemeinen, und Christus im besonderen verwendet; vgl. *cath.* 10, 165: *optime ductor*, *cath.* 5,1: *dux bone* u. ä. (vgl. Lavarenne 1933: 216 u. Bergman 1897: 2). *ductor* ‚Führer' ist besonders der militärische Führer, aber auch der Kapitän eines Schiffes.

13 christicolas: ‚Christusverehrer /-anbeter'; *christicola* wird von Prudentius häufiger gebraucht, allein dreimal in der *Psychomachia*: 13, 96 u. 526; ansonsten *cath.* 3, 56; 8, 80; 10, 57; *apoth.* 485; *c. Symm.* 1 *praef.* 79; *c. Symm.* 1, 481; *perist.* 3, 28; 6, 25; 11, 39; 11, 80; 13, 82 (vgl. Deferrari–Campbell 1932: 98–99).

14–15 ipse ...iubes, ipse ...armas ...: Durch die Wiederholung des *ipse* jeweils am Beginn des Hauptsatzes betont Prudentius die aktive Rolle, die Christus für den Kampf der Christen gegen die Sünden spielt.

14 salutiferas turmas: ‚die heilbringenden Scharen', synonym für *uirtutes*. Innerhalb dieser Allegorie schwingt die militärische Bedeutung von *turma* ‚Schwadron' mit.

15 depugnare: ‚kämpfen / auskämpfen' bzw. ‚gegen jmd. kämpfen und diesen töten'; häufig von Gladiatoren gebraucht (vgl. Bergman 1897: 3).

16–17 ad ludibria ... | oppugnanda potens: *potens ad* ‚fähig zu' (vgl.

Bergman 1897: 3 u. Lease 1895: 32).

quibus ...dimicet et ...uincat: Relativsatz mit finalem Nebensinn.

16 ludibria cordis: *ludibrium* hier ‚Verspottung', ‚Verhöhnung' oder ‚Beleidigung'; *cordis* ist *gen. obi.*; *ludibria cordis* also ‚was das Herz verspottet'; dem Kontext nach synonym mit *vitia* (vgl. auch Castelli Prosperi 2000: 103 Anm. 5). Bergman deutet *ludibria cordis* als „quae cor praestringunt et fallunt" (Bergman 1897: 3).

17 tibi dimicet et tibi uincat: Der Geist des Christen soll für Christus kämpfen.

18–20: Prudentius bittet Christus, den Kampf der Tugenden mit den Sünden darstellen zu dürfen. Denn so werde deutlich, wie der Sieg erreicht werden kann. Vgl. vv. 891–892.

18 uincendi praesens ratio: *ratio* hier ‚der Weg / die Methode / das System', das zum Sieg führt (vgl. Burton 2004: 8) oder aber ‚der Grund für' den Sieg. *praesens* ‚gegenwärtig' in doppeltem Sinne: Die *ratio* ist nicht nur ‚anwesend', wenn der Kampf der Tugenden gegen die Sünden dargestellt wird, sondern sie wird durch diese Darstellung auch erst ‚deutlich' für den Betrachter (vgl. Bergman 1897: 3). Diese Bedeutung ist hier wohl die dominierende, denn: „Zweck der Psychomachie ist es zu zeigen, wie der Christ das Böse in sich selbst besiegen kann" (Gnilka 2001 c: 79).

comminus: entweder ‚von nahem' oder ‚im Handgemenge / im Nahkampf', d.h. im direkten Kampf einer Tugend mit der jeweils entgegengesetzten Sünde; Prudentius kündigt hier also bereits das Charakteristikum seines Gedichts an. *comminus* lässt sich entweder auf *colluctantia* beziehen oder auf *notare*. *comminus colluctantia* ‚die im Nahkampf kämpfenden' (für diese Beziehung plädiert Bergman 1897: 3) würde bedeuten: Die Darstellung des direkten Nahkampfs zwischen Tugenden und Sünden erlaubt es, deren Kampf- und Wirkungsweisen, Stärken und Schwächen ganz genau – und vor allem im Einsatz – zu beobachten, ihre Charakteristika also genau zu analysieren und daraus Schlüsse für eine erfolgversprechende Siegesstrategie zu ziehen. *comminus notare* ‚von Nahem zu zeigen' ist hier jedoch wohl wahrscheinlicher, es kündigt dann Prudentius' Technik an, jeden Zweikampf einzeln zu fokussieren und so detailliert zu schildern, als stünde der Leser als Beobachter direkt bei den Kämpfenden. Für diese Deutung spricht auch die Stellung zu Beginn des Konditionalsatzes, an dessen Schluss *notare* steht.

19–20 uirtutum facies ... portenta notare: Bergman mutmaßt, dass Prudentius wahrscheinlich bereits beim Verfassen eine illustrierte Ausgabe der *Psychomachia* plante oder aber auf bereits existierende, zu seiner Zeit allgemein bekannte Darstellungen verweist wie im *Dittochaeon*; der Text selbst bietet jedoch keinen sicheren Anhalt dafür (vgl. Bergman 1897: 4).

conluctantia contra ... portenta: *contra* adv. ‚auf der anderen Seite, entgegen' zu *conluctantia* ‚kämpfend', das sich grammatikalisch auf *portenta* ‚Ungeheuer / Scheusal' bezieht, inhaltlich jedoch sowohl auf *portenta* als auch auf *uirtutum facies* (vgl. Lavarenne 1933: 216).

20 portenta: hier ‚Ungeheuer / Scheusale', synonym für *vitia*. Vgl. *pr.* 14.

Fides vs. Cultura veterum deorum (vv. 21–39)

In den Mss. A und B findet sich kein Titel für den ersten Kampf; in D wird lediglich durch die Überschrift „narratio" der Hauptteil von der *inuocatio* abgegrenzt, ergänzt durch den Zusatz „fidei et idolatriae pugna" von späterer Hand; in Ms. C wird schlicht mit „Fides" betitelt. Die Mss. V, U und E informieren in den Überschriften mit kleineren Variationen knapp über die beiden Akteure *Fides* und *ueterum Cultura deorum* bzw. *Idolatria*, oft mit Hinweis auf den Kampf. Die umfangreichste und aussagekräftigste Überschrift bietet Ms. K und mit ihm einige der jüngeren Mss.: „Fides secura ad huc belli ignara idolatriam repugnat prima". Die Ausgaben des 17.-19. Jh.s betiteln den ersten Kampf „Fidei et idolatriae pugna" (so etwa Weitzius, Cellarius u. einige andere); Bergman führt in seinem Kommentar von 1897 noch die Überschrift „Fides contra Idolatriam".

Die Darstellung des ersten Kampfes gliedert sich in drei Teile: Im ersten und längsten Teil (vv. 21–29) werden die beiden Akteure *Fides* und *ueterum Cultura deorum* vorgestellt, wobei die Vorstellung und Charakteristik der *Fides* (vv. 21–27) weit umfangreicher und detaillierter erfolgt als die der *ueterum Cultura deorum* (vv. 28–29), die zudem sehr knapp deren Angriff auf *Fides* erwähnt und somit bereits zum zweiten Teil überleitet. Der zweite Teil besteht aus einer expliziten und grausamen Schilderung der Tötung der *ueterum Cultura deorum* durch *Fides* (vv. 30–35). Danach folgt im dritten Teil die Beschreibung des Jubels der Sieger (vv. 36–39), denn man erfährt, dass *Fides* – wenn auch nicht direkt am Kampf auf der Bildebene teilnehmend – von einer Legion von 1.000 Märtyrern unterstützt worden ist.

Der Kampf findet auf einem nicht näher charakterisierten Schlachtfeld statt, auf das *Fides* ‚christlicher Glaube' als erste Tugend unbewaffnet und ohne Rüstung eilt, um im Vertrauen auf ihre Stärke und beseelt von dem Wunsch, sich Ruhm zu erwerben, die Laster zum Kampf herauszufordern. Die *ueterum Cultura deorum* ‚Verehrung der alten Götter' nimmt als erste der Laster die Herausforderung an. Doch sofort bringt *Fides* sie zu Fall, drückt ihr Gesicht zu Boden und zertritt ihre im Sterben hervorquellenden Augen. Quälend langsam haucht *ueterum Cultura deorum* ihr Leben aus. Nach dem Sieg über das Laster feiert eine Legion aus tausend Märtyrern, die unter dem Kommando der *Fides* steht, den Sieg und wird zum Lohn von ihrer Anführerin mit Blüten bekränzt und aufgefordert, sich in Purpurgewänder zu kleiden.

Die *Fides*, die Prudentius hier im ersten Kampf der *Psychomachia* auftreten lässt, ist die *fides christiana* ‚der christliche Glaube' im „Gegensatz zum antiken Götzendienst" (Gnilka 1963: 32, vgl. auch Becker 1969: 829). Siehe auch den Kommentar zum siebenten Kampf, S. 356, zur Siegesrede, S. 380, sowie zum Tempelbau, S. 402.

Im christlichen Gebrauch wird *fides* zunächst als Entsprechung für das griechische Wort πίστις ‚Vertrauen / Zuversicht / Glaube' (vgl. Becker 1969: 826–827) verwendet; später kann es dann sowohl den Glaubensvorgang bezeichnen als auch den Glaubensinhalt (vgl. Becker 1969: 825). Darüberhinaus gebrauchen die Christen *fides* [sc. *christiana*] kurz als Bezeichnung für ihre Religion, aber auch übertragen für den „Eintritt in diesen Glauben" (Becker 1969: 829) im Sinne von ‚Taufe' und im Vorstellungskreis der *militia christiana* – gleichbedeutend mit *deuotio* – für den „gläubigen Gehorsam gegenüber Gott" (Becker 1969: 831). Doch findet sich auch immer wieder die alte Bedeutung ‚Treue / Verlässlichkeit' (vgl. Becker 1969: 830–831). Allerdings sind zum christlichen Gebrauch von *fides* noch zahlreiche Fragen offen (vgl. Becker 1969: 825). Zur Bedeutung des Begriffs *fides* und seiner Entwicklung vgl. Fraenkel 1916, Heinze 1960 u. Becker 1969.

Allerdings knüpft Prudentius hier durchaus an heidnische Traditionen an. Denn die *Fides* – ursprünglich wohl als Eigenschaft *fides* ‚Verlässlichkeit / Treue' aller bzw. einzelner Götter, besonders Jupiters, dann als eigenständige Gottheit (vgl. Heinze 1960: 73) – wurde von den Römern schon früh als besonders heilige und unverletzliche Göttin verehrt; um 250 v. Chr. erhielt sie einen eigenen Tempel auf dem Kapitol, doch reicht ihre Verehrung in weit ältere Zeiten zurück; von ihrer Verehrung zeugen daneben Münzen und Inschriften (vgl. Wissowa 1886–1890: 1481–1483, Axtell 1907: 20–21, Otto 1909, Fraenkel 1916: 196, Heinze 1960: 72–73, Becker 1969: 815–818 u. Kirsch 1989: 249).

In der Bedeutung ‚Treue / Verlässlichkeit' galt die *fides* den Römern „als ihre besondere, charakteristische Tugend" (Becker 1969: 814). Als solche wurde sie in der Literatur auch personifiziert, so wie sie im Kultus als Göttin verehrt wurde; diese Personifikation wurde schon in klassischer Zeit, beispielsweise bei den Prudentius-Vorbildern Vergil und Horaz, und dann bis in die Spätantike hinein – bei heidnischen ebenso wie christlichen Autoren – immer weiter ausgestaltet, bis sie bei Prudentius, vor allem in der *Psychomachia*, ihren Höhepunkt erreicht (vgl. Becker 1969: 818–822 u. 833–834).

Die Legion der *Fides* wird erst nach dem Tod der *Idololatria* erwähnt. Sie besteht wohl aus allen christlichen Märtyrern, die für ihren Glauben gekämpft haben. Auf der Bildebene haben sie zwar nichts zum Sieg über die *Idololatria* beigetragen, wohl aber bezeugen sie auf der historischen und heilsgeschichtlichen Ebene die Macht des Glaubens und stärken mit ihrem

Beispiel den Glauben aller Christen. Nach dem endgültigen Sieg über die *Idololatria* erhalten sie den ihnen zustehenden Ruhm und werden durch Blütenkronen und Purpurgewänder herausgehoben und so allen Christen als Vorbild präsentiert.

Die *Idololatria* ‚Götzenverehrung' wird von Prudentius zunächst nur durch ihren Namen *ueterum Cultura deorum* als die ‚Verehrung der alten Götter' charakterisiert. Erst während der Beschreibung des Kampfes und des Sterbens erfährt der Leser mehr über ihr Wesen. Die Binden um ihre Schläfen erinnern an die Priester der alten Kulte, und die Erwähnung des Blutes von Opfertieren ruft die Praxis des Tieropfers in Erinnerung, das von den Christen als besonders grausam verabscheut wurde. Besonders betont Prudentius die Augen der *Idololatria* und hebt so die Bedeutung von Abbildern in den alten Kulten hervor, die dem jüdisch-christlichen Verbot entgegenstehen, sich ein Bild von Gott zu machen.

Anders als *Fides* hat die *Idololatria* bei Prudentius kein Gefolge und keine Mitstreiter.

Dass Prudentius ausgerechnet den Kampf zwischen *Fides* und *ueterum Cultura deorum* an den Beginn der Kämpfe zwischen Tugenden und Lastern stellt, ist angesichts der Einschätzung des Glaubens als „Anfang, Fundament und Mutter allen christlichen Lebens" (Gnilka 1963: 31) durch die frühen Christen und deren Betrachtung der heidnischen Vielgötterei als Ursünde nur folgerichtig (vgl. Gnilka 1963: 31, Nugent 1985: 66–71 u. Buchheit 1990: 389).

Dieser erste Kampf ist in mehrfacher Hinsicht einzigartig unter den Kämpfen der *Psychomachia*: Zum einen handelt es sich um den kürzesten Kampf, in nur 20 Versen werden die Akteure vorgestellt, der Kampf und der Sieg der *Fides* dargestellt, der eigentliche Kampf und die Tötung des Lasters wird sogar in nur sechs Versen abgehandelt; zum anderen verzichtet Prudentius auf die Problematisierung des Erkennens, der Ansprache und der Verurteilung des Lasters durch die Tugend, die sich in den anderen Kämpfen findet, *Fides* kennt eben ihre Gegnerin und besiegt sie, ohne sich weiter um sie zu kümmern; außerdem fehlen hier Reden oder Verweise auf biblische Geschichten, die Prudentius sonst häufig verwendet (vgl. Bardzell 2004: 73 u. Nugent 1985: 71). Auffällig ist auch, wie schnell *Fides* den Sieg erringt, ohne auf Widerstand zu stoßen; die *Idololatria* will sie zwar angreifen, wird aber sofort wirkungsvoll von ihr außer Gefecht gesetzt. *Fides* ist, wie auch bei der Vernichtung der *Discordia* (vv. 715–718) sofort erfolgreich (vgl. Nugent 1985: 71). Ferner kämpfen *Fides* und *Idololatria* anders als die Tugenden und Laster der folgenden Kämpfe „noch mit Waffen, die keine Beziehung auf ihr Wesen haben", stattdessen werden sie „nur durch Beschreibung charakterisiert" (Herzog 1966: 105 Anm. 29).

Außerdem fallen besonders in diesem ersten Kampf der *Psychomachia* die Unterschiede zur paganen Epik auf, so sehr Prudentius sich auch ihrer Sprache und Formen bedient. Bereits die Beschreibung der *Fides* ist untypisch für epische Helden. Doch Nugents Einwand, dass die *Psychomachia* weder *arma* noch *uirum* aufweise, geht zumindest teilweise fehl. Immerhin werden doch in den Kämpfen *arma* dargestellt, nur ist der Held des Epos eben nicht *ein* Mann, sondern eine ganze Truppe von Kämpfern – die Tugenden (vgl. Nugent 1985: 22; zur Beziehung zum paganen Epos vgl. auch Smith 1976: 164–167).

Mit einer Vielzahl von Reminiszenzen, v. a. an die *Aeneis*, versucht Prudentius jedoch den epischen Charakter der *Psychomachia* zu unterstreichen, besonders auffällig ist „ein dichtes Netz von Reminiszenzen kleinsten Umfangs [...] in der Schilderung der Tötung der *ueterum Cultura deorum*" (vv. 30–35) sowie in weit geringerem Umfang bei der Beschreibung der *Fides* (vv. 21–27) (Lühken 2002: 57; vgl. Smith 1976: 164). Doch mangelt es dieser Melange von Versatzstücken stellenweise an Konzinnität (vgl. Schwen 1937 u. Lühken 2002: 57). Lühken rechtfertigt diesen Mangel damit, dass es „in einem allegorischen Gedicht [...] weniger wichtig [sei], daß sich die Einzelheiten zu einer lebensnahen Darstellung zusammenfügen, als daß jedes Detail eine übertragene Bedeutung besitzt" (Lühken 2002: 57).

Diese Reminiszenzen auf der einen und Abweichungen von der epischen Tradition sowie der freie Umgang mit seinen Vorbildern auf der anderen Seite zeigen bereits im ersten Kampf programmatisch das Vorgehen des Prudentius, sich in seinem Gedicht einerseits der paganen Traditionen zu bedienen, andererseits aber auch von ihnen abzuweichen und sie – wo sie seinem christlichen Glauben widersprechen – zurückzuweisen (vgl. Nugent 1985: 17).

Die Waffenlosigkeit der *Fides* lässt sich vielleicht als Hinweis auf ein wesentliches Charakteristikum des Christentums verstehen, das Gebot der Feindesliebe (*Mt* 5, 43–48), das auch für den Kampf gegen das Heidentum charakteristisch ist (vgl. Buchheit 1990: 393–394). Doch die brutale Vernichtung der *Idololatria* durch *Fides* – wie auch sonst die Tötung der Laster durch die Tugenden – steht dazu in krassem Widerspruch. So ist es wahrscheinlicher, dass die Waffenlosigkeit dazu dient, die Stärke der *Fides* zu betonen, die weder Waffen noch Rüstung nötig hat, um ihren Feind in kürzester Zeit zu besiegen.

21–27: Prudentius führt *Fides* als erste Akteurin ein, charakterisiert sie und begründet ihre Kampfbereitschaft.

21–23: *Fides*, die erste Kämpferin – nicht nur unter den Tugenden, sondern sogar insgesamt –, stellt sich zum Kampf, ohne zu wissen, was und wer sie erwartet. Sie betritt das Schlachtfeld anscheinend völlig falsch ausgerüstet: unbewaffnet und ohne Rüstung. Doch genau das entspricht ihrer Natur, sie vertraut auf ihren Mut (ihre Seele). So zieht sie in die Schlacht und sucht geradezu den Kampf. *Fides* erinnert hier an einen christlichen Märtyrer, der in ausweglosem Kampf mutig ἐν πληροφορίᾳ πίστεως ‚in der Zuversicht des Glaubens' (*Hbr* 10, 22) gegen einen gutgerüsteten Gegner antritt (vgl. James 1999: 71–72 u. Gnilka 2001 c: 67).

21–22 prima *p*etit cam*p*um [...]|| *p*ugnatura Fides: Der erste Kampf der *Psychomachia* beginnt mit einer Alliteration, die nicht nur den Beginn des Kampfes hervorhebt, sondern auch den „Aufmarsch" der *Fides* lautmalerisch darstellt.

Dem Primat der Tugend *fides* im neuen Testament und bei den Kirchenvätern entsprechend, lässt Prudentius *Fides* als erste Tugend das Schlachtfeld betreten (vgl. Gnilka 1963: 31), so wie sie auch im weiteren Verlauf der *Psychomachia*, so etwa als Retterin der *Concordia* (vv. 715–719) oder als Rednerin bei der Siegesrede und der Aufforderung zum Tempelbau (vv. 799–822), als Führerin der Tugenden erscheint. So erklären bereits die alten Glossen den Beginn des Seelenkampfes durch *Fides* damit, dass sie *prima ... omnium uirtutum* sei (vgl. Burnam 1910: 88–89). Auch in anderen Tugendkatalogen steht *fides* bzw. griech. πίστις an erster Stelle (vgl. Gnilka 1963: 31, bes. Anm. 2).

Prudentius führt die beiden Protagonisten des ersten Kampfes – ihrer jeweils besonderen, herausragenden Bedeutung unter den Tugenden bzw. Lastern entsprechend – parallel ein: *prima ... Fides* (vv. 21–22) entspricht *prima ... ueterum Cultura deorum* (v. 29). *Fides* ist die erste der Tugenden, die gegen die Laster kämpfen (vgl. Bergman 1897: 5 u. Gnilka 1963: 31). Zum Gegensatz von *Fides* und *ueterum Cultura deorum* vgl. Nugent 1985: 22-25.

Eine besondere Rolle spielt die *Fides* auch sonst bei Prudentius: in der *Psychomachia* als leuchtendes Vorbild für die schwankenden Gegner der *Luxuria* in der Rede der *Sobrietas* (vv. 364–366) und als Spenderin einer kostbaren Perle als Schmuck des inneren Heiligtums des Tempels, für deren Kauf sie all ihre Habe hergegeben hat (vv. 871–874); in der *Hamartigenia* empfängt sie die reuige Seele nach ihrer Rückkehr *postliminio ... alto ... gremio* und kümmert sich um sie (*ham.* 852–854); im *Peristephanon liber* vergleicht Prudentius den Märtyrer Laurentius mit der personifizierten *Fides*, die – anders als in der *Psychomachia* – bewaffnet und ohne Rücksicht auf das eigene Leben kämpft (*perist.* 2, 17), und im Romanushymnus bewacht *Fides* den Eingang des Tempels in der Seele des Menschen und fordert eine reine und fromme Lebensweise als Opfer für Christus und Gott-Vater (*perist.* 10, 351–360).

campum petere ‚auf das (Schlacht-)Feld eilen' hat für den Leser bereits nach der Einleitung durch die *praefatio* und die *inuocatio* mit ihrer Einführung in die Kampfmetaphorik eine eindeutig militärische Bedeutung, wiewohl dem Leser vielleicht die friedliche, ja idyllische Bedeutung in den Sinn kommt, die es bei Vergil hat: *campum petit amnis* (Verg. *georg.* 3, 522; vgl. auch die Reminiszenz Macr. *sat.* 6, 2, 6). Auf der Bildebene vermittelt *campus* ‚Schlachtfeld' dem Leser eine erste Vorstellung vom Ort des Kampfes zwischen Tugenden und Lastern. Der Kampf spielt sich anscheinend nicht im Verborgenen ab, vielmehr wird in offener Feldschlacht gekämpft.

21 *du*bia *s*u*b sorte du*elli: ‚unter dem ungewissen Schicksal des Krieges'. *duellum* ‚Kampf / Schlacht / Krieg' ist die ursprüngliche, altlat. Form von *bellum*, die auch später noch in Gebrauch ist (vgl. ThLL V,1: 2181–2182 s. v. dvellum (duellum) 1), so etwa bei Prudentius' Vorbild Horaz *carm.* 3, 5, 58 u. *epist.* 1, 2, 7 (vgl. Kühner–Holzweissig: 164 § 34.6.e). Hier bezeichnet es vielleicht etymologisierend den ‚Zweikampf' (vgl. Bergman 1897: 4; ferner auch Arévalo 1862: 22 sowie ThLL V,1: 2182 s. v. dvellum (duellum) 2), ein wesentliches Kompositionsprinzip der *Psychomachia*; vielleicht verwendet Prudentius, während er an anderer Stelle das gewöhnliche *bellum* gebraucht – *belli sub sorte* (v. 474) –, hier auch das alte *duellum* um der Alliteration mit *dubia* willen, um die Aufmerksamkeit des Lesers auf diese Stelle zu lenken, worauf auch die zweite Alliteration *sub sorte* und deren Einschachtelung in die erste Alliteration hindeuten. Lavarenne deutet *duellum* dagegen unter Außerachtlassen des in der *Psychomachia* ebenfalls vorkommenden *bellum* als bloßen Archaismus (vgl. Lavarenne 1933: 83 § 156 u. 216 z. St. sowie Burton 2004: 8). Vgl. v. 575 *duello*.

Der Vergleich der situativen Kontexte von *sub sorte duelli* (v. 21) und *belli sub sorte* (v. 474) stützt Bergmans These von der etymologisch bzw. etymologisierend begründeten Wortwahl: Während *Fides* zu einem Zwei*k*ampf mit der *cultura Deorum ueterum* eilt, haben wir es in vv. 474–476 mit einem Beispiel aus der menschlichen Erfahrungswelt zu tun, und zwar der durch die *Auaritia* verursachten Plünderung der Leiche eines Vaters durch seinen Sohn während eines Krieges bzw. einer Schlacht, an der naturgemäß viele Menschen beteiligt sind.

sub ‚unter' gibt hier die Rahmenbedingungen, die Umstände bzw. die Situation an, in der sich die *Fides* – und mit ihr auch alle später auftretenden Akteure – befindet, so dass man *dubia sub sorte duelli* wohl als ‚dem ungewissen Schicksal des Kampfes ausgesetzt / unterworfen" zu verstehen hat.

dubia ‚ungewiss' erscheint der Ausgang des Kampfes dem Leser vielleicht zunächst noch angesichts der scheinbaren Schwäche der *Fides* aufgrund ihrer fehlenden Rüstung und Bewaffnung; doch nach der Lektüre der *inuocatio* (vv. 1–20) ist dem Leser bereits bewusst, dass die Tugenden in den geschilderten Kämpfen siegreich sein werden. So handelt es sich bei diesem Ausdruck vielleicht, wie Smith erwägt, um einen Versuch, dem Kampf eine gewisse Spannung zu verleihen, oder Prudentius weist damit darauf hin, dass dem

Menschen von Gott zwar alle Mittel zum Kampf gegen die Sünde gegeben sind, der Ausgang des Kampfes aber dennoch offen steht, weil der Mensch über den freien Willen verfügt, diese Mittel zu gebrauchen oder nicht (vgl. Smith 1976: 161–162). Gnilka hält dagegen, dass der „Sieg nie ernsthaft gefährdet" sei und der Ausdruck *dubia sub sorte duelli* „keinen Zweifel am Ausgang des Kampfes wecken" solle, vielmehr kennzeiche er „das *insanum bellum* (v. 27) im allgemeinen [...] und dien[e] dazu, einen Kontrast zu schaffen, vor dem sich der siegreiche Mut der *Fides* umso wirkungsvoller abheben kann" (Gnilka 2001 c: 68).

Wahrscheinlich spielt Prudentius hier nicht auf die Situation seiner eigenen Zeit an, sondern vielmehr auf die „Religionskämpfe unter den nichtchristlichen Kaisern des 1.–3. Jh." , denn diese „älteren Religionskämpfe [waren] die erste wirklich bedrohliche Gefahr, der sich der christliche Glaube stellen musste" (Rohmann 2003: 240). Unter diesem Aspekt lassen sich auch der Angriff der *Idololatria* (vv. 28–29) und das Aufrichten der *Fides* (v. 31) verstehen.

22 pugnatura Fides ... turbida: ‚Fides, kampfbereit und ungestüm'. *pugnatura*, final gebraucht, ist Attribut zu *Fides* (vgl. Lease 1895: 31 § 78).

turbidus, eigentlich ‚stürmisch / wild', kann auch ‚verwirrt / aufgeregt / zornig' oder aber ‚wirr / zerzaust', etwa in Bezug auf das Haar bedeuten. Das Attribut *turbida* charakterisiert die Kampfbereitschaft der *Fides* noch deutlicher: Sie betritt nicht einfach ruhig das Schlachtfeld, sondern ist „wild" auf den Kampf gegen die Laster, bereit „zum Sturmangriff" auf den Feind (vgl. vv. 24–25: *ad noua feruens | proelia* u. v. 27: *prouocat ... pericula belli*); in dieser Bedeutung gebraucht Prudentius das Wort auch in *psych*. 299: *turbidus bellator*. Von *turbida* hängen dann die weiteren Beschreibungen des Äußeren der *Fides* ab, die ihr stürmisches Auftreten begleiten (vv. 22–23: *agresti ... cultu, | nuda umeros, intonsa comas, exerta lacertos*). In diesem Kontext, besonders im Zusammenhang mit *intonsa comas*, klingt natürlich die Bedeutung ‚zerzaust / wirr' mit an (vgl. Bergman 1897: 4 wie auch die Übersetzung bei Thomson 1949: 281). Doch spielt hier auch die dritte Bedeutung ‚aufgeregt / zornig' eine wichtige Rolle: *Fides* ist zornig auf die Laster, naturgemäß wohl besonders auf den paganen Götterkult (vgl. Lavarenne 1933: 216–217 u. Buchheit 1990: 389–390), auch wenn die *ueterum Cultura deorum* erst ein paar Verse später als Herausforderer in Erscheinung tritt. Doch ist *Fides* hier sicher nicht ‚verwirrt', wie ihr weiteres Auftreten deutlich zeigt. Prudentius gebraucht das Wort *turbidus* in seinen Werken, je nach Kontext, in seiner vollen Bedeutungsbandbreite, weshalb sich aus den übrigen Belegstellen für die Bedeutung an dieser Stelle nichts ableiten lässt (vgl. Deferrari–Campbell 1932: 765).

agresti ... cultu: ist doppeldeutig und hat zu Uneinigkeit im Verständnis des Verses geführt (vgl. Buchheit 1990: 389–390). Aufgrund der Stellung innerhalb der Beschreibung des Äußeren der *Fides* versteht man *agresti cultu* zunächst als Beschreibung der Kleidung (vgl. Bergman 1897: 4, Thomson 1952: 281, Lavarenne 1933: 217) im Sinne von ‚mit einfacher / bäuerischer Kleidung' (vgl. ThLL IV: 1333–1336 s. v. cultus² II.A.2.b u. 1327–1328 s. v. cultus² I.A.3.b) oder als Beschreibung ihrer Lebensweise im Sinne von ‚einfacher / bäuerlicher Lebensweise' (vgl. ThLL IV: 1332–1333 s. v. cultus² II.A.2.a). In beiden Fällen wäre *agresti cultu* modal aufzufassen. Man kann *agresti cultu* jedoch auch kausal verstehen, als Begründung für das Attribut *turbida* (v. 22), also „als Ursache der Erregung, welche die Fides erfaßt hat" (Buchheit 1990: 390). In diesem Falle müsste man *agresti cultu* im Sinne von ‚aufgrund der bäurischen (Götzen-)Verehrung' (vgl. ThLL IV: 1329–1331 s. v. cultus² I.B.2) verstehen und auf die *ueterum Cultura deorum* beziehen.

Die sonstige Verwendung von *agrestis* bei Prudentius spricht gegen einen negativ konnotierten Bezug von *agresti cultu* auf die *ueterum Cultura deorum*. Denn an nahezu allen anderen Stellen, an denen Prudentius *agrestis* gebraucht, hat es die Bedeutung ‚ländlich / bäuerlich / roh' ohne negative Wertung (vgl. *c. Symm.* 2, 1000; *ham.* 785; *cath.* 4, 60; 7, 69); lediglich *c. Symm.* 1, 44 *agrestes animos* ist negativ konnotiert.

Gegen Buchheits These vom Bezug des *agresti cultu* auf die *Idololatria* (vgl. Buchheit 1990: 390–396) spricht ferner besonders, dass dies im Zuge der Charakterisierung der *Fides* (vv. 21–27) gesagt wird. Das Argument, dass *Fides* wegen der Götzenverehrung *turbida* sei, erscheint nicht stichhaltig, da die *ueterum Cultura deorum* erst sieben Verse später (v. 29) eingeführt wird und zuvor nur ganz allgemein vom Kampf gesprochen wird. Deshalb kann *cultus* hier grundsätzlich noch alle drei oben diskutierten Bedeutungen haben, was jedoch im folgenden Vers durch den Kontext der Charakteristik sofort auf die Bedeutungen ‚Kleidung / Auftreten' und ‚Lebensweise' eingeengt wird. Zwar lässt sich Buchheits These nicht endgültig widerlegen, doch ist sie unwahrscheinlicher als die übliche Deutung.

Gnilka verweist mit Bezug auf Arnob. *adv. nat.* 5, 32 darauf, dass noch um 300 n. Chr. das Wort *rusticus* ‚Bauer(nlümmel)' als Schimpfwort für die Christen in Gebrauch war und der christliche Glaube „von der feinen Kultur unabhängig" (Gnilka 2001c: 68) geblieben ist. Er betont die enge Verbindung von einfacher Aufmachung und mangelhafter Rüstung der *Fides*, in deren Darstellung er die Bemühung des Prudentius sieht, „verschiedene Seiten der *Fides christiana*, die in der Sache ihre Einheit besitzen, auch äußerlich zu einer Gesamtgestalt zu verbinden" (Gnilka 2001c: 68–69). In diesem Sinne muss wohl auch *agrestis* hier verstanden werden.

23 umeros ... comas ... lacertos: *acc. graec.* bzw. *limit.*, die den Bereich angeben, auf den sich die Attribute *nuda, intonsa* und *exerta* (v. 23) jeweils erstrecken (vgl. Lease 1895: 17 § 37 u. Burton 2004: 8). Der *acc. graec.* bei Adjektiven findet sich in der römischen Dichtung erst seit den Augusteern (besonders bei Prudentius' Vorbild Vergil und Ovid); meist stehen dann wie hier Körperteile im *acc. graec.* (vgl. LHS 2: 37 § 44.b).

Prudentius beschreibt das Aussehen der *Fides* in nur einem Vers, wobei die Reihenfolge dieser dreigliedrigen Aufzählung auffällig ist. Die Beschreibung der für den Kampf relevanten Körperteile, der Arme und Schultern, wird durch eine Beschreibung der Frisur unterbrochen. Während jene prominent am Anfang und Ende des Verses stehen, ist diese gleichsam nur ergänzend eingeschoben. *nuda umeros* ‚mit nackten Schultern' und *exerta lacertos* ‚mit entblößten Armen' – wie eine Athletin (vgl. Lavarenne 1933: 217) – wird *Fides* dargestellt. Diese Entblößung der Arme und Schultern dient auf der Bildebene der Kampfbereitschaft, auf der Bedeutungsebene suggeriert sie die Bereitschaft zu guten Werken (vgl. Arévalo 1862: 23). Der Zusatz *intonsa comas* ‚mit ungeschnittenem / unfrisiertem Haar' soll sicher nicht bedeuten, dass *Fides* ungepflegt wäre, sondern dass sie keinen übertriebenen Aufwand mit ihrer Frisur betreibt und stellt so einen gewissen Gegensatz zum Aufputz der *ueterum Cultura deorum* mit ihren *phalerata... tempora uittis* (v. 30) und erst recht der „Turmfrisur" (Gnilka 2001 c: 63) der *Superbia* (vv. 183–185) dar (vgl. auch Arévalo 1862: 23 u. Lavarenne 1933: 217). Zugleich erinnert diese Beschreibung an die *caesaries* ‚das (unfrisiert wehende) Haupthaar' epischer Helden und unterstreicht die *rusticitas* ‚Einfachheit' der *Fides* (vgl. Gnilka 2001 c: 62–63).

24–29: Zur Erklärung „manche[r] auffällige[r] Details in der descriptio der Fides" (Gnilka 1963: 32) verweist Gnilka auf die Schilderung des Verhaltens der Märtyrer in den Hymnen des Prudentius: Die Provokation der Gegnerin (vv. 26–28) ähnelt dem Vorgehen der hl. Eulalia (*perist.* 3, 35: „femina *prouocat* arma uirum") und des hl. Vinzenz (*perist.* 5, 131: „gaudet, renidet, *prouocat*); der *laudis calor* (v. 24) der *Fides* ist typisch für die Märtyrer, wie Prudentius sie sonst schildert (vgl. *perist.* 13, 75 u. 10, 71); die Waffenlosigkeit (v. 26: *membris retectis*) repräsentiert den Heldenmut der Märtyrer beispielsweise im Umfeld des Romanus (*perist.* 10, 64: „i u g u l o s *retect*os obstinate opponere") (vgl. Gnilka 1963: 32–33).

Der Grund für die Kampfbereitschaft der *Fides* und ihren mutigen Vorstoß ist der ‚Lobeseifer', das leidenschaftliche Verlangen, Gott zu loben. Dieser Eifer lässt *Fides* auf jegliche Waffen und Rüstung verzichten und stattdessen auf ihre bloßen Arme, ihre starke Seele sowie ihren Mut vertrauen und lässt sie siegesgewiss neue Kämpfe geradezu suchen und herausfordern.

In der Schilderung dieses ersten Kampfes wird nicht nur wie auch bei den anderen Kampfschilderungen der *Psychomachia* auf die sonst für die antiken Epen – besonders die *Ilias* und die *Aeneis* – so typischen Rüstungsszenen verzichtet (vgl. Nugent 1985: 22), sondern es wird sogar explizit der Verzicht auf Waffen und Rüstung betont.

24 repentinus calor laudis: ‚plötzlicher Lobeseifer'; *calor* ‚Glut / Hitze', aber auch übertragen ‚Leidenschaft / Eifer' wird durch ein Adjektiv oder aber wie hier *gen. obi.* näher bestimmt. Mit *calor* ist in vv. 24–27 eine Eigenschaft des bereits personifizierten Abstraktums *Fides* Subjekt; so wird das Prinzip der *Psychomachia*, Abstrakta zu personifizieren, auf sich selbst angewandt und sozusagen eine Personifikation zweiter Ordnung eingeführt. Man würde eigentlich erwarten, dass die *Fides* all das tut, was in vv. 24–27 berichtet wird, und dass ihr *calor laudis* der Grund dafür ist.

Im Attribut *repentinus* erkennt Rohmann einen Verweis auf die „in der jüngeren Geschichte erzielten plötzlichen Erfolge der christlichen Kirche, besonders auf die Religionspolitik der christlichen Kaiser seit Konstantin" (Rohmann 2003: 240).

25 n e c *t*elis meminit n e c *t*egmine cingi: ‚dachte weder daran, sich mit Waffen zu rüsten noch mit Rüstung / Panzer'; die korrespondierende Negation *nec telis ... nec tegmine* ist auffällig, nicht nur durch die damit verbundene Alliteration (vgl. Lavarenne 1933: 120 § 277). Eigentlich würde man hier nämlich die Negation des Prädikats erwarten: ‚er dachte nicht daran, sich mit Waffen und Panzer zu rüsten'. Doch ist diese Verschiebung der Negation von Prudentius wohl sehr bewusst gewählt. Er betont hier erneut die gewollte Waffen- und Wehrlosigkeit der *Fides*. Diese läuft eben nicht kopflos auf das Schlachtfeld, sondern ‚hat daran gedacht, weder Waffen noch Rüstung anzulegen', d. h. sie hat sich bewusst dafür entschieden!

26 pectore ... fidens ... membrisque retectis: ‚auf ihr Herz und ihre bloßen Glieder vertrauend'. *fidens* in der Bedeutung ‚auf etw. vertrauend' steht gewöhnlich mit dem Genitiv, bei Prudentius jedoch stehen *fidere* und auch das Partizip *fidens* häufiger mit dem Ablativ (vgl. Lease 1895: 29 § 73), wie beispielsweise auch bei seinem Vorbild Vergil in der Beschreibung des Turnus in *Aen.* 12, 789: *gladio fidens* (vgl. Schwen 1937: 6). Das Vertrauen auf die Güte der Waffen ist normalerweise „episches Allgemeingut", hier jedoch wird es, dem Charakter der *Fides* ensprechend, umgedreht (Schwen 1937: 6). Mit Verweis auf I *Io* 5, 4 hält Buchheit die Waffenlosigkeit der *Fides* bei Prudentius nur für konsequent; denn „wenn schon alle *milites Christi* nur der *fides* als Waffenrüstung bedürf[t]en, [gelte] dies erst recht für den Kampf der *Fides* selbst" (Buchheit 1990: 394).

27 prouocat ... frangenda pericula: ‚fordert die zu brechenden Gefahren heraus'. Prudentius versteht die Gefahren als Hindernisse bzw. Schranken, die es zu zerbrechen gilt, um den Sieg über die Laster erringen zu können, und das Gerundivum *frangenda* betont die Notwendigkeit (vgl. Arévalo 1862: 23): Wenn *Fides* und die Tugenden diese Gefahren nicht auf sich nehmen und die Laster nicht bekämpfen, ist der Sieg über diese – das Ziel der *Psychomachia* (vgl. vv. 5–20) – unmöglich.

Und *Fides* wartet nicht erst auf den Angriff der Laster, sie will sie nicht nur abwehren, sondern *provocat* ‚fordert [die Gefahren] heraus' (vgl. v. 28 *lacessentem*); sie erklärt den Lastern also den Krieg und will so die nötige Entscheidungsschlacht selbst herbeiführen.

Auf der Bedeutungsebene heißt das, dass der Christ nicht warten darf, bis die Laster ihn bedrängen, sondern selbst die Initiative ergreifen muss, um sie zu bekämpfen. Der Glaube an den einen Gott ist der erste und unabdingbare Schritt dazu; erst auf der Grundlage eines festen Glaubens an Gott können die einzelnen Laster besiegt werden. Das heißt im Umkehrschluss aber nicht, dass der pagane Götterkult die Grundlage aller Laster ist und ohne diesen die Laster verschwänden, es muss trotzdem jedes einzelne Laster besiegt und endgültig vernichtet werden. Der Glaube ist demnach zwar ein notwendige, nicht aber hinreichende Voraussetzung für den Sieg über die Laster.

28–29: Minimalistische Vorstellung der *ueterum Cultura deorum*, der *Idololatria* ‚Götzenverehrung' (vgl. die etwas detailliertere Präsentation der *Fides* in vv. 21–23).

Die *Idololatria*, die ihrem Wesen nach der *Fides christiana* als dem Glauben an den *einen Gott* entgegengesetzt ist, nimmt dementsprechend als erstes Laster die Herausforderung der Tugend an. Hier spielt Prudentius wohl auf „christenfeindliche Maßnahmen" und „provozierte Religionskämpfe" unter einzelnen römischen Kaisern der Vergangenheit an (Rohmann 2003: 240). Smith vermutet dagegen hinter diesem Angriff eine Anspielung auf jüngere Versuche des Aufbegehrens durch Vertreter der heidnischen Senatsaristokratie (vgl. Smith 1976: 163).

28 lacessentem: ‚die Herausforderin'; gemeint ist *Fides*. *lacessentem* nimmt *prouocat* aus v. 27 wieder auf. Indem sie kampfbereit das Schlachtfeld betritt, fordert *Fides* die Laster, besonders ihre direkte Gegenspielerin, die *Idololatria*, zum Kampf heraus.

conlatis uiribus: ‚mit vereinten Kräften' bzw. ‚mit geballten Kräften'. Aufgrund der Stellung zwischen *lacessentem*, dem Attribut zu *Fidem* (v. 29) und *audet*, dem Prädikat, das von der *ueterum Cultura deorum* ausgesagt wird, ist unklar, ob sich *conlatis uiribus* auf *Fides* oder auf die *Idololatria* bezieht. Bezieht man *conlatis uiribus* auf *Fides*, so müssten wir darin entweder einen Vorgriff auf die erst am Ende des Kampfes genannte *legio* (v. 36) sehen oder in Wiederaufnahme von *pectore fidens* (v. 26) einen Hinweis auf die in ihr steckende Kraft des Glaubens. Bezieht man *conlatis uiribus* dagegen auf die *Idololatria*, so ließe sich dahinter eine Anspielung auf die Vielzahl der im paganen Kult verehrten Götter vermuten oder aber ein Hinweis darauf, dass die *Idololatria* mit den anderen Lastern zusammen wirkt.

29 prima ferire: ‚als erste zu schlagen', d. h. anzugreifen, ob mit der bloßen Hand oder einer Waffe, bleibt dabei zunächst offen. *prima* zeigt an, dass weitere Laster folgen werden, die gegen die Tugenden antreten (vgl. Bergman 1897: 5), betont aber auch die besondere Stellung der *Idololatria* unter den Lastern aus christlicher Perspektive, wie Gnilka unter Bezug auf Tert. *adv. Marc.* 4, 9, 6 u. Aug. *praed. sanct.* 7 zeigt (vgl. Gnilka 1963: 31).

Vgl. *prima petit campum ... | pugnatura Fides* (vv. 21–22).

ueterum Cultura deorum: Der sperrige Name für das Laster, das man ansonsten als *Idololatria* ‚Götzenverehrung' kennt, ist wahrscheinlich der besseren Verwendbarkeit im daktylischen Hexameter geschuldet: *ueterum Cultura deorum* ⏑ ⏑ − − − ⏑ ⏑ − ⌣ lässt sich leicht in dieses Versmaß einfügen und aufgrund der Zusammensetzung aus drei Worten notfalls auch umstellen, damit es ins Versmaß passt; *Idololatria* − − ⏑ ⌣ − ⌣ dagegen lässt sich zwar ins Versmaß einfügen, ist aber nicht so flexibel verwendbar wie *ueterum Cultura deorum*, die haplologische Form *Idolatria* − − ⌣ − ⌣ lässt sich zwar ins Versmaß einfügen, wenn man -*latr*- lang misst, ist dann aber aufgrund der Spondeenhäufung sehr sperrig (vgl. Gnilka 1963: 31 u. Rohmann 2003: 239).

Die Verwendung des Namens *Ido(lo)latria* war also zumindest nicht unmöglich, weshalb vielleicht neben der flexibleren Verwendbarkeit noch andere Gründe Prudentius zur Verwendung des Namens *ueterum Cultura deorum* bewogen haben könnten. So vermutet Gnilka, dass Prudentius, indem er „die Idolatrie als Verehrung der alten Götter auffaßt, [...] den Götzendienst einer bestimmten historischen Epoche vor Augen, [hat], den des antiken römischen Heidentums, nicht [aber] zum Beispiel den der Juden, die das goldene Kalb verehrten"; daher sei der „Kampf gegen die alten Götter [...] als seelischer Konflikt auch zu Prudentius' Zeiten noch durchaus aktuell [gewesen]" (Gnilka 1963: 32). Der Kampf gegen die *Idololatria* stehe zu Recht am Anfang: Da zu dieser Zeit nicht jeder von Kindheit an Christ war, machte die bewusste Abkehr vom paganen Kultus den Menschen zum Christen (vgl. Gnilka 1963: 32). Vielleicht handelt es sich bei diesem Namen auch um eine ironische Anspielung auf die „uana superstitio u e t e r u m que ignara d e o - r u m" (Verg. *Aen.* 8, 187) in der Rede des Euander (vgl. Smith 1976: 283).

Anders als die Laster in den anderen Kämpfen der *Psychomachia* wird die *ueterum Cultura deorum* nicht vor Beginn der eigentlichen Kampfszene charakterisiert, stattdessen ist ihre Beschreibung und Charakterisierung sehr knapp in die eigentliche Kampfhandlung eingebaut (vgl. Schwen 1937: 6 u. Gnilka 1963: 75).

30–35: Detaillierte und sehr plastische, ja grausame, Darstellung der Tötung der *Idololatria* durch die *Fides*. Der langsame, qualvolle Tod der *Idololatria* hat historische Bedeutung und symbolisiert das langsame „Absterben des Heidentums" (Gnilka 2001 c: 73), was durch den Jubel der Märtyrer (v. 36) noch untermauert wird (vgl. Gnilka 2001 c: 73–76 u. Gnilka 1963: 74–75 Anm. 60). Zu den Charakteristika der Sterbeszenen in der *Psychomachia* vgl. auch Gnilka 1963: 48–50.

Anders als bei den übrigen Lastern ist ein Bezug der Todesart der *Idololatria* zu ihrem Wesen und ihren Charakteristika nicht ohne Weiteres erkennbar. In der „Konzentration der Kampfhandlung ausschließlich auf den Kopf" – *caput* (v. 30), *tempora* (v. 30), *ora* (v. 31), *oculos* (v. 33), *gutturis* (v. 34) – erkennt Gnilka lediglich einen Hinweis auf den „hauptsündigen Körperteil" der *Idololatria*, deren Kopf sich „Prudentius [...] als Haupt eines Ungeheuers vor[stelle], dessen Mund vom Blut der Opfertiere gesättigt ist [...] und dessen Schläfen die Binden der heidnischen Priester schmücken" (Gnilka 1963: 75). Rohmann dagegen sieht in der Vernichtung der Augen der *Idololatria* (vv. 32–33) durchaus eine Vergeltung gemäß der *lex talionis*, „da die Ausübung paganer Religionen eng an die Anschaulichkeit der Götterstatuen gebunden war, die Christen ablehnten" (Rohmann 2003: 240–241).

Auffällig ist die unrealistische Darstellung des Kampfes:

> In dieser Form ist ein wirklicher Kampf undenkbar: Das ‚Schlagen' der *Idolatria* ist zu allgemein im Ausdruck, es fehlt die Waffe, die getroffene Stelle und die Wunde. Die *Fides* selbst ist waffenlos, so bleibt das *altior insurgens labefactat* (v. 31) in seiner Ausführung unklar; auch preßt sie entweder das feindliche Antlitz auf die Erde oder drückt ihr die Augen aus, ebenso kann sie nicht mit dem Fuße die Augen austreten und zugleich die Kehle eindrücken. (Schwen 1937: 7)

Als besonders unrealistisch hebt Gnilka die Schilderung des Erstickungstodes der *Idololatria* hervor, für die Prudentius drei Verse der sonst so kurzen Kampfdarstellung aufwendet, obwohl das Motiv des Erstickens durch das Kampfgeschehen nicht begründet ist, da „ja nirgends gesagt [wird], daß Fides die Gegnerin drosselt" (Gnilka 1963: 74 Anm. 60).

Den Grund für solche Ungereimtheiten sieht Schwen im Bemühen des Prudentius, die Überwindung des Lasters möglichst eindrucksvoll zu schildern, wozu er „unbekümmert ein wirkungsvolles Motiv ans andere [reihe] und [...] Unwirksames, wenn auch real Notwendiges, fort[lasse]" (Schwen 1937: 7). Gnilka vermutet darüber hinaus eine allegorische Bedeutung dahinter: Er deutet mit Bezug auf die *legio ... mille martyribus coacta* (v. 36) heilsgeschichtlich das „langsame Verröcheln der *Idololatria* unter dem Fuß der *Fides* als allegorische Darstellung des nicht enden wollenden Kampfes

[...], den die unzähligen Märtyrer gegen den Götzendienst führten." (Gnilka 1963: 75 Anm. 60).

Mit der Auswahl der Kampfmotive webt Prudentius ein „dichte[s] Netz von Reminiszenzen kleinsten Umfangs" (Lühken 2002: 57) an die *Aeneis* (vgl. Schwen 1937: 5–8, Smith 1976: 282–283 u. Lühken 2002: 57–58).

30–31 Illa ... | altior insurgens: Anklang an Verg. *Aen.* 12, 901–902: „*Ille ... raptum* [sc. saxum] *... torquebat in hostem | altior insurgens ...*" (vgl. Lease 1895: 68 § 149.a, Bergman 1897: 5, Dexel 1907: 4–5, Schwen 1937: 102, Lühken 2002: 57 u. 69). Bei Vergil wird der Moment, in dem Aeneas einen riesigen Grenzstein anhebt und auf Turnus wirft, „äußerst anschaulich und gut vorstellbar" (Dexel 1907: 5) dargestellt, man kann sich bildlich vorstellen, wie Aeneas Anlauf nimmt, sich dann hoch aufrichtet und den Felsblock auf Turnus schleudert. Bei Prudentius beginnt die Kampfschilderung direkt im Nahkampf zwischen *Fides* und der *Idololatria*: Wir erfahren, dass *Fides* sich aufrichtet und den Kopf der *Idololatria* zu Fall bringt, sich sozusagen auf sie stürzt. Dexel deutet das *altior insurgens* so: „[Sie] stemmt sich mit den Zehen auf die Erde – wobei sie die Bewegung des *altior insurgere* macht – und bringt so die Gegnerin zu Fall." (Dexel 1907: 5). Darüberhinaus klingt auch der Versanfang „*altior* ex*surgens*" (*Aen.* 11, 697) aus dem Kampf der Camilla gegen Orsilochus mit an, wo Camilla sich aufrichtet und ihre Axt auf den Helm des Orchilochus sausen lässt (vgl. Dexel 1907: 4 Anm. 2). Die Ähnlichkeit zum Versanfang von *Aen.* 11, 755 „*arduus insurgens*" (vgl. Dexel 1907: 4 Anm. 2 u. Schwen 1937: 102) ist bloß formal, denn anders als in *psych.* 30–31 und *Aen.* 12, 901–902 wird das *insurgens* hier über den Unterlegenen des Kampfes gesagt: Vergil vergleicht Tarchon mit dem Adler, der sich auf seine Beute stürzt und Venulus mit der Schlange, die sich dreht und windet und schließlich nocheinmal aufrichtet, letztlich aber doch vom Adler geschnappt wird.

30 phalerataque tempora uittis: ‚und die mit Binden geschmückten Schläfen'. Die *Idololatria* trägt, ganz ihrem Wesen entsprechend, die Binde der Priester paganer Götterkulte (vgl. Bergman 1897: 5 u. Burton 2004: 9). Doch scheint Prudentius hier hintergründig mit den Bedeutungen von *uitta* zu spielen, worauf die Vergil- und Ovidreminiszenzen, aber auch die Verwendung bei Prudentius selbst an anderen Stellen hindeuten. Denn nicht nur der Priester trägt in den paganen Kulten die *uitta* um den Kopf, sondern u. a. auch das Opfertier oder das Menschenopfer (vgl. *Aen.* 2, 133 u. 156, Ov. *fast.* 3, 861; *Pont.* 3, 2, 75; Sen. *Thy.* 686; Val. Fl. 1, 776 u. Iuv. 12, 118). Genaugenommen ist die *Idololatria* hier auch ein Opfer, das Opfer nämlich, welches die *Fides*, ‚der Glaube', dem *einen* Gott darbringt, indem sie den Kult der vielen Götzen beendet. Und tatsächlich klingen hiermit zwei Textstellen wörtlich an, bei denen das Opfer die *uittae* trägt: Verg. *Aen.* 2, 133 „*tempora* *uitt*ae" und Ov. *Pont.* 3, 2, 75 „*tempora uittis*". Dass die Bedeutung der Priesterbinde grundlegend ist, zeigen neben dem Kontext auch die Anklänge an Verg. *Aen.* 4, 637 u. 10, 538 „*tempora uitt*a" und Ov. *met.* 13, 643 „*tempora uittis*" sowie die Verwendung bei Prudentius selbst in *perist.* 10, 1013 „*uittis tempora*" und *c. Symm.* 2, 1094–1095 „verendis | *uitt*arum insignis phaleris". Beide Bedeutungen schwingen wohl auch in *psych.* 448 *uitta* mit. Die Ähnlichkeit zu *Aen.* 6, 665 „*tempora uitt*a" (vgl. Dexel 1907: 49) ist dagegen rein formal, denn hier ist von den *uittae* der Dichter die Rede.

Die Formulierung *phalerata tempora uittis* ist ziemlich ungewöhnlich (vgl. Lavarenne 1933: 218): *phaleratus* heißt eigentlich ‚mit *phalerae* geschmückt'. Prudentius gebraucht es hier einerseits scheinbar gleichbedeutend mit *ornatus* ‚geschmückt' und konstruiert es dementsprechend mit einem *abl. instrum.*, andererseits meint er darüberhinaus tatsächlich den Schmuck mit *phalerae*. Immerhin spricht Prudentius auch in *c. Symm.* 2, 1094–1095 von *uerendis uittarum phaleris* der Vestalinnen. Was die *uittae* allerdings mit *phalerae* zu tun haben, ist unklar. *phalerae* (griech. φάλαρον) sind eigentlich metallene Verzierungen an der Stirn und Brust von Pferden (vgl. ThLL X,1: 1998–1999 s. v. phalerae I.A), Abzeichen als militärische Auszeichnungen (vgl. ThLL X,1: 1999 s. v. phalerae I.B.1.a), dann auch jegliche Schmuckstücke von Männern und Frauen (vgl. ThLL X,1: 1999 s. v. phalerae I.B.1.b) sowie Neumann 1972 u. Bayer 1965).

So können wir nur vermuten, dass Prudentius hier und *c. Symm.* 2, 1095 *phaleratus* bzw. *phalerae* metaphorisch gebraucht: (a) Die Schläfen der *Idololatria* bzw. der Priesterin – oder auch des Opfers (s. o.) – werden mit der *uitta* geschmückt wie die Stirn des Pferdes mit den *phalerae*. (b) Die Schläfen der *Idololatria* bzw. Priesterin sind mit einer *uitta* geschmückt, an der Schmuckstücke befestigt sind, wie die *phalerae* an der Stirn des Pferdes (vgl. Lavarenne 1933: 218). Diese Überlegungen lassen sich durch die übrigen Belegstellen bei Prudentius stützen, denn ansonsten gebraucht er die Begriffe *phalerae* und *phaleratus* stets von Pferdeschmuck (*psych.* 195–196: *phaleratum equum, c. Symm.* 1, 346: *et frenos phalerasque*).

Vielleicht spielt Prudentius darüberhinaus an dieser Stelle sogar noch mit der militärischen Bedeutung von *phalerae*, die nicht nur ‚Orden' bezeichnen können, sondern häufig auch jeglichen Schmuck von Kriegern (vgl. ThLL X,1: 1999 s. v. phalerae I.B.1.b.α).

31–34: Deutliche Reminiszenz an Verg. *Aen.* 8, 259–261 (vgl. Bergman 1897: 5–6, Schwen 1937: 75 u. Lühken 2002: 57): „Hic Cacum in tenebris incendia uana uomentem | c o r r i p i t in nodum complexus et a n g i t inhaerens | *elisos oculos* et siccum sanguine *guttur*." Herkules ergreift Cacus, ein halbtierisches Monstrum, das ihm seine Rinderherden gestohlen hat, würgt ihn, bis ihm die Augen aus den Höhlen hervorquellen und kein Blut mehr durch seine Kehle fließt. Diese Anspielung auf Cacus lässt die *Idololatria* ebenfalls als „kaum noch menschliches, blutdürstiges Monstrum" erscheinen und erinnert so an die „noch nicht lange zurückliegenden Christenverfolgungen" (Lühken 2002: 57). Diese Reminiszenz betont einerseits die Gefährlichkeit der *Idololatria* und „rechtfertigt [so] das grausame Vorgehen der Fides" (Lühken 2002: 57; vgl. auch Bergman 1897: 5–6 u. Smith 1976: 285), andererseits betont der Vergleich der *Fides* mit Herkules deren Stärke.

31–32 ora cruore | de pecudum satiata: ‚der vom Blut der (Opfer-)Tiere gesättigte Mund'; Anspielung auf die – aus christlicher Sicht besonders abscheulichen und grausamen – Tieropfer der paganen Kulte (vgl. Lavarenne 1933: 218, Rohmann 2003: 241 u. Burton 2004: 9).

Der Plural *ora* anstelle des Singular begegnet in der Dichtung häufiger, z. B. Verg. *Aen.* 6, 495 (vgl. Bergman 1897: 5).

cruore de pecudum = *de cruore pecudum*. Die Anastrophe der Präposition *de* ist vielleicht durch Lukrez inspiriert (z. B. Lucr. 3, 1088: *tempore de mortis*; vgl. LHS 2: 216 § 114 Zus. b) und steht hier möglicherweise aus metrischen Gründen. Denkbar ist auch, dass Prudentius diese auffällige Wortstellung wählt (*cruore* hallt am Ende von v. 31 nach, scheinbar als *abl. instrum.*, dann steht am Anfang von v. 32 in Anastrophe dazu plötzlich betont *de* vor dem zugehörigen Genitivattribut *pecudum* und durchbricht die erwartete Konstruktion), um die Aufmerksamkeit des Lesers ganz besonders auf den Sachverhalt des blutigen Tieropfers zu lenken. Normalerweise steht *satiare* ‚sättigen' nämlich mit dem bloßen *abl. instrum.*, später auch mit der Präposition *cum* (vgl. Bergman 1897: 5, LHS 2: 120 § 79.I u. 126 § 79.I Zus. g); doch begegnet schon seit Ovid und besonders dann im Spätlatein *de* als Ersatz für den *abl. instrum.* (vgl. Lavarenne 1933: 90 § 178 u. LHS 2: 126 § 79.I Zus. g). Prudentius betont also hier, wie auch anderswo, die „als schaurig wahrgenommenen Elemente paganer Religionen" (Rohmann 2003: 241).

32 solo adplicat: ‚drückt / stößt zu Boden'; wie man sich das *solo adplicare* hier vorzustellen hat, bleibt aufgrund der wenig anschaulichen Ausdrucksweise offen. Nachdem *Fides* sich aufgerichtet und auf die *Idololatria* gestürzt und diese zu Fall gebracht hat, stößt sie deren Kopf wahrscheinlich mit dem Fuß zu Boden, bevor sie Augen und Kehle zertritt. Die Verwendung des Verbs *adplicare* ist sicher – nach Wortwahl und Kontext – Verg. *Aen.* 12, 303 „inpressoque genu nitens t e r r a e *adplicat* ipsum" entlehnt (vgl. Bergman 1897: 5, Schwen 1937: 7, Lavarenne 1933: 135 u. Lühken 2002: 57).

32–33 et pede calcat | elisos in morte oculos: ‚und tritt mit dem Fuß die im Tode hervorquellenden Augen'. Lühken vermutet hinter der „ungewöhnlichen Todesart unter den Füßen der Fides" eine Anspielung auf Tertullian *de spectaculis* 29, 3 „quod *calcas* deos nationum", wonach „die heidnischen

Götter ‚mit Füßen zu treten' [...] die dem Christen angemessene Verhaltensweise [sei]" (Lühken 2002: 57–58). Gnilka erkennt in dieser Stelle eine Anspielung auf Lucr. 1, 78–79 „quare religio p e d i b u s   s u b i e c t a   uicissim | o p t e r i t u r" (vgl. Gnilka 2001 c: 74–75 u. Lühken 2002: 68 Anm. 56).

Zur Reminiszenz des Ausdrucks *elisos oculos* an Verg. *Aen.* 8, 261 siehe den Kommentar zu vv. 31–34.

Indem *Fides* ausgerechnet die Augen der *Idololatria* zerstört, ermöglicht sie es dem Christen, mit neuen Augen zu sehen (vgl. Bardzell 2004: 74). Mastrangelo deutet die Unfähigkeit der *Idololatria* mit den herausgequollenen Augen etwas sehen zu können, als Unfähigkeit, das für die wahre Erlösung Nötige zu erkennen (vgl. Mastrangelo 1997: 151). Allerdings passt diese Deutung nicht in den vorliegenden Kontext. Schließlich suggeriert die Beschreibung des Kampfes, dass die Augen der *Idololatria* als Folge des Angriffs – *elisos   i n   m o r t e   oculos* – der *Fides* hervorgequollen sind. Das hieße dann, dass *Fides* es der *Idololatria* bewusst unmöglich macht, ihren Fehler zu erkennen und zur wahren Erkenntnis Gottes zu gelangen, und widerspräche sicher der Intention des Prudentius. Plausibler ist Rohmanns Deutung, dass nämlich durch die Vernichtung der Augen ein wesentlicher Aspekt der paganen Religionen zerstört wird, deren „Ausübung [... eng an die Anschaulichkeit der Götterstatuen gebunden war" (Rohmann 2003: 240–241), während es im Judentum und im Christentum verboten ist, sich ein Bild von Gott zu machen.

33–35: Vgl. die Sterbeszene der *Libido* vv. 50–52, in der ebenfalls das Atmen als Bild der Seele als einer Einheit in Kontrast zu einer verstreuten und geteilten Seele verstanden wird (vgl. Mastrangelo 1997: 151).

33 animamque malignam: ‚den üblen Hauch'. Prudentius gebraucht *animam* hier bewusst doppeldeutig, einerseits im Sinne von ‚Atem', andererseits im Sinne von ‚Seele'. Das Attribut *malignam* bezieht sich dann natürlich auch auf beide Bedeutungen, denn nicht nur ihr Wesen ist ‚übel', sondern eben auch ihr Atem auf der Bildebene. – Man stelle sich nur einmal den Atem einer Sterbenden vor, deren Kehle zerquetscht ist, zumal wenn sie sich zuvor von Tierblut ernährt hat (vgl. vv. 31–32)! – Selbstverständlich wird *animam* im Sinne von ‚Atem' auch indirekt durch den Kontext näher bestimmt, so dass man sich zu Recht ein Attribut *parcam* oder *angustam* dazudenken kann (vgl. Bergman 1897: 69).

34 commercia fracta: ‚die gebrochenen (Atem-)Wege' (vgl. Bergman 1897: 6 u. ThLL III: 1878 s. v. commercium II.B.3.b [Z. 30–31 z. St.]); *commercia* sind eigentlich ‚Handelswege' bzw. im übertragenen Sinne alles, was dem Austausch dient (vgl. ThLL III: 1871–1879 s. v. commercium), in Verbindung mit *gutturis* sind also die Atem-„Wege" gemeint, die dem Austausch der Atemluft dienen (vgl. Arévalo 1862: 24, Burnam 1910: 89, Lavarenne 1933: 218 u. Burton 2004: 9).

intercepti gutturis: ‚der abgeschnürten Kehle', das Verb *intercipere* ‚unterbrechen' (vgl. ThLL VII,1: 2166–2167 s. v. intercipio I.B.1 [2167 Z. 6 z. St.]) wirkt hier sehr abstrakt und technisch, doch ist klar, was damit gemeint ist: ein Würgen oder Quetschen der Kehle. Lavarenne erkennt darin eine Anspielung auf *intercipere iter* ‚den Weg abschneiden' wie bei Curt. 4, 2, 9 (vgl. Lavarenne 1933: 218 u. ThLL III: 1878 s. v. commercium II.B.3.b [Z. 30–31 z. St.] u. ThLL VII,1: 2166–2167 s. v. intercipio I.B.1). Die Verdichtung der Information mittels *part. perf. pass.* – wie hier *intercepti* und *fracta* – ist typisch für Prudentius (vgl. Lease 1895: 30 § 74); dadurch wird zusammengefasst, wie sich der Leser die Hemmung des Atems vorstellen muss: als Quetschung der Kehle – entweder mit dem Fuß, der eben noch die Augen zertreten hat, oder wohl eher mit der Hand, nachdem sich *Fides* nun vielleicht hinuntergebeugt hat.

artant: ‚hemmen', weil die gequetschten Atemwege zu eng sind und kaum noch Luft durchlassen; sie schnüren gleichsam den Atem ab (vgl. ThLL II: 708 s. v. artō I.A.1.b sowie Arévalo 1862: 24 u. Burnam 1905: 59).

35 difficilemque obitum suspiria longa fatigant: ‚und das mühsame Sterben erschweren lange Seufzer' (vgl. ThLL VI,1: 351 s. v. fatīgo I.B.2.c [z. St. Z. 63] u. Bergman 1897: 6). Das Sterben ist für die *Idololatria* mühsam oder besser qualvoll, weil ihre Kehle zwar gequetscht ist, doch immer noch genug Luft hindurch lässt, um sie am Leben zu halten (vgl. Burnam 1910: 89). Die Götzenverehrung liegt zwar am Boden und ringt mit dem Tode, ist aber immer noch nicht völlig ausgelöscht. Rohmann deutet dies als Darstellung der „gegenwärtigen Situation der nichtchristlichen Kulte" zur Zeit des Prudentius, denen zwar die Existenzgrundlage entzogen ist und die nicht mehr zum öffentlichen Leben gehören, die aber „keineswegs ausgestorben" sind, dass also „der Paganismus, wenngleich seine Bedrohung für die christliche Religion abgeschwächt war, zu seinen Lebzeiten noch in gewissem Umfang weiterleben konnte und ein baldiges Ende nicht zu erwarten war", was insofern verwundere, als die christlichen Autoren des späten 4. und frühen 5. Jh. und auch Prudentius selbst sonst „üblicherweise den Paganismus entweder überhaupt nicht erwähnen [...] oder nur lapidar seinen Untergang konstatieren" (Rohmann 2003: 241). Rohmanns Verwunderung lässt jedoch das Programm der *Psychomachia* außer acht, die den Christen ja gerade zeigen soll, wie die Laster zu besiegen seien (vgl. vv. 5–19); und da für Prudentius *Fides* die erste und eine der herausragendsten christlichen Tugenden ist und diese gerade durch die noch existierenden paganen Kulte gefährdet ist, ist auch der lebensweltliche Bezug für ihn unumgänglich.

Auch hier erspart Prudentius dem Leser die grausamen Details nicht (vgl. Bergman 1897: 5–6 zu *elisos ... oculos* u. Lavarenne 1933: 218 u. 20 § 19): Die *Idololatria* stößt noch *suspiria longa* aus, ein ‚langes Keuchen' oder ‚Röcheln'.

Die Wendung *difficilemque obitum* entlehnt Prudentius sehr passend der Sterbeszene der Dido in Verg. *Aen.* 4, 693–694, wo Juno „miserata dolorem| *difficil*isque *obitus*" Iris zu Dido schickt, um deren ringende Seele aus den Fesseln des Leibes zu erlösen (vgl. Mahoney 1934: 50 u. Schwen 1937: 7, Smith 1976: 284 u. Lühken 2002: 75).

36–39: Siegesfeier der *Fides* und ihrer Mitstreiter, von denen der Leser erst jetzt – nach dem Ende des Kampfes – erfährt.

36 uictrix legio: ‚die siegreiche Legion'; *uictrix* ‚siegreich' kann nicht nur von weiblichen Personen gesagt werden, sondern auch von anderen grammatisch femininen Substantiven, insbesondere Waffen und allen Mitteln, die zum Sieg verholfen haben. Hier ist das Attribut zwar hauptsächlich dem grammatischen Geschlecht von *legio* geschuldet, doch unterstreicht es zugleich das Konzept des Prudentius, weibliche Akteure auf Seiten der Tugenden und der Laster gegeneinander antreten zu lassen.

Gemeint ist hier die *legio* der *Fides*, bestehend aus tausend Märtyrern (vv. 36–37). Prudentius verwendet zwar den militärsprachlichen Terminus *legio*, doch wird aus dem „vorwiegend nach epischem Muster geschilderten Kampfgeschehen nicht ohne weiteres die feste Ordnung der römischen Schlachtreihe" (Gnilka 2001 f: 195–196) erkennbar, da wir es in der Kampfdarstellung immer nur mit Zweikämpfen, manchmal unterstützt durch einzelne Kampfgefährten, zu tun haben. *uictrix* ‚siegreich' ist die *legio* der *Fides* deshalb, „weil *Fides* für sie und in ihr kämpfte" (Herzog 1966: 106).

36–37 mille coactam | martyribus: ‚zusammengezogen / aufgestellt aus tausend Märtyrern'. *quam ... coactam* bezieht sich auf die *uictrix legio* (v. 36). *cogere* wird hier als militärischer Terminus gebraucht (vgl. ThLL III: 1520 s. v. cōgo I.1.a.γ). Das indeklinable *mille* bezieht sich auf den Ablativ *martyribus*, der die Angehörigen der *legio* bezeichnet, die Leute, aus denen die *legio* aufgestellt bzw. zusammengesetzt ist.

Die Erwähnung der Märtyrer am Ende des Kampfes – erst nach dem Tod der *Idololatria* – verwundert ein wenig. Immerhin kommen sie in der knappen Schilderung des Kampfes nicht vor, scheint es doch, dass *Fides* ganz allein die *Idololatria* besiegt hat. Bergman erklärt, die *martyres* würden die Nachhut bilden, weil der Tod der Märtyrer die *ultima ratio* sei, durch die der heidnische Glaube besiegt werden könne; die Märtyrer seien die besten Soldaten, weil sie vorrücken, um ihr Leben zu geben und ihr eigenes Blut zu vergießen, wenn es zum Äußersten kommt (vgl. Bergman 1897: 6). Das ist sicher grundsätzlich richtig, wird aber der vorliegenden Textstelle nicht gerecht. Denn Bergman deutet die Märtyrer fälschlich als Nachhut, weil er *coactam* als *clausam* interpretiert und aufgrund dieser Gleichsetzung erklärt, dass *cogere agmen* mit *claudere agmen* ‚den Zug schließen, die Nachhut bilden' gleichzusetzen sei. Es wird jedoch nicht klar, woher Bergman das *agmen* nimmt, das er in diese Gleichung einsetzt.

Vielmehr erfahren wir in vv. 36–39 folgendes: Die Legion der *Fides* jubelt und ist siegreich; sie ist aus tausend Märtyrern aufgestellt worden und von *Fides* gegen den Feind geführt worden. *Fides* zeichnet die Kämpfer ihrer Legion – ihre Gefährten – mit Blütenkränzen aus und lässt sie purpurne Gewänder anlegen, wegen des Ruhmes, den sie erworben haben. Das lässt darauf schließen, dass diese Märtyrer mitgekämpft und mitgesiegt haben – anscheinend ein Widerspruch zu Schilderung in vv. 21–35. Es scheint, dass Prudentius den Leser hier darauf hinweist, wie der Kampf der *Fides* verstanden werden soll. Ganz offenbar war *Fides* im Kampf gegen die *Idololatria* nicht allein, sondern war die Anführerin von sehr vielen bis zum Letzten bereiten Gläubigen, den Märtyrern. So erklärt uns Prudentius seine personifizierte Tugend *Fides* als die *fides* ‚den Glauben' jedes einzelnen wahrhaft Gläubigen. Dieser Glaube eint also die Gläubigen, führt sie zusammen, treibt sie gegen das Heidentum an und führt sie schließlich zum endgültigen, unwiderruflichen Sieg. Nach diesem Sieg über das Heidentum belohnt dieser Glaube die Gläubigen mit dem ewigen Leben (vv. 38–39 *coronat floribus*) und lässt sie ihren Glauben offen, unverhüllt und leidenschaftlich ausleben (vv. *ardentique iubet uestirier ostro*).

37 regina Fides: ‚Königin *Fides*'. Lavarenne greift zu kurz, wenn er erklärt, dass *Fides* – nur – die Königin der Märtyrer sei (vgl. Lavarenne 1933: 219). Vielmehr ist *regina* in der *Psychomachia* bei Prudentius mehrfach Attribut der *Fides* (vv. 37, 716 u. 823); der Herrschaftsbereich der *Fides* wird dabei in v. 716 explizit genannt, sie ist *uirtutum regina* ‚Königin der Tugenden'. Doch auch andere Tugenden werden bei Prudentius als *regina* bezeichnet, so einmal die *Pudicitia* (v. 53) und zweimal die *Mens humilis* (vv. 199 u. 267). Ferner bezeichnet Prudentius in der *Apotheosis* die Seele als *regina rerum* (*apoth.* 803) und im *Dittochaeon* die *Sapientia* als *regina* (*ditt.* 82). Dass die Bezeichnung ‚Königin' in der *Psychomachia* nicht nur für die *Fides*, sondern auch für die *Pudicitia* und die *Mens humilis* verwendet wird, zeigt, dass wir hierunter nicht *die* Königin als Herrscherin über alle anderen verstehen dürfen, sondern eher eine Fürstin, eine von mehreren Frauen, die innerhalb ihrer Gruppe einen besonderen Rang einnimmt und deshalb mit diesem Ehrentitel bezeichnet wird.

Zur Bedeutung der *Fides* als „Alpha und Omega" in der Struktur der *Psychomachia* vgl. Nugent 1985: 66–70 u. 71.

38 parta pro laude: ‚für den erworbenen Ruhm'. Lavarenne deutet *pro* als *en proportion de*, also ‚gemäß dem erworbenen Ruhm' (vgl. Lavarenne 1933: 219); man kann *pro* hier aber auch kausal auffassen (vgl. LHS 2: 269–270 § 151) bzw. final im Sinne von ‚als Lohn für' (vgl. LHS 2: 271 § 151.b), so dass *parta pro laude* ‚wegen / aufgrund des erworbenen Ruhmes' als Begründung für die Bekränzung der *socii* zu verstehen ist. Denkbar ist auch, dass *pro* hier prädikativ gebraucht im Sinne von ‚als' gebraucht wird (vgl. LHS 2: 271 § 151.b) und *parta pro laude* dann also ‚als verdientes Lob' bedeuten würde.

socios: ‚die Mitstreiter', also die *uictrix legio* der Märtyrer (vv. 36–37).

39 floribus ardentique iubet uestirier ostro: — ∪ ∪ | — — — ∪ || ∪ — |
— — ∪ ∪ — —. Zu den Versen des Prudentius, die dem Schema — ⏑⏑ | — ⏑⏑
— ∪ || ∪ — | ⏑⏑ — ∪ ∪ — × mit Wortende nach dem ersten Metrum, Zäsur *kata triton trochaion* und Hephthemimeres entsprechen, vgl. Krenkel 1884: 29–31 u. Lavarenne 1933: 115–116 § 263.

floribus ‚mit Blüten', vielleicht als Symbol für den unvergänglichen Lohn, nämlich das ewige Leben, das die Märtyrer sich durch das Vergießen/Opfern ihres Blutes/Lebens verdient haben (vgl. Arévalo 1862: 24).

Anders als im *Peristephanon* werden die Märtyrer hier „mit Blütenkränzen belohnt", vielleicht um so an die „inmarcescibilem gloriae coronam" (I *Pt* 5, 4) zu erinnern (vgl. Gnilka 2001j: 380–381).

Zum Verständnis des Blütenkranzes in den illustrierten Mss. vgl. Gnilka 2001j: 381 Anm. 77.

ardenti ... ostro ‚mit leuchtendem Purpur(gewand)'; *ostrum* ‚Purpur' wird auch im Sinne von ‚Purpurgewand' verwendet, so z. B. Verg. *Aen.* 5, 111 (vgl. Bergman 1897: 7 u. Lavarenne 1933: 219). Mittelalterliche Glossen deuten das Purpur als Symbol für das Blut, welches die Märtyrer für Christus vergossen haben (vgl. Burnam 1910: 89). *ardens* ‚glühend / leuchtend / strahlend' wird besonders von roten Farben wie hier dem Purpur gesagt und bezeichnet eigentlich die Farbe des *ardor* ‚der Glut / des Feuers' (vgl. Bergman 1897: 7 u. Lavarenne 1933: 219). *ardens* dient möglicherweise als Umschreibung für den *ardor dilectionis* ‚das Feuer der (Nächsten-)Liebe' (vgl. Arévalo 1862: 24 u. ThLL V,1: 1166–1167 s. v. dīlēctio 1).

uestirier: ‚sich zu kleiden'. Die archaische Nebenform des Infinitiv Präsens Passiv (vgl. Kühner–Holzweissig: 689–690 § 167,2a) steht hier wohl aus metrischen Gründen (vgl. Lavarenne 1933: 85 § 164 u. Burton 2004: 9), wie auch sonst in der Dichtung häufiger, besonders im Hexameter wegen der Doppelkürze *-ĭĕr* (vgl. Neue–Wagener III: 224–235 [zu Prudentius 231], LHS 1: 581–582 § 430, Sommer: 594–595 §372, Kühner–Holzweissig: 689–690 § 167.2; Lease 1895: 7 § 2, Lavarenne 1933: 85 § 164 u. Burton 2004: 9). Vgl. v. 191 *frenarier* u. v. 214 *popularier*.

Der Befehl, sich *ardenti ... ostro* zu kleiden, bedeutet wohl einerseits, dass die Märytrer besonders geehrt werden sollen, ist aber andererseits sicher auch als Aufforderung an alle Gläubigen zu verstehen, sich deutlich als Christen zu erkennen geben – wer Purpur trägt, kann ja nicht übersehen werden –, stolz ihren Glauben zu zeigen – immerhin ist Purpur kostbar und findet sich als Auszeichnung an den Gewändern der Amtsträger und als Statussymbol bei reichen Leuten sowie in der Spätantike als Kennzeichen der kaiserlichen Kleidung – und ihren Glauben glühend vor Eifer zu vertreten.

Pudicitia vs. Sodomita Libido (vv. 40–108)

In einigen Mss. findet sich eine Überschrift für den zweiten Kampf: Ms. C betitelt schlicht mit „Pudicitia"; in den Mss. EUK findet sich jeweils ein Bild, dazu in Ms. E der Titel „pudicitia contra libidinem pugnat", in Ms. K „pudicitia contra libididem armata pugnat", in Ms. U „de pudicitia et est paragoge" (vgl. Bergman 1926: 172). Die Ausgaben des 17.–19. Jh.s betiteln den zweiten Kampf „pudicitiae et libidinis pugna" (so etwa Weitzius, Cellarius u. Obbarius). Bergman wählt in seinem Kommentar von 1897 die Überschrift „pugna pudicitiae et libidinis".

Die Schilderung des zweiten Kampfes gliedert sich in drei Teile: Im ersten Teil (vv. 40–52) werden die Akteure *Pudicitia* (vv. 40–41) und *Sodomita Libido* (42–45) sehr kurz vorgestellt und der eigentliche Kampf, bestehend aus Angriff der *Libido* auf die *Pudicitia* (vv. 42–45), Entwaffnung (vv. 46–48) und Tötung (vv. 49–52) der *Libido* durch die *Pudicitia*, dargestellt. Im zweiten und weitaus längsten Teil (vv. 53–97) hält *Pudicitia* eine Siegesrede, in der sie zunächst das Ende der *Libido* und deren künftige Machtlosigkeit gegen die Christen verkündet (vv. 53–57), dann ihre sterbende Kontrahentin näher charakterisiert und deren bisheriges Wirken schildert (vv. 58–90) und abschließend *Pudicitia* zu schrecklichen Höllenqualen verflucht (vv. 91–97). Darauf folgt im dritten Teil die Reinigung des Schwerts der *Pudicitia* im Jordan und seine Weihe in einem katholischen Tempel (vv. 98–108).

Der Kampf findet anscheinend auf dem selben Schlachtfeld statt, auf dem bereits *Fides* und *ueterum Cultura deorum* im ersten Kampf (vv. 21–39) gekämpft haben; es wird als mit Gras bewachsen beschrieben. Auf diesem Schlachtfeld steht die Tugend *Pudicitia* ‚Keuschheit' kampfbereit in schimmernder Rüstung. Unvermittelt greift das Laster *Sodomita Libido* ‚die (Sodomitische) Wollust' sie mit brennenden Fackeln an. Doch *Pudicitia* wehrt den Angriff erfolgreich ab und schlägt ihrer Gegnerin die brennenden Fackeln aus der Hand. Anschließend durchbohrt sie mit ihrem Schwert die Kehle des Lasters. Froh über den Tod des Lasters verkündet sie in der folgenden Siegesrede, dass die *Libido*, die nach dem Sieg der keuschen Witwe Judith über den assyrischen Feldherrn Holofernes schon scheinbar besiegt war und doch wieder erstarken konnte, nun nie wieder gläubige, keusche Christen gefährden könne. Grund dafür sei die Geburt Christi durch die Jungfrau Maria, durch die das menschliche Fleisch in Christus göttlich geworden sei. Nach einer kurzen Charakteristik des bisherigen Wirkens der *Libido* verflucht *Pudici-*

tia sie zu den schlimmsten Höllenqualen und gibt ihr zum Abschluss erneut zu verstehen, dass sie nun nie wieder Christen in Versuchung führen könne. Nach dieser Rede reinigt sie ihr Schwert in den Wassern des Jordan wie bei einer Taufe vom noch daran haftenden Schmutz der *Libido* und weiht es schließlich im katholischen Tempel am Altar, damit es dort ewig erstrahle.

Die Tugend *Pudicitia* ‚Keuschheit' wird von Prudentius als kampfbereit beschrieben und – im Gegensatz zur *Fides* im ersten Kampf – mit einer strahlenden Rüstung bekleidet. Sie ist mit einem Schwert bewaffnet; im Kampf verwendet sie jedoch einen Stein, um ihre Gegnerin zu entwaffnen. Das Schwert benutzt sie erst danach, um die entwaffnete *Libido* endgültig zu töten. Über den Tod des Lasters freut sie sich. Ihre Siegesrede dient neben der Feststellung des endgültigen Sieges, Verweisen auf biblische Vorbilder und christologischen Erörterungen ganz deutlich auch der Schmähung und Verwünschung der besiegten Gegnerin. *Pudicitia* versteht sich, wie Prudentius schreibt, auf die rituelle Reinigung und Weihe ihrer Waffe. Sie ist besorgt, dass ihr Schwert, wenn sie es in die Scheide zurücksteckte, unbemerkt Rost ansetzen könnte, und präsentiert es daher offen im Tempel. Keuschheit, Unerschrockenheit und Entschlossenheit zeichnen *Pudicitia* aus, ihre Waffe und ihre Rüstung strahlen hell – vor dem Kampf und nachdem das Schwert im Anschluss an den Kampf wieder vom Schmutz der *Libido* gereinigt worden ist.

Das Laster *Libido* ‚Lust / Begierde' wird von Prudentius mit Bezug auf das biblische Sodom als *Sodomita Libido* eingeführt, um sie sofort deutlich als Laster ‚Wollust' zu kennzeichnen. Dies unterstreicht er mit Bezeichnungen aus dem Bereich der Prostitution, der Krankheit, des Unheils und des Todes. Die Attribute dieses Lasters sind Feuer, Flammen, Pech und Schwefel, ihre Waffen brennende Fackeln, ihr Atem heißer Dunst. Ihr Wirken besteht darin, die Menschen in Versuchung zu führen und ihre Leiber durch Unzucht zu beflecken.

Beide Akteure des Kampfes kämpfen allein, ohne Mitstreiter.

Pudicitia ist nicht erst für das Christentum eine Tugend. Schon im 4. und 3. Jh. v. Chr. wurde sie in Rom, sowohl von verheirateten Patrizierinnen als auch von Plebejerinnen, als „Personifikation der körperlichen Schamhaftigkeit" (Radke 1959: 1942) kultisch verehrt. Dabei scheint der Name *Pudicitia* zunächst für eine verhüllte Frauenstatue im Tempel der *Fortuna Virgo* verwendet worden zu sein. Im 2. Jh. v. Chr. geriet ihr Kult langsam in Vergessenheit. Im Rahmen seiner Bemühungen um die Wiederherstellung der alten Sitten stellte Augustus ihren Kult wieder her. Später wurde sie unter die Götter des Kaiserhauses aufgenommen und mit Münzprägungen geehrt. Dargestellt wird *Pudicitia* als verhüllte Frau, die mit ihrer rechten Hand den Schleier vor ihr Gesicht zieht. Vgl. Engelhard 1881: 19–20, 51 u. 58–

60, Peter 1897–1909: 3275–3277, Axtell 1907: 39–40, Radke 1959: 1942–1945, Radke 1972: 1240–1241, Vollkommer 1994: 589–592 sowie Wardle 2001: 585.

Für das Christentum ist die Keuschheit eine Gabe des Hl. Geistes, die hilft, die Unzucht zu überwinden, und die zur Heiligung führt (vgl. *Rm* 6, 19; *Gal* 5, 23; I *Th* 4, 3–7; Aug. *conf.* 10, 29 u. Hauser 2004: 817–818). Sie leitet sich ab aus den Geboten, nicht ehezubrechen (*Ex* 20, 14 u. *Dtn* 5, 18) und nicht seines Nächsten Frau zu begehren (*Ex* 20, 17 u. *Dtn* 5, 21), die durch Jesus in ihrer Bedeutung noch bestärkt werden (vgl. *Mt* 5, 27–28).

Ambrosius differenziert zwischen drei Formen der Keuschheit: der Keuschheit der Verheirateten, der Keuschheit der Verwitweten und der Jungfräulichkeit, die er alle drei als gleichwertig lobt (vgl. Ambr. *vid.* 23). Tertullian widmet ihr eine ganze Schrift: *De exhortatione castitatis*.

Die Keuschheit wird von christlichen Autoren lateinisch *castitas*, *continentia* oder *pudicitia* genannt. Prudentius wählt die Bezeichnung *Pudicitia* wohl besonders aus metrischen Gründen, da nur sie in den Hexameter passt, aber vielleicht auch, um durch das Anknüpfen an den paganen römischen Kultus der *Pudicitia* eine Brücke zwischen Christentum und altrömischer Tugendhaftigkeit zu schlagen.

Zugleich deckt die Keuschheit bzw. sexuelle Mäßigung auch einen wichtigen Bereich der ἐγκράτεια ‚Selbstbeherrschung' als „Kontrolle der sinnlichen Leidenschaften" ab, die „als ethischer Begriff ... durch Sokrates bedeutsam geworden ist" (Chadwick 1962: 343) und in einem Teil der sokratischen Philosophie, vor allem dem Kynismus und der Stoa, „eine nicht unerhebliche Rolle gespielt" hat (Müller-Goldingen 2007: 77, vgl. 80–82 u. Chadwick 1962: 344–345). Paulus verwendet den Begriff ἐγκράτεια, in der Vulgata *continentia*, in *Gal* 5, 23 bei der Aufzählung der Früchte des Geistes, wohl als Gegensatz zu πορνεία, ἀκαθαρσία, ἀσέλγεια – in der Vulgata *fornicatio, inmunditia, luxuria* – ‚Unzucht, Verdorbenheit, Ausschweifungen' (*Gal* 5, 19) sowie μέθαι, κῶμοι – in der Vulgata *ebrietates, comesationes* – ‚Trunk- und Fresssucht' (*Gal* 5, 21), die er zu den Werken des Fleisches (*Gal* 5, 1) zählt (vgl. Nestle–Aland 1993 u. Weber–Gryson 2007 z. St.; vgl. ferner Chadwick 1962: 349). Siehe dazu auch S. 281 u. 347.

Dass der Kampf der *Pudicitia* gegen die *Libido* direkt an zweiter Stelle der *Psychomachia* steht, erklärt Iso damit, dass die Keuschheit der Anfang der christlichen Nächstenliebe sei, deren Zerstörung zum Zusammenbruch aller Werke der Tugenden führe (vgl. Arévalo 1862: 24). Formal stellt Prudentius lediglich durch das *exim* (v. 40) direkt zu Beginn einen Bezug zum vorhergehenden Kampf her.

40–41: sehr knappe Beschreibung der *Pudicitia* und des Schlachtfeldes. Das Schlachtfeld ist mit Gras bewachsen; *Pudicitia* trägt leuchtende Waffen und ist zum Kampf bereit. So gleicht sie innerlich, in Bezug auf ihre Kampfbereitschaft, ihrer Vorkämpferin *Fides*, unterscheidet sich jedoch äußerlich, in Bezug auf ihre Bewaffnung, grundlegend von dieser.

40 exim: ‚dann / hierauf', also nach dem Sieg über die *Idololatria* und dem Jubel der Legion der *Fides* (vgl. Burnam 1910: 89). *exim* = *exin* ist eine Kurzform für *exinde* (vgl. Neue–Wagener II: 672–673 u. Lavarenne 1933: 83 § 155).

gramineo in campo: ‚auf grasbewachsenem (Schlacht-)Feld'; hier klingt deutlich Verg. *Aen.* 5, 287 an: „*gramine*um *in camp*um" (vgl. Dexel 1907: 24, Schwen 1937: 8 u. 80), ebenso Ov. *fast.* 3, 519: „*gramineo ... campo*" (vgl. Schwen 1937: 80). *in campo* nimmt *campum* (v. 21) aus dem Kampf der *Fides* wieder auf; es handelt sich angesichts der Verknüpfung mit *exim* wohl um dasselbe Schlachtfeld.

40–41 prompta | uirgo Pudicitia: ‚die entschlossene Jungfrau Keuschheit'. Arévalos Kommentar, dass alle Tugenden als *uirgines* bezeichnet würden, besonders aber *Pudicitia* (vgl. Arévalo 1862: 24–25), geht zumindest für den Gebrauch bei Prudentius zu weit; es lässt sich aber feststellen, dass Prudentius in der *Psychomachia* nicht nur *Pudicitia* als *uirgo* bezeichnet (vv. 41 u. 47), sondern auch *Spes* (v. 306) u. *Sobrietas* (v. 428); ferner nennt er in *perist.* 10, 352 auch *Fides uirgo* (vgl. Deferrari–Campbell 1932: 812–813). Für die *Pudicitia* passt diese Bezeichnung jedoch ganz besonders, weil sie im Wortsinn genau ihrem Wesen entspricht (vgl. Lewis 2000: 93). Prudentius verwendet *uirgo* ‚Jungfrau' für *Pudicitia* hier und in v. 47 ganz gezielt, um den Gegensatz zur *Sodomita Libido* zu unterstreichen, die er als *lupa* ‚Dirne' (v. 47), *meretrix* ‚Hure' (v. 49) und *prostibulum* ‚(sich öffentlich feilbietende) Dirne' (v. 92) (vgl. ThLL X,2: 2234 s. v. prōstibulum 1.a [z. St. Z. 61–62]) bezeichnet (vgl. Lavarenne 1933: 219 u. Lewis 2000: 94).

Pudicitia ist *concurrere prompta* (v. 40) ‚entschlossen zu kämpfen' (vgl. ThLL IV: 108–109 s. v. concurro I.D.1.a [z. St. 109 Z. 57–58]), wie schon *Fides* im vorhergehenden Kampf (vgl. v. 22: *pugnatura*).

Kürzung der Nominativendung -ō wie in *uirgŏ* (v. 41) findet sich bei Prudentius häufiger (vgl. Krenkel 1884: 16–17).

Pudicitiā (v. 41) ist Nominativ. Die Längung der Endsilbe ist dem folgenden *speciosis* geschuldet: beginnendes *sp-* verlängert bei Prudentius „eine das vorhergehende Wort schließende kurze Silbe" (Manitius 1890: 491; vgl. auch Krenkel 1884: 22, Bergman 1897: 7, Strzelecki 1930/31: 499 u. Lavarenne 1933: 111 § 250). Vgl. vv. 99 u. 505.

41 speciosis fulget in armis: ‚erstrahlt in herrlicher Rüstung'; *arma* steht hier wohl sowohl für die Schutzwaffen, also die Rüstung, als auch für die Angriffswaffen, also die Waffen i. e. S. (vgl. ThLL II: 591–592 s. v. arma II.4.a u. c). *speciosus* ‚herrlich' charakterisiert das Aussehen, die äußere Schönheit, der Waffen und bezeichnet deren *puritatem immaculatam* ‚unbefleckte Reinheit' (Bergman 1897: 7) als Charakteristikum der *Pudicitia*.

Hinsichtlich ihrer Ausrüstung und Bewaffnung unterscheidet sich *Pudicitia* grundlegend von ihrer Vorkämpferin *Fides* (vgl. Hannah 1977: 111), die völlig ohne Waffen und Rüstung in die Schlacht geeilt ist (vv. 22–23 u. 25–27). Sie tritt wie ein typischer epischer Held auf (vgl. Lewis 2000: 93–94), was die Wendung *fulget speciosis in armis* unterstreicht. Es klingen hier nämlich gleich vier *Aeneis*-Stellen an: „i n s i g n i s ... *fulg*ebat *in armis*" (Verg. *Aen.* 11, 769); „ut uidit *fulg*entem *armis*" (*Aen.* 11, 854), „huic totum i n s i g n i b u s *armis* | agmen ... *fulg*ebat" (*Aen.* 10, 170–171) u. „paribus quas *fulg*ere cernis *in armis*" (*Aen.* 6, 826) (vgl. Schwen 1937: 8 u. Lavarenne 1933: 136). *fulgere in armis* ‚in Waffen prangen / strahlen' scheint demnach bei Vergil eine feste Wendung für die Beschreibung von Kämpfern zu sein.

42–52: Darstellung des Kampfes zwischen *Sodomita Libido* und *Pudicitia* in drei Teilen: Zuerst schildert Prudentius den Angriff der *Libido* auf *Pudicitia* (vv. 42–45), dann ihre Entwaffnung (vv. 46–48) und abschließend ihre Tötung (vv. 49–52) durch *Pudicitia* (vgl. Schwen 1937: 8).

Zu den vielfältigen und verwobenen Vergilreminiszenzen (insbes. zu *Aen.* 9, 68–78 u. 109; 7, 454–457; 12, 298) vgl. Dexel 1907: 36, Schwen 1937: 9, Lavarenne 1933: 219, Smith 1976: 285–288 u. Lühken 2002: 51–52.

42 patrias succincta faces Sodomita Libido: ‚die mit den väterlichen / heimischen Fackeln gerüstete sodomitische Lust'.

Das Epitheton *Sodomita* ‚sodomitisch' trägt die *Libido* ‚Lust', im Sinne von ‚sexueller Lust / Wollust', um die Schwere des Lasters deutlich zu machen. In Sodom ist die Wollust sozusagen zuhause, dort konnte sie sich in vollen Zügen ausleben (vgl. Burnam 1910: 89). Die Lasterhaftigkeit der Einwohner Sodoms und auch Gomorrhas, die so weit ging, dass sie sogar die Fremden, die bei Loth eingekehrt waren, sexuell missbrauchen wollten, ist Gott so zuwider, dass er zur Strafe beide Städte, ja sogar sämtliche Städte in der Jordangegend, mit brennendem Schwefel zerstört (vgl. *Gn* 18, 16–22 u. 19, 1–29). Indem er der *Libido* dieses Attribut zuweist, betont Prudentius die Schwere dieses Lasters. Zugleich verbindet dieser Beiname den Kampf der *Pudicitia* mit der *praefatio* (*psych. pr.* 16–17). Smith sieht in der Verwendung dieses Beinamens einen Versuch, die schmale Kluft zwischen Hl. Schrift und moralischer Allegorie zu überbrücken (vgl. Smith 1976: 215).

Die Deutung von *patrias faces* als Verweis auf das Feuer, mit dem Sodom von Gott zerstört wurde (*Gn* 19, 24) (vgl. Bergman 1897: 7, Lavarenne 1933: 219 u. Burton 2004: 9; vgl. auch Lühken 2002: 52) ergibt keinen Sinn. Das Feuer ist in der *Genesis* die Strafe Gottes für das lasterhaft Leben der Einwohner Sodoms und Gomorrhas (*Gn* 19, 12–27), also gegen die Wollust gerichtet. Hier aber sind die *faces* die Waffen der *Libido*. *patrias faces* heißt also wohl zunächst ‚angestammte / ererbte Fackeln', d. h. die Fackeln sind für die *Libido* wesenstypische Waffen. Will man den Bezug von *patrias faces* auf das Attribut *Sodomita* ernst nehmen, darf man die Fackeln nicht als Symbol für das Feuer bei der Zerstörung Sodoms verstehen, denn das hieße anzunehmen, dass es das Ziel der Lust gewesen sei, ihre Anhänger ins Verderben zu führen. So stehen die *faces* wahrscheinlich ausschließlich metaphorisch für das Feuer der Lust (vgl. Burnam 1905: 59, Lavarenne 1933: 219 u. Burton 2004: 9).

patrias faces ist *acc. graecus* zu *succincta* (vgl. Lavarenne 1933: 219 u. Burton 2004: 9), allerdings ist die Konstruktion hier auffällig: Normalerweise steht *succinctus* ‚gegürtet / bekleidet / ausgerüstet' mit einem *acc. graecus*, der den Körperteil angibt, der bekleidet bzw. gegürtet ist, und einem *abl. instrum.*, der angibt, womit ein Körperteil bzw. jemand bekleidet oder ausgerüstet ist (vgl. LHS 2: 36–37 § 44); hier jedoch wird der *acc. graecus* verwendet, um den Ausrüstungsgegenstand bzw. die Waffe zu bezeichnen. Burton greift gleich doppelt zu kurz, wenn sie *succincta* hier lediglich als ‚gegürtet' im Sinne von ‚bekleidet' versteht und diese „unwahrscheinliche" Kleidung damit erklärt, dass allegorische Gestalten häufig auf unwahrscheinliche Art und Weise gekleidet seien (Burton 2004: 10). Erstens ist diese Art der Kleidung – also keine Kleidung außer den Fackeln, d. h. Nacktheit – genau passend zum Wesen der *Libido* ‚sexueller Lust' bzw. ‚Wollust'; zweitens bedeutet *succinctus* eben nicht nur ‚gegürtet / gekleidet', sondern auch ‚gerüstet' und gibt dann an, womit jemand bewaffnet bzw. ausgerüstet ist.

43–44 piceamque ardenti sulpure pinum | ingerit in faciem: ‚und schleudert eine Pechfackel mit brennendem Schwefel in ihr Gesicht'.

pinus ‚Fichtenholz' wird hier metonymisch für eine Fackel aus Fichtenholz gebraucht (vgl. ThLL X,1: 2181–2182 s. v. pīnus I.B.2, Arévalo 1862: 25 u. Lavarenne 1933: 104 § 228), wie z. B. auch bei Verg. *Aen.* 7, 397 u. 9, 72. Dass die Fackel *picea* ‚mit Teer / Pech überzogen' (vgl. ThLL X,1: 2075 s. v. piceus I.A.2 [z. St. 2075 Z. 30–31]) ist, führt einerseits dazu, dass sie besser brennt, andererseits aber auch zu einem unangenehmen Geruch, was ma. Glossen als Symbol für „ardor et fetor" ‚Brennen und Gestank' der Wollust deuten (vgl. Arévalo 1862: 25 u. Burnam 1905: 59). Doch nicht nur mit Teer, sondern auch mit Schwefel ist die Fackel überzogen, was die Wirkung hinsichtlich Brennkraft und Gestank noch erhöht. Auch der *ardens sulpur* ‚brennende Schwefel' wurde als Zeichen für Brennen, d. h. Leidenschaft und Wildheit (vgl. ThLL II: 485–487 s. v. ārdeo II.B u. ThLL II: 487–488 s. v. ardens), und Gestank, d. h. Widerwärtigkeit, der *Libido* gedeutet (vgl. Burnam 1910: 90). Der Bezug auf „sulphur et ignem" (*Gn* 19, 24) bei der Zerstörung von Sodom und Gomorrha (vgl. Burnam 1910: 90) ist jedoch ebenso problematisch wie schon bei den *patrias faces* (v. 42) der *Libido*. In der *Genesis* setzt Gott der Wollust in Sodom und Gomorrha mit dem brennenden Schwefel ein Ende, hier dagegen ist die brennende Fackel mit Pech und Schwefel die Waffe der Wollust. Vgl. dagegen *ardenti ostro* (v. 39).

Die Schreibweise *sulpur* anstelle von *sulphur*, so wie auch *sulpureus* statt *sulphureus* (v. 95), ist archaisierend (vgl. Lavarenne 1933: 82 § 153).

ingerere ‚schleudern' (vgl. ThLL VII,1: 1550 Z. 8–9 s. v. ingero I.B.1 z. St.) wird in Kampfschilderungen normalerweise gebraucht, um auszudrücken, dass jemand Wurfgeschosse wiederholt oder in großer Anzahl auf sein Ziel schleudert, hier dagegen dient es anscheinend dazu, die Wucht des Fackelwurfs zu betonen.

44–45: Dass der Angriff der *Libido* gerade auf die Augen und damit das Sehvermögen der *Pudicitia* zielt, ist auf der Bildebene durchaus verständlich: Ein Gegner, der nicht sehen kann, ist verwundbar und leicht zu besiegen. Iso deutet das als Versuch, die Erkenntnis der offensichtlichen Wahrheit durch unreine Lüste zu verdunkeln (vgl. Arévalo 1862: 25). Bergman dagegen versteht die Stelle so: Die Augen der *Pudicitia* brennen gleichsam vor Begierde und werden, weil sie den Umgang mit der Lust nicht gewohnt sind, gereizt und getrübt (vgl. Bergman 1897: 7).

Die treffendste Deutung hat hier wohl Gnilka gefunden, der erklärt, dass das Angriffsziel deshalb die Augen sind, weil diese schließlich zur Sinnenlust verführen; diese Deutung lässt sich durch *Mt* 5, 28–29 u. II *Pt* 2, 14 stützen, die den Bezug der Augen bzw. des Sehens zur sexuellen Lust thematisieren, und durch Warnungen bei den Kirchenvätern, „die immer wieder [betonen], wie wichtig es sei, die Keuschheit der Augen zu wahren" (Gnilka 1963: 53–54 Anm. 8, vgl. auch Lewis 2000: 94 u. Lühken 2002: 51–52).

44–45 pudibundaque lumina flammis | adpetit: ‚und greift die schamhaften Augen mit Flammen an'; *pudibunda* ‚schamhaft / verschämt' sind die *lumina* ‚Augen' der *Pudicitia* wohl, weil sie Beschämen angesichts des Treibens der *Libido* ausdrücken oder solches Beschämen ermöglichen, indem sie *Pudicitia* dieses Treiben erkennen lassen (vgl. ThLL X,2: 2482–83 s. v. pudibundus 1.a). Vielleicht gebraucht Prudentius es hier aber auch i. S. v. *pudicus* ‚keusch' (vgl. ThLL X,2: 2483 s. v. pudibundus 1.b [z. St. 2483 Z. 21–22]), weil die Augen der *Pudicitia* eben nicht lüstern gaffen oder starren.

45 et *t*aetro *t*emptat sub*f*undere *fu*mo: ‚und versucht, sie mit beißendem Rauch zu bedecken' oder etwas freier, um den Alliterationen gerecht zu werden, ‚bemüht sich, sie mit beißendem Rauch zu reizen'.

subfundere, eigentlich ‚eine Flüssigkeit in / auf etw. gießen', heißt hier mit *taetro fumo* als *abl. instrum.* ‚etw. mit beißendem Rauch bedecken'.

Wir müssten uns auf der Bildebene also eigentlich vorstellen, dass *Libido* ihre brennenden und stinkenden Pechfackeln nahe vor die Augen der *Pudi-*

citia hält, um diese nicht nur zu blenden, sondern sie mit dem beißenden Rauch auch so zu reizen, dass sie vor Tränen nichts mehr sehen kann. Das passt freilich nicht zur Szenerie, denn der Steinwurf (vv. 46–47) verlangt eine größere Kampfdistanz. Das Bild lässt sich nur retten, wenn man sich die Fackeln der *Libido* als so heftig qualmend vorstellt, dass ein größerer Teil des Schlachtfeldes, vor allem beide Kämpferinnen, in Rauch eingehüllt ist.

taeter, auf der Bildebene ‚beißend / ekelerregend', heißt außerde, übertragen auch im moralischen Sinne ‚anstößig / abscheulich / scheußlich' und stellt hier somit zugleich eine Wertung der Waffen und Kampfweise der *Libido* – und damit *pars pro toto* auch ihrer selbst – dar.

Die beiden Alliterationen, insbesondere die Dopplung des *fum*- bzw. *fun*- am Versende, verleihen dem Vers auch lautlich eine gewisse Dramatik (vgl. Krenkel 1884: 45–46).

46–48: *Pudicitia* wehrt den Angriff der *Libido* ab und entwaffnet sie (vgl. Schwen 1937: 8). Der Wurf eines Felsbrockens durch einen Helden ist seit Homer ein typisches Motiv des Epos; es findet sich auch in der *Psychomachia* zweimal (vgl. vv. 417–418).

46 dextram *furiae flagrantis*: ‚die rechte Hand der brennenden Furie'. Prudentius vergleicht die *Libido* hier, wie in vv. 10 u. 158 die Gesamtheit der Laster, mit einer Furie (vgl. Lavarenne 1933: 219 u. Lühken 2002: 50). Hier denkt man natürlich zunächst an einen direkten Vergleich mit den Furien, doch kann *furia* auch im Sinne von ‚Plagegeist' bzw. ‚Quälgeist' von Personen gesagt werden.

flagrans ‚brennend' ist auf der Bildebene *totum pro parte*, da ja eigentlich nur ihre Waffen brennen, in der übertragenen Bedeutung ‚leidenschaftlich', von heftigen Leidenschaften entflammt oder gar vom Bösen getrieben (vgl. ThLL VI,1: 847 s. v. flagro II.2), charakterisiert es dagegen zu Recht die *Libido* als Ganze.

Das Bild der von Leidenschaft entflammten Furie wirkt durch die Alliteration *furiae flagrantis* mit den zischenden bzw. fauchenden *f*-Lauten geradezu beängstigend.

46–47 ignea dirae | tela lupae: ‚die feurigen Geschosse der unheilbringenden Dirne'. Prudentius variiert das Thema ‚Feuer der Wollust' hier erneut; nach *patrias faces* (v. 42), *piceamque ardenti sulpure pinum* (v. 43), *flammis* (v. 44), *taetro fumo* (v. 45) und *furiae flagrantis* (v. 46) folgen nun *ignea tela* ‚feurige Geschosse', die hier synonym für die *patriae faces* und die *picea ... pinus* stehen. Es handelt sich dabei um die Fackeln der *Libido*, die diese auf die *Pudicitia* schleudert.

Das Motiv ‚Prostitution und Wollust' als Gegensatz zur Reinheit der *uirgo Pudicitia* (vgl. v. 41 *uirgo*) und wesentlichen Wirkungsbereich des Lasters dagegen führt Prudentius hier neu ein, um es später wieder aufzugreifen:

meretricis (v. 49) und *prostibulum* (v. 92) (vgl. Bergman 1897: 8, Arévalo 1862: 25, Lavarenne 1933: 219 u. Lewis 2000: 94). Er bezeichnet die *Libido* als *dira lupa* ‚unheilvolle Dirne' (vgl. ThLL VII,2: 1859 s. v. lupa 1.a [z. St. Z. 61–62]), um so auszudrücken, wieviel Unheil von ihr ausgeht bzw. wieviel Unheil sie über die Menschen bringt (vgl. ThLL V,1: 1268–1270 s. v. dīrus I.A).

47 saxo ferit: ‚schlägt mit einem Stein'. *saxum* ‚Stein' kann u. a. sowohl für das Wurfgeschoss aus Stein stehen als auch für Stein als Baumaterial.

Lavarenne verweist auf Giselinus' Deutung, dass der Stein die Vorstellung der Kälte hervorrufe und somit deshalb von Prudentius als Waffe der *Pudicitia* im Gegensatz zu den Fackeln der *Libido* ausgewählt worden sei, und die These anderer, dass *saxum* hier für Christus stehe, der oft als „Eckstein" bezeichnet worden sei; Lavarenne selbst hält diese Deutungsansätze nicht für zielführend (vgl. Lavarenne 1933: 219–220). Die Bibelstellen, an denen es um diesen „Eckstein" geht (*Mt* 21, 42–44 mit Bezug auf *Ps* 118 (117), 22–23 u. *Is* 28, 16; *Eph* 2, 20; *Act* 4, 11; I *Pt* 2, 4–8), verwenden zwar in der Vulgataübersetzung immer *lapis* ‚Stein', doch kann auch dieses Wort ebenso wie *saxum* sowohl für das Wurfgeschoss stehen, als auch für das Baumaterial. (Die griechischen Bibelübersetzungen haben hier immer λίθος, ausgenommen *Eph* 2, 20: ὄντος ἀκρογωνιαίου αὐτοῦ Χριστου Ἰησοῦ. λίθος ‚Stein' kann u. a. für Baumaterialien wie Marmor, aber eben auch wie bei Homer für den ‚Wurfstein' stehen, den „Kämpfer gegen einander schleudern".) Ein Wortspiel des Prudentius mit dem „Eckstein" Christus, der als Waffe gegen das Laster verwendet wird, ist hier also durchaus vorstellbar.

Man kann darin vielleicht auch einen Hinweis auf Petrus (gr. Πέτρος) sehen, den ‚Fels' (*petram*), auf dem Christus seine Kirche erbauen wollte (*Mt* 16, 18).

Möglich ist allerdings auch, dass Prudentius mit *saxo* hier (wie vv. 417–418) nur ein typisch episches Motiv aufgreift, den Steinwurf des epischen Helden wie beispielsweise bei Verg. *Aen.* 9, 569; 10, 381; 10, 415; 10, 699; 12, 531; 12, 897–898 (vgl. Schwen 1937: 77). Es bleibt jedoch trotzdem unklar, warum *Pudicitia* nicht einfach ihr Schwert benutzt (vgl. Gnilka 2001 c: 74 Anm. 85).

48 excussasque sacro taedas depellit ab ore: ‚und stößt die Fackeln, die sie [*sc. Libido*] aus der Hand geschlagen hat, von ihrem heiligen Antlitz fort'.

Nachdem *Pudicitia* der *Libido* ihre Geschosse mit einem Felsblock aus der Hand geworfen hat, wehrt sie diese nun von ihrem Gesicht ab. Diese Darstellung mutet auf der Bildebene seltsam an (vgl. Schwen 1937: 9 u. Gnilka 2001 c: 74 Anm. 85); schließlich sollte der Steinwurf die Geschosse nicht nur aus der Hand des Lasters geschlagen, sondern auch deren Flugbahn abgelenkt haben, eigentlich müssten sie sogar einfach zu Boden gefallen sein. Wir müssen uns die Szene wohl folgendermaßen vorstellen: *Libido* ist mit mehreren Fackeln ausgerüstet (v. 42: *faces*). Eine davon hat sie bereits – wahrscheinlich mit der rechten Hand – so in *Pudicitias* Richtung geschleudert, dass sie deren Gesicht, besonders die Augen, treffen soll (vv. 42–45). Die übrigen *faces* trägt sie währenddessen noch in der linken Hand. Nun wirft *Pudicitia* einen Felsblock gegen die linke Hand der *Libido* (vv. 46–47), so dass ihre restlichen Fackeln zu Boden fallen. Doch die bereits geworfene Fackel hat in der Zwischenzeit fast ihr Ziel erreicht. Deshalb muss *Pudicitia* diese Fackel mit der Hand abwehren, um ihr Gesicht zu schützen. Die Distanz zwischen den Kämpferinnen muss also groß genug sein, dass *Pudicitia*, während die Fackel des Lasters bereits auf sie zufliegt, einen Stein aufheben und gegen deren Hand schleudern kann. Dennoch bleibt die Szenerie unwahrscheinlich. Selbst wenn man annimmt, dass die Tugend ihren Stein heftiger und schneller wirft als das Laster ihre Fackel, so stellt sich doch die Frage, warum *Pudicitia* nach dem Steinwurf bzw. währenddessen nicht schon dem feindlichen Geschoss ausweicht.

Prudentius beschreibt das Gesicht der Tugend als *sacrum* ‚heilig' und betont damit in vielerlei Hinsicht die Bedeutung dieser Tugend. Ihr Antlitz ist ‚Gott geweiht', es steht ‚unter Gottes Schutz', ist ‚unantastbar' bzw. ‚unverwundbar', ist ‚von göttlicher Natur' und ist ‚Gottes würdig'.

Vielleicht lässt Prudentius sogar bewusst eine Konnotation aus dem militärischen Sprachgebrauch anklingen: Besonders ausgewählte Spezialeinheiten werden bei Livius als *sacer* bezeichnet (Liv. 42, 58, 9: *cum sacris alis equitum* u. 44, 42, 2: *sacer in bellum numerus*), auch bei Silius findet sich dieser Gebrauch (Sil. 12, 578: *sacras in sanguine dextras*). *Pudicitia* würde somit als Elitekämpferin aus der Schar der übrigen Tugenden hervorgehoben, was durchaus zu ihrer sonstigen Würdigung durch Prudentius passt, der sie ja direkt nach *Fides* antreten lässt.

Ziel des Angriffs der *Libido* ist das *os sacrum* der *Pudicitia* wohl auch deshalb, weil das *os* ‚Gesicht' auch dazu dient, neben anderen Empfindungen auch Scham auszudrücken, und somit kennzeichnend für die *Pudicitia* ist. Zu *sacro … ab ore* vgl. auch *in faciem* und *pudibunda lumina* (v. 44).

49–52: Beschreibung der Tötung der *Libido* durch *Pudicitia* und Darstellung ihres Sterbens (vgl. Schwen 1937: 8–10).

49 exarmatae … meretricis: ‚der entwaffneten Hure'; *meretrix* ‚Hure' ist ein Synonym für die Bezeichnung *lupa* (v. 47) für die *Libido* (vgl. Bergman 1897: 8) und wird häufig abwertend gebraucht (vgl. ThLL VIII: 827–829 s. v. meretrīx A), wie auch Prudentius alle Bezeichnungen für Prostituierte, mit denen er *Libido* benennt, neben ihrer Funktion zur Charakteristik des Wesens der Lust zugleich auch als Schimpfwörter versteht. Vgl. auch *prostibulum* (v. 92) u. *lupa* (v. 47).

Ohne ihre Fackeln ist die *Libido* waffenlos und der *Pudicitia* schutzlos ausgeliefert. Ohne ihr Feuer kann sie niemanden mehr zur Unzucht verführen.

49–50 iugulum ... adacto | transfigit gladio: ,durchbohrt die Kehle mit gezücktem Schwert'; *adigere* bedeutet hier ,(eine Waffe) auf etw. richten' (vgl. ThLL I: 676–678 s. v. adigo I), als Objekt bzw. Ziel des *adacto gladio* muss man inhaltlich wohl *iugulum* ,Kehle', das Objekt des Prädikats *transfigit*, verstehen. Genaugenommen bedeutet *adacto transfigit gladio* also ,sie richtet das Schwert auf die Kehle [*sc.* der *Libido*] und durchbohrt sie dann damit'. *transfigere* ,durchbohren' wird besonders von spitzen Waffen gebraucht.

Eine ma. Glosse deutet *gladium* an dieser Stelle mit Verweis auf *Hbr* 13, 4: „Fornicatores enim et adulteros iudicabit Deus" als „uerbum Dei", das die Keuschheit nach der Vertreibung aller unreinen Gedanken gebraucht, um die Unzucht zu vernichten (Arévalo 1862: 26). Das Wort Gottes, Christus, vermag also in der Hand der Keuschheit, die Wollust bzw. Unzucht endgültig zu besiegen. Vgl. vv. 98–108, besonders *gladium ... infectum* (vv. 99–100), *aciem ... uictricem* (vv. 102–103), *piatum gladium* (vv. 103–104) u. *condere uaginae gladium* (v. 105).

Lewis sieht im Durchbohren der Kehle der *Libido*, deren Körper *per definitionem* sexuell ist, mit dem Schwert einen sexuellen Akt, wodurch das Schwert der *Pudicitia* paradoxerweise phallischen Charakter bekommt (vgl. Lewis 2000: 94). Daraus erklärt sich auch die Notwendigkeit der Reinigung des Schwerts (vv. 98–104).

50–51 calidos *u*omit illa *u*apores | sanguine concretos caenoso: ,und jene speit heißen mit Blut verklebten / vermischten Rauch'.

Vom Feuer der *Libido* ist nichts als heißer Rauch geblieben, nämlich die *calidi uapores* ,heiße Ausdünstungen', die sie nun ausspeit (vgl. v. 51: *spiritus*); nur noch die Hitze dieser Ausdünstungen zeigt einen Rest der früheren Leidenschaft (vgl. ThLL III: 153–154 s. v. cal(i)dus II.A–B u. Bergman 1897: 8). Der damit vermischte und vielleicht schon geronnene (vgl. ThLL IV: 94–96 s. v. concrēsco 1–3) blutige Auswurf zeigt schon das Ende des Lasters an. Vgl. *ora cruore de pecudum satiata* (vv. 31–32).

Das Attribut *caenoso* ,schmutzig' zu *sanguine* charakterisiert den Lebenssaft, also das Wesen des Lasters; die *Sodomita Libido* ist von Grund auf – sozusagen schon im Kern – schmutzig. Vgl. *spiritus sordidus* (vv. 51–52).

Prudentius unterstreicht die aufgrund der Wortwahl und der grausigen Details ohnehin schon eindrückliche Wirkung obendrein noch lautlich durch die Alliterationen *u*omit *u*apores und *c*oncretos *c*aenoso.

Zu Prudentius' Vorliebe für grausame Details in den Tötungs- und Sterbeszenen vgl. Lavarenne 1933: 220 u. 20 § 19.

51–52 spiritus …| sordidus exhalans: ‚schmutziger, ausdünstender Atem'; *spiritus* bezeichnet hier einerseits auf der Bildebene den ‚Atem' der *Libido*, und zwar im Sinne ihres ‚letzten Atemzuges', sie haucht hier also ihr Leben aus, und den davon ausgehenden (üblen) ‚Geruch' (vgl. auch v. 50 *uapores*); andererseits – sowohl auf der Bildebene als auch auf der Deutungsebene – steht *spiritus* für den nichtkörperlichen Teil der *Libido*, ihr ‚Wesen' bzw. ihren ‚Geist'. Das Attribut *sordidus* ‚schmutzig / unrein' passt dazu in jeder Hinsicht: Es beschreibt auf der Bildebene den Atem und Geruch der *Libido* als ‚übel' und charakterisiert auf der Deutungsebene ihr Wesen und ihren Geist als ‚unrein', ‚armselig' und ‚niederträchtig'. Vgl. *sanguine caenoso* (v. 51).

Das Partizip *exhalans*, hier intransitiv gebraucht (vgl. Bergman 1897: 8 u. Lavarenne 1933: 220), unterstreicht im Sinne von ‚aushauchend' zum einen die Bedeutung des *spiritus* als des ‚letzten Atemzuges' (vgl. Lavarenne 1933: 220), betont also die Endgültigkeit der Niederlage der *Libido*, zum anderen verstärkt es in der Bedeutung ‚ausdünstend' das Bild des üblen Atems und Gestanks, den die *Libido* verbreitet (vgl. ThLL V,2: 1405 s. v. exhālo II.A.1–2).

Vgl. dazu auch das Sterben der *ueterum Cultura deorum* im ersten Kampf (vv. 33–35), besonders *animamque malignam* (v. 33).

53–97: dreiteilige Siegesrede der *Pudicitia*. Es finden sich im Anfangsteil (vv. 53–57) und im Endteil (vv. 91–97) typische „Motive einer Siegesrede über einen gefallenen Helden" und die ebenfalls für Siegesreden charakteristischen Imperative und Futurformen (Schwen 1937: 10–11).

53–57: Anfang der Siegsrede. *Pudicitia* verkündet das Ende der *Libido*, die nun nie wieder gläubige, keusche Christen gefährden könne.

53 uictrix regina: ‚siegreiche Königin'. Neben der *Pudicitia*, die Prudentius einmal als *regina* bezeichnet, werden auch *Fides* (vv. 37, 716 u. 823) und *Mens humilis* (vv. 199 u. 267) so genannt (vgl. dazu den Kommentar zu v. 37). Zu *uictrix* vgl. v. 103 sowie *uictrix legio* (v. 37).

„hoc habet" exclamat: *hoc habet!* ‚Das hat sie!' im Sinne von ‚Das hat gesesssen!' ist der Ausruf der Gladiatoren, die ihren Feind verwundet oder besiegt haben (vgl. Obbarius 1845: 113, Bergman 1897: 8, Burnam 1905: 59, Burnam 1910: 90, Lavarenne 1933: 220, Schwen 1937: 10, James 1999: 81 u. Lewis 2000: 94).

Es handelt sich hier wohl um eine Reminiszenz an Verg. *Aen.* 12, 296, wo der Ausruf ebenfalls am Versbeginn steht (vgl. Schwen 1937: 10 sowie Bergman 1897: 8, Burnam 1905: 59 u. Lühken 2002: 305).

An wen sich *Pudicitia* mit diesem Ausruf wendet, ob unerwähnte Mitstreiter, die übrigen Tugenden oder aber der Leser Adressat dieses Ausrufs sind, bleibt offen. Zugleich klingt hier schon der tadelnde Ton an, der die nun beginnende Rede bestimmt, und der Gedanke, dass es das Laster nicht anders verdient habe, schwingt darin mit (vgl. Burnam 1910: 90).

53–54 supremus | ... finis: ‚das letzte Ende', d. h. der endgültige Schluss. Es handelt sich hierbei keineswegs um einen Pleonasmus, denn nachdem Judith die *Libido*, repräsentiert durch Holofernes, schon einmal getötet hat, diese danach jedoch wieder auferstanden und erstarkt ist, hat *Pudicitia* sie nun nach eigener Aussage endgültig getötet, so dass keine Gefahr der Wiederkehr besteht (vgl. Lavarenne 1933: 220).

56 quibus: *dat. commodi* (vgl. Lease 1895: 22 § 56 u. Lavarenne 1933: 220).

in *famul*os *famul*asue Dei: ‚gegen die Diener und Dienerinnen Gottes'; gemeint sind hier alle gläubigen Christen (vgl. Bergman 1897: 8, Lavarenne 1933: 220 u. ThLL VI,1: 268 s. v. famulus II.B.2 sowie 269 s. v. famula II.B). Prudentius gebraucht die Begriffe *famulus* ‚Diener' und *famula* ‚Dienerin' meist gleichbedeutend mit *fidelis* im Sinne von ‚gläubiger / frommer Christ' (*cath.* 3, 171; 8, 7; 10, 18; *psych.* 643; *ditt.* 34), gelegentlich auch mit der Konnotation des ‚Märtyrers' (*perist.* 3, 27; 6, 119; 11, 61), zweimal verwendet er sie, um die Seele bzw. den Menschen als ‚Diener' Gottes zu bezeichnen (*apoth.* 882; *ham.* 675), einmal für den ‚Propheten' Daniel (*cath.* 4, 56), einmal für den Apostel Petrus (*c. Symm.* 2 *praef.* 41), einmal für einen ‚Priester', nämlich den Bischof und Märtyrer Fructuosus (*perist.* 6, 47; vgl. ThLL VI,1: 268 s. v. famulus II.B.3), und mehrfach gebraucht er das Adjektiv *famulus* im Sinne von ‚Gott dienend' (*cath.* 10, 166; *apoth.* 670; *ham.* 80; *c. Symm.* 1, 343; vgl. ThLL VI,1 : 269–270 s. v. famulus).

Auffällig ist hier das Polyptoton, das den Geschlechtsbezug herstellt. Prudentius betont, dass *Libido* gegen *alle* gläubigen Christen – Männer *und* Frauen – machtlos ist.

56–57 intima casti ... | uena animi: ‚das tiefste Innere der keuschen Seele'; *uena* ‚Vene' bzw. ‚Blutgefäß' i. w. S. gebraucht Prudentius hier als *pars pro toto* für das – den Blicken von außen verborgene – Innere des Menschen, nicht nur des Körpers, sondern auch der Seele (vgl. Bergman 1897: 8 u. Lavarenne 1933: 220). *intimus* ‚innerst' bzw. ‚im Innersten gelegen' wird häufig auf das Innerste des Menschen, z. B. das Herz bzw. die Brust als Sitz der Gefühle, bezogen oder im Sinne von ‚am geheimsten / verborgensten' gebraucht. Die *intima uena animi* ist also das ‚tiefste Innere der Seele', d. h. deren verborgenster und bestgeschützter Teil, dem äußere Angriffe durch die Laster am wenigsten anhaben können.

57 sola feruet de lampade Christi: ‚glüht allein durch das Licht Christi'. *lampas* ‚Leuchte / Fackel' ist in seiner Grundbedeutung synonym zu *fax* ‚Fackel' (vgl. Bergman 1897: 8, Lavarenne 1933: 220), es wird sogar wie dieses für die Fackeln der Furien verwendet (vgl. ThLL VII,2: 910 s. v. lampas I.B.2.b); darüber hinaus wird das Wort besonders für die Lichter gebraucht, die bei rituellen Handlungen, z. B. Hochzeiten zum Einsatz kommen (vgl. Bergman 1897: 8 u. ThLL VII,2: 909 s. v. lampas I.B.1), woraus sich wohl der metaphorische Gebrauch i. S. v. ‚Liebe' entwickelt hat (vgl. Lavarenne 1933: 220 u. ThLL VII,2: 909–910 s. v. lampas I.B.2.a). Bergman sieht in *lampas* einen Bezug zum Verständnis des *homo Christianus* als *sponsa Christi*, „de eius *lampade feruere* recte dicitur" (Bergman 1897: 8). Vgl. dazu auch das Gleichnis von den klugen und den törichten Jungfrauen (*Mt* 25, 1–13). Zugleich gebraucht Prudentius das Wort *lampas* zur Abgrenzung des Lichtes Christi von den *faces* des Lasters.

de wird hier instrumental (vgl. Lavarenne 1933: 90 § 178) bzw. – ausgehend von der räumlichen Bedeutung ‚von ... her' bei Empfindungsverben – kausal gebraucht, was sich nicht immer genau unterscheiden lässt (vgl. LHS 2: 261 § 146). *sola de lampade Christi* bedeutet also ‚durch das Licht Christi allein'.

58–90: Hauptteil der Siegesrede. *Pudicitia* geht auf das bisherige Wirken der *Libido* ein, vor allem auf ihr Wiedererstarken, obwohl sie schon enorm geschwächt war, nachdem Judith Holofernes getötet hatte (vv. 58–69), und auf ihre Machtlosigkeit aufgrund der Geburt Christi durch die Jungfrau Maria (vv. 70–88), wobei sie umfassend auch auf die Natur Christi und „das Mysterium der Erhöhung der menschlichen Natur durch die Inkarnation des Logos" (Gnilka 2007 d: 437) eingeht. Am Schluss des Hauptteils fasst *Pudicitia* das Wesen und die Wirkung der *Libido* prägnant und vorwurfsvoll zusammen: Sie sei Führerin auf dem Weg zum Tode, ja sogar der Eingang des Todes, sie stürze die Seelen der Menschen in die Hölle, indem sie deren Leiber beflecke (vgl. Gnilka 1963: 52).

Da die biblischen Gestalten Judith und Maria nur in der Rede der *Pudicitia* erwähnt werden, aber nicht selbst auf der Bildebene des Kampfes vorkommen, wird die Allegorie hier nicht durchbrochen (vgl. Gnilka 1963: 33 u. Herzog 1966: 106).

58–59 tene ... potuisse | ... recalescere: ‚Dass Du ... wiedererstarken konntest ...!' *infinitivus indignantis*, eigentlich umgangssprachlich, ursprünglich abhängig von Verben der Gemütsbewegung, bei Dichtern häufiger, so z. B. Verg. *Aen.* 1, 37; 1, 97; Hor. *sat.* 1, 9, 72; 2, 4, 83; bei Prudentius z. B. auch in *perist.* 10, 803; *-ne* „ist identisch mit dem *-ne* [...] in Frage- und Relativsätzen, die eine ungläubige Einwendung enthalten" (LHS 2: 366 § 200.a Zus.; vgl. Lease 1895: 14 § 22 u. 37 § 101.b, Bergman 1897: 8, Lavarenne 1933: 95 § 195 u. Burton 2004: 10).

recalescere ‚wieder warm werden', d. h. ‚sein altes Feuer wieder erlangen', nimmt die Feuer- und Hitzemetaphorik in der Beschreibung der *Libido* auf, was hier nichts anderes bedeutet, als dass sie wieder zu Kräften kommt, also wieder erstarkt, ja sozusagen ‚wieder aufersteht' (vgl. Bergman 1897: 9 u. Lavarenne 1933: 220 mit Verweis auf *cath.* 10, 95: *post obitum recalescens*).

59 extincti capitis ... flatu: ‚durch den Hauch des vernichteten Hauptes'; *flatus* ‚Hauch' bezeichnet hier den letzten Atemzug des Holofernes und damit im übertragenen Sinne zugleich dessen ‚Geist', sein Lebensprinzip (vgl. ThLL VI,1: 881–882 s. v. flātus II.A.1.a u. 883–884 s. v. flātus II.B.1–2 u. Bergman 1897: 9 mit Verweis auf *perist.* 3, 168–170). *exstinguere* ‚auslöschen' nimmt ebenso wie *recalescere* die Feuermetaphorik dieses Kampfes wieder auf (vgl. Burton 2004: 10). *caput* ‚Kopf' steht hier zugleich übertragen für das ‚Leben' (vgl. Bergman 1897: 9 u. Lavarenne 1933: 220), das Holofernes verloren hat.

60–65: Prudentius adaptiert die Geschichte von Judith und Holofernes (*Idt* 10–13) für seine Zwecke, indem er Judith zum Symbol der Keuschheit umwidmet. Aufhänger für diese Deutung ist sicher die Begierde des Holofernes nach Judith (*Idt* 12, 17). Allerdings kommt es in der biblischen Beschreibung nicht zu einer sexuellen Annäherung des Holofernes an Judith, vielmehr tötet Judith Holofernes, um ihr Volk zu befreien (vgl. *Idt* 8–10).

60–61 Assyrium ... thalamum ...|... madefactum sanguine lauit: ‚hat das blutgetränkte Assyrische Schlafgemach benetzt'. Der Ausdruck *madefactum sanguine lauit* ist in zweifacher Hinsicht auffällig: zum einen wegen des Pleonasmus, da *lauare* hier dichterisch synonym mit *madefacere* ‚befeuchten / benetzen / tränken' gebraucht wird, wie es im Zusammenhang mit Blut häufiger vorkommt (vgl. ThLL VII,2: 1052 s. v. lauo II.A.1.a.β [z. St. Z. 25]); zum anderen wegen der Prolepse des Partizips *madefactum*, welches das Resultat der Verbalhandlung vorwegnimmt (vgl. Lavarenne 1933: 103 § 226); *sanguine* steht hier deshalb ἀπὸ κοινοῦ. Prudentius schildert den Tod des Holofernes weitaus plastischer und grausamer als es die biblische Vorlage tut; dort wird das Blut überhaupt nicht erwähnt (vgl. *Idt* 13, 9).

62 aspera Iudith: ‚die unbarmherzige Judith'. Lavarenne sieht hier eine Parallele zu Verg. *Aen.* 11, 664, wo Camilla als *aspera uirgo* bezeichnet wird (vgl. Lavarenne 1933: 221).

64 famosum mulier referens ex hoste tropaeum: ‚die – obwohl sie eine Frau war – das berühmte Siegeszeichen vom Feind heimbrachte', gemeint ist das abgeschlagene Haupt das Holofernes, das Judith mit Hilfe ihrer Magd in einem Sack aus dem Lager der Assyrer hinausschmuggelte und in ihrer Heimatstadt Betulia ihren Mitbürgern als Zeichen ihres Sieges zeigte (vgl. *Idt* 13, 10–31; vgl. auch Bergman 1897: 9). Die Männer der Stadt hatten es zuvor nach zwanzigtägiger Belagerung ihrer Stadt durch die Assyrer schon für besser gehalten, sich zu ergeben, da Holofernes sie von ihren Wasserquellen abgeschnitten hatte (vgl. *Idt* 7).

Vgl. auch *cath.* 6, 103–104 *qui de furente monstro | pulchrum refert tropaeum* (vgl. Castelli–Prosperi 2000: 106 Anm. 19).

65 uindex mea caelitus audax: ‚meine vom Himmel her wagemutige Rächerin'; *Pudicitia* nennt Judith *uindex m e a*, weil diese hier als Beispiel für die Tugend Keuschheit, also die *Pudicitia* selbst, betrachtet wird (vgl. Gnilka 2007 d: 438). Prudentius geht hier sehr frei mit der biblischen Vorlage um, denn Holofernes wird eigentlich nicht für seine Unkeuschheit bestraft, sondern weil er es wagt, Gottes Volk anzugreifen (vgl. Lavarenne 1933: 221), deshalb geht Judith überhaupt nur ins Lager der Assyrer (vgl. *Idt* 8–10); zu unkeuschen Handlungen kommt es trotz der Begierde des Holofernes (vgl. *Idt* 12, 17) nicht, da er betrunken einschläft (vgl. *Idt* 13, 3). Prudentius dagegen sieht die Geschichte unter einem anderen Blickwinkel, indem er die Begierde des Holofernes, die in der Vorlage lediglich Judith die Gelegenheit gibt, so nahe an ihn heranzukommen und mit ihm zu speisen und zu trinken, dass sie schließlich alleine bei ihm ist, als er betrunken schläft, und ihn töten kann, in den Vordergrund rückt (vgl. Lavarenne 1933: 221).

Das Adverb *caelitus* ‚vom Himmel her' (vgl. ThLL III: 75 s. v. caelitus I.A [z. St. Z. 70]) bezieht sich auf *audax*; denn der Mut, zu Holofernes zu gehen und ihn schließlich zu töten, wurde Judith von Gott gegeben, der ihre Gebete erhört hatte (vgl. *Idt* 9; 10, 11; 12, 9 u. 13, 6).

66–67 fortasse parum fortis matrona sub umbra | legis adhuc pugnans: ‚die vielleicht zu schwache Frau, die noch unter dem Schatten des Gesetzes kämpfte'. *parum fortis* [sc. *fuit*] (vgl. Arévalo 1862: 27, Burnam 1905: 59 u. Burton 2004: 11) ‚zu schwach [war]' Judith offenbar, weil sie *sub umbra legis adhuc pugnans* ‚noch unter dem Schatten des Gesetzes' kämpfte, nicht aber unter der Gnade Gottes, so dass die *Libido* wieder erstarken konnte (vgl. Burnam 1905: 59 u. Burnam 1910: 90). Prudentius gebraucht hier das Wort *matrona* ‚ehrbare Frau' (vgl. ThLL VIII: 484–486 s. v. mātrōna A.1.a–b) bzw. ‚verheiratete Frau' (vgl. ThLL VIII: 486 s. v. mātrōna I.A.2.a [z. St. Z. 55]) für die ‚Witwe' Judith (vgl. *Idt* 8, 1–4), um den Kontrast zur *uirgo* ‚Jungfrau' Maria (vv. 70–71) deutlich zu machen (vgl. Lavarenne 1933: 221 u. Burton 2004: 11), die unter der Gnade Gottes steht und als neutestamentliches Symbol für die *Pudicitia* steht. Vgl. dazu *innupta femina* (v. 74).

67 tempora nostra figurat: ‚deutet unsere Zeiten voraus', also die „christliche Ära" (Gnilka 2007 d: 439; vgl. Arévalo 1862: 27 u. Lavarenne 1933: 221). *figurare* ‚darstellen' steht hier, typisch für den christlichen Sprachgebrauch, in der Bedeutung ‚etw. im voraus zeigen' bzw. ‚ein Symbol für etw. Späteres sein' (vgl. ThLL VI,1: 744 s. v. figūro II.C.2 [z. St. Z. 48–49]).

Der Sieg Judiths über Holofernes ist also ein Symbol für die (christliche) *Pudicitia*, die auf der Bildebene diese Rede hält und die *tempora* durch *nostra* auch auf sich persönlich bezieht (vgl. Cunningham 1976: 63), und möglicherweise auch für die Jungfrau Maria (vgl. vv. 70–75 u. Burton 2004: 11). Das Vorbild Judiths zeigt, wie Christen handeln müssen (vgl. Iso bei Arévalo 1862: 27).

68 *u*era *u*irtus: ‚die wahre Tugend', d. h. die Gnade Gottes, die dem Menschen die Kraft gibt, das Böse zu besiegen (vgl. Lavarenne 1933: 221 u. Castelli–Prosperi 2000: 107 Anm. 21). Diese Tugend ist keine Illusion und wird zu Recht als Tugend bezeichnet; zugleich wird hier pleonastisch die moralische Richtigkeit, sozusagen die Unfehlbarkeit dieser Tugend unterstrichen. Die Alliteration im Zusammenhang mit der Stellung am Versanfang hebt auch sprachlich die Bedeutung dieser ‚wahren Tugend' hervor.

quibus: auf *tempora* (v. 67) zu beziehen (vgl. Arévalo 1862: 27, Burnam 1905: 59 u. Burton 2004: 11).

69 *grande* p e r i n f i r m o s *caput* ... m i n i s t r o s: *grande caput* ‚das große Haupt' spielt zwar auf die Enthauptung des Holofernes durch Judith an (*Idt* 13, 9), bezieht sich aber entweder auf das ‚Oberhaupt der Laster' – den Teufel oder konkret den Kopf des Teufels (vgl. Arévalo 1862: 27, Burnam 1905: 59 u. Lavarenne 1933: 221) – oder auf den ‚Ursprung' der Laster. Auf den Kopf der *Libido* kann es sich zumindest auf der Bildebene nicht beziehen, denn dieser wurde lediglich die Kehle durchbohrt (vgl. vv. 49–50). Vielleicht versteht aber Prudentius die *Libido* auch als ein besonderes ‚Hauptlaster'.

per infirmos ... ministros ‚durch ihre schwachen Diener' deuten die alten Glossen als Apostel oder – passend zur Judithgeschichte und dem Rahmen des Kampfes zwischen *Pudicitia* und *Libido* – als Jungfrauen (vgl. Burnam 1905: 59 u. Arévalo 1862: 27–28). Lavarenne deutet die *infirmi ministri* als die schwächsten unter den Märtyrern, nämlich Frauen, Kinder und alte Männer (Lavarenne 1933: 221). Vgl. *famulos famulasve Dei* (v. 56).

Durch die Verschränkung des Objekts *grande caput* mit dem Adverbiale *per infirmos ministros* kommen die Attribute *grande* ‚groß' und *infirmos* ‚schwach' (fast) direkt nebeneinander zu stehen, was die Antithese noch prägnanter macht (vgl. Lavarenne 1933: 221).

70–71 numquid ... ullum | fas tibi iam superest?: ‚Ist dir etwa noch irgendetwas erlaubt?'

Das Fragepronomen *numquid* (< *num* + *(ali)quid*) ‚etwa in irgendeiner Weise?' ist ursprünglich verstärktes *num* und verdrängt dieses seit der frühen Kaiserzeit immer mehr, so dass im Spätlatein *numquid* fast völlig an die Stelle des klassischen *num* getreten ist; es setzt die Antwort „Doch wohl nicht!" voraus (vgl. LHS 2: 463 § 248 u. Lavarenne 1933: 93 § 191).

fas bedeutet hier ‚göttliches Recht' im religiös-moralischen Sinne von ‚Erlaubnis' (vgl. ThLL VI,1: 291–293 s. v. fās I.B.1.d sowie z. St. 294 Z. 80–81 s. v. fās II.1; vgl. auch Bergman 1897: 9 u. Burnam 1905: 59). *numquid ullum fas tibi iam superest?* heißt demnach wörtlich ‚Ist dir etwa noch irgendein Recht übrig?'.

72 pristina origo: ‚der vormalige Ursprung'. *origo* ‚Ursprung' steht in diesem Zusammenhang in der Bedeutung ‚Geburt' i. w. S. für die Art und Weise, wie ein Mensch gezeugt und geboren wird, aber auch wovon er abstammt (vgl. ThLL IX,1: 983 s. v. orīgō I.A.1.c.α u. Bergman 1897: 9). Das Attribut *pristinus* ‚vormalig' bzw. ‚früher' drückt aus, dass diese Art des ‚Ursprungs' der Vergangenheit angehört (siehe v. 73 *deseruit*); es steht in typisch christlichem Sinne für das, was vor Christi Geburt war (vgl. ThLL X,2: 1381 s. v. prīstinus¹ II.A [z. St. 1381 Z. 71–73 s. v. prīstinus¹ II.A.2). Dieser ‚frühere Ursprung' des Menschen war insofern Sünde, als dass er lediglich in der rein sexuellen Vereinigung zweier sterblicher Menschen bestand (vgl. Arévalo 1862: 28 u. Lavarenne 1933: 222).

73 carnemque nouam: ‚und das neue Fleisch', d. i. Christus (vgl. ThLL III: 487 s. v. caro II.D), das ‚Fleisch' gewordene Wort Gottes (vgl. *Io* 1, 14 u. vv. 78–79), den Maria empfangen und geboren hat. Dieses ‚Fleisch' ist völlig anders und ‚neuartig', weil es zwar von einer sterblichen menschlichen Mutter geboren, jedoch nicht von einem sterblichen Mann gezeugt wurde, sondern durch den heiligen Geist empfangen.

Darüber hinaus zielt es vielleicht auf den „*nouum* h o m i n e m, qui secundum Deum creatus est in iustitia et sanctitate ueritatis" (*Eph* 4, 24) ab, von dem Paulus schreibt, dass die Christen der Gemeinde in Ephesos ihn „anlegen" sollten, nachdem sie den „alten Menschen" mit seinem früheren Wandel „abgelegt" hätten (vgl. *Eph* 4, 21–24 u. Castelli-Prosperi 2000: 107 Anm. 22). Vgl. dazu auch *Gal* 6, 8, *Rm* 8, 13 u. *Col* 3, 9–10 sowie *Ez* 36, 26.

uis ardua: ‚hohe Macht'. *uis* steht hier für eine ‚göttliche Macht' bzw. ‚göttlichen Einfluss'. *arduus* ‚hoch (gelegen)' bedeutet hier ‚himmlisch' bzw. ‚vom Himmel kommend' (vgl. Bergman 1897: 10 mit Verweis auf *cath.* 5, 29 u. ThLL II: 494–495 s. v. arduus I.3 [z. St. 495 Z. 43]), wie es auch klassisch öfter von Göttern gesagt wird, so etwa über Jupiter: z. B. Verg. *Aen.* 10,3; Ov. *met.* 2, 306; Val. Fl. 5, 163; Prudentius gebraucht es auch in *cath.* 11, 50 für Gott: *creator arduus*, ebenso andere christliche Autoren: z. B. Cypr. Gall. *Ios.* 549, Paul. Nol. *carm.* 21, 230 (vgl. ThLL II: 494–495 s. v. arduus I.3). Gemeint ist hier der ‚Heilige Geist' (vgl. Lavarenne 1933: 222 u. Castelli-Prosperi 2000: 107 Anm. 22).

74 innupta ... femina: ‚unverheiratete Frau'. Arévalo kritisiert diesen Ausdruck zu Recht (vgl. Arévalo 1862: 27): Schließlich hat Maria zwar als unverheiratete (*Mt* 1, 18: „antequam conuenirent" / „πρὶν ἢ συνελθεῖν"), aber bereits versprochene (*Mt* 1, 18: „desponsata" / „μνηστευθείσης"; *Lc* 1, 27: „ad uirginem desponsatam" / „πρὸς παρθένον ἐμνηστευμένην"), Frau empfangen, wurde aber später mit Josef verheiratet (*Mt* 1, 18–19), der sie bis zur

Geburt Jesu nicht ‚berührte' (*Mt* 1, 25: „et non cognoscebat eam donec peperit filium" / „καὶ οὐκ ἐγίγνωσκεν αὐτὴν ἕως οὗ ἔτεκεν υἱόν") und war somit bei der Geburt Jesu eine verheiratete Frau, aber noch Jungfrau, was Arévalo freilich übersieht, wenn er schreibt „sed potius uiri expertem concepisse" (Arévalo 1862: 27).

Prudentius hat hier wohl die Prophezeihung bei Jesaia vor Augen (*Is* 7, 14: „ecce uirgo concipiet et pariet filium"; vgl. *Mt* 1, (22–)23: „ecce uirgo in utero habebit et pariet filium" / „ἰδοὺ ἡ παρθένος ἐν γαστρὶ ἕξει καὶ τέξεται υἱόν"), übersieht aber, dass es dabei nur darum geht, dass sie eine ‚Jungfrau' ist, d. h. noch keinen Geschlechtsverkehr hatte und dass dies nicht zwingend bedeutet, dass sie unverheiratet ist, das griechische Wort παρθένος schließt sogar die Möglichkeit ein, dass es sich um eine ‚neu vermählte Frau' handelt.

75 mortali de matre hominem, sed cum patre numen: ‚einen Menschen von Seiten der sterblichen Mutter her, aber zusammen mit dem Vater (einen) Gott', Apposition zu *Christum* (v. 74). *de matre* hat neben der Angabe des Ursprungs ‚von Seiten der Mutter her' auch die kausale Bedeutung ‚aufgrund seiner Mutter' (vgl. LHS 2: 261–262 § 146). Die ungewöhnliche Formulierung *cum patre* ‚mit dem Vater' betont statt des göttlichen Ursprungs die Einheit bzw. Gemeinschaft Christi mit Gott-Vater (vgl. LHS 2: 259 § 145). *numen* wird hier synonym für *Deus* ‚Gott' gebraucht (vgl. Arévalo 1862: 28 u. Burnam 1905: 59).

76 inde omnis iam diua caro est, quae concipit illum: ‚daher ist nun alles Fleisch göttlich, das jenen empfängt'. *inde* ‚daher' bzw. ‚seitdem' heißt aufgrund bzw. seit der Geburt Christi durch eine Jungfrau (vgl. vv. 70–75 u. Burnam 1910: 90).

omnis caro ‚jedes Fleisch' steht für ‚jeder Mensch' (vgl. Lavarenne 1933: 222). *diuus* ist hier gleichbedeutend mit *diuinus* oder *sanctus* (vgl. Arévalo 1862: 28, Bergman 1897: 10 u. ThLL V,1: 1655 s. v. dīuus B). Vgl. *carnem nouuam* (v. 73).

78–84: Erörterung der Natur Christi: klar verständlich in vv. 78–81 die These, dass Christus durch seine Menschwerdung nichts von seiner Göttlichkeit eingebüßt hat, dunkel dagegen die nahezu mystische Wiederaufnahme dieses Themas in den wahrscheinlich interpolierten Versen 82–84.

78–79 uerbum quippe caro factum non destitit esse | quod fuerat: ‚denn nachdem das Wort Fleisch geworden war, hat es nicht aufgehört zu sein, was es gewesen war'. Prudentius zitiert hier nahezu wörtlich aus dem Johannes-Evangelium: „et *uerbum caro factum est*" (*Io* 1, 14).

Die Stellung der kausalen Konjunktion *quippe*, die normalerweise auch bei Prudentius am Satzanfang steht (vgl. Bergman 1897: 10 u. Deferrari–Campbell 1932 s. v. quippe: 602), hinter *uerbum* dient der Betonung des inhaltlich wichtigsten Elements *uerbum* (ähnlich *cath.* 7, 211) und soll vielleicht auch das *quippe* so nahe wie metrisch möglich neben das Partizip stellen, auf das es sich bezieht (vgl. LHS 2: 385 § 206 Zus. β u. 510 § 278).

Prudentius wendet sich mit dieser Aussage möglicherweise auch gegen eine Reihe von Häresien, die Christus nur für einen Menschen halten (vgl. Chamillard zit. nach Obbarius 1845: 114 u. Bergman 1897: 10), ähnlich wie in *apoth.* 1–320.

Vgl. vv. 73, 76 u. 79.

79–81 carnis ... usum | ... usum | carnis: ‚den Gebrauch des Fleisches', d. h. die Menschwerdung Gottes in Christus. *usus* ‚Gebrauch' bezeichnet hier die ‚Nutzung' zu einem bestimmten Zweck bzw. die ‚praktische Erfahrung', also die Nutzung eines menschlichen Leibes, um mitten unter den Menschen in einer ihnen vertrauten Gestalt wirken zu können.

Stilistisch und metrisch auffällig durch Wiederholung (vgl. Lavarenne 1933: 104–105 § 230), Chiasmus innerhalb dieser Wiederholung und Endreim *usum – usum*. Endreim gebraucht Prudentius zwar oft in den Hymnen, Endreim durch gleiches Endwort im Hexameter finden wir jedoch nur hier (vgl. Manitius 1890: 490).

79 dum carnis glutinat usum: ‚solange es am Gebrauch des Fleisches haftet' (vgl. Burton 2004: 11). Der Gebrauch von *glutinare* ‚(zusammen-)leimen' (vgl. ThLL VI,2: 2113–2114 s. v. glūtino I) erscheint hier zunächst ungewöhnlich, findet sich aber in übertragenem Sinne von ‚verbinden' auch in Bezug auf die Erschaffung des Menschen und die Inkarnation Christi mehrfach (vgl. ThLL VI,2: 2114 s. v. glūtino II.A.4 [z. St. Z. 76–78]); so auch bei Prudentius *cath.* 11, 52: *sermone carnem glutinans*. Die Verbindung *carnis glutinat usum* ‚verbindet den Gebrauch des Fleisches' ist allerdings tatsächlich beispiellos (vgl. Bergman 1897: 10 u. Lavarenne 1933: 222); Bergman deutet es als ‚empfängt den Gebrauch des Fleisches' bzw. ‚hat zu Anfang den Gebrauch des Fleisches', vermutet aber trotz der Übereinstimmung aller Codices eine Korruptele, da er die Wiederholung von *usum* am Versende von v. 79 u. v. 80 für unbegründet hält und darin einen Abschreibefehler sieht (Bergman 1897: 10; dafür spräche vielleicht auch der Befund bei Manitius 1890: 490). Wir müssen eine Art reflexiven Gebrauch von *glutinare* annehmen, also ‚sich an etw. heften / binden' = ‚an etw. haften / gebunden sein' (vgl. auch Burton 2004: 11). Prudentius meint mit dieser Wendung im vorliegenden Kontext wohl ‚solange er vom Fleisch Gebrauch macht'.

80–81 maiestate quidem non degenerante per usum | carnis, sed miseros ad nobiliora trahente: ‚wobei aber seine Größe durch den Gebrauch des Fleisches nicht abnimmt, sondern die Unglücklichen zum Edleren führt'.

maiestas bezeichnet die ‚Größe' bzw. ‚Erhabenheit' Gottes bzw. Christi (vgl. ThLL VIII: 152–154 s. v. maiestās I.A.3 [z. St. 153 Z. 78]). *quidem* hat hier entweder adversative Bedeutung (vgl. Bergman 1897: 10 u. LHS

2: 486 § 259) oder hebt die konzessive Bedeutung des *abl. abs. maiestate ... non degenerante, sed ... trahente* hervor. *degenerare* ‚aus der Art schlagen' steht hier in der Bedeutung ‚unwürdig werden' bzw. ‚schlechter werden' (vgl. ThLL V,1: 383 s. v. dēgenero I.B [z. St. 383 Z. 12–13 s. v. dēgenero I.B.1]). *maiestas non degenerante* (v. 80) heißt demnach ‚seine Größe nimmt nicht ab', d. h. er büßt durch seine Menschwerdung nichts von seiner göttlichen Erhabenheit ein.

per ‚durch' hat hier vorwiegend temporale Bedeutung ‚hindurch' bzw. ‚während' (vgl. auch v. 79: *dum carnis glutinat usum*), daneben auch kausale Bedeutung ‚wegen' (vgl. Bergman 1897: 10 sowie LHS 2: 240 § 130 u. 41 § 46.b).

miseri ‚die Unglücklichen' steht für die Unglücklichen unter den Menschen (vgl. Lavarenne 1933: 222). Zu *ad nobiliora trahente* (v. 81) vgl. v. 86: *ad caelestia uexit* (vgl. Bergman 1897: 10).

82–85: Zur Versklausel durch ein einsilbiges gefolgt von zwei zweisilbigen Wörtern (v. 82: *non erat, esse*; v. 83: *non sumus, aucti*; v. 84: *et sibi mansit*, v. 85: *sed sua nostris*) vgl. Lavarenne 1933: 119 § 273. Auffällig ist die Häufung dieser Art von Versschluss, der – einschließlich der vv. 82–85 – insgesamt 22mal in der *Psychomachia* vorkommt, in vier aufeinander folgenden Versen; alle anderen Stellen sind über das gesamte Werk verstreut oder doch zumindest durch ein oder zwei andere Verse unterbrochen (vgl. Lavarenne 1933: 119 § 273).

Gnilka hält die Verse 82–84 aufgrund der kurzatmigen staccatoartigen Syntax, der inhaltlichen Tautologien zu vv. 80–81 und ihrer „spitzfindigen Rhetorik" – wohl zu Recht – für interpoliert (vgl. Gnilka 2007 d: 439–440). Dafür spricht auch die auffällige Häufung desselben Versschlusses in vv. 82–85 und die selbst für Prudentius untypische Häufung und Verknüpfung verschiedenster Stilmittel in vv. 82–83. In diesem Falle könnten das *quod fuerat* in v. 79 und der Versschluss in v. 85 „Aufhänger" für die Interpolation gewesen sein.

82–83 *quod* **semper** *erat ... quod* **non** *erat ... | ... quod* **f u i m u s , iam non s u m u s:** ‚was er immer *war* ... was er (zuvor) nicht *war*, was w i r g e w e s e n s i n d , s i n d w i r nicht mehr'. Dieses anaphorische Polyptoton schließt an *quod fuerat* (v. 79) an; dadurch und durch die chiastisch gestellte Antithese von *manet, quod semper erat* und *quod non erat, esse incipiens* sind die beiden Verse stilistisch beinahe unerträglich stark markiert. Eine so starke Häufung und Verknüpfung verschiedenster Stilmittel wirkt manieriert und ist auch für Prudentius untypisch. Hier scheint ein Interpolator seine eigene theologische Deutung wenig einfallsreich in Hexameter gekleidet und dabei versucht zu haben, Prudentius' Einsatz von Stilmitteln nachzuahmen – allerdings sehr übertrieben.

82–83 ille manet, *quod* semper *erat, quod* non *erat*, esse | incipiens: ‚jener bleibt, was er immer war, was er (zuvor) nicht wahr, beginnt er zu sein'. *ille* bezieht sich auf Christus, den Mensch gewordenen Gott (vgl. vv. 78–71). Dieser war immer schon ein Gott, bisher – vor seiner Inkarnation – aber noch kein Mensch (vgl. Bergman 1897: 11 u. Lavarenne 1933: 222).

Vgl. *quod fuerat* (v. 79).

83 quod fuimus, iam non sumus: ‚was wir waren, sind wir nicht mehr'. Bergman deutet dies als ‚irdisch' bzw. ‚sterblich' (vgl. Bergman 1897: 11), gemeint ist vielleicht auch ‚sündig' oder im speziellen Kontext dieses Kampfes und der Rede der *Pudicitia*: ‚unkeusch'.

83–84 aucti | nascendo in melius: ‚durch die Geburt / von Geburt an zum Besseren erhöht'. *nascendo* (v. 84) bezieht sich (a) auf die Geburt Christi durch die Jungfrau Maria, was der Kontext nahelegt (vgl. v. 82–83: *esse incipiens*, vv. 78–81 u. 88), (b) auf die Geburt jedes einzelnen Menschen, i. S. v. ‚von Geburt an', (c) auf die Wiedergeburt – *nascendo in melius* = „renascendo per baptismum" (Burnam 1905: 59) – in der Taufe (vgl. Arévalo 1862: 28 u. Lavarenne 1933: 222). *auctus* steht hier i. S. v. (vgl. Bergman 1897: 11): (a) ‚gefördert / unterstützt' (vgl. ThLL II: 1353–1354 s. v. augeo A.III.a), d. h. die Menschen sind durch Hilfe zum Besseren hin geführt worden; (b) ‚verbessert'; (c) ‚erhöht' bzw. ‚gewachsen' (vgl. ThLL II: 1357 s. v. augeo B u. 1354 s. v. augeo A.III.b) im übertragenen – moralischen und spirituell-religiösen – Sinne oder aber sogar (d) ‚gesegnet'.

84 m i h i contulit et s i b i mansit: ‚f ü r m i c h hat er sich hingegeben und ist doch ganz f ü r s i c h s e l b s t geblieben'. Variation der vorhergehenden Aussagen (vv. 82–84): *mihi* nimmt *nos* (v. 83) wieder auf, somit spräche *Pudicitia* hier für die Menschheit, was ihr nicht zusteht, da sie nicht deren Verkörperung ist (vgl. Gnilka 2007 d: 439). Gnilka scheint auch dies als Anzeichen dafür zu sehen, dass vv. 82–84 interpoliert sind (siehe den Kommentar zu 82–84).

85–86 ex nostris ... nostris ... nosmet: Bezugnahme auf die Menschheit und die Natur des Menschen (vgl. Gnilka 2007 d: 439). *ex nostris* [sc. *membris*] ‚aus unseren [Gliedern]' (vgl. Arévalo 1862: 29), d. h. durch sein Menschwerden in Christus (vgl. Burton 2004: 12); *ex* wird hier instrumental gebraucht (vgl. LHS 2: 266 § 147 u. 125 § 79 Zus. g, Bergman 1897: 11 u. Lavarenne 1933: 90 § 179).

86–87 ... dona ... | dona ...: Das Wort *dona* ‚(göttliche) Gaben' gebraucht Prudentius hier in zwei verschiedenen Bedeutungen, wie Lavarenne gezeigt hat: In v. 86 sind mit Bezug auf vv. 78–84 Christus als Mensch gewordenes Wort Gottes, also die Vergöttlichung des menschlichen Fleisches in Christus, und seine Errettung der Menschen gemeint; in v. 87 steht die *dona* für den Sieg über die *Libido*, die bis dahin die Menschheit unterdrückt hatte (vgl. Lavarenne 1933: 222–223). Diese beiden ‚Gaben' sollen gleichgesetzt werden: Durch die Menschwerdung Christi ist die *Libido* besiegt worden. Diese Deutung wird durch v. 88 gestützt. Iso erklärt die Wortwahl damit, dass niemand enthaltsam sein könne, wenn Gott es ihm nicht gibt (vgl. Arévalo 1862: 29). Das erinnert an das Wort Christi: „nemo potest uenire ad me, nisi fuerit ei d a t u m a Patre meo" (*Io* 6, 65).

87 lutulenta Libido: ‚die schmutzige Wollust' ; *lutulentus* ‚schmutzig' wird hier im christlich-moralischen Sinne gebraucht (vgl. ThLL VII: 1900 s. v. lutulentus 2.a.β [z. St. Z. 40] sowie Arévalo 1862: 29 u. Bergman 1897: 11).

m e a ... iura: ‚m e i n e Rechte' ; zum sorgfältigen Gebrauch der Personalpronomina durch die Personifikationen vgl. Gnilka 2007 d: 438–439 [z. St. 438].

88 Marĭam: Die zweite Silbe des Namens Maria ist *anceps*, gewöhnlich jedoch lang und hier wohl aus metrischen Gründen kurz gemessen (vgl. Bergman 1897: 11 u. Lavarenne 1933: 106–107 §§ 235–136).

potis es: = *potes* ‚du kannst'. Prudentius gebraucht die archaisierende Form *pŏsse* < *potis esse* (vgl. Sommer: 579 § 359) hier (wie auch *apoth.* 182) wohl aus metrischen Gründen (vgl. Burton 2004). Die Verbindung von *potis* mit Formen von *esse* kommt sehr häufig vor; neben Plautus und Terenz (vgl. Neue–Wagener II: 176–177 § 98 u. LHS 1: 525 § 400) auch bei Lukrez, von dem Prudentius die Konstruktion vielleicht übernommen hat (vgl. Brakman 1920: 445). Vgl. *potis est* (*apoth.* 79–80; *ham.* 37; 533; 669; *c. Symm.* 1 *praef.* 84; 1, 331; 2, 981).

89–93: Sehr detaillierte Beschreibung des paganen Tartarus voller Reminiszenzen (vgl. Henderson 2000: 121–122 u. Castelli–Prosperi 2000: 107–108 Anm. 25), der hier aber nur als Folie für die christliche Hölle dient (vgl. Lavarenne 1933: 103 § 224).

89 *tu* princeps ad mortis iter, *tu* ianua leti: ‚*Du* Führerin zum Weg des Todes, *Du* Eingang des Todes'. Bergman erörtert zwei Deutungsmöglichkeiten für *tu princeps ad mortis iter*: (a) ‚Du stehst am Eingang des Todesweges, (denn Du selbst bist der Tod)', d. h. die Wollust ist tödlich, und (b) ‚Du bist der erste Weg zum Tode', d. h. die gefährlichste Verführerin (vgl. Bergman 1897: 11), die sich allerdings nicht ausschließen, sondern vielmehr ergänzen. *princeps* ‚Erste(r)' ist zunächst derjenige, der etwas beginnt bzw. in Gang setzt, dann aber auch der ‚Anführer' bzw. ‚Fürst' (vgl. ThLL X,2: 1289 s. v. princeps III.D.1.b [z. St. Z. 39]). Die Wollust ist das zweite Laster, das im Kampf gegen die Tugenden antritt – direkt nach dem Götzenglauben – und insofern wahrscheinlich aus Sicht des Prudentius eines der gefährlichsten (vgl. auch Lavarenne 1933: 223 u. Castelli–Prosperi 2000: 107 Anm. 24).

ianua leti ist der ‚Zugang zum Tod' oder auch der ‚Ursprung des Todes' (vgl. ThLL VI,1: 137 s. v. iānua B.4.a [z. St. Z. 54]), die Wendung wird häufig auch für den ‚Zugang zur Unterwelt' gebraucht. Das Vorbild des Ausdrucks *ianua leti* ist unklar, da er aufgrund seiner guten Eignung für den Hexameter, z. T. mit Variationen, sehr weit verbreitet ist (vgl. Dexel 1907: 49 u. Henderson 2000: 122). Ob es sich dabei um eine Reminiszenz an Tertullians Verurteilung der Frauen als „diaboli *ianua*" (*cult. fem.* 1, 1, 2) handelt, wie Lewis meint, bleibt daher fraglich (vgl. Lewis 2000: 95).

Castelli–Prosperi erkennen in der Bezeichnung *ianua caeli* für die *Libido* eine Gegenüberstellung mit einem Epitheton des Jungfrau Maria: *ianua caeli* ‚Pforte des Himmels' (vgl. Castelli–Prosperi 2000: 107 Anm. 24).

Prudentius lässt *Pudicitia* den Vorwurf gegenüber der toten *Libido* durch die asyndetisch angereihte Variation des *princeps mortis ad iter* ‚Führerin auf dem Weg des Todes' durch das weitestgehend gleichbedeutende ‚Zugang zum Tode' (vgl. auch ThLL VII,2: 1191 s. v. lētum I.B.1 [z. St. Z. 2–3]) und die Anapher des Personalpronomens *tu* noch bekräftigen.

90 *corpora conmaculans*: ‚die Leiber befleckend'. Durch diese Alliteration zu Versbeginn und die folgende Penthemimeres betont Prudentius diesen Aspekt der *Libido* sehr stark (vgl. Bergman 1897: 11), wohl um ihn als Besonderheit hervorzuheben. Während nämlich die übrigen Sünden außerhalb des Körpers wirken, besudelt die Wollust den eigenen Leib des Sünders (vgl. Arévalo 1862: 29).

conmaculare ‚beflecken / besudeln' wird meist im religiös-moralischen Sinne gebraucht, besonders häufig von christlichen Autoren (vgl. ThLL III: 1818 s. v. commaculo [z. St. s. v. commaculo 1.b Z. 67]).

91–97: Ende der Siegesrede. *Pudicitia* befiehlt der *Libido*, sich in der Hölle zu verbergen (vv. 91–93), und verflucht sie dort zu schrecklichen Qualen (vv. 94–95), damit sie niemals wieder Christen in Versuchung führen könne (vv. 96–97). Zum Motiv der Vergeltung durch die Höllenqualen vgl. Gnilka 1963: 52–57.

Entehrung und Misshandlung der Leiche des Besiegten ist ein epischer Topos (z. B. Hom. *Il.* 24, 14–17), *Pudicitia* entehrt und misshandelt ihre tote Widersacherin jedoch nicht selbst, sondern verflucht sie zu Qualen, die sie in der Hölle erleiden soll, ähnlich Verg. *Aen.* 10, 557–560, wo Aeneas dem von ihm gerade geköpften, zerstümmelten und mit Füßen getretenen Tarquitus einen Fluch nachschickt (vgl. Schwen 1937: 10).

Die Hölle, die Prudentius *Pudicitia* hier für *Libido* ausmalen lässt, erinnert, wie Lühken feststellt, „stark an den vergilischen Tartarus" mit seinem Feuerstrom, wie in *Aen.* 6, 550–551 geschildert (Lühken 2002: 51). Ganz anders dagegen malt Prudentius die Hölle für die schuldig gewordenen Seelen in *cath.* 5, 125–136 u. *cath.* 9, 70–78 aus, besonders das Fehlen des Höllenfeuers und der siedenden Schwefelflüsse (vgl. *cath.* 5, 135–136) steht in starkem Kontrast zur Hölle der *Libido* (vgl. Bergman 1897: 12).

91 abde caput tristi ... abysso: ‚verbirg dein Haupt in der finsteren Hölle'. *abyssus* ‚Abgrund / Unendlichkeit' steht bei den christlichen Autoren sowohl für den unermesslichen Raum im allgemeinen als auch für die Tiefen des Meeres und der Erde im besonderen (vgl. ThLL I: 243–244 s. v. abyssus I); hier steht es, wie auch in der Vulgata *Lc* 8, 31 u. *Rm* 10, 7 und bei einigen anderen christlichen Autoren, für die ‚Hölle' als Ort der Verdammten (vgl. ThLL I: 244 s. v. abyssus I.C [z. St. Z. 37] u. Lavarenne 1933: 223; dagegen fälschlich Henderson 2000: 122). Prudentius gebraucht *abyssus* nur in dieser Bedeutung (*ham.* 833, *ditt.* 170, *apoth.* 781; vgl. ThLL I: 244 s. v. abyssus I.C Z. 34–37).

Henderson erkennt in der Verbindung *tristi ... abysso* eine Reminiszenz an Verbindungen von *tristis* und *Tartarus* (Verg. *Aen.* 4, 243 u. 5, 734; vgl. auch Colum. 10, 273 u. Macr. *Sat.* 5, 6, 11) bzw. *Acheron* (Sil. 13, 571, vgl. auch Sen. *Ag.* 607 u. Macr. *somn.* 1, 10, 11) (vgl. Henderson 2000: 122).

iam frigida pestis: ‚schon erkaltete Unheilbringerin'. Während *Pudicitia* ihre Rede gehalten hat, ist die Leiche der *Libido*, die zuvor durch ihr Feuer und ihr Glühen charakterisiert worden war (vgl. vv. 42–47, bes. v. 46: *furiae flagrantis*), bereits erkaltet (vgl. Bergman 1897: 12). *pestis* bezeichnet hier die *Libido* als ‚Werkzeug des Verderbens' (vgl. Bergman 1897: 12).

92–93 claudere ... | ... detrudere: = *clauderis ... detruderis* (Imperativ medio-passiv) ‚verbirg dich ... lass dich hinziehen' (vgl. ThLL V,1: 842 s. v. dētrūdo I.A.1.a).

94–95 t e *u*oluant subter *u* a d a flammea, t e *u* a d a nigra | *s*ulpureusque rotet per *s*tagna *s*onantia uertex: ‚dich mögen fortreißen dort unten die flammenden Meere, dich mögen die schwarzen Meere und der Schwefelstrudel durch tönende Seen herumschleudern'. Die beiden Verse sind durch die Anapher *te ... te*, den Chiasmus *volvant subter... uada flammea, ... uada nigra ... rotet* und die Alliteration und die Wortwiederholung *uoluant ... u a d a ... u a d a* sowie die Alliteration *sulpureusque ... stagna sonantia* extrem hervorgehoben, wohl um die Härte und Unabwendbarkeit des Fluchs zu betonen.

uadum, eigentlich ‚Untiefe / Furt', wird hier im übertragenen Sinne dichterisch für das ‚Gewässer' selbst benutzt (vgl. Bergman 1897: 12 mit Verweis auf Hor. *carm.* 1, 3, 24 u. Sen. *Herc. fur.* 680); zuweilen wird es gleichbedeutend mit *fundus* ‚Tiefe / Grund' verwendet (vgl. Bergman 1897: 12 mit Verweis auf Verg. *Aen.* 1, 536), diese Konnotation klingt hier vielleicht in der Verbindung mit *subter* mit an.

Die *uada* sind *flammea* ‚flammend' und ‚brennend heiß'; zugleich klingt hier in der übertragenen Bedeutung ‚leidenschaftlich' der Bezug zum Wesen des besiegten Lasters an. Bereits Iso hat auf den Aspekt der *lex talionis* an dieser Stelle hingewiesen, denn *Libido* stehen Qualen bevor, die Bezug zu ihrem Wesen und ihrem Tun haben: Schwefelfackeln und Feuer waren ja ihre Waffen; Iso sieht hier zugleich eine Warnung an alle, die der Wollust verfallen sind (vgl. Arévalo 1862: 29). Vgl. dazu: *faces* (v. 42), *piceamque ardenti sulpure pinum* (v. 43), *flammis* (v. 44), *taetro fumo* (v. 45), *furiae flagrantis* (v. 46), *ignea tela* (v. 46–47), *excussas taedas* (v. 48).

Die Schreibweise *sulpureus* anstelle von *sulphureus* – so wie auch *sulpur* (v. 43) ist archaisierend (vgl. Lavarenne 1933: 82 § 153).

96 furiarum maxima: ‚größte der Furien'. Bei dieser Wendung handelt es sich wohl um eine Vergilimitation; sie kommt an derselben Versposition in *Aen.* 6, 605 vor sowie in ähnlicher Stellung leicht abgewandelt als „*furiarum* ego *maxima*" in *Aen.* 3, 252 vor (vgl. Lease 1895: 70 § 149, Bergman 1897: 12, Mahoney 1934: 59, Schwen 1937: 105 u. Lühken 2002: 50–51). Zwar findet sich dieselbe Wendung auch bei Val. Fl. 1, 816 (vgl. Lühken 2002: 51), doch ist es wahrscheinlich, dass Prudentius sie – ebenso wie dieser – direkt von Vergil entlehnt hat. Vgl. *furiae flagrantis* (v. 46).

Christicolas: wörtlich ‚Christusverehrer', gleichbedeutend mit ‚Christen'. Sowohl das Substantiv *Christicola* als auch das Adjektiv *christicolus* ‚christlich' sind gebräuchlich, vorwiegend in christlicher Dichtung (vgl. ThLL II Onom. 2: 415 s. v. chrīsticola). Prudentius verwendet es, besonders im Plural, weit häufiger als das übliche *Christianus* (vgl. Deferrari–Campbell 1932: 98–99). Vgl. vv. 13 u. 526 (vgl. Bergman 1897: 12 u. Lavarenne 1933: 102 § 221). Denn *Chrīstĭcŏla* passt im Gegensatz zu *Chrīstĭānus* bestens in den Hexameter; lediglich im *nom.* u. *acc. sg.* muss die Endung in Positionslänge gebracht werden.

97 purgata corpora: ‚die gereinigten Leiber'; *purgatus* steht hier im typisch christlichen Gebrauch im Sinne von ‚von den Sünden gereinigt' (vgl. Bergman 1897: 12).

suo regi: ‚für ihren König', d. h. für Christus (vgl. Arévalo 1862: 29, Bergman 1897: 12 u. Lavarenne 1933: 223).

98–108: Im Anschluss an ihre Siegesrede reinigt *Pudicitia* ihr Schwert im Jordan vom Blut der *Libido* (vv. 98–104) und weiht es darauf *catholico in templo* ‚im katholischen Tempel' (vv. 104–108). Sie schließt damit auch symbolisch ihren Kampf endgültig ab (vgl. Mastrangelo 1997: 155).

Dass die Themen Taufe und Reinigung, im Sinne von Sühne, im Mittelpunkt des Schlussteils dieses Kampfes stehen, hält Mastrangelo für unausweichlich, nachdem Prudentius das Durchbohren der Kehle zuvor zwar knapp, aber in allen blutigen Details (vv. 49–52) geschildert hat (vgl. Mastrangelo 1997: 154).

Bei der Tötung der *Libido* dürfte neben ihrem Schwert auch *Pudicitia* selbst vom Schmutz der Sterbenden nicht verschont worden sein (vgl. Mastrangelo 1997: 154), immerhin steht sie direkt neben bzw. über ihr, als sie bei ihren letzten Atemzügen mit ihrem *spiritus sordidus* (v. 52) die umgebende Luft verseucht.

Smith vermutet hinter dem im Jordan gereinigten Schwert die menschliche Natur, die als Ebenbild Gottes erschaffen ist; er deutet das Blut als Schmutz der Sünde und das Wasser als Taufe; die Scheide, in die das Schwert nicht wieder gesteckt wird, versteht er als Metapher für das sündige Fleisch des gestrauchelten Menschen; die Weihe des Schwerts und sein ewiger Glanz im katholischen Tempel stehe für die Erlösung, die aus dem Innern der Kirche kommen werde (vgl. Smith 1976: 188). Er stellt jedoch fest, dass diese „allegory within the personification allegory" die „inside-outside"-Perspektive der Erzählung verkompliziert (Smith 1976: 188).

Mastrangelo deutet das Schwert der *Pudicitia* als Metapher für die Lebensreise von Körper und Seele (vgl. Mastrangelo 2008: 97–98): Nach der Reinigung durch die Taufe (vv. 98–104) folge der Verzicht auf die – zum Verderben führende – Ausübung der Sexualität (vgl. v. 105: *condere uaginae gladium*), die Weihe in der Kirche (vv. 107–108) und schließlich das Erlangen ewigen Lebens (v. 108).

98–104: Prudentius vergleicht die Reinigung des Schwertes mit der Taufe (vgl. Hanna 1977: 112, Nugent 1985: 31 u. Mastrangelo 1997: 154), sei es durch Anspielungen: *Iordanis in undis | abluit* (vv. 99–100), *expiat ... fluuiali lauacro* (v. 102), sei es direkt: *abolens baptismate labem* (v. 104). Er nimmt dieses Bild auch nach der Darstellung der Reinigung erneut auf: *piatum ... gladium* (vv. 105–106), *ablutum ... nitorem* (v. 107).

Nugent verweist darauf, dass diese Reinigung des Schwerts im Sinne einer Taufe zur Teilhabe an der absoluten Reinheit führe und nötig sei, weil selbst der feindliche Kontakt im Kampf mit der Wollust zu einer Verschmutzung – auf der Bildebene mit ihrem Blut, im übertragenen Sinne mit ihren lasterhaften Gedanken und Taten – führen kann, wie im Kampf der *Pudicitia* mit der *Libido* zumindest auf der Bildebene geschehen (vgl. Nugent 1985: 31).

98–99 laeta Libidinis i n t e r f e c t a e | m o r t e: ‚froh über den Tod der vernichteten Libido'. *interfectus* wörtlich ‚niedergemacht' heißt hier zunächst ‚getötet' bzw. ‚vernichtet' in Bezug auf die gerade besiegte personifizierte *Libido* und somit auch ‚beendet' in Bezug auf deren Natur und ihre charakteristische Haupteigenschaft, die Wollust.

Für den Pleonasmus *interfectae morte* ‚durch den Tod der Getöteten' sieht Desy drei biblische und ein klassisch antikes Vorbild: „qui *interfec*it eum et *mort*uus est" (III *Rg* 2, 25), „*interfic*iantur *morte*" (*Ier* 18, 21), „*interfic*iam in *morte*" (*Apc* 2, 23) und „eius *interfec*ti *morte laeta*mur!" (Cic. *Att.* 14,

9, 2); dass Prudentius den Ausspruch Ciceros in Reaktion auf den Tod des „Tyrannen" Caesar hier vor Augen hat, ist angesichts der Übereinstimmung in Wortwahl und Syntax sehr wahrscheinlich (vgl. Desy 2005: 171).

98: Metrisch auffälliger Vers: Einer von zwei *spondiaci* in der *Psychomachia*. Insgesamt kommt dieser Versschluss bei Prudentius 29mal vor, also nur geringfügig häufiger als bei Vergil (vgl. Krenkel 1884: 36–37, Manitius 1890: 490, Lease 1895: 56 § 139 u. Lavarenne 1933: 117 § 267). Ferner findet sich hier die Zäsur κατὰ τρίτον τροχαῖον, die in der *Psychomachia* sonst nur dreimal, davon zweimal in Verbindung mit der Trithemimeres (vv. 98 u. 370) und einmal ohne (v. 256) vorkommt (vgl. Lavarenne 1933: 116 § 263.B). Es ergibt sich demnach folgendes Versschema: $-\cup\cup-|--\cup\;|\cup-\cup\cup----$.

99–100 gladium ... infectum: ‚das befleckte Schwert'; *infectus* heißt sowohl im Wortsinne ‚befleckt', also mit Flecken verschmutzt, z. B. Blutflecken wie hier (vgl. ThLL VII,1: 1412 s. v. īnficio I.A.1.b.α–β [z. St. Z. 43]), als auch im übertragenen Sinne ‚besudelt', also moralisch befleckt (vgl. ThLL VII,1: 1414 s. v. īnficio I.B.2). Vgl. *macularat* (v. 101).

Das Schwert der *Pudicitia* und somit vielleicht auch sie selbst sind im Kampf mit der *Libido* beschmutzt worden, es hat also die Keuschheit durch den Kontakt zur Wollust einen oberflächlichen Schaden davongetragen, der nun rituell bereinigt werden muss.

99 Iordanis in undis: ‚in den Wellen des Jordan'; Anspielung auf die Taufen, die Johannes der Täufer am Jordan durchgeführt hat, vielleicht sogar auf die Taufe Jesu durch Johannes (vgl. Bergman 1897: 13 u. Lavarenne 1933: 223). Das Wasser des Jordan ist somit der Inbegriff reinigenden, d. h. von Sünden frei machenden, Taufwassers (vgl. Burnam 1910: 91 u. Burton 2004: 12). Siehe auch *fluuiali lauacro* (v. 102).

100 abluit: ‚wäscht ab'; *abluere* bedeutet nicht nur ‚abwaschen', also ‚reinigen' im engeren Sinne, sondern auch ‚reinigen' im übertragenen, rituellen Sinne und wird daher häufig als Synonym für *baptizare* ‚taufen' verwandt (vgl. ThLL I: 109 s. v. abluo II.2.b).

Prudentius spielt hier mit beiden Bedeutungen (vgl. auch Bergman 1897: 13): *Pudicitia* wäscht tatsächlich das Blut und den Eiter von ihrem Schwert ab, zugleich reinigt sie es jedoch auch rituell von den Spuren des Lasters, um es im Tempel zu weihen. Vgl. *expiat* (v.102), *abolens* (v. 103), *piatum gladium* (vv. 104–105) u. *ablutum nitorem* (v. 106).

sanies: ‚(Wund-)Eiter'. Eigentlich ungewöhnlich, dass aus einer frischen – kurz zuvor erst geschlagenen – Wunde Eiter kommen und sogar schon an dem Schwert haften soll, das die Wunde verursacht hat. So kann der tödliche Hieb der *Pudicitia* wohl kaum dessen Ursache sein. Vielmehr soll hier verdeutlicht werden, dass die *Libido* sozusagen ‚verfault bis ins Mark' ist.

Das Schwert wurde also von der inneren Fäulnis, d. h. Verdorbenheit, des Lasters besudelt.

rore rubenti: ‚mit rotem Nass'; gemeint ist das Blut der *Libido*. *ros*, eigentlich ‚Tau', wird auch von ‚Blut' gesagt, besonders von Blutstropfen in Analogie zu Tautropfen, so etwa bei Ov. *met.* 11, 57 u. Stat. *Theb.* 2, 673 (vgl. Arévalo 1862: 30 u. Bergman 1897: 13). *rubens* ‚rot (werdend)' bzw. ‚errötend' wird auch übertragen als Zeichen von Scham bzw. Schande verwendet; diese Bedeutung schwingt hier sicher mit, so dass das Blut der *Libido* zugleich als ‚schändlich' charakterisiert wird (vgl. v. 103 *labem*). Die Alliteration lenkt das Augenmerk auf diese pathetische Formulierung.

102 fluuiali lauacro: ‚im Flussbad' bzw. ‚durch das Baden im Fluss'; *lauacrum* ‚Bad' steht sowohl für den Ort zum Baden bzw. Waschen als auch für die Handlung des Badens bzw. Waschens; beide Bedeutungen sind auf der Bildebene passend (vgl. Bergman 1897: 13 u. ThLL VII,2: 1032–1035 s. v. lauācrum). Im übertragenen Sinne steht das *fluuiale lauacrum* für die ‚Taufe' im Fluss bzw. den Ort der Taufe im Fluss. Prudentius spielt hier offenbar auf die Taufpraxis Johannes' des Täufers am – oder besser *im* – Jordan an (vgl. *Mt* 3; *Mc* 1, 5–9; *Lc* 3, 3–22; *Io* 3, 23–26), auf die Taufpraxis Jesu und seiner Jünger (vgl. *Io* 3, 22–26; 4, 1–2; *Act* 8, 36–39) und den üblichen Taufritus der frühen Christen. Vgl. *Iordanis in undis* (v. 99).

102–103 docta ... uictrix: ‚die kundige Siegerin'; gemeint ist *Pudicitia*, welche die *Libido* besiegt hat. Sie ist nicht einfach nur *docta* im allg. Sinne von ‚klug' (vgl. Bergman 1897: 13 u. ThLL V,1: 1751–1752 s. v. doceo [subl.] doctus I.A), sondern ‚erfahren' und ‚kundig' in einer ganz bestimmten Hinsicht, sie ist nämlich in der Lage, das Schwert richtig rituell zu reinigen und damit von den Spuren des Lasters zu befreien, sich dem Tempel und Gott auf die richtige Art und Weise zu nähern und das Schwert richtig zu weihen, sie versteht sich sozusagen auf die Tauf- und Weiheriten (vgl. Mastrangelo 1997: 154–155 u. ThLL V,1: 1756 s. v. doceo [subl.] doctus B.1.γ.13 [z. St. Z. 46–47]). Vielleicht darf man das ‚kundig' darüber hinaus auch so auffassen, dass sie sich auf das Siegen im Kampf gegen die Laster versteht. Vgl. *uictrix regina* (v. 53) sowie vv. 36, 102–103, 480, 602 u. 645.

aciem ... uictricem: ‚die siegreiche Schneide [*sc.* ihres Schwerts]'. Das Schwert wird hier ‚siegreich' genannt, weil es das Mittel war, das der *Pudicitia* schließlich zum Sieg verholfen hat (vv. 49–50). Zum Genus vgl. v. 36. *acies* ‚die Schneide' des Schwertes (vgl. Bergman 1897: 13 u. ThLL I: 400 s. v. acies I.B) steht im übertragenen Sinne für die ‚Streitmacht' der Tugenden (vgl. ThLL I: 402–409 s. v. acies II.D.1–2) und zugleich für die Stärke und das Wesen der *Pudicitia*. Zur Deutung des Schwertes als Wort Gottes vgl. vv. 49–50.

103 labem: ‚den Schmutzfleck'; *labes* ‚Sturz/Fall' wird auch im Sinne von ‚Fleck' gebraucht sowie im übertragenen Sinne für die ‚Schande' und den ‚Fehler' (vgl. ThLL VII,2: 770–772 s. v. lābēs II). Gemeint ist die Verschmutzung bzw. Schändung der Waffe der *Pudicitia* durch das Blut und den Wundeiter der *Libido* (vgl. v. 100 *sanies* u. *rore rubenti*).

baptismate: ‚durch die Taufe'; das griechische Lehnwort *baptisma* ist auch bei den lateinischen Kirchenvätern der Begriff für die christliche Taufe (vgl. Bergman 1897: 13, ThLL II: 1717–1719 s. v. baptisma).

uictricem uictrix: Dieses Polyptoton (vgl. Manitius 1890: 490) unterstreicht die Untrennbarkeit bzw. Einheit der *Pudicitia* und ihrer Waffe, die für ihre Keuschheit steht und ihre Stärke ausmacht.

103–104 piatum | gladium: ‚das gereinigte Schwert'; *piare* ‚[einem Gott] weihen' bzw. ‚[von Schuld bzw. Sünden] reinigen' ist gleichbedeutend mit dem häufiger gebrauchten *expiare* (vgl. Bergman 1897: 13). Vgl. *expiat ... aciem ... uictricem* (vv. 102–103).

104–108: Weihe des Schwertes im katholischen Tempel. Schwen verweist auf die Weihe erbeuteter Waffen als „allgemein episches Motiv", das Prudentius „auf religiöses Gebiet umgewertet" habe (Schwen 1937: 11). Die Ähnlichkeit ist jedoch nur oberflächlich, die Unterschiede überwiegen. Während sonst im Epos, z B. Verg. *Aen.* 11, 5–10, die Waffen des besiegten Gegners als Zeichen des Sieges oder als Erfüllung eines Gelübdes einem Gott geweiht werden, weiht *Pudicitia* i h r   e i g e n e s Schwert – ihre Waffe, d. h. ihre Keuschheit – im Tempel Gottes, um zu verhindern, dass diese gerade erst vom Schmutz der Wollust gereinigte Waffe jemals wieder besudelt wird, und um sicherzustellen, dass diese Waffe – ihre Keuschheit – in Ewigkeit erstrahlt.

Prudentius spielt hier dementsprechend wohl eher auf den heidnischen Brauch an, dass siegreiche oder ausgediente Soldaten und Gladiatoren ihre Waffen im Tempel den Göttern oder einem bestimmten Gott weihen (vgl. Arévalo 1862: 31–32, Obbarius 1845: 114, Bergman 1897: 14 u. Lavarenne 1933: 223–224 mit Verweis auf Hor. *epist.* 1, 1, 5; Prop. 2, 25, 8; Tert. *res. carn.* 16).

Hanna sieht in dieser Weihe eine Vorausschau auf das Ziel aller Kämpfe der *Psychomachia*: ein Leben, das nur den spirituellen Wahrheiten geweiht sei (Hanna 1977: 112). Nugent deutet die Weihe darüber hinaus als einen Versuch, die in der Taufe erlangte Reinheit zu verlängern bzw. dauerhaft zu erneuern (vgl. Nugent 1985: 31).

105 condere uaginae gladium: ‚das Schwert in die Scheide stecken'. *uaginae* ist hier Dativ der Richtung bzw. des Ziels nach Verben der Bewegung (vgl. Lease 1895: 23–24 § 59, Lavarenne 1933: 88 § 172 u. Burton 2004: 13). Meist handelt es sich bei solchen finalen Dativen um (Verbal-)Abstrakta, seltener – meist bei Dichtern – um Konkreta (vgl. LHS 2: 98–99 § 68). Tatsächlich ist auch *condere* in der Bedeutung ‚[etwas, z. B. eine Waffe] [irgendwohin] stecken' nicht nur in der üblichen Konstruktion mit Akkusativ des Ziels oder Ablativ des Ortes belegt, sondern ebenso – besonders bei Ovid – mit Dativ des Ziels (vgl. ThLL IV: 149 s. v. condo I.B.III u. 150 s. v. condo I.C.1.b.3).

Pudicitia ist nicht mit dem Zurückstecken des Schwertes in die Scheide zufrieden (v. 104: *nec iam contenta*), sondern weiht es stattdessen offen und für jedermann deutlich sichtbar im Tempel (vgl. vv. 107–108).

In dieser Formulierung schwingen deutliche sexuelle Konnotationen mit (vgl. Lewis 2000: 94, Bardzell 2004: 74 u. Mastrangelo 2008: 97), die im Rahmen der *Libido*-Thematik sicher intendiert sind. Diese Lesart wird durch *Pudicitias* Sorge, das Schwert könne in der Scheide erneut befleckt werden, noch untermauert.

tecta rŭbigo: ‚verborgener Rost'. Würde das Schwert in der Scheide verborgen, könnte es Rost ansetzen, ohne dass man es bemerkt und rechtzeitig beseitigen. Der ‚Rost' steht hier nicht für die ‚Untätigkeit' – denn untätig ist das Schwert auch im Tempel –, sondern für ‚Schlechtigkeit', ‚Fehler' und ‚üble Gewohnheiten' (vgl. Georges II: 2400 zu *cath.* 7, 205).

Rost ist anders als das Blut und der Eiter der *Libido* (v. 100), welche das Schwert nur oberflächlich befleckt haben, eine Verderbnis, die das Schwert selbst und sein Material angreift (vgl. Bardzell 2004: 75) und so schließlich zur völligen Unbrauchbarkeit führen kann. Das Rost-Ansetzen im Verborgenen ist somit viel gefährlicher als der offene Kampf gegen die *Libido*.

106 occupet: ‚sich bemächtigt' oder ‚festhält'; für die Bedeutung ‚sich bemächtigen' (vgl. ThLL IX,2: 385 s. v. occupo *caput primum* II.B) spricht, dass *Pudicitia* schon von vornherein verhindern will, dass ihr Schwert überhaupt Rost ansetzt, so dass es zu einem ‚Festhalten' i. S. v. ‚nicht wieder freigeben' (vgl. ThLL IX, 2: 389 *caput secundum* II.B [z. St. Z. 21-22]) gar nicht erst kommen kann. Bergmann deutet dementsprechend *occupet ... nitorem* in Anlehnung an Verg. *Aen.* 4, 499 „pallor occupat ora" als „superfundatur nitori" ‚überströmt / bedeckt den Glanz' (vgl. Bergman 1897: 14).

scabrosa sorde: ‚mit rauhem Schmutz'. Das Adjektiv *scabrosus*, wörtlich so viel wie ‚voll von Abgekratztem', wird äußerst selten gebraucht und ist gleichbedeutend mit dem nur geringfügig häufigeren *scaber* ‚rauh' (vgl. Bergman 1897: 14; Georges II: 2511 s. v. scabrōsus [z. St.].

Außer *psych.* 106 findet sich *scabrosus* bei einigen weiteren Kirchenvätern: Aug. *serm.* [ed. Mai] 48, 2 „scabrosae naturae", Ruric. *epist.* 1, 3 „scabrosae rubiginis", Zeno 1, 2, 3 „scabrosisque ... verticibus", Ven. Fort. *carm. praef.* 6 „scabrosi operis".

sordes ‚Schmutz' steht nicht nur wie hier für jegliche Art von Verunreinigung, sondern wird häufig übertragen für charakterliche und moralische Schlechtigkeit verwendet. Vgl. dazu *sordes* (v. 907) und vor allem das personifizierte Laster *Sordes* im Gefolge der *Luxuria* (v. 465).

scabrosa sorde ist auf der Bildebene eine aufgrund der Alliteration sehr eingängige Umschreibung für *rubigo* (v. 105), das dadurch wiederaufgenommen und illustriert wird; im übertragenen Sinne steht es daher ebenso wie dieses für die Lasterhaftigkeit.

107–108 cātholico in templo diuini fontis ad aram | consecrat: ‚weiht [*sc.* das Schwert] am Altar der göttlichen Quelle im katholischen Tempel', d. h. in der katholischen Kirche. Das latinisierte Adjektiv *căthŏlĭcus* zu griech. καθολικός ‚allgemein' wird von den Kirchenschriftstellern – wohl als Ableitung von ἡ καθολικὴ ἐκκλησία – im Sinne von ‚rechtgläubig' gebraucht (vgl. ThLL III: 614-616 s. v. catholicus [z. St. 616 Z. 24]). Da das Wort metrisch eigentlich für den Hexameter völlig ungeeignet ist, dehnt Prudentius die erste Silbe (vgl. Krenkel 1884: 9, Manitius 1890: 491, Bergman 1897: 14 u. Lavarenne 1933: 107 § 237).

Mittelalterliche Glossen vermuten, dass Prudentius durch den Ausdruck *c a t h o l i c o in templo* die Abgrenzung vom Arianismus ausdrücken wollte, da auch die Arianer die Taufe kannten, diese ihnen aber nicht genützt haben würde, weil sie nicht in einer *katholischen* Kirche durchgeführt worden ist (vgl. Burnam 1910: 91). Das ist angesichts der Auseinandersetzung des Prudentius mit den Häresien durchaus denkbar, doch würde dieser Grund allein noch nicht die Wahl des Ausdrucks *templum* anstelle des bei den Christen üblichen – und metrisch ebenso unproblematischen – *ecclesia* erklären.

Arévalo erklärt, dass nach dem Erstarken des Christentums unter Theodosius der heidnische Begriff *templum* ‚einem Gott geweihtes Bauwerk' allmählich auch auf die größeren christlichen Gotteshäuser ausgedehnt wurde, nachdem zuvor die Begriffe *ecclesia* ‚Kirche', *conventus ecclesiarum* ‚Gemeindeversammlung', *conventiculum* bzw. *conciliabulum* ‚Versammlungsplätzchen', *oratorium* bzw. *domus orationis* ‚Bethaus', *domus Dei* ‚Gotteshaus' u. ä. in Gebrauch gewesen seien (Arévalo 1862: 31-32).

Zwar spielt Prudentius auf die pagane Sitte von Soldaten und Gladiatoren an, nach einem Sieg oder bei Ende ihrer Dienstzeit, ihre Waffen in einem Tempel einer Gottheit zu weihen (siehe den Kommentar zu vv. 104–108), aber er widmet diesen Brauch mit dem – nach ursprünglichem Wortsinn widersprüchlichen – Ausdruck *catholico in templo* christlich, und zwar katholisch, um.

Der Gebrauch des Wortes *templum* für eine christliche Kirche scheint zu Prudentius' Zeit also durchaus nicht mehr so unüblich gewesen zu sein, dass der Adressat darüber hätte schockiert sein müssen, kann aber zugleich noch nicht so eingebürgert gewesen sein, dass er als selbstverständlich durchgegangen wäre – das Oxymoron wird wohl für den Leser noch deutlich genug gewesen sein. Prudentius setzt hier die heidnische Waffenweihe und die christliche Taufe und Weihe dialektisch in Beziehung.

Der Ausdruck *diuini fontis ad aram* ist schwer verständlich. Mit der ‚heiligen Quelle' ist sicher Gott gemeint, der Ursprung und Quelle von allem ist (vgl. Lavarenne 1933: 223), Thomson deutet diese Formulierung im Rahmen der Taufmetaphorik (vv. 98–104) so, dass Gott die Quelle sei, deren Wasser die Sünden abwasche (Thomson 1949: 286), so dass durch ihn das Schwert immer gereinigt wird, sobald es erneut befleckt werden sollte (vgl. Bergman 1897: 14 u. Lavarenne 1933: 223). Die Vorstellung, dass es sich bei dieser Quelle um ein Taufbecken handeln könne, verwirft Bergman mit dem Hinweis, dass einerseits solche Taufgefäße nicht auf oder bei dem Altar aufgestellt gewesen seien und andererseits dann unklar wäre, was *fontis ara* heißen solle (vgl. Bergman 1897: 14).

108 aeterna s p l e n d e n s ubi l u c e c o r u s c e t: = *ubi aeternā luce splendens coruscet* ‚wo es im ewigen Licht glänzend erstrahlen soll'; *ubi* hat hier finale Bedeutung (vgl. Lease 1895: 41 § 108.5, Lavarenne 1933: 224, Burton 2004: 13 u. LHS 2: 651 § 354). *coruscare*, eigentlich ‚blitzartig zucken' oder ‚etw. schnell bewegen', wird hier in der Bedeutung ‚strahlen/ glänzen' gebraucht (vgl. ThLL IV: 1074 s. v. corusco II.1.a). Bergman verweist darauf, dass auch Claudian das Wort für das Glänzen einer Waffe gebraucht: *cons. Honor.* 3, 29 „clipeus coruscans" (vgl. Bergman 1897: 14). Entweder hält es Prudentius für nötig, die intendierte Bedeutung ‚glänzen/ strahlen' durch den Zusatz des *luce splendens* ‚im Licht glänzend' klar anzuzeigen oder er will – was wahrscheinlicher ist – durch den Pleonasmus *splendens luce coruscet* die Vorstellung eines besonders intensiven Strahlens im ewigen Licht beim Leser hervorrufen.

Patientia vs. Ira (vv. 109–177)

Einen Titel für die vv. 109–177 bietet nur Ms. D, nämlich „de pugna patientiae et irae". Ms. C hat mehrere Teilüberschriften, die erste davon lautet „Patientia inter uarias uirtutum intrepida stat". Die Ausgaben des 17.–19. Jh. titeln entweder „Patientiae et Irae conflictus" (Weitzius) oder „Patientiae et Irae congressus" (Cellarius, Obbarius). Bergman gibt diesem Abschnitt in seinem Kommentar von 1897 die Überschrift „Pugna Patientiae et Irae".

Der dritte Kampf lässt sich folgendermaßen gliedern: Im ersten Teil (vv. 109–117) werden die Tugend *Patientia* (vv. 109–112) und das Laster *Ira* (vv. 113–117) vorgestellt. Im zweiten und längsten Teil (vv. 118–144) wird die Schmähung der *Patientia* durch *Ira* (vv. 118–120) und der darauffolgende zweifache, vergebliche Angriff des Lasters auf die Tugend (vv. 121–144) beschrieben. Der dritte Teil schildert den Selbstmord der über ihre Erfolglosigkeit erzürnten *Ira* (vv. 145–154). Der anschließende vierte Teil (vv. 155–177) beinhaltet die Siegesrede der Tugend (vv. 155–161), ihren sicheren Abgang durch das Kampfgetümmel in Begleitung Hiobs (vv. 162–173) sowie die Charakterisierung ihrer Bedeutung für die anderen Tugenden (vv. 174–177).

Während rings um sie herum die Schlacht tobt, steht *Patientia* ungerührt inmitten der Schlachtreihen und betrachtet die Wunden, die den Kämpfenden zugefügt werden. Die *Ira* ist so wütend darüber, dass *Patientia* nicht am Kampf teilnimmt, dass sie schon Schaum vor dem Mund hat und die blutunterlaufenen Augen verdreht. Sie beschimpft die Tugend und fordert sie auf, sich am Kampf zu beteiligen. Gleich darauf wirft sie einen Speer, der jedoch an *Patientias* undurchdringlichem Brustpanzer abprallt. Die unverletzt gebliebene Tugend bleibt deshalb völlig gelassen, harrt tapfer im Geschosshagel des Lasters aus und wartet ab, dass sich *Ira* selbst zugrunde richtet. Das Laster, das inzwischen unzählige Wurfgeschosse auf *Patientia* geschleudert und sich dabei völlig verausgabt hat, greift nun zum Schwert, um die Tugend im Nahkampf zu besiegen. Sie holt aus und schlägt kraftvoll mit dem Schwert auf den Kopf der Tugend, doch ihr Schwert prallt an *Patientias* Helm ab und zerbricht. Als sie erkennt, dass sie gegen *Patientia* nichts ausrichten kann, wirft *Ira* die Reste ihres Schwertes fort, hebt einen ihrer Speere auf, rammt das eine Ende in den Boden, stürzt sich selbst auf dessen Spitze und durchbohrt sich so selbst die Lunge. *Patientia* tritt zu der Sterbenden heran und stellt fest, dass sie ohne jede Gefahr für sich selbst das Laster besiegt hat. Sie fasst ihre Kampfweise folgendermaßen zusammen: Sie erduldet alle Attacken der Laster, bis sie aufhören. *Ira* dagegen war durch ihre Raserei ihr eigener Feind und ist letztendlich an ihren eigenen Waffen zugrundegegangen, ohne dass *Patientia* aktiv werden musste. Dann schreitet *Patientia* völlig ungefährdet durch die Reihen der Kämpfenden fort. Dabei wird sie von Hiob begleitet, der offenbar die ganze Zeit über bei der Tugend gestanden hatte. *Patientia* befiehlt ihm, sich nun auszuruhen und aus der Beute das zu ersetzen, was er verloren hat. Am Schluss fasst Prudentius die Bedeutung der *Patientia* so zusammen: Sie hilft allen anderen Tugenden; keine Tugend beginnt einen Kampf ohne *Patientias* Unterstützung.

Prudentius führt die Tugend *Patientia* in nur vier Versen ein (vv. 109–112). Er beschreibt sie als besonnen, ernsthaft und unbewegt angesichts all der Kämpfe, die um sie herum stattfinden. Ihr Blick ist unbewegt. Nichts bringt sie aus der Ruhe. Diese knappe Charakteristik der Tugend wird jedoch im Laufe der Kampfschilderung erweitert: Bei der Schilderung des heranrückenden Lasters *Ira* erfährt der Leser, dass *Patientia* ohne Kampferfahrung ist (v. 115), selbst nicht aktiv kämpft, sondern die Kämpfe der anderen beobachtet, wie wir aus der Schmähung durch *Ira* erfahren (v. 118). Nach dem missglückten ersten Angriff der *Ira* auf *Patientia* besteht aber kein Zweifel mehr, dass *Patientia* – wie schon *Fides* zuvor – wehrhaft ist, ohne aktiv kämpfen zu müssen: Sie wird als vorausschauend charakterisiert (v. 125), was sich daran zeigt, dass sie ihren Oberkörper mit einem dreilagigen, gut festgeschnürten stählernen Kettenhemd bzw. Schuppenpanzer geschützt hat (vv. 125–127). Ihr Verhalten bei diesem Angriff bestätigt den Eindruck aus der Beschreibung am Anfang: Sie bleibt ruhig und unbewegt, obwohl die Geschosse der *Ira* auf sie herabhageln, und wartet ab, bis das Laster an seinen eigenen Kräften zugrundegeht (vv. 128–131). Bei der Schilderung des zweiten Angriffs der *Ira*, der mit dem Schwert auf nächste Distanz vorgetragen wird, erfährt der Leser, dass die vorausschauende *Patientia* auch ihren Kopf mit einem stählernen Helm geschützt hat, an dem nicht nur die Schwerthiebe abprallen, sondern das Schwert der Angreiferin sogar zerbricht (vv. 140–143). Auch hier wird der Aspekt der Standhaftigkeit der *Patientia* wiederholt: Zu weichen kommt für sie überhaupt nicht in Frage, sie wird von den Schwerthieben zwar getroffen, doch bleiben diese wirkungslos; für sie besteht keinerlei Gefahr (v. 143). Wie schon *Fides* und *Pudicitia* zuvor hat *Patientia* selbst keine Waffe. All die Charakteristika, die Prudentius in den Beschreibungen untergebracht hat, lässt er *Patientia* in ihrer Siegesrede zusammenfassen: Ihre Kampfweise besteht darin, die Gegner durch Dulden nicht nur zu besiegen, sondern auszulöschen (vv. 157–159). Auch bei ihrem Abgang durch das Schlachtgetümmel besteht für sie keine Gefahr, sie bleibt unverletzt (vv. 162 u. 172–173). Es entsteht der Eindruck, dass die Geduld nicht nur aus dem Kampf mit dem

Zorn siegreich hervorgegangen ist, sondern dass sie ganz und gar unbesiegbar ist (v. 164). Auch theologisch wird *Patientia* charakterisiert: Sie steht allen anderen Tugenden bei; diese würden niemals ohne ihre Unterstützung einen Kampf beginnen, weil sie dann hilflos wären (vv. 174–177).

Patientias Begleiter Hiob wird nur durch wenige konkrete Beschreibungen und Anspielungen auf seine biblische Geschichte charakterisiert: Er ist ein herausragender Mann (v. 163) und ist die ganze Zeit über nicht von *Patientias* Seite gewichen (vv. 163–164). Zwar hat er bis zum Ende des Kampfes einen strengen Gesichtsausdruck und keucht vor Anstrengung (v. 165), doch nach dem Sieg lächelt er – wenn auch grimmig – (v. 166), als er seine vielen Narben betrachtet und sich seine zahlreichen Kämpfe und Mühen, aber auch seinen letztendlichen Erfolg vor Augen führt (vv. 167–168).

Auch das Laster *Ira* wird zunächst nur knapp beschrieben (vv. 113–117): Sie ist aufgeblasen, hitzköpfig, hat Schaum vor dem Mund und vor Zorn verdrehte, blutunterlaufene Augen; sie ist ungehalten über die Verzögerung, angriffslustig und provozierend. Sie provoziert die Tugend und droht ihr (vv. 118–120). Schnell lässt sie ihren Worten Taten folgen und greift *Patientia* mit gut gezielten Speerwürfen an (vv. 121–122). Dennoch bleiben ihre Angriffe wirkungslos und sie ermüdet, weil sie vor Ärger immer weiter wirft, zunächst ohne die Nutzlosigkeit ihrer Speerwürfe zu akzeptieren (vv. 132–136). Als sie schließlich doch auf eine nähere Kampfdistanz heranrückt und mit einem gut gezielten Schwerthieb auf *Patientias* Kopf die Gegnerin besiegen will, bleibt auch das erfolglos – nicht wegen ihrer Schwäche, sondern wegen der hervorragenden Panzerung der Tugend durch ihren stählernen Helm (vv. 140–143). So rasend *Ira* auch sein mag (v. 133), ist sie doch als Gegnerin auf den ersten Blick durchaus ernst zu nehmen: Immerhin sind ihre Würfe gut gezielt (vv. 121–122), ihre Arme unbezwinglich stark (v. 132) und ihr Schwerthieb kraftvoll (v. 139). Ihr Problem ist aber ihre Unbeherrschtheit und ihre Raserei ebenso wie ihr gekränktes Ehrgefühl, die sie schließlich verzweifelt in den Selbstmord treiben (vv. 148–150 u. 160–161).

Prudentius kann in seiner Darstellung der *Patientia* auf eine lange Tradition zurückgreifen. Als Frauengestalt personifiziert taucht *Patientia* in einer Inschrift des 2. Jh. n. Chr. (CIL 8, 2728, S. 323) gemeinsam mit *Virtus* und *Spes* auf; zu dieser Zeit wird sie auch auf Münzen Hadrians mit der Legende *Patientia Augusti* abgebildet, um die Abhärtung und Ausdauer des Kaisers zu versinnbildlichen (vgl. Höfer 1902–1909: 1683). In der griechischen Literatur wird Καρτερία bei Lukian. *Tim.* 31 gemeinsam mit Πενία, Πόνος, Σοφία und Ἀνδρεία personifiziert dargestellt (vgl. Höfer 1890–1894: 968–969).

Die Geduld verkörpert eine sowohl heidnische als auch christliche Vorstellung (vgl. Oser-Grote 1999: 222–223). Bei Platon und Aristoteles wird die Geduld als καρτερία und als ὑπομονή, beides ‚standhaftes Erdulden', in Beziehung zu ἀνδρεία ‚Tapferkeit' und φρόνεσις ‚Vernunft' gesetzt; während allerdings Platon in der Geduld einen Weg zum Sieg für den zu unrecht gekränkten Menschen sieht (rep. 4, 440 c/d), schließt Aristoteles die Hoffnung auf Überwindung der Übel aus (vgl. Spanneut 1976: 245–246). In der griechischen und in der Folge auch in der lateinischen Literatur wird Herakles, der „duldende Heros", als Musterbeispiel der Geduld präsentiert (Spanneut 1976: 246–247). In der Stoa wird die platonische und aristotelische Konzeption der Geduld als tapferes Ertragen beibehalten (vgl. Spanneut 1976: 247–253). Auch in der Bibel „nimmt die G[eduld] einen bevorzugten Platz ein" (Spanneut 1976: 253), einerseits als die Geduld Gottes mit den Menschen bzw. als Langmut Christi, andererseits als Geduld von Menschen gegenüber Schicksalsschlägen und Bosheit; häufig ist die Geduld dort auch mit der Hoffnung auf Gott verbunden (vgl. Spanneut 1976: 253–255). In der Literatur der Kirchenväter werden alle diese Aspekte fortgeführt, jedoch oft mit dem Martyrium in Beziehung gesetzt; Tertullian, Cyprian und Augustinus befassen sich auch theoretisch näher mit der *patientia* (vgl. Spanneut 1976: 260–261, Oser-Grote 1999: 222–223 u. Gnilka 2007 b: 431–433).

Hiob, der als „Prototyp des Dulders" galt, wird in der patristischen Literatur als „Urbild des *miles Christi*" betrachtet (Oser-Grote 1999: 225 mit Verweis auf Cypr. *patient.* 18; *mort.* 10; Tert. *patient.* 14; Hier. *interpr. Iob*; Ambr. *off.* 1, 192; Aug. *patient.* 9).

Ira wird bei Hygin als Tochter des Äthers und der Erde (Hyg. *fab. praef.* 3) genannt. Bei Statius kämmt *Ira* zusammen mit *Furor* den Helmbusch des Kriegsgottes (Stat. *Theb.* 3, 424) und ist dessen einzige Begleiterin, als die anderen *Furores* selbst an Kämpfen beteiligt sind (Stat. *Theb.* 9, 832) (vgl. Stoll 1890–1894: 317).

Formal auffällig am dritten Kampf der *Psychomachia* ist, dass er auf den Vers genau so lang ist wie der zweite Kampf (vgl. Nugent 1985: 33). Inhaltlich fällt auf, dass – wie im ersten Kampf – erst am Ende erwähnt wird, dass ein weiterer Kombattant auf Seiten der Tugend zugegen war. Die Inkonsistenz, dass *Ira* eben noch in großer Distanz zu *Patientia* steht und Speere auf sie schleudert und schon im nächsten Moment im Nahkampf mit dem Schwert auf ihren Kopf einschlägt, ist kaum noch verwunderlich, haben wir doch dasselbe beim Kampf der *Pudicitia* gegen die *Sodomita Libido* bereits erlebt. Dieser „Schnitt" dient wohl dazu, den Blick des Lesers auf das Wesentliche der Kampfweise des Lasters zu lenken und die Schnelligkeit der Abläufe beizubehalten.

Es finden sich im dritten Kampf eine Vielzahl an Vergilreminiszenzen, die zum Teil miteinander verwoben sind und vor allem den Kampf und das kämpferische Auftreten der *Ira* betreffen (vgl. Smith 1976: 288–289). Daneben gibt es hier aber auch deutliche Anklänge an die theoretischen Überlegungen zur *patientia* bei Tertullian, Cyprian und Ambrosius (vgl. Gnilka 2007 b: 431–433 mit Verweis auf Tert. *patient.* 14, 6 u. 8, 7; Cypr. *patient.* 14 u. 18 sowie Ambros. *off.* 1, 39, 193 u. 194–195). Außerdem finden sich Parallelen zur Charakteristik der *ira* bei Seneca *de ira* (vgl. Nugent 1985: 33–34).

Oser-Grote kommt zu dem Schluss, dass Prudentius aus platonischer und stoischer Tradition übernommen habe, dass „die Geduld mit allen anderen Tugenden zusammenhängt", und aus der stoischen Lehre, dass die Geduld „für alle Tugenden nötig ist", ebenso wie die „heitere Gelassenheit", „Unbeweglichkeit" und „Affektlosigkeit" der *Patientia*, neu hinzugefügt habe er, dass die Geduld „sogar höhergestellt ist als die Tapferkeit, die heidnische Kardinaltugend", wodurch er zum „Wegbereiter für Papst Gregor den Großen [geworden sei], der in einer seiner Predigten über das Evangelium die Geduld als Wurzel und Wächterin aller Tugenden bezeichnet" (Oser-Grote 1999: 227 mit Verweis auf Greg. M. *in evang.* 2, 35 u. *regula pastoralis* 3, 9).

109–117: Vorstellung der Akteure, und zwar zuerst der Tugend *Patientia* (vv. 109–112) und dann des Lasters *Ira* (vv. 113–117). Die Gegensätze werden bei dieser knappen Gegenüberstellung besonders deutlich. Formal wird der Gegensatz von gelassener Ruhe und hektischem Toben noch unterstrichen, indem die Eigenschaften und Handlungen der *Patientia* polysyndetisch, die der *Ira* dagegen asyndetisch aufgezählt werden.

109–112: *Patientia* wird als besonnen und ernsthaft beschrieben. Sie steht mitten auf dem Schlachtfeld, beobachtet die Kämpfe, die um sie herum toben, und bleibt völlig ungerührt. Die Polysyndese *-que ... -que ... et* (vv. 110–112) wirkt fast langatmig und verdeutlicht die Ruhe und Gelassenheit der Tugend.

110 per medias inmota acies: ‚unbewegt mitten durch die Schlachtreihen'. *per* ‚durch' lässt eigentlich eine Bewegung erwarten und passt also nicht zu *stabat* (v. 109) (vgl. Schwen 1937: 11). Auf *spectabat* (v. 112) lässt es sich nur schwer beziehen, weil die Konjunktion *-que*, welche die beiden Hauptsatzhandlungen verbindet, erst später im Vers mit *uariosque* folgt. Denkbar ist zwar, dass dies nur metrischen Gründen geschuldet ist, wahrscheinlicher ist aber, dass Prudentius *per* hier in lokativischem Sinne von ‚in' benutzt (vgl. LHS 2: 240 § 130).

110 uariosque tumultus: ‚verschiedene Kämpfe'. *tumultus* bezeichnet hier einerseits in militärischem Sinne einen ‚plötzlichen feindlichen Angriff' mit dem dazugehörigen ‚Durcheinander', charakterisiert andererseits aber auch schon das planlose Wüten der sich nähernden *Ira*. Im übertragenen Sinne beschreibt Prudentius damit den aufgewühlten Zustand der menschlichen Seele, in der die Tugenden und Laster gegeneinander kämpfen.

111–112 uulneraque et rigidis uitalia peruia pilis | spectabat defixa oculos et lenta manebat: ‚und betrachtete die Wunden und die von starren Speeren durchbohrten Eingeweide mit festem Blick und blieb unbewegt'.

peruius ‚zugänglich' verwendet Prudentius hier in der Bedeutung ‚durchbohrt' (vgl. Bergman 1897: 15 u. Burnam 1910: 91).

uitalia bezeichnet die ‚lebenswichtigen Organe' im Inneren des Körpers (vgl. Arévalo 1862: 32 u. Bergman 1897: 14–15).

rigidis pilis ist *abl. instrum.* und Agensangabe zu *peruia* i. S. v. ‚durch starre Speere geöffnet' und indirekt auch zu *uulnera*. Burton erklärt es dagegen als Dativobjekt zu *peruia* i. S. v. ‚den starren Speeren zugänglich gemacht' (vgl. Burton 2004: 13). Das ist inhaltlich jedoch nicht nachvollziehbar, denn die Eingeweide werden ja nicht mit anderen Waffen freigelegt, um dann mit Speeren auf sie zu werfen. Vielmehr sind die Wunden durch die Speere verursacht worden, die bei ihrem Auftreffen auf den Körper diesen und dessen innere Organe durchbohrt haben.

oculos ist *acc. limit.* zu *defixa*, wie von Prudentius häufiger in Bezug auf Körperteile verwendet (vgl. Lease 1895: 17 § 37.a u. Burton 2004: 13). *oculos defixa* heißt demnach wie auch *oculis defixis* ‚mit festem / starrem Blick' (vgl. ThLL V,1: 342 s. v. dēfixus 2.a). Lavarenne versteht darunter fälschlich ‚mit gesenktem Blick' und sieht daher in *spectabat defixa oculos* einen Widerspruch, da *Patientia* mit gesenktem Blick, also beinahe geschlossenen Augen, nichts sehen könne; diesen Widerspruch erklärt er damit, dass Prudentius hier der Persönlichkeit der Tugend eine symbolische Haltung hinzufügen wollte (vgl. Lavarenne 1933: 224). Lavarenne hat hier wohl noch die *Pudicitia* aus dem vorherigen Kampf vor Augen (vgl. vv. 44–45). *oculos defigere* heißt jedenfalls nicht ‚den Blick senken' oder gar ‚die Augen schließen', wie Lavarenne meint, sondern ‚die Augen auf etw. richten' bzw. ‚auf etw. starren' (ThLL V,1: 340–341 s. v. dēfigo II.A).

lenta ‚ruhig' gebraucht Prudentius hier synonym für *patiens* ‚geduldig' bzw. ‚unbewegt', die charakteristische Haupteigenschaft der *Patientia* (vgl. Bergman 1897: 15).

113–117: *Ira* eilt schon von fern wutentbrannt auf die Tugend zu, um sie zum Kampf herauszufordern. Das Bild des hitzigen Lasters mit Schaum vor dem Mund und verdrehten, blutunterlaufenen Augen ist geradezu grotesk, entspricht aber ganz der klassischen Darstellung (vgl. Schwen 1937: 12). Die asyndetische Aufzählung der Handlungen, ergänzt durch Partizipialkonstruktionen, ist äußerst knapp und stakkatoartig und illustriert das Wesen der *Ira* hervorragend, ebenso wie das ruckartige Ausstoßen der Schmähungen später (vv. 121–122).

Ein weiterer Kontrast zur Vorstellung der Tugend liegt in der Tempuswahl: Während diese im Imperfekt – durativ und iterativ, also gleichbleibend und gleichmäßig – beschrieben wurde, präsentiert Prudentius das Laster im dramatischen Präsens.

116 conto petit, increpat ore: ‚greift mit der Lanze an, beschimpft mit der Stimme'. *contus* ‚Stange' bezeichnet hier die ‚lange Reiterlanze' (vgl. ThLL IV: 809–810 s. v. contus 1 [z. St. 809 Z. 49], Bergman 1897: 15 u. Lavarenne 1933: 224). Da der eigentliche Wurf des Geschosses den Schmähungen erst in vv. 121–123 folgt, ist *conto petit* entweder ein Hysteron-Proteron oder es bedeutet hier – etwas schwächer – ‚wendet sich mit der Lanze gegen' bzw. ‚zielt mit der Lanze auf'.

os ‚Mund' wird hier metonymisch für ‚Sprache / Stimme' gebraucht.

conto petit und *increpat ore* explizieren *teloque et voce lacessit* (v. 115).

118–144: Der Kampf, eingeleitet durch eine Schmährede der *Ira* (vv. 118–120), besteht aus zwei erfolglosen Angriffen des Lasters: zuerst mit Geschossen, die von der Panzerung der Tugend abprallen (vv. 121–131), dann mit dem Schwert, das am Helm der Tugend zerbricht (vv. 132–144).

118–120: Schmähung der *Patientia* durch *Ira*. Eine solche Schmährede ist typisch für das Epos und besteht aus der eigentlichen Schmähung des Gegners und der Aufforderung zu sterben (vgl. Schwen 1937: 12 mit Verweis auf Verg. *Aen.* 2, 547–550; 9, 735–739 u. 11, 854–857).

118 en tibi Martis ... spectatrix libera nostri: ‚da hast Du, unbeteiligte Beobachterin unseres Kampfes'. *en tibi* ‚da hast Du', i. S. v. ‚nimm das', kommt bei Prudentius mehrfach vor (*apoth.* 503; *ham.* 769; *perist.* 11, 69), wobei *tibi dat. ethicus* ist, obwohl *en* normalerweise mit Akkusativ steht (vgl. Lease 1895: 22 § 56.c, Bergman 1897: 15, Lavarenne 1933: 224 u. Burton 2004: 14). Bergman erklärt die Konstruktion als *en,* [sc. *hoc*] *tibi sit* bezogen auf den Schwerthieb (vgl. Bergman 1897: 15).

libera ‚frei' gebraucht Prudentius hier synonym mit *exsors* ‚unbeteiligt' in v. 115 (vgl. Bergman 1897: 16, Lavarenne 1933: 224 u. Burton 2004: 14).

120 nec *dol*eas, quia turpe tibi gemuisse *dol*orem: ‚und du sollst keine Schmerzen erleiden, weil es für dich ja schimpflich ist, den Schmerz herauszuschreien'.

Prudentius spielt hier ganz bewusst mit der Verwandtschaft der beiden Wörter *doleas* und *dolorem*, indem er *doleas* vor die Trithemimeres setzt und *dolorem* ans Versende (vgl. auch Lease 1895: 17 § 36), und betont somit den ‚Schmerz'.

Der Infinitiv Perfekt *gemuisse* passt hier grammatisch nicht. Eine Vorzeitigkeit des Stöhnens lässt sich weder in Bezug auf die Schmerzempfindung noch in Bezug auf das *turpe* [sc. *est*] begründen. Vermutlich verwendet Prudentius den Infinitiv Perfekt hier wie „sämtliche Hexametriker der silbernen Latinität [...] und die christlichen Dichter" aus metrischen Gründen gleichbedeutend mit dem Infinitiv Präsens (LHS 2: 351–352 § 193.a mit Verweis auf Mart. 4, 31, 4 sowie neben Prudentius exemplarisch die christlichen Dichter Commodianus und Paulinus von Pella): gĕmĕrĕ passt eben nicht in den daktylischen Hexameter, gĕmŭīssĕ dagegen hervorragend.

121–131: Die Darstellung des ersten wirkungslosen Angriffs der *Ira* auf *Patientia* besteht aus der Beschreibung des Wurfs der Lanze bis zu ihrem Abprallen von der Rüstung der *Patientia* (vv. 121–124), der Beschreibung der Rüstung der Tugend (vv. 125–127) und der Schilderung ihrer Reaktion (vv. 128–131).

121 pinus: ‚Fichte' bzw. ‚Gegenstand aus Fichtenholz' steht hier wie auch bei Verg. *Aen.* 7, 397 u. 9, 72 metonymisch für ‚Lanze' (vgl. Bergman 1897: 16 u. Lavarenne 1933: 104 § 228).

125–127 prouida ... Virtus conserto adamante trilicem | induerat thoraca umeris squamosaque ferri | texta per intortos conmiserat undique neruos: ‚die vorausschauende Tugend hatte einen aus Stahl zusammengefügten, dreifachen Harnisch angelegt und das schuppige Eisengeflecht durch geflochtene Riemen auf allen Seiten miteinander verbunden'.

adamas bezeichnet im Mythos die härteste aller Substanzen, die nicht zerstört werden kann; hier steht es wohl für ein Metall, vielleicht ‚Stahl' (vgl. Bergman 1897: 16 u. Burnam 1910: 92). Burton erklärt *conserto adamante* ‚aus zusammengefügtem Stahl' als *abl. materiae* (Burton 2004: 14). Lavarennes Erklärung als *abl. abs.* erscheint nicht sinnvoll (vgl. Lavarenne 1933: 225). Iso deutet *adamas* als Metapher für Christus (vgl. Arévalo 1862: 33). Oser-Grote stellt fest, dass Prudentius „den Schwerpunkt also nicht auf den äußeren Glanz, sondern auf die Härte des Materials, und damit zugleich auf dessen Funktion" legt, wenn er *Patientia* einen stählernen Panzer tragen lässt und nicht wie häufig in der *Aeneis* einen goldenen (Oser-Grote 1999: 224). Dass dieser Panzer aus „‚dreifach gedrehten Stahlfäden' ... gefertigt ist", erkennt Oser-Grote als „versteckte Anspielung an die göttliche Trinität" (Oser-Grote 1999: 225).

thorax bezeichnet eine Art Rüstung für den Oberkörper, wobei Prudentius hier mit *trilicem thoraca* offenbar keinen Kürass aus geschmiedetem Eisen meint, sondern vielmehr eine Art ‚dreilagiges Kettenhemd' oder ‚Schuppenpanzer', der über die Schultern gelegt wird und dessen Teile dann unter den Achseln und um den Rumpf herum mit mehreren Riemen miteinander verbunden werden.

128–129 fortis ad omnes | telorum nimbos et non penetrabile durans: ‚tapfer gegenüber all den Wolken aus Geschossen und undurchdringbar standhaltend'. *ad* gebraucht Prudentius hier entweder zur Angabe der feindlichen Richtung i. S. v. *adversus* oder modal (vgl. LHS 2: 219–220 § 115 bes. Zus. a–b). *fortis ad* heißt also ‚tapfer gegenüber' oder ‚tapfer angesichts von'.

non penetrabile ‚undurchdringlich' wird hier adverbiell in Bezug auf *durans* verwendet (vgl. Arévalo 1862: 34 u. Burton 2004: 14). Die Geschosse können *Patientias* Panzerung nicht durchschlagen.

Vgl. *uulniferos ... imbres* (v. 173).

131 o*pp***eriens** *p***ro***p***riis** *p***er**i**turam** u*i***ribus** *I***ram**: ‚darauf wartend, dass *Ira* an ihrer eigenen Gewalt zugrundegehe'. Die rollende Assonanz des *-pper-*, *-pr-*, *-per-*, und *-ir-*, die diesen Vers durchzieht und an das Schnauben und Wiehern eines Pferdes erinnert, verdeutlicht lautmalerisch das Wüten der *Ira*.

Die Tugend wartet ganz gezielt auf die *Contrapasso* gemäß der *lex Talionis*. Vgl. dazu auch die Erläuterung ihrer Kampfweise in der Siegesrede (vv. 157–161).

132–144: Auch der zweite Angriff der *Ira* bleibt wirkungslos. Schwen hat detailliert gezeigt, dass der vergebliche Schwertschlag mit den Hauptmotiven „Schlag, [...] Splittern des Schwertes, [...] Anblicken des Stumpfes in der Hand, [...] Verlieren der Fassung und [...] Wegwerfen des Stumpfes" aus Verg. *Aen.* 12, 728–741 übernommen ist (Schwen 1937: 14–15).

Die enorme Redundanz, mit der Prudentius die Erfolglosigkeit der Angriffe der *Ira* kennzeichnet (vgl. Lavarenne 2002: 55), ist auffällig: *inrita* (v. 134), *superuacuam dextram* (v. 134), *leui uolatu* (v. 135), *uentosa tela* (v. 135) u. *iactibus uacuis hastilia fracta iacerent* (v. 136).

133–134 iaculorum | nube superuacuam lassauerat inrita dextram: ‚[nachdem] sie erfolglos ihre nutzlose rechte Hand durch den Geschosshagel ermüdet hatte'. *inrita* ‚wirkungslos' bzw. ‚erfolglos hinsichtlich der angestrebten Ziele' bezieht sich hier prädikativ auf *Ira* (vgl. Bergman 1897: 17 u. Burton 2004: 14). *superuacua* ‚nutzlos' ist die rechte Hand des Lasters insofern, als alle mit ihr getätigten Speerwürfe wirkungslos geblieben sind, aber auch weil sie nun völlig erschöpft ist und damit zu nichts mehr zu gebrauchen ist.

135 uentosa tela: ‚die windigen Geschosse'. Prudentius spielt hier mit zwei Bedeutungen von *uentosus*: ‚schnell wie der Wind' und ‚unbedeutend', d. h. ‚wirkungslos' (vgl. Bergman 1897: 17). Die Geschosse sind zwar schnell wie der Wind, fallen aber zu Boden, ohne im Ziel etwas auszurichten. Burton sieht in *uentosa* darüber hinaus einen Hinweis auf das zischende bzw. pfeifende Geräusch, das die Geschosse erzeugen (vgl. Burton 2004: 15).

138–139 conisa [sc. manus] in plagam dextra sublimis ab aure | erigitur: ‚angespannt erhebt sie [sc. *manus*] sich hoch vom rechten Ohr aus zum Schlag'.

conisa bezieht sich auf *manus inproba* (v. 137) (vgl. Burton 2004: 15).

Der Hieb *dextra ab aure* ‚vom rechten Ohr aus', also ausgehend von rechts oben, wobei der Schwertgriff sich oben neben dem rechten Ohr befindet, diagonal nach links unten hinab trägt in der mittelalterlichen und frühneuzeitlichen Fechtkunst interessanterweise ausgrechnet den Namen „Zornhau". Der Begriff wird im Deutschen wohl erstmals von Hans Sachs in seinem Gedicht *Von den Fechtern* erwähnt, wobei der Ursprung dieses Begriffs im Dunkeln liegt (vgl. Dolch 1858: 76). Möglicherweise kommt er daher, dass ein so hohes Ausholen mit dem Schwert, wobei ja die Deckung des Oberkörpers verlorengeht und allenfalls noch das Gesicht durch den linken Arm geschützt ist, als unvernünftig und sozusagen als Akt des Zorns verstanden wurde. [Ich verdanke diesen Hinweis Sören vom Schloß.]

Auch wenn in Zusammenhang mit *librata* (v. 140) scheinbar Verg. *Aen.* 9, 417 anklingt: „Ecce aliud s u m m a telum *libra*bat *ab aure*" (vgl. Bergman 1897: 18, Lavarenne 1933: 225 u. Lavarenne 2002: 18), liegt der Fall hier ganz anders als in der vermuteten Vorlage. Während dort das Geschoss auf Höhe des Ohres vorbeizischt, nimmt hier der Hieb von der Höhe des Ohres aus seinen Ausgang (vgl. auch Burton 2004: 15).

140–141 aerea sed cocto cassis formata metallo | tinnitum percussa refert aciemque retundit: ‚aber der eherne, aus geschmolzenem Metall geformte Helm hallt erschüttert mit einem Klirren wider und macht die Schneide stumpf'.

cassis bezeichnet einen ‚metallenen Helm' (vgl. Burnam 1905: 60). *coctus* wird hier im technischen Sinne als ‚geschmolzen' verwendet (vgl. Bergman 1897: 18); es liegt dieselbe Vorstellung zugrunde wie bei unserem Ausdruck „Stahl kochen".

percussa ‚geschlagen / erschüttert' bezieht sich hier auf den Helm und nicht auf *Patientia* (vgl. dagegen Arévalo 1862: 35), denn nur der Helm kann *tinnitum referre* ‚ein Klingeln / Klirren wiedergeben'.

aciem bezeichnet hier die ‚Schneide' oder ‚Spitze' des Schwerts (vgl. Arévalo 1862: 35 u. Burnam 1905: 60). *retundere* heißt hier zunächst auf der Bildebene natürlich ‚abstumpfen', doch klingt die übertragene Bedeutung ‚schwächen' mit. Wie der Helm und die Rüstung der *Patientia* die Waffen der *Ira* stumpf machen, so machen Geduld und Gelassenheit die Wirkung des Zorns „stumpf", also schwach.

143–144 dum cedere nescia cassos | excipit adsultus ferienti et tuta resistit: ‚während sie standhaft die nutzlosen Angriffe abfängt und gefahrlos der Schlagenden Widerstand leistet'. *nescia cedere* ‚nicht imstande zu weichen' bezeichnet keine Dummheit der *Patientia*, sondern ein typisches Charakteristikum: Die Geduld erträgt gelassen alle Widrigkeiten, ohne sich von ihnen aus der Bahn werfen zu lassen. Vgl. *stabat ... inmota* (vv. 109–110) u. *tolerando extinguere* (v. 159). *nescia cedere* heißt hier also ‚unvertreibbar' bzw. ‚standhaft', zumal offenbar ohnehin keine ernsthafte Gefahr für sie besteht, wie *tuta resistit* deutlich macht.

excipit ‚empfängt' drückt einerseits aus, dass *Patientia* die Schwerthiebe der *Ira* ‚abbekommt', ohne sie zu parieren, aber andererseits auch, dass sie diese Hiebe ‚aushält' bzw. ‚erträgt' und sich von ihnen nichts anhaben lässt.

145–154: Den Selbstmord der *Ira* schildert Prudentius in zwei Abschnitten. Zuerst beschreibt er ihre Verzweiflung aufgrund der Wirkungslosigkeit auch ihres zweiten, im Nahkampf mit aller Kraft vorgetragenen Angriffs und den Entschluss zum Selbstmord (vv. 145–150), dann den eigentlichen Selbstmord unter Zuhilfenahme eines der Speere, die das Laster zuvor erfolglos auf *Patientia* geschleudert hatte (vv. 151–154).

146 procul in partes ensem crepuisse minutas: ‚dass das Schwert klirrend in weit verstreute kleine Teile zerbrochen ist'; *acc. c. inf.* abhängig von *uidit* (v. 145). Die Verbindung *procul in partes minutas crepare* ist zwar selten (vgl. Bergman 1897: 18), aber doch leicht zu verstehen: Das Adverb *procul* heißt hier ‚weit voneinander entfernt' und bestimmt *in partes minutas* ‚zerkleinert' näher; die einzelnen Teile des zerbrochenen Schwertes liegen weit voneinander entfernt. *crepare* bedeutet hier ‚mit einem Klirren auseinanderbrechen'. Prudentius nimmt damit – wieder mit einem lautmalerischen Wort – die Klangvorstellung des *tinnitum refert* (v. 141) wieder auf.

148–149 ebur infelix decorisque pudendi | perfida signa: ‚das glücklose Elfenbein und die verräterischen Zeichen der schimpflichen Zier'. *ebur* ‚Elfenbein' bezeichnet metonymisch ein aus Elfenbein gefertigtes Teil des Schwertes, das bei *Ira* verblieben ist. Auch wenn Bergman und Lavarenne übereinstimmend mit zwei ma. Glossen und unter Verweis auf Ov. *met.* 4, 147–148 „ense uidit *ebur* u a c u u m" meinen, dass damit die ‚Scheide' des Schwertes gemeint sei, die aus Elfenbein gefertigt oder damit verziert gewesen sei (vgl. Bergman 1897: 18, Burnam 1905: 60, Burnam 1910: 92 u. Lavarenne 1933: 226), ist die Erklärung, dass es sich um den ‚Griff' handle, sicher richtig (vgl. Arévalo 1862: 35). *infelix* ‚glücklos' ist dieser Rest als *pars pro toto* für das ganze Schwert, das nicht nur seiner Trägerin kein Glück bzw. keinen Erfolg gebracht hat, sondern selbst kein Glück hatte, weil es letztendlich zerbrochen ist.

decoris pudendi perfida signa ‚die verräterischen Zeichen der schimpflichen Zier' bezeichnet ebenfalls die elfenbeinernen Überreste des Schwerts, die einmal auch dazu gedient hatten, dieses zu verzieren. Versteht man *decoris* als ‚Ehre', was möglich ist, da ja so kostbare Verzierungen sicher nicht an den Waffen gemeiner Soldaten angebracht sind, so erscheint *decoris pudendi* natürlich als Oxymoron (vgl. Burton 2004: 15). Was zuvor die Trägerin geschmückt und vor anderen ausgezeichnet hat, ist nun – nach dem Zerbrechen des Schwerts – ein ‚verräterisches Zeichen' ihres Versagens (vgl. Burnam 1910: 92).

155–177: Kampfschluss mit Siegesrede der *Patientia* (vv. 155–161), Abgang der Tugend in Begleitung Hiobs (vv. 162–173) und einer Beurteilung der Rolle der *Patientia* in ihrem Verhältnis zu den anderen Tugenden (vv. 174–177).

Dieser Kampfschluss enthält zwar wörtliche Anklänge an Verg. *Aen.* 10, 440; 10, 490 u. 12, 683, doch handelt es sich dort, abgesehen von *Aen.* 10, 490, um „allgemeine Kampfmotive", die nicht im Kontext einer Siegesrede verwendet werden (Schwen 1937: 15). Auch werden diese Motive „christlich umgedeutet" (Schwen 1937: 15), die Gestaltung ist, abgesehen von der Wortwahl „rein christlich" (Oser-Grote 1999: 225).

155–161: In ihrer Siegesrede stellt *Patientia* nicht nur schlicht ihren Sieg über das Laster fest (vv. 155), sie beschreibt auch ihre Stimmung dabei (v. 156) und erklärt, dass keine Gefahr für sie bestanden habe (vv. 156–157). Dann erläutert sie ihre Strategie am Beispiel: *Patientia* erduldet immer alles, bis ihre Gegner endlich an ihren eigenen rasenden Gewalttaten zugrundegehen (vv. 157–159; vgl. v. 131). Auch *Ira* war solch eine vor Wahnsinn tobende Gegnerin, die durch ihre eigenen Waffen gestorben ist (vv. 160–161).

155 uicimus: ‚wir haben gesiegt', konstatiert die Tugend zunächst lapidar, bevor sie in vv. 156–157 ein paar ergänzende Informationen zu ihrer eigenen Stimmung, den Umständen und dem Objekt des Sieges gibt.

162–173: *Patientia* verlässt zusammen mit Hiob den Ort, an dem sich *Ira* getötet hat.

Hiob scheint sich wie keine andere biblische Figur als Begleiter der *Patientia* zu eignen, weil er ihre Eigenschaften geradezu vorbildlich lebt (vgl. Arévalo 1862: 36, Bergman 1897: 20 mit Verweis auf *Iob* 1–3, Oser-Grote 1999: 225 u. Burton 2004: 16). Allerdings beginnt Hiob in der Bibel nach anfänglichem Dulden und siebentägigem Schweigen (*Iob* 1, 6 – 2, 13) gegenüber seinen Freunden untröstlich zu klagen (*Iob* 3–37). Erst nach einer Erscheinung Gottes und seinen Ermahnungen (*Iob* 38–41) kommt Hiob schließlich zu der Einsicht, dass er den Ratschluss Gottes nicht kenne, und verspricht, auf Gott zu vertrauen (*Iob* 42, 1–6). Gnilka macht darauf aufmerksam, dass Hiob nicht nur hier, sondern auch bei Tertullian (*patient.* 14) das „Paradebeispiel der *patientia*" ist und außerdem bei Ambrosius (*off.* 1, 39, 195) „das Exempel der *fortitudo*" (Gnilka 2007 b: 433).

Hiob war offenbar die ganze Zeit über an *Patientias* Seite gewesen und wird nun von Prudentius knapp als ernsthafter Mann vorgestellt, der vieles erduldet hat, nun aber grimmig darüber lacht, da seine Wunden schon wieder verheilt sind. *Patientia* befiehlt ihrem Begleiter, sich auszuruhen und das, was er selbst verloren hat, vervielfacht aus der Beute zu ersetzen.

Gnilka und Oser-Grote haben darauf hingewiesen, dass *Patientia* damit die Rolle Gottes übernimmt, der in *Iob* 42, 10 die Verluste Hiobs nicht nur ersetzt, sondern dessen vorherigen Besitz sogar verdoppelt. *Patientia* überträfe Gott dann sogar noch, weil sie „den verlorenen Besitz in vielfacher, nicht nur in doppelter Ausführung wie in der alttestamentlichen Erzählung wieder zurückgibt" (Oser-Grote 1999: 227; vgl. Gnilka 1963: 35). Mit dieser „dichterische[n] Freiheit" unterstreiche Prudentius „die Sonderstellung der Geduld vor den übrigen Tugenden der *Psychomachie*" (Oster-Grote 1999: 227).

163–164 nam proximus Iob | haeserat invictae ... magistrae: ‚denn Hiob hatte sich ganz nah an der Seite der unbesiegbaren Meisterin gehalten'. Der Name *Iob* muss hier zweisilbig gemessen werden, entweder *Ĭŏb* oder *Ĭōb* (vgl. Lavarenne 1933: 226 u. 107 § 236 sowie Burton 2004: 16).

haerere i. S. v. ‚sich jmd. anschließen' gebraucht Prudentius hier sehr bildlich: Hiob hatte sich als Begleiter und engster Vertrauter sozusagen an *Patientia* ‚herangehängt', ohne von ihrer Seite zu weichen (vgl. Bergman 1897: 20). Prudentius bezeichnet *Patientia* als *magistra* ‚Meisterin' , wohl i. S. v. ‚Lehrmeisterin' , weil sie wohl nicht nur Hiob, sondern allen Christen zeigt, wie man durch Dulden zum Sieg gelangt. Das Attribut *inuicta* heißt hier nicht nur auf die Situation bezogen ‚unbesiegt', sondern generell ‚unbesiegbar'.

165 fronte seuerus adhuc et multo funere anhelus: ‚bisher mit strenger Miene und keuchend wegen des vielen Tötens' beschreibt Hiob näher.

fronte ist *abl. limit.* bezogen auf *seuerus* (vgl. Lease 1895: 25 § 62); *fronte seuerus* ist somit gleichbedeutend mit *seuero fronte* (vgl. Bergman 1897: 20 mit Verweis auf Plaut. *mil.* 201). Eine ma. Glosse deutet das als Trauer über die erlittenen Wunden (vgl. Burnam 1910: 92–93).

anhelus ‚keuchend / schnaubend' i. S. v. ‚außer Atem' bzw. ‚ermüdet' (vgl. Burnam 1905: 60) deutet an, dass Hiob in irgendeiner Form aktiv am Kampf beteiligt war (vgl. Burton 2004: 16 u. Mastrangelo 2008: 100).

funus in der Bedeutung ‚Leichnam' steht hier metonymisch für ‚den Tod' bzw. ‚das Töten' (vgl. Bergman 1897: 20 mit Verweis auf Verg. *Aen.* 9, 527 u. 2, 539). *multo funere* gibt als *abl. causae* den Grund für Hiobs Keuchen an (vgl. Burton 2004: 16), wobei nicht eindeutig klar wird, ob er keucht, weil er selbst gekämpft und getötet hat, wie Bergman meint (vgl. Bergman 1897: 20), oder weil er über das Töten ringsum erschrocken ist.

166 iam clausa ... ulcera: ‚die schon geschlossenen Wunden', bezieht sich auf die ‚Geschwüre', die Satan Hiob am ganzen Leib zugefügt hatte, um sein Vertrauen auf Gott zu erschüttern (*Iob* 2, 7). *clausus* ‚geschlossen' bedeutet hier, dass sich die Haut an den befallenen Stellen wieder geschlossen hat, die Geschwüre also ‚geheilt' sind (vgl. Burnam 1905: 60).

167–168 perque cicatricum numerum sudata recensens | milia pugnarum, sua praemia, dedecus hostis: ‚und anhand der Zahl seiner Narben die tausenden durchstandenen Kämpfe zählend, seinen Lohn, die Schmach des Feindes'. *cicatricum numerum* ‚die Anzahl der Narben' steht nicht nur für die verheilten Geschwüre (v. 166), sondern wohl *pars pro toto* für alles, was Hiob erlitten hat und wofür er am Ende durch Gott entschädigt wurde. Die *sudata ... milia pugnarum* beziehen sich wohl auf die Qualen (vgl. Arévalo 1862: 36), die Satan Hiob zugefügt hat (*Iob* 1, 12–2, 10), und seine Klagen und Zweifel im Gespräch mit den Freunden (*Iob* 3–31). Die *praemia* bezeichnen die doppelte Wiedergutmachung Gottes an Hiob, nachdem dieser sich schuldig bekannt, Buße gelobt und Gott auch für seine Freunde um Verzeihung gebeten hatte (*Iob* 42). Die Standhaftigkeit Hiobs ist zugleich *dedecus hostis* ‚die Schmach des Feindes', nämlich Satans, der vergeblich versucht hatte, Hiobs Gottvertrauen durch Unglück und Qual zu vernichten (*Iob* 1, 6–2, 10).

169 illum diua iubet ... requiescere: ‚jenen heißt die Göttliche, sich auszuruhen'. *diua* ‚göttlich' bezieht sich auf *Patientia* (vgl. Burnam 1905: 60, Burton 2004: 16 u. Gnilka 1963: 35). Lavarenne hält das Attribut *diua* für eine personifizierte Tugend für ungewöhnlich in einem christlichen Text und vermutet hier einen Anklang an ähnliche Ausdrücke bei Vergil, so z. B. *Aen.* 1, 482 u. 2, 425 (vgl. Lavarenne 1933: 260). Diese Begründung ist aber unbefriedigend, denn an den fraglichen Vergilstellen werden tatsächlich Göttinnen mit *diua* bezeichnet. Die Tugend *Patientia* gehört zwar nicht zu den drei göttlichen Tugenden des Christentums, ist aber aus Prudentius' Sicht so wichtig, dass keine andere Tugend ohne sie etwas ausrichten kann (vv. 174–177). Angesichts dieser besonderen Bedeutung der *Patientia*, ohne die nach dieser Argumentation also auch die göttlichen Tugenden *Fides, Concordia* (= *Caritas*) und *Spes*, hilflos wären, ist es wohl aus Prudentius' Sicht angemessen, auch der *Patientia* das Attribut *diua* zuzuweisen (vgl. Gnilka 1963: 35).

illum bezieht sich auf Hiob (vv. 163–168), mit dem *Patientia* durch die Reihen schreitet (vgl. Arévalo 1862: 36 u. Burnam 1905: 60).

170–171 captis et perdita quaeque | multiplicare opibus: ‚und alles Verlorene aus den erbeuteten Reichtümern vielfach zu ersetzen', spielt darauf an, dass Gott Hiob doppelt soviel als Wiedergutmachung gab, wie er vor allen Verlusten gehabt hatte (*Iob* 42, 10; vgl. Burnam 1910: 93 u. Burton 2004: 17).

173 uulniferos gradiens intacta per imbres: ‚unversehrt durch den Wunden bringenden Geschoßhagel schreitend'. *uulnifer* ‚Wunden bringend' ist zwar außer hier bei Prudentius nur ein einziges Mal belegt, ist aber aufgrund seiner Wortbestandteile selbsterklärend und vor allem sehr bildhaft. Das Bild der Wurfgeschosse, die wie *imbres* ‚Regengüsse' oder besser ‚Hagel' auf die Tugend herabstürzen (vgl. Arévalo 1862: 36, Burnam 1905: 60 u. Burton 2004: 17), ist ebenso eingängig und bereits durch *telorum nimbos* (v. 129) eingeführt. Aufgrund der Schilderung der Unerschütterlichkeit der *Patientia* in vv. 128–129 und der Undurchdringbarkeit ihrer Rüstung in vv. 140–144, dürfen wir davon ausgehen, dass *intacta* ‚unversehrt' wörtlich gemeint ist:

Die Geschosse können der Tugend nichts anhaben. Es liegt im Wesen der *Patientia*, dass alle Manifestationen des Zorns bei ihr wirkungslos sind, dass also *Iras* Waffen von ihr abprallen müssen.

174–177: Rolle der *Patientia* für andere Tugenden: Ohne *Patientia*, die alle anderen Tugenden schützt, ist kein Sieg möglich. „Der Gedanke selbst entstammt christlicher Morallehre", wie Gnilka mit Verweis auf Lact. *inst.* 6, 18, 32, Tert. *patient.* 11, 5 – 12, 10, Cypr. *patient.* 1416 u. 20 und Ambr. *off.* 1, 39, 195 zeigt (Gnilka 2007 d: 432–433).

174 omnibus una comes Virtutibus adsociatur: = *una omnibus Virtutibus comes adsociabatur* ‚als einzige gesellt sie sich allen Tugenden als Begleiterin hinzu'. *comes* bezieht sich auf *Patientia. una* ist nicht Attribut zu *comes*, sondern Prädikativum zu *comes adsociatur*. Denn *Patientia* ist nicht die einzige Begleiterin von Tugenden. Die zahlreichen menschlichen und biblischen Figuren auf dem Schlachtfeld der *Psychomachia* beweisen das ebenso wie *Fides*, die der *Concordia* zur Hilfe eilt und mit dieser den Tempel errichtet, und die vielen Tugenden, die allem Anschein nach neben den sieben Haupttugenden der *Psychomachia* noch zum Tugendheer gehören. Aber *Patientia* ist eben die einzige Tugend, die für *alle* anderen Tugenden da ist (vgl. Arévalo 1862: 36 u. Burnam 1910: 93), auch wenn Prudentius das dramatisch nicht umsetzt, indem er sie etwa in jeder Kampfdarstellung auftreten ließe oder Bezüge auf sie einflöchte. Konzeptionell soll der Leser aber die Anwesenheit der unbesiegten und von den Lastern unbeeindruckten *Patientia* auf demselben Schlachtfeld als wichtigen Faktor immer mitdenken. Wenn die *Patientia* nicht unbeirrt als *spectatrix* (v. 118) zwischen all den Kämpfenden stünde, würde sich keine Tugend auf einen Kampf mit den Lastern einlassen. Lavarenne verweist auf die Ausführung dieses Gedankens bei Tertullian *De patientia* 15 (vgl. Lavarenne 1933: 227 sowie Oser-Grote 1999: 224).

Wenn man die anderen Kämpfe aus diesem Blickwinkel betrachtet, fällt auf, dass die Tugenden es in den Kämpfen nicht eilig haben und auch nicht vorschnell fliehen oder aufgeben, sondern immer geduldig und beharrlich bis zu ihrem endgültigen Sieg kämpfen.

176 nulla [sc. uirtus] anceps luctamen init Virtute sine ista: ‚keine [*sc.* Tugend] tritt in einem ungewissen Kampf ein ohne diese Tugend'. *anceps* ist Attribut zu *luctamen* (vgl. Arévalo 1862: 36 u. Burton 2004: 17) und keinesfalls zu *nulla* [sc. *uirtus*].

177 Virtus nam uidua est, quam non Patientia firmat: ‚denn die Tugend ist allein gelassen, der nicht die *Patientia* Verstärkung bietet'. *uiduus* wird hier in der Bedeutung ‚einsam' bzw. ‚einer [wichtigen] Person beraubt' verwendet, doch klingt die Bedeutung ‚verwitwet / Witwe' wohl mit. Eine Tugend, die ohne Geduld kämpft, ist also auf sich allein gestellt, ähnlich einer Witwe, die niemanden mehr hat, der für sie sorgt.

firmare gebraucht Prudentius hier sowohl allgemein in der Bedeutung ‚stärken / festigen' als auch in den militärischen Bedeutungen ‚verstärken / unterstützen' und ‚decken / sichern'. Auf der Bildebene gibt die *Patientia* den anderen kämpfenden Tugenden Rückendeckung. Im übertragenen Sinne, in der Seele des Menschen, haben die Anstrengungen der Tugenden keine Aussicht auf dauerhaften Erfolg, wenn sie nicht geduldig und beharrlich immer wieder und immer weiter – auch in scheinbar aussichtslosen Situationen und gegen scheinbar unüberwindlichen Widerstand – ausgeführt werden.

Doch bezieht sich die Bedeutung der Geduld nicht nur auf die Tugenden, sondern auf jedes Tun des Menschen. Iso erklärt mit Verweis auf *Lc* 21, 19 „in patientia possidebitis animas uestras", dass schon Jesus gezeigt habe, dass niemand ohne Geduld etwas zustandebringen könne (Arévalo 1862: 36). In den Briefen des Neuen Testaments findet sich darüber hinaus zweimal die Mahnung zur Geduld, die sowohl nötig ist, wenn man Gottes Willen tut, als auch beim Warten auf die Verheißungen Gottes und seine Ankunft: „patientia enim vobis necessaria est ut voluntatem Dei facientes reportetis promissionem" (*Hbr* 10, 36) und „patientes igitur estote fratres usque ad adventum Domini ecce agricola expectat pretiosum fructum terrae patienter ferens donec accipiat temporivum et serotinum" (*Iac* 5, 7).

Superbia vs. Mens humilis & Spes (vv. 178–309)

Ms. D betitelt den vierten Kampf mit der Überschrift „Superbiae et humilitatis pugna". Ms. C, das viele Teilüberschriften anstelle von Hauptüberschriften für die einzelnen Kämpfe enthält, betitelt den ersten Teil dieses Kampfes mit „Superbia in turmas uolitat equo". Einige der Ausgaben des 17.–19. Jh. – darunter Cellarius und Obbarius – folgen Ms. D mit der Überschrift „Superbiae et Humilitatis pugna". Weitzius titelt „Superbiae et Humilitatis congressus". Bergman gibt dem vierten Kampf in seinem Kommentar von 1897 die Überschrift „Superbia et Humilitas".

Der vierte Kampf gliedert sich in fünf Teile: Im ersten Teil werden die Akteure auf Seiten der Laster und der Tugenden vorgestellt und ihr Auftreten beschrieben: das Laster *Superbia* sowie die Tugenden *Mens humilis*, *Spes* und ihre kleine Kämpferschar (vv. 178–202). Der zweite und längste Teil enthält die Spottrede der *Superbia* auf *Mens humilis* und ihre Gefährten (vv. 203–252). Im dritten Teil (vv. 253–283) wird der Kampf mit der missglückten Attacke der *Superbia* (vv. 263–256), ihrem Sturz (vv. 257–273) und ihrer Tötung durch die von *Spes* unterstützte *Mens humilis* (vv. 274–283) geschildert. Der anschließende vierte Teil enthält die Siegesrede der *Spes* (vv. 284–304). Zum Abschluss wird die „Himmelfahrt" der *Spes* und die Bewunderung der übrigen Tugenden für sie beschrieben (vv. 305–309).

Das Laster *Superbia* reitet prahlerisch in auffälliger Aufmachung auf einem prächtigen, mit einem Löwenfell geschmückten Pferd über das Schlachtfeld. Herablassend blickt sie auf die Tugend *Mens humilis*, die mit wenigen, schlecht bewaffneten Kämpfern angetreten ist und ohne die Hilfe der *Spes* wohl chancenlos wäre. *Superbia* empfindet es als Schande, sich mit solchen aus ihrer Sicht nicht ebenbürtigen Gegnern abgeben zu müssen. Sie schmäht ihre Gegner, hält ihnen ihre Unzulänglichkeit vor und droht ihnen an, sie zu zermalmen. Sie stürmt auch sofort zu Pferd los, stürzt aber kopfüber in eine Grube. Diese Grube war von dem Laster *Fraus* als eine von mehreren Fallen angelegt worden, in welche die Tugenden stürzen sollten, und so gut getarnt, dass sie auch für die Laster nicht erkennbar war. *Superbia* gerät beim Sturz zwischen die Beine ihres Pferdes und wird von diesem fast zu Tode getrampelt. *Mens humilis* schreitet ruhig auf die Sterbende zu, *Spes* aber reicht ihr, weil sie zu zögern scheint, ein Schwert und ermutigt sie, dem Laster ein Ende zu machen. *Mens humilis* zieht die *Superbia* an den Haaren unter ihrem Pferd hervor und schneidet ihr den Kopf ab, obwohl sie um Gnade fleht. Danach schmäht *Spes* die tote *Superbia*, fordert sie auf, Demut zu lernen, und erinnert anhand des Beispiels von David, der Goliath besiegte, daran, dass nach Christi Wort die Schwachen und Demütigen über die Hochmütigen siegen sollen und dass die Hoffnung auch den Schwachen zum Sieg verhilft. Nach ihrer Rede schwebt *Spes* zum Himmel empor, während die übrigen Tugenden auf Erden zurückbleiben und weiter kämpfen, auch wenn sie sich wünschen, *Spes* folgen zu können.

Das Laster *Superbia* ‚Hochmut' bzw. ‚Stolz' wird gleich bei seinem Auftreten als aufgeblasen beschrieben (v. 178). Dann wird *Superbia* zunächst über ihr Pferd und dessen Aufmachung weiter charakterisiert: Das Pferd ist mit einem Löwenfell geschmückt (vv. 179–180). Dieses Pferd, so erfährt man später, ist prächtig, wild, kaum zu zügeln (vv. 190–191) und auch schnell (vv. 253–254). *Superbia* selbst fällt vor allem wegen ihrer Frisur auf, die turmartig nach oben aufgerichtet und mit fremdem Haar zusätzlich aufgebauscht worden ist (vv. 183–185). Die Kleidung des Lasters ist für den Kampf denkbar ungeeignet: Sie trägt einen leinenen Mantel um die Schultern und einen dünnen Schleier vor dem Gesicht (vv. 186–189). Prudentius beschreibt das Laster als eitle Kämpferin (vv. 194), die mit Blick und Stimme droht (v. 196) und beißende Häme über ihre Gegnerin vergießt (v. 205). Doch am Ende, als sie durch den Sturz vom Pferd schon schwer verletzt ist und *Mens humilis* sich anschickt, sie zu köpfen, bittet sie – wenn auch vergeblich – um Gnade (v. 282).

Über das Laster *Fraus* ‚Betrug' bzw. ‚Täuschung' erhalten wir nur wenige Informationen: Sie ist ein abscheuliches Laster (vv. 259–260) und eine geübte Erfinderin von Täuschungen. Sie hatte heimlich das Schlachtfeld mit Fallgruben und Gräben versehen, die sie geschickt mit Laub und Grassoden getarnt hatte, um damit die Kämpfer des Tugendheeres in Fallen zu locken (vv. 257–258 u. 260–266).

Die Tugend *Mens humilis* ‚Demut' wird zu Beginn nur sehr knapp vorgestellt: Sie ist eine Königin, doch zugleich hilfsbedürftig, weil sie nicht genug Vertrauen in die eigene Kraft hat (v. 199–200). Deshalb ist sie mit der Tugend *Spes* ‚Hoffnung' verbündet (v. 201). Ihre Waffen sind unbedeutend (v. 204–205). Dass diese Tugend demütig ist, wird mehrfach wiederholt, einmal auch unter erneuter Bekräftigung, dass sie eine Königin sei (vv. 255 u. 267). Außerdem ahnt sie nichts von den tückischen Fallen der *Fraus* (v. 267). Prudentius präsentiert hier erstmals eine Tugend, die nicht nur unbewaffnet ist, sondern sogar schwach und ahnungslos. Dennoch bezeichnet er sie zweimal als Königin, um ihre besondere Bedeutung unter den Tugenden zu betonen. Nach dem schweren Unfall des Lasters ist *Mens humilis* zwar froh, zügelt ihre Freude jedoch und zögert zunächst, die Chance zu ergreifen, das Laster endgültig zu vernichten (vv. 274–278). Doch nachdem ihre Gefährtin *Spes* ihr das Schwert gereicht und sie dazu ermutigt hat, richtet sie das Laster entschlossen hin (vv. 280–283).

Über die Tugend *Spes* erfahren wir zuerst bei der Vorstellung der *Mens humilis* nur, dass sie deren Kameradin ist und ihr Glück im Himmel liegt (vv. 201–202). Erst nach dem Sturz der *Superbia* erfährt der Leser mehr: Sie ist eine treue Begleiterin, gibt *Mens humilis* – denn deren Waffen sind ja unbrauchbar (vv. 204–205) – ein geeignetes Schwert und motiviert diese dazu, das Laster ein für alle Mal aus der Welt zu schaffen (v. 278–279). Sie schmäht das tote Laster (vv. 285–304), doch mit heiligem Mund (v. 284). Nach der Schmährede werden noch zwei weitere Informationen eingestreut: Sie ist eine Jungfrau (v. 306) und hat goldene Flügel, mit denen sie zum Himmel auffährt (vv. 305–306).

Das Heer der *Mens humilis* wird nur sehr knapp vorgestellt: zuerst als wenige Soldaten mit armseligen Waffen bei der Vorstellung der *Mens humilis* (vv. 197–198) und dann, als sie der zum Himmel auffahrenden *Spes* nachschauen und sich selbst wünschen, ihr in den Himmel zu folgen. Sie bewundern *Spes*, kämpfen selbst erbittert und hoffen auf ihre spätere Belohnung (vv. 306–309).

Superbia wird bei Hygin *fab. praef.* 3 als Tochter der *Terra* und des *Aether* personifiziert (vgl. Höfer 1909–1915 b: 1603). Im Griechischen steht ὑπερηφανία für ‚Hochmut' bzw. ‚Arroganz', „die auf [wirklicher oder eingebildeter] Überlegenheit beruht" (Procopé 1990: 799 mit Verweis u. a. auf Hes. *theog.* 149; Plat. *Men.* 90 a u. Xen. *mem.* 1, 2, 25). ὕβρις ‚Hoffart' bzw. ‚Überheblichkeit' bezeichnet eine „dünkelhafte, freche Anmaßung" (Procopé 1990: 799), die gewöhnlich ins Verderben führt (vgl. Procopé 1990: 801–802). Besonders die Peripatetiker haben sich mit dem Hochmut auseinandergesetzt und ihn als ein Laster gesehen, das vor allem bei Reichen und „vom Glück Begünstigten" auftritt (Procopé 1990: 808, vgl. auch 809–811). Aristoteles selbst hat in seinen Betrachtungen zur Tugend μεγαλοψυχία ‚Hochherzigkeit' (*eth. Nic.* 4, 7, 1123 b; *eth. Eud.* 3, 5, 1233 a 2/f) auch den Unterschied zur ὕβρις behandelt (*eth. Nic.* 4, 8, 1124 a 29/b 5): Der Großherzige erhebt Anspruch auf Ehre aufgrund seiner Rechtschaffenheit, der Hochmütige hingegen hält sich aufgrund von Herkunft, Macht oder Reichtum für besser als andere (vgl. Procopé 1990: 809). Der Epikureer Philodem hat der ὑπερηφανία das zehnte Buch seiner Schrift Περὶ κακιῶν gewidmet (vgl. Procopé 1990: 811).

Im römischen Denken wird der Begriff *superbia* stärker politisch verstanden als seine griechischen Entsprechungen und vielfach auf die Haltung von Völkern gegenüber Rom, auf einzelne politisch agierende Personen oder auf Klassen innerhalb der römischen Gesellschaft bezogen (vgl. Procopé 1990: 815 mit Verweis u. a. auf Verg. *Aen.* 1, 522–523; 6, 851–853; Hor. *carm. saec.*

55–56; Cic. *Manil.* 11; *Verr.* 2, 2, 9; *prov. cons.* 11; Caes. *Gall.* 1, 31, 12; 1, 33, 5; 1, 9, 1–6; Sall. *Iug.* 5, 1; 64, 1 u. Tac. *ann.* 1, 4, 3).

Nach christlicher Lehre ist Hochmut „die erste u[nd] tödlichste aller Sünden" und damit deren Ursprung (Procopé 1990: 796, 815 mit Verweis auf *Sir* 10, 6–18 sowie 816–823 mit Verweis auf *Dt* 8, 14 u. 17). Unter Hochmut wird dabei „Selbst-Behauptung gegenüber Gott" verstanden (Procopé 1990: 796), die sich in „Verlangen nach Beifall", Ruhmsucht, Selbstgefälligkeit und dem Vergleich mit anderen und der Überzeugung von der eigenen Vorrangstellung vor anderen zeigt (Procopé 1990: 797 mit Verweis auf Aug. *conf.* 10, 59; *civ.* 14, 3). Hochmut wird dabei von „angemessene[r] Selbstachtung des rechtschaffenen Menschen" bzw. *magnitudo animi* ‚Hochherzigkeit' unterschieden (Procopé 1990: 798). In den Evangelien warnt Jesus vor der Selbsterhöhung (*Mt* 23, 12 u. *Lc* 18, 14), auch Paulus verurteilt diejenigen, die sich selbst rühmen (*Rm* 1, 18–32; 2, 23; 3, 27; 11, 16-24; I *Cor* 1, 27–29). Vgl. Procopé 1990: 825–827.

Fraus oder griech. ἀπάτη ‚Betrug' bzw. ‚Täuschung' findet sich personifiziert bereits bei Hes. *theog.* 224 als Tochter des *Erebos* und der *Nox* (so auch Cic. *nat.* 3, 17, 44); bei Mart. Cap. 1, 51 begleitet sie Mercurius (vgl. Steuding 1884–1890: 1558 u. Roscher 1884: 388). Siehe auch S. 358 zu. vv. 629–631.

Demut gilt in der griechisch-römischen Ethik nicht als Tugend (vgl. Dihle 1957: 737), auch wenn die „mit der Erkenntnis eigener Schwäche u[nd] Fehlerhaftigkeit verbundene Demütigung […] in der ganzen hellenist[ischen] Ethik als erste Stufe […] des sittlichen Aufstiegs" gilt, was jedoch nicht bedeutet, „freiwillig auf seinen Wert zu verzichten und sich selbst zu demütigen" (vgl. Dihle 1957: 737–738). Die Warnungen vor dem Hochmut dienen vor allem der Regelung reibungslosen Miteinanders in der Gesellschaft (vgl. Dihle 1957: 738). Die sokratische ἀτυφία ‚Anspruchslosigkeit' dient der Erlangung der αὐτάρκεια ‚Selbstgenügsamkeit' (vgl. Dihle 1957: 738–739). Die Begriffe ταπεινός und *humilis* haben dagegen die negative Bedeutung ‚niedrig / ärmlich / unwürdig' und bezeichnen manchmal auch die Situation eines Bittenden oder Flehenden (vgl. Dihle 1957: 740–742). Kennzeichnend für die Spätantike ist allerdings das Vorherrschen der „Vorstellung einer Rang- und Stufenordnung [auf allen Gebieten]" (Dihle 1957: 742), in der sich ein Niedrigstehender in seinem Verhalten einem Höhergestellten unterordnet, was aber mit Demut im christlichen Sinne nicht vergleichbar ist (vgl. Dihle 1957: 743).

Im Neuen Testament und im frühen Christentum kommt der Demut eine wichtige Rolle zu (vgl. Dihle 1957: 748–749 mit Verweis auf *Mt* 5, 3; 11, 8; 18, 4; *Lc* 18, 17). Kennzeichnend ist die Aufforderung zur Nachfolge Jesu auch in Hinsicht auf seine Demut und Selbsterniedrigung (vgl. Dihle 1957: 749 mit Verweis auf *Mt* 11, 29; 20, 28; *Lc* 22, 27; *Io* 13, 12–17; *Phil* 2, 3–11, bes. 2, 5; *Rm* 12, 16; II *Cor* 7, 6; II *Cor* 12; *Eph* 4, 2; *Col* 2, 18–23; I *Pt* 3, 8; I *Pt* 2, 21). Demut wird hier jedoch nicht im ethischen Sinne als Tugend verstanden, sondern als „Erkenntnis u[nd] Anerkenntnis des eigenen, vor Gott u[nd] dem Nächsten niedrigen, d. h. sündigen u[nd] darum rechtlosen Zustandes" (Dihle 1957: 750, vgl. auch 751). Doch bald wird die Demut in das christliche System der Tugenden eingefügt, wobei sie zunächst vor allem als Vermeidung des Hochmuts verstanden wird (vgl. Dihle 1957: 752–753). In der Folgezeit wird die Demut als Tugend differenzierter ausgearbeitet, so etwa bei Origenes, der sie mit den vier Kardinaltugenden gleichsetzt (Orig. *Lc. hom.* 8), als „Tugend schlechthin, die alle anderen einschließt" (Dihle 1957: 756). Andere Autoren wie Cyprian und Tertullian folgen im Wesentlichen Origenes (vgl. Dihle 1957: 759–765). Für das Mönchtum ist die Demut zentral (vgl. Dihle 1957: 765–771). Augustinus betrachtet die Demut unter verschiedenen Aspekten (vgl. Dihle 1957: 771–773). Wesentlich ist an seiner Demutsvorstellung vor allem der Gedanke, dass Demut als „Sünden- und Selbsterkenntnis" und „Verzicht auf irgendeine Selbstrechtfertigung" als „der einzige Weg zum Heil" betrachtet und die *superbia* als „Ursünde, die vor un[d] unter jeder individuellen Verfehlung liegt" verstanden wird (Dihle 1957: 771 mit Verweis u. a. auf Aug. *in evang. Ioh.* 25, 16; *en. in Ps.* 88, 1, 17; 33, 1, 4; *conf.* 4, 19 u. *civ.* 14, 13). Demut ist somit für Augustinus die Grundlage für alle Tugenden (vgl. Dihle 1957: 772–773). Vgl. zur Bedeutung der Demut im frühen Christentum auch Dihle 1950: 710–711.

Die Hoffnung Ἐλπίς findet sich bereits bei Hesiod personifiziert, nämlich als einzige unheilbringende Gabe, die in der Büchse der Pandora zurückbleibt, als diese auf Geheiß des Zeus den Deckel wieder schließt (Hes. *erg.* 96–99). Hesiod versteht die Hoffnung „als Aussicht auf die Zukunft" also offenbar als negativ (vgl. Dihle–Studer–Rickert 1991: 1161). In der römischen Literatur dagegen wird *Spes* als „göttliche Personifikation der den Menschen in allen Lebenslagen und Nöten aufrechterhaltenden Hoffnung auf glücklichen Erfolg […] oft ausdrücklich als *bona Spes* [oder *sancta Spes*] bezeichnet" (Wissowa 1909–1915: 1295 mit Verweis auf Plaut. *Rud.* 231 u. *Cist.* 670; vgl. auch Axtell 1907: 19). Häufig wird sie zusammen mit anderen personifizierten Abstrakta, wie z. B. *Salus* u. *Confidentia*, oft auch *Fortuna*, genannt, so etwa bei Cic. *leg.* 2, 28; *nat. deor.* 2, 61; 3, 47; Plin. *nat.* 2, 14; Plaut. *Bacch.* 893; *Pseud.* 709; *Merc.* 867; *Most.* 350–351 u. 842–843 (vgl. Wissowa 1909–1915: 1295 u. Axtell 1907: 19–20).

Das erste Heiligtum wurde der *Spes* wohl 477 v. Chr. außerhalb der Stadtmauern auf dem Esquilin von Horatius Pulvillus nach dem Sieg über die Etrusker errichtet, wonach die Gegend dort den Namen *ad Spem ueterem* erhielt (vgl. Axtell 1907: 18, Wissowa 1909–1915: 1296–1297 u. Bloch 2001 mit Verweis auf Liv. 2, 51, 2 u. Dion. Hal. *ant.* 9, 24, 4). Im 1. Punischen Krieg wurde der *Spes* dann 258 v. Chr. durch A. Atilius Calatinus auf dem Forum Holitorum ein weiterer Tempel gestiftet, der nach mehrfachen Zerstörungen durch Blitzeinschläge und Brände immer wieder, zuletzt 17 n. Chr. durch Germanicus, aufgebaut wurde (vgl. Axtell 1907: 18, Wissowa 1909–1915: 1296 u. Bloch 2001 mit Verweis auf Tac. *ann.* 2, 29; 2, 49; Cic. *leg.* 2, 28; 2, 61; Liv. 21, 62, 4; 24, 47, 15; 25, 7, 6; Cass. Dio 50, 10, 3). Auch außerhalb Roms ist ein Kultus der *Spes* bezeugt, nämlich durch einen Tempel für *Spes, Fides* und *Fortuna*, der 110 v. Chr. in Capua errichtet wurde, sowie durch Tempel in Ostia und Aricia (vgl. Bloch 2001 mit Verweis auf CIL X, 3775 u. Axtell 1907: 19).

Dargestellt wird *Spes* auf Inschriften, Statuen und Münzen stehend, mit einer Blüte in der rechten Hand, während sie mit der linken Hand ihr Kleid rafft, vielleicht um ungehindert voranschreiten zu können (vgl. Wissowa 1909–1915: 1297 u. Bloch 2001). In der Kaiserzeit wird sie seit Claudius unter der Bezeichnung *Spes augusta* häufig auf Münzen dargestellt, wohl um die Hoffnung auf den Fortbestand der Dynastie und auf den Erfolg der Nachkommen des Kaiserhauses auszudrücken (vgl. Axtell 1907: 20, Wissowa 1915–1919: 1297 u. Bloch 2001). Bereits Augustus hatte ein Dankfest für *Spes* am 18. Oktober eingeführt, dem Jahrestag seines Anlegens der *Toga virilis* (vgl. Axtell 1907: 20).

In der vorsokratischen Philosophie und bei Aristoteles bezeichnet ἐλπίς eine „Voraussage [bzw.] Meinung über die Zukunft" (Dihle–Studer–Rickert 1991: 1164 mit Verweis auf Aristot. *eth. Nic.* 9, 4, 1166 a 25 u. 3, 11, 1117 a 9). Platon verwendet ἐλπίς zwar auch in diesem Sinne, aber „kennzeichnet […] diese an sich neutrale Voraussicht je nachdem als Furcht oder Zuversicht" (Dihle–Studer–Rickert 1991: 1163 mit Verweis auf Plat. *leg.* 1, 644 c) und bringt die Hoffnung in Bezug zum Leben nach dem Tod (Dihle–Studer–Rickert 1991: 1163 mit Verweis auf Plat. *rep.* 1, 330 d/1a, *apol.* 29 ab; 40 c u. 41 d). Für die hellenistische griechische Philosophie ist die Hoffnung von geringem Interesse: Epikur warnt sogar vor zu intensiver Beschäftigung mit der Zukunft und leerer Hoffnung (frg. 242 Arrighetti; 397 Usener = Cic. *fin.* 1, 18, 60 sowie frg. 42 Arrighetti), während die Hoffnung im Konzept der göttlichen Vorsehung der Stoa, der sich der Weise fügt, ohnehin keinen Platz hat (vgl. Dihle–Studer–Rickert 1991: 1165–1166). Cicero versteht unter *spes* eine *exspectatio boni futuri*, während er die *exspectatio mali* als *metus* bezeichnet (Dihle–Studer–Rickert 1991: 1167 mit Verweis auf Cic. *Tusc.* 4, 80 u. *inv.* 2, 163). Horaz hält es angesichts der Kürze des Lebens für sinnlos, sich Hoffnungen zu machen (vgl. Dihle–Studer–Rickert 1991: 1169 mit Verweis auf Hor. *carm.* 1, 4, 15; 1, 11, 6–7; 4, 7, 7–8 u. *epist.* 1, 4, 12–13). Auch Seneca rät zur Vermeidung eines Schwankens zwischen Furcht und

Hoffnung davon ab, sich unnötig mit der Zukunft zu beschäftigen (Dihle–Studer–Rickert 1991: 1169 mit Verweis auf Sen. *epist.* 5, 6–9; 6, 2; 10, 2; *dial.* 10, 15, 5; *dial.* 9, 2, 7; 9, 2, 10 u. 9, 10, 5).

Im Alten Testament findet sich das Thema Hoffnung besonders in den Psalmen und den Büchern der Propheten (vgl. Dihle–Studer–Rickert 1991: 1171–1174). Im Neuen Testament steht dieses Thema „im Mittelpunkt des apostolischen Glaubens" (Dihle–Studer–Rickert 1991: 1178). Auch wenn der Begriff ἐλπίς sich nur bei Paulus findet, wo er die Elemente der Erwartung, des Glaubens bzw. Vertrauens und der Geduld miteinander verbindet, finden sich „alle diese Aspekte [...] jedoch einzeln oder kombiniert auch anderswo, selbst in den Evangelien" (Dihle–Studer–Rickert 1991: 1179 mit Verweis auf *Phil* 1, 20; *Rm* 4, 18; 15, 4; I *Cor* 13, 7; II *Cor* 3, 4; 3,12; *Hbr* 6, 12; II *Tim* 3, 10 sowie auf *Lc* 12, 36; 21, 19 u. I *Io* 3, 19–22). Bei Paulus findet sich auch die Zusammenstellung der später als göttliche bzw. theologische Tugenden bezeichneten Trias aus Glaube, Hoffnung und Liebe (I *Th* 1, 3; I *Cor* 13, 13; vgl. auch *Eph* 1, 15–19 u. *Col* 1, 3–6). Gegenstand der christlichen Hoffnung ist das künftige Heil, das Christus bringen wird (vgl. Dihle–Studer–Rickert 1991: 1181 mit Verweis auf *Eph* 1, 15–19; 2, 12; 4, 4; I *Tim* 4, 10; 5, 5; vgl. auch Büchli 2001). In den Evangelien findet sich die Hoffnungsbotschaft durchgängig (vgl. Dihle–Studer–Rickert 1991: 1182–1188). Bei den lateinischen Kirchenschriftstellern spielt die Hoffnung – besonders angesichts der Christenverfolgungen – eine bedeutende Rolle, oft in enger Beziehung zur Geduld wie etwa bei Tertullian und Cyprian (vgl. Dihle–Studer–Rickert 1991: 1205–1214). Augustinus widmet der Trias Glaube, Hoffnung, Liebe die Schrift *Enchiridion de fide, spe et caritate*.

Der vierte Kampf liegt genau in der Mitte der sieben Kämpfe der *Psychomachia* und markiert einen Wendepunkt: zwischen den kürzeren und den längeren Kämpfen ebenso wie zwischen den einfacheren und den komplexeren Tugend-Laster-Oppositionen (vg. Nugent 1985: 35).

Der Kampf ist voller Reminiszenzen an Vergils *Aeneis*, vor allem das Auftreten der *Superbia* zu Pferde und ihre Rede (vgl. Smith 1976: 289–290).

178–202: Vorstellung der Akteure des Kampfes: zunächst der *Superbia* und ihres Pferdes (vv. 178–197), dann der *Mens humilis* und ihrer Schar sowie der *Spes* (vv. 197–202). Während das Laster ausführlich und umfangreich vorgestellt wird, werden die Tugenden nur ganz knapp eingeführt.

178–197: Das Laster *Superbia* wird zuerst äußerlich beschrieben (vv. 178–189). Es folgt eine Beschreibung und Charakteristik ihres Pferdes (vv. 190–193). Schließlich beschreibt Prudentius das Auftreten der *Superbia*, die zu Pferd gegen die armselige Schar ihrer Gegner heranrückt und verächtlich und drohend auf diese hinabschaut (vv. 194–197).

Auffällig sind die Parallelen zwischen Ross und Reiterin (vgl. Schwen 1937: 16), die beide als stolz, prunkvoll, prahlerisch aufgeputzt und stürmisch dargestellt werden.

Mit ihrem selbstbewussten, elitären Auftreten versucht sich *Superbia* offenbar selbst als *imperator* darzustellen (vgl. Lewis 2202: 86). *Superbia* ist die einzige Akteurin der *Psychomachia*, die zu Pferde auftritt und kämpft. Burton vermutet den Grund darin, dass nach epischen Konventionen die heftigsten Kämpfe immer zu Fuß stattfinden (Burton 2004: 17). Insofern ist *Superbias* Auftreten eigentlich nur zur Angeberei geeignet, nicht aber zum Kampf. Sie wäre also eher als eine Art Feldherrin geeignet, die vom Pferd aus ihre Truppen dirigiert, statt als eine Kämpferin.

179–180 effreni ... equo, quem pelle leonis | texerat: ‚auf einem unbändigen Pferd, das sie mit einem Löwenfell bedeckt hatte'. *effrenis*, Parellelform zu *effrenus*, bedeutet zwar wörtlich ‚ohne Zaumzeug' (vgl. ThLL V,2: 200 s. v. effrēnis 1). Dass sich der Leser jedoch das Pferd der *Superbia* tatsächlich im Wortsinne ungezügelt und nicht aufgezäumt vorstellen soll, wie das bei den vergleichbaren Stellen (Liv. 4, 33, 7; Sen. *Ag.* 944; Plin. *nat.* 8, 171; Stat. *Theb.* 4, 657 u. *Ach.* 1, 277; Cassian. *conl.* 24, 5, 1) der Fall ist und wie Georges annimmt (Georges I: 2355 s. v. effrēnis I z. St.; wohl falsch daher übernommen in ThLL V,2: 200 Z. 74–75 s. v. effrēnis z. St.), wird durch die Beschreibung in vv. 191–193 widerlegt (vgl. Lavarenne 1933: 227). Vielmehr wird hier das Wesen des Pferdes – passend zu seiner Reiterin – als ‚zügellos' und ‚unbändig' charakterisiert (vgl. ThLL V,2: 200 s. v. effrēnis 2, Burnam 1905: 60, Burnam 1910: 93, Lavarenne 1933: 227 u. Burton 2004: 17).

pelle leonis ist wörtlich aus derselben Versposition in Verg. *Aen.* 2, 722 entlehnt, wo Aeneas sich ein Löwenfell über Schultern und Nacken legt, bevor er seinen Vater auf den Schultern fortträgt (vgl. Schwen 1937: 111, Lavarenne 1933: 147 u. Lühken 2002: 49 Anm. 21). Ursprünglich ist das Löwenfell das Kennzeichen des Herakles, der sich aus dem Fell des getöteten Nemeischen Löwen einen Umhang machte. An der *Aeneis*-Stelle dient das Fell dazu, sowohl Aeneas als Träger als auch seinem Vater Anchises als Getragenem die beschwerliche Flucht zu erleichtern. Hier dient das Löwenfell einerseits als Satteldecke oder sogar Sattelersatz, andererseits natürlich als auffälliges Prunkstück.

180 et *u*alidos *u*illis onera*u*erat armos: ‚und dem sie die kräftigen Schultern mit der zottigen Mähne beladen hatte'.

uillus ‚zottiges Haar' kann die Mähnen und das zottige Fell verschiedener Tiere oder auch Tierfelle im Allgemeinen bezeichnen, vor allem das Fell von Schafen und Ziegen oder deren Bärte. Prudentius gebrauchet *uillus* bzw. das dazugehörige Adjektiv *uillosus* ‚zottig' insgesamt viermal (vgl. Deferrari–Campbell 1932: 806), davon einmal allgemein für das Fell eines wilden Tieres (*cath.* 7, 153), einmal für ein Bocksfell (*apoth.* 621), einmal für ein Bärenfell (*c. Symm.* 2, 301) und hier entweder für die Löwenmähne oder für die Mähne des Pferdes.

armus ‚Schulter' bezeichnet hier wohl tatsächlich auch die Schultern des Pferdes und nicht, wie von Lavarenne und Engelmann angenommen, dessen Flanken (vgl. Lavarenne 1933: 227 mit Verweis auf Verg. *Aen.* 6, 881 u. Engelmann 1959: 45; richtig dagegen die Übersetzung beim Thomson 1949: 293) – egal ob man nun annimmt, dass *uillis* die Mähne des Pferdes selbst bezeichnet, die ihm kunstvoll vom Kopf und Hals herab auf die Schultern fällt, oder aber die Löwenmähne, die vorne am Löwenfell hängt und somit auf den Schultern des Pferdes zu liegen kommt.

Entweder ist hier also die Mähne des Pferdes ebenso aufgebauscht und aufgetürmt wie das Haar der Reiterin, oder die Mähne des Löwenfells dient quasi als Perücke, um die Mähne des Pferdes imposanter aussehen zu lassen, so wie sich auch *Superbia* die Frisur mit künstlichem Haar aufgebauscht hat.

Dass hier die Rede davon ist, dass das gesamte Löwenfell auf den Rücken des Pferdes gelegt worden ist und an den Flanken herunterhängt, lässt sich zwar sprachlich nicht ausschließen, doch ergäben sich daraus zwei Schwierigkeiten: (a) das Auflegen des Löwenfells auf den Rücken des Pferdes wäre doppelt ausgedrückt und beide Ausdrücke dafür auch noch durch *et* verbunden; (b) es fehlte dann ein wichtiger Aspekt bei der ansonsten parallelen Beschreibung von Ross und Reiterin, nämlich der der künstlich aufgebauschten Frisur bzw. Mähne.

Die Alliteration ***ualidos uillis*** unterstreicht die eindrucksvolle Beschreibung klanglich.

181 fulta iubis … ferinis: ‚verstärkt durch die wilde Mähne' bzw. ‚verstärkt durch die Mähne des wilden Tieres'; kann sich sowohl auf die Pferdemähne als auch auf die Löwenmähne beziehen. *iuba* bezeichnet das Nackenhaar von Tieren und wird meist für die ‚Mähne' eines Pferdes oder aus Pferdehaar gefertigte Helmbüsche gebraucht. *ferinus* ‚wild' steht hier in der Bedeutung ‚zu einem wilden Tier gehörig', womit sowohl der nun tote Löwe als auch das ungestüme Pferd gemeint sein können.

183–185: Die Beschreibung der Frisur der *Superbia* orientiert sich wahrscheinlich an den kunstvollen Frisuren der adligen Frauen zur Zeit des Prudentius, wie man aufgrund zeitgenössischer Frauenbilder und Statuen vermuten kann (vgl. Arévalo 1862: 37–38, Bergman 1897: 22 mit Verweis auf Baumeister 1885–1888: 619 u. Burton 2004: 17).

Eine vergleichbare Turmfrisur erwähnt bereits Iuu. 6, 502–503. Den kunstvollen Aufwand beim Frisieren thematisiert u. a. auch Ovid (*am.* 2, 8, 1). Unter den christlichen Autoren befasst sich mit solchen aus Fremdhaar kunstvoll zurechtgemachten Turmfrisuren neben Hieronymus (*epist.* 130, 7, 13) und Gregor von Nazianz vor allem Tertullian (*cult. fem.* 2, 7). Vgl. dazu Arévalo 1862: 37–38, Obbarius 1845: 116 u. Lavarenne 1933: 227.

189 concipit infestas *tex*tis *t*urgen*t*ibus auras: ‚erfasst die unruhigen Lüfte, wobei der Stoff sich aufbläst'. Das Aufblähen des Schleiers der *Superbia* nimmt deren eigene Aufgeblasenheit wieder auf; vgl. *inflata Superbia* (v. 178) u. *tumido fastu* (v. 182). Die Alliteration *tex*tis *t*urgen*t*ibus lenkt die Aufmerksamkeit des Hörers auch klanglich auf diesen Aspekt.

infestas auras ‚die widrigen Luftzüge' bezeichnen zunächst einfach den heftigen Luftzug, der beim Reiten wie eine Art Fahrtwind entsteht. Lavarenne versteht darunter den Wind, der der Reiterin ins Gesicht bläst; Bergman meint, dass Prudentius *infestus* hier i. S. v. ‚von der entgegengesetzten Seite kommend' und daher ‚feindlich' gebraucht (vgl. Bergman 1897: 23 u. Lavarenne 1933: 228).

191 inpatiens madidis frenarier ora lupatis: ‚unwillig, sich mit den feuchten Wolfszähnen im Maul lenken zu lassen'. Prudentius konstruiert *inpatiens* ‚ungeduldig / unwillig' hier mit Infinitiv; *ora* ist *acc. limit.* als Angabe des betroffenen Körperteils (vgl. LHS 2: 36–37 § 44.a, Arévalo 1862: 37–38, Lavarenne 1933: 228 u. Burton 2004: 18)

frenarier, die archaische Nebenform des Infinitivs Präsens Passiv *frenari* (vgl. Kühner–Holzweissig: 689–690 § 167.2.a), gebraucht Prudentius aus metrischen Gründen (vgl. Lavarenne 1933: 85 § 164), wohl wegen der Doppelkürze -*ĭĕr* (vgl. Neue–Wagener III: 224–235 [zu Prudentius 31], LHS 1: 581–582 § 430, Sommer: 594–595 § 372, Kühner–Holzweissig: 689–690 § 167.2, Lease 1895: 7 § 2, Lavarenne 1933: 85 § 164 u. Burton 2004: 18) und um Elision mit dem folgenden *ora* zu vermeiden. Vgl. v. 39 *uestirier* u. v. 214 *popularier*.

lupata (neutr. Pl.) (sc. *frena*) ‚mit Wolfszähnen versehenes Zaumzeug' bezeichnet den sogenannten ‚Brechzaum', eine Kandarre mit scharfen eisernen Zacken, die an die Zähne von Wölfen erinnern, um besonders wilde Pferde zu bändigen (vgl. Burnam 1905: 61, Burnam 1910: 93, Bergman 1897: 23 u. Lavarenne 1933: 228).

Der Widerstand des Pferdes gegen die Kontrolle durch die Reiterin veranschaulicht dessen Stolz und Unbändigkeit (vgl. v. 179 *effreni equo*), die dem Charakter der Reiterin ensprechen.

192–193 huc illuc frendens obuertit terga, negata | libertate fugae, pressisque tumescit habenis: ‚hierhin und dorthin wendet es mit den Zähnen knirschend seinen Rücken, weil ihm die Freiheit zur Flucht verwehrt ist, und braust unter dem Druck der Zügel auf'. *negata libertate fugae* ist *abl. abs.* (vgl. Burton 2004: 18).

Das Pferd versucht hartnäckig, aber vergeblich, Widerstand gegen die Lenkung mit den Zügeln zu leisten, die dafür sorgen, dass der Brechzaum ihm ins Maul schneidet: Es beißt offenbar mit knirschenden Zähnen auf die Kandarre, es bockt und versucht, die Reiterin abzuwerfen.

194 uentosa uirago: ‚das unbeständige Mannsweib'. *uirago* bezeichnet eine Frau, die männliche Qualitäten aufweist, vor allem in Hinsicht auf körperliche Stärke und Taperkeit (vgl. Arévalo 1862: 38 u. Burnam 1905: 61). Das Adjektiv *uentosus* kann verschiedene Qualitäten des Windes bezeichnen; hier ist wohl vor allem an die Unbeständigkeit und die Aufgeblasenheit der *Superbia* zu denken (vgl. Bergman 1897: 23 u. Lavarenne 1933: 228).

195–196 phaleratum | circumflectit equum: ‚sie wendet das mit einem Schmuckgeschirr verzierte Pferd'. *phaleratus* mit *phalerae* verziert' bedeutet, dass das Pferd metallene Schmuckelemente an Stirn und Brust trägt (vgl. Arévalo 1862: 38 u. Burnam 1910: 93).

196 *u*ultuque et *u*oce minatur: Vgl. das Auftreten der *Ira* im dritten Kampf v. 115: *teloque et voce lacessit*. Die Alliteration verstärkt den Eindruck der Drohung hier klanglich.

197–202: Äußerst knappe Vorstellung der *Mens humilis* – quasi als bloßer Einschub (vgl. Nugent 1985: 35) – und ihrer Schar (vv. 197–200) sowie der *Spes* (vv. 201–202). *Mens humilis* hat nur wenige und schlechtbewaffnete Soldaten um sich geschart und ist trotz ihrer Königlichkeit auf fremde Hilfe angewiesen. Ihre Kameradin *Spes* wird stichwortartig als mächtig, der Erde enthoben und reich beschrieben.

197–199 aduersum spectans cuneum, quem milite raro | et paupertinis ad bella coegerat armis | Mens humilis: ‚als sie die feindliche Schlachtordnung betrachtet, welche die Demut aus einem kleinen Heer und mit armseligen Waffen zum Kampf zusammengestellt hatte'. *cuneus* bezeichnet i. e. S. eine ‚keilförmige Schlachtordnung', kann aber auch ganz allgemein für eine Abteilung eines Heeres verwendet werden (vgl. Bergman 1897: 23 u. Burton 2004: 18). *miles* gebraucht Prudentius hier als koll. Sg.. *milite raro* bedeutet also ‚aus wenigen Soldaten' = ‚aus einer kleinen Einheit'. *Mens humilis* kämpft offenbar nicht allein, sondern kommandiert eine kleine Truppe.

Der Plural *ad bella* deutet darauf hin, dass die Truppe der *Mens humilis* nicht nur einmalig im Kampf gegen *Superbia*, sondern mehrfach gegen die Laster eingesetzt werden soll.

199–200 Mens Humilis, regina quidem, sed egens alieni | auxilii: ‚die Demut, eine Königin zwar, aber fremder Hilfe bedürftig'. *Mens humilis* wird hier und in v. 267 als *regina* bezeichnet. Daneben nennt Prudentius auch *Fides* (vv. 37, 716 u. 823) und *Pudicitia* so (vv. 53) (Zur Bedeutung von *regina* bei Prudentius siehe den Kommentar zu v. 37).

Prudentius gebraucht die etwas umständliche Formulierung *Mens humilis* ‚demütige Gesinnung' anstelle des üblichen Ausdrucks *Hŭmĭlĭtās* ‚Demut', der nicht in den Hexameter passt (vgl. Bergman 1897: 23–24 u. Lavarenne 1933: 228). Bergman verweist auf zwei Parallelstellen bei zeitgenössischen Autoren, bei denen ebenfalls *mens* durch ein Adjektivattribut auf ähnliche Weise näher bestimmt wird: Amm. 20, 9, 9 *superbae mentis* u. Aur. Vict. *Caes.* 17, 7 *incestam mentem* (vgl. Bergman 1897: 24).

200 proprio nec sat confisa paratu: ‚und ohne ausreichendes Vertrauen in die eigene Vorbereitung'. *paratus* drückt sowohl die ‚Vorbereitung' auf etwas als auch die ‚Ausrüstung' bzw. ‚Ausstattung' aus). *propio nec sat confisa paratu* heißt also, dass *Mens humilis* nicht auf ihre eigene Ausrüstung und ihre eigenen Fähigkeiten vertraut. Vielmehr ist sie auf fremde Hilfe angewiesen (vgl. v. 199–200 *egens auxilii alieni*), nämlich die Hilfe Gottes, wie ma. Glossen erklären (vgl. Burnam 1905: 61 u. Burnam 1910: 93). Auf der Bildebene wird diese Hilfe durch die personifizierte *Spes* gewährt, das Vertrauen auf Gott.

201–202 edita cuius | et suspensa ab humo est opulentia diuite regno: ‚deren Reichtum sich hoch oben und von der Erde abgehoben im prächtigen Reich befindet'.

Mit *diuite regno* bezeichnet Prudentius hier das Himmelreich als ein Reich, das große Reichtümer birgt (vgl. Arévalo 1862: 39, Burnam 1910: 94 u. Burton 2004: 19), wie in *Mt* 6, 20; 19, 21; *Lc* 12, 33 u. *Col* 3, 1–2 verheißen.

Prudentius formuliert die Vorstellung der *Spes* in deutlichem Kontrast zu der der *Mens humilis*: Während die Demut arm ist, verfügt die Hoffnung über Reichtum; während *Mens humilis* schon dem Namen nach der Erde verhaftet ist, befindet sich der Reichtum der *Spes* vom Erdboden entfernt im Himmel (vgl. Burton 2004: 19 u. Bergman 1897: 24). Diese Reichtümer sind deshalb oben im Himmel, weil ihr Streben nicht irdischen Gütern gilt, sondern himmlischen (vgl. Arévalo 1862: 39). Vgl. vv. 303–306.

203–252: *Superbia* schmäht die Tugenden hochmütig. Nach der einleitenden Beschreibung (vv. 203–205) gliedert sich diese Rede in vier Teile: Schmähung des demütigen Auftretens und des armseligen Gefolges der *Mens humilis* (vv. 206–215), Selbstcharakterisierung und Begründung der Herrschaft der *Superbia* über die Menschen (vv. 216–227), Erörterung des Werts der *Mens humilis* (vv. 228–234) und schließlich Aufzeigen der Aussichtslosigkeit des Kampfes für die Tugenden (vv. 235–252). Prudentius orientiert sich offenbar am Aufbau der Rede des Numanus in Verg. *Aen.* 9, 595–620 (vgl. Schwen 1937: 17–19).

Superbia betont mehrfach den Gegensatz von Alt und Neu, von Eindringlingen, die sich des Eigentums der alteingesessenen Herrscher bemächtigen und diese vertreiben wollen (vv. 210–215 u. 228–230; vgl. dazu auch Gnilka 1963: 14–15 u. Lewis 2002: 87). Schwen meint, dass Prudentius das Motiv „der Virtutes als Eindringlinge [...] stofflich nicht notwendig hatte" und sieht deshalb darin eine besonders deutliche Anlehnung an das „Bild der Trojaner" als Eindringlinge im Land der Latiner in der Numanusrede (Schwen 1937: 18–19). Das Laster schmäht außerdem die mangelnde Kampfkraft und Erfahrung der um *Mens humilis* versammelten Truppe (vv. 206–207; 229; 235–237). Darüber hinaus macht sie sich über die Zukunftsausrichtung der Hoffnung lustig (vv. 231–234). Sie präsentiert sich als Repräsentantin des alten, militärisch erfolgreichen Rom im Gegensatz zu den christlichen Emporkömmlingen (vgl. Lewis 2002: 86–87). Dieser Gegensatz von Alt und Neu repräsentiert also den Gegensatz von paganem Kultus und Christentum.

In dieser Rede zeigt sich „die Szenerie des epischen Schlachtfeldes in einer besonderen Ausgestaltung" (Gnilka 1963: 14): Das Schlachtfeld der *Psychomachia* wird hier als fruchtbares Weide- und Ackerland beschrieben (v. 209 *laetos gramine colles*, v. 213 *nouales* u. v. 214 *arua*), dessen sich die Laster bemächtigt haben und das die Tugenden zu erobern suchen. Was damit gemeint ist, macht *Superbia* auch deutlich: Dieses Schlachtfeld repräsentiert den „ganze[n] Mensche[n] in seiner fleischlich-leiblichen Existenz" (Gnilka 1963: 15 mit Verweis auf vv. 217–219 *totus homo ... artus ... membra ... ossibus*). Es geht also nicht nur um die „historische Auseinandersetzung des Christentums mit der paganen Umwelt", sondern vor allem um „einen Kampf, der sich in jedem einzelnen von der Erbschuld befleckten Menschen wiederholt und insofern zunächst ein allgemein menschliches, außergeschichtliches Phänomen darstellt." (Gnilka 1963: 37).

Insofern sieht *Superbia* ihre Auseinandersetzung mit *Mens humilis* offenbar als Hauptkampf der *Psychomachia*, als eine Art Stellvertreterkampf, in dem die beiden als Repräsentanten ihrer Völker und Heere – ähnlich wie Aeneas und Turnus in Verg. *Aen.* 12, 1–215 u. 697–952, Paris und Menelaos in Hom. *Il.* 3, 15–110 u. 245–382 oder auch die drei Horatier gegen die drei Curiatier in Liv. 1, 24–25 – im Zweikampf über den Gesamtausgang des Kampfes entscheiden (vgl. auch Lavarenne 2002: 58).

Die Rede der *Superbia* ist mit 47 Versen (vv. 206–252) die zweitlängste Rede in der *Psychomachia* und macht vom Umfang her beinahe ein Viertel des gesamten vierten Kampfes aus.

203–205: Beschreibung des Redebeginns: *Superbia* kann, tobend vor Wut über die armseligen Gegner, nicht mehr an sich halten und platzt mit bittern Worten heraus.

206–215: *Superbia* schmäht die *Mens humilis* und ihre Truppe aufgrund ihres demütigen Auftretens und ihrer armseligen Bewaffnung und Ausrüstung. Prudentius führt dadurch die Charakterisierung der Tugend und ihrer Kämpfer fort. Nugent erkennt darin eine Andeutung auf eine Art Bürgerkrieg, in dem sie selbst die stärkere, herrschende Partei repräsentiert, während ihre Gegner als schwache und unwürdige Aufrührer gekennzeichnet werden (vgl. Nugent 1985: 38).

207–208 gentem | insignem titulis: ‚ein Volk, das sich durch seine Ruhmestitel auszeichnet' (vgl. Burnam 1905: 61, Burnam 1910: 94 u. Burton 2004: 19). Es sind wohl vor allem die militärischen Erfolge gemeint, die mit entsprechenden Triumphen verbunden sind.

208 bellica uirtus: ‚kriegerische Tugend', gemeint ist *Superbia* selbst. Prudentius spielt hier mit den Bedeutungen von *uirtus*: Während er es sonst immer im moralischen bzw. religiösen Sinne als ‚Tugend' gebraucht, legt er es der *Superbia* hier in der Bedeutung ‚Tüchtigkeit' oder ‚Kraft' bzw. ‚hervorragende Eignung zu einem Zweck' in den Mund. Außerdem ist aus *Superbia*s Perspektive ihr eigenes Verhalten wohl richtig und nach ihrem eigenen Moralverständnis tugendhaft. Vgl. v. 240 *o Mauors et uirtus conscia*.

209–210 laetos et gramine colles | imperio calcare dedit: ‚und erlaubt hat, mit ihrer Herrschaft die grasreichen Hügel mit Füßen zu treten'. *laetus* ‚heiter' gebraucht Prudentius hier i. S. v. ‚fruchtbar' und bestimmt es durch *gramine* ‚an Gras' als *abl. materiae* näher (vgl. Burnam 1910: 94 u. Burton 2004: 19). *calcare* verwendet Prudentius in doppeltem Sinne (vgl. Bergman 1897: 24): sowohl im Wortsinne als ‚betreten' bzw. ‚mit den Füßen auf etw. treten' als auch übertragen i. S. v. ‚im Kampf zertreten' = ‚besiegen / unterwerfen' (vgl. ThLL II: 136–137 s. v. calco I.D.1–2).

colles erinnert an die Topographie Roms (vgl. Lewis 2002: 86).

211 antiquos ... reges: ‚die alten Könige', d. h. die früheren Herren, nämlich die Laster.

si fas est: ‚wenn es denn überhaupt möglich ist', d. h. wenn es von den Göttern zugelassen wird (vgl. Arévalo 1862: 39 u. Bergman 1897: 25). Hier aus *Superbia*s Sicht wahrscheinlich irreal gemeint: ‚als ob das möglich wäre'.

213 nostras sulcare nouales: ‚ihre Furchen in unseren Äckern zu ziehen', d. h. ‚unsere Äcker zu pflügen'. *noualis* bzw. *nouale* bezeichnet entweder Land, das zum ersten Mal bewirtschaftet wird, oder aber Brachflächen (vgl. Bergman 1897: 25).

214 aruaque capta manu popularier hospite aratro: ‚und die mit Gewalt eroberten Fluren mit fremdem Pflug zu verwüsten'. *aruaque capta manu* bezeichnet entweder i. S. v. ‚die von unserer Hand ergriffenen Fluren' den Einflussbereich, den *Superbia* ursprünglich innehat oder aber im selben Sinne den Einflussbereich, den die Tugenden später innehaben. *capta manu* drückt dabei dann einerseits aus, dass *Superbia* bzw. die Tugenden diesen Einflussbereich *manu* ‚gewaltsam' erobert haben, andererseits, dass diese Gefilde sich nun in ihrer Hand, d. h. in ihrer Gewalt befinden; auf der Bildebene kommt innerhalb der militärischen Metaphorik die Vorstellung hinzu, dass dieses Gebiet von ihren ‚Truppen' eingenommen worden ist (vgl. Burton 2004: 19).

popularier, die archaische Nebenform des Infinitivs Präsens Passiv *populari* (vgl. Kühner–Holzweissig: 689–690 § 167,2a), gebraucht Prudentius aus metrischen Gründen (vgl. Lavarenne 1933: 85 § 164), wohl wegen der Doppelkürze -ĭĕr (vgl. Neue-Wagener III: 224–235 [zu Prudentius 231], LHS 1: 581–582 § 430, Sommer: 594–595 § 372, Kühner–Holzweissig: 689–690 § 167.2, Lease 1895: 7 § 2, Lavarenne 1933: 85 § 164 u. Burton 2004: 18) und um Elision mit dem folgenden *hospite* zu vermeiden. Vgl. v. 39 *uestirier* u. v. 191 *frenarier*.

populari bedeutet in Bezug auf Länder und Gebiete ‚plündern' bzw. ‚verwüsten'. Das Land wird durch den fremden Pflug allerdings nur auf den ersten Blick verwüstet, in dem es mit Furchen durchzogen wird, wesentlicher ist, dass das Land tatsächlich insofern ausgeplündert wird, als nun Fremde es bebauen und die angebauten Früchte ernten (vgl. Burton 2004: 19). Vielleicht handelt es sich aber auch um eine Anspielung auf das Bild von den Schwertern, die zu Pflugscharen werden (*Is* 2, 4; *Mi* 4, 3; *Ioel* 4, 10), und zwar so, dass *Superbia* die friedliche Pflugschar – vielleicht ironisch – als Schwert empfindet und das Pflügen als Verwüstung.

hospes wird hier adjektivisch i. S. v. ‚fremd / ausländisch' verwendet und bezieht sich auf *Mens humilis* und ihre Gefährten (vgl. Arévalo 1862: 40, Bergman 1897: 25 u. Lavarenne 1933: 230).

215 duros et pellere Marte colonos: ‚und die harten Siedler mit Krieg zu vertreiben'. *duros colonos* bezieht sich auf *Superbia* und ihre Anhänger (vgl. Arévalo 1862: 40). Zum metonymischen Gebrauch von *Mars* für ‚Krieg' oder ‚Kampf' bei Prudentius vgl. Guillén 1950: 282–283 u. 299. Vgl. auch *Martis congressibus inpar* (v. 549).

216–227: *Superbia* beschreibt ihr eigenes Selbstbild und erklärt, welche Macht sie über die Menschen ausübt. Sie hat den ganzen Menschen im Griff, sitzt ihm in allen Knochen und Gliedern schon von Geburt an, und ihre Macht wächst proportional zum Wachstum und Altern des Menschen (vgl. Gnilka 1963: 15). Man muss dabei jedoch immer vor Augen haben, dass hier das Laster selbst spricht und es sich somit nicht um Prudentius' Meinung handelt, sondern um eine Art Parodie (vgl. Burton 2004: 20). *Superbia* behauptet sogar, dass sie für den Sündenfall Adams verantwortlich sei (vv. 224–227). Ob das nur die Hybris der *Superbia* unterstreichen soll oder Prudentius *Superbia* tatsächlich für eine Art Ursünde hält, bleibt offen.

218 uimque potestatum per membra recentis alumni spargimus: ‚und wir verbreiten die Kraft unserer Macht in den Gliedern des neugeborenen Kindes'. *potestatum* ist poetischer Plural (vgl. Lavarenne 1933: 230) oder aber es steht konkret für die einzelnen ‚Machtbereiche' bzw. ‚Kompetenzen', auf die sich die Kraft erstreckt. Bergman versteht unter *uimque potestatum* die Kraft der natürlichen Veranlagungen bzw. Neigungen des Menschen (vgl.

Bergman 1897: 25), die er offensichtlich als lasterhaft und von der *Superbia* verursacht versteht. Lavarenne deutet den Ausdruck so, dass *Superbia* den Hang zur Hochmut wie ein Gift überall durch die Glieder des Neugeborenen hindurch verspritzt (vgl. Lavarenne 1933: 230). *uim potestatum* ‚die Kraft der Macht' bezeichnet wohl gleichzeitig den Hang zur Macht, der den Menschen innewohnt, als auch die Gewalt, die das Laster *Superbia* über den Menschen hat.

219 rudibus dominamur in ossibus omnes: ‚wir beherrschen alle in ihren noch unbeholfenen Knochen'. Die Knochen verwendet Prudentius hier *pars pro toto* für den gesamten Menschen. Gemeint ist, dass das neugeborene Kind noch ganz unerfahren und noch nicht erzogen ist und sich somit in einer Art Naturzustand befindet (vgl. Burnam 1905: 61, Burnam 1910: 94, Bergman 1897: 25 u. Lavarenne 1933: 231). *omnes* ist Objekt zu *dominamur*, d. h. kein Mensch ist davon ausgenommen, von der Wiege an durch Hochmut gelenkt zu werden.

221–222 congenitis cum regna simul dicionibus aequo robore | crescebant: ‚als die Herrschaft zusammen mit der zugleich entstandenen Befehlsgewalt von gleicher Kraft wuchs'. *Superbia* führt das Bild ihrer Herrschaft über den Menschen von dessen Geburt an weiter aus. *regnum* bezeichnet hier den ‚Herrschaftsbereich'. Während der Mensch – körperlich und geistig – heranwächst und reift, wächst auch die Macht, die *Superbia* über ihn ausübt. Aus ihrer Sicht ist ihr Machtbereich unumschränkt und für die Tugenden daher kein Platz vorgesehen.

223 et *dom*us et *dom*ini par*ibūs a*doleuimus *a*nnis: ‚sowohl Haus als auch Herren sind in gleichen Jahren herangewachsen'. Das ‚Haus', d. i. der Mensch, und die ‚Herren', gemeint sind wohl die Laster, sind gleichzeitig herangewachsen: In dem Maße, in dem der Mensch, in den zeitgleich mit seiner Geburt der Hang zum Laster im allgemeinen bzw. zum Hochmut im besonderen eingepflanzt worden war, sich entwickelt hat, sind auch die Kräfte des Hochmuts bzw. der Laster in ihm gewachsen.

Prudentius hebt diesen Vers durch die Klangfiguren der polysyndetisch gestalteten Paronomasie *et domus et domini* und der Alliteration *adoleuimus annis* hervor (vgl. Bergman 1897: 26).

224–225 ex quo plasma nouum de consaepto paradisi | limite progrediens amplum transfugit in orbem: ‚seitdem das neue Geschöpf von der eingezäunten Grenze des Paradieses fortschreitend in die weite Welt hinausging'.

plasma, meist als kollektiver Singular gebraucht, bezeichnet hier den Menschen als ‚Geschöpf Gottes' (vgl. ThLL X,1: 2348 s. v. plasma 2.b.α [z. St. Z. 62–63]). Prudentius gebraucht das Wort häufig in dieser für christliche Autoren typischen Bedeutung (vgl. Bergman 1897: 26, Deferrari–Campbell

1932: 541–542 u. Lavarenne 1933: 231). *plasma nouum* ‚neues Geschöpf' spielt wohl darauf an, dass nach *Gn* 1 der Mensch das letzte Geschöpf war, das Gott gemacht hat, bzw. nach *Gn* 2 das letzte Geschöpf vor den Pflanzen des Gartens Eden.

de consaepto paradisi limite ist wohl übertragen gemeint i. S. v. ‚von der versperrten Grenze des Paradieses', da der Garten Eden nach der Vertreibung des Menschen laut *Gn* 3, 24 durch Cherubim mit Flammenschwertern bewacht wurde (vgl. Bergman 1897: 26 u. Burnam 1910: 94).

progrediens ‚fortschreitend' drückt hier einerseits aus, dass der Mensch nach der Vertreibung aus dem Garten Eden seinen sicheren Aufenthaltsort verlassen musste, andererseits weist es auf eine positive Weiterentwicklung – zumindest aus Sicht des Lasters *Superbia* – hin (vgl. Burton 2004: 20).

transfugere bezeichnet nicht nur eine Bewegung von einem Ort zum anderen, hier von innerhalb des Gartens Eden in die Welt außerhalb, sondern es drückt vielmehr ein ‚Überlaufen auf die gegnerische Seite' aus, in diesem Falle auf die Seite der Laster (vgl. Arévalo 1862: 40 u. Burnam 1910: 94).

226 pellitosque habitus sumpsit uenerabilis Adam: ‚und der ehrenwerte Adam die Pelzkleidung in Gebrauch nahm'.

Mastrangelo erkennt hier ein Spiel mit den Bedeutungen von *habitus*: Während es in *Gn* 3, 21 eindeutig um Pelzkleidung geht (*tunicas pellicias* bzw. χιτῶνας δερματίνους) kann *habitus* hier auch das ‚Wesen' Adams bezeichnen, das sich nach dem Sündenfall verändert hat (vgl. Mastrangelo 1997: 72 u. Mastrangelo 2008: 101). *pellitos habitus*, hier wohl poetischer Plural, bezeichnete demnach nicht nur Fellkleidung, sondern im übertragenen Sinne auch das Wesen und Verhalten eines Tieres (vgl. dazu auch eine ma. Glosse bei Burnam 1910: 94).

Zudem übergeht Prudentius Eva, die in der biblischen Vorlage zusammen mit Adam genannt wird. Indem er diese Worte dem Laster *Superbia* in den Mund legt, zeigt Prudentius, dass er *Superbia* für das zentrale Laster hält, dass die ersten Menschen befallen und somit zum Sündenfall geführt hat. Vgl. Mastrangelo 1997: 72 u. Mastrangelo 2008: 101.

227 nudus adhuc, ni nostra foret praecepta secutus: = *qui nudus adhuc fuisset / esset, ni nostra foret praecepta secutus esset* ‚der noch nackt (gewesen) wäre, wenn er nicht meinen Anweisungen gefolgt wäre', je nachdem, ob man Adam konkret oder aber als *pars pro toto* für ‚den Menschen' versteht (vgl. Bergman 1897: 26, Lavarenne 1933: 232 u. Burton 2004: 20).

228–234: *Superbia* diskutiert hier die Bedeutung und den Wert der *Mens humilis* und der *Spes* und trägt auf diese Weise zur weiteren Charakterisierung der Tugenden, vor allem der *Spes* bei. Dabei spottet sie über die Hoffnung, weil diese keine sofortige, irdische Hilfe bringt, sondern nur Verheißungen für die Zukunft und den Himmel anbietet (vv. 231–234).

228 qu*is*nam *is*te ignot*is* host*is* nunc *s*urgit ab or*is*: Die Assonanz der vielen s-Laute, insbesondere der vielen -*is*- erinnert an das Zischen einer Schlange, als wolle Prudentius hier *Superbia* auch klanglich mit der Schlange im Garten Eden (*Gn* 3, 1–5) gleichsetzen.

233 lenta ... solacia: ‚die langsamen Trostmittel', also Trostmittel, die entweder nur langsam wirken oder nicht sofort Abhilfe verschaffen, sondern erst für die Zukunft Trost versprechen, wie das in der Natur der Hoffnung liegt (vgl. Burnam 1905: 61). Aus Sicht der Superbia sind diese Trostmittel wohl unbrauchbar.

235–252: *Superbia* führt den Tugenden die Aussichtslosigkeit ihres Kampfes vor Augen. Die Kämpfer des Tugendheeres seien unkriegerisch, weil die Tugend sie schlaff mache und verweichliche. Dann zählt *Superbia* spöttisch verschiedene Tugenden mit ihren Eigenschaften auf, die jeweils aus ihrer Sicht für den Kampf untauglich und somit unwürdige Gegner für das kampferprobte Laster sind (vv. 238–248): die kaltherzige bzw. erregungslose *Pudicitia* (v. 238), die zarte *Pietas* (v. 239), die notleidende *Iustitia* (v. 243), die arme *Honestas* (v. 243), die trockene *Sobrietas* (v. 244), die bleiche *Ieiunia* (v. 244), den blutarmen *Pudor* (v. 245), die offenherzige und schutzlose *Simplicitas* (vv. 245–246) und eben die demütige und aus *Superbias* Sicht unwürdige *Mens humilis* (vv. 247–248).

Auffällig ist, dass die genannten Tugenden nicht deckungsleich mit den sieben Haupttugenden der *Psychomachia* sind, es aber dennoch Schnittmengen gibt: *Pudicitia* und *Pudor* sind offenbar zwei Aspekte der *Pudicitia* aus dem zweiten Kampf. *Pietas* steht wohl für die *Fides* aus dem ersten Kampf. *Sobrietas* und *Ieiunia* repräsentieren zwei Aspekte der *Sobrietas* des fünften Kampfes. *Iustitia* und *Honestas* werden so charakterisiert, dass sich ein Bezug auf die *Ratio* und die *Operatio* des sechsten Kampfes erkennen lässt. *Simplicitas* lässt sich sowohl auf die *Sobrietas* als auch auf die *Operatio* beziehen.

Superbia gibt offenbar auch hier einen Gesamtüberblick über das Schlachtfeld und die Kämpfer (vgl. Gnilka 1963: 15).

Als Schutzgottheit und vergöttlichte Haupteigenschaft ruft *Superbia* den Kriegsgott Mars an (v. 240) und erwähnt auch die Kriegsgöttin Bellona (v. 236), die es nicht vermag, die aus *Superbias* Sicht kampfuntauglichen Feinde zum Kampf zu rufen.

235 truci ... aere: ‚mit dem rauhen Erz', gemeint ist ein Blechblasinstrument mit rauhem Klang. Vgl. *raucos lituos* (v. 317–318) u. *cornicinum curuua aera* (v. 636).

236 Bellona: Vgl. zur Kriegsgöttin *Bellona* v. 557 sowie zu ihrer Personifkation in der *Psychomachia* Guillén 1950: 299.

238 Pudicitiae gelidum iecur: ‚die kalte Leber der Pudicitia'. *iecur* ‚Leber' bezeichnet hier den Sitz der Gefühle, *gelidum iecur* steht also sinngemäß für ‚kaltes Herz' bzw. ‚Kaltblütigkeit' (vgl. Burton 2004: 21). Die hier von *Superbia* geschmähte *Pudicitia* ist insofern ‚kaltblütig', als sie sich nicht zur sinnlichen Leidenschaft verführen lässt.

240 o Mauors et uirtus conscia: ‚oh Mars und vertraute Tugend' = ‚oh Kampf, du vertraute Tugend'. Vgl. zum hier verwendeten Tugendbegriff der *Superbia* v. 208 *bellica uirtus*. Lewis erkennt in der Anrufung des römischen Kriegsgottes *Mars* mit seinem archaischem Namen *Mauors* eine Fortsetzung der Selbststilisierung der *Superbia* als Vorkämpferin der römischen Tradition (vgl. Lewis 2002: 87). Die Anrufung des *Mars* als *uirtus conscia* ist zwar nicht rein vergilisch, sondern „Allgemeinbesitz" (Schwen 1937: 99), doch spielt Prudentius im vorliegenden Kontext wohl gezielt auf die Beschreibung des Turnus in Verg. *Aen.* 12, 668 „furiis agitatus amor et *conscia uirtus*" an, wie Lewis anhand der Parallelen zwischen *Superbia* und Turnus auf der einen und *Mens humilis* und Aeneas auf der anderen Seite deutlich macht, doch während die *conscia uirtus* des Turnus ein ‚Bewusstsein der Tapferkeit' ist, das diesen dazu bringt, sich schließlich dem Zweikampf mit Aeneas zu stellen, zeige die Anrufung der *conscia uirtus* als ‚vertraute [kämpferische] Eigenschaft' die Selbstüberschätzung des Lasters und deren Unterschätzung der Kampfkraft der Tugenden (vgl Lewis 2002: 87).

242 cum uirgineis dextram conferre choreis: ‚mit jungfräulichen Reigen ins Handgemenge geraten'.

chorea bezeichnet hier metonymisch die Tänzerinnen, die am Reigen teilnehmen (vgl. Lavarenne 1933: 232). Bergman vermutet, dass Prudentius *chorea* hier, vielleicht aus metrischen Gründen, anstelle von *chorus* gebraucht (vgl. Bergman 1897: 27).

dextram conferre, wörtl. ‚die rechten Hände zusammenbringen' bzw. ‚handgreiflich werden', ist eine Metonymie für ‚kämpfen' und entspricht hier in etwa dem Ausdruck ‚die Klingen kreuzen'.

243 Iustitia est ubi semper egens et pauper Honestas: = *ubi est Iustitia semper egens* ‚worunter sich die immer notleidende Gerechtigkeit befindet und auch die arme Ehrbarkeit'.

244 arida Sobrietas, albo Ieiunia uultu: ‚die trockene Enthaltsamkeit, das Fasten mit blassem Gesicht'. Die Mäßigung in Bezug auf Essen und Trinken wird hier anders als im fünften Kampf auf zwei Tugenden verteilt: Während die *Sobrietas* durch das Attribut *arida* ‚trocken' hier explizit auf den Alkoholkonsum bezogen wird (vgl. Bergman 1897: 27), ist die *Ieiunia* ‚(religiöses) Fasten' bzw. ‚Verzicht auf Nahrung' auf das Essen bezogen (vgl. ThLL VII,1: 248–249 s. v. iēiūnium / iāi- / iēiūnia I.B.2.b.α [z. St. 249 Z. 25]).

245 sanguine uix tenui Pudor interfusus: ‚die von kaum ein wenig Blut durchströmte Scham'; gemeint ist wohl die Blässe des Gesichts (vgl. Burton 2004: 21).

245–246 aperta | Simplicitas et ad omne patens sine tegmine uulnus: ‚die offenherzige und schutzlos jeder Verwundung ausgesetzte Einfachheit'; gemeint ist wahrscheinlich die Aufrichtigkeit (vgl. Burnam 1910: 95 u. Arévalo 1862: 42).

247–248 prostrata in humum nec libera iudice sese | Mens humilis, quam degenerem trepidatio prodit: ‚die sich zu Boden werfende und nach eigenem Urteil unfreie Demut, die ihr Zittern als unwürdig erweist'. *prostrata in humum* ... *Mens humilis* ist Wortspiel mit der Etymologie und den Bedeutungen von *humilis*. *quam degenerem* geht auf *Mens humilis*. Nach Meinung der *Superbia* zeigt das Zittern der *Mens humilis* deutlich, wie unwürdig diese als Gegenerin ist.

249 faxo ego: ‚ich werde handeln' bzw. mit elliptischem *ut* ‚ich werde dafür sorgen, dass'. *faxo* ist eine archaische Form für das Futur I oder II bzw. ein alter aoristischer Konjunktiv / Optativ, der vor allem bei Plautus sehr häufig vorkommt (vgl. Lease 1895: 8 § 2, Neue–Wagener 1897 III: 426–428 § 62, 512–513 § 69 u. 517–521 § 70 sowie Kühner–Holzweißig: 788–791 § 191.4.a, Sommer: 624–625 § 376.II.A, Lavarenne 1933: 85 § 164 u. 96 § 201, dagegen Arévalo 1862: 42).

Gnilka verweist auf den sorgfältigen Umgang mit den Pronomina, „wenn er [Prudentius] die Personifikationen sprechen lässt" (Gnilka 2007 d: 438).

252 fragilique uiros foedare triumpho: ‚und [*sc.* meine] Männer mit einem leicht errungenen Triumph zu entehren'. *fragilis* verwendet Prudentius hier sehr frei: Es heißt hier soviel wie ‚schwach', d. h. ‚ohne Kraftaufwand', vielleicht als Enallage i. S. v. Triumph über einen schwachen Gegner (vgl. ThLL VI,1: 1228 s. v. fragilis II [z. St. Z. 83–84]).

Superbia betrachtet einen – scheinbar so leichten – Sieg über die armselige Truppe der *Mens humilis* als demütigend für sich und die Männer, die für sie kämpfen bzw. die Menschen, die von ihr befallen sind.

253–283: Schilderung der Attacke der *Superbia* (vv. 253–256), ihres Sturzes (vv. 257–273) und ihrer Tötung (vv. 274–283).

253-256: Angriff der *Superbia*. Das Laster lässt die Zügel schießen und treibt sein Pferd in waghalsigem Ritt auf die Tugenden zu, um diese einfach niederzutrampeln.

253–254 rapidum ... | cornipedem: ‚das ungestüme Huftier', gemeint ist das Pferd der *Sobrietas*.

cornipes ‚behuft' bzw. ‚Füße aus Horn habend' wird dichterisch mehrfach für ‚Pferd' gebraucht (so Verg. *Aen.* 6, 591; 7, 779; Ov. *ars* 1, 280; *fast.* 2, 361; Claud. *fesc.* 1, 11; Sil. 2, 72; 4, 231; 7, 684; 13, 338; Stat. *Theb.* 7, 137 u.

8, 539; vgl. Arévalo 1862: 42, Bergman 1897: 27 u. Lavarenne 1933: 232).

254 laxisque uolat temeraria frenis: ‚und eilt verwegen mit lockeren Zügeln'. *Superbia* lässt die Zügel ihres ungestümen Pferdes (vgl. vv. 190–193) schießen und galoppiert – wie im Flug und ohne Rücksicht auf Verluste – ungeordnet und planlos auf den Feind zu (vgl. Bergman 1897: 27 u. Burnam 1910: 95).

255 hostem humilem: ‚den unbedeutenden Feind', gemeint ist *Mens humilis* (vgl. Bergman 1897: 28). Prudentius spielt hier mit den Bedeutungen von *humilis*: er lässt *Superbia* hier die ursprüngliche – negativ konnotierte – Bedeutung von *humilis* verwenden und gleichzeitig auf den Namen *Mens humilis* anspielen.

impulsu umbonis equini: ‚mit einem Stoß des Pferderumpfes'. *umbo* bezeichnet eigentlich einen ‚Buckel' (v. a. den ‚Schildbuckel') oder eine ‚Auswölbung'; hier ist die sich vorwölbende Brust des Pferdes gemeint (vgl. Arévalo 1862: 42, Bergman 1897: 28, Burnam 1905: 61 u. Burnam 1910: 95), die *Superbia* wie einen vor sich hergeschobenen Schild dazu einsetzen will, ihre Gegnerin zu rammen und zu Boden zu werfen.

256 sternere deiectamque ‖ supercalcare ruinam: Es findet sich hier die Zäsur κατὰ τρίτον τροχαῖον, die in der *Psychomachia* sonst nur dreimal, davon zweimal in Verbindung mit der Trithemimeres (vv. 98 u. 370) und einmal ohne (v. 256) vorkommt (vgl. Lavarenne 1933: 116 § 263.B).

ruina in der Bedeutung ‚Trümmer' (vgl. Bergman 1897: 28) lässt Prudentius hier die *Superbia* übertragen für den ‚Leichnam des zusammengebrochenen Feindes' (vgl. Lavarenne 1933: 232), der *Mens humilis*, verwenden.

257–273: *Superbia* stürzt in eine Falle des Lasters *Fraus*, die zuvor das Schlachtfeld mit getarnten Fallgruben unterminiert hatte, und wird von ihrem hinabstürzenden Pferd eingequetscht.

Die Ausmaße der Fallgruben sind entweder unterschiedlich oder Prudentius hat die Bildebene nicht sorgfältig genug ausgearbeitet: In vv. 262–266 ist von Gräben die Rede, die die Truppen vollständig in sich aufnehmen und geradezu verschlingen können, in vv. 270–273 (in Verbindung mit vv. 280–283) gewinnt man dagegen eher den Eindruck, dass die Grube der *Fraus* nur groß genug ist, dass das Pferd und die Reiterin zu Fall kommen. Möglicherweise sind *Superbia* und ihr Pferd so gigantisch aufgebläht, dass die ansonsten riesige Grube sie gar nicht ganz aufnehmen kann.

Prudentius verbindet hier zwei Motive, nämlich die biblischen Spruchweisheiten, dass Hochmut vor dem Fall kommt (*Prv* 16, 18; vgl. auch Hier. *in Is.* 13,11 u. Aug. *civ.* 21, 16) und dass derjenige, der einem anderen eine Grube gräbt, selbst hineinfällt (*Ps* 7, 16–17; 9, 16; 57, 7; *Prv* 26, 7; *Sir* 27, 29; *Ecl* 10, 8) (vgl. Gnilka 1963: 59). Gnilka weist darauf hin, dass „das Bild vom Grubenfall [im Lateinischen] sehr verbreitet"" gewesen und „auch sprichwörtlich verwandt" worden sei, und verweist als Beispiele für einen Grubenfall bei Prudentius auf *c. Symm.* 1 *praef.* 85 u. *apoth. praef.* 13 (Gnilka 1963: 59 Anm. 22; vgl. auch ThLL VI,1: 1217 s. v. fŏuea A).

Auch wenn nicht *Superbia* selbst, sondern ihre Kameradin *Fraus* die Grube gegraben hat, handelt es sich doch in gewisser Weise um eine Vergeltung (vgl. Gnilka 1963: 60). Vgl. dazu auch v. 283.

257 callida: ‚verschlagen', häufig negativ konnotiert, verwendet Prudentius auch in *cath.* 2, 21 „uersuta fraus et callida" als Attribut der – dort allerdings nicht personifizierten – *fraus* (vgl. Bergman 1897: 28; siehe auch v. 260 *fallendi uersuta opifex*.

forte [*sc.* eo ipso loco]: ‚zufällig an ebendiesem Ort' (vgl. Bergman 1897: 28).

258 interciso ... aequore: ‚wobei sie die Erdoberfläche durchstochen hatte'. Die Wortwahl ist auffällig: *aequor*, die ‚ebene Erdoberfläche', ruft im Kontext des Kampfes zwischen Tugenden und Lastern die Assoziation zu *aequitas* ‚Gleichmut' bzw. ‚Gelassenheit' hervor (vgl. Arévalo 1862: 42). Es entsteht der Eindruck einer Art „Minenfeld" aus getarnten Fallgruben auf dem Schlachtfeld.

Bergman hingegen versteht *aequor* als ‚Meer(esoberfläche)' und *intercisus* als ‚unterbrochen' und beschreibt das von Prudentius gemalte Bild so: Eine Meerenge bzw. ein enger Kanal wird von darüber hinweg führenden Brücken und Baumaterial unterbrochen, so dass nur an bestimmten Stellen noch Gräben verlaufen, die Wasser führen (vgl. Bergman 1897: 28 mit Bezug auf Tac. *ann.* 16, 14 *intercisae uenae*). Das scheint jedoch sehr weit hergeholt zu sein, da der Bezug zum Tugendkampf und dem geschilderten Schlachtfeld verlorengeht und die eigentliche Aussage, nach der die *foveae* die störenden Elemente sind, geradezu verdreht wird.

260–261 fallendi uersuta opifex, quae praescia belli | planitiem scrobibus uitiauerat insidiosis: ‚die listige Meisterin der Täuschung, die schon vorab vom Kampf wusste und die Erdoberfläche mit tückischen Löchern beschädigt hatte'. Es entsteht der Eindruck, als habe *Fraus* das Schlachtfeld mit Fallen übersät bzw. untergraben.

opifex ‚Handwerker' kennzeichnet sie als eine Art Ingenieur oder Pionier im Heer der Laster. Im Gegensatz zur *ignara Mens humilis* (vgl. v. 267) ist *Fraus* vorausschauend und plant strategisch. *uersuta* ‚listig' bzw. ‚verschlagen' – gewöhnlich negativ konnotiert – verwendet Prudentius auch in *cath.* 2, 21 „uersuta fraus et callida" als Attribut der – dort allerdings nicht personifizierten *fraus* (vgl. Bergman 1897: 28; siehe auch vv. 257–258 *callida fraus*).

Prudentius spielt mit den Bedeutungen von *uitiare* (< *uitium* ‚Fehler / Laster'): Einerseits hat *Fraus* die Erdoberfläche ‚beschädigt', d. h. für das Betreten ungeeignet gemacht, andererseits hat sie den Boden durch die versteckten Fallen zu einem Werkzeug der Laster gemacht und somit ‚geschändet' (vgl. Burton 2004: 22)

Prudentius hebt v. 261 klanglich durch die zahlreichen *i*-Laute und das Zischen der *s*-Laute in *insidiosis* hervor.

262 hostili de parte latens: ‚verborgen vor der feindlichen Seite', d. h. so, dass es die Seite des Tugendheeres nicht sehen konnte. *hostili de parte* heißt also soviel wie ‚von der feindlichen Seite aus [gesehen]' oder ‚in Bezug auf die feindliche Seite'. Dagegen übersetzt Thomson „on the enemy's side" ‚auf der feindlichen Seite' und versteht *de* also lokal, aber nicht als Ausgangspunkt, sondern als Positionsangabe (Thomson 1949: 297; vgl. auch ThLL V,1: 79 s. v. de V.A zur Verbindung *de parte*).

262–263 ut fossa ruentes | exciperet cuneos atque agmina mersa uoraret: ‚damit der Graben die heranstürmenden / hineinstürzenden Truppen aufnimmt und die hineingestürzten Kolonnen verschlingt', und zwar die Truppen des Tugendheeres (vgl. Arévalo 1862: 43 u. Burnam 1905: 61). Die Stelle ist entweder tautologisch, falls Prudentius *cuneos* und *agmina* hier beide synonym i. S. v. ‚Truppen' verwendet, um den nahezu gleichbedeutenden Prädikaten *exciperet* und *uoraret* je ein eigenes Objekt zuweisen zu können, oder Prudentius unterscheidet semantisch zwischen *cuneos* als ‚keilförmig kämpfende Schlachtordnungen', also Truppen im Kampf, und *agmina* als ‚Marschkolonnen', also Truppen auf dem Marsch. Auch *ruentes* ist mehrdeutig: Entweder soll es ausdrücken, dass die Truppen bzw. Schlachtreihen ‚heranstürmen', also angreifen, oder es bedeutet, dass die Truppen in den Graben hineinstürzen. Im letztgenannten Fall ergäbe sich dann zwischen beiden Teilen des Finalsatzes eine Entwicklung vom Handlungsverlauf – P. P. A. *ruentes* – zum Resultat – P. P. P. *mersa*. Während *excipere* ein rein sachlicher Ausdruck für das Aufnehmen der Fallenden ist, weckt der bildliche Ausdruck *uorare* Assoziationen an den Schlund eines Ungeheuers.

264 deprendere: ‚entdecken' (vgl. Bergman 1897: 28).

265 uirgis adopertas texerat oras: ‚hatte die verborgenen Öffnungen mit Zweigen bedeckt'. *adopertas* ‚verdeckt' nimmt entweder als *hysteron proteron* schon das Resultat des Bedeckens vorweg oder ist in der Bedeutung ‚verborgen' – dann ginge es nicht um die Tarnung durch Abdeckung, sondern um ihre abgelegene und den Blicken entzogene Lage – mehr oder weniger tautologisch gemeint. *oras* bezeichnet hier die ‚Außenseiten' bzw. ‚Ränder' der Grube, also deren ‚Öffnung' (vgl. ThLL IX,2: 864 s. v. ōra[1] I.A.1 [z. St. Z. 11–12], Arévalo 1862: 43 u. Bergman 1897: 28–29).

266 campum ... simularat: ‚hatte den Anschein einer Fläche erweckt' heißt, dass *Fraus* den Eindruck erweckt, dass es sich um eine ebene Fläche ohne irgendwelche Löcher oder Gräben handle, dass also dass Schlachtfeld unversehrt sei.

267 regina humilis, quamvis ignara: ‚die demütige Königin, obgleich nichts ahnend / unwissend'. *Mens humilis* wird hier und in v. 199 als *regina* bezeichnet. Daneben nennt Prudentius auch *Fides* (*psych.* 37, 716 u. 823) und *Pudicitia* so (*psych.* 53). Zur Bedeutung von *regina* bei Prudentius siehe den Kommentar zu v. 37.

Mens humilis ist *ignara* und steht damit im Gegensatz zu *Fraus*, die in v. 260 als *praescia belli* bezeichnet wird, aber auch zur *Patientia*, die als *prouida Virtus* bezeichnet wird (v. 125).

269 foueae calcarat furta malignae: ‚war in die Falle der unheilbringenden Grube getappt'. *malignus* bedeutet hier sowohl ‚übel' bzw. ‚unheilbringend', insofern die Grube als Falle gebaut ist, in die der Feind stürzen soll, als auch ‚schmal / eng' bzw. ‚flach', da die Grube offenbar das Pferd und die Reiterin nur zu Fall bringt und *Spes* in vv. 280–283 nicht selbst in die Grube hinabsteigen muss, um das Laster hervorzuziehen (vgl. Bergman 1897: 29 u. Burnam 1910: 95).

furtum bezeichnet hier eine ‚Täuschung' oder ‚Kriegslist' (vgl. Bergman 1897: 29); *furta* ist poet. Plural. *furtum calcare* ‚auf die Täuschung treten' entspricht unserer Wendung ‚in die Falle tappen'. Vgl. v. 270–271 *dolum ... incidit*.

270–271 hunc eques illa dolum ...| incidit: ‚auf diese List fällt jene Reiterin herein'. Prudentius spielt hier mit den Wortbedeutungen: In der Formulierung *dolum incidere* ‚auf eine List stoßen / treffen (vgl. ThLL VII,1: 897–900 s. v. incido I.B.1.a), die an dieser Stelle geradezu unserer deutschen Wendung ‚auf eine List hereinfallen' entspricht, ist *incidere* natürlich übertragen gemeint, doch zugleich fällt das Pferd auch im Wortsinne in die Fallgrube hinein (vgl. ThLL VII,1: 897 s. v. incido I.A). Als feste Wendung ist diese Formulierung sonst nicht belegt. Vgl. v. 269 *furtum calcarat*.

271 caecum ... hiatum: ‚eine verborgene Spalte', gemeint ist die von *Fraus* ausgehobene Fallgrube (vgl. Arévalo 1862: 43 u. Burnam 1910: 95). *caecus* steht hier i. S. v. ‚unsichtbar' bzw. ‚den Blicken entzogen', doch klingt vielleicht auch die Bedeutung ‚dunkel' mit an.

272–273 prona ruentis equi ceruice inuoluitur, ac sub | pectoris [sc. equi] inpressu fracta inter crura rotatur: ‚vornüber geneigt rollt sie vom Hals des stürzenden Pferdes herab, und unter dem Druck seiner Brust wird sie zwischen dessen gebrochene Beine gewälzt'. Eine durch die Partizipien und die Verwendung des historischen Präsens äußerst dichte und dramatische Schilderung: *Superbia* wird beim Sturz des Pferdes nach vorne abgeworfen, überschlägt sich dabei, rollt mit allem ihrem Pomp über die kunstvoll drapierte Mähne des Pferdes, kommt unter dessen Leib und zwischen dessen gebrochenen Beinen zu liegen.

274-283: Tötung der *Superbia* durch *Mens humilis* mit Unterstützung der *Spes*, die ihr das Schwert reicht und sie anspornt, sich durch die Tötung des Lasters verdient zu machen. *Mens humilis* ergreift den Schopf der *Superbia*, dreht ihr Gesicht nach oben und schlägt ihr den Kopf mit dem Schwert ab, obwohl sie um Gnade fleht.

274 Virtus placidi moderaminis: ‚die Tugend der sanften Selbstbeherrschung', gemeint ist *Mens humilis*. Prudentius variiert hier erneut nach v. 255 *hostem humilem* u. v. 267 *regina humilis* (vgl. Bergman 1897: 29 u. Lavarenne 1933: 233). *moderamen* ‚Kontrolle' bezeichnet hier die ‚Mäßigung' bzw. ‚Selbstbeherrschung' (vgl. ThLL VIII: 1204 s. v. moderāmen II.A.2.a [z. St. Z. 73–74]), welche die Demut kennzeichnet.

274-275 ut leuitatem | prospicit obtritam monstri sub morte iacentis: ‚sobald sie die zertrampelte Leichtfertigkeit des im Sterben liegenden Scheusals vor sich erblickt'. *leuitatem monstri = monstrum leuitatis*, gemeint ist *Superbia*, vertauscht die Beziehung von regierendem Nomen und Genitivattribut (vgl. Bergman 1897: 29). *leuitas* ‚leichtsinniges / unzuverlässiges Wesen' (vgl. ThLL VII,2: 1224 s. v. levitās I.A.1 [z. St. Z. 77–78] u. Arévalo 1862: 43) steht in Antithese zu v. 274 *Virtus ... moderaminis*.

sub mit dem Ablativ bezeichnet hier die Nebenumstände bzw. einen Zeitraum (vgl. LHS 2: 279 § 175 u. Bergman 1897: 30).

281 faciem [sc. hostis] laeua reuocante supinat: ‚kippt deren Gesicht nach oben, wobei sie es mit der linken Hand nach hinten bewegt'. Prudentius beschreibt die Vorbereitung für das Köpfen der *Superbia* durch das Nachhinten-Ziehen ihres Kopfes, um den Hals für den Schnitt freizulegen, auffallend tautologisch, so dass eine Art Zeitlupeneffekt entsteht.

282-283 tunc caput orantis flexa ceruice resectum | eripit: ‚dann reißt sie das abgeschnittene Haupt der [zuvor] mit [zurück]gebeugtem Genick Flehenden ab'. Der eigentliche Akt des Tötens durch Enthaupten wird hier quasi nebenbei berichtet, indem er partizipial untergeordnet wird. In diese Partizipialkonstruktion ist die vorhergehende Handlung des Opfers eingeklammert, so dass die Zeitverhältnisse durcheinander zu geraten scheinen. Vermutlich will Prudentius auf diese Weise – in einer Art Zeitraffer – die schnelle und in einander übergehende Abfolge der Handlungen darstellen: Flehen, Zurückbiegen des Kopfens, Ansetzen des Schwertes, Köpfen, Abreißen des Kopfes. Dass *Mens humilis* den abgeschlagenen Kopf des Lasters wie eine Trophäe emporhält, ist überraschend, passt es doch so gar nicht zu ihrem Wesen (vgl. Lavarenne 2002: 60).

Die Formulierung *caput orantis flexa ceruice* ist gleichsam aus Versatzstücken vergilischer epischer Sprache zusammengesetzt: *Aen.* 10, 535–536 „re*flexa ceruice*", *Aen.* 8, 633 „illam tereti *ceruice* re*flex*am" – vgl. auch Ov. *ars* 3, 779 „*ceruice* re*flexa*" – sowie *Aen.* 10, 554 „t u m *caput orantis*" (vgl. Lavarenne 1933: 155, Schwen 1937: 75 u. 102 sowie Lühken 2002: 305).

284–304: Siegesrede der *Spes*. Zwar hält normalerweise in der *Psychomachia* die Siegerin selbst die Siegesrede zur Schmähung des besiegten Lasters (vgl. vv. 53–97; 155–161; 427–431), doch da dies nicht zum Wesen der *Mens humilis* gepasst hätte, übernimmt diese Aufgabe die Helferin *Spes*, die auch schon *Mens humilis* das Schwert gereicht und sie zur entscheidenden Tat angespornt hatte (vgl. Lavarenne 2002: 60).

Spes mahnt nicht nur die tote *Superbia*, sondern jeden Menschen, vor Hochmut, Großspurigkeit und Aufgeblasenheit und fordert stattdessen zur Demut auf. Als Beispiel führt sie den Kampf zwischen David und Goliath an (vv. 291–301), den sie zu einem Kampf zwischen Demut und Prahlerei stilisiert (vgl. Philonenko 1991: 117 u. 119). Ferner verweist sie auf die Worte Jesu (vv. 289–290) in *Mt* 23, 12; *Lc* 14, 11 sowie im Lobgesang Marias (*Lc* 1, 52). Vgl. zu den Bibelbezügen in der Rede der *Spes* Mastrangelo 1997: 76 u. Mastrangelo 2008: 101–102.

Spes erklärt, dass diejenigen, welche die Laster besiegt haben, ihren Ruf in die Höhe annehmen (vv. 303–304). Mastrangelo erklärt dazu, dass *Spes* die Menschen, die wie *Spes* und *Mens humilis* ihre Laster ausgelöscht haben, zu Siegern erklärt und dass demzufolge der Mensch die Hoffnung benötige, um den Kampf gegen die Laster gewinnen zu können (vgl. Mastrangelo 1997: 76).

286 magna cadunt, inflata crepant, tumefacta premuntur: ‚Großes fällt, Aufgeblasenes zerplatzt, Stolzgeschwelltes wird zerquetscht'. Prudentius spielt hier vielleicht auf die Warnung in den Sprüchen Salomos an, dass Hochmut vor dem Fall komme (*Prv* 16, 18), sowie auf die Hinweise auf die Umkehr der Verhältnisse am Tag des Jüngsten Gerichts in *Mt* 19, 30 u. 20, 16. Prudentius gestaltet die Warnung der *Spes* einprägsam als Trikolon mit wachsenden Gliedern.

287 disce supercilium deponere: ‚lerne, den Hochmut abzulegen'. *supercilium* ‚Augenbraue' verwendet Prudentius hier übertragen für den ‚Hochmut', der sich auch durch das Hochziehen der Augenbrauen zeigen kann (vgl. Bergman 1897: 30). Gemeint ist also: ‚lerne, demütig den Blick zu senken'.

Zu der Anspielung auf die Spruchweisheit „Hochmut kommt vor dem Fall." (*Prv* 16, 18) vgl. Gnilka 1963: 59 und siehe den Kommentar zu vv. 257–273.

288 quisquis sublime minaris: ‚jeder, der du hochmütig drohst'. Die Aufforderungen der *Spes* richten sich hier nicht nur an die besiegte *Superbia*, sondern an jeden, der von diesem Laster betroffen ist. Die Imperative in vv. 285–287 in Verbindung mit dem verallgemeinernden Relativsatz in v. 288 mit dem Prädikat in der 2. Ps. Pl. bewirken zugleich einen Appell an den Leser.

Prudentius verwendet den Akk. Sg. *sublime* hier anstelle eines Adverbs (vgl. Lavarenne 1933: 99 § 210).

293 funali ... stridore: ‚mit dem Zischen der Schleuder'. Das Adjektiv *funalis* ‚aus einem Seil gefertigt' (vgl. ThLL VI,1: 1545 s. v. fūnālis [z. St. Z. 43]) kann sich in diesem Kontext nur auf die Schleuder Davids beziehen. Die meisten Mss. haben hier allerdings *fundali*, das sonst nirgends belegt ist (vgl. ThLL VI,1: 1549 s. v. fundālis) und möglicherweise ein Fehler der Kopisten ist, die einen etymologischen Bezug zu *funda* ‚Schleuder' herstellen wollten (vgl. Lavarenne 1933: 233 u. Bergman 1897: 30). Angesichts zahlreicher weiterer *Hapax legomena* bei Prudentius ist jedoch nicht auszuschließen, dass diese Wortneuschöpfung auf Prudentius selbst zurückgeht.

296 dum tumet indomitum, dum formidabile feruet: ‚während er sich unüberwindlich aufbläst, während er furchtbar aufbraust'; Prudentius verwendet die Adjektive im Neutrum Plural hier adverbiell (vgl. Arévalo 1862: 45, Lease 1895: 52 § 128, Bergman 1897: 31, Burnam 1905: 61 u. Burton 2004: 23).

297 clipeo dum territat auras: ‚während er mit dem Schild die Lüfte in Schrecken versetzt'. Die Formulierung ist deutlich an Verg. *Aen.* 11, 351 „c a e l u m *territat* a r m i s" angelehnt (vgl. Schwen 1937: 74), wo Drances sich über den Hochmut des Turnus beschwert (vgl. *Aen.* 11, 336–375) und dabei beschreibt, wie Turnus beim Angriff auf das Trojanerlager versuchte, mit Waffengeklirr Schrecken zu verbreiten. Die Wendung ist also wohl spöttisch gemeint. In der biblischen Vorlage wird nichts Vergleichbares berichtet, nur dass Goliath ein Schildträger voranging (I *Rg* 17, 7 u. 41). Der biblische Goliath verhöhnt seinen Gegner nur mit Worten, ohne seine Waffen als Drohung einzusetzen (I *Rg* 17, 8–10; 17, 23; 17, 43–45).

298 subcubuit teneris ... annis: ‚sank vor den zarten Jahren nieder', d. h. vor einem Knaben (vgl. Bergman 1897: 31 mit Verweis auf Quint. *inst.* 2, 2, 3 *teneriores annos*).

300–304 me ... mea ... mihi ... meque ...: zur sorgfältigen Verwendung der Pronomina in den Reden der Personifikationen vgl. Gnilka 2007 d: 439.

300 ille puer uirtutis pube: ‚jener Knabe im Heranreifen der Tugend'. *pubes* bezeichnet hier das Alter bzw. den Status des Reife in Bezug auf die moralische Entwicklung (vgl. ThLL X,2: 2435 s. v. pūbēs[1] III [z. St. Z. 51–52], Bergman 1897: 31 u. Burton 2004: 24). David war zwar noch ein Knabe, aber sein Sinn für die Tugend war bereits weit entwickelt (vgl. Bergman 1897: 31).

303 meque ad sublime uocantem: ‚mich, die ich sie in die Höhe empor rufe'. *Spes* ist nicht die Hoffnung auf irdisches Glück und irdischen Reichtum, sondern auf himmlischen, wie schon die Beschreibung in vv. 201–202 deutlich gemacht hat.

304 caesa culparum labe: Enallage = *caesarum culparum labe* ‚nach dem Sturz der besiegten Verbrechen', also nachdem bzw. weil die Laster – die personifizierten Untaten bzw. lasterhaften Neigungen – besiegt worden sind (vgl. Arévalo 1862: 45, Bergman 1897: 31 u. Lavarenne 1933: 234).

305–309: „Himmelfahrt" der *Spes* und sehnsuchtsvolle Bewunderung durch die auf Erden zurückbleibenden Tugendkämpfer, die weiter gegen die Laster ankämpfen.

Dass ein Redner nach dem Ende der Rede in die Lüfte entschwebt und die Zurückbleibenden dadurch bewegt und zum weiteren Kampf motiviert werden, findet sich auch in Verg. *Aen.* 9, 14–24; 9, 655–663; 4, 276–280 u. 5, 654–663 (vgl. Schwen 1937: 21).

308 ni ... retardent: ‚wenn nicht hindern würden'. Die Konstruktion ist elliptisch: Die Apodosis zu dieser Bedingung ist nicht der Hauptsatz *miratur ... tolluntque* (vv. 306–307), vielmehr wird die Apodosis nur durch die Partizipialkonstruktion *uolentes| ire simul* (vv. 307–308) impliziert (vgl. Bergman 1897: 31 u. Burton 2004: 24). Gemeint ist, dass sie gerne auch mit ihr gehen wollten, wenn die Kämpfe auf Erden nicht ihre Anwesenheit als Anführer erfordern würden.

309 confligunt uitiis seque ad sua praemia seruant: ‚sie kämpfen mit den Lastern und bewahren sich zu ihrem eigenen Lohn'. Indem die anderen Tugenden und die übrigen Kämpfer die Laster bekämpfen, erwerben auch sie sich Schätze im Himmel. Dadurch, dass sie sich selbst im siegreichen Kampf erhalten, können sie später die verheißenen Reichtümer im Himmel als Lohn erhalten.

Luxuria vs. Sobrietas (vv. 310–453)

Die Mss. A und B leiten den fünften Kampf nicht mit einem Titel ein; D betitelt mit „luxuriae et sobrietatis pugna", M mit „sobrietas contra luxuriam"; in C findet sich die Überschrift „luxoria in caena sedet" (am Rand in *luxuria* korrigiert); S, R und N titeln schlicht mit „luxuria" bzw. „luxoria" (N), ebenso einige jüngere Mss., die wohl auf N zurückgehen. Die Ausgaben des 17.–19. Jh. betiteln mit „Luxuriae et Sobrietatis pugna" (u. a. Weitzius, Cellarius und Obbarius); Bergman betitelt den Kampf in seinem Kommentar von 1897 mit „Luxuria et Sobrietas".

Der fünfte Kampf der *Psychomachia* gliedert sich in vier Teile: Im ersten Teil (vv. 310–327) wird das Laster *Luxuria* eingeführt, ihr Auftreten (vv. 321–327) und die demoralisierende Wirkung auf ihre Gegner (vv. 328–343) geschildert. Im zweiten Teil (vv. 344–406) tritt die Tugend *Sobrietas* auf (vv. 344–350) und hält eine lange Rede (vv. 351–406), um ihre sonst so starken und siegreichen Kameraden zum Kampf gegen das Laster zu bewegen. Darauf folgt der dritte Teil (vv. 407–431) mit der Schilderung des Angriffs der *Sobrietas* und des Todes der *Luxuria* (vv. 407–426) und der Schmähung des toten Lasters durch die Tugend (vv. 427–431). Der abschließende vierte Teil beschreibt die überhastete Flucht der Begleiter des Lasters (vv. 432–453).

Im fünften Kampf der *Psychomachia* kämpfen *Luxuria* ‚Genusssucht' und *Sobrietas* ‚Mäßigung' bzw. ‚Enthaltsamkeit' sowie ihre jeweiligen Gefährten gegeneinander. Zunächst sieht es jedoch gar nicht nach einem Kampf aus. *Luxuria*, das Hauptlaster dieses Kampfes, befindet sich nämlich gerade bei einem ausgedehnten Mahl, als sie von weitab die Signalhörner hört, die sie zum Kampf rufen. Betrunken und völlig kampfunfähig macht sie sich mit einem aufwendig geschmückten und teuren Streitwagen auf den Weg in die Schlacht. Ihre Gegner sind überwältigt von ihrem Anblick, oder vielmehr dem Anblick ihres Streitwagens, und von dem Duft, den die Blüten verströmen, mit denen sie verschwenderisch um sich wirft. Sie versuchen gar nicht erst, gegen *Luxuria* zu kämpfen, sondern wenden sofort ihre Feldzeichen und sind schon im Begriff überzulaufen, als ihre Anführerin auftaucht. *Sobrietas* ist über das Verhalten ihrer Kameraden entsetzt und ruft sie zur Besinnung. Sie erinnert ihre Gefährten an deren bisherige Kampferfolge und ihre Aufgabe im Kampf gegen die Laster. Dabei stellt sie das lasterhafte, verschwenderische Leben, das die *Luxuria* verkörpert, dem keuschen, maßvollen christlichen Leben gegenüber, für das sie selbst steht. Dafür bringt sie zahlreiche Belege aus der Heiligen Schrift und erinnert schließlich die Tugenden daran, daß es nie zu spät ist, seine Sünden zu bereuen und umzukehren. Sie selbst will ihnen den Weg bahnen, um der *Luxuria* ein für allemal den Garaus zu machen. Und das tut sie dann auch, ohne im Weiteren auf die Hilfe ihrer Gefährten angewiesen zu sein. Sie ergreift das Kreuz und streckt es dem Wagen der *Luxuria* entgegen. Die Pferde scheuen, *Luxuria* fällt und gerät unter die eigenen Räder. Sofort ergreift *Sobrietas* einen Felsblock und zerschmettert damit das Gesicht der *Luxuria*. Doch es genügt *Sobrietas* nicht, den Sieg davongetragen zu haben, sie verhöhnt die Sterbende auch noch. Erst jetzt, nach dem Tode ihrer Anführerin, werden wir der Gefährten der *Luxuria* gewahr: *Iocus, Petulantia, Amor, Pompa, Venustas, Discordia* und *Voluptas* ergreifen führerlos die Flucht, auf der sie ihre gesamte Habe verlieren. Jetzt erst treten auch die übrigen Tugenden wieder auf. Sie würdigen die herumliegenden Wertsachen allerdings keines Blickes. Über den Ort des Kampfes erfährt der Leser nicht viel: Zu Beginn befindet sich das Laster im Raum eines Gelages, danach fährt sie mit ihrem Wagen auf freier Fläche, wohl demselben Kampfplatz wie auch in den zuvor geschilderten Kämpfen.

Prudentius hat die Beschreibung der *Luxuria* geschickt auf die ganze Episode verteilt: So wird zu Beginn durch den Erzähler eine zusammenhängende Beschreibung des Aussehens und Charakters der *Luxuria* gegeben (vv. 310–315), die am Anfang der eigentlichen Handlung ergänzt und illustriert wird, wenn wir erfahren, wie das Laster in den Kampf aufbricht (vv. 316–327). Ihre Wirkung auf das Tugendheer lässt uns dann weitere Schlüsse über sie ziehen (vv. 328–343). In der anschließenden Rede der *Sobrietas* erfahren wir noch mehr über *Luxuria*, was in der eigentlichen Handlung nicht dargestellt werden kann und daher durch *Sobrietas* berichtet werden muss. Am Schluss erfahren wir auch etwas über das Gefolge des Lasters, was uns ermöglicht, weitere Rückschlüsse auf *Luxuria* selbst zu ziehen (vv. 407–449). Der Leser erhält seine Informationen über das Laster also auf verschiedenen Ebenen: als Beschreibung des Erzählers, als indirekte Charakterisierung durch ihre Handlung, als indirekte Charakterisierung durch ihre Wirkung auf die Gegner, als Beschreibung und Anklage durch die ihr kontradiktorisch entgegengesetzte Haupttugend *Sobrietas* und schließlich indirekt durch die Beschreibung ihres Gefolges.

Bereits im ersten Vers wird *Luxuria* als *hostis* kenntlich gemacht und ihre Herkunft aus dem Westen benannt (v. 310; siehe dazu S. 285). Ihre Lebensweise wird als sorglos und verschwenderisch charakterisiert (v. 311). Ihr Äußeres bietet ein jämmerliches Bild: triefendes Haar, unsteter Blick, brüchige Stimme (v. 312). Ihr Lebensinhalt ist das Vergnügen, die Lust, ihre kraftlose Seele zu verweichlichen, ausgelassen reizvolle Verführungen zu genießen und ihre schon gebrochenen Sinne weiter zu schwächen (vv. 313–315). Ein solch heruntergekommenes Laster dürfte eigentlich nicht in der Lage sein, einem Kampf mit den Tugenden standzuhalten, zumal sie sich vor Kampfbeginn gerade übergibt und vom nie endenden Mahl erschöpft ist (vv. 316–317). Auch ihre Reaktion auf das Kampfsignal deutet zunächst eher auf eine Flucht hin als darauf, dass sie in die Schlacht zieht. Sie lässt nämlich alles stehen und liegen und schwankt betrunken hinaus (vv. 318–320). Prudentius muss daher den Leser explizit darauf aufmerksam machen, dass dies die Art ist, wie *Luxuria* in den Krieg zieht (v. 320). Ist die Vorstellung der sturzbetrunkenen *Luxuria* auf ihrem prächtig verzierten Prunkwagen schon absurd genug, so entgleitet das Bild durch die Schilderung ihrer Kampfweise vollends ins Groteske, wenn sie körbeweise Veilchen und Rosen über ihre Gegner ausgießt (vv. 323–327). Doch ist es weder Ignoranz noch Verzweiflung noch Wahnsinn, was *Luxuria* veranlasst, so zu handeln, sondern es handelt sich dabei tatsächlich um ihre Strategie. Indem sie völlig unkriegerisch kämpft, den Feinden friedlich, ausgelassen und freundlich begegnet und sie quasi als Gastgeberin empfängt, gewinnt sie die Feinde erfolgreich für sich (vv. 328–343). Nugents These, dass Prudentius in diesem Kampf das Laster von seiner attraktivsten Seite zeige (vgl. Nugent 1985: 78), erscheint allerdings etwas übertrieben, wenn man die Schilderungen aus den vv. 312–320 noch vor Augen hat und ihr verlebtes Äußeres sowie ihren anzunehmenden Gestank nach Essensresten, Alkohol und Erbrochenem nicht vergisst. Sonderlich attraktiv wird sie selbst unter diesen Umständen wohl nicht sein (vgl. Smith 1976: 180). Was die Feinde buchstäblich entwaffnet, ist nicht so sehr *Luxurias* eigene Erscheinung, sondern ihr prachtvoller Wagen, der Duft der Blüten und ihr ausgelassenes Verhalten. Erst die Rede der Tugend klärt deren Kameraden wie auch den Leser über das wahre Wesen der *Luxuria* auf: Sie liebt das feine Leben, trägt aufwendige, teure Kleidung und feiert verschwenderische nächtliche Gelage mit Unmengen Weines (vv. 354–370); sie ist trunksüchtig und liebt die Unterhaltung durch den Tanz (vv. 377–380). Auch sexuellen Ausschweifungen gibt sich das Laster hin, doch schildert Prudentius diese nicht so detailliert wie *Luxurias* sonstige Leidenschaften (v. 378). In der eigentlichen Kampfszene und der Sterbeszene erfahren wir nichts Neues mehr; es wird lediglich an das feuchte Haar, den übermäßigen Weingenuss und die allzusüßen Mahlzeiten erinnert (vv. 413 u. 427–429).

Erst nach ihrem Tod erfahren wir, dass *Luxuria* gar nicht so allein dastand, wie es zuvor den Anschein hatte. Vielmehr war sie die *dux* einer *nugatrix acies* (v. 432–433). Die Darstellung der zu ihr gehörigen Laster charakterisiert auch *Luxuria* genauer (vgl. Gnilka 1963: 60). Zu ihrem Gefolge gehören *Iocus, Petulantia, Amor, Pompa, Venustas, Discordia* und *Voluptas*. Diese verraten sich teils allein durch ihren Namen, teils durch ihren Namen im Zusammenhang mit der *Luxuria*. Ihre Namen dienen als abstrakte Charakterisierung (vgl. Smith 1976: 110), die jedoch oft in der Konkretisierung durch die Beschreibung und durch die Zuordnung zur *nugatrix acies* der *Luxuria* lasterhaft erscheint. Dass sie in den Kampf nicht eingegriffen haben, wird verständlich, wenn man sie näher betrachtet: Sie waren ebensowenig wie ihre Führerin zum Kampf, wie man ihn normalerweise versteht, gerüstet. *Iocus* ‚Scherz' und *Petulantia* ‚Ausgelassenheit' kämpfen mit Zimbeln und Klappern, werfen ihre Instrumente aber nach dem Tod ihrer Anführerin fort (vv. 433–435). *Amor* ‚Begierde' kämpft mit vergifteten Pfeilen, die er mit dem Bogen verschießt und in einem Köcher verwahrt; auf der Flucht jedoch ist er bleich vor Angst und lässt Pfeile, Bogen und Köcher fallen (vv. 436–438). *Pompa* ‚Prunksucht' ist eine Angeberin, hinter deren glanzvollem Aufzug nichts weiter steckt, wie sich zeigt, als sie ihr Prachtgewand auf der Flucht verliert (vv. 439–440). *Venustas* ‚Schönheit' trägt Blumengebinde und goldenen Schmuck um den Hals und auf dem Kopf, der sich auf der Flucht löst und zu Boden fällt (vv. 440–442). Nicht anders geht es *Discordia* ‚Zwietracht', die sich mit kostbaren Edelsteinen geschmückt hatte, auf der Flucht aber ihren Schmuck durcheinanderbringt (v. 442). *Voluptas* ‚Lust', die mit ihren zarten Füßen sonst wohl nur angenehme, weiche Wege betritt, reibt sich ihre Füße auf der Flucht schließlich in Dornengebüschen auf (vv. 443–446). Die Attribute, welche diese Laster auf der Flucht verlieren – lauter Schmuck – charakterisieren sie näher (vv. 447–449).

Über die Haupttugend dieses Kampfes, *Sobrietas*, erfährt der Leser zunächst nichts. Denn auf Seiten der Tugenden werden zunächst die *agmina uirtutum* (v. 327) vorgestellt. Die ersten Angehörigen dieser Truppe, die erwähnt werden, sind allerdings staunende Männer und keine personifizierten Tugenden (siehe Kommentar zu v. 322 *mirantum corda uirorum*, S. 290). (Zur Zusammensetzung des Tugendheeres siehe den Kommentar zu vv. 322–343, S. 290.) Die Herzen dieser Männer sind betrübt (v. 322) und vielleicht deshalb so anfällig für das Gift der *Luxuria* (vv. 328–331), so dass sie nach anfänglichem Staunen sehr schnell vergessen, wer sie sind und was ihr Ziel war. Sie kapitulieren nicht nur, sondern wenden die Feldzeichen und wollen sich dem Feind aus freien Stücken anschließen, dessen lockere und ausschweifende Lebensweise ihnen nun verlockender erscheint als Keuschheit, Zucht und Enthaltsamkeit (v. 334–343).

Erst jetzt tritt *Sobrietas* auf, die *fortissima uirtus* (v. 344) und *bona dux* (v. 348), die in der Hand das Kreuz als Feldzeichen trägt und damit eindeutig als christliche Tugend zu erkennen ist (v. 347). Die sonstige Stärke des Tugendheeres wird deutlich, als *Sobrietas* sie in ihrer Rede als *inuicta manus* (v. 346) bezeichnet, deren Hände an den Kampf gewöhnt sind (v. 356). Offenbar hat dieses hier so kampfunlustige Heer sonst einigen Erfolg im Kampf gegen die Laster errungen. Ihre Stirnen sind mit Öl gesalbt (v. 360), sie alle tragen eine unvergängliche Tunika, die von *Fides*, der höchsten Tugend, gewebt worden ist (vv. 364–365). Im weiteren Verlauf der Rede charakterisiert sich *Sobrietas* selbst: Sie ist entschlossen, ihre Kameraden wieder auf den richtigen Weg zu bringen und die *Luxuria* samt ihrem Gefolge zu besiegen (vv. 403–406). Doch macht sie schließlich den entscheidenden Schritt ganz allein. Entschlossen und furchtlos stellt sie sich unbewaffnet dem Streitwagen des Lasters in den Weg und streckt den Pferden das Kreuz entgegen (v. 407); dann ergreift sie gnadenlos und ohne zu zögern einen zufällig daliegenden Felsblock und zerschmettert damit das Haupt der *Luxuria* (vv. 417–422). Auch angesichts der grausamen Wunden und Entstellungen, die ihr Wurf der Gegnerin zugefügt hat, bleibt *Sobrietas* ihrem Wesen treu und konstatiert nüchtern und ohne Mitgefühl das Ende der *Luxuria* als gerechte Strafe für deren bisherige Ausschweifungen (vv. 427–431).

Die Bedeutung des Tugendheeres bleibt verworren: Zunächst wollen sie die *Luxuria* vernichten; erst durch ihr Heranrücken ist das Laster ja zum Aufbruch in den Kampf gezwungen (v. 318). Dann jedoch verfallen sie ihrem Bann und wollen sich ihr völlig hingeben. Auch der Erfolg der Ermahnung durch *Sobrietas* bleibt unklar, denn im Anschluss an ihre Rede ist es nur sie selbst, die handelt und das Laster besiegt. Ihr Heer tut nichts, außer im Anschluss gemeinsam mit ihr die Hinterlassenschaften der Laster mit Füßen zu treten (vv. 450–452).

So erscheint sowohl das Gefolge des Lasters als auch das Tugendheer als bloße Staffage. Das Tugendheer bedarf seiner starken, beständigen Anführerin *Sobrietas*, während diese auf dessen Hilfe letztendlich nicht angewiesen ist. Die minimale Unterstützung am Ende ist eher eine Geste der Wiedergutmachung und der Reue als wirklich benötigte Hilfe.

Luxus ist nicht erst für das Christentum ein Laster. Schon in der archaischen griechischen Dichtung, Vasenmalerei und bildenden Kunst ist Luxus ein zentrales Thema (vgl. Baltrusch 2010: 713–715); die griechische Philosophie führt diese Luxuskritik weiter: Pythagoras lehrte angeblich, dass die τρυφή als erstes Übel in die Häuser der Menschen gelangt sei und die Erziehung den Menschen davor bewahren müsse (vgl. Baltrusch 2010: 717 mit Bezug auf Iambl. *vita Pyth.* 17, Stob. 4, 1, 80 u. Diog. Laert. 8, 9). Platon (*leg.* u. *rep.*) und Aristoteles (*pol.* 5, 10, 1312 a) arbeiten die Luxuskritik sowohl in Bezug auf den einzelnen Menschen als auch auf den Staat konsequent aus; die hellenistischen Schulen beschäftigen sich vor allem mit dem Luxus des einzelnen Menschen (vgl. Baltrusch 2010: 717–718). Die Mäßigung gegenüber Speise und Trank deckt, wie auch die sexuelle Mäßigung, einen Aspekt der ἐγκράτεια ‚Selbstbeherrschung' als „Kontrolle der sinnlichen Leidenschaften" ab (Chadwick 1962: 343); siehe dazu S. 201, vgl. ferner S. 347.

luxus, luxuria und *luxuries* bezeichnen im Lateinischen zunächst „eine Grenzüberschreitung oder einen Exzeß, ein spontanes unerwünschtes Wachstum, speziell bezogen auf einen Exzeß in der Lebensführung" (Corbier 1999: 534) bzw. einen „Aufwand, der über das rechte Maß hinausgeht" (Baltrusch 2010: 712 in Anlehnung an ThLL VII,2: 1920 s. v. luxuria / luxuriēs I). *Luxuria* ist dabei, wie auch die Synonyme *luxus* und *luxuries*, durchgehend negativ konnotiert und wird aufgrund der Verbindung zu Prahlerei und Verschwendung als Laster angesehen, das eng mit dem Laster *auaritia* zusammenhängt (vgl. Corbier 1999: 534 u. Baltrusch 2010: 719–720). Am stärksten kritisiert wurde der Luxus bei Tisch, doch zeigt er sich auch in anderen Bereichen, wie beispielsweise Kleidern und kostbaren Geweben und Schmuck (vgl. Corbier 1999: 534–535 u. Baltrusch 2010: 713 u. 718–719 u. Burnam 1910: 96), die auch Prudentius erwähnt.

In der christlichen Literatur ist Luxuskritik in der Nachfolge Jesu (vgl. *Mt* 19, 16–22; 19, 24; *Lc* 12, 33; 14, 33) verbreitet, einige Autoren widmen ihr ganze Schriften, so beispielsweise Tert. *cult. fem.*, Cypr. *hab. virg.* u. Clem. Al. *Paid.* (vgl. Baltrusch 2010: 711). Diese Luxuskritik widmet sich nicht nur dem Reichtum, sondern u. a. auch der sexuellen Ausschweifung (vgl. Baltrusch 2010: 711 u. 726–727). Schon für Paulus ist ἀσέλγεια ‚Zügellosigkeit / Üppigkeit' ein Laster (*Gal* 5, 19 u. I *Pt* 4, 3; in der Vulgata mit *luxuria* übersetzt) (vgl. Baltrusch 2010: 711–712).

Als personifiziertes Abstraktum kommt *Luxuria* nicht nur in der *Psychomachia* vor, sondern schon bei Plautus (*Trin.* 1 u. 3–22) sowie etwa zeitgleich zu Prudentius bei Claudian (*Rufin.* 1, 35) als *Luxus* (vgl. Axtell 1907: 71 u. Höfer 1894–1897 b: 2163). *Iocus* findet sich personifiziert bei Gell. 1, 24, 3, Hor. *carm.* 1, 2, 34 (zusammen mit *Cupido*) und Stat. *silv.* 1, 6, 6 (Höfer 1894–1897: 283–284). *Petulantia* wird bei Hygin als Göttin, und zwar als Tochter von *Nox* ‚Nacht' und *Erebus* ‚Unterwelt', personifiziert (Hyg. *fab. praef.* 1) (vgl. Bergman 1897: 44 u. Höfer 1902–1909 a: 2173). *Amor* ist die einzige männliche Personifikation im Gefolge der *Luxuria* und entspricht dem griechischen Ἔρως als allgemeines „Liebesverlangen überhaupt", das die beiden Differenzierungen Ἵμερος (lat. *Cupido*) „unwiderstekliche[r] Zug zu einem vor Augen befindl[ichen] Objekte" und Πόθος „das aufgeregte Verlangen, die Sehnsucht nach einem entfernten Gegenstande" in sich vereint (Furtwängler 1884: 1339–1340). Obwohl Ἔρως in Griechenland bereits sehr früh als Gott kultisch verehrt wurde, hat sich dieser Kult kaum verbreitet, während die Personifikation des Ἔρως sich in Dichtung und Kunst ausbreitete und so auch in Gestalt des *Amor* und des *Cupido* in Rom etablierte (vgl. Furtwängler 1884: 1340 [zur kultischen Verehrung: 1340–1344, zur Personifikation in Dichtung und philosophischer Schriftstellerei: 1344–1349, in der Kunst: 1349–1372]). Bei *Pompa* und *Venustas* scheint es sich um Begriffe zu handeln, die nur bei Prudentius personifiziert werden. Sie passen zur christlichen Luxuskritik des 4./5. Jh.s, die aufwendige Kleidung und Schmuck bei Frauen sowie übertriebene Körperpflege kritisiert, so etwa Greg. Naz. *carm.* 1, 2, 29 u. Hier. *adv. Iovin.* 1, 47 (vgl. Baltrusch 2010: 734); *Pompa* bezieht sich vielleicht sogar in der Bedeutung ‚Prozession' auf allzu „ausufernde Feste" in der Kirche (Baltrusch 2010: 736). *Discordia* entspricht der griechischen Ἔρις und findet sich in der lateinischen Dichtung bei Enn. *ann.* 225–226; Verg. *Aen.* 6, 280; 8, 702; Claud. *Rufin.* 1, 29–30 sowie Val. Fl. 2, 204, oft mit dem Epitheton *demens* (vgl. Roscher 1884: 1179). Sie ist nach Auskunft Hesiods eine Tochter der Nacht (Hes. *theog.* 225), nach Auskunft Hygins und Claudians genau wie *Petulantia* eine Tochter des *Erebus* und der *Nox* (Hyg. *fab. praef.* 1 u. Claud. *Rufin.* 1, 29–30). Sie wird mit Schlangenhaaren, zerrissenem Mantel und blutigen Binden um den Kopf beschrieben. Vgl. Roscher 1884–1890 u. Bloch 1997 a. (Siehe auch S. 356.) *Voluptas* ist ein Beiname der *Venus* (vgl. Fehrle 1937 mit Verweis auf Cic. *nat.* 2, 61).

Sobrietas kommt als personifizierte Mäßigung außer in der *Psychomachia* auch bei Apul. *met.* 5, 30 vor, wo sie Gegnerin der *Venus* ist (vgl. Otto 1909–1915). Sie entspricht der griechischen Σωφροσύνη, die nicht nur als Personifikation in der Literatur vorkommt, sondern auch in Pergamon, im Umland von Synnada in Phrygien sowie in Emesa in Syrien kultisch verehrt wurde und als Tochter der Αἰδώς gilt (vgl. Höfer 1909–1915).

Der Kampf zwischen *Luxuria* und *Sobrietas* ist der Auftakt einer besonderen Klasse von Kämpfen. Die letzten drei Kämpfe nämlich unterscheiden sich deutlich von den vorhergehenden (vgl. Gnilka 1963: 38). Bis zum fünften Kampf erscheint die Reihenfolge der Kämpfe willkürlich. Doch ab dann werden die Kämpfe durch Prudentius aufeinander bezogen (vgl. Gnilka 1963: 38 Anm. 18). Der sechste Kampf beginnt da, wo der fünfte aufgehört hatte, bei den Hinterlassenschaften der *nugatrix acies* der *Luxuria*. Auch die *Discordia*-Szene (vv. 665–725) baut auf dem Ende des fünften Kampfes auf. Viel wichtiger aber ist ein anderer Zusammenhang zwischen den letzten drei Kämpfen. Während nämlich der Tod der Laster der ersten vier Kämpfe jeweils mit der Ausbreitung des Christentums und des Evangeliums „historisch in der Vergangenheit fundiert" (Gnilka 1963: 39) ist, treten die letzten drei Laster auch noch nach der Konstitution des Christentums auf, sogar bei christlichen Priestern (vgl. vv. 381, 497–500 u. 526). Gnilka nimmt deshalb an, dass Prudentius mit der *Luxuria*, der *Auaritia* und der *Discordia* die Laster seiner eigenen Zeit darstellen wollte (vgl. Gnilka 1963: 39). Denn *Luxuria* – ebenso wie *Auaritia* – ist ein Laster, das offenbar schon im 4. und 5. Jh. auch kirchliche Amtsträger befiel, die dafür kritisiert und davor gewarnt wurden (vgl. Hübner 2005: 184–185 u. Baltrusch 2010: 735–737).

Dieser fünfte Kampf der *Psychomachia* wirkt recht sonderbar. Das Tugendheer rückt dem Laster entgegen. Das Laster stellt sich scheinbar dem Kampf, führt ihn aber ins Absurde: Ihre Waffen sind keine Waffen, ihre Kampfführung hat mit Kampf nichts zu tun. Indem sie aber so den kriegserfahrenen, erfolgsgewohnten Tugendkämpfern entgegenfährt, siegt sie. Diese sehen sie gar nicht mehr als Gegnerin an, kämpfen deshalb auch nicht gegen sie, sondern sind bereit, ihr zu folgen. So hat das scheinbar völlig wehr- und waffenlose Laster alleine eine Anzahl bewaffneter, kampferprobter Tugendkämpfer nicht einfach besiegt, sondern sogar auf den Weg des Lasters geführt. Die Wende führt wiederum eine völlig unbewaffnete Kämpferin herbei: *Sobrietas* stellt sich einfach nur dem Wagen in den Weg. Die Pferde wären zweifellos in der Lage, sie einfach zu überrennen und zu zertreten. Doch davor bewahrt sie das Kreuz, das sie ihnen entgegenstreckt. Die nächsten Verletzungen erlangt das Laster durch ihre eigenen Pferde und den eigenen Wagen, unter die es gerät. Erst als *Luxuria* am Boden liegt, greift *Sobrietas*, die in der Zwischenzeit offenbar ruhig mit dem Kreuz in der Hand stehen geblieben sein muss, nach einem Felsblock, der zufällig in Reichweite liegt, und benutzt ihn als Waffe. Damit ist der Kampf dann auch schon zu Ende.

Die Strategie der *Luxuria* ist so einfach wie wirkungsvoll: Täuschung. Sie täuscht jedoch nicht einfach vor, kein Laster zu sein, sondern sie täuscht das Tugendheer über die Gefahren, die von ihr als Laster ausgehen. Mit ihrem Auftreten bringt sie ihre Gegner dazu zu glauben, dass es gar keine Schlacht zu schlagen gäbe, ja dass sogar der Friede, der als Ziel auch des Seelenkampfes erscheint, schon längst erreicht wäre (vgl. Nugent 1985: 79).

Das Problem mit der *luxuria* ist für Prudentius offenbar, dass sie so schwer als bedrohliches Laster erkannt wird. Selbst wenn man verstandesmäßig weiß, dass sie ein Laster ist, wird oft nicht deutlich, welchen Schaden sie genau verursacht. Und genau das scheint Prudentius dem Leser klarmachen zu wollen: Sich der *luxuria* hinzugeben, ist sehr verführerisch. Man schadet ja anscheinend niemandem damit. Alles aber, was im Übermaß getan wird, wird zum Laster, selbst Liebe, Anmut, Scherz und Ausgelassenheit. Eine weitere Konsequenz aus Prudentius' Darstellung ist wiederum die, dass das Fehlen der Ausrichtung auf die *luxuria* die kleinen Laster aus deren Umgebung völlig wirkungslos macht. Dasselbe gilt umgekehrt aber auch für die kleinen Tugenden bzw. guten Eigenschaften, die Prudentius leider nicht konkretisiert. Maßvoll eingesetzt sind sie starke und unbesiegbare Tugenden, wenn sie jedoch übertrieben werden – sich verschwenden –, werden sie zum Laster. Ohne eine eindeutige Ausrichtung der Art und Weise ihrer Realisierung auf *luxuria* oder *sobrietas* hin, wären jedoch auch sie für Prudentius sicher wirkungs- und bedeutungslos.

Durch seine Darstellung zeigt Prudentius die besondere Gefahr der *luxuria* auf: Sie kann auch von einer sonst ganz und gar tugendhaften Seele Besitz ergreifen und diese in das Reich der Sünde hinabziehen. Doch die Macht der *sobrietas* ist größer: Das konsequente Bekenntnis zur *sobrietas* im Vertrauen auf Christus genügt, um das Laster zu besiegen. Erst diese Gewissheit des Glaubens ermöglicht dem Menschen, den Verlockungen der *luxuria* standzuhalten. Deshalb widmet Prudentius auch so viele Verse der Rede der *Sobrietas*, aber nur so wenige Verse dem eigentlichen Kampfgeschehen. Denn der Entschluss zur *sobrietas*, weil man sich der Gnade Christi gewiss ist und keines anderen Gutes bedarf, reicht aus, um den Hang zu *luxuria* in sich zu besiegen. Der zweite Punkt, der Prudentius so wichtig ist, dass er ihm eine größere Anzahl von Versen widmet, ist die Reue: Es ist niemals zu spät, auf den Weg der Tugend zurückzukehren. Wenn man seine Verfehlungen ehrlich bereut, wird einem vergeben. Besserung ist also jederzeit möglich. Den Weg dazu bahnt die Mäßigung.

Neben den für die *Psychomachia* typischen epischen Reminiszenzen, vor allem in der Rede der *Sobrietas*, aber auch in den Kampfschilderungen, und den Erinnerungen an biblische Erzählungen in der Rede, wirken in diesem Kampf in der Darstellung der *Luxuria* und ihrer Wirkung zwei literarische Anspielungen durchgehend: zum einen Iuvenals Luxuskritik (Iuv. 6, 292–305), zum anderen das Bild der Hure Babylon in der Offenbarung des Johannes (*Apc* 17), wie Lewis detailliert ausführt (vgl. Lewis 2002: 88–90 mit Verweis auf Hanley 1962: 45 u. Cotogni 1936: 447).

310–348: Einführung des Lasters, Beschreibung der Kampfweise und Wirkung auf die Gegner.

310–327: Zunächst wird *Luxuria* beschrieben und einerseits durch ihren Zustand vor der Begegnung mit dem Feind (vv. 310–320), andererseits durch ihr Auftreten gegenüber dem Feind (vv. 321–327) charakterisiert.

310–320: *Luxuria* kommt ursprünglich aus dem Westen (v. 310), ihr Ruf ist schon lange verloschen (v. 311) und sie selbst macht einen heruntergekommenen und jämmerlichen Eindruck, der ihrer zügellosen nur auf Lust und Vergnügen ausgerichteten Lebensweise geschuldet ist (vgl. vv. 313–315): Ihr Haar trieft, ihr Blick ist unstet, ihre Stimme schwach und brüchig (vgl. v. 312); sie erbricht das Nachtmahl wieder, als sie bei Tagesanbruch das Kampfsignal hört, und strauchelt betrunken durch die überall verstreuten Überreste des Gelages. *Luxuria* verkörpert so bildlich die Wirkung ihres moralischen Verfalls (vgl. Verdoner 2006: 236).

310 uenerat occiduis mundi de finibus hostis: ‚von den westlichen Grenzen der Welt war der Feind gekommen'. Warum die *Luxuria* bei Prudentius ausgerechnet aus dem Westen kommt, ist unklar, wo doch normalerweise geläufig ist, dass der Luxus aus dem Osten komme (vgl. Bergman 1897: 32, Lavarenne 1933: 234, Thomson 1949: 300, Gnilka 1963: 40, Lavarenne 2002: 61, Lewis 2002: 87–88 u. Verdoner 2006: 236). Verschiedene Erklärungsansätze dafür sind diskutiert worden:

(a) Nebrissensis deutet es als eine Anspielung auf das Alter der Welt, das sich dem Ende zuneigt „uergente mundi uesperis" (Nebrissensis 1512 zitiert nach Bergman 1897: 32 u. Lavarenne 1933: 234).

(b) Giselinus sieht darin einen Hinweis auf den Luxus und Reichtum der westlichen Länder, vor allem Spaniens, weil diese Gold, Silber, Wolle, Gewürze und andere verweichlichende Dinge („rerum ad effeminandos mores pertinentium") in großen Mengen besessen hätten (Giselinus 1562 zit. nach Lavarenne 1933: 234). Dieser Deutung schließt sich Lee mit Verweis auf den Reichtum Spaniens an Bodenschätzen an (vgl. Lee 1966: 229).

(c) Arévalo erklärt, dass der Westen des römischen Reiches mit seiner Hauptstadt Rom gemeint sei, wo zu der Zeit des Prudentius der Luxus gepflegt worden sei, so dass dort damals die Zügellosigkeit und die Sittenverderbnis weit größer gewesen sei als in den Städten des Ostens wie beispielsweise Antiochia und Konstantinopel (vgl. Arévalo 1862: 45–46). Dieser Deutung folgen die Herausgeber des 19. Jh. wie Dressel und Obbarius (vgl. Bergman 1897: 32 u. Obbarius 1845: 119–120). Lee widerspricht dieser These aus zwei Gründen: Einerseits schreibt Prudentius in Spanien, so dass es doch sehr ungewöhnlich wäre, wenn er die östlich von seinem Aufenthaltsort gelegene Stadt Rom als westlich bezeichnete; andererseits sei Rom zu diesem Zeitpunkt als Stadt der Städte und „earnest pagans" wie Symmachus zu diesem Zeitpunkt gerade nicht für seinen Luxus bekannt gewesen (Lee 1966: 229). Verdoner dagegen sieht die Deutung Arévalos durch die „well-established connection of Rome with decadence" gestützt (Verdoner 2006: 236; vgl. Fuhrmann 1968a: 535). Vgl. zum spätantiken Bild von Rom differenzierter Fuhrmann 1968a [bes. 535–536] u. Fuhrmann 1994 sowie speziell zur Romidee des Prudentius Pietsch 2001. Lewis kommt ausgehend von Arévalos Ansatz und der Diskussion darum zu dem Schluss, dass es für Prudentius nicht so wichtig sei, woher *Luxuria* ursprünglich gekommen sei, sondern dass sie nun in Rom angekommen sei (vgl. Lewis 2002: 88), was angesichts des Beginns ausgerechnet mit *uenerat* ‚war gekommen' nicht haltbar ist.

(d) Bergman stellt – wie zuvor schon Teoli (vgl. Gnilka 1963: 40) – fest, dass der Westen immer auf Untergang, Tod und Finsternis bezogen werde, der Osten dagegen auf Licht, Leben, Paradies und Glück, weshalb das Paradies als im Osten gelegen dargestellt werde, Hölle bzw. Tartarus dagegen als im Westen gelegen, was durch den im Westen befindlichen Atlantischen Ozean noch bestärkt werde; daher kommt Bergman zu dem Schluss, dass Prudentius mit *occiduis mundi finibus* die Unterwelt, die Finsternis und damit den Sitz der Laster als Herkunftsort der *Luxuria* angeben wollte (vgl. Bergman 1897: 32). Dieser Deutung schließt sich Lavarenne in seiner zweisprachigen Ausgabe von 1948 mit Verweis auf Tertullian (*adv. Val.* 3) und Ambrosius (*myst.* 2, 7) an (vgl. Lavarenne 2002: 62). Auch Engelmann folgt diesem Ansatz in seiner zweisprachigen Ausgabe (vgl. Engelmann 1959: 15). Ähnlich sieht es Lee, wenn er erwägt, dass Prudentius als Ursprung der *Luxuria* den Westen bezeichnet, da ja der Osten nicht nur die Wiege des Christentums, sondern auch dessen Blütezentrum gewesen sei (vgl. Lee 1966: 229). Gnilka schließt sich dieser Deutung mit Verweis auf die starke Wirkung dieser frühchristlichen Vorstellung auf Literatur und Liturgie an (vgl. Gnilka 1963: 40).

(e) In seinem Kommentar von 1933 erwägt Lavarenne nach einer Übersicht über die bisherigen Deutungsvarianten angesichts des „tempérament d'improvisateur du poète" die Möglichkeit, dass Prudentius hier vielleicht einfach nur ein Fehler unterlaufen ist (Lavarenne 1933: 234). Diese Erklärung sollte man nicht einfach verwerfen; immerhin geht Prudentius auch mit biblischen Vorlagen sehr frei um.

311 exstinctae iam dudum prodiga famae: heißt hier ‚sich nicht um ihren schon längst verloschenen Ruf sorgend' (vgl. Bergman 1897: 32 mit Verweis auf Hor. *carm.* 1, 12, 37 u. Ov. *am.* 8, 406 u. ThLL X,2: 1613 s. v. prōdigus [z. St. Z. 35–36]). *Luxuria* ist es also egal, was die Leute über sie und ihr ungewöhnliches Auftreten denken, weil sie ihren Ruf bereits vor langer Zeit ruiniert hat. Gleichzeitig klingt natürlich die Grundbedeutung von *prodigus* mit, die das Wesen der *Luxuria* treffend charakterisiert: Sie ist ‚verschwenderisch', ‚zügellos' und eine Angeberin (vgl. Arévalo 1862: 46).

312 delibuta comas: ‚mit gesalbtem Haar' oder aber ‚mit verschmiertem Haar' (vgl. Bergman 1897: 32, ThLL V,1: 442 s. v. dēlibūtus u. 442 s. v. dēlibuō). Diese Beschreibung reiht sich zwar auf den ersten Blick einfach in die Aufzählung der Attribute ihrer nach dem Gelage völlig heruntergekommenen Erscheinung ein (vv. 312–320; vgl. auch v. 413 *comamque madentem*); nebenbei wird aber auch der Aufwand illustriert, den *Luxuria* für ihr Äußeres vor dem Gelage betrieben hat.

comas ist wie in v. 23 *acc. limitationis* (vgl. Lease 1895: 17 § 37 sowie Lavarenne 1933: 86 § 166 u. 97 § 205).

314–315 mollire ... haurire ... soluere: die Infinitive fungieren als Appositionen zu *uoluptas* (v. 313) (vgl. Bergman 1897: 33 u. Lavarenne 1933: 235).

314 elumbem mollire animum: ‚den schwachen Geist verweichlichen'. *elumbis*, wörtlich ‚mit verrenkter Hüfte' (vgl. ThLL V,2: 433 s. v. ēlumbis 1), heißt hier im übertragenen Sinne soviel wie ‚kraftlos', ‚antriebslos' bzw. ‚weich / verweichlicht' (vgl. ThLL V,2: 433 Z. 80 s. v. ēlumbis 2 z. St., Burnam 1905: 61 u. Burnam 1910: 96). *elumbem mollire animum* erscheint als Prolepse (vgl. Lavarenne 1933: 103 § 226), kann aber vielleicht auch so verstanden werden, dass der schon schwache Geist der Kämpfer Voraussetzung dafür ist, dass *Luxuria* sie noch mehr verweichlicht bzw. in ihre Gewalt bringt.

314–315 amoenas | haurire inlecebras: ‚die lieblichen Reize auskosten'. *haurire* wird hier übertragen im Sinne von ‚mit den Sinnen ausschöpfen' gebraucht (vgl. Bergman 1897: 33), vielleicht sogar im Sinne von ‚bis zur Neige auskosten'.

inlecebra ‚Verlockung' bzw. ‚Reiz' steht angesichts der Charakterisierung der *Luxuria* für die Verführung zu gutem und reichlichem Genuss von Speisen und Getränken (vgl. vv. 316–319, 343, 367–368, 377 u. 427–429), wohlriechendem Balsam und Öl sowie duftenden Blüten (vgl. vv. 319–320, 326–327 u. 354–355), Schmuck, feiner Kleidung und Prunk (vgl. vv. 335–339, 358–359 u. 363) sowie sexuellen Ausschweifungen (vgl. vv. 343 u. 378).

315 fractos soluere sensus: ‚die gebrochenen Sinne zu lösen'. *fractus* ‚gebrochen' wird hier i. S. v. ‚erschöpft', ‚schlaff' oder ‚weichlich' gebraucht. *sensus* steht entweder für ‚Gesinnung' und ‚Charakter' oder aber für die Empfindungsfähigkeit und die ‚Gefühle'. *soluere* ‚lösen' bedeutet hier wohl nicht so sehr ‚schwächen / verweichlichen' als vielmehr ‚gehen / treiben lassen'. *Luxurias* Sinne und ihr Charakter sind durch ihren Lebensstil schon abgestumpft und verweichlicht, sie genießt alle Freuden zügellos.

316 peruigilem cenam: ‚das immer wache Mahl' ist eine Enallage: tatsächlich hat *Luxuria* die Nacht beim Mahl durchwacht (vgl. Burnam 1910: 96). Bergman deutet *peruigilem cenam* als ‚bei Nacht eingenommenes Mahl' (vgl. Bergman 1897: 33).

317 quia: ‚weil' oder ‚als'. Ob das Ertönen der Signalhörner tatsächlich der Grund sein soll, dass *Luxuria* sich übergibt, ist nicht zu klären. Dass sie es aber zum Zeitpunkt des Ertönens tut, ist klar. *quia* könnte daher hier möglicherweise auch temporal verwendet werden (vgl. LHS 2: 587 § 316.g und die Übersetzungen bei Thomson 1949: 301, Lavarenne 1933: 158 u. Lavarenne 2002: 61).

Summers hält sowohl die kausale als auch die temporale Bedeutung aufgrund der „disruption of the syntactical and logical flow caused by the *quia*" (Summers 2012: 428) für unbefriedigend und erinnert deshalb an einen Emendationsversuch von Wakefield, den dieser im Rahmen seiner Diskussion der Bedeutungen von *marces* bei Lucr. 3, 969 unter Heranziehung von *marcida* (*psych.* 316) für v. 317 gemacht hat. Wakefield schlägt *qua* statt *quia* vor (vgl. Wakefield 1797: 159 zit. nach Summers 2012: 428), das metrisch gleichwertig ist, da es die Doppelkürze durch eine Länge ersetzt. Wakefield erklärt dazu: „Quâ scilicet, ubi: editi quia. Has autem voculas in scriptis saepe permutari …." (Wakefield 1797: 159 zit. nach Summers 2012: 428). Summers schließt daraus eine lokale Bedeutung, die besser in den Kontext passe als die kausale oder temporale. Er übersetzt die vv. 316–320 daher folgendermaßen: „Even the exhausted Indulgence was belching up her night-long dinner, where, by chance, still lying at her plates at the approach of dawn, she heard the raucous horns, and leaving there her lukewarm cups, she went slipping on spilt wine and balsam to war, crushing flowers under her feet." (Summers 2012: 429), für die wesentliche Stelle (vv. 316–318) ergäbe sich also ‚sie spie das die Nacht über andauernde Mahl aus, wo sie ... die heiseren Hörner gehört hatte'. Das setzt eine doppelte Bedeutung von *pervigilem cenam* voraus, die sowohl das Mahl als Anlass als auch als Speisen beinhaltet. Wakefields Emendation könnte aber, so wie er sie begründet, auch temporal gemeint sein, wenn er das *ubi* in seiner Begründung temporal versteht, wie *qua* – zumal im Spätlatein – durchaus auch gebraucht werden kann (vgl. LHS 2: 564 §355.b, 651–652 § 354.a u. 587 § 316.g).

317–318 raucos | ...lituos: ‚die heiseren Signalhörner'; *lituus* steht hier für ein beim Militär verwendetes gekrümmtes Blechblasinstrument. Vgl. *truci aere* (v. 235) u. *cornicinum curua aera* (v. 636).

318–319 tepentia pocula: ‚lauwarme Becher' verweist zunächst auf die antike Gepflogenheit, den Wein mit warmem Wasser gemischt zu trinken (vgl. Bergman 1897: 33 u. Thomson 1949: 300). *tepens* ‚lau' beschreibt aber nicht nur die Temperatur des Weines, den *Luxuria* bei ihrem nächtlichen Mahl genossen hat – immerhin dürften die Becher, die am frühen Morgen noch auf dem Boden herum stehen, wohl kaum noch davon warm sein –, sondern charakterisiert vor allem das Wesen des Lasters am Ende des Gelages: *Luxuria* selbst ist ‚lau' und ‚schlaff', wie auch *marcida* (v. 316) zeigt.

319 balsama: Das aus dem Balsamstrauch gewonnene, wohlriechende Öl wurde bei Festen, besonders bei Hochzeiten, versprengt und diente auch als Salböl (vgl. Arévalo 1862: 47 u. Bergman 1897: 33).

321–327: Das Auftreten des Lasters ist ungewöhnlich, unkämpferisch und verwirrend. *Luxuria* fährt auf einem geschmückten Wagen vor (vv. 321–322) und wirft, statt Waffen zu benutzen (vv. 323–325), fröhlich und ausgelassen körbeweise Blumen und Blüten in die Menge ihrer Gegner (vv. 326–327). Prudentius setzt die Kampfweise der *Luxuria* in scharfen Kontrast zur für das Epos üblichen Kampfweise, indem er die typischen Waffen negiert aufzählt, bevor er die ohnehin seltsam anmutende Kampfweise des Lasters beschreibt (vgl. Lühken 2002: 55).

321 pedes: ‚zu Fuß', hier mit militärischer Konnotation ‚Fußsoldat' (vgl. Arévalo 1862: 47).

322–343: *Luxuria* gewinnt zunächst die Herzen aller Anwesenden. Hierbei handelt es sich nicht nur, wie in der Forschungsliteratur durchgehend angenommen, um die Tugenden (vgl. Schwen 1937: 21), sondern auch um weitere menschliche Mitstreiter der Tugenden, ähnlich der aus tausend Märtyrern bestehenden *uictrix legio* der *Fides* (vv. 36-37). Dafür spricht neben der Nennung von ‚Männern' in v. 322 trotz ansonsten weiblicher Attribuierung der Tugenden und den recht allgemeinenen Bezeichnungen *inimica ... agmina* (v. 327) und *cuncta acies* (v. 340) vor allem die Charakterisierung der Streitkräfte auf Seiten der Tugenden in der Rede der *Sobrietas* als Nachkommen des von Moses aus Ägypten herausgeführten Volkes Israel (vv. 371–376), als Nachkommen der Untertanen der siegreichen jüdischen Könige David und Samuel (vv. 386–391) und als Christen (vv. 374–376 u. 381) sowie deren explizit maskuline Bezeichnungen und Attribute: *caesariem uirilem* (v. 358) und *uiros* (v. 379). Die Tugenden selbst werden in der ganzen Schilderung der Aristie der *Luxuria* (vv. 322–343) nur ein einziges Mal genannt: *eblanditis Virtutibus* (v. 328). Erst *Sobrietas* wird bei ihrem Auftreten (v. 344) als *uirtus* bezeichnet, die in ihrer Rede verspricht, *cunctis uirtutibus* ‚allen Tugenden' (v. 404) den Weg zu bahnen.

322 mirantum ... uirorum: ‚der staunenden Männer'. *mirantum* = *mirantium*. Die *uiri*, von denen hier die Rede ist, sind wohl nicht die Tugenden, die sonst ja immer explizit weiblich dargestellt werden (s. o. den Kommentar zu vv. 322–343). Vgl. auch *quosque uiros* (v. 379).

capiebat: ‚bemächtigte sich'. *Luxuria* gewinnt die Anwesenden für sich und begeistert sie, indem sie diese mit ihrem Auftreten über ihren wahren – lasterhaften und gefährlichen – Charakter täuscht (vgl. Arévalo 1862: 47) und sie so kampflos überwältigt.

323 o noua pugnandi species: ‚oh, welch ungewohnte Erscheinung des Kämpfens' bzw. ‚oh, welch neue Art zu kämpfen!'. *nouus* ‚neu' hat hier zugleich die Konnotation ‚ungewohnt' bzw. ‚unerwartet', denn das Auftreten der *Luxuria* auf ihrem Streitwagen (vv. 321–327) ist ja eine Karikatur der typischen epischen Kampfschilderung. Und von Kampf kann eigentlich auch gar nicht die Rede sein; *Luxuria* hat überhaupt nicht vor, die Tugenden und deren Mitstreiter zu bekämpfen und zu vernichten, vielmehr täuscht sie diese über ihr Wesen und gewinnt sie so als Anhänger (vgl. Arévalo 1862: 47).

ales harundo: ‚der gefiederte Pfeil'. *arundo* ‚Rohr' bezeichnet hier metonymisch den Pfeil (vgl. Lavarenne 1933: 235 mit Verweis auf Verg. *Aen.* 4, 73 u. Ov. *met.* 5, 384). Das Adjektiv *ales* beschreibt sowohl das Aussehen des Pfeils, der am Ende seines Schafts durch Federn stabilisiert wird (vgl. Hom. *Il.* 5, 171), als auch mit der Bedeutung ‚schnell' seine Geschwindigkeit im Flug (vgl. Arévalo 1862: 47, Burnam 1905: 62 u. Lavarenne 1933: 235).

324–325 torto ... amento: ‚aus dem gedrehten Wurfriemen'. Ein *amentum* ‚Wurfriemen' aus Leder am Ende eines Speeres diente dazu, die Waffe kräftiger und weiter zu schleudern (vgl. ThLL I: 1885 s. v. ammentum [z. St. Z. 71] u. Bergman 1897: 34). Prudentius verwendet das Wort nur hier (vgl. Deferrari–Campbell 1932: 29).

325 frameam nec dextra minatur: ‚und keine Rechte droht mit dem Wurfspieß'. Das aus dem Germanischen entlehnte Wort *framea* bezeichnet ursprünglich eine von den Germanen verwendete leichte Art von Speer mit einer kurzen, scharfen Eisenspitze (vgl. Tac. *Germ.* 6, 1 sowie ThLL VI,1: 1239 s. v. framea 1 u. Bergman 1897: 34) und wurde danach allgemein für solch eine Art von Wurfspieß verwendet (vgl. ThLL VI,1: 1239 s. v. framea 2 [z. St. Z. 77–78]). Christliche Autoren verwenden es ungeachtet seiner eigentlichen Bedeutung oft für ‚(zweischneidiges) Schwert' (vgl. ThLL VI,1: 1239–1240 s. v. framea 3, Bergman 1897: 34 u. Lavarenne 1933: 235). Prudentius verwendet das Wort nur hier (vgl. Deferrari–Campbell 1932: 264).

frameam minatur heißt wörtlich ‚droht den Wurfspieß an', gemeint ist der Einsatz des Wurspießes.

327 calathos: ‚Schalen'; *calathus* bezeichnet sowohl das ‚Körbchen' und die ‚Schale' für feste Gegenstände wie Wolle, Blüten oder Obst als auch die ‚Schale' oder den ‚Kelch' für Flüssigkeiten wie Milch oder Wein. Prudentius gebraucht es insgesamt dreimal (vgl. Deferrari–Campbell 1932: 75): *cath.* 3, 70 für ein Milch- bzw. Quarkgefäß, *perist.* 3, 205 für ein Blütenkörbchen und an dieser Stelle. Hier ist wohl ein Körbchen oder eine Schale mit Blüten gemeint (vgl. Bergman 1897: 34, Burnam 1910: 97, Lavarenne 193: 235 u. ThLL III: 125 s. v. calathus 1 [z. St. Z. 52–53]), so dass man *rosarum* (v. 326) auch auf *calathos* beziehen muss, also etwa *calathos plenos rosarum* ‚Körbchen / Schalen voll mit Rosen[blüten]' (vgl. Arévalo 1862: 47 u. Bergman 1897: 34). Lavarenne vermutet aufgrund der Ähnlichkeiten zu Verg. *ecl.* 2, 45–47 und Ov. *met.* 5, 292–293, dass Prudentius hier besonders die *uiolas* (v. 326) als Inhalt der Blumenkörbchen meinen könnte (vgl. Lavarenne 1933: 235).

328–343: *Luxurias* seltsamer Auftritt verwirrt ihre Gegner nicht nur, er demoralisiert sie völlig. Ihre Gegner fühlen sich durch diese Art der Begrüßung geschmeichelt und ihre Kraft lässt nach (vv. 328–331). Ohne jeden Kampf geben sie sich geschlagen und legen die Waffen nieder (vv. 332–333). Sie bewundern *Luxurias* prunkvollen Wagen, den Prudentius detailliert beschreibt (vv. 334–339). Schließlich lösen sie ihre Schlachtordnung auf, kapitulieren und wollen zu *Luxuria* überlaufen, um ihr zu dienen und sich ihrer zügellosen Lebensweise zu unterwerfen.

328 halitus inlex: ‚der verlockende Hauch'. *halitus* ‚Hauch' bezeichnet hier wohl den Duft, den die von *Luxuria* verstreuten Blüten verströmen und den die Tugenden nun einatmen (vgl. ThLL VI,3: 2517 s. v. hālitus A.2 [z. St. Z. 9]); vgl. *male dulcis odor* (v. 330).

Der Nominativ *inlex* = *illex* ermöglicht Prudentius hier ein Wortspiel: *illex* (Gen.: *illicis*) ‚verführerisch / verlockend' passt hier natürlich am besten in den Kontext (vgl. ThLL VII,1: 367 s. v. illex[2] 2 [z. St. Z. 70–71]), *illex* (Gen.:

illegis) ‚gesetzlos' beschreibt zugleich treffend das Wesen der *Luxuria*: Sie lebt ungezügelt und schrankenlos (vgl. v. 312: *prodiga*). Allerdings gebraucht Prudentius das ohnehin seltene *illex* (vgl. Lavarenne 1933: 235) ansonsten nur als *illex* (Gen.: *illicis*) ‚verführerisch / verlockend': *inlice flecteret arte* (*c. Symm.* 2, 6) und *ore blandi iudicis inlice* (*perist.* 14, 16), daneben verwendet er mehrfach das dazugehörige Verb *illicere* ‚anlocken / reizen': *cath.* 3, 112; *c. Symm.* 2, 859 u. 892; *ham.* 809 (vgl. Deferrari–Campbell 1932: 330).

330 male dulcis odor: Vgl. *halitus inlex* (v. 328).

332 ceu victi: ‚als wären sie besiegt' bzw. ‚wie Besiegte'. Es hat kein Kampf stattgefunden, *Luxuria* erweckt nicht den Eindruck, feindlich zu sein. Es wäre also kaum verwunderlich, würden die Tugenden und ihre Mitstreiter angesichts der friedlichen Situation die Waffen einfach niederlegen, weil sie diese ja gar nicht benötigen. Stattdessen betont Prudentius, dass sie dies ‚wie Besiegte' tun, und macht damit deutlich, dass *Luxurias* scheinbar so unkämpferisches Auftreten eben gerade ihre Kampftaktik ist und sie auf diese Weise ihre Gegner kampflos überwältigt. Vgl. vv. 340–341.

335 bratteolis crepitantia lora: ‚mit Goldplättchen klappernde Zügel' (vgl. Arévalo 1862: 48 u. Burnam 1905: 62). Die Goldplättchen, mit denen die Zügel verziert sind, klappern beim Lenken des Wagens aneinander (vgl. Burnam 1910: 97).

336 solido ex auro *pretiosi ponderis* axem: ‚die Achse aus reinem Gold von wertvollem Gewicht'. Dass die Achse nicht bloß vergoldet, sondern aus reinem Gold besteht, macht sie besonders wertvoll und zugleich bedeutend schwerer als üblich (vgl. Bergman 1897: 35). Durch die Alliteration *pretiosi ponderis* lenkt Prudentius das Augenmerk des Lesers auf diese Besonderheit; vgl. *argento albentem* (v. 338).

337–338 radiorum | *argento albentem* seriem: ‚die Abfolge der Speichen aus weißem Silber'. Auch dass die Speichen aus glänzend poliertem Silber sind, ist äußerst ungewöhnlich und wird von Prudentius durch die Alliteration *argento albentem* hervorgehoben; vgl. *pretiosi ponderis* (v. 336).

338–339 quam summa rotarum | flexura electri pallentis continet orbe: ‚welche die äußerste Lauffläche der Räder mit einem Ring aus matt schimmerndem Silbergold zusammenhält'.

summa rotarum flexura bezeichnet die Oberfläche bzw. Außenseite des Radreifens (vgl. ThLL VI,1: 908 s. v. flexūra 1.a [z. St. Z. 63]), also entweder die Lauffläche oder aber die dem Blick der Zuschauer zugewandte Seite.

electri pallentis bezeichnet als *gen. materiae* den Rohstoff, aus dem entweder der ganze Radreifen oder aber eine Verzierung an dessen Oberfläche oder Außenseite gefertigt ist. *electrum* steht hier für ein Gemisch aus Gold und Silber, das sowohl natürlich vorkommt als auch künstlich als Legierung aus 3–4 Teilen Gold und 1 Teil Silber hergestellt wurde (vgl. ThLL V,2: 331

s. v. ēlectrum [z. St. Z. 81–82], Bergman 1897: 35, Burnam 1910: 97, Lavarenne 1933: 235–236, Schrot 1967 sowie Verg. *Aen.* 8, 402, Plin. *nat.* 33, 22, 1 u. Isid. *orig.* 16, 24, 2). *electrum* bedeutet hier wahrscheinlich nicht ‚Bernstein' (vgl. ThLL V,2: 331 s. v. ēlectrum 1), weil dieses Material weder hart noch elastisch genug ist, um den Belastungen standzuhalten, denen ein Wagenrad ausgesetzt ist. Allerdings würde angesichts des ungewöhnlichen Auftretens der *Luxuria* und der ohnehin schon seltsamen Bauweise des Wagens auch das nicht unbedingt verwundern. Die Farbbeschreibung *pallens* ‚matt schimmernd' bzw. ‚gelblich' passt jedenfalls sowohl zum Silbergold (vgl. ThLL X,1: 121 s. v. palleo II.C.3 [z. St. Z. 179]) als auch zum Bernstein.

Wir haben also folgende Möglichkeiten, diese Stelle zu verstehen: (a) Der Radreifen besteht ganz aus Bernstein, was zur Folge hat, dass er zu seinem tatsächlichen Verwendungszweck untauglich ist und lediglich zu Prunkzwecken dient. (b) Der Radreifen ist außen, an der dem Blick zugewandten Seite, mit Bernstein verziert; er sieht zwar prunkvoll aus, ist aber dennoch benutzbar. Durch die Drehung des Rades entsteht vielleicht der Eindruck, dass der ganze Radreifen aus Bernstein wäre. (c) Der Radreifen ist ganz aus Silbergold, wodurch er möglicherweise auf die Dauer zu weich für seinen Verwendungszweck ist, aber golden schimmert und damit auch zum Prunk dient. (d) Der Radreifen wird von einem Ring aus Silbergold zusammengehalten, der als Lauffläche dient.

340–341 in deditionis amorem | sponte ... transibat: ‚gab sich aus freien Stücken der Sehnsucht nach Unterwerfung hin' (vgl. Bergman 1897: 35–36). Das Bild der „Schlacht", als welche Prudentius die Begegnung zwischen der so ungefährlich erscheinenden Sünde *Luxuria* und den Tugenden mit ihren Mitstreitern durch die explizit militärische Wortwahl darstellt, wird immer grotesker: *Luxuria* hat bisher weder gekämpft noch irgendwelche Forderungen gestellt, dennoch wollen die Tugenden und ihre Gefährten sich ihr nicht einfach anschließen, sondern kapitulieren. Vgl. v. 332.

342 dominae fluentis: ‚der fließenden Herrin'; *fluens* bedeutet hier sowohl ‚überfließend / überströmend', insofern *Luxuria* sich und ihre Habe überreich gibt, ja verschwendet (vgl. vv. 321–327), als auch ‚ausschweifend / locker' im Sinne von ‚ohne feste moralische Prinzipien'.

343 laxa ganearum lege: ‚durch das liederliche Gesetz der Kneipen / Spelunken'. *ganea* ‚Kneipe' bezeichnet nicht nur einen öffentlichen Ort, wo (im Übermaß) geschlemmt und getrunken wird (vgl. ThLL VI,2: 1689 s. v. gānea[1] 1.a), weshalb das Wort auch metonymisch für ‚Schlemmerei / Prasserei' gebraucht wird (vgl. ThLL VI,2: 1689 s. v. gānea[1] 1.b [z. St. Z. 71]), sondern auch einen Ort, wo sich Prostituierte und andere zwielichtige Gestalten aufhalten und der deshalb einen schlechten Ruf hat (vgl. ThLL VI,2: 1689

s. v. gānea¹ 2, Arévalo 1862: 48 u. Burnam 1910: 97). Durch das Attribut *laxa* ‚locker' bzw. ‚liederlich' macht Prudentius deutlich, dass er die *ganea* hier im vollen negativen Bedeutungsumfang, wohl einschließlich der Andeutung der Prostitution, verstanden wissen will. Vgl. dazu auch *Amor* (v. 436).

Prudentius kürzt wohl aus metrischen Gründen die erste Silbe von *gānĕārum* zu *gănĕārum* (vgl. Lavarenne 1933: 107 § 240 mit Verweis auf dieselbe Kürzung bei Sidon. *carm.* 5, 340).

Es ist den Klerikern in der Spätantike zwar verboten, Tavernen zu betreten, doch fungieren einige von ihnen dennoch – gegen ausdrückliche Verbote – als Betreiber von Schankwirtschaften oder sogar Bordellen, wie Hübner exemplarisch für den Klerus in Kleinasien zeigt (vgl. Hübner 2005: 184–185), so dass wir annehmen dürfen, dass Prudentius hier ganz gezielt ein Problem des Klerus seiner Zeit anspricht.

344–406: Auftritt der *Sobrietas* (vv. 344–350) und Motivation ihrer Mitstreiter durch eine Mahn- und Bittrede (vv. 351–406). Die Tugend gebietet dem Treiben des Lasters und deren Wirkung auf das Tugendheer Einhalt (vgl. Schwen 1937: 21).

Schwen betitelt das Thema dieses Abschnitts mit „Ein Führer stemmt sich der allgemeinen Niederlage entgegen und bringt durch seine Worte die Front zum Stehen und zum Neuangriff" (Schwen 1937: 21) und verweist auf Parallelen bei Vergil (*Aen.* 10, 362–379 u. 11, 727–744). Auch die Gliederung dort ist ähnlich: 1. empörte bzw. enttäuschte Wahrnehmung des Versagens der eigenen Leute (v. 344; vgl. *Aen.* 10, 365–368 u. 11, 728); 2. schneller Entschluss zu eigenem Eingreifen (vv. 347; vgl. *Aen.* 10, 365 u. 11, 730); 3. Entflammen der Leute durch eine energische Rede, die aus Tadel und Bitten besteht (vv. 349–350; vgl. *Aen.* 10, 366–368 u. 11, 730) (vgl. Schwen 1937: 21–22 u. Lühken 2002: 63–64).

344–350: *Sobrietas* wird als *fortissima uirtus* eingeführt. Sie seufzt über das traurige Bild, das ihre bisher unbesiegten Gefährten abgeben (vv. 344–346). Als Feldzeichen trägt sie das Kreuz, das sie zuvor als Anführerin in vorderster Reihe dem Tugendheer vorangetragen hatte (vv. 347–348). Sie beginnt sofort, ihre Kameraden mit scharfen Worten wieder zur Vernunft zu bringen (vv. 349–355).

344 ingemuit: ‚beseufzte' regiert sowohl das Akkusativobjekt *tam triste nefas* (v. 344) als auch den *acc. c. inf. ... socios decedere ... inuictamque manum ... perire* (vv. 345–346). Vgl. zur Konstruktion Bergman 1897: 36, Lavarenne 1933: 86 § 167, ThLL VII,1: 1515–1517 s. v. ingemēsco u. LHS 2: 368 § 195.C.

345 dextro socios decedere cornu: ‚dass die Gefährten / Kameraden vom rechten Flügel weichen'. Diese detaillierte Beschreibung anstelle eines einfachen *socios decedere* soll die Vorstellung des Kampfplatzes mit einer

Schlachtordnung plastischer machen und folgt dabei mehr den Charakteristika des Epos als der Sachlogik. Ja, das Bild bricht hier sogar: Die Tugenden und ihre Gefährten weichen ja nicht nur am rechten Flügel, sondern auf ganzer Linie (vgl. vv. 328–343, besonders v. 340: *cuncta acies*).

346 inuictamque manum quondam sine caede perire: ‚und dass die einst unbesiegte/unbesiegbare Schar einmal ohne Blutvergießen untergeht'; *sine caede perire* ‚ohne Blutvergießen untergehen', also ‚kampflos' (vgl. Arévalo 1862: 48). *quondam* bestimmt *inuictam* (vgl. Bergman 1897: 36) und bezieht sich hier angesichts der Erinnerung an die bisherigen Erfolge (vv. 379–380 u. 386–391) wohl in erster Linie auf die Vergangenheit, nimmt aber andererseits vielleicht auch den zukünftigen – endgültigen – Sieg über die Laster vorweg. Zum Zeitpunkt der Rede erwecken sie jedenfalls den Eindruck von Besiegten (vgl. v. 32: *ceu uictis*). Möglicherweise geht *quondam* ‚einst' aber auch auf *sine caede perire* oder wird angesichts der Mittelstellung ἀπὸ κοινοῦ verwendet.

347–348 uexillum sublime crucis ... defixa cuspide sistit: ‚stellt das erhabene Feldzeichen des Kreuzes mit [in den Boden] eingerammter Spitze auf'. *Sobrietas* trägt das Kreuz als Feldzeichen (vgl. Obbarius 1845: 120 mit Verweis auf Euseb. *vita Const.* 1, 25); *crucis* ist *gen. explicativus* bzw. *identitatis* (vgl. Lavarenne 1933: 87 § 168 u. LHS 2: 63–64 § 54 Zus. b).

sublimis ist dieses Feldzeichen gleich dreifach: Erstens ragt es hoch nach oben, wobei *sublimis* die Größe des Kreuzes illustriert, das *Sobrietas* trägt; zweitens drückt *sublimis* aus, dass *Sobrietas* ihr Kreuz vor dem Einrammen in die Erde hoch erhoben getragen hat – dass *sublimis* in diesem Sinne auch von Waffen gebraucht wird, ist wohl kein Zufall –; drittens ist das Kreuz ‚erhaben', also ‚von großem Rang' bzw. ‚von großem Wert'.

cuspis ‚Spitze' bezeichnet beim Kreuz das untere Ende des senkrechten Kreuzbalkens/-stabes (vgl. ThLL IV: 1553 s. v. cuspis I.B [z. St. Z. 26]). Bei Prudentius bezeichnet *cuspis* sonst immer die Spitze, d. h. das vordere Ende, einer Waffe: *ham.* 411; *psych.* 153; 508; 718; *c. Symm.* 2, 693 (vgl. Deferrari–Campbell 1932: 151). *Sobrietas* stellt ihr Kreuz nicht einfach hin, sondern rammt dessen unteres Ende förmlich in den Boden, um zu zeigen, dass sie weder das Laster angreifen noch ihm weichen, sondern ihre Stellung halten wird.

348 dux bona: gemeint ist *Sobrietas* (vgl. Arévalo 1862: 36). Vgl. auch *dux bone* (*cath.* 5, 1) als Anrede für Christus.

349 instauratque leuem ... alam: ‚und ruft die leichtbewaffnete Truppe wieder zur Ordnung'. *ala* bezeichnet hier nicht den Flügel oder die Flanke der Schlachtordnung (vgl. Lavarenne 1933: 236), sondern eine militärische Einheit, wobei es sich nicht zwingend um eine berittene Truppe handeln muss (vgl. Burnam 1905: 62); *leuis* bedeutet in diesem eindeutig militärischen Zusammenhang ‚leicht bewaffnet' und somit auch ‚leicht beweglich' und ‚schnell' (vgl. Arévalo 1862: 49) oder aber angesichts des Verhaltens der Tugendkämpfer auch ‚leichtfertig'.

instaurare ‚wiederherstellen' heißt hier ‚die [militärische] Ordnung wieder herstellen' (vgl. ThLL VII,1: 1977 s. v. īnstauro I.B.1.b.α.12 [z. St. Z. 49]), oder allgemeiner ‚wieder in seine alte Form bringen', d. h. ‚wieder kampffähig machen' (vgl. Arévalo 1862: 49).

351–406: Die Rede der *Sobrietas* lässt sich in sechs Abschnitte einteilen: die empörte Frage, ob die sonst so starken Mitstreiter sich wirklich dem ausschweifenden Lebensstil der *Luxuria* hingeben wollen (vv. 351–370); die Erinnerung an Hunger und Durst und die Rettung durch Gott während des Auszuges des Volkes Israel aus Ägypten durch die Wüste (vv. 371–380); die Erinnerung an die Zugehörigkeit zu Christus und die edle Abstammung (vv. 381–385); die Mahnung, dem Vorbild der Könige David und Samuel zu folgen (vv. 386–393); die Geschichte von Jonathan, der das Fastengebot seines Vaters Saul gebrochen hat und dafür beinahe mit dem Tode bestraft wurde, aber wegen seiner Reue verschont wurde, verbunden mit der Verheißung der Gnade, wenn die Kämpfer ihren Fehler bereuen (vv. 394–402), und abschließend den Appell, mit *Sobrietas* gemeinsam gegen das Laster zu kämpfen (vv. 403–406).

Zu den zahlreichen Reminiszenzen an Vergil vgl. Schwen 1937: 21–23, Lühken 2002: 63–64 u. Schwind 2005: 324–331, zu den Ovidbezügen, insbesondere zur Pentheusrede (*met.* 3, 531–563), und Prudentius' raffiniertem Umgang damit vgl. Alexander 1936: 168–173, James 1999: 84–87, Lühken 2002: 63 Anm. 77 u. Schwind 2005: 325–331.

351–370: *Sobrietas* beginnt ihre Rede, indem sie den Gefährten die Unvernunft und den Wahnsinn ihres Tuns eindringlich vor Augen führt. Dabei betont sie den Gegensatz zwischen Leib und Seele durch die Gegenüberstellung der Vergnügungen, die *Luxuria* bietet, und des seelischen Heils durch die Taufe und das Bekenntnis zu Christus (vgl. Mastrangelo 1997: 83).

352 cui colla datis?: ‚Wem bietet ihr [Eure] Nacken dar?' = ‚Vor wem beugt Ihr den Nacken?'. Das Beugen des Nackens ist eine Unterwerfungsgeste (vgl. Bergman 1897: 36), bei welcher der sich Unterwerfende den Kopf senkt und die Augen zu Boden richtet; vielleicht rührt diese Geste auch daher, dass der Nacken der Körperteil ist, mit dem Tiere das Joch tragen, so dass es symbolisch dafür steht, dass der sich Unterwerfende bereit ist, die Lasten zu tragen, die der Sieger ihm aufbürdet. Die Wendung *colla dare* findet sich auch bei Properz 2, 10, 15 „India quin, Auguste, tuo dat colla triumpho" (vgl. Lavarenne 1933: 236) und Statius *Ach.* 1, 944 „dare colla catenis".

Die Entrüstung der *Sobrietas* spiegelt sich in der Alliteration *cui colla* lautlich wieder.

353 *a*rmigeris *a*mor est perferre lacertis: *amor est perferre* ‚besteht Verlangen zu ertragen' = ‚wollt ihr ertragen'. *amor* ist hier die ‚Begierde' bzw. ‚Lust [, etwas zu tun]' und ist angesichts der Empörung der *Sobrietas* hier auch negativ konnotiert (vgl. Bergman 1897: 36, Lavarenne 1933: 95 § 196 u. Henderson 1999: 111). Vgl. auch den personifizierten *Amor* (v. 436).
armigeris lacertis ist entweder ein konzessiver *abl. abs.* ‚obwohl [Eure] Arme waffentragend sind' = ‚obwohl [Eure] Arme bewaffnet sind' oder ein *abl. modi* ‚mit waffentragenden Armen' oder aber ein *dat. possess.* zu *amor est* (vgl. LHS 2: 90–91 § 64 I.d) i. s. v. ‚haben [Eure] waffentragenden Arme das Verlangen, zu ertragen' = ‚wollen [Eure] bewaffneten Arme ertragen'.
Durch die Alliteration *armigeris amor* lässt Prudentius die *Sobrietas* ihre Empörung unterstreichen.

354 *l*ilia *l*uteolis inter*lu*centia sertis: ‚zwischen den gelben Girlanden hervorscheinende Lilien'. *luteolus* ‚gelb' bzw. ‚gelblich' bezeichnet sowohl ein strahlendes Gelb als auch ein rötliches oder ins Orangefarbene tendierendes Gelb bezeichnen (vgl. ThLL VII,2: 1893 s. v. lūteolus [z. St. Z. 11–12], Arévalo 1862: 49 u. Burnam 1905: 62). So wird etwa bei Vergil die Morgensonne als *Aurora lutea* (*Aen.* 7, 26) bezeichnet. *serta* – entweder Fem. Sg. oder Neutr. Plur. – bezeichnet ein Blumengebinde bzw. eine Girlande.

356–357 his ... nexibus: ‚diesen Verschlingungen'; auf der Bildebene sind damit die Girlanden und Kränze der *Luxuria* (vv. 354–355) gemeint (vgl. Bergman 1897: 37), im übertragenen Sinne aber wohl deren Prinzipien und Lehren (vgl. Arévalo 1862: 49), welche die Menschen fesseln und selbst die Tugenden täuschen.

358 mitra: Die Mitra war eine ursprünglich aus Lydien eingeführte Kopfbedeckung, die aus einem schmalen Tuch bestand, das mit Bändern unter dem Kinn befestigt wurde; sie wurde vorwiegend von Frauen in Form einer Haube oder eines Schleiers getragen, aber auch von Männern, z. B. im Bacchuskult, von Greisen, von jüdischen Priestern, orientalischen Herrschern; für Römer galt eine solche Kopfbedeckung bei Männern jedoch als Zeichen der Verweichlichung, wie in Verg. *Aen.* 4, 215 und Cic. *har. resp.* 44 (vgl. ThLL VIII: 1160–1161 s. v. mitra 1.a–b [z. St. 1161 Z. 1–2 s. v. mitra 1.b], Obbarius 1845: 121, Bergman 1897: 37, Lavarenne 1933: 237 u. Gross 1969).

359 nardum: ‚Nardenöl'; *nardus* steht hier für eine kostbare Salbe oder ein Öl (vgl. Bergman 1897: 37 u. Burnam 1905: 62) aus wohlriechenden Pflanzen. Als *nardus* ‚Narde' wurden in der Antike verschiedene Pflanzen bezeichnet, so etwa neben der gallischen, kretischen, arabischen und indischen Narde auch – als italische Narde – der Lavendel (vgl. Arévalo 1862: 50 u. Lavarenne 1933: 37 mit Verweis auf Hor. *carm.* 2, 11, 16; *epod.* 5, 59; Tib. 2, 2, 7; 3, 6, 63 u. Prop. 4, 7, 32).

360 post inscripta oleo frontis signacula: ‚nach den mit Öl auf der Stirn eingeschriebenen Zeichen' = ‚nachdem Euch mit Öl die Zeichen auf die Stirn eingeschrieben worden sind'. *signaculum* ‚Siegel' bzw. ‚kleines Zeichen' bezeichnet hier das Kreuzeszeichen, das bei der Taufe mit Chrisam auf der Stirn des Täuflings gemacht wird, um den Taufbund mit Christus zu ‚besiegeln' (vgl. Georges II: 2659 s. v. sīgnāculum I z. St., Bergman 1897: 37 u. Lavarenne 1933: 237). Die Vulgata verwendet im 2. Korintherbrief das Verb *signare* für die Kennzeichnung der Christen als zu Gott zugehörig (II *Cor* 1, 22).

361 unguentum regale ... et chrisma perenne: ‚königliches Salböl und ewige Salbung'. *unguentum* ist ein ‚Salböl'. Prudentius verwendet *regalis* ‚königlich' bzw. ‚eines Königs [od. einer Königin] würdig' mehrfach in Bezug auf weltliche bzw. mythische Könige, Königinnen, Prinzen oder Prinzessinnen bzw. deren Würde (*c. Symm.* 1, 141; *c. Symm.* 1, 161–162; *c. Symm.* 2, 299; *perist.* 10, 353), zweimal mit direktem Bezug auf Christus (*cath.* 12, 28: *regale uexillum* für den Stern von Bethlehem, dem die *magi* aus dem Morgenland folgen; *c. Symm.* 1, 586: *regali chrismate* für die Salbung der Gläubigen in einer christlichen Kirche); die Verwendung in *apoth.* 609 steht zwischen diesen beiden Bedeutungen, denn die *regalia fercula* sind sicher sowohl aufgrund ihres Werts und ihrer Gestaltung eines Königs würdig als auch als Gaben für den ‚König' Christus gedacht. *unguentum regale* ‚königliches Salböl' bzw. ‚eines Königs würdiges Salböl' kann sich also hier einerseits auf den tatsächlichen Geldwert beziehen (vgl. *Mt* 26, 7–9; *Mc* 14, 3–5; *Io* 12, 3–5; *Apc* 18, 13) als auch auf den spirituellen Bezug zum ‚König' Christus.

Die Vulgata gebraucht das Substantiv *unctio* und das Verb *unguere* für die Salbung der Gläubigen durch Christus bzw. Gott (I *Io* 2, 27; II *Cor* 1, 21). *unguentum* kommt in der Vulgata in folgenden Kontexten vor: unter Betonung seines Wertes, teils als Geschenk von Königen an Könige (IV *Rg* 20, 13; *Is* 39, 2; 59, 9), teils als Luxus vornehmer und reicher Leute (*Ecl* 7, 2; *Am* 6, 6; *Sap* 2, 7; *Apc* 18, 13); zur Weihe und Salbung von Priestern (*Lv* 8, 30; *Ps* 132, 2), Propheten (*Dn* 10, 3), Heiligtum und liturgischen Geräten (*Ex* 25, 6; 30, 25[–33]; 38, 8 u. 28; 39, 37); entweiht (*Ez* 23, 41); ihre Herstellung (*Ex* 35, 8 u. 28; 37, 29; I *Par* 9, 30; I *Sm* 8, 13; *Iob* 41, 22); im Hohelied Salomons als Ursache des angenehmen Dufts der Geliebten (*Ct* 4, 10 u. 14) und des Geliebten (*Ct* 1, 2); zur Salbung und beim Begräbnis von Toten, und zwar explizit in Bezug auf König David und Jesus (II *Par* 16, 14; *Mt* 26, 12; *Mc* 14, 8; *Lc* 23, 56; *Io* 12, 7; 19, 39–40); bei der Forderung der Salbung der Kranken durch die Presbyter der ersten christlichen Gemeinden (*Iac* 5, 14); bei der Salbung Jesu durch eine nicht näher bezeichnete Frau bzw. durch Maria, die Schwester Marthas (*Mt* 26, 7; *Mc* 14, 3–5; *Lc* 7, 37–38 u. 46, *Io* 12, 3); in Gleichnissen (*Prv* 27, 9; *Ecl* 10, 1).

chrisma bezeichnet den Vorgang der ‚Salbung' bzw. ‚Ölung' (vgl. ThLL III: 1027 s. v. chrīsma 1) und den spirituellen Aspekt der Salbung bzw. die mit einer Salbung verbundenen Sakramente (vgl. ThLL III: 1028 s. v. chrīsma 3 [z. St. Z. 20–21]), daneben auch das geweihte Salböl (vgl. ThLL III: 1027–1028 s. v. chrīsma 2). Hier ist mit dem *perenne chrisma* wohl das Sakrament der Taufe gemeint, das – einmal empfangen – ewig andauert.

Vgl. *regale chrismate signum* (*c. Symm.* 1, 586), *tinctum pacifici chrismatis unguine* (*cath.* 5, 156), *te chrismate innotatum* (*cath.* 6, 128) u. *fontem perennem chrismatis feracem* (*perist.* 12, 34).

362 syrmate: ‚mit dem Schleppenkleid'; *syrma* ist ein bis zum Boden reichendes Kleidungsstück mit einer langen Schleppe, das außer von Frauen besonders von Schauspielern in Tragödien getragen wurde, hier wahrscheinlich ein Kennzeichen der Verweichlichung und des Luxus (vgl. Arévalo 1862: 50; Bergman 1897: 37, Burnam 1905: 62 sowie Lavarenne 1933: 102 § 222 u. 237 mit Verweis auf Sen. *Oedip.* 423, *Herc. fur.* 475 u. Iuv. 8, 229).

363 infractis fluitent ... [*sc.* uestris] membris: ‚wallen um [Eure] erlahmten Beine herum'. *infractus* (< *infringere*) ‚eingeknickt' bzw. ‚zerbrochen' gebraucht Prudentius hier im Sinne von ‚geschwächt' bzw. ‚verweichlicht' (vgl. ThLL VII,1: 1486 s. v. īnfractus² u. 1493 s. v. īnfringo II.A.1 sowie Giselinus zit. nach Arévalo 1862: 49). Arévalo schlägt mit Verweis auf *fractos sensus* (v. 315) und mit Hinweis auf die Konstruktion von *fluitent* vor, statt *infractis membris* ‚um die erlahmten Glieder' bzw. ‚an den erlahmten Gliedern' *in fractis membris* ‚um die schlaffen / weichlichen Glieder herum' zu lesen (vgl. Arévalo 1862: 49–50). Vgl. auch *labefacta per ossa* (v. 329).

Es ist auch denkbar, dass *infractus* hier in der Bedeutung ‚ungebrochen' bzw. ‚unbesiegt' steht (vgl. ThLL VII,1: 1486 s. v. īnfractus¹), was zu den Erinnerungen der *Sobrietas* an die bisherigen Erfolge und die bisherige Unbesiegbarkeit passen würde: *inuicta manus* (v. 346), vgl. auch vv. 379–380. Allerdings gebraucht Prudentius *infractus* an den beiden anderen Stellen in seinem Werk immer konkret in der Bedeutung ‚gebrochen' (vgl. ThLL VII,1: 1492–1494 s. v. īnfringo I.A.1 und dort auch zum Part. Perf. Pass. īnfrāctus I.A.1): *cornibus infractis* (*apoth.* 620) u. *infracto genu* (*perist.* 2, 149).

364 post immortalem tunicam [*sc.* acceptam]: ‚nach dem unsterblichen Hemd' = ‚nachdem Ihr das unsterbliche Hemd empfangen habt' (vgl. Lavarenne 1933: 104 § 227).

Im Kontext der Bezüge auf die christliche Taufe in vv. 360–361 ist hier wohl das weiße Taufkleid gemeint (vgl. Arévalo 1862: 50), wie Paulus ja auch im Galaterbrief schreibt „quicumque enim in Christo baptizati estis Christum induistis" ‚ihr alle nämlich, die Ihr auf Christus getauft seid, habt Christus angezogen (*Gal* 3, 27).

Lavarenne verweist auf *Rm* 13, 14 „sed induite Iesum Christum" ‚sondern zieht den Herrn Jesus Christus an', was er jedoch nur als eine übliche Metapher der christlichen Mystik erklärt. Tatsächlich passt der Kontext dieser Stelle hervorragend zum Kampf gegen die *Luxuria*: Paulus fordert die Christen in Rom auf, die Werke der Finsternis abzulegen und die Waffen des Lichts anzulegen (*Rm* 13, 12). Sie sollen nicht fressen und saufen, nicht Unzucht und Ausschweifung treiben, nicht in Hader und Eifersucht leben (*Rm* 13, 13), sondern den Herrn Jesus Christus anziehen und so für den Leib sorgen, dass sie nicht den Begierden verfallen (*Rm* 13, 14).

Bergman sieht in der *immortalis tunica* einen Bezug auf das Armutsgebot: Bei der Aussendung der zwölf Jünger (*Mt* 10, 5–15; *Mc* 6, 7–13; *Lc* 9, 2–6) fordert Jesus diese auf, kein Geld, keine Vorräte und eben auch kein zweites Hemd und keine zusätzliche Kleidung mitzunehmen: „nolite possidere ...| ... neque duas tunicas" (*Mt* 10, 9–10); „ne induerentur duabus tunicis" (*Mc* 6, 9); „neque duas tunicas habeatis" (*Lc* 9, 3); darauf nimmt Prudentius in der Rede der *Operatio* vv. 613–616 Bezug. Wie schon die von Jesus ausgesandten Jünger sollen die Christen nur ein Hemd besitzen (vgl. Bergman 1897: 38). Prudentius meint hier aber wohl kaum, dass dieses eine Hemd dann auch für immer halten solle; vielmehr erinnert *Operatio* in ihrer Rede an Jesu Mahnung daran, dass man sich nicht um das Morgen sorgen solle, da Gott für die Seinen sorge (vgl. vv. 615–624 u. *Mt* 6, 25–34); wenn also das Hemd verschlissen ist, wird Gott dafür sorgen, dass man ein neues bekommt bzw. sich dann erarbeitet (vgl. *Mt* 10, 10).

Da Prudentius *Sobrietas* erklären lässt, dass dieses Gewand die *Fides* ‚der Glaube' gewebt habe (vv. 364–365) und es den *pectoribus lotis* als *impenetrabile tegmen* gegeben habe, sind wohl vor allem die Bezüge auf die Taufe und die damit verbundene Entsagung von den Sünden, vor allem der Ausschweifung und der Völlerei, intendiert.

Vgl. *impenetrabile tegmen pectoribus lotis* (vv. 365–366).

365–366 impenetrabile tegmen | pectoribus lotis: ‚ein undurchdringliches Gewand für die gereinigten Herzen'. Hier werden die Bezüge auf die Taufe weitergeführt (vgl. Arévalo 1862: 50, Burnam 1905: 62 u. Lavarenne 1933: 237); siehe auch den Kommentar zu *immortalis tunica* (v. 364). *tegmen* (< *tegere* ‚bedecken / schützen') bezeichnet jede Art von Abdeckung, hier als ‚Kleidung' ebenso wie als ‚Schutz' – z. B. als Rüstung oder Schild. *pectus* steht hier für die ‚Seele' und das ‚Herz' als Sitz der Gefühle und Moralvorstellungen eines Menschen bzw. für den ganzen Menschen.

lotus (= *lautus* < *lauare*) ‚gereinigt' (vgl. ThLL VII,2: 1685 s. v. lōtus[1], 1069 s. v. lautus sowie 1048–1051 s. v. lavo I) heißt dann hier in spezifisch christlichem Gebrauch ‚getauft' (vgl. ThLL VII,2: 1051 s. v. lavo). Allerdings klingt hier noch eine Spezialbedeutung des P. P. P. *lautus* bzw. *lotus* an, die wohl im Kontext des Kampfes gegen *Luxuria* den zeitgenössischen Lesern in den Sinn gekommen sein muss: *lautus* heißt auch ‚üppig', ‚elegant' oder ‚luxuriös' (vgl. ThLL VII,2: 1054 s. v. lauo (subl. [p.p.p.] lautus I)). Möglicherweise spielt Prudentius hier bewusst mit den beiden Bedeutungen: Bei der Taufe entsagen die Gläubigen, die zuvor vielleicht verschwenderisch gelebt haben, auch diesem Laster (vgl. *Rm* 13, 12–14 u. *Gal* 3, 27), aus ‚verschwenderischen Seelen' werden ‚gereinigte Seelen'.

370 ueterique toreumata rore rigantur: ‚und die Reliefs werden von altem Nass genässt'. *toreuma* ‚Relief' bezeichnet jede Art von getriebenen oder ziselierten Dekorationen (vgl. Arévalo 1862: 50 u. Lavarenne 1933: 238).

Mit *ros*, eigentlich ‚Tau', ist hier wohl, wie in vv. 318–319, verschütteter Wein gemeint (vgl. Arévalo 1862: 50). Vgl. *rore rubenti* (v. 100).

Vielleicht sind aber auch einfach Ziselierungen an den Weinkelchen gemeint, die vom Wein benetzt sind.

rigare bedeutet hier ‚nass machen' bzw. ‚fluten'.

371–380: *Sobrietas* erinnert daran, wie Moses auf Gottes Geheiß hin mit einem Stab Wasser aus einem Felsen geschlagen hat (vv. 371–373) und wie Gott das hungernde Volk Israel mit Manna gespeist hat (vv. 374–376), und warnt ihre Gefährten, die ja Nachfahren dieser so von Gott versorgten Menschen seien und nun als Christen im Abendmahl den Leib Christi speisten (vv. 374–376), sich dem schändlichen und berauschenden Treiben der *Luxuria* hinzugeben (vv. 377-380). Die alttestamentarischen Erzählungen dienen dazu, die Gefährten des *Luxuria* – und mit ihnen den Leser – an die entsprechenden christlichen Lehren zu erinnern und sie ihnen zu veranschaulichen; zugleich arbeitet Prudentius so den Gegensatz zum Mahl der *Luxuria* deutlich heraus (vgl. Mastrangelo 2008: 57–58 u. 104–141 sowie Mastrangelo 1997: 79–81).

371 erĕmi sitis: ‚der Durst der Wüste'; gemeint ist der Durst, den das Volk Israel nach dem Auszug aus Ägypten beim Zug durch die Wüste erleiden mussten (vgl. Burnam 1910: 98; *Ex* 15, 22–23; 16; 17, 1–6; *Nm* 33, 11–12).

eremus (= ἔρημος) ‚einsam / verlassen' kann sowohl von Menschen als auch von Orten gesagt werden (vgl. ThLL II: 747 s. v. erēmus[1]); substantiviert als ἡ ἔρημος [*sc.* γῆ] bezeichnet es die ‚Wüste' (vgl. Passow I,2: 1166 s. v. ἔρημος 1.a mit Verweis auf Hdt. 3, 102), im christlichen Latein besonders die Wüste, durch die das Volk Israel nach dem Auszug aus Ägypten gezogen war (vgl. ThLL II: 747–748 s. v. erēmus[2] / erēmum 1 [z. St. 748 Z. 5]).

Hier klingt vielleicht auch die Geschichte von Jesus mit an, der beim Fasten in der Wüste vom Teufel versucht wurde, wobei es dort allerdings nicht um den Durst, sondern um den Hunger geht (vgl. ThLL II: 748 s. v. erēmus[2] / erēmum 3 sowie *Mt* 4, 1–11 [bes. 1–4]; *Mc* 1, 12–13; *Lc* 4, 1–13 [bes. 1–4]).

Prudentius kürzt aus metrischen Gründen regelmäßig die zweite Silbe dieses Wortes (vgl. ThLL II: 747 Z. 56–60 s. v. erēmus²/erēmum, Krenkel 1884: 8, Bergman 1897: 38 sowie *cath.* 5, 89 u. *ditt.* 45).

372 patribus: ‚den Vätern', nämlich dem Volk Israel während des Zuges durch die Wüste (vgl. *Ex* 17, 6). Prudentius bezeichnet die Israeliten als ‚Väter', weil Jesus selbst und die ersten Jünger Juden waren (vgl. Lavarenne 1933: 238).

mystica uirga: ‚mystischer Stab'; gemeint ist der Stab, mit dem Mose auf Gottes Geheiß gegen einen Fels schlug, so dass Wasser herauslief und das Volk davon trinken konnte (vgl. *Ex* 17, 5–6); mit diesem Stab hatten Mose und Aaron bereits zuvor das Wasser des Nils in Blut verwandelt (vgl. *Ex* 7, 19–20) (vgl. Lavarenne 1933: 238).

373 scissi uertice saxi: ‚aus der Spitze eines gespaltenen Felsens'; gemeint ist der Fels auf dem Berg Horeb, an den Mose geschlagen hat und der sich daraufhin öffnete und eine Wasserquelle hervorsprudeln ließ (vgl. *Ex* 17, 6). Bergman deutet *uertex* als ‚Oberfläche' (Bergman 1897: 39).

374 angelicus ... cibus: ‚Engelsspeise', das Manna, mit dem Gott das Volk Israel beim Zug durch die Wüste vierzig Jahre lang gespeist hat, bis sie wieder in bewohntes Land kamen (vgl. *Ex* 16, 14–35; *Dt* 8, 3; *Io* 6, 31 u. I *Cor* 10, 3). Vgl. auch *ditt.* 41 „panis angelicis" u. *cath.* 5, 97–100 (vgl. Bergman 1897: 39).

374–375 uestris | auis: ‚Euren Großvätern'; siehe *patribus* (v. 372) (vgl. Burnam 1905: 62 u. Lavarenne 1933: 238).

376 vespertinus ... populus: bedeutet entweder ‚das abendliche Volk' = ‚das späte Volk', also nach frühchristlichem Verständnis das – christliche – Volk des letzten Zeitalters (vgl. Burnam 1905: 62, Bergman 1897: 39 u. Lavarenne 1933: 238), oder ‚das westliche Volk' (vgl. Bergman 1897: 39). Die erste Deutung wird durch *sero aeuo* (v. 375) gestützt; die zweite Deutungsmöglichkeit bleibt aber insofern bestehen, als für Prudentius das (west-)römische Volk Träger des Christentums ist, wie er in *Contra Symmachum* ausführt.

378 ad madidum ... lupanar: ‚zum trunkenen Bordell'. Zur Prostitutionsmetaphorik für die Laster siehe auch den Kommentar zum Kampf gegen die *Sodomita Libido*, vor allem *dirae lupae* (vv. 46–47), *meretricis* (v. 49) u. *prostibulum* (v. 92). *madidus* ‚feucht' beschreibt hier einerseits den Zustand nach einem für die *Luxuria* anscheinend typischen Gelage, bei dem Pfützen verschütteten Weins den Boden zieren (vgl. vv. 318–319), andererseits charakterisiert es metonymisch den Alkoholkonsum der Besucher des Bordells (vgl. Lavarenne 1933: 239). Vgl. *madidasque popinas* (*ham.* 762).

381–385: *Sobrietas* nimmt die Erinnerung an die Zugehörigkeit zu Christus und die Abstammung vom auserwählten Volk wieder auf und intensiviert sie.

382–383 Deus et rex,| ... Dominus: ‚Gott und König,| ... Herr'. Prudentius unterscheidet hier wohl zwischen Gott-Vater (*Deus et rex*) und Christus (*Dominus*) (vgl. ThLL V,1: 1933–1934 s. v. dom(i)nus V.B.1.b, Bergman 1897: 39 mit Verweis auf den Sprachgebrauch in den Paulusbriefen sowie Lavarenne 1933: 239). Diese Unterscheidung wird durch die doppelte Frage *quis Deus et rex, quis Dominus ...?* gestützt. Denn *dominus* ‚Herr' steht sonst sehr häufig bei den Kirchenvätern, z. B. Hieronymus und Tertullian, in der Vulgata und der Itala auch für Gott-Vater (vgl. ThLL V,1: 1932–1933 s. v. dom(i)nus V.B.1.a).

383–385: Verweis auf die Genealogie Christi von Abraham über David bis hin zu Joseph und Maria, wie sie sich im Matthäusevangelium und im Lukasevangelium findet (vgl. *Mt* 1; *Lc* 3, 23–38; I *Tim* 2, 8, Bergman 1897: 39, Burnam 1910: 99 u. Lavarenne 1933: 239).

385 sanguine longo: ‚aus einer langen Ahnenreihe', *sanguis* steht hier für das ‚Blut', das die Mitglieder einer Familie verbindet, die Phrase *sanguine longo*, wörtlich ‚aus einer langen Blutsverwandtschaft' ist jedoch – im Gegensatz zu der ähnlichen Wendung bei Verg. *Aen.* 4, 230 „genus a l t o a *sanguine* Teucri" ‚das Geschlecht aus dem erhabenen Blut des Teucer' (vgl. Bergman 1897: 40) – ungewöhnlich.

386–393: Die Erinnerung an den Ruhm und das Verhalten des kampferprobten Königs David und des Propheten Samuel soll das Tugendheer wieder zur Besinnung bringen und seine Kampfbereitschaft reaktivieren. Während David nur erwähnt wird, führt *Sobrietas* das vorbildliche Verhalten Samuels näher aus: Samuel duldete nicht, dass Saul und das Volk die Herden der besiegten Feinde als Beute nehmen, und tötete den besiegten König Agag (vgl. I *Sm* 15). Auch die Erinnerung an David und Samuel soll beim Tugendheer und dem Leser die entsprechenden christlichen Werte in Erinnerung rufen: Unnachgiebigkeit gegenüber den Lastern und Reue (vgl. Mastrangelo 2008: 58).

386–387 celeberrima Dauid | gloria: ‚der viel gepriesene Ruhm Davids'. *Dauid* ist indeklinabel, hier in der Funktion des Genitivs gebraucht (vgl. Bergman 1897: 40 u. Lavarenne 1933: 84 § 160).

388–389 spolium qui diuite ab hoste | adtrectare uetat: ‚der verbietet, die Beute von einem reichen Feind anzurühren'; gemeint ist hier vielleicht auch die Sitte, die Rüstung eines besiegten bzw. gefangenen Gegners als Beute zu nehmen (vgl. Bergman 1897: 40), vor allem aber wohl die in der zugrundeliegenden biblischen Erzählung genannten Viehherden und sonstigen Wertgegenstände (vgl. I *Sm* 15, 9 [ähnlich auch 14, 32]).

389–390 *uetat nec uictum uiuere regem* | incircumcisum patitur: Die Alliteration *uetat uictum uiuere*, die Assonanz der *i*-Laute und Laufolge *um* sowie die dreifache Wiederholung des *c* in *incircumcisum* unterstreichen die

Strenge der Verbote Samuels, Beute zu nehmen und unbeschnittene, also ungläubige, Könige nach dem Sieg am Leben zu lassen.

390 praeda superstes: ‚die überlebende Beute' bezieht sich auf *uictum regem* (v. 390) (vgl. Lavarenne 1933: 239).

394–402: Einerseits führt *Sobrietas* ihren Mitstreitern vor Augen, was passiert, wenn man ein Gebot übertritt, andererseits verspricht sie ihnen Gnade und Vergebung, wenn sie bereuen und umkehren (vv. 394–396). Das illustriert sie an der Geschichte von Jonathan, der das Fastengebot seines Vaters Saul gebrochen hatte und bestraft werden sollte, am Ende aber aufgrund seiner Reue verschont wurde (vv. 397–402; vgl. I *Sm* 14, 24–45). Mastrangelo erkennt in Prudentius' Adaption der Geschichte von Jonathan aufgrund der Wendung *sobria dulci* (v. 397) zugleich Bezüge zum Neuplatonismus (vgl. Mastrangelo 1997: 163–164).

394 paeniteat [*sc.* uos]: ‚es möge [Euch] reuen' (vgl. Lavarenne 1933: 103 § 225).

394–395 *per si qua mouet [sc.* uos] reuerentia summi | numinis:** ‚wenn irgendeine Achtung vor der höchsten Gottheit [Euch] *bewegt*'. Wir haben hier zwei Deutungsmöglichkeiten: (a) *per ... mouet* = *permouet*. Dies wäre dann die zweite Tmesis neben *qua ... cumque* (v. 447). (b) *per si qua mouet* [sc. *uos*] *reuerentia summi numinis* = *per reuerentiam summi numinis si qua mouet* [sc. *uos*] (vgl. Burton 2004: 29). Dieses Anakoluth wäre dann eine Nachahmung eines Anakoluths – vielleicht durch *attractio inuersa* (vgl. LHS 2: 567–568 § 306.II u. Lease 1895: 39 § 105) – bei Vergil, das ebenfalls mit der Wendung *per siqua* eingeleitet wird: „*per siqua* est quae restet adhuc mortalibus usquam | intemerata f i d e s" (*Aen.* 2, 142) = *per intemeratam fidem, siqua* [sc. *fides*] *est, quae restet adhuc mortalibus usquam*, ähnlich auch „*per siqua* est uictis u e n i a hostibus" (*Aen.* 10, 903) = *per ueniam, siqua est uictis hostibus* (vgl. Dexel 1907: 26).

397–398 dulci | ... fauo sceptri mellisque sapore: ‚mit einer süßen Honigwabe am Zepter und dem Geschmack des Honigs' oder aber ‚mit einer süßen Honigwabe und dem Geschmack des Honigstabes'.

sceptrum ‚Zepter' bzw. ‚Stab' bezeichnet sowohl das Zepter eines Königs oder eines triumphierenden Feldherrn als auch die dadurch symbolisierte (Königs-)Macht. Hier gebraucht Prudentius es für den Stab, den Jonathan in seiner Hand hatte und dessen Spitze er in den Honig tauchte und dann zum Mund führte; in der Vulgata heißt dieser Stab „uirga" (vgl. I *Sm* 14, 27 u. Burnam 1905: 63). Durch die Verwendung des Wortes *sceptrum* statt *uirga* betont Prudentius seine Lesart vom Machthunger Jonathans (vgl. Bergman 1897: 41; siehe dazu den Kommentar zu vv. 399–400).

Über den Bezug von *sceptri* ist diskutiert worden: (a) Chamillard bezieht es auf *fauuo*, doch ist *fauuo sceptri* ‚mit der Honigwabe des Zepters' schwer verständlich, es heißt dann wohl, dass Jonathan mit der Spitze seines Stabes eine ganze Honigwabe aufgespießt hat; (b) bevorzugt wird von den Übersetzern der Bezug auf *mellisque sapore*: *sceptri mellisque sapore* ‚mit dem Geschmack des Honigs am Stab'. Lavarenne argumentiert aus metrischen Gründen für (b): Im Fall (a) müsste als Einschnitt die Hephthemimeres realisiert werden, wozu Lavarenne noch einen – m. E. völlig unnötigen – Einschnitt nach *conuiolasse*, also nach dem zweiten Trochäus postuliert, was für den Hexameter unüblich ist; im Fall (b) dagegen müsste die Penthemimeres realisiert werden. Vgl. Lavarenne 1933: 240.

Das *-que* hinter *mellis* stützt dagegen eher Variante (a), auch wenn es im Vers seit augusteischer Zeit freier verwendet werden kann (vgl. LHS 2: 473 § 254). Durchaus wahrscheinlich ist angesichts der Mittelstellung im Vers auch, dass *sceptri* ἀπὸ κοινοῦ steht: ‚mit dem süßen Geschmack der Honigwabe, die sich am Stab / Zepter befindet, und mit dem süßen Geschmack, den dieser Stab nun aufgrund des daran befindlichen Honigs hat'.

399–400 regni dum blanda uoluptas | oblectat iuuenem: ‚als das verführerische Vergnügen an der Herrschaft den Jüngling erfreut'. *uoluptas* bezeichnet hier das ‚Vergnügen', das die Herrschaft bereitet, bzw. die ‚Lust' oder den ‚Hang' zur Herrschaft (vgl. Bergman 1897: 41); sie ist *blandus* ‚verführerisch' bzw. ‚verlockend', weil sie ein Machtgefühl oder Vorfreude auf die Macht verleiht und so dazu antreibt, die Macht ergreifen zu wollen.

Prudentius unterstellt Jonathan hier eine böswillige Absicht, die durch die biblische Vorlage der Geschichte so nicht direkt gestützt wird (vgl. Bergman 1897: 41, Lavarenne 1933: 240–241 u. Thomson 1949: 306); dort weiß Jonathan nämlich zum „Tatzeitpunkt" von dem Fastenbefehl und dem Fluch seines Vaters Saul gar nichts (vgl. I *Sm* 14, 27), erst als ihn einer seiner Männer darüber informiert, kritisiert er den Befehl seines Vaters und äußert die Ansicht, dass der Genuss des Honigs nicht nur ihn gestärkt habe, sondern dass auch die Niederlage ihrer Feinde, der Philister, noch größer geworden wäre, wenn alle davon gegessen hätten (vgl. I *Sm* 14, 28–30).

400 iurataque sacra: ‚die heiligen Gelübde'; gemeint ist der Schwur Sauls, dass jedermann, der bis zur Rache an den Feinden etwas esse, verflucht sei (vgl. I *Sm* 14, 24–28).

402 nec tinguit patrias *sententia saeua secures*: ‚und das strenge Urteil benetzte nicht die väterlichen Äxte'. *sententia* steht hier für das ‚Urteil' Sauls als Herrscher und Richter; *saeuus* bedeutet ‚gnadenlos' bzw. ‚grausam', weil Saul auch bei seinem eigenen Sohn keine Ausnahme machen will, obwohl dieser zur Tatzeit noch nicht einmal von seinem Verbot wusste.

Mit *secures* ‚Äxte' überträgt Prudentius römische Vorstellungen in die biblische Geschichte: Die *securis* ist als Bestandteil der ihnen vorangetragenen *fasces* ein Machtsymbol römischer Magistrate, mehrere *secures* symbolisieren die Macht der Konsuln bzw. – in alter Zeit – Könige, als Hinrichtungswerkzeuge symbolisieren sie zudem auch die römische Rechtsprechung (vgl. Burnam 1905: 63). *patrias secures* ‚die väterlichen Äxte' soll hier wohl nicht heißen, dass Saul das Urteil selbst vollstreckt hätte, vielmehr steht der Ausdruck für die Äxte des Scharfrichters, der das Urteil des Königs, der zugleich Vater des Verurteilten ist, ausführen müsste.

Sobrietas betont die Härte des durch Fürsprache des Volkes abgewendeten Urteils durch die Alliteration *sententia saeua secures* (vgl. Krenkel 1884: 47), die lautmalerisch zugleich das Geräusch der durch die Luft sausenden Axt imitiert.

403–406: *Sobrietas* fordert nun ihre Kameraden zum Kampf gegen das Laster auf. Mit ihrer Unterstützung will sie allen anderen Tugenden den Weg frei machen und das Laster und dessen Gefährten ihrem verdienten Urteil zuführen.

403 si [*sc.* mecum] conspirare paratis: ‚wenn Ihr bereit seid, [mit mir] zusammenzuarbeiten', d. h. mit *Sobrietas* (vgl. Bergman 1897: 41).

405 multo stipata satellite: ‚dicht umringt von ihrer großen Leibwache'. *satelles* ‚Leibwächter' steht hier in Verbindung mit *multus* ‚viel' wohl als kollektiver Singular i. S. v. ‚viele Leibwächter' = ‚große Leibwache' (vgl. Bergman 1897: 41).

407–431: Angriff der Tugend, Tod des Lasters und Verhöhnung des Lasters durch die Tugend.

407–426: Schilderung des Angriffs der *Sobrietas* und des Todes der *Luxuria*: Sofort nach ihrer Rede streckt *Sobrietas* das Kreuz in ihrer Hand *Luxurias* Pferden entgegen (vv. 407–409), die davor scheuen und durchgehen (vv. 410–412). Das Laster versucht vergeblich, die Pferde zu stoppen (vv. 413–414). *Luxuria* gerät schließlich unter die Räder ihres eigenen Wagens und bringt diesen dadurch zum Stehen (vv. 415–416). *Sobrietas* ergreift einen riesigen Felsblock, schleudert ihn auf *Luxuria* und verwundet sie damit tödlich an Kopf und Kehle (vv. 417–418). Prudentius schildert die Verwundung in allen grausigen Details (vv. 419–426), um den Tod des Lasters als *contrapasso* zu gestalten (vgl. Gnilka 1963: 63–64). Da „Mund, Lippen, Gaumen, Zähne, Zunge, Kehle [...] Werkzeuge des Genusses [sind], die als solche den sündigen Körperteil der *Luxuria* ausmachen" (Gnilka 1963: 63), spezifiziert Prudentius ebendiese als Ort der Wunde, auch wenn diese Wirkung eher untypisch für den Wurf eines mühlsteingroßen Felsblockes ist, von dem wir erwarten würden, dass er das gesamte Opfer unter sich begräbt und zermalmt (vgl. Gnilka 1963: 64). Doch Prudentius ordnet den Realismus der Kampfschilderung dem „Prinzip der Wiedervergeltung" (Gnilka 1963: 63) unter. Vgl. auch Hermann 1978: 89.

407–408 crucem ... lignum uenerabile: Das ‚Kreuz' in den Händen der *Sobrietas* (vgl. vv. 346–347), dessen Macht die christlichen Autoren beschreiben (vgl. Bergman 1897: 41–42 mit Verweis auf *cath.* 6, 129–138 u. Lact. *inst.* 4, 27), wird hier als ‚verehrungswürdiges Holz' in seiner Bedeutung noch einmal hervorgehoben. Der metonymische Ausdruck *lignum* ‚Holz' für das Kreuz Christi findet sich schon in der Vulgataübersetzung des Neuen Testaments: *Act* 5, 30; 13, 29 *Gal.* 3, 13; I *Pt* 2, 24; ebenso bei Tertullian *adv. Marc.* 3, 19; Prudentius gebraucht ihn auch in *cath.* 5, 95, *apoth.* 493 u. *perist.* 1, 36 (vgl. Bergman 1897: 42 u. Lavarenne 1933: 241).

409–410 quod [sc. lignum] ut expauere feroces | cornibus obpansis et summa fronte coruscum: = *ut feroces id* [sc. *lignum*] *cornibus obpansis et summa fronte coruscum expauerunt* ‚als / weil die wilden Tiere sich vor diesem an den ausgestreckten Hörnern und ganz oben an der Spitze funkelnden [Holz] erschreckten'. *quod* bezieht sich auf *lignum uenerabilem* (v. 408), also das Kreuz in der Hand der *Sobrietas*. *ut* mit Indikativ wird hier kausal oder temporal verwendet (LHS 2: 635–636 § 342 Zus. α u. § 345.a).

coruscum bezieht sich auf *quod* und somit auf das Kreuz; *coruscus* heißt hier wohl ‚funkelnd' und bezieht sich dann auf Verzierungen am Kreuz (vgl. Bergman 1897: 42 u. Lavarenne 1933: 241), es kann aber auch ‚sich schnell bewegend' bedeuten. In beiden Bedeutungen dient es dazu, den Grund für das Scheuen der Pferde anzugeben: Entweder werden sie durch das Funkeln des Kreuzes geblendet und erschreckt oder durch die schnelle Bewegung, mit der *Sobrietas* es ihnen entgegenstreckt.

Mit den Ablativen *cornibus obpansis* und *summa fronte* werden die Teile des Kreuzes angegeben, die das Funkeln oder die Bewegung verursachen oder an denen es stattfindet. *cornibus obpansis* ‚mit den ausgestreckten Hörnern' bezeichnet die Querbalken des Kreuzes (vgl. Burnam 1905: 63, Burnam 1910: 100 u. Lavarenne 1933: 241 mit Verweis auf Tert. *adv. Marc.* 3, 18), *summa fronte* ‚oben an der Stirn' den oberen senkrechten Balken.

413 comamque madentem: ‚an ihrem feuchten Haar' ist *acc. lim.* (vgl. Lavarenne 1933: 86 § 166). Vgl. *delibuta comas* (v. 312).

414 vertigo: hier ‚Drehung' (vgl. Bergman 1897: 42) oder ‚drehendes Rad'.

416 lacero ... sufflamine: entweder instrumental ‚mit der zerbrochenen Bremse' oder als temporaler oder kausaler *abl. abs.* ‚nachdem / weil die Bremse zerbrochen war' (vgl. Bergman 1897: 42 Burnam 1905: 63, Burnam 1910: 101 u. Lavarenne 1933: 242).

Entweder drückt *Luxuria* mit ihrem Körper die zerbrochene Bremse gegen das Rad oder ihr Körper bremst anstelle der zerbrochenen Bremse das Rad (vgl. Arévalo 1862: 54 u. Bergman 1897: 42).

417–422: Das Motiv einer tödlichen Wunde durch Zerstörung der Atemwege findet sich auch bei Verg. *Aen.* 9, 50 (vgl. Bergman 1897: 42).

417–418: Der Wurf eines riesigen Felsbrockens durch einen Helden ist seit Homer ein typisches Motiv des Epos (vgl. Hom. *Il.* 7, 270; Verg. *Aen.* 9, 569–570; 12, 531–532; 12, 896–907; Sil. 10, 235–237; Stat. *Theb.* 559–561); es findet sich auch in der *Psychomachia* zweimal (vgl. vv. 46–47). Vgl. Gnilka 1963: 63–64.

418 silicem ... molarem: ‚einen mühlsteingroßen Felsbrocken'. *molaris* wird hier adjektivisch in der Bedeutung ‚so groß wie ein Mühlstein' gebraucht (vgl. Lavarenne 1933: 242 sowie Sen. *epist.* 82, 24) und auf *silex* ‚Felsbrocken' bezogen. Normalerweise wird bei epischen Kampfschilderungen – in Anlehnung an μύλαξ (Hom. *Il.* 12, 161) – dafür einfach *molaris* ‚ein mühlsteingroßer Felsbrocken' gebraucht (vgl. Bergman 1897: 42 u. Lavarenne 1933: 242 sowie Ov. *met.* 3, 59; Stat. *Theb.* 5, 561, *Ach.* 2, 141, Verg. *Aen.* 8, 250 und außerhalb des Epos Tac. *hist.* 2, 22). Prudentius bevorzugt allerdings die adjektivische Verwendung, so auch ähnlich *saxum molaris ponderis* (*perist.* 5, 489).

419 vexilliferae: ‚der Feldzeichenträgerin', also der *Sobrietas*, die das Kreuz trägt (vgl. vv. 347–348, Bergman 1897: 43 u. Burnam 1910: 101). Zu den Wortzusammensetzungen bei Prudentius vgl. Lavarenne 1933: 101–102 § 220.

420 belli insigne: ‚das Kriegszeichen', also das Feldzeichen der Tugenden; damit ist das Kreuz gemeint (vgl. vv. 347–348 u. Bergman 1897: 43).

424 frustis cum sanguinis: = *cum frustis sanguinis* ‚mit Blutbrocken' oder ‚zusammen mit Blutbrocken'. Prudentius gebraucht die Präposition *cum* hier möglicherweise instrumental (vgl. LHS 2: 259 § 145 u. 126 § 79.g sowie Lavarenne 1933: 90 § 179).

425 crudescit guttur: ‚die Kehle wird hart', d. h. sie verkrampft sich, so dass die Bissen nicht heruntergeschluckt werden können (vgl. Bergman 1897: 43). Prudentius spielt hier mit den Bedeutungen von *crudescere*: Neben der vordergründigen Bedeutung ‚hart werden' (vgl. ThLL IV: 1232 s. v. crūdēsco 2) klingen auch die ursprüngliche Bedeutung ‚wütend / wild werden' (vgl. ThLL IV: 1232 s. v. crūdēsco 1.b) – die Kehle wehrt sich heftig und verweigert ihren Dienst – sowie die übertragene Bedeutung ‚erstarken' (vgl. ThLL IV: 1232 s. v. crūdēsco 3) – die Kehle des Lasters weigert sich erfolgreich, die ihr aufgezwungene Speise zu schlucken – mit an. Lavarennes Deutung, *crudescere* bedeute hier ‚nicht verdauen' (vgl. Lavarenne 1933: 242 u. Georges II: 1771 s. v. crūdēsco 1), widerspricht der Funktion der Kehle; man müsste dann darunter schon sehr umständlich ‚die Kehle verhindert, dass die Bissen verdaut werden' verstehen. Prudentius verwendet *crudescere* nur hier.

425–426 ossa | colliquefacta: ‚die aufgelösten Knochen', die durch den Sturz und das Überfahrenwerden gebrochen und zerstoßen sind und somit genügend zerkleinert und miteinander vermengt, um als Nahrung aufgenommen werden zu können (vgl. Bergman 1897: 43 mit Verweis auf Quint. 10, 1, 19).

427–431: Siegesrede der *Sobrietas*. Die Tugend verhöhnt das sterbende Laster. Schwen stellt fest: „Die Siegesrede ist als Motiv episch, in der Formulierung prudentianisch." (Schwen 1937: 25) und verweist auf die Verhöhnung des Turnus durch Eumedes (Verg. *Aen.* 12, 359–361). Auch hier führt Prudentius das Motiv der Vergeltung weiter aus: *Luxuria* soll zur Strafe für ihren früheren ausschweifenden Genuss nun ihr eigenes Blut trinken (vgl. Gnilka 1963: 64–65).

429 praeteriti ... aeui: ‚der vergangenen Zeit'; gemeint ist auf der Bildbene die Lebens- und Wirkungszeit der *Luxuria*, die nun nach dem Sieg der *Sobrietas* endgültig beendet ist, im übertragenen Sinne die Zeit des Luxus und der Sinnlichkeit des Heidentums; Bergman sieht darin eine Anspielung auf das Ende der Welt (vgl. Bergman 1897: 43 u. Lavarenne 1933: 242).

431 horrificos ... asperet haustus: ‚machte die Grausen erregenden Trünke rauh'. Der ‚Grausen erregende Trunk' ist das Gemisch aus den abgebrochenen Zähnen, Knochenstücken, der zerfetzten Zunge und dem Blut, das *Luxuria* zunächst verschluckte, dann aber wieder ausgespien hat (vgl. vv. 423–426). *asperare* ‚rauh machen' gebraucht Prudentius hier in Bezug auf die *lasciuas uitae inlecebras* (v. 430) übertragen in der Bedeutung ‚ungenießbar / bitter machen' (vgl. ThLL II: 827 s. v. aspero I.B [z. St. Z. 21–22] u. Georges I: 626 s. v. aspero I.3 [z. St.]).

Mit kleineren orthographischen Abweichungen liegen für diese Stelle fünf Lesarten vor, die sich metrisch nicht unterscheiden: (a) *horrifico asperat haustus* (A *a. c.*): Diese älteste Lesart ergibt keinen Sinn und ist bereits in A selbst von zweiter Hand korrigiert worden. (b) *horrificos asperet haustus* (A *p. c. m²*, CEK, Bergman 1926, Lavarenne) ‚möge die Grausen erregenden Schlucke ungenießbar machen': Diese Lesart bietet mit *asperet* einen iussiven Konjunktiv, der sehr gut zum Imperativ *ebibe* (v. 427) und dem Konjunktiv *sint* (v. 429) passt. *horrificos haustus* ist dann das zweite Akkusativobjekt neben *lasciuas inlecebras* (v. 430); wir erhalten eine parallele Satzkonstruktion mit zwei Subjekten, zwei Akkusativobjekten und einem Prädikat für beide. (c) *horrifico asperat haustu* (BMS, W *a. c.*; Arévalo, Dressel, Bergman 1897): *horrifico haustu* ‚mit Grausen erregendem Trank' ist *abl. instrum.* oder *causae*. Der Indikativ *asperat* fällt aus der Reihe der Imperative bzw. Konjunktive in vv. 427 u. 429. (d) *horrifico asper et haustu* (V N *p. c.*): *asper* lässt sich hier sinnvoll auf *sapor* beziehen, doch erhalten wir ein überflüssiges *et*. (e) *horrifico asperet haustu* (D, RW [ohne *h*]): entspricht (c) und bietet das Prädikat im Konjunktiv, passend zum Imperativ *ebibe* (v. 427) und dem Konjunktiv *sint* (v. 429). (f) *horrificos asper et haustus* (E): Diese Lesart bietet eine Mischung aus (b) und (d), wobei auch hier ein überflüssiges *et* steht. (g) *horrificos asperat haustus* (N a. c.): Diese Lesart entspricht (b), bietet das Prädikat jedoch im Indikativ.

Die Varianten (b) und (e) sind syntaktisch einwandfrei und passen hinsichtlich des Modus am besten in den Satz. Die Varianten (c) und (g) sind ebenfalls syntaktisch in Ordnung, bieten jedoch das Prädikat im Indikativ, womit die Prädikatshandlung sozusagen als Tatsache lediglich festgestellt wird. Dafür spricht, dass die beiden ältesten Mss. – A zumindest vor der Korrektur – den Indikativ bieten. Für (b) und (c) spricht neben den o. g. Gründen das Alter und die Zahl ihrer Textzeugen, auch wenn dieses Argument nicht sehr belastbar ist. (f) und (d) sind aufgrund des überflüssigen *et* nicht haltbar. Vgl. Lavarenne 1933: 242–243.

432–453: Die Begleiter *Luxurias* fliehen nach deren Tod völlig kopflos (vv. 432–446) und verlieren dabei all ihre Habe (vv. 447–449), die jedoch – nach dem Vorbild Sauls – von *Sobrietas* und ihren Kameraden nicht angerührt wird (vgl. Schwen 1937: 25). *Amor, Pompa, Venustas, Discordia* und *Voluptas* erleiden ähnlich wie *Luxuria* Missgeschicke, die in Bezug auf ihre jeweilige Wirkungsweise stehen und somit als Wiedervergeltung angesehen werden können (vgl. Gnilka 1963: 65–67)

Es wirkt zunächst seltsam, dass Scherz, Ausgelassenheit, Liebe und Schönheit hier zu den Lastern gerechnet werden, während das bei der Prunksucht, der Zwietracht und der Lust ohne weiteres einleuchtet. Die Zuordnung lässt sich nur so verstehen, dass Scherz, Ausgelassenheit, Liebe und Schönheit unter der Führung der Verschwendung, also in einem lasterhaften Kontext bzw. als Realisierungen der Verschwendung als lasterhaft zu betrachten sind.

Diese Begleiter der *Luxuria* waren von vornherein ebensowenig kampfbereit oder kampffähig wie *Luxuria* selbst. Während diese Begleiter auf der Bildebene eher wie Schlachtenbummler wirken, auf deren Unterstützung das Hauptlaster nicht angewiesen war und die ohne ihre Führerin hilflos sind, umfasst auf der konzeptionellen Ebene das Laster *Luxuria* alle diese Teillaster, sie sind sozusagen deren Attribute (vgl. Mastrangelo 2008: 142).

433 nugatrix acies: ‚närrische Schar'; *nugatrix*, das Femininum zu *nugator* ‚alberner Narr' bzw. ‚Schwätzer', ist nur hier belegt (vgl. Krenkel 1884: 3 u. Georges II: 1211 s. v. nūgātrīx). Zu den häufigen Feminina auf *-trix* bei Prudentius vgl. Lavarenne 1933: 100 § 213: 100. Die maskuline Form *nugator* verwendet Prudentius in *cath.* 2, 32.

Iocus: ‚Spaß' bzw. ‚Scherz' kommt personifiziert bereits bei Plautus in einer der hier vorliegenden ganz ähnlichen Aufzählung vor: „*Amor*, Voluptas, Venus, *Venustas*, Gaudium,| *Iocus*, Ludus, Sermo, Suavisaviatio." (Plaut.

Bacch. 111), ferner bei Horaz in Verbindung mit *Cupido* (Hor. *carm.* 1, 2, 34) sowie bei Statius als *ridens Iocus* (Stat. *silv.* 1, 6, 6) (vgl. Bergman 1897: 44 u. Lavarenne 1933: 243).

Petulantia: ‚Ausgelassenheit', sowohl allgemein schamlos bzw. ungestüm als auch sexuell maßlos und obszön (vgl. ThLL X,1: 1988 s. v. petulantia I.A.2 [z. St. Z. 58–59]); wird bei Hygin als Göttin, und zwar als Tochter von *Nox* ‚Nacht' und *Erebus* ‚Unterwelt', personifiziert (Hyg. *fab. praef.* 1) (vgl. Bergman 1897: 44).

cymbala: ‚Zimbeln' sind zwei metallene Becken, die mit den Händen aneinandergeschlagen und so zum Klingen gebracht werden (vgl. ThLL IV: 1588–1589 s. v. cymbalum). Bergmans Verweis auf deren Verwendung in den Bacchanalien und bei Lustgelagen (vgl. Bergman 1897: 44 mit Bezug auf Livius 39, 8, 8 u. 39, 10, 7) passt zwar gut zum *sistrum* (v. 435), das kultischen Zwecken diente, greift aber wohl angesichts der Vielzahl an Belegen für dieses Instrument in anderen Kontexten doch zu kurz.

435 resono ... sistro: ‚mit widerhallender Klapper'; *sistrum* ist die Bezeichnung für eine metallene Rassel, die in Ägypten im Isis-Kult verwendet wurde (vgl. Bergman 1897: 44).

436–438 Amor ... pallidus ipse: ‚Amor ist selbst blass'. *Amor* ist hier nicht die ‚Liebe', sondern ‚Lust', ‚Begierde' bzw. ‚Leidenschaft' im negativen Sinne mit der Konnotation des Sexuellen oder auch Unerlaubten. Vgl. auch *in deditionis amorem* (v. 340) u. *amor est perferre* (v. 353). *ipse* hebt hier – schon aufgrund seiner Stellung – nicht *Amor* hervor, sondern dessen Blässe; Prudentius lässt auch hier die Wiedervergeltung wirken: Während *Amor* sonst bei den Liebenden Blässe verursacht (vgl. Ov. *ars* 1, 729–732; Hor. *carm.* 3, 10, 14; Claud. *epithal. Hon.* 80–81), ist er selbst nun blass vor Furcht (vgl. Gnilka 1963: 65–66).

439–440 inani | exuitur nudata peplo: ‚*entledigt sich entblößt* des eitlen Prachtmantels'. Die Figur ist ungewöhnlich: Eine wirkliche Redundanz, wie Lavarenne sie feststellt (vgl. Lavarenne 1933: 105 § 231), etwa in Form eines Pleonasmus, liegt genau genommen nicht vor, auch wenn die Nacktheit und das Entkleiden sachlich zusammengehören. Vielmehr nimmt Prudentius hier mit dem P. P. P. *nudata* ‚entkleidet / entblößt' das bevorstehende Resultat der Handlung des *exuere* ‚Entkleidens' vorweg, ohne es jedoch in Form eines *Hysteron proteron* auch voranzustellen.

peplus bzw. *peplum* bezeichnet ein langes prachtvolles Frauengewand (vgl. Bergman 1897: 44 u. Lavarenne 1933: 243). Möglicherweise soll die weibliche Personifikation der *Pompa* hierdurch verdeutlicht werden (vgl. ThLL X,1: 1127 s. v. peplus[1] / peplum I.B.1.b [z. St. Z. 20–21]). Manchmal wird der Begriff *peplus* aber auch für ein männliches Prachtgewand verwendet (vgl. ThLL X,1: 1127 s. v. peplus[1] / peplum I.b.1.c).

441 colli ... ac uerticis aurum: ‚Gold des Halses und des Nackens' steht wohl für eine goldene Halskette (vgl. Lavarenne 1933: 243).

442 et gemmas Discordia dissona turbat: ‚und (ihre) Edelsteine bringt die unharmonische Zwietracht durcheinander'. Lavarenne hält diesen Vers aufgrund des Fehlens eines Possessivpronomens für unklar. Er bezieht *gemmas* ‚Edelsteine' auf *Venustatis* (v. 441), hält die *Discordia* für eine Begleiterin der *Venustas* ‚Anmut', weil sich Zwietracht oft zwischen Menschen entwickele, die sich ihrem Vergnügen hingeben, und erklärt, dass *Discordia* im Durcheinander der Flucht den Schmuck der *Venustas* in Unordnung bringe (vgl. Lavarenne 1933: 243). Doch ohne die Nennung eines Bezuges durch ein Possessivpronomen ist es durchaus möglich, dass die *Discordia* aus dem Gefolge der *Luxuria* auch mit Edelsteinen geschmückt ist und auf der Flucht ihre eigenen Edelsteine durcheinander bringt. Vgl. S. 283 und S. 356.

446 praedurat: ‚härtet (sehr)' (vgl. ThLL X,2: 592 s. v. praedūrō 1 [z. St. Z. 68], Bergman 1897: 45 u. Lavarenne 1933: 101 § 219).

448–449 damna iacent: crinalis acus, redimicula, uittae, | fibula, flammeolum, strophium, diadema, monile: Die achtgliedrige asyndetische Aufzählung (vgl. Lease 1895: 65 §147.I.1.a) der von den Lastern verlorenen Dinge illustriert einerseits die überstürzte Flucht der verängstigten Laster (vv. 432–433) und zeigt andererseits die Vielzahl der – teils kostbaren – Schmuckstücke, die von den Gefährten der *Luxuria* zuvor getragen wurden. Aus Prudentius' Sicht handelt es sich nicht nur um unnützen Tand, sondern auch um gefährliche Versuchungen zum Laster (v. 452 *scandala*). Die genaue Bedeutung der einzelnen aufgezählten Schmuckstücke ist für uns ohne genaueren Verwendungshinweis nicht immer klar zu differenzieren.

damna ‚Verluste' steht metonymisch für die Dinge, welche die Laster verloren haben (vgl. Bergman 1897: 45, Burnam 1910: 102 u. Lavarenne 1933: 243–244).

crinalis acus bezeichnet eine ‚Haarnadel' (vgl. Bergman 1897: 45).

redimicula sind ‚(Zier-)Bänder', die vom Kopf oder vom weiblichen Kopfschmuck zu beiden Seiten auf die Schultern herabfallen (vgl. Arévalo 1862: 55 u. Bergman 1897: 45).

uittae ‚Stirnbänder' bzw. ‚Kopfbinden' bezeichnet hier einen Kopfschmuck für Frauen. Vgl. dagegen die religiöse Bedeutung in *uittis* (v. 30), siehe dazu den Kommentar zu *phalerataque tempora uittis* (v. 30).

fibula ‚Spange' steht hier entweder für eine schmuckvolle Gewandspange oder Brosche oder aber für eine Haarspange (vgl. Arévalo 1862: 56 u. Bergman 1897: 45).

flammeolum ‚Brautschleier' ist der Deminutiv zu *flammeum*, dem goldgelben bzw. rötlichgelben Schleier, den eine römische Braut bei ihrer Hochzeit trug (vgl. Bergman 1897: 45, Lavarenne 1933: 101 §216).

strophium ist hier entweder ein ‚Büstenhalter' in Form eines gedrehten Bandes (vgl. Bergman 1897: 45) oder aber ein ‚Stirnband' bzw. ein ‚Kranz'.

diadema ‚Diadem' bezeichnet entweder eine um die Stirn getragene Binde oder Krone (vgl. ThLL V,1: 944–945 diadēma I.A), manchmal speziell als Bezeichnung für den Kopfschmuck von Königen (vgl. ThLL V,1: 945 diadēma I.B.1 u. Bergman 1897: 45)

monile ist eine ‚Halskette' aus Edelmetallen oder Perlen (vgl. ThLL VIII: 1417–1418 s. v. monīle 1.a u. Bergman 1897: 45) bzw. jeglicher ‚Schmuck' aus Perlen oder Edelsteinen (vgl. ThLL VIII: 1418 s. v. monīle 1.b).

452 scandala: ‚Stolpersteine'; *scandalum* bzw. griech. σκάνδαλον bezeichnet sowohl einen wirklichen ‚Fallstrick' bzw. etwas, woran man sich im Gehen stoßen kann (wie *apoth. praef.* 35), als auch übertragen ein ‚Ärgernis' oder eine ‚Verführung zum Bösen' (vgl. Georges II: 2516 s. v. scandalum, Passow II,2: 1436 s. v. σκάνδαλον, Burnam 1910: 102 u. Bergman 1897: 45–46). Das Wort kommt im Griechischen fast nur in der *Septuaginta* vor: z. B. *Ios* 23,13; I *Sm* 18, 21; *Ps* 69,22; *Idt* 5, 1; *Mt* 18, 7; *Lc* 17, 1; *Rm* 11, 9; 14, 13; 16, 17; im Lateinischen findet es sich erst bei christlichen Autoren und in der *Vulgata*. Zur Verwendung griechischer Wörter bei Prudentius vgl. Lavarenne 1933: 102–103 § 222.

Für *Sobrietas* und ihr Heer sind die in vv. 448–449 aufgezählten Schmuckstücke auf der Bildebene sowohl tatsächliche Stolpersteine als auch Ärgernisse, die es zu vernichten gilt. Zugleich kennzeichnet Prudentius diese Hinterlassenschaften als Dinge, die den Menschen in Versuchung führen bzw. zum Bösen verführen können.

Avaritia vs. Ratio & Operatio (vv. 454–628)

Einige Mss. betiteln den sechsten Kampf schlicht mit „Auaritia", so S, N und P. Mss. A und B verzeichnen generell keine Titel. Ms. M titelt „elemosyna contra auaritiam". Mss. C, E und K betiteln den Kampf mit „auaritia aurum inter harenas legit". Weitzius setzt zum sechsten Kampf den Titel „Philargyriae atque Operationis Pugna"; Cellarius und Obbarius titeln „Auaritiae et Largitatis pugna". In Bergmans Kommentar von 1897 fehlt für diesen Kampf eine Überschrift, während alle anderen Kämpfe über einen Titel verfügen.

Der Kampf gegen die *Auaritia* lässt sich in sechs Abschnitte einteilen: Im ersten Teil wird das Laster mit seinem Gefolge vorgestellt und exemplarisch seine Wirkung unter den Menschen vorgeführt (vv. 454–479). Im zweiten Teil wird die konkrete Vorgehensweise der *Auaritia* beschrieben und beurteilt, welche große Gefahr von ihr für die gesamte Menschheit und das Christentum ausgeht (vv. 480–500). Es folgt im dritten Teil das Einschreiten der Tugend *Ratio* (vv. 501–510). Daraufhin analysiert *Auaritia* im vierten Teil ihre Lage und entschließt sich zu einer List (vv. 511–550). Deshalb verwandelt sich das Laster im fünften Teil zum Schein in eine Tugend namens *Frugi* und stiftet so Verwirrung im Tugendheer (vv. 551–572). Schließlich greift die Tugend *Operatio* ein, besiegt das Laster endgültig und hält eine Siegesrede (vv. 573–628). Zur Abgrenzung zwischen dem sechsten und dem siebenten Kampf siehe S. 351–352.

Im sechsten Kampf der *Psychomachia* tritt die *Auaritia* ‚Habsucht' mit ihrem Gefolge auf, sammelt alles auf, was die *nugatrix acies* der *Luxuria* auf der Flucht fallen gelassen hat, und genießt zunächst ungehindert ihre zerstörerische Wirkung auf die Menschheit. Selbst vor dem christlichen Klerus, der in der Schlachtordnung des Tugendheeres vorangeht, macht sie nicht halt. Deshalb tritt die *Ratio* ‚Vernunft' auf und hält ihr Schild über ihre Schützlinge. Das Laster ist plötzlich ungewohnt machtlos und wütend darüber. In einem langen Monolog analysiert *Auaritia* ihre bisherigen Erfolge und prahlt damit, dass sie nicht nur über unzählige Menschen auf der ganzen Welt Macht hatte, sondern sogar über Judas, einen Jünger Jesu, und über Achar, der aus dem Stamme Juda stammt, auf den auch die Vorfahren Christi zurückgeführt werden. Da sie erkennt, dass sie gegen die Geringschätzung weltlicher Reichtümer unter den Christen in ihrer gewohnten Weise nichts ausrichten kann, verfällt sie auf eine List und verkleidet sich als scheinbare Tugend *Frugi* ‚Sparsamkeit' und gibt vor, sich nur um die Zukunft der Kinder zu sorgen und dafür ihr Hab und Gut beisammenzuhalten. Mit ihrer Verkleidung und ihrem Auftreten löst *Auaritia* alias *Frugi* Verwirrung bei den Kämpfern des Tugendheeres aus, die nicht sicher sind, ob es sich nun um eine Tugend oder doch um ein Laster handle. Das Eingreifen der *Operatio* ‚Mildtätigkeit' beendet diese Verwirrung jedoch schnell. Da die Tugend selbst schon vor langer Zeit all ihren Besitz an die Armen verteilt hat, kann das Laster sie nicht täuschen. Sie stürzt aus der letzten Reihe der Schlachtordnung auf das Laster zu. *Operatios* Auftreten macht *Auaritia* sofort klar, dass ihr hier auch keine Täuschung mehr weiterhelfen kann. Die Tugend erwürgt das Laster und zerquetscht mit Knien und Hacken dessen Eingeweide. Nachdem *Operatio* der toten *Auaritia* alle angesammelten Schätze entrissen und diese an die Bedürftigen verteilt hat, hält sie eine Rede an das Tugendheer. Darin erklärt sie alle Kämpfe für beendet. Sie erinnert ihre Kameraden an Jesu Lehren in Bezug auf die Bedürfnislosigkeit und fordert sie auf, nach himmlischen statt nach weltlichen Reichtümern zu streben. Denn Gott selbst kümmere sich um die Menschen und sorge dafür, dass ihnen alles Nötige zur Verfügung steht.

Prudentius beschreibt und charakterisiert *Auaritia* alias *Frugi* sehr detailliert, vor allem in der Einleitung des Kampfes mit der Vorstellung des Lasters und ihres Gefolges sowie der Beschreibung ihrer Wirkungsweise (vv. 454–500) und bei der Darstellung ihrer Verwandlung und der Wirkung auf das Tugendheer (vv. 551–572), doch finden sich einzelne Hinweise und Wertungen auch in den übrigen Teilen des Kampfes. *Auaritia* rafft alles Wertvolle auf, was die tote *Luxuria* und ihre geflohenen Gefährten zurückgelassen haben (vv. 454–458), so wie sie auch sonst immer alles mit ihrer krummen rechten Hand mit den ehernen Nägeln zusammenkratzt (vv. 455–456 u. 462–463), und stopft dann alles in ihre vielen weiten Taschen und Geldbeutel, die sie sorgfältig mit der linken Hand unter dem Gewand verbirgt (vv. 458–462). Ihr Mund ist gierig aufgerissen (v. 457). Ihr Gesichtsausdruck ist schrecklich und ihre nicht näher beschriebenen Waffen sind entsetzlich (vv. 551–552). Zudem hat sie Schlangenhaare (vv. 559–560). Das Gefolge der *Auaritia* wird nur kurz vorgestellt: *Cura, Famis, Metus, Anxietas, Periuria, Pallor, Corruptela, Dolus, Commenta, Insomnia, Sordes* und *uariae Eumenides* werden in rascher Folge aufgezählt (vv. 464–466). Näher charakterisiert werden nur ihre Folgen, die Verbrechen, die das Laster mit ihrer schwarzen Milch genährt hat und die nun wie rasende Wölfe überall wüten (vv. 467–469). Ausführlicher widmet sich Prudentius der Darstellung der Wirkung des Lasters und der Bewertung der von ihr ausgehenden Gefahr: Sie wirkt auf der ganzen Welt auf alle Menschen (vv. 480–485 u. 493), egal welchen Charakters, ja selbst gegen Priester (vv. 497–500 u. 517–519). Sie macht die Menschen blind oder täuscht sie so, dass sie nur das sehen, was sie sehen wollen bzw. was das Laster sie sehen lässt (vv. 486–489), und sogar vor Raub und Mord aus Gier gegenüber engsten Verwandten nicht halt machen (vv. 470–479). Wen sie einmal ergriffen hat, richtet sie zugrunde, tötet ihn und führt ihn in die Hölle (vv. 490–496, 520–523 u. 565–566). Sie ist auch die Ursache für alle Kriege (v. 557). Nicht nur durch ihre Transformation in die Scheintugend *Frugi* werden weitere Eigenschaften deutlich: Sie ist wild und grausam (vv. 512–514), stolz und siegesgewohnt (vv. 529–546), verlogen, betrügerisch und wandlungsfähig (vv. 547–572) und natürlich gottlos (v. 565). Nach der Verwandlung gibt sich das Laster ein ehrenhaftes und biederes Aussehen und tut so, als wäre sie selbst eine Tugend (vv. 551–562). Was das Laster ausmacht, bringt Prudentius in v. 562 auf den Punkt: *rapere et clepere ... auideque abscondere parta*. Prudentius charakterisiert das Laster mehrfach als *monstrum* (vv. 466 u. 565) und *lues* (vv. 508 u. 558; vgl. auch v. 535) bzw. als *rabies* (v. 561) oder Furie (vgl. vv. 510 u. 551) und bezeichnet sie als *mendax bellona* (v. 557).

Ratio, die erste Tugend, die mit ihrem Eingreifen den Siegeszug der *Auaritia* beendet und diese zur Täuschung veranlasst, wird nur äußerst knapp beschrieben: Sie ist die einzige immer treue Gefährtin der Priester und vermag es mit ihrem Schild, die Menschen vor dem Ansturm der *Auaritia* so gut zu schützen, dass nur einige wenige von ihnen ganz leichte, oberflächliche Verletzungen durch die Geschosse des Lasters davontragen (vv. 501–504).

Operatio dagegen, die schließlich das Laster endgültig besiegt, wird umso umfangreicher beschrieben und charakterisiert: Sie hatte vor langer Zeit ein großes Vermögen geerbt, das sie schwer belastet hatte und das sie deshalb großzügig verwendet hatte, um Mittellose zu unterstützen (vv. 577–581). Nun ist sie von aller Last befreit und verzichtet sogar auf jede Art von Kleidung (vv. 577–578). Statt nach weltlichen Reichtümern strebt sie nach himmlischem Lohn bei Gott (vv. 582–583; vgl. auch die Rede in vv. 604–628). Sie wird als ‚reich im Glauben' charakterisiert (v. 582). Angesichts des Täuschungsversuchs der *Auaritia* alias *Frugi* hält es sie nicht länger an ihrem Platz in der letzten Reihe der Schlachtordnung (v. 575). Sie springt mitten auf das Schlachtfeld und übernimmt die Initiative (vv. 573–576). Prudentius bezeichnet *Operatio* als *uirtus fortissima* (v. 589). Wie schon ihr eigenes Vermögen, verschenkt sie nun die Beute der *Auaritia* nach deren Tod an Bedürftige (vv. 598–603).

Habsucht bzw. Gier und Geiz, griech. πλεονεξία, als Überschreiten des angemessenen Maßes gelten bereits in der klassischen und hellenistischen griechischen Philosophie als „Fehlverhalten" (Frank 1986: 230; vgl. 228–229). Platon räumt dem „Mehrhaben und Mehrhabenwollen" allenfalls dann eine Berechtigung ein, wenn es „auf Gutes ausgerichtet ist u[nd] das Streben danach mit guten Mitteln geschieht", betont sonst aber die Gefahren, die davon für die Gesellschaft ausgehen (Frank 1986: 230 mit Verweis auf Plat.

rep. 349e–350d; 586b u. *leg.* 906c). Auch Aristoteles lehnt die πλεονεξία ab (vgl. Frank 1986: 231 mit Verweis auf Arist. *eth. Nic.* 2, 5, 1105b 20–28; 4, 1, 1119b 27–29 u. a.), ebenso die Epikureer, die Stoiker und die Kyniker (vgl. Frank 1986: 232–233). Römische Philosophen und Dichter lehnen die *auaritia* auf dieselbe Weise ab (vgl. Frank 1986: 234–235). Interessant ist, dass Cicero in *Tusc.* 4, 24 bereits die *ratio* als die sokratische Medizin gegen die *auaritia* empfiehlt.

Die *auaritia* definiert er in *Tusc.* 4, 26 folgendermaßen: „Est autem auaritia opinatio uehemens de pecunia, quasi ualde expetenda sit, inhaerens et penitus insita, similisque est eiusdem generis definitio reliquarum." (vgl. dazu auch Frank 1986: 233–234.) Auch Seneca lehnt die *auaritia* ab, weil sie den Menschen „um die *tranquillitas* u[nd] die *securitas*" bringe (Frank 1986: 234 mit Verweis auf Sen. *epist.* 90, 36–39), wobei er allerdings nicht den Besitz oder den Reichtum grundsätzlich ablehnt; vielmehr fordert er eine naturgemäße *frugalitas* (vgl. Frank 1986: 234 mit Verweis auf Sen. *epist.* 90, 2–5), die vielleicht den Ausgangspunkt für Prudentius' Scheintugend *Frugi* bildet. Auch in der römischen Dichtung wird die *auaritia* als Laster angeprangert, so bei Plautus in der *Aulularia*, natürlich bei den Satirikern Horaz (u. a. *sat.* 1, 1; *epist.* 1, 2, 46 u. 56; *carm.* 2, 18), Persius (*sat.* 5, 132–137) und Juvenal (8, 88–89; 14, 107–108) sowie in Lucans *Pharsalia* (vgl. Frank 1986: 235). Außer dem Begriff *auaritia* werden für Geiz und Gier kontextgebunden auch andere Begriffe verwendet, so beispielsweise *tenax/tenacitas* (vgl. v. 567), *sordidus/sordes* (vgl. vv. 465, 599), *parcus/parsimonia* oder *frux/frugis/frugalitas* (vgl. v. 554 *Frugi*) – beide Konzepte gelten sonst allgemein als positiv – , die sich teils auch im sechsten Kampf der *Psychomachia* finden (vgl. Frank 1986: 227). Das Christentum sieht angesichts der Verheißung vom Reich Gottes und der Forderung nach Bedürfnislosigkeit „in jeder Form von H[absucht]/Geiz moralisches u[nd] religiöses Fehlverhalten" (Frank 1986: 238; vgl. auch 239). Habsucht und Geiz gelten als „Verfehlung gegen die Nächstenliebe" (Frank 1986: 238 mit Verweis auf *Mt* 25, 31–46; *Mc* 7, 22; *Lc* 12, 15 u. 16, 14 sowie die Paulusbriefe *Rm* 1, 29; I *Cor* 5, 10; 6; 10; II *Cor* 2, 11; 7, 2; 9, 5; *Eph* 4, 19; 5, 3; 5, 5; *Col* 3, 5 u. I *Th* 4, 6). Allerdings ist schon früh die Habsucht ein Problem, das auch den Klerus betrifft und dem die Kirche besondere Aufmerksamkeit widmen muss (vgl. Frank 1986: 245, Hübner 2005: 153–155, 160–163 u. 179–180 sowie Gnilka 2004: 342–343).

Der Kampf gegen die *Auaritia* ist ganz gezielt zwischen den Kampf gegen die *Luxuria* und den Triumphzug mit dem Attentat der *Discordia* gestellt worden; das zeigt sich schon an den Überleitungen zwischen diesen Teilen (vgl. Gnilka 1963: 38 Anm. 18; siehe auch S. 283). Der Übergang von der *Luxuria*-Episode zum fünften Kampf wird u. a. durch die Hinterlassenschaften der *Luxuria* und ihres Gefolges gelöst, die *Auaritia* gierig aufsammelt (vgl. Nugent 1985: 47). Der Übergang zur folgenden *Discordia*-Episode ist derart fließend, dass die Abgrenzung schwerfällt (siehe dazu S. 351–352). Zudem geht es wie auch beim fünften und beim siebenten Kampf um ein Laster, das auch unter Christen, ja sogar bei Priestern auftritt, und somit ein Laster der Zeit des Prudentius selbst (vgl. Gnilka 1963: 39).

Der Kampf gegen die *Auaritia* ist der längste in der ganzen *Psychomachia* und steht zugleich ungefähr in der Mitte des Werkes. Prudentius misst ihm somit schon formal eine besondere Rolle zu (vgl. Nugent 1985: 48 u. 50–51). Inhaltlich zeigt sich die Bedeutung dieses Kampfes durch den Beinahe-Sieg des Lasters über alle Menschen und sogar das Tugendheer. Die besondere Gefahr, die von der *Auaritia* ausgeht, ist ihre Hartnäckigkeit, Rücksichtslosigkeit und Anpassungsfähigkeit. Am schlimmsten jedoch ist, dass – wie schon bei der *Luxuria* und später bei der *Discordia* – die Grenze zwischen Tugend und Laster nicht eindeutig erkennbar ist. Deshalb geben sich die Menschen ihr bereitwillig hin, wenn sie sich als Scheintugend *Frugi* präsentiert. Die besondere Gefahr, die Prudentius in diesem Laster sieht, zeigt sich am deutlichsten darin, dass er die *auaritia* in der *Hamartigenia* als Wurzel allen Übels bezeichnet (vgl. Nugent 1985: 51 u. *ham.* 257–258).

Gnilka sieht in der *Ratio* in diesem Kampf nicht einfach eine „philosophische Größe" (Gnilka 2004: 342) oder wie Arévalo ein Zeichen dafür, dass Prudentius eben „in der Blütezeit kirchlicher Gelehrsamkeit schrieb" (Gnilka 2004: 343; vgl. Arévalo 1862: 59–60). Auch Lavarennes Erklärung, dass die *Ratio* den „allgemeine[n] Anspruch auf Vernunft [verkörpere], den die Christen gegenüber der heidnischen Torheit erhoben" (Gnilka 2004: 343; vgl. Lavarenne 1933: 246) hält Gnilka nicht für ausreichend. Vielmehr sei damit „das Vernunftgemäße der christlichen Religion" in der „Verbindung von Vernunft und Glauben" betont, das bereits Evenepoel deutlich herausgearbeitet hat (Gnilka 2004: 343 mit Verweis auf Evenepoel 1981: 318–327). Mastrangelo sieht in der *Ratio* einen Hinweis darauf, dass eine vernunftgeleitete und harmonische Seele dem Menschen ermögliche, Gott im Glauben zu suchen und zugleich Vorbild für eine wohlgeordnete Gemeinschaft sei (vgl. Mastrangelo 1997: 164–165 u. 221–222).

Die *Operatio* ist nicht nur ein Wortspiel aus *ops* und *ratio*, sondern birgt tatsächlich einen wesentlichen weiteren Aspekt, der es ihr – anders als der *Ratio* – ermöglicht, die *Auaritia* handlungsunfähig zu machen und sie endgültig zu besiegen (vgl. Nugent 1985: 55 u. Mastrangelo 1997: 169; siehe dazu S. 341).

454–479: Vorstellung der *Auaritia* (vv. 454–463) und ihres Gefolges (vv. 464–469) und Beschreibung ihrer Wirkungsweise unter den Menschen (vv. 470–479).

454–463: *Auaritia* rafft alles, was *Luxuria* nach ihrem Tod zurückgelassen und ihr Gefolge auf der Flucht verloren hat (vgl. vv. 432–449), gierig an sich. Ihre Beschreibung wirkt geradezu grotesk: Zu Schaufeln gekrümmte Hände mit ehernen Fingernägeln, ein gierig aufgerissener Mund, mit Beute vollgestopfte weite Taschen charakterisieren sie überdeutlich als Personifikation der Raffgier und des Geizes.

454–460: Gnilka sieht im Beginn des Kampfes eine *crux interpretationis* (vgl. Gnilka 1963: 129–133): *fertur* ‚man sagt' passe „nicht zur Darstellungsweise des allegorischen Gedichts", „[d]ergleichen kommt in der *Psychomachie* niemals vor, niemals wird die Kraft der direkten Aussage durch ein *fertur = dicitur (traditur)* geschwächt, Ereignisse und Personen werden vielmehr dem Leser stets unmittelbar vor Augen geführt" (Gnilka 1963: 129). Außerdem sei der „Übergang von der indirekten Berichterstattung (*fertur ... corripuisse*) [vv. 454–456] zur direkten Darstellung (*nec sufficit ... inpleuisse*) [vv. 458–459] „recht seltsam" (Gnilka 1963: 129) und „geradezu widersinnig, denn er vollzieht sich innerhalb ein und derselben Szene" (Gnilka 1963: 130). Zudem passe dieser Anfang im Motiv nicht zu den Anfängen der sechs vorangegangenen Kämpfe und die Konstruktion sei problematisch (vgl. Gnilka 1963: 130–131 u. Dihle 2003: 17). Gnilka versteht *fertur* jedoch „als Verb der raschen Bewegung" (Gnilka 1963: 130) und vermutet daher in vv. 456–458 eine Binneninterpolation: Ein Bearbeiter habe *fertur* fälschlich als Verb des Sagens aufgefasst und das wohl ursprüngliche *Fertur Auaritia gremio praecincta capaci. | Quidquid Luxus edax pretiosum liquerat. unca| corripuisse manu cumulos nec sufficit amplos | inpleuisse sinus ...* durch *pulchra ... harenarum* ergänzt (vgl. Gnilka 1963: 131–133). Thraede hält die von Gnilka vorgeschlagene Athetese für notwendig (vgl. Thraede 1968: 688 u. 690 Anm. 1), Cunningham hält die Argumente dafür nicht für überzeugend (vgl. Cunningham 1971: 65). Gegen die Athetese spricht allerdings, wie Gnilka selbst einräumt, der eindeutige Befund aller Handschriften an dieser Stelle (vgl. Gnilka 1963: 132).

Dihle hat gegen die „Annahme einer solchen Interpolation [...] ernstliche Bedenken" angemeldet, da „aus ihrer Annahme erhebliche sprachliche Härten im verbleibenden Text" resultierten (Dihle 2003: 18). Er macht deutlich, dass die „Auseinandersetzung mit der *Auaritia* [...] sich nicht in das übliche Zweikampfschema der *Psychomachie* ein[füge]", da ja das „Erscheinen dieses Lasters auf dem Schlachtfeld [...] zunächst nur mit der Leichenfledderei motiviert" sei (Dihle 2003: 18). Daher handele es sich bei diesen Versen „also um einen überbietenden Zusatz zur eigentlichen Erzählung", wo Formeln wie *fertur* ‚man sagt' in der epischen Tradition durchaus üblich sind (vgl. Dihle 2003: 18).

454 Avaritiā gremio praecincta capaci: ‚Auaritia, hochgeschürzt mit einem geräumigen Gewandbausch'. Zur Längung der Endsilbe vgl. Krenkel 1884: 20, Manitius 1890: 491, Bergman 1897: 13 u. 46–47 sowie Lavarenne 1933: 111 § 249 und vv. 41 u. 481. *praecinctus* mit dem Ablativ heißt entweder ‚gegürtet/gerüstet mit etw.' oder ‚hochgeschürzt / gerafft [an einem Ort]', um sich ungehinderter bewegen zu können (vgl. ThLL X,2: 436 s. v. praecingo I.A.1.a.α.I [z. St. 436 Z. 3]). *gremium* bezeichnet hier nicht so sehr in der Bedeutung ‚Schoß', den Körperteil, wo das Gewand der *Auaritia* hochgeschürzt bzw. gegürtet ist, sondern einen Bausch bzw. eine Tasche in ihrem Gewand (vgl. ThLL VI,2: 2318–2319 s. v. gremium[2] I u. Lavarenne 1933: 244 mit Verweis auf v. 458–459 *amplos ... sinus*). Doch gehen beide Bedeutungen ineinander über: *Auaritia* hat ihr Gewand gerafft, wodurch ein geräumiger Bausch entsteht, in dem sie ihre Beute verstaut (vgl. Burton 2004: 32).

455–456 unca | ... manu: ‚mit gekrümmter Hand', so dass sie besser zugreifen und nichts herausfallen kann (vgl. Burnam 1910: 10), drückt Gier und Geiz gleichermaßen aus (vgl. Arévalo 1862: 56). Der Ausdruck *unca manu* erinnert einerseits an die gekrümmten Hände, die man laut Verg. *georg.* 2, 365–366 zum Pflücken und Verlesen des Weinlaubes verwenden soll, und die gekrümmten Hände, mit denen Palinurus sich in *Aen.* 6, 360 an die Klippen klammert (vgl. Bergman 1897: 46), andererseits aber auch an die Krallen eines Raubvogels.

460 fiscos: ‚Schatztruhen'. *fiscus* ‚Korb' bezeichnet auch einen Korb bzw. eine Kiste, seltener einen Beutel, zur Geldaufbewahrung und zum Geldtransport (vgl. ThLL VI,1: 823–824 s. v. fiscus II.A [z. St. 824 Z. 10–11], Arévalo 1862: 57 u. Bergman 1897: 46).

461–462 quos laeua celante tegit laterisque sinistri | uelat opermento: ‚die sie mit ihrer linken, verhüllenden Hand bedeckt und mit der Abdeckung ihrer linken Seite verbirgt'. *opermentum = operimentum* (vgl. ThLL IX,2: 689 s. v. opermentum u. 680 Z. 23–24 s. v. operīmentum sowie Lavarenne 1933: 244) bezeichnet zunächst jede Art von schützender oder verbergender ‚Abdeckung', hier spezifiziert *laterisque sinistri* als *gen. obi.* den Ort der Abdeckung, wo *Auaritia* ihre Beute verbirgt (vgl. Burnam 1910: 102 u. z. St. ThLL IX,2: 680 Z. 63–64 s. v. operīmentum 1.a.α.1).

Lavarenne erkennt hier zwei Hendiadyoin: *tegit ... uelat* und *laeua ... sinistri* (vgl. Lavarenne 1933: 105 § 231 u. 244). Tatsächlich beschreibt Prudentius denselben Sachverhalt in zwei Teilhandlungen: *Auaritia* verbirgt die *fiscos* (v. 460) mit ihrer linken Hand (*quos laeua celante tegit*) und verhüllt sie zugleich auf ihrer linken Seite mit ihrem Gewand (*lateris... sinistri uelat opermento*; vgl. v. 458–459 *amplos ... sinus*).

463 ungues ... aënos: ‚eherne Krallen'. *ungues* bezeichnen hier die ‚Fingernägel' des Lasters; zugleich erinnert der Begriff an die Klauen eines Tieres, das sich seine Beute krallt, oder einen metallenen Haken oder Rechen (vgl. Colum. 12, 18, 2 u. Sil. 14, 324), mit dem das Laster die Reichtümer zusammenharkt. Dass Prudentius diese Nägel als *aenos* ‚ehern' bezeichnet, ist eine Anspielung auf deren Härte sowie auf *aes* ‚Geld', das sie damit zusammenrafft (vgl. ThLL I: 1445 s. v. ahēnus 3, Burnam 1905: 63 u. Burton 2004: 32). Vgl. auch Hor. *od.* 1, 35, 18–19 *aena manus* (vgl. Lavarenne 1933: 244).

464–469: Das Gefolge der *Auaritia* wird lediglich aufgezählt. Anders als das Gefolge der *Luxuria* (vgl. vv. 432–449) werden die Schergen der *Auaritia* nicht näher charakterisiert oder durch Attribute in Bezug zu ihrem Hauptlaster gesetzt. Dies überlässt Prudentius dem Leser selbst, doch fällt es auch nicht schwer. Dabei stehen einige der Laster stärker in Bezug zum Aspekt der Gier und dem Bestreben, immer mehr zu erwerben, wie *Famis* ‚Hunger' (v. 464), *Dolus* ‚List' (v. 465), *Corruptela* ‚Bestechung' und *Commenta* ‚Lüge' (v. 465); andere stehen eher in Beziehung zum Aspekt des Geizes und der Angst, das Erworbene zu verlieren, wie *Metus* ‚Furcht', *Anxietas* ‚Ängstlichkeit' (v. 464) und *Insomnia* ‚Schlaflosigkeit' (v. 465); die übrigen Laster, *Cura* ‚Sorge', *Periuria* ‚Meineid', *Pallor* ‚Blässe' (v. 464) und *Sordes* ‚Niederträchtigkeit' (v. 465), lassen sich durchaus auf beide Teilaspekte der *Auaritia* beziehen. Die *uariae Eumenides* (v. 465) lassen Spielraum für weitere, nicht näher ausgeführte, negative Eigenschaften, die aus der *Auaritia* resultieren oder mit ihr in Verbindung stehen. Die *Crimina* ‚Verbrechen' (v. 468) schließlich stehen eindeutig für die konkreten Übeltaten, die durch *Auaritia* motiviert sind, und leiten damit bereits zum folgenden Abschnitt über, der Beschreibung der konkreten Taten, zu denen Menschen aus Geiz oder Gier fähig sind. Sie werden zwar personifiziert, indem sie zwischen den Eigenschaften im Gefolge der *Auaritia* umherspringen, gehören aber wohl als Handlungen im Gegensatz zu den Eigenschaften zu einer eigenen Gruppe von Gefolgsleuten der *Auaritia*. Das wird auch dadurch deutlich, dass sie als Kinder des Lasters beschrieben werden (vgl. v. 469), sozusagen als dessen Resultate.

Die Aufzählung der Gefolgschaft der *Auaritia* orientiert sich an der Beschreibung der *terribiles formae* am Eingang der Unterwelt in Verg. *Aen.* 6, 273–281. Es entsprechen sich in etwa *Cura* (*psych.* 464) und *Luctus et ultrices ... Curae* (*Aen.* 6, 274), *(malesuada) Fames* (*psych.* 464 u. *Aen.* 6, 276), *Metus* (*psych.* 464 u. *Aen.* 6, 276), *Pallor* (*psych.* 464) u. *pallentes ... Morbi* (*Aen.* 6, 275), *Insomnia* (*psych.* 465) u. *consanguineus Leti Sopor* (*Aen.* 6, 278), *Sordes* (*psych.* 465) und *Egestas* (*Aen.* 6, 276), *Eumenides uariae* (*psych.* 466) und *ferrei ... Eumenidum thalami* (*Aen.* 6, 280); die übrigen, von Prudentius zusätzlich eingeführten Begleiter, *Dolus, Anxietas, Corrup-*

tela, Commenta und *Periuria*, entsprechen den *mala mentis gaudia* (*Aen.* 6, 278–279) (vgl. Dexel 1907: 40 u. Schwen 1937: 25–26). Auf die bei Vergil ferner aufgeführten *tristis Senectus* (*Aen.* 6, 275) und *Letumque Labosque* (*Aen.* 6, 277) sowie *Bellum* (*Aen.* 6, 279) und *Discordia demens* (*Aen.* 6, 280) verzichtet Prudentius, weil sie keinen direkten Bezug zur *Auaritia* haben, wie *Discordia* dem Gefolge eines anderen Lasters angehören (vgl. v. 442) oder andernorts in Bezug zur *Auaritia* gesetzt werden (vgl. v. 567 *mendax Bellona* u. v. 477 *ciuilis Discordia*). Die asyndetische Aufzählung der vielen Begleiter in rascher Folge lässt diese Truppe umso gefährlicher wirken (vgl. Dexel 1907: 40). Auf die Attribute, die Vergil jeder Personifikation zur genaueren Charakterisierung zuweist, verzichtet Prudentius deshalb gezielt. Dieser Bezug zur Unterweltsbeschreibung Vergils bereitet auf die späteren Unterweltsbezüge der *Auaritia* vor (vgl. vv. 490–496 u. 520–523).

464 Cura: ‚Sorge' findet sich bereits personifiziert bei Hyg. *fab.* 220 „wonach der Mensch zugleich dem Iuppiter, der Erde und der Sorge gehört, weil alle drei Götter zu seiner Schöpfung beigetragen haben" (Roscher 1884–1890 a: 932), ferner bei Verg. *Aen.* 6, 274 (s. o. den Kommentar zu. vv. 464–469), Hor. *carm.* 3, 1, 40. Zum Bezug der Sorge auf einen *auarus* vgl. Iuv. 14, 303–304.

Metus: ‚Angst' eines *auarus* vor dem Verlust der erworbenen Güter thematisieren auch Hor. *sat.* 1, 1, 76; 1, 1, 92–99 u. Iuv. 14, 303.

465 Insomnia: ‚Schlaflosigkeit', Nom. Sg. fem. oder Nom. Pl. neutr. (vgl. Bergman 1897: 46 u. Lavarenne 1933: 244), und zwar aus Angst, im Schlaf beraubt zu werden (vgl. Hor. *sat.* 1, 1, 76–78 u. Iuv. 14, 305–308).

466 Eumenides: Prudentius nennt die Furien hier, wie auch *c. Symm.* 1, 356, bei ihrem griechischen, in der lateinischen Literatur seltener gebrauchten Namen (vgl. Bergman 1897: 46–47). Dies tut er fast immer, wenn er von ihnen im Plural schreibt, mit Ausnahme von *c. Symm.* 1, 368 *Furiae* und *psych.* 697 *Furores*; wenn er dagegen einzelne Laster als Furien bezeichnet, tut er das mit dem lateinischen Begriff *Furia* (vgl. vv. 46, 96 u. 158). Nugent sieht in der Erwähnung der Eumeniden eine Anspielung auf die Reproduktionsfähigkeit der *Auaritia* (vgl. v. 469 *matris Auaritiae*) und auf die negativen Aspekte der Mutterschaft, welche die Furien in der klassischen Mythologie repräsentieren; sie verweist zudem auf die vierfache Bezugnahme auf dieses Motiv: v. 466 *Eumenides*, v. 566 *Erynis*, v. 551 *furialiaque arma* u. v. 561 *diroque ... furori* (vgl. Nugent 1985: 48–49).

468–469 Crimina ... toto grassantia campo | matris Auaritia nigro de lacte creata: ‚die auf dem gesamten Schlachtfeld tobenden Verbrechen, Geschöpfe aus der schwarzen Milch ihrer Mutter *Auaritia*'. Prudentius betont damit die Gefährlichkeit der *Auaritia*: Durch dieses Laster werden überall unzählige Verbrechen und Sünden verursacht (vgl. Arévalo 1862: 57, Burnam 1910: 102, Burton 2004: 32 u. Mastrangelo 1997: 165). Dieses Thema nimmt Prudentius später mehrfach wieder auf (v. 480–482, 492–496 u. 511–525). *lac* steht hier im Sinne von ‚Muttermilch‘ (vgl. z. St. ThLL VII,2: 816 Z. 50 s. v. lac I.A.1). *nigro de lacte creata* verweist also darauf, dass die *crimina* durch die *Auaritia* sowohl ‚geboren‘, d. h. geschaffen und in die Welt gebracht wurden, als auch genährt und am Leben gehalten werden (vgl. Bergman 1897: 47 u. Lavarenne 1933: 244–245).

470–479: Prudentius beschreibt das Wirken der *Auaritia* beispielhaft anhand von Raub und Plünderung unter engsten Verwandten wie Brüdern sowie Vätern und Söhnen, der wohl niederträchtigsten Form von Gier. Der Aspekt des Geizes bleibt bei diesen Beispielen ausgespart. Auffällig ist zudem, dass diese Beispiele alle aus dem Bereich des Kampfes und des Krieges kommen. Sie werden also direkt auf den Seelenkampf bzw. den Kampf gegen die Laster bezogen. Blutsverwandte Kämpfer derselben Seite wenden sich aus Gier gegeneinander, es kommt zu einem regelrechten Bürgerkrieg (vgl. v. 477 *ciuilis discordia*), wodurch die Macht der *Auaritia* die aller anderen bisher dargestellten Laster übertrifft (vgl. Nugent 1985: 49 u. Henderson 1999: 112).

474 belli sub sorte: Vgl. *sub sorte duelli* (v. 21).

477 ciuilis ... discordia: ‚bürgerliche Zwietracht‘ = ‚Bürgerkrieg‘; *discordia* ist hier wohl nicht als personifiziert zu verstehen (vgl. dagegen die Großschreibung bei Thomson 1949 z. St., Nugent 1985: 49 u. Burton 2004: 32).

479 Famis inpia: Vgl. v. 464 *Famis*.

480–500: Beschreibung der Vorgehensweise der *Auaritia* (vv. 480–492) und Bewertung der daraus resultierenden Gefahren für die Menschheit und das Christentum (vv. 493–500). Das Laster wirkt auf der ganzen Welt und in allen Bevölkerungsgruppen unangefochten.

480–492: *Auaritia* wird, anders als *Luxuria* (vgl. v. 310), nicht einer bestimmten Region oder Kultur primär zugeordnet, sondern wirkt überall bei allen Völkern auf der ganzen Erde. Auch betrifft sie nicht nur einzelne Menschen, sondern jeweils – also in jedem Volk – hunderttausende (v. 480–481); vgl. dazu Mastrangelo 1997: 87–88 u. 167–168 sowie Mastrangelo 2008: 77. Prudentius beschreibt nun ihre Wirkungsweise genauer: Den einen macht sie durch Auskratzen der Augen – wohl mit den *ungues aënos* (v. 463) – blind vor Gier gegenüber den Gefahren und Stolperstellen, einen anderen lässt sie nur noch das sehen, was er haben will. Das Ergebnis ist jedoch in beiden Fällen letztendlich dasselbe: Die betroffenen Menschen kommen zu Fall, laufen in offenes Feuer oder werden von den Geschossen des Lasters ins Herz getroffen – sie werden im Höllenfeuer glühen wie das Gold, das in der Esse eingeschmolzen wird, und an ihrer Gier zugrundegehen.

Auch hier scheint der Aspekt des Geizes zunächst nebensächlich. Man mag ihn allenfalls beim ersten Beispiel (v. 482–485) mit angedeutet sehen.

Nugent erkennt in den beiden verschiedenen Herangehensweisen der *Auaritia* in vv. 482–489 „means diametrically opposed to one another" und sieht darin die *discordia civilis* (v. 476), die das Laster bei den Menschen bewirkt, auch in ihr selbst belegt (Nugent 1985: 49).

488–489 cordis... | sub ipso occulto: ‚direkt im Innersten des Herzens'. *cor* ‚Herz' steht hier übertragen für die ‚Seele' als Sitz der Gedanken und der Gefühle. *sub* heißt hier soviel wie ‚in' bzw. ‚tief in' (vgl. LHS 2: 279 § 157 mit Verweis auf Verg. *Aen.* 9, 244 *obscuris ... sub uallibus*). *occultum* ‚das Verborgene' steht für das, was tief im Innersten verschlossen ist.

489 ferrum suspirat adactum: ‚bejammert das eingedrungene Eisen'. *ferrum* steht hier für das *telum* ‚Geschoss' der *Auaritia* (vgl. v. 487). *suspirare* gebraucht Prudentius hier in der seltenen Bedeutung ‚beseufzen / beklagen', die normalerweise mit *acc. c. inf.* steht (vgl. Bergman 1897: 48). Es liegt also eine Ellipse des *esse* vor. *ferrum adactum* [sc. *esse*] heißt daher ‚dass das Eisen geschleudert worden ist' bzw. ‚dass das Eisen eingedrungen ist' (vgl. Arévalo 1862: 58 u. Burnam 1905: 63).

491 focos ..., quibus aestuat aurum: ‚die Essen, in denen das Gold glüht' (vgl. Arévalo 1862: 58). *focus* bezeichnet hier auf der Bildebene zunächst im übertragenen Sinne die Esse, in welcher der Schmied das Gold erhitzt, um es zu bearbeiten. Zugleich schwingen aber in diesem Kontext weitere Bedeutungen mit: *focus* bezeichnet auch das Feuer, in dem Tote verbrannt werden; es bezeichnet ebenfalls einen Opferaltar für eine Gottheit (vgl. Ov. *met.* 4, 753; *fast.* 5, 308; *Pont.* 1, 1, 52 u. a.), was man durchaus auf *Auaritia* beziehen könnte, und erinnert hier natürlich an das Höllenfeuer (vgl. Arévalo 1862: 58).

492 arsurus pariter speculator auarus: ‚der gierige Betrachter, der ebenso brennen wird'. *pariter* ‚ebenso' bezieht sich auf das Gold, das in den Essen eingeschmolzen wird (vgl. v. 491). *arsurus* nimmt die Höllenqualen, die in vv. 495–496 explizit genannt werden, vorweg. Prudentius spielt hier mit der lautlichen Ähnlichkeit von ***arsurus*** und ***auarus*** (vgl. Bergman 1897: 48), um das bevorstehende Schicksal des Gierigen deutlich zu machen.

speculator: ‚Betrachter'. Für diese Stelle sind vier Lesarten überliefert: *speculator* ‚Betrachter', *peculator* ‚Veruntreuer öffentlicher Gelder', *speculatur* ‚wird betrachtet' und *peculatur* ‚betrügt durch Unterschlagung'. Die beiden Verbformen scheiden jedoch aus syntaktischen Gründen aus.

Bergman, der noch in seinem Kommentar von 1897 *speculator* in den Text gesetzt hatte, schreibt in seiner Ausgabe von 1926 *peculator*. Grund dafür war neben der Tatsache, dass Mss. A und B – zumindest vor der Korrektur – als älteste Handschriften diese Lesart bieten, vielleicht die so entstehende Alliteration *pariter peculator*, die zu Prudentius' Stil passen würde (vgl. Bergman 1897 u. Bergman 1926 z. St. sowie Lavarenne 1933: 145).

Lavarenne verteidigt jedoch die Lesart *speculator* aus vier Gründen: (1) *speculator* ⏑ ⏑ — ⏑ passt aufgrund seiner Prosodie in den Vers, *peculator* ⏑ — — ⏑ dagegen nicht; allerdings wiegt dieses Argument angesichts anderer prosodischer Ungenauigkeiten bei Prudentius nicht besonders schwer (vgl. Lavarenne 1933: 145). (2) *peculator* oder ein anderes Wort derselben Wortfamilie ist bei Prudentius nirgendwo sonst belegt, *speculator* und weitere Vertreter der Wortfamilie *specul-* dagegen oft: *speculator* (cath. 2, 105), *speculatrix* (ham. 309), *speculamine* (apoth. 20), *speculam* (psych. 732), *speculum* (cath. 5, 154; apoth. 761; 834; ham. 869; perist. 11, 186), *speculatur* (ham. 900); *speculamur* (apoth. 335) (vgl. Lavarenne 1933: 145–146 u. Deferrari–Campbell 1932: 697). Das schließt natürlich nicht aus, dass *peculator* als *lectio difficilior* hier dennoch die richtige Lesart ist (vgl. Lavarenne 1933: 145–146). (3) Inhaltlich passt *speculator auarus* ‚der gierige Betrachter' hervorragend in den Kontext, in dem Prudentius darstellt, wie *Auaritia* ihre Opfer blind macht oder deren Blick täuscht; während *peculator* ‚einer, der etw. veruntreut' als Spezialfall eines *auarus* hier völlig losgelöst stünde (vgl. Lavarenne 1933: 146). (4) Die Mehrzahl der Mss. bietet – teilweise nach Korrektur – die Lesart *speculator*; die zahlreichen offensichtlichen Fehler in Ms. A mahnen zudem zur Vorsicht, hier nicht einfach dem ältesten Textzeugen zu vertrauen (vgl. Lavarenne 1933: 146).

493–500: Prudentius bewertet die Gefahren der *Auaritia*: Sie bemächtigt sich aller Menschen zu allen Zeiten und ist das grausamste Laster auf Erden (vv. 493–495). Sie verurteilt ihre Opfer durch die Taten, zu denen sie sie bewegt, zu einer Strafe in der Hölle (vv. 496). Das schlimmste aber ist für Prudentius, dass sogar christliche Priester von der *Auaritia* befallen sind, die eigentlich die Kämpfer gegen die Laster anführen (vv. 497–500). Dieser Vorwurf scheint nicht aus der Luft gegriffen zu sein. Gnilka schließt aus den neutestamentlichen Warnungen an die Kleriker vor der αἰσχροκέρδεια (I Tim 3, 8; I Pt 5, 2) und der Gesetzgebung der Konzilien, dass „sicher die tatsächlichen Verhältnisse […] den Dichter nötigten, die Integrität des Klerus mit solchem Abstrich zu versehen" (Gnilka 2004: 342–343; vgl. Frank 1986: 245). Hübner zeigt exemplarisch für Kleinasien, dass der Vorwurf der Gewinnsucht und Geldgier gegenüber dem Klerus in der Spätantike verbreitet war, etwa weil Leute wegen der Steuerbefreiung oder aber aus anderen finanziellen Gründen in den Klerus eintraten, so dass man sogar mit Gesetzen versuchte, Missbrauch zu verhindern (vgl. Hübner 2005: 153–155, 160–163 u. 179–180). Ja sogar als Geldwechsler und Geldverleiher sollen sich einige Kleriker trotz entsprechender Verbote betätigt haben (vgl. Hübner 2005: 182).

494 nĕquĕ^H ēst: Hier liegt einer der seltenen Fälle vor, in denen Prudentius einen Hiat zulässt (vgl. Lease 1895: 54–55 §135 u. Lavarenne 1933: 110 § 245). Es ist nicht davon auszugehen, dass Prudentius hier *nēqu͜e ēst* misst, da er sonst beim Aufeinandertreffen einer auf kurzen Vokal endenden Silbe mit folgendem -*que* die vorangehende Silbe stets kurz misst. Dieser Hiat ließe sich allerdings durch die Lesart *nĕqu̯ĕ ĕnīm ̯est* wie in Ms. M vor der Korrektur und bei Cellarius vermeiden.

496 mundani ... populi: ‚des weltlichen Volkes', gemeint sind die Laien im Gegensatz zu den Priestern (vv. 497–500) (vgl. Bergman 1897: 48 u. Lavarenne 1933: 246). Vielleicht bezeichnet *mundanus populus* zugleich aber auch alle Menschen weltweit unabhängig davon, ob sie Christen oder Heiden sind (vgl. vv. 493–495). Vgl. vv. 587–588 *mundanis ... inlecebris*.

damnetque gehennae: ‚und verurteilt zur Hölle'; *gehenna* ist wie das griechische γέεννα aus dem biblischen Hebräisch entlehnt und bezeichnet in der Bibel und bei den Kirchenschriftstellern den Ort der Strafe für die Sünden ebenso wie die Höllenqualen selbst (vgl. ThLL VI,2: 1723–1725 s. v. gehenna).

500 classica: ‚Trompeten'. Meist bezeichnet *classicum* im übertragenen Sinne ein militärisches Trompetensignal, hier wird es jedoch im eigentlichen Sinne für das Signalinstrument selbst benutzt (vgl. ThLL III: 1278 s. v. classicus I.A subst. classicum, Bergman 1897: 48–49 u. Burnam 1905: 63). Prudentius benutzt *classicum* noch an drei weiteren Stellen, nämlich in *cath.* 5, 48 und *c. Symm.* 2, 10 für die ‚Signaltrompete' und in *cath.* 2, 42 für das ‚Trompetensignal'.

Lavarenne sieht darin eine mögliche Anspielung auf *Ios* 6, 4–20, wo sieben Priester bei der Belagerung Jerichos mit Signalhörnern vor der Bundeslade herziehen und siebenmal die Stadt umrunden, bis die Mauern fallen (vgl. Lavarenne 1933: 246). Bergman erinnert an die Signaltrompeten der Priester in *Nm* 10, 1–10 (vgl. Bergman 1897: 48–49).

501–510: Das Einschreiten der *Ratio* wird zwar nicht knapp, doch verhältnismäßig abstrakt beschrieben. Im Vordergrund stehen vor allem ihre Bedeutung – besonders für die Priester – und das Resultat ihres Einschreitens. *Ratio* ist die einzige immer treue und zuverlässige Gefährtin der Priesterschaft (v. 502). Sie versteht es, ihre Waffe, einen Schild, erfolgreich einzusetzen (vv. 502–504). Durch ihren Schild werden die Menschen vor den Angriffen der *Auaritia* abgeschirmt. Allenfalls oberflächliche, ungefährliche Wunden vermögen die Geschosse des Lasters noch zu bewirken, falls sie denn am Schild der *Ratio* vorbeigelangen sollten (vv. 505–508). *Ratio* wird zwar nicht als passive Tugend vorgestellt, wohl aber als eine, die nur vor der Wirkung des Lasters schützen, dieses aber nicht aktiv bekämpfen kann. Die Wirkung auf das Laster selbst liegt stattdessen in der Verwunderung über die bislang ungekannte Wirkungslosigkeit ihres Tuns (vv. 508–510). Vgl. v. 537 *Operatio*.

502–503 Ratio armipotens, gentis Leuitidis una | semper fida comes: ‚die waffenmächtige Ratio, die einzig immer treue Begleiterin der Gens Levi'. *armipotens* ‚stark im Kampf' bzw. ‚tapfer' ist ein Attribut, das vor allem den Göttern Mars und Minerva zugeschrieben wird (vgl. ThLL II: 617 s. v. armipotēns u. Mastrangelo 1997: 166). Damit erklärt Prudentius *Ratio* zur angemessenen Gegnerin der *mendax Bellona* (v. 557), als die er *Auaritia* darstellt. Lavarenne erklärt, die *Ratio* sei so tapfer, weil sie nicht durch Spitzfindigkeiten eingeschüchtert oder durch Illusionen eingelullt werden könne (vgl. Lavarenne 1933: 246). *gens Leuitis* ‚Stamm Levi' bzw. ‚die Leviten' gebraucht Prudentius übertragen für den Priesterstand (vgl. Burnam 1905: 63, Burnam 1910: 103 u. Burton 2004: 34), da die Leviten im Alten Testament vom Herrn selbst als Eigentum beansprucht werden und ihm als Helfer der Priester, der Söhne Aarons, dienen (vgl. *Nm* 3; 18, 2–7; *Lv* 8). Das Adjektiv *Leuitis* (Gen. *Leuitidis*) ist anscheinend eine Neuschöpfung des Prudentius (vgl. Kantecki 1874: 38 u. Bergman 1897: 49), wohl weil *Lĕuītĭcā* nicht ins Metrum passt. Mastrangelo verweist darauf, dass *semper fida comes* ‚immer treue Gefährtin' zugleich die notwendige Verbindung von *Ratio* ‚Vernunft' und *Fides* ‚Glaube' deutlich mache: Der Besitz von Vernunft sei die Grundlage für den Glauben, weil die Vernunft den Menschen das angemessene Handeln und das Lösen von Problemen ermögliche (vgl. Mastrangelo 1997: 166–167).

504 claros ... alumnos: ‚die strahlenden Zöglinge'. *clarus* bezeichnet hier sowohl den hellen, strahlenden Glanz der *alumni* im Gegensatz zur Dunkelheit des Lasters (vgl. vv. 503–504 *atrae hostis*) als auch deren Würde (vgl. ThLL III: 1273–1275 s. v. clārus II.A.4 u. III.A sowie Burton 2004: 34). Unklar bleibt, ob die *alumni* nur für die Priester und Diakone stehen oder für das gesamte Tugendheer.

506–507 uix in cute summa | praestringens paucos tenui de uulnere laedit: ‚kaum an der äußersten Hautschicht streifend verletzt sie wenige mit einer leichten Wunde'. Die Präposition *de* verwendet Prudentius hier instrumental (vgl. LHS 2: 126 § 79.I.g u. 262 § 146 sowie Burton 2004: 34) oder kausal (vgl. Bergman 1897: 49 mit Verweis auf Val. Fl. 6, 65). Lavarenne bezieht *paucos* nur auf die *sacerdotes Domini* (v. 498) und erklärt, dass Prudentius hier zeigen wolle, dass nur wenige Priester vom Geiz bzw. von der Gier betroffen seien und deren Sünden lässlich und gering an Zahl seien (vgl. Lavarenne 1933: 247, ähnlich die Glosse bei Burnam 1910: 103). Diese Erklärung greift zu kurz. Denn *Ratio* ist zwar die *comes gentis Leuitidis*, schützt hier aber alle mit ihrem Schild. Andernfalls wäre sie kein großer Schutz, wenn sie nur die Anführer des Tugendheeres decken würde, die restlichen Kämpfer aber dem Laster ausgesetzt ließe. Die richtige Erklärung bietet dagegen schon die ma. Glosse, die *paucos* auf alle Kämpfer des Tugendheeres bezieht (vgl. Arévalo 1862: 59). Hinter *Ratios* Schild sind alle geschützt (vgl. vv. 505–506), nur wenige stehen so ungünstig, dass die Geschosse der *Auaritia* sie oberflächlich streifen können. Der Pleonasmus *uix in cute summa praestringens paucos tenui de uulnere laedit* ist derart überspitzt, dass eine geringere Wirkung der Geschosse des Lasters beinahe nicht mehr vorstellbar ist.

510 dictis ardens furialibus infit: ‚wutentbrannt und rasend sprach sie mit diesen Worten'. *dictis furialibus*, wörtlich ‚mit Furienworten', ist nicht in Bezug auf den Inhalt der Worte gemeint, sondern auf die Art, wie das Laster sie vorträgt. Als eine Art Enallage charakterisiert der Ausdruck so die *Auaritia* näher (vgl. v. 551 *furialiaque arma*). *ardens* ‚brennend' bzw. ‚entbrannt' gebraucht Prudentius in der *Psychomachia* sonst nur in Bezug auf die *Sodomita Libido* (vv. 43) sowie bei der Beschreibung des Purpurs an der Kleidung der *uictrix legio* der *Fides* (v. 39) und beim Tempelbau zur Beschreibung des Edelsteins Chrysopras in der Bedeutung ‚glühend' bzw. ‚funkelnd' (v. 864). *infit* ‚beginnt' bzw. ‚beginnt zu sprechen' ist ein Archaismus und nur in der 3. Ps. Sg. Präs. Ind. Akt. belegt – bzw. einmal in der Form *infio* bei Varro (vgl. ThLL VII,1: 1446–1448 s. v. īnfit A mit Verweis auf Prisc. *gramm.* 2, 420, 15 [1447 Z. 75–76]).

511–550: Die Rede oder vielmehr das „Selbstgespräch der *Auaritia*" (Gnilka 2004: 341 u. 353) ist die drittlängste Rede eines Lasters in der *Psychomachia*. Dass sie bei den Christen und ihren Priestern plötzlich wirkungslos sein soll, irritiert *Auaritia* schwer (vgl. Mastrangelo 1997: 220–221). Das Laster macht in dieser Rede mit rasenden Worten seinem Ärger Luft (v. 510), analysiert die eigene Lage jedoch klar und treffend und fasst einen geeigneten Entschluss. *Auaritia* dokumentiert ausführlich ihr Eingeständnis der plötzlichen eigenen Wirkungs- und Hilflosigkeit gegenüber den durch die *Ratio* geschützten Christen (vv. 511–528) und reflektiert diese vor dem Hintergrund der bisherigen enormen Erfolge sogar gegenüber einem Jünger und einem Verwandten Jesu (vv. 529–546). Schließlich formuliert und begründet sie kurz und knapp ihren Entschluss, zu einer List zu greifen, um ihre Ziele weiterhin erreichen zu können (vv. 546–550). Die Rede weist darauf hin, dass Geiz und Gier eine anthropologische Konstante unabhängig von Zeitalter, Kultur und Religion sind (vgl. Mastrangelo 1997: 87–88, 167–168 u. 221–222 sowie Mastrangelo 2008: 77).

Die Rede weist Ähnlichkeit zu den „Entscheidungsmonologen der Juno" (Gnilka 2004: 353) in Verg. *Aen.* 1, 37–49 u. 7, 292–322 (vgl. Schwen 1937: 26–27 u. Lühken 2002: 64 Anm. 82) sowie zur Rede des Coroebus in *Aen.* 2, 387–391 (vgl. Gnilka 2004: 353–354) auf.

511–528: *Auaritia* erkennt, dass sie durch das Eingreifen der *Ratio* besiegt wird und ihre bislang ungebrochene, unermessliche Macht über die

Menschen verliert (vv. 511–516). Sie lässt zunächst ihre bisherigen Erfolge Revue passieren: Bislang vermochte sie es, sich jedes Menschen, egal welchen Charakters, zu bemächtigen und ihn auf den Weg in die Hölle zu führen (vv. 517–523). Dann analysiert sie die Gründe ihrer ungewohnten Wirkungslosigkeit: Für die Christen unter dem Schutz der *Ratio* sind Geld, kostbare Schmuckstücke und sonstige Reichtümer unwichtig geworden, weil diese für sie keinen Wert an sich darstellen (vv. 524–528).

511 segnes nec nostra potentia perfert | uim solitam: ‚und schlaff [*sc.* geworden] bringt unsere Macht die gewohnte Kraft nicht mehr bis ins Ziel'. *perferre* heißt hier ‚bis zum Schluss aufrecht erhalten' (vgl. Bergman 1897: 50 mit Verweis auf Ov. *met.* 13, 478 u. Lavarenne 1933: 247 mit Verweis auf Verg. *Aen.* 12, 907). Die gewohnte Wirkung der *Auaritia* ist nicht mehr stark genug, um ihr Ziel bei den Menschen zu erreichen.

518 docta, indocta simul, bruta et sapientia: ‚Gelehrte und Ungelehrte zugleich, Dumme und Weise' (vgl. Arévalo 1862: 61). *Auaritia* hatte zuvor Einfluss auf alle Menschen, unabhängig von ihrer Klugheit und Bildung. *Ratio* muss also mehr als Klugheit und Bildung sein, wenn sie vermag, den Einfluss des Lasters zu brechen: *Ratio* wirkt im Gläubigen, der über himmlische Weisheit verfügt, so dass er durch die *Auaritia* nicht aus dem Gleichgewicht gebracht werden kann (vgl. Evenepoel 1981: 326 mit Verweis auf die Rolle der Vernunft im Kampf gegen das Böse in *ham.* 425–426).

520–522: Henderson kommt zu dem Schluss, dass Prudentius den Begriff *Tartarus* und dessen Elemente nutze, um auf den Hades als pagane Höllenvorstellung zu verweisen, vor allem aus der Sicht eines „pagan character" wie der Laster (Henderson 2000: 120–121). Dabei ist aber zu bedenken, dass Prudentius auch Tugenden vom Tartarus sprechen lässt (vgl. vv. 89–97) und dass er durchaus nicht nur den paganen Unterweltsbegriff aus der Sicht des Lasters, sondern tatsächlich auch die christlichen Höllenvorstellungen vor Augen hat (vgl. v. 496 *gehennae*). Die Vielzahl der Nennungen des Tartarus in Prudentius' Gedichten (*cath.* 1, 70; 5, 133; 9, 18; 9, 71; 11, 112; 12, 92; *apoth.* 638; *ham.* 824; 882; 958; *c. Symm.* 1, 26; 1, 357; 1, 370; 1, 531; *perist.* 2, 288; 5, 200; 10, 475) lässt eher darauf schließen, dass Prudentius diese Begriffe a u c h dazu nutzt, um seinen Adressaten, gebildeten römischen Lesern, die nicht zwingend schon Christen waren, mittels eines ihnen bekannten Höllenkonzepts die Strafen für die Sünden im christlichen Höllenkonzept näherzubringen und zu illustrieren (vgl. Lavarenne 1933: 103 § 224).

520–521 quidquid Styx abdit auaris | gurgitibus: ‚was auch immer Styx mit ihren gierigen Strudeln verbirgt'. Die Styx, der Unterweltsstrom, steht möglicherweise metonymisch für den gesamten Tartarus (vgl. Lavarenne 1933: 247). *abdere* ‚verbergen' heißt hier zugleich auch ‚umschließen' und ‚wegschaffen' und korrespondiert so mit v. 520 *rapui*. Auffällig ist, dass

Auaritia ihr Attribut *auarus* auf die Ströme der Styx überträgt (vgl. Henderson 2000: 121). Sie selbst, die soviele Menschen der Hölle zuführt (vgl. v. 496 *damnetque gehennae* u. v. 520 *sola ... rapui*) und sich dessen auch noch rühmt, geht davon aus, dass die Hölle nach den Seelen der Menschen giert, die sie in ihr Verderben schickt, und dass die Styx möglichst viele verdammte Seelen in die Unterwelt schaffen will (vgl. Lavarenne 1933: 247). Zugleich schwingt in *auaris gurgitibus* wieder der Aspekt des Geizes mit: Wer einmal auf dem Weg hinab in die Unterwelt ist, den gibt Styx – normalerweise – nicht wieder her.

521 ditissima Tartara: ‚der äußerst reiche Tartarus'; Nom. Pl.. Das Attribut *ditissima* ‚äußerst reich' zu *Tartara* verweist sowohl inhaltlich als auch formal auf den heidnischen Unterweltsgott *Dis* (<*dis* ‚reich') bzw. griech. *Pluto* (< πλοῦτος ‚reich') (vgl. Henderson 2000: 121). Hier erinnert *Auaritia* wohl an den Reichtum der Unterwelt an Seelen, die sie zu Höllenqualen verdammt hat (vgl. Bergman 1897: 50).

521–523 nobis ... nostrum ... nostrum: Gnilka weist darauf hin, wie sorgfältig Prudentius die Pronomina gebraucht, „wenn er die Personifikationen sprechen lässt" (Gnilka 2007 d: 438).

522 quod uoluunt saecula: ‚was die Zeitläufe ins Rollen bringen' bzw. ‚was die Zeitläufe mit sich bringen'. *saecula* ‚Zeitalter' bezieht hier alle Generationen und Völker der Menschen und ihr Treiben mit ein (vgl. Bergman 1897: 51, Burton 2004: 35). *uoluere* kann hier sowohl ‚etw. zum Rollen bringen' als auch ‚herumbringen' i. S. v. ‚Zeit verbringen' bedeuten, aber auch ‚zu Fall bringen'. Bergman hält *saecula* für einen Akkusativ der zeitlichen Ausdehnung und erklärt *quod uoluunt saecula* als das, was die Menschen alle Zeiten hindurch rauben und mit sich wälzen (vgl. Bergman 1897: 51).

523 quod miscet: ‚was die Welt [*sc.* Übles] treibt' (vgl. Arévalo 1862: 61 u. Lavarenne 1933: 247).

524–525 qui fit, praeualidas quod pollens gloria uires | deserit ...?: = *qui fit, quod pollens gloria praeualidas uires deserit ...?* ‚wie kommt es, dass unsere äußerst starken Kräfte der mächtige Ruhm verlässt?'; *qui fit, quod ...?* ‚wie kommt es, dass?' ist einmalig in der lateinischen Literatur und entspricht der Wendung *qui fit, ut ...?*(vgl. Bergman 1897: 51 u. Lavarenne 1933: 97 § 203 mit Verweis auf Hor. *sat.* 1, 1, 1 u. Cic. *fin.* 2, 4 u. 2, 12). *praeualidus* ‚äußerst stark', auch im Sinne des politischen oder militärischen Einflusses, verwendet Prudentius hier möglicherweise wegen seiner Vorliebe für Zusammensetzungen auf *prae-* (vgl. Lavarenne 1933: 101 § 219), vor allem aber benutzt er *praeualidas* — ⌣ ⌣ — wohl aus metrischen Gründen anstelle von *ualidissimas* ⌣ ⌣ — ⌣ —, das so nicht in den daktylischen Hexameter passt. Darauf deuten auch die Belege bei anderen Dichtern hin: vgl. Ov. *epist.* 9, 80; Verg. *georg.* 2, 190; 2, 253, Stat. *Theb.* 6, 700.

526 sordet Christicolis rutilantis fulua monetae | effigies: ‚gering erscheint den Christen das goldgelbe Aussehen des rötlich schimmernden Geldes'. Der Pleonasmus *rutilantis fulua monetae effigies* ‚das rotgelbe Bild einer rötlich schimmernden Münze' spielt vielleicht auf Bronzemünzen an oder aber wahrscheinlicher auf Goldmünzen (vgl. Bergman 1897: 51). Die Bandbreite der mit *fuluus* bezeichneten Farben lässt beide Schlüsse zu (vgl. Enn. *ann.* 454 *aera fulua* und Tib. 1, 1, 1 *fuluo ... auro*); *rutilans* ‚rötlich golden schimmernd' lässt vielleicht eher an Gold denken. *sordere* heißt hier ‚nicht gut genug sein' bzw. ‚schmutzig erscheinen' (vgl. Bergman 1897: 51 mit Verweis auf Verg. *ecl.* 2, 44 u. Burnam 1910: 104). Zu *Christicolis* vgl. den Kommentar zu v. 13. *moneta* ‚Münze' wird hier metonymisch für ‚Geld' gebraucht.

529–546: *Auaritia* ist irritiert über die neue christliche Verachtung weltlicher Besitztümer, da sie doch in der Vergangenheit sogar einen Jünger Jesu, nämlich Judas (vv. 529–535), und einen Verwandten Jesu, und zwar Achar (vv. 536–546), in ihren Bann ziehen konnte. Interessant ist dabei die Reihenfolge vom zeitlich näheren hin zum weiter zurückliegenden Fall, als ginge das Laster in seiner Erinnerung zurück.

529–535: Das Laster bringt mit seiner Rede den Fall des Judas aus seiner Sicht vor. Es erinnert daran, wie dieser Jesus verraten und an die Hohepriester ausgeliefert hat, und nennt als Grund dafür die Gier. Zugleich erinnert sie daran, dass Judas vom Blutgeld für seinen Verrat den Acker gekauft habe, auf dem er sich anschließend aus Reue erhängt hat. Damit knüpft Prudentius an das in vv. 492–496 eingeführte und in vv. 520–523 fortgeführte Thema an, dass *Auaritia* alle ihre Opfer zugrunde richte und in die Hölle bringe.

529 quid sibi docta uolunt fastidia: ‚was sollen diese gelehrten Abneigungen'. *quid sibi uolunt* heißt ‚was sollen ... bedeuten' (vgl. Burton 2004: 35). *fastidium* bezeichnet jede Art von kritischer Einstellung gegenüber etw., von der ‚Abneigung' und dem ‚Widerwillen' bis hin zum ‚Hochmut' gegenüber etw. Das Attribut *docta* ‚gelehrt' zu *fastidia* scheint auf *Ratio* anzuspielen, obwohl v. 518 deutlich gemacht hat, dass auch *docta ingenia* nicht vor der *Auaritia* gefeit sind. Vielleicht spielt das Laster hier aber auch auf philosophische Schulen an, die den Reichtum geringschätzen oder ablehnen (vgl. Lavarenne 1933: 247). Bergman versteht *docta* dagegen im Sinne von ‚klug' oder ‚geschickt' (vgl. Bergman 1897: 51 mit Bezug auf Plaut. *Mil.* 248 *doctus dolus*; Hor. *epist.* 2, 1, 131 *docta prece* und *psych.* 364 *pollice docto*).

530 Scarioth: indeklinabel, hier Ablativ. Die Form *Scarioth* für den Beinamen des Judas findet sich auch in der Vulgata *Mt* 26, 14 „qui dicitur Iudas Scarioth"; *Lc* 22, 3 „in Iudam ... qui cognominatur Scarioth"; leicht abgewandelt in *Mc* 14, 10 „Iudas Scariothis", in der griechischen Fassung finden sich dagegen die Form *Iskarioth* und *Scarioth* in der Überlieferung nebeneinander: für *Mt* 26, 14 ist sowohl Ἰσκαριώτης als auch Σκαριώτης belegt, für *Mc* 14, 10 Ἰσκαριώθ, Ἰσκαριώτης und Σκαριώτης; für *Lc* 22, 3 nur Ἰσκαριώτης (vgl. Nestle–Aland 2001 z. St.). Es handelt sich also keineswegs um ein Hapax, wie Lavarenne behauptet (vgl. Lavarenne 1933: 81 § 150).

531 conuiua Dei: ‚Tischgenosse Gottes' spielt auf das Letzte Abendmahl an (*Mt* 26, 17–29 [bes. 25], *Mc* 14, 18–25; *Lc* 22, 14–23, *Io* 13, 2–30 [bes. 2 u. 26–29]). Vgl. *conviva Dei* bei Hor. *carm.* 4, 14, 12 (vgl. Bergman 1897: 51).

532–533 dextramque parabside | iungit: ‚und die Rechte in der Schüssel verband', d. h. zur gleichen Zeit in die Schüssel langte (vgl. Lavarenne 1933: 248), erinnert an *Mt* 26, 23 „qui i n t i n g u i t m e c u m m a n u m in *parapside*" und *Mc* 14, 20 „qui i n t i n g u i t m e c u m i n c a t i n o". *parabsis* ist eine der verschiedenen lateinischen Transkriptionen von παροψίς und bezeichnet eine Schüssel für Speisen (vgl. ThL X,1: 292 s. v. parabsis u. 436 s. v. paropsis, Obbarius 1845: 125, Bergman 1897: 51–52 u. Lavarenne 1933: 81 § 151).

534–535 infamem mercatus agrum de sanguine amici | numinis: ‚der den unsäglichen Acker mit dem Blut des göttlichen Freundes erworben hatte'; gemeint ist der sog. Blutacker (*Mt* 27, 6–8), den die Hohepriester nach Judas' Selbstmord von den von ihm ausgeschlagenen 30 Silberlingen für sein Grab gekauft haben (vgl. *Mt* 27, 3–10 u. *Act* 1, 18–19). Prudentius lässt das Laster in dieser Rede sehr frei mit der biblischen Überlieferung umgehen, wenn er sie behaupten lässt, dass Judas den Acker selbst von dem Blutgeld erworben habe. Unklar bleibt, ob Prudentius besseren Wissens das Laster damit bewusst übertreiben lässt, um die eigene Wirkung stärker darzustellen, ob er selbst die Wirkung der *Auaritia* auf Judas stärker herausarbeiten wollte oder ob er aus Unkenntnis frei mit der Judasgeschichte umgeht. Die Präposition *de* verwendet Prudentius hier instrumental, um anzugeben, womit der Acker gekauft worden ist (vgl. LHS 2: 126 § 79.I.g u. 262 § 146). Die Formulierung *amici numinis* heißt ganz wörtlich wohl soviel wie ‚[des] Gottes, der sein Freund war' oder ‚seines Freundes, [der] Gott [war]' (vgl. Burton 2004: 36).

535 obliso … collo: ‚mit erwürgtem Hals', also stranguliert gemäß der Selbstmordfassung in *Mt* 27, 5 (vgl. Burton 2004: 36). *oblidere* ‚erdrücken / erwürgen' (vgl. ThLL IX,2: 85 s. v. oblīdo 1–2) verwendet Prudentius in seinem ganzen Werk nur dreimal, und zwar nur in der *Psychomachia* (vgl. Deferrari–Campbell 1932: 478 u. Lavarenne 1933: 235) und immer in der Form *obliso*.

536–546: *Auaritia* führt als alttestamentarisches Beispiel Achar an, der als Angehöriger des siegreichen Heeres der Israeliten gegen den Befehl seines Anführers Josua (*Ios* 6, 16–19) gierig das eroberte Jericho geplündert und damit Hand an etwas gelegt habe, das in Form eines Brandopfers als ein

Weihegeschenk für Gott gedacht war (*Ios* 7, 1 u. 18–21). Auch hier sieht sie sich selbst als Anstifterin. Auch hier rühmt sie sich damit, wie sie ihr Opfer in den Abgrund gerissen habe. Freilich lässt Prudentius sie hier die Fakten nur anreißen, obwohl das Beispiel wohl bei weitem nicht so bekannt gewesen sein dürfte wie das des Judas.

Wichtiger ist dem Laster zu betonen, dass es sich bei Achar um einen Verwandten Jesu gehandelt habe. Zwar findet er sich nicht in den biblischen Listen der Vorfahren Jesu (*Mt* 1, 1–17 u. *Lc* 3, 23–38) und soll überdies nach biblischer Überlieferung mitsamt seiner ganzen Familie gesteinigt und verbrannt worden sein (*Ios* 7, 24–26), doch lässt sich Achar insofern als Verwandter Jesu betrachten, als er dem Stamm Juda angehörte (*Ios* 7, 1 u. 16–18), aus dem auch Jesus stammt (vgl. *Mt* 1, 2–3; *Lc* 3, 33 u. *Apc* 5, 5). Zu Jesu Vorfahren wird allerdings, zumindest bei Lukas, ebenjener Josua gezählt (*Lc* 3, 29), der das israelitische Heer geführt und auf Geheiß Gottes die Bestrafung Achars durchgeführt hat (*Ios* 7, 24–25). Das zu erwähnen passt allerdings nicht in *Auaritias* Argumentationsstrategie.

Auffällig ist auch, dass Prudentius die *Auaritia* Achar als *uictor* (v. 537) bezeichnen lässt. Es entsteht in dieser Kurzfassung leicht der Eindruck, Achar selbst wäre Anführer des israelitischen Heeres gewesen. Ebenso wie bei der Erwähnung des Judas lässt Prudentius das Laster sehr frei mit der biblischen Überlieferung umgehen, sei es zur Kennzeichnung der Angeberei der *Auaritia*, sei es, um die gefährliche Wirkung des Lasters zu betonen, sei es aus eigener Unwissenheit (vgl. Kommentar zu vv. 534–535).

Gnilka erkennt in vv. 536–541 eine Anlehnung an Ambr. *off.* 2, 26, 129, wo Achar „als warnendes Beispiel der *auaritia* […] vorgeführt wird" sowie an *off.* 1, 39, 193 (Gnilka 2007 b: 433, vgl. auch 434)

537 cum uictor concidit Achar: ‚als der siegreiche Achar fiel'. *uictor* bezeichnet hier wohl nicht den ‚Sieger' im Sinne des Anführers, sondern nur einen Angehörigen des siegreichen Heeres. Möglich ist aber auch eine bewusste oder unbewusste Verfälschung der biblischen Vorlage (vgl. den Kommentar zu vv. 536–546).

538 murali ... strage: ‚durch das Mauereinreißen', gemeint ist der Fall der Mauern Jerichos (*Ios* 6, 20) nach dessen Einnahme durch die Israeliten unter Führung Josuas (vgl. Lavarenne 1933: 248 u. Burton 2004: 36). Normalerweise wird *muralis* ‚Mauer-' im militärischen Kontext in Bezug auf Waffen zum Einreißen von Mauern gebraucht.

540 insigne legens anathema: ‚das auffällige Weihegeschenk aufsammelnd'. *anathēma* (griech. ἀνάθημα) ‚Weihegeschenk' bezeichnet jede Art von Geschenk für die Götter; es findet sich im Lateinischen nur in Cassiodors Übersetzung von Flavius Iosephus (Cassiod. *Ios. c. Ap.* 1, 11; 1, 199) und bei Prudentius *ham.* 461 u. *psych.* 540 sowie einmal in der Vulgata (*Idt* 16, 23) (vgl. ThLL I: 20 s. v. anathēma [z. St. Z. 56–57], Bergman 1897: 52, Lavarenne 1933: 248 u. Burton 2004: 105). Es verwundert daher nicht, dass eine ma. Glosse (vgl. Burnam 1910: 105) das Wort mit dem bei den Kirchenvätern und im christlichen Sprachgebrauch viel häufigeren *anathēma* (griech. ἀνάθεμα) ‚Verwünschung' bzw. ‚Sühneopfer' verwechselt (vgl. ThLL I: 20 s. v. anathema 1–3). Der prosodische Unterschied wurde wohl nicht mehr wahrgenommen. *anathĕma* in der Bedeutung ‚Sühneopfer' (vgl. ThLL I: 20 s. v. anathema 3) lässt sich zudem durchaus sinnvoll auf die Dinge beziehen, die Achar gestohlen hat, da die Stadt Jericho und alles, was in ihr war, ja als Sühneopfer für Gott dienen sollte (*Ios* 6, 17–18). Die Vulgata bietet hier *anathema* (*Ios* 6, 17) als Übertragung des ἀνάθεμα der Septuaginta (vgl. Weber–Gryson 2007 u. Rahlfs–Hanhart 2006 z. St.). Dass Prudentius hier *anathēma* verwendet, mag also an einem prosodischen Fehler liegen oder aber daran, dass er den Aspekt der Weihung der Beute an Gott betonen will.

541 maesta ruinarum spolia: ‚die unheilvolle Beute der Ruinen', weil Gott wegen Achars Diebstahl zornig auf die Israeliten wurde und deren Kriegsglück wendete (*Ios* 7).

542–544: *Auaritia* hebt noch einmal die Bedeutung Achars als Beispiel für ihre Macht hervor. Dass er aus dem edlen Stamm Juda stammte (*Ios* 7, 1 u. 16–18) und somit ein Verwandter Jesu gewesen sei (siehe dazu den Kommentar zu vv. 536–546 sowie zu v. 543), habe ihn nicht vor der Macht der *Auaritia* bewahrt (vgl. Lavarenne 1933: 248 u. Burton 2004: 37).

545–546: *Auaritia* stellt nun den Bezug zwischen der Achargeschichte und ihrer Macht über Christen und christliche Priester her. Wem die edle Herkunft und Verwandtschaft Achars gefalle, dem müsse auch die Art seines Untergangs gefallen, weil nun einmal dieselbe Strafe alle treffe, die von gleicher Abkunft sind.

545 quis placet exemplum generis: ‚denen das Beispiel [seiner] Abstammung gefällt'; *quīs* = *quibus* (vgl. Lavarenne 1933: 85 §162). Angesichts der von *Auaritia* vorgenommenen Einbettung Achars in die Linie von Judas bis zu Jesus bedeutet *genus* hier vielleicht nicht nur die edle ‚Abstammung', sondern zugleich ‚Nachkommenschaft' (vgl. Burnam 1905: 64). Burton erkennt darin eine Anspielung auf die Bemerkungen der *Sobrietas* über die Ahnenreihe Jesu und der Christen in vv. 382–388 (vgl. Burton 2004: 37).

Die Formulierung macht deutlich, dass es die Entscheidung jedes einzelnen ist, wen er sich zum Vorbild nimmt, zugleich ergibt sich daraus aber auch, dass ein jeder sich damit auch notwendigerweise für dasselbe Ende wie sein Vorbild entscheidet (vgl. Mastrangelo 2008: 104–105).

547–550: *Auaritia* geht davon aus, dass sie die *populares* ‚Landsleute' (vv. 547–548) des Judas, eines Jüngers Jesu, und des Aaron, der ja der erste Hohepriester aus dem Stamm Levi gewesen war (vgl. *Ex* 28–29 u. *Lv* 8–10), dennoch ergreifen könne – wenn nicht im offenen Kampf mit Waffen, so eben durch Täuschung und List. Letztendlich sei es egal, auf welche Weise sie ihren Sieg erringe. Dass gerade Aaron „hier als ‚höchster Priester' emphatisch hervorgehoben" wird, ist für Gnilka ein Hinweis darauf, dass die „Sprecherin [...] nicht zu wissen [scheine], daß das aaronitische Priestertum durch Christus, den Hohen Priester nach der Ordnung des Melchisedech (*Hbr* 7, 11–19; 26–28), abgelöst ist" und sich in diesem Nichtwissen „bereits ihre bevorstehende Niederlage an[kündige]" (Gnilka 2004: 454).

549 *f*allere *f*raude aliqua Ma*rtis* cong*ressibus* inpa*r*: ‚mit irgendeinem Trug täuschen, der den Treffen des Krieges ungleich ist', sofern man *inpar* auf *fraude* bezieht, oder aber ‚mit irgendeinem Trug täuschen, da ich dem Aufeinandertreffen nach Art des Mars nicht gewachsen bin', wenn man *inpar* auf das Subjekt *Auaritia* bezieht. Die zischende Alliteration der *f*-Laute am Versanfang, das Rollen der *r*-Laute und die zischende Assonanz der *s*-Laute am Wortende lassen den Leser erschaudern, wenn die *Auaritia* ihren hinterhältigen Entschluss formuliert.

550 nil refert armis contingat palma dolisue: ‚es macht keinen Unterschied, ob mit Waffen der Sieg gelingt oder mit Täuschungen'. Von *nil refert* ‚es macht keinen Unterschied' bzw. ‚es ist nicht wichtig' hängt eine indirekte Doppelfrage ab, deren erster Teil nicht durch eine Fragepartikel eingeleitet wird, während der zweite Teil nur durch *-ue* angehängt wird (vgl. Lavarenne 1933: 94 § 192). Als Parellele zur hier vorliegenden Konstruktion führt Lavarenne Hor. *sat.* 1, 2, 62–63 an: „Quid inter | est in matrona, ancilla, pecces*u*e togata", die aber textkritisch unsicher ist (vgl. Lavarenne 1933: 94 § 192). Die einzige andere wirklich vergleichbare Parallele – Tac. *ann.* 4, 33, 4 „n e q u e *refert* cuiusquam Punicas Romanas*ue*"– ist an der fraglichen Stelle ebenfalls umstritten (vgl. Eriksson 1934: 103–104 u. LHS 2: 545 § 296.II).

551–628: Gnilka zeigt detailliert, dass die Szene der Verkleidung der *Auaritia* als Sparsamkeit, ihre Aristie und die anschließende Vernichtung durch die *Operatio* „nach laktanzischem Muster gearbeitet ist" (Gnilka 2004: 341, vgl. 359–363 den Vergleich mit Lact. *inst.* 6, 6, 10–11; 6, 12, 36–40; 6, 17, 1–14 u. vor allem 6, 17, 15–20).

551–572: *Auaritia* verwandelt ihr Äußeres und ihr Verhalten (vv. 551–563) und verfolgt als scheinbare Tugend *Frugi* ‚Sparsamkeit' erneut erfolgreich ihre Ziele (vv. 564–572).

551–563: Transformation vom Laster *Auaritia* zur scheinbaren Tugend *Frugi*. Das Laster legt seine Waffen ab und gibt sich vom Gesichtsausdruck bis hin zur Kleidung ernsthaft und gewissenhaft (vv. 551–553). Dazu bedeckt sie natürlich auch die verräterischen Schlangenhaare mit einem Schleier, der Frömmigkeit vortäuscht, und legt sich einen weißen Mantel um, der Reinheit suggeriert und alles Unheilvolle an ihr – wohl einschließlich der weiten und mit Beutestücken vollgestopften Taschen ihres eigenen Gewandes (vgl. vv. 461–463) – verdeckt (vv. 559–562). So kann sie niemand mehr erkennen.

Prudentius wertet diese Transformation explizit, indem er die sich verwandelnde *Auaritia* als *mendax Bellona* bezeichnet (v. 557) und damit nicht nur erneut ihre Verlogenheit und den Aspekt der Täuschung betont, sondern sie auch als eine Kriegstreiberin – als Ursache kriegerischer Auseinandersetzungen – darstellt. Dieses Epitheton fasst die Natur der *Auaritia*, wie wir sie in den vv. 470–479 kennengelernt haben, hervorragend zusammen. Prudentius lehnt diese Transformation eng an die Verwandlung der Furie Allecto in die Junopriesterin Calybe in Verg. *Aen.* 7, 415–419 an (vgl. Schwen 1937: 27–28 u. Lühken 2002: 52).

Zur Problematik der Sparsamkeit als „Scheintugend" (Gnilka 2004: 358) und der Sorge für die Kinder als „Vorwand des Geizes" (Gnilka 2004: 356) in der antiken Dichtung und Philosophie sowie in den Evangelien und bei den Kirchenvätern vgl. Gnilka 2004: 347–353 u. 355–356 [mit Verweis auf Verg. *Aen.* 2, 390 u. Iuv. 14, 109–112 sowie *Mt* 19, 21].

551–552 dixerat et toruam faciem furialiaque arma | exuit inque habitum sese transformat honestum: Dieser Vers ist einer von vier Versen in der *Psychomachia*, die Prudentius fast vollständig von Vergil übernommen hat: Verg. *Aen.* 7, 415–416 „Allecto *toruam faciem* e t *furialia* m e m b r a | *exuit, in* u o l t u s *sese transformat* anilis." (vgl. Schwen 1937: 112).

553 fit Virtus specie uultuque et ueste seuera: ‚sie wird eine Tugend in Bezug auf / durch ernsthaftes Aussehen und Miene und gewissenhafte Kleidung'. Prudentius markiert die Transformation des Lasters lautlich durch Alliteration und Assonanz der *u*-Laute und Assonanz der *e*-Laute. *specie, uultu* und *ueste* sind *abl. limit.* oder *instrumentalis*. Das Attribut *seuera* ‚streng' bzw. ‚ernsthaft / gewissenhaft' bezieht sich wohl auf alle drei veränderten Charakteristika.

554 quam memorant Frugi: ‚die sie Frugi nennen'. *Frugi* ist ein erstarrter Dativ zu *frux* in der Bedeutung ‚Genügsamkeit' bzw. ‚Sparsamkeit' (vgl. Lease 1895: 21 § 52.a.3). Lavarenne meint, Prudentius nutze *Frugi* — — anstelle von *frugalitas* — — ᴗ — aus metrischen Gründen. Dagegen spricht semantisch jedoch, dass *frugalitas* nur den Aspekt der ‚Mäßigung' abdeckt, während *frugi* eben auch den Aspekt der ‚Sparsamkeit' enthält, welcher der positiv verbrämten *Auaritia* entspricht. Prudentius hat *frugi* also wohl eher aus metrischen Gründen anstelle von *parsimonia* — ᴗ — ᴗ ᴗ gewählt. Vgl. dazu auch Gnilka 2004: 354–355.

556 artis adumbratae ... laudem: ‚das Lob vorgegaukelter Kunst' (vgl. Bergman 1897: 53). Mit *ars adumbrata* ist entweder die vorgetäuschte Kunst der Sparsamkeit oder Tugendhaftigkeit an sich gemeint (vgl. Arévalo 1862: 63 u. Burnam 1910: 106) oder aber die ‚Kunst der Verstellung'. Gnilka erklärt *artis adumbratae laudem* als „Lob, eine Tugend vorgetäuscht zu haben" (Gnilka 2004: 358).

557 mendax Bellona: ‚lügnerische Bellona'. Prudentius identifiziert *Auaritia* mit der römischen Kriegsgöttin *Bellona*, der „Vergöttlichung der zerstörerischen, jeder städtischen Ordnung gegenläufigen Kraft des brutalen Krieges" (Graf 1997), die auch zusammen mit den Furien und / oder *Metus, Pauor* und *Formido* als Begleiterin des *Mars* dargestellt wurde (vgl. Proksch 1884–1890: 774–775 mit Verweis auf Sil. 4, 436; Amm. Marc. 31, 1, 1; Claud. *in Eutrop.* 2, 373–376; Petron. 124, 256; vgl. außerdem Guillén 1950: 299), also genau der Gefolgschaft, die Prudentius auch der *Auaritia* beigibt (vgl. vv. 463–465). Eines ihrer Attribute sind die Schlangenhaare (vgl. Proksch 1884–1890: 775 u. Graf 1997), die Prudentius der *Auaritia* in vv. 559–560 ebenfalls zuschreibt. Prudentius fasst in der Formel *mendax Bellona* seine Charakteristik des Lasters zusammen: *Auaritia* alias *Frugi* täuscht die Menschen (vgl. vv. 482–489) und sie verursacht Streit und Krieg (vgl. vv. 470–479). Lavarenne dagegen sieht in der Bezeichnung *Bellona* für *Auaritia* keine Gleichsetzung, sondern nur eine Metonymie im Sinne von ‚Kriegerin' (vgl. Lavarenne 1933: 104 § 228). Vgl. v. 236 *Bellona*.

559–561 nec non et tenero pietatis tegmine crines | obtegit anguineos: ‚und ganz besonders verbirgt sie die Schlangenhaare mit einem zarten Schleier der Frömmigkeit'. Die doppelte Negation in der Wendung *nec non et* hebt sich auf und verstärkt das *et* (vgl. Lavarenne 1933: 93 §189). *tenero pietatis tegmine* ‚mit zartem Schleier der Frömmigkeit' spielt wohl auf den Schleier an, den christliche Frauen nach Paulus (I *Cor* 11, 5–6) beim Gebet tragen sollten (vgl. Lavarenne 1933: 249 mit Verweis auf Tertullian, *De uelandis uirginibus*). Die Schlangenhaare hat *Auaritia* mit den Furien und auch *Discordia* gemeinsam; Prudentius stellt den Bezug zu den Furien durch die Gefolgschaft der Eumeniden in v. 466, die Charakteristik ihrer Waffen als *furialia* und die Bezeichnung *inpia Erinys* in v. 566 explizit her, so wie er bereits in v. 10 der *inuitatio* die Laster mit Furien gleichgesetzt hatte und in v. 96 *Pudicitia* die *Sodomita Libido* als *furiarum maxima* hatte bezeichnen lassen (vgl. Bergman 1897: 53 u. Lavarenne 1933: 249; siehe auch den Kommentar zu v. 557 *mendax Bellona*).

564–572: Nach ihrer Verwandlung setzt *Auaritia* alias *Frugi* zunächst ihren bisher gewohnten Siegeszug mit veränderten Mitteln fort. Ihr Mummenschanz erfüllt seine Funktion: Erfolgreich täuscht sie die leichtgläubigen Menschen, die sich sofort der vermeintlichen Tugend anschließen (vv. 564–567). Doch ganz überzeugend ist ihre Maskerade dann wohl doch nicht. Während die *viri* (vgl. v. 564) der *Frugi* folgen, sind die Führer des Tugendheeres bestürzt (v. 568 *attonitis ducibus*) und die Truppen folgen der Scheintugend nicht einmütig, sondern wanken unsicher, weil sie nicht wissen, was an ihr

Freund und was Feind ist (vv. 568–572). Jedenfalls ist bis jetzt keiner sicher genug, um sich entschieden gegen das Laster zu wenden. Gnilka sieht den Grund für diese Verwirrung darin, „daß die Maske der *Frugi* selbst, die sie trägt, Zweifel weckt", da eben „Sparsamkeit selbst nur eine Erscheinungsform der Habsucht" sei (Gnilka 2004: 358).

Prudentius gestaltet den Übergang zwischen der Aristie der *Auaritia* alias *Frugi* und ihrer Niederlage gleitend: Inhaltlich schreitet er von der Überzeugung einiger (vv. 564–567) über das Wanken der Anführer und die Unentschlossenheit des Gesamtheeres (vv. 568–572) hin zum Gegenangriff der *Operatio* (vv. 573–575). Syntaktisch trennt er die Überzeugung vom Wanken und dem Gegenangriff. Das Wanken der Truppen und den Gegenangriff der *Operatio* verbindet er in einem Satzgefüge, wobei er durch das *cum inversum* (v. 573) die Aristie des Lasters effektvoll mit einer Überraschung beendet.

566 dum credunt uirtutis opus: Bergman und Lavarenne erklären die Konstruktion folgendermaßen: = *dum credunt id* [*sc.* quod Auaritia facit et docet] *esse uirtutis opus* ‚sie glauben, dass das [was *Auaritia* macht und lehrt] ein Werk der Tugend sei', nämlich rauben und stehlen (vgl. Bergman 1897: 53–54 u. Lavarenne 1933: 249). Die Konstruktion ist aber nicht zwingend eliptisch. *credere* kann auch transitiv in der Bedeutung ‚glauben' – auch im religiösen Sinne – bzw. ‚für wahr halten' gebraucht werden (vgl. ThLL IV: 1129 s. v. crēdo II.B.1.b.γ u. II.B.2.b.α); dann hieße *dum credunt uirtutis opus* soviel wie ‚während sie das Werk der [*sc.* scheinbaren] Tugend für wahr halten' bzw. ‚während sie an ein Werk der Tugend glauben'.

capit inpia Erinys | consensu faciles: ‚ergreift die gottlose Erinye die bereitwillig Zustimmenden'. Zur Beziehung der *Auaritia* zu den Furien, Erinyen bzw. Eumeniden vgl. den Kommentar zu vv. 559–561 sowie Bergman 1897: 54 u. Burnam 1910: 106). Ähnlich wie schon bei der *Luxuria* lassen sich die Menschen leicht von diesem zur scheinbaren Tugend gewandelten Laster gewinnen.

567 manicisque tenacibus artat: ‚und bindet [sie] mit festen Fesseln', so dass sie nun aus Sparsamkeit und Vorsorge für ihre Kinder (vgl. vv. 563) alles zusammenhalten und so nichts für Werke der Barmherzigkeit an anderen hergeben (vgl. Burnam 1910: 106).

568 perturbatisque maniplis: ‚und mit verwirrten Einheiten'. *maniplis* = *manipulis*; Synkope aus metrischen Gründen, da *mănĭpŭlīs* nicht in den daktylischen Hexameter passt (vgl. Lavarenne 1933: 83 § 155).

569–570 errore biformis | portenti: ‚durch die Täuschung des zweigestaltigen Ungeheuers', d. h. durch die Täuschung der Menschen und Tugenden, die von der *Auaritia* ausgeht, bzw. ‚durch den Zweifel über das zweigestaltige Ungeheuer'. *biformis* ‚zweigestaltig' bzw. ‚zweigesichtig' bezieht sich auf die zwei Gesichter des Lasters: Vor der Verwandlung zeigte sie sich als furiengestaltiges, gottloses Laster *Auaritia*, danach präsentiert sie sich sittsam und fromm als scheinbare Tugend *Frugi*.

570 ignorans, quid amicum credat [*sc.* acies] in illo [*sc.* portento] | quidue hostile notet: ‚ohne zu wissen, was an jenem [*sc.* Ungeheuer] es [*sc.* das Heer] für freundlich gesinnt halten solle, und was man als feindlich betrachten solle'. *amicus* wird hier als Adjektiv ‚freundlich / befreundet' gebraucht. *credere* steht hier mit doppeltem Akkusativ in der Bedeutung ‚halten für' . *notare* gebraucht Prudentius hier in der Bedeutung ‚wahrnehmen' bzw. ‚als zu einer bestimmten Gruppe zugehörig erkennen', wobei jedoch die Bedeutung ‚tadeln' mitschwingt (vgl. Bergman 1897: 54 mit Verweis auf Hor. *sat.* 1, 3, 24).

571–572 letum uersatile et anceps | lubricat incertos ... uisus: ‚der veränderliche und doppelköpfige Tod führt die unsicheren Blicke aufs Glatteis'. *letum* ‚(gewaltsamer) Tod' steht hier metonymisch für eine Todesursache bzw. als Personifikation des Todes (vgl. ThLL VII,2: 1191 s. v. lētum II.A [z. St. Z. 46–47], Bergman 1897: 54 mit Verweis auf Verg. *Aen.* 6, 277 u. Lavarenne 1933: 249). *Auaritia* vernichtet alle ihre Opfer tödlich (vv. 470–496). *uersatile et anceps* ‚beweglich und doppelköpfig' bezieht sich auf die Wandlungsfähigkeit, die *Auaritia* mit ihrer Transformation zur Scheintugend *Frugi* bewiesen hat (vgl. Bergmann 1897: 54). *lubricare* ‚schlüppfig / glatt machen' gebraucht Prudentius übertragen für ‚unsicher machen'; dieser Gebrauch ist einzigartig (vgl. ThLL VII,2: 1685–1686 s. v. lūbrico 1.a.β [z. St. 1685 Z. 69–70], Bergman 1897: 54 u. Lavarenne 1933: 249–250).

573–628: Der Auftritt der *Operatio* gliedert sich in drei Abschnitte: das überraschende Eingreifen der Tugend und deren ausführliche Vorstellung (vv. 573–583), die Vernichtung der *Auaritia* alias *Frugi* (vv. 584–603) und schließlich die Siegesrede der *Operatio* (vv. 604–628).

573–583: *Operatio* ist offenbar die einzige, die *Frugi* eindeutig als Laster identifiziert hat. Sie ergreift die Initiative und springt wütend aus dem letzten Glied (vgl. dazu die Diskussion um v. 575 *militiae postrema gradu* weiter unten) mitten aufs Schlachtfeld, um das Laster vollends auszulöschen (vv. 573–576). Prudentius stellt nach dieser überraschenden Wendung die neue Akteurin detailliert vor (vv. 577–583): *Operatio* selbst hat auf absolut alles verzichtet, was sie jemals besessen hatte, bis hin zu ihrer Kleidung (vv. 577–578), und das, obwohl sie einst sehr reich war (v. 579). Ihr Erbe hatte sie großzügig an die Bedürftigen verteilt und dadurch eine ganz besondere Art von Freiheit erlangt (vv. 580–581): Unabhängig von jeglichen irdischen Besitztümern ist sie nun reich an Glauben (v. 582) und kann für ihre barmherzige Großzügigkeit mit einem ewigen – himmlischen – Lohn rechnen (v. 583).

573 Operatio: ‚Mildtätigkeit' bezeichnet hier eine christlich geprägte *largitas* ‚Freigebigkeit' (vgl. Arévalo 1862: 65 u. Burnam 1905: 64) bzw. *misericordia* ‚Barmherzigkeit' (vgl. Bergman 1897: 54 u. Lavarenne 1933: 250 mit Verweis auf Lact. *inst.* 6, 12, 24).

Nugent macht deutlich, dass die Wahl eines so ungewöhnlichen und unerwarteten Begriffs wie *operatio* für diese Tugend sehr wahrscheinlich ein Wortspiel ist: *Operatio* verbindet *ops* ‚Hilfe' und *ratio* ‚Vernunft' miteinander zu einer ‚tätigen Vernunft'; Prudentius hatte diese Verbindung schon in v. 505 *stant tuti Rationis ope* angedeutet (vgl. Nugent 1985: 55). Mastrangelo sieht zugleich auch die Verbindung von *opera* ‚Werke' und *ratio* ‚Vernunft' i. S. v. ‚Werke der Vernunft' (vgl. Mastrangelo 1997: 169). So kommt also keine gänzlich andere Tugend der *Ratio* zu Hilfe, sondern eine, die einen zusätzlichen Aspekt verkörpert: Während die *Ratio* durch ihre bloße Anwesenheit und ihren Schutzschild wirkt (vgl. vv. 502–508), handelt *Operatio*, weil sie nicht nur weiß, dass *Auaritia* ein Laster ist, sondern auch weiß, dass Geld und Vermögen dazu da sein sollen, Gutes zu tun.

575 militiae postrema gradu: ‚aus der letzten Reihe des Heeres'. Schon Lavarenne erkannte hier eine Anspielung auf die *triarii*, die dienstältesten und kampferprobtesten Soldaten einer römischen Legion, die in der Schlachtordnung im Manipel das dritte und letzte Glied bildeten und auch als Reserve fungierten (vgl. Lavarenne 1933: 250, Neumann 1975, Lavarenne 2002: 70 Anm. 2 u. Schumacher 2002). Zwar gehen die Darstellungen der *triarii* auf Polybios und Livius zurück (Pol. 6, 23, 16; 6, 33, 10–12; Liv. 8, 8, 3–13) und beziehen sich auf die Manipulartaktik, doch in der Centurienordnung seit Marius hatten die *triarii* keine besondere Funktion mehr. Prudentius könnte allerdings durchaus die sprichwörtliche Funktion der *triarii* als „Bollwerk der Schlachtordnung" (Schumacher 2002) gemäß Livius' Formulierung „inde rem ad triarios redisse, cum laboratur, prouerbio increbruit" (8, 8, 11) gekannt haben. *Operatio* gehörte demnach zu den ältesten und erfahrensten Kämpfern des Tugendheeres. Dafür spricht, dass sie schon vor langer Zeit dem weltlichen Besitz entsagt hat (vgl. v. 579 *olim*, sowie die Plusquamperfektformen v. 577 *reiecerat*, v. 578 *leuarat*, v. 581 *fouerat*).

Gnilka widerspricht dieser Deutung aus drei Gründen (vgl. Gnilka 2001 g: 195–198): Aufgrund des Gebrauchs der Wendung *militiae gradus* bei Herennius Modestinus „in e x t r e m u m *militiae gradu*m datur" (Mod. *dig.* 48, 3, 14, 2) und bei Ammianus Marcellinus „omnes contrusit ad i n f i m u m *militiae gradu*m" (Amm. 29, 5, 20) schließt Gnilka, dass *gradus* hier nur den militärischen Rang bezeichnen könne und somit *Operatio* „die rangletzte Tugend sei" (Gnilka 2001 g: 196).

Er räumt zwar ein, dass diese Deutung „durchaus seltsam" scheint (Gnilka 2001 g: 196), wenn man etwa das Lob der *misericordia* bei Ambrosius vor Augen hat (Ambr. *off.* 1, 143–174), doch verweist er auf die Wertung des Paulinus von Nola, der die Hingabe des Vermögens zwar für einen Weg hält, um Verzeihung zu erlangen, aber für geringer als Heiligkeit (vgl. Gnilka 2001 g: 196 mit Verweis auf Paul. Nol. *epist.* 32, 3; *carm.* 1, 3–66 u. *carm.* 2, 9–12). Dieses Argument für eine Deutung der *Operatio* als rangniedrigster Tugend ist allerdings nicht stichhaltig. Dass die Hingabe eines Vermögens nicht den höchsten Rang beanspruchen kann, heißt nicht, dass sie den niedrigsten einnimmt.

Ferner weist Gnilka auf „die Wertordnung der Verdienste" hin, „die Prudentius seinem Epilog zugrunde legt" (Gnilka 2001 g: 196–197). Dort steht an erster Stelle Frömmigkeit und ein reines Herz (vgl. *epil.* 1–4), an zweiter Stelle die Barmherzigkeit des Almosengebens (vgl. *epil.* 5–6), an dritter die christliche Dichtung des Prudentius selbst (vgl. *epil.* 7–10). Gnilka schließt daraus, dass es dazu „vollkommen [stimme], wenn *Operatio* als dem Range nach […] letzte, unterste, geringste […] vorgestellt" werde (Gnilka 2001 g: 197). Doch gerade diese Rangordnung im *Epilogus* zeigt ja, dass *operatio* dem Rang nach eben nicht an letzter Stelle steht, sondern direkt nach der *fides* und *pudicitia* (vgl. *epil.* 2 *pius, fidelis, innocens, pudicus*).

Auch Gnilkas grammatisches Argument, dass durch diese Deutung *sed* „seinen vollen (adversativen) Sinn" erhalte (Gnilka 2001 g: 198), überzeugt nicht. Dazu müssten die vv. 575–576 nämlich als Ganzes die Funktion eines Attributs zu *Operatio* (v. 573) erfüllen. Doch dazu steht *militiae postrema gradu, sed sola duello inpositura manum* wohl zu weit von *Operatio* entfernt. Sinnvoller erscheint es mir, *militiae postrema gradu* als Angabe des Ausgangspunktes oder des Ortes zu v. 574 *pugnamque capessit* aufzufassen: ‚und aus dem letzten Glied des Heeres den Kampf an sich reißt', d. h. die Initiative übernimmt. Die Präposition kann bei beiden durchaus, erst recht in der Dichtung, fehlen (vgl. LHS 2: 102 § 72, § 73 Zus. α u. 146 § 86.c). *sed* hat dann keinen streng adversativen Sinn, sondern dient entweder nur der Fortführung des Satzes oder wie in der Umgangssprache im Sinne von ‚und zwar' (vgl. LHS 2: 487 § 260.a–b). Zu *sola duello inpositura manum* ist dann *est* zu ergänzen.

Zur syntaktischen Funktion bzw. Zuordnung von *militiae postrema gradu* gehen die Ansichten der Herausgeber und Übersetzer auseinander: (a) *pugnamque capessit militiae postrema gradu* setzt Bergman in seinen Kommentar (Bergman 1897: 54); Thomson folgt ihm hierin, übersetzt dann aber attributiv zu *Operatio* „posted last on the field is she" (Thomson 1949: 318–319). Burton folgt ebenfalls dieser Interpunktion (vgl. Burton 2004: 24). (b) *pugnamque capessit, militiae postrema gradu* setzt Bergman in den Text seiner Edition (Bergman 1926: 196). Lavarenne folgt dieser Interpunktion sowohl in seinem Kommentar als auch in seiner Leseausgabe und übersetzt *militiae postrema gradu* attributiv zu *Operatio* „c'est elle qui ferme la marche" bzw. „c'est elle qui vient la dernière" (Lavarenne 1933: 178–179 u. Lavarenne 2002: 70–71). Auch Engelmann übernimmt diese Fassung in den Text seiner Ausgabe und übersetzt entsprechend „Sie geht als letzte in der Reihe der Kämpfer." (Engelmann 1959: 68–71).

Zu Recht gehen alle Übersetzer von der wertfreien, rein lokalen Bedeutung von *militiae postrema gradu* aus: *gradus* ‚Schritt / Stufe' kann zwar neben der wörtlichen Bedeutung und der übertragenen lokalen Bedeutung ‚Rang / Stelle' auch den ‚Rang' als Bezeichnung der Würde oder des Wertes bezeichnen (vgl. ThLL VI,2: 2145 s. v. gradus I.A.3.b [speziell zur Angabe der Position kämpfender Soldaten] u. 2152–2153 s. v. gradus II.C.2 [speziell auch zur Bezeichnung eines militärischen Ranges]), doch ist das an dieser Stelle wohl, wie oben gezeigt, inhaltlich nicht gemeint. *postremus* ‚letzter / hinterster' kann neben der rein temporalen und lokalen Bedeutung zwar auch eine Wertung ausdrücken, doch ist diese dann häufig moralisch negativ i. S. v. ‚schlimmster / übelster' (vgl. ThLL X,2: 215 s. v. posterus *subl. superl.* (postrēmus) II.A u. 216 s. v. posterus *subl. superl.* (postrēmus) III.A–C), was hier keineswegs gemeint sein kann. *militia* steht hier als kollektiver Singular für ‚die Soldaten' i. S. v. ‚das Heer' (vgl. ThLL VIII: 957 s. v. mīlitia III.A).

575 duello: = *bello* ‚im Kampf' (vgl. ThLL V,1: 2181–2182 s. v. dvellum (duellum) 1; Lease 1895: 6 § 1 u. Lavarenne 1933: 83 § 156); Prudentius verwendet die altlat. Form von *bellum* entweder aus metrischen Gründen oder etymologisierend für den ‚*Zwei*kampf' (vgl. auch Arévalo 1862: 22 sowie ThLL V,1: 2182 s. v. dvellum (duellum) 2). Vgl. v. 21 *sub sorte duelli*.

576 impositura manum: ‚im Begriff letzte Hand anzulegen', d. h. ein Ende zu bereiten (vgl. Bergman 1897: 54 mit Verweis auf Ov. *rem.* 114 u. Plin. *nat.* 36, 4, 5, Burnam 1905: 64, Burnam 1910: 107 u. Lavarenne 1933: 250). *Operatio* kann die Aristie der *Auaritia* alias *Frugi* deshalb endgültig beenden, weil diese gegen freiwilligen völligen Verzicht auf persönliches Eigentum und dessen Verteilung an die Armen machtlos ist, da dies gemäß Jesu Rat der letzte Schritt zur Vollkommenheit ist, wenn man schon alle Gebote befolgt und es ums Ganze und um unverlierbaren Reichtum bei Gott geht (vgl. Thomson 1949: 319 u. Burton 2004: 39 mit Verweis auf *Mt* 19, 20–21).

579 grauibusque oppressa talentis: ‚von den schweren Talenten bedrückt'; *talentum*, eine griechische Gewichtseinheit für Silber (ca. 25,86 kg), die auch als Währungseinheit fungierte, gebraucht Prudentius hier metonymisch für ‚Geld' bzw. ‚Reichtum' (vgl. Lavarenne 1933: 250). Reichtum wird von der *Operatio* nur als Last empfunden.

580 libera nunc miserando inopum: ‚frei nun durch Barmherzigkeit gegenüber den Mittellosen'. *miserari* ‚Mitleid haben' bzw. ‚barmherzig sein' bezieht sich hier auf die Verteilung des Reichtums an die Armen; die Konstruktion mit dem *gen. obi.* ist spätlateinisch (vgl. LHS 2: 82 § 60.c z. St., Lease 1895: 21 § 52.a.2 u. Lavarenne 1933: 87 § 169 mit Verweis auf Sil. 11, 379 u. Min. Fel. 28, 3), vielleicht in Analogie zur Konstruktion von *misereri*.

582 iam loculos ditata fidem spectabat inanes: ‚betrachtete, reich an Glauben, die schon leeren Schatzkistchen'. Bei *ditare* ‚sich bereichern an' bzw. ‚reich werden an' ist eigentlich ein *abl. instrum.* zu erwarten, wie er sich auch in den Mss. DBVR – möglicherweise als Korrekturversuch des Schreibers – findet, angesichts der gesamten Überlieferungslage ist *fidem* als *acc. limit.* jedoch sehr wahrscheinlich, möglicherweise motiviert durch die Konstruktion von akt. *ditare* mit doppeltem Akkusativ, wie sie sich im Frühmittelalter bei Fredegar – vielleicht nach einer schon früheren umgangssprachlichen Entwicklung in der Spätantike – findet (vgl. LHS 2: 120 § 79.I u. 45 § 48.d u. Lavarenne 1933: 250).

loculi (Pl.) bezeichnet ein Gefäß mit mehreren Kästchen oder Fächern zum Aufbewahren von Geld und Schätzen (vgl. Bergman 1897: 55).

583 aeternam numerans redituro faenore summam: ‚die ewige Summe mit dem zu erwartenden Zins berechnend'; gemeint ist die Summe, die sich ergibt, wenn *Operatio* die Zinsen, also den Lohn, für ihre Taten erhält. *redituro faenore* ist entweder *abl. abs.* (vgl. Lavarenne 1933: 89 § 174 u. Burton 2004: 39) oder das Partizip *redituro* wird hier attributiv verwendet i. S. v. ‚durch den Zins, der zurückkommen wird' (vgl. Lease 1895: 31 § 78). Die Formulierung spielt an auf die Aufforderung Jesu in *Mt* 6, 19, sich Schätze im Himmel zu sammeln, bzw. seine Verheißung in *Mt* 19, 21 u. 29, dass wer all seinen Besitz um Christi willen zurücklässt, das alles hundertfach zurückerhalten werde und dazu noch ewiges Leben (vgl. auch Mastrangelo 1997: 88).

584–603: Das Laster ist beim plötzlichen Einschreiten der Tugend wie betäubt und weiß sofort, dass es sterben wird, weil es gegen eine so radikale Verächterin jeglichen Besitzes nichts ausrichten kann (vv. 584–588).

Operatio erwürgt *Auaritia* alias *Frugi* ohne Zögern (vv. 589–595), stürzt sich auf die im Sterben dann doch Widerstand Leistende, bricht ihr mit Knien und Füßen die Rippen und zerquetscht ihre Eingeweide (vv. 596–597). Anschließend entreißt sie der Toten die Beute, die sie offenbar seit vielen Jahren unangetastet mit sich herumgeschleppt hatte (vv. 598–602).

Erst jetzt, nach dem Tode des Lasters, macht Prudentius auch den Aspekt des Geizes an der *Auaritia* ganz deutlich: Was auch immer sie jemals an sich gerafft hat, hat sie niemals angerührt, sie trägt es noch immer bei sich. Die Goldklumpen sind nicht zu Schmuck oder Münzen verarbeitet worden, nicht einmal eingeschmolzen (vv. 598–600). Ihre Geldbeutel sind von Motten zernagt, die Münzen darin mit Grünspan überzogen (vv. 600–601).

Operatio verfährt mit den geraubten Reichtümern des getöteten Lasters ebenso wie lange zuvor mit ihrem eigenen Besitz. Sie verteilt sie großzügig an die Armen und Bedürftigen (vv. 602–603).

586–588 ut ipsa | calcatrix *mund*i *mund*anis uicta fatiscat | inlecebris: ‚so dass die Verächterin der *Welt* selbst von *welt*lichen Lockungen besiegt ermüden könnte'. *calcatrix* ist eine Wortschöpfung des Prudentius und nur hier belegt (vgl. ThLL III: 128 s. v. calcator); es dient ebenso wie die sonstigen *nomina agentis* auf *-trix* (vgl. Lavarenne 1933: 100 § 213) bei Prudentius der deutlicheren Ausgestaltung der weiblichen Personifikationen. *calcatrix mundi* ‚diejenige, die die Welt mit Füßen tritt' bzw. ‚diejenige, die die Welt geringschätzt' steht für die *Operatio*, der weltliche Schätze nichts bedeuten (vgl. vv. 577–583 u. Arévalo 1862: 66). Vgl. v. 496 *mundani populi*.

Zwar ist die Wortfolge *mundi mundanis* weder ein Polyptoton noch eine Figura etymologica, doch dient sie ebenso der klanglichen Hervorhebung, zumal sie direkt in der Versmitte steht und durch die Unterbrechung durch die Penthemimeres noch stärker betont wird (vgl. Lavarenne 1933: 104 § 230).

589–595: Die Erdrosselung des Lasters ist eng an die Erdrosselung des Cacus durch Herkules in Verg. *Aen.* 8, 259–261 angelehnt. Da *Operatio* von Prudentius – genau wie *Fides* im ersten Kampf – waffenlos dargestellt wird, muss sie ihre Gegnerin mit bloßen Händen besiegen. Vgl. Schwen 1937: 29 u. Gnilka 1963: 67–68.

590 duris ulnarum nodis: ‚mit den harten Knöcheln / Knochen der Arme', also der Handgelenke oder der Ellbogen (vgl. Arévalo 1862: 66). Entweder greift *Operatio* das Laster mit einem Ellbogenstoß an oder sie schlägt mit dem ganzen Arm oder der Handkante zu. Denkbar angesichts der folgenden Beschreibung der zerdrückten Kehle ist auch eine Umklammerung mit den Armen. Eine Halsumklammerung mit solcher Wirkung muss aber von hinten erfolgen und es bleibt unklar, wie wir uns einen solchen Angriff aus dem Stegreif vorstellen sollen: Wenn *Auaritia* dem Tugendheer gegenüber steht, hätte *Operatio*, wenn sie aus der letzten Reihe kommt (vgl. v. 575), das ganze Treffen umgehen müssen, um in den Rücken der Laster zu gelangen und einen solchen Angriff durchzuführen. Wenn das Laster bereits inmitten des Durcheinanders des Tugendheeres steht, ist es möglich, dass sie der *Operatio* ohnehin den Rücken zudreht.

obliso gutture: ‚mit erwürgter Kehle'. *oblidere* ‚erdrücken / erwürgen' (vgl. ThLL IX,2: 85 s. v. oblīdo 1–2) verwendet Prudentius in seinem ganzen Werk nur dreimal, und zwar immer in der *Psychomachia* (vgl. Deferrari–Campbell 1932: 478 u. Lavarenne 1933: 235) und immer in der Form *obliso*. Vgl. v. 535 *obliso collo* u. v. 331 *obliso robure*.

600–601: Die Beschreibung der Geldbeutel und Münzen des getöteten Lasters spielt an auf die Warnung Jesu in *Mt* 6, 19, dass irdische Reichtümer von

Motten und Rost zerfressen werden können, und die Aufforderung in *Lc* 12, 33, sich Reichtümer bei Gott zu sammeln, die weder gestohlen noch von Motten zerfressen werden können.

600–601 tineis ... marsuppia crebris | exesa: ‚die zahlreichen von Motten zerfressenen Geldbeutel'. *tinea* bezeichnet eine ‚Motten- oder Käferlarve', aber auch eine ‚Raupe' oder ‚Made', die Kleidung, Bücher u. ä. zerstört (vgl. Bergman 1897: 55 mit Verweis auf Hor. *sat.* 2, 3, 118 u. Ov. *Pont.* 1, 1, 72). *marsuppium* ‚Geldbeutel' ist ein Archaismus, der sich im Spätlateinischen auch bei Hieronymus mehrfach findet und von Prudentius zweimal – hier und *perist.* 2, 104 – verwendet wird (vgl. Bergman 1897: 55 u. Lavarenne 1933: 251).

604-628: In ihrer Siegesrede wendet sich *Operatio* jubelnd an das Tugendheer, das sie umringt (vv. 604–605), erklärt mit dem Tod der *Auaritia* die Gefahr für gebannt und fordert ihre Kameraden auf, ihre Waffen und Rüstungen abzulegen (vv. 606–608). Dann klärt sie die Umstehenden mit Verweisen auf Worte Jesu über die Bedeutung der Armut und Bedürfnislosigkeit im Vertrauen auf Gott auf (vv. 609–628). Sie beginnt diese Katechese mit einer zusammenfassenden Deutung der kommenden Bibelverweise, indem sie formuliert, dass man das haben wollen dürfe, was auch wirklich lebensnotwendig ist, und eine solche naturgemäße Lebensweise äußerste und friedvolle Ruhe mit sich bringe (vv. 609). Dann führt sie diese These aus, indem sie an die Forderungen Jesu in der Bergpredigt und der Feldpredigt zur Armut und Bedürfnislosigkeit (*Mt* 6, 19–21 u. 24–34; *Lc* 6, 20–21 u. 24–25) und bei der Aussendung der Jünger (*Mt* 10, 9–10; *Mc* 6, 7–13 u. *Lc* 9, 1–6 [sowie *Lc* 10, 1–12]) erinnert: auf eine Reise kein Gepäck mitnehmen und kein zweites Gewand; sich keine Sorgen um die Nahrung für den kommenden Tag machen (vv. 613–618 mit Bezug auf *Mt* 6, 25 u. 34). Wenn schon die Vögel darauf vertrauen, dass Gott für ihre Nahrung sorgen wird, um wie viel mehr müssten es dann erst die Menschen als Abbilder Gottes tun (vv. 617–624 mit Bezug auf *Gn* 1, 27 sowie *Mt* 6, 26; 10, 29–31 u. *Lc* 12, 6–7)? Abschließend appelliert sie in Anlehnung an Jesu Aufforderung, sich Schätze im Himmel zu sammeln (*Mt* 6, 19–20; *Lc* 12, 33; 18, 22; *Col* 3, 2 u. *Tim* 6, 19), die himmlische Lehre als lichtbringende und Ewigkeit verheißende Nahrung zu betrachten (vv. 625–628).

Die Rede wendet sich zwar auf der Bildebene an das Tugendheer, doch stellt sie natürlich zugleich eine Aufforderung an den Leser und alle Menschen dar (vgl. v. 624 *homines*), die Sorge um die körperlichen Bedürfnisse zu vergessen (vgl. v. 627 *corporis immemores*), sich auf Gott zu verlassen und auf den ewigen Lohn bei Gott zu hoffen (vgl. v. 626 *spem ... inuitiabilis aeui*) und dazu ein frommes Leben zu führen (vgl. Mastrangelo 1997: 89–90). Nicht nur aufgrund der zahlreichen, teils wörtlichen Bezüge, sondern auch formal und aufgrund der Szenerie erinnert die Rede der *Operatio* an die Bergpredigt und die Feldpredigt Jesu (vgl. Mastrangelo 1997: 90).

604 circumfusam ... coronam: ‚den umgebenden Kreis', nämlich den Kreis der umstehenden Kameraden, die den Tod des Lasters verfolgt haben und nun der *Operatio* zuhören (vgl. Bergman 1897: 56).

606 iusti: ‚ihr Gerechten'; *iustus* verwendet Prudentius mehrfach substantiviert als Bezeichnung für fromme Menschen oder Christen im allgemeinen (vgl. Bergman 1897: 56 mit Verweis auf *cath.* 5, 112; 6, 73; 10, 91 u. Lavarenne 1933: 98 § 207). Vgl. v. 608 *sanctis*.

607–608 lucrandi | ingluuie pereunte licet requiescere sanctis: ‚wenn der Schlund der Gier zugrundegeht, dürfen die Frommen zur Ruhe kommen'. *lucrari* ‚Gewinn machen' steht hier für die *Auaritia*; Prudentius misst die erste Silbe stets kurz (vgl. ThLL VII,2: 1718 s. v. lucror B.1 [z. St. Z. 20–21] u. zur Prosodie 1715 Z. 32–33 s. v. lucror sowie *cath.* 2, 53). *ingluuies* ‚Schlund' bzw. ‚Kehle' verwendet Prudentius hier in Verbindung mit dem Genitiv *lucrandi* übertragen für die Gier (vgl. ThLL VII,1: 1557 s. v. ingluviēs 1.c.β [z. St. Z. 58–59], Bergman 1897: 56 u. Lavarenne 1933: 251). *sancti* steht hier wohl nicht nur für die Heiligen i. e. S., sondern für alle tugendhaften, frommen und gottgefälligen Menschen. Vgl. v. 606 *iusti*.

609–610 summa quies [*sc.* est] nil velle super, quam postulet usus | debitus: ‚die größtmögliche Ruhe besteht darin, nichts über das Maß hinaus zu wollen, wie der notwendige Gebrauch fordert' (vgl. Lease 1895: 11 § 6 u. Burton 2004: 41). Von *super* i. S. v. ‚über etw. hinaus' hängt hier ein Vergleichssatz mit *quam* ab, ähnlich wie in Hor. *sat.* 1, 2, 65 (vgl. Lavarenne 1933: 251 u. Burton 2004: 41).

Diese Aussage entspricht nicht nur dem von Christus geforderten Ideal, nur das Nötigste zu besitzen (vgl. *Mt* 6, 19; *Lc* 9, 3; 10, 4 u. 7; *I Tim* 6–11), sondern auch dem sokratischen Konzept der ἐγκράτεια (vgl. Chadwick 1962: 343–344 u. Müller-Goldingen 2007: 77 u. 80–82), wie es Xenophon auch hinsichtlich der Kleidung und der Ernährung des Sokrates darstellt (Xen. *mem.* 1, 2, 5; 1, 3, 5–7; 1, 6, 6). Siehe zur ἐγκράτεια auch S. 201 u. S. 281. *summa quies* ‚tiefste Ruhe' spielt vielleicht auf die philosophischen Ideale der Ataraxia und der Apatheia an.

Vgl. v. 612 *expletumque modum naturae ... extra*.

613 peram: ‚einen Ranzen'; *pera* (griech. πήρα) bezeichnet einen über die Schultern getragenen Vorratsbeutel (vgl. . Der Begriff findet sich an den entsprechenden Stellen in den Evangelien sowohl in der griechischen Fassung als auch in der Vulgata (vgl. *Mt* 10, 10; *Mc* 6, 8; *Lc* 9, 3; 10, 4 sowie Weber–Gryson 2007 u. Nestle–Aland 1993 jeweils z. St.). Von dort aus ist der Begriff wohl von den christlichen Autoren übernommen worden (vgl. Lavarenne 1933: 102 § 222).

616 redeunt escae cum sole diurnae: ‚die Speisen kehren täglich mit der Sonne zurück' bedeutet, dass an jedem neuen Tag die nötige Nahrung zur Verfügung steht, und spielt wohl auf die Bitte in *Mt* 6, 11 „panem nostrum supersubstantialem da nobis hodie" aus dem Vaterunser an (vgl. Burton 2004: 42).

617–618 nonne uides, ut nulla auium cras cogitet ac se | pascendam, praestante Deo, non anxia credat: ‚siehst du denn nicht, wie kein Vogel an morgen denkt und zuversichtlich daran glaubt, dass er ernährt werde, weil Gott dafür sorgt'.

ut ‚wie' leitet hier eine indirekte Frage ein (vgl. LHS 2: 458 § 244.b u. Lease 1895: 41 § 108.4.d). Die Wendung *nonne uides, ut* + Konj. ‚siehst du nicht, wie' findet sich zwar sowohl bei Horaz (*carm.* 1, 14, 3; *sat.* 1, 4, 109; 2, 5, 42) als auch bei Vergil (*georg.* 3, 250), doch hält Dexel es für „sehr wahrscheinlich", dass die Stelle direkt von Verg. *georg.* 3, 250 inspiriert ist, wo sie die Wendung auch in einem Vergleich mit Tieren verwendet wird (Dexel 1907: 5; vgl. Breidt 1887: 31). Vgl. auch *apoth.* 479–480 ebenfalls mit Tiervergleich.

Der substantivische Gebrauch des Adverbs *cras* ‚morgen' kommt – auch als Objekt – mehrfach vor, z. B. bei Mart. 5, 58, 2 und Aug. *serm.* 61, 2, die Verwendung als Objekt zu *cogitare* ‚denken an' ist allerdings einmalig (vgl. ThLL IV: 100 s.v. crās 1 [z. St. Z. 82–83], Bergman 1897: 57 u. Lavarenne 1933: 251).

praestare heißt hier ‚etw. zur Verfügung stellen'; es ist aus dem Kontext *cibum* ‚Nahrung' zu ergänzen (vgl. Bergman 1897: 57). *praestante Deo* – evtl. mit inhaltlich zu ergänzendem *cibum* – ist *abl. abs.* in kausaler Sinnrichtung und bedeutet demnach entweder ‚weil Gott der Höchste ist' oder ‚weil Gott für [die Nahrung] sorgt'.

se pascendam [sc. *esse*] drückt hier zwar auch die Notwendigkeit aus i. S. v. ‚dass er notwendigerweise ernährt werde', doch scheint es, als gebrauche Prudentius das Gerundivum hier anstelle eines Part. Fut. Pass. (vgl. LHS 2: 394 § 210.d u. 374 § 202 Zus. α).

622 tu, cura Dei, facies quoque Christi: ‚Du, Sorge Gottes, zugleich Antlitz Christi'. Die Anrede ‚Du' richtet sich nicht nur an das Tugendheer als Adressaten der Rede, sondern bezieht den Leser und damit jeden Christen und jeden Menschen mit ein (vgl. Burnam 1905: 65). *Operatio* erinnert daran, dass der Mensch als Abbild Gottes geschaffen worden ist (vgl. *Gn* 1, 26–27; I *Cor* 11, 7; I *Cor* 14, 49; II *Cor* 3, 18; *Col* 3, 10 u. *Iac* 3, 9; vgl. auch Burnam 1905: 65, Arévalo 1862: 68 u. Bergman 1897: 57) und dass Gott für ihn sorgt (vgl. *Mt* 6, 26–34 u. Bergman 1897: 57).

625 quaerite luciferum caelesti dogmate pastum: ‚sucht lichtbringende Nahrung in der himmlischen Lehre' erinnert an die Aufforderung Jesu, sich Schätze im Himmel zu sammeln (*Mt* 6, 20; vgl. auch die Wiederholung durch Paulus in I *Tim* 6, 17–19) und die *aeternam* ... *summam* der *Operatio* (v. 383). *lucifer* ‚lichtbringend' gebraucht Prudentius hier in einer sehr ungewöhnlichen übertragenen Bedeutung für ‚Erleuchtung bringend' oder ‚das Licht der Wahrheit bringend' (vgl. Lavarenne 1933: 251).

626 qui spem multiplicans alat inuitiabilis aeui: ‚das die Hoffnung auf das unversehrliche Zeitalter vergrößert und nährt'; Relativsatz mit finalem Nebensinn abhängig von v. 625 *quaerite luciferum* ... *pastum* (vgl. Lavarenne 1933: 251). *inuitiabilis* ‚unverletzlich' ist eine Wortschöpfung von Prudentius, die nur hier belegt ist (vgl. ThLL VII,2: 227 s. v. inuitiābilis u. Bergman 1897: 58), und stellt die Verneinung des ebenfalls äußerst seltenen Adjektivs *uitiabilis* dar, das Prudentius in der Bedeutung ‚verletztlich' in *apoth.* 1045 u. *ham.* 215 verwendet (vgl. Deferrari–Campbell 1932: 820). Der Ausdruck *inuitiabilis aeui* ist durch diese eigenwillige Neubildung zu einer seltenen Ableitung von *uitiāre* ‚verderben' bzw. ‚Fehler verursachen' stark markiert. Der Leser soll aufmerken und sich überlegen, was damit gemeint ist. *inuitiabile aeuum* ist also ein Zeitalter, das ewig währt und dessen – glücklicher – Zustand durch nichts verschlechtert oder zerstört werden kann (vgl. Arévalo 1862: 68 u. Bergman 1897: 58), das Himmelreich also oder wohl eher der neue Himmel und die neue Erde mit dem neuen Jerusalem nach dem Sieg über Satan (vgl. *Apc* 21–22, 5).

627 memor est ... | subpeditare cibos atque indiga membra fouere: ‚er denkt daran, die Nahrung zu beschaffen und die bedürftigen Glieder zu versorgen'. *memor est* steht hier dirchterisch mit dem Infinitiv in Anlehnung an die Konstruktion des Verbs *memini* (vgl. Lavarenne 1933: 95 § 196 mit Verweis auf Stat. *silv.* 2, 4, 18 u. Ov. *am.* 3, 14, 48 u. LHS 2: 359 § 196.b). *subpeditare* bedeutet ‚das Nötige beschaffen' und bezeichnet damit genau das, was in *Mt* 6, 26–34 gemeint ist. *indiga membra* ‚die bedürftigen Glieder' steht für den Leib und seine Bedürfnisse. Mastrangelo erkennt darin ferner einen Hinweis auf die Glieder einer Gemeinschaft und somit einen Hinweis auf die Gefahr der Entzweiung wie in der folgenden Auseinandersetzung mit der *Discordia* (vgl. Mastrangelo 1997: 172). *fouere* gebraucht Prudentius hier im Sinne von ‚sich um etw. kümmern' bzw. ‚für etw. sorgen'.

Triumphzug / Discordia vs. Concordia & Fides (vv. 629–725)

Über die genaue Grenze zwischen dem sechsten und dem siebenten Kampf der *Psychomachia* besteht Uneinigkeit. Das liegt daran, dass die Beschreibung des Triumphzuges des Tugendheeres (vv. 629–664) eigentlich zwischen beiden Kämpfen schwebt. Einerseits beginnt der Abschnitt mit der Flucht einiger Laster aus dem Gefolge der *Auaritia* und der Beschreibung des Jubels der Kämpfer des Tugendheeres über den errungenen Sieg und den erkämpften Frieden, was sich als Abschluss des sechsten Kampfes auffassen lässt, andererseits stellt der Triumphzug die Szenerie für den folgenden siebenten Kampf mit dem Attentat der *Discordia* auf *Concordia* dar, was man als Einleitung des siebenten Kampfes betrachten könnte. Zudem besteht Uneinigkeit darüber, ob dieser Zwischenabschnitt die vv. 629–664 umfasst oder aber nur vv. 629–643, weil in v. 644 bereits *Concordia* als Anführerin des Tugendheeres genannt wird, die den Befehl zum Rückmarsch ins Lager gibt.

Die Überschriften der Mss. sind für vv. 629–725 nicht besonders hilfreich. Die zahlreichen Überschriften und Zusammenfassungen für kleinere Versgruppen in Ms. C lassen keinen Schluss auf die Grobgliederung zu. Ms. M titelt vor v. 629 mit „calcatis uictis triumphalis caelo attolitur laus" und dann vor v. 667 mit „amor fraterne dilectionis contra inuidiam", sieht demnach vv. 629–666 als eigenständigen Abschnitt zwischen dem sechsten und siebenten Kampf. Ms. R titelt vor v. 644 mit „concordia" und vor v. 667 mit „discordia".

Weitzius betitelt vv. 667–725 als „Concordiae et Discordiae pugna" (Weitzius 1613: 249). Gänzlich abweichend betiteln Cellarius und Obbarius vv. 670–915 mit „Concordiae et Discordiae pugna" (Cellarius 1703: 387 u. Obbarius 1845: 129).

Bergman betitelt in seinem Kommentar erst vv. 665–725 mit „Concordia et Discordia", vv. 629–664 zählt er noch zum sechsten Kampf (Bergman 1897: 60). In seiner Ausgabe markiert er durch Einzug einen Einschnitt bei v. 629 und einen weiteren bei v. 665 und kennzeichnet so vv. 629–664 als eigenen Abschnitt, ebenso verfahren Lavarenne in seinem Kommentar, Cunningham in seiner Ausgabe und Thomson und Prosperi in ihren zweisprachigen Ausgaben (vgl. Bergman 1926: 199-200, Lavarenne 1933: 183–186, Thomson 1949: 322–325, Cunningham 1966: 172–173, Castelli–Prosperi 2000: 76–

81). Schwen zählt vv. 629–664 zum Kampfschluss des sechsten Kampfes und lässt den siebenten Kampf mit v. 665 beginnen (vgl. Schwen 1937: 30). Herzog zählt die Passage bis einschließlich v. 664 zum sechsten Kampf (vgl. Herzog 1966: 107). Burton führt für vv. 629–644 eine eigene Zwischenüberschrift ein und kennzeichnet diese Passage so als eigenständig (vgl. Burton 2004: 43). Nugent bezeichnet die vv. 643–644 als Ende des sechsten Kampfes (vgl. Nugent 1985: 58). In seiner zweisprachigen Ausgabe zählt Lavarenne die vv. 629–664 noch zum „Combat de la Charité contre la Cupidité", dem sechsten Kampf, und lässt erst mit v. 665 die „Intervention de la Discorde" einsetzen (vgl. Lavarenne 2002: 66 u. 73). Engelmann dagegen sieht vv. 629–725 als eine zusammengehörige Passage (Engelmann 1959: 18–19).

Es lässt sich abschließend folgende handhabbare Einteilung vornehmen: (1) Flucht der letzten Laster und Freude des Tugendheeres über den errungenen Sieg und den nun scheinbar eingekehrten Frieden (vv. 629–643); (2) Rückmarsch des Tugendheeres ins Lager unter feierlichen Gesängen (vv. 644–664); (3) Angriff der *Discordia* auf *Concordia* mit anschließender Gefangennahme, Verhör und Hinrichtung des Lasters (vv. 665–725). Dabei ist es nebensächlich, ob man (1) oder gar (1) und (2) noch zum sechsten Kampf rechnet oder (2) als eigenständige Passage betrachtet oder (2) und (3) oder sogar (1)–(3) als siebenten Kampf zusammenfasst. Ich zähle hier vv. 629–725 zum siebenten Kampf, nehme dabei aber die hier vorgestellte Einteilung vor.

Im ersten Teil (vv. 629–643) werden die Veränderungen beschrieben, welche der Sieg über die Laster und deren Vertreibung mit sich bringen: Alle Sorgen und Laster scheinen vertrieben, Krieg und Schrecken gebannt zu sein (vv. 629–633). Die zunächst nicht näher beschriebenen verbliebenen Akteure auf Seiten der Tugenden legen die Gürtel ab, so dass ihre Kleidung bis zu den Füßen herabhängt, und verlangsamen ihre Schritte, es ertönen keine Signale mehr und die Schwerter bleiben in ihren Scheiden (vv. 633–637). Der Staub des Kampfes auf dem Schlachtfeld legt sich, der Himmel klart auf und die Sonne scheint als Zeichen für die Freude Christi über den Sieg des Tugendheeres, welche die frommen Kämpfer fühlen (vv. 637–643).

Der zweite Teil (vv. 644–664) beginnt damit, dass die Tugend *Concordia* das Signal zum Rückmarsch ins Lager und zum Sammeln in den Zelten geben lässt (vv. 644–645). Das Heer formiert sich dann zu einer doppelten Marschordnung aus Reiterei und Fußvolk, die in langen, geordneten Reihen unter dem Gesang von Psalmen und Hymnen ins Lager zurückmarschieren und mit dem siegreichen Volk Israel nach dem erfolgreichen Auszug aus Ägypten verglichen werden (vv. 646–664).

Zu Beginn des anschließenden dritten Teils (vv. 665–725) kommen die Marschkolonnen des Tugendheeres am Lagertor an, das nur einen schmalen

Durchgang bietet, so dass sich die Kämpfer dort dicht drängen (vv. 665–666). Diese Situation nutzt das Laster *Discordia*, das nach dem Tode der *Luxuria* geflohen war und sich verkleidet ins Tugendheer eingeschlichen hatte, um *Concordia* im Gedränge einen Dolch in die Seite zu stoßen, der jedoch durch den Kettenpanzer der Tugend abgehalten wird und nur eine harmlose, oberflächliche Wunde verursacht (vv. 667–693). *Concordia* erkennt erschrocken die Brisanz der Situation und fragt laut, was es denn nütze, die schrecklichen Laster im Kampf besiegt zu haben, wenn die Tugenden selbst im Frieden in Lebensgefahr sind (vv. 694–699). Die umstehenden Kämpfer richten sofort ihre Blicke auf die verwundete Tugend und das Laster, das sich durch seine Blässe und sein Zittern als Täterin verrät, umzingeln diese mit gezogenen Schwertern und verhören sie; ohne zu zögern offenbart sie sich als *Discordia* mit dem Beinamen *Heresis* und beschreibt die verschiedenen Häresien, die sie je nach Lust und Laune vertritt (vv. 700–714). *Fides*, eine weitere Anführerin des Tugendheeres, die zuvor als erste Tugend den Kampf eröffnet und die *ueterum Cultura deorum* besiegt hatte, beendet sofort die Gotteslästerungen der *Discordia*, indem sie deren Zunge mit einem Spieß durchbohrt, so dass die Zunge die Kehle verstopft und das Laster erstickt (vv. 715–718). Am Schluss zerreißen alle Anwesenden den Leichnam der getöteten *Discordia*, schleudern die Stücke in die Luft und die Kloaken und werfen sie den Hunden, Raben, Seeungeheuern und wilden Tieren zum Fraß vor, so dass nichts von ihr übrigbleibt (vv. 719–725).

Über die Szenerie erfahren wir auch in diesem Kampf nicht viel: Der Staub des Schlachtfeldes legt sich (v. 637). Der Himmel hellt sich nach dem scheinbaren Ende der Kämpfe auf und die Sonne scheint heiter (vv. 638–639). Durch die Beschreibung des Rückmarschbefehles erfahren wir, dass es ein Lager mit Zelten gibt, woher das Tugendheer offenbar ursprünglich kommt und wohin es nun zurückkehren soll (vv. 644–645). Der Eingang dieses Feldlagers wird sehr detailliert beschrieben als eng und mit einer zweiflügeligen Tür versehen, das Lager selbst wird als sicher beschrieben (vv. 665–671). Außerdem gibt es dort offenbar stinkende Latrinen (v. 722).

Die Auswahl der *Concordia* als Haupttugend sieht Gnilka vor allem metrisch begründet, da die Tugend *Caritas*, die als einzige der drei theologischen Tugenden nicht in der *Psychomachia* auftritt, „wegen der kretischen Silbenfolge ihres Namens" nicht in den daktylischen Hexameter passt; stattdessen „ließ [Prudentius sie] durch die *Concordia* bzw. *pax* vertreten" (Gnilka 2004: 354 Anm. 39 = Gnilka 2007 a: 368 Anm. 39; vgl. Gnilka 1963: 41–45 u. Burton 2004: 47).

Prudentius beschreibt *Concordia* in diesem Abschnitt nur sehr knapp als eine Anführerin des Tugendheeres, die glücklich über den Sieg ist (vv. 644–645); sie marschiert inmitten ihrer Kameraden durchs Lagertor, wo sie von

Discordia verwundet wird (vv. 670–673). Es folgt eine ausführliche Beschreibung ihres Kettenpanzers, der nur an einer einzigen Stelle eine kleine Schwachstelle aufweist (vv. 673–680). Der Erzähler mischt sich mit einer kurzen Wertung der Tugend als „maxima Virtus" (v. 689) ein. Nach der oberflächlichen Verwundung ist *Concordia* erschrocken und stellt die Sicherheit des Sieges in Frage (vv. 694–699). Weitere Informationen über *Concordia* erhalten wir dann erst wieder im Rahmen der Siegesrede (vv. 734–739; 747–750; 800–803, 824–825).

Fides ist wohl die entscheidende Akteurin dieses Kampfes auf Seiten des Tugendheeres, indem sie der *Discordia* die weitere Möglichkeit der Verbreitung ihrer Häresien nimmt und sie tötet (vv. 715–718). Sie selbst wird nur äußerst knapp als *Virtutum regina* beschrieben (v. 716), im Vordergrund steht die Beschreibung und Motivation der Hinrichtung des Lasters.

Pax tritt als Personifikation nicht aktiv in Erscheinung, vielleicht gebraucht Prudentius den Begriff *pax* sogar rein abstrakt (vv. 631–632 u. 668).

Das Tugendheer charakterisiert Prudentius zunächst nur indirekt durch die Beschreibung der Wirkung des Sieges (vv. 631–643), dann direkt als Psalmen und Hymnen singende doppelte Marschkolonne aus Reiterei und Fußtruppen auf dem Weg ins Lager (vv. 646–649 u. 663–664), die später in dicht gedrängter Formation durch das Lagertor marschiert (vv. 670–671). Nach dem Attentat auf ihre Anführerin *Concordia* sind die Kämpfer des Tugendheeres zunächst erschrocken (vv. 699–700), reagieren aber geistesgegenwärtig und umzingeln sofort das Laster mit gezückten Waffen (vv. 705–708). Schließlich führen sie die von *Fides* begonnene Vernichtung der *Discordia* konsequent weiter, indem sie diese in unzählige Stücke zerreißen und den wilden Tieren zum Fraß vorwerfen (vv. 719–725), damit nichts von ihr übrigbleibt.

Discordia wird zunächst nur anonym als *Malum* ‚Übel' und *placidae turbatrix inuida Pacis* ‚missgünstige Störerin des ruhigen Friedens' eingeführt (vv. 667–668), dann immer noch anonym als *pugnatrix subdola uictae partis* ‚verborgene Kämpferin der besiegten Seite' beschrieben (vv. 681–682), bevor sie – nun auch namentlich – in einer Rückblende ausführlicher mit ihren typischen Attributen der Zerrissenheit vorgestellt wird und ihr Einschleichen in das Tugendheer und ihre tugendhafte und friedliche Verkleidung beschrieben wird (vv. 683–689). Bei der Beschreibung ihrer Gefangennahme betont Prudentius vor allem ihre Blässe und ihr Zittern, um ihre Angst und Feigheit, aber auch ihr Schuldbewusstsein deutlich zu machen (vv. 701–704). Im Verhör beantwortet sie dann jede Frage der Tugendkämpfer ohne Zögern, ja sogar stolz, wie es scheint (vv. 708–714).

Die Laster aus dem Gefolge der *Auaritia* – *Metus, Labor, Vis, Scelus* und *Fraus* – werden zu Beginn nur kurz genannt und als gerade geflohen beschrieben (vv. 629–631). Mehr erfahren wir nicht über sie.

Concordia wurde bereits sehr früh personifiziert und im römischen Kultus seit dem 4. Jh. als Göttin mit eigenen Tempeln verehrt (vgl. Peter 1884–1890: 914, Axtell 1907: 11–13 u. 59, Thraede 1994: 205–211 sowie Bloch 1997: 116). *Concordia* entspricht der griechischen Ὁμόνοια (vgl. Peter 1884–1890: 914, Thraede 1994: 177 u. Bloch 1997: 116). Sie verkörpert in der Republik besonders den politischen Aspekt der Eintracht zwischen den Bürgern (vgl. Peter 1884–1890: 914, Thraede 1994: 178 u. passim sowie Bloch 1997: 116). Sie steht in engem Zusammenhang mit *Pax* und *Salus*, aber auch mit *Victoria*, mit denen sie in der Kaiserzeit teils auf Münzen gemeinsam abgebildet, teils in Heiligtümern gemeinsam verehrt wird (vgl. Peter 1884–1890: 916, Axtell 1907: 11–13 sowie Thraede 1994: 177–178 u. 230–233). In der Kaiserzeit gilt *Concordia* als eine der angesehensten Göttinnen (vgl. Peter 1884–1890: 916–917) und bezeichnet neben der politischen Eintracht auch die freundschaftliche und familiäre Eintracht (vgl. Thraede 1994: 235 u. 237–238). Dargestellt wird *Concordia* auf Münzen als sitzende oder stehende „Frau mit einer Opferschale in der vorgestreckten Rechten und einem Füllhorn im linken Arm" oder aber mit Ähren oder Mohn in der Hand anstelle der Opferschale (Peter 1884–1890: 917; vgl. 917–920), daneben gilt die *dextrarum iunctio*, die Darstellung eines Handschlages, als „Symbol der *concordia amicorum*" (Thraede 1994: 237). Vgl. zur *Concordia* S. 403.

In der Vulgata findet sich der Begriff *concordia* nur im AT, und zwar in politischer (II *Par* 16, 3; *Est* 13, 4–5), religiöser (*Sap* 18, 9), familiärer und nachbarschaftlicher (*Sir* 25, 2) Hinsicht sowie mit Bezug auf die himmlische Eintracht bei Gott (*Iob* 25, 2).

Im NT finden sich mehrere Aufforderungen zur Eintracht, jedoch ohne Verwendung der Begriffe ὁμόνοια und *concordia*. So ermahnt beispielsweise Paulus die Gemeinde in Korinth: „ἵνα τὸ αὐτὸ λέγητε πάντες καὶ μὴ ᾖ ἐν ὑμῖν σχίσματα" bzw. „ut id ipsum dicatis omnes et non sint in vobis scismata" (I *Cor* 1, 10) und die Gemeinde in Philippi: „ἵνα τὸ αὐτὸ φρονῆτε" bzw. „ut idem sapiatis" (*Phil* 2, 2) zur Eintracht und Einmütigkeit. Im ersten Petrusbrief wird gefordert, dass alle „ὁμόφρονες, συμπάθεις, φιλάδελφοι" bzw. „unianimes, conpatientes, fraternitatis amatores" seien (I *Petr* 3, 1). In der Apostelgeschichte wird die Einmütigkeit der Urgemeinde mit den Begriffen ὁμοθυμαδόν und μιᾷ ψυχῇ bzw. *uno animo* oder *una anima* ausgedrückt (vgl. Thraede 1994: 240–244; zum Sprachgebrauch bei den Kirchenvätern vgl. Thraede 1994: 244–245 u. 263–281).

Pax, die „Personifikation des Friedens und seiner Segnungen [wird] in Rom seit dem Ende der Bürgerkriege göttlich verehrt" und in der Dichtung – oft zusammen mit *Fides* oder *Fides* und *Concordia* gemeinsam – verherrlicht (Wissowa 1897–1909: 1719). Nach der Rückkehr des Augustus von seinem Feldzug in Hispanien und Gallien beschloss der Senat am 4. Juli 13 v. Chr.

die Errichtung der *ara Pacis Augustae*, die am 30. Januar 9 v. Chr. geweiht wurde; spätestens seit diesem Zeitpunkt wird sie kultisch verehrt (vgl. Wissowa 1897–1909: 1720 u. Axtell 1907: 37). Abgebildet wird *Pax* mit einem Ölzweig oder Lorbeer sowie oft – wie auch *Concordia* – mit einem Füllhorn oder Weizenähren und Mohn, da der Frieden das Gedeihen der Landwirtschaft ermöglicht (vgl. Wissowa 1897–1909: 1722 u. Axtell 1907: 38).

Zur *Fides* als Personifikation des ‚christlichen Glaubens' und der altrömischen ‚Treue' siehe den Kommentar zum ersten Kampf, S. 178, zur Siegesrede, S. 380, sowie zum Tempelbau, S. 402. Im siebenten Kampf kommt ihr die Rolle der aktiven Kämpferin auf Seiten der Tugenden zu, die schließlich den gotteslästerlichen Reden der *Discordia* ein Ende macht.

Discordia entspricht der griechischen Ἔρις und findet sich in der lateinischen Dichtung bei Enn. *ann*. 225–226; Verg. *Aen*. 6, 280; 8, 702; Claud. *Ruf*. 1, 29–30 sowie Val. Fl. 2, 204, oft mit dem Epitheton *demens* (vgl. Roscher 1884: 1179). Sie ist nach Auskunft Hygins und Claudians eine Tochter des *Erebus* und der *Nox* (Hyg. *fab. praef*. 1 u. Claud. *Ruf*. 1, 29–30) und wird mit Schlangenhaaren, zerrissenem Mantel und blutigen Binden um den Kopf beschrieben (vgl. Roscher 1884–1890 u. Bloch 1997a: 692). Sie taucht bereits am Ende des fünften Kampfes als fliehende Gefährtin der *Luxuria* auf (siehe S. 283 u. S. 312).

Die αἵρεσις, mit der Prudentius *Discordia* verknüpft, bezeichnet zunächst wertfrei eine ‚Denkrichtung' oder ‚Lehrmeinung' v. a. in der Philosophie, also eine Philosophenschule, und in der Medizin, später auch die theologischen ‚Schulen' des antiken Judentums, die Pharisäer, Sadduzäer und Essener sowie – abwertend vor allem durch ihre Feinde – die Nazarener, also die Christen (vgl. Brox 1986: 250–256, Käppel 1998: 66 u. Runia 1998: 83–84). Seit dem 2. Jh. n. Chr. werden mit *hairesis* abwertend „solche ‚Denkrichtungen' [bezeichnet], die von der kirchlichen Lehre abweichen, wie sie in der apostolischen Nachfolge formuliert ist" (Runia 1998: 84; vgl. Brox 1986: 255 u. 259–260 sowie vgl. Käppel 1998: 66–67).

Der siebente Kampf schließt die Kampfhandlungen endgültig ab und gehört wie die beiden vorhergehenden Kämpfe gegen *Luxuria* und *Auaritia* zu den Kämpfen, die von Prudentius explizit aufeinander bezogen werden und sich gegen die Laster seiner Zeit richten, die auch Christen und sogar Kleriker befallen (vgl. Gnilka 1963: 38–39; siehe auch den Kommentar zum fünften Kampf, S. 283). Der siebente Kampf wird durch die Erwähnung der fliehenden Laster aus dem Gefolge der *Auaritia* (vv. 629–631) so auf den vorausgehenden sechsten Kampf bezogen, dass der Triumphzug zeitlich direkt im Anschluss an diesen stattfindet. Durch die Wahl der *Discordia* als letzte Kämpferin der Laster wird der letzte Kampf zugleich auf den fünften Kampf bezogen, an dessen Ende *Discordia* mit dem übrigen Gefolge der *Luxuria* in panischer Unordnung flieht (v. 442). Darauf wird auch bei der Vorstellung der *Discordia* und dem Bericht über ihr Einschleichen in das Tugendheer Bezug genommen (vv. 681–688). Prudentius widmet sich mit diesem letzten Kampf explizit einem der Programmpunkte seines dichterischen Schaffens, die er in der *Praefatio* zu seinem Gesamtwerk genannt hat, dem Kampf gegen die Häresien (*Praef.* 39). Während er dies ansonsten in der *Psychomachia* nur indirekt bei der Erklärung des katholischen Glaubens (*Praef.* 39) tut, indem er bestimmte dogmatische Aussagen betont oder erklärt, lässt er die Häresie hier als personifiziertes Laster auftreten, das erfolglos kämpft und vom Glauben *Fides* endgültig besiegt und vernichtet wird (vv. 715–725). Somit erweist sich der siebente Kampf der *Psychomachia* als verbundene Durchführung der beiden in *Praef.* 39 genannten Ziele: Kampf gegen die Häresien und Erklärung des katholischen Glaubens. Wer die Lehre der Kirche versteht, erkennt Irrlehren und kann sie bekämpfen.

Nugent versteht die *Discordia*, hier ‚Zwietracht' und ‚Irrlehre', als eine Zusammenfassung der verschiedenen Bedrohungen, die von den Lastern ausgehen, und sieht darin die Begründung dafür, dass *Discordia* das letzte Laster ist, das in der *Psychomachia* besiegt werden muss; alle zuvor beschriebenen Laster – Götzenkult, Unzucht, Zorn, Hochmut, Genusssucht und Gier / Geiz – repräsentieren Fehlentwicklungen der Seele und Unordnung, die durch die jeweils ihnen entgegengesetzten Tugenden wieder in die richtigen Bahnen gelenkt und in Ordnung gebracht werden (vgl. Nugent 1985: 59). *Discordia* kennzeichnet den spirituellen Zustand eines Menschen, der von Gott getrennt und innerlich zerrissen ist, weshalb der Sieg über *Discordia* eben den engültigen spirituellen Seelenfrieden bringt (vgl. Nugent 1985: 59).

Wie schon im vorhergehenden Kampf durch die Tarnung der *Auaritia* als scheinbare Tugend *Frugi* (vv. 551–572) – und ähnlich wie bei der scheinbaren Harmlosigkeit der *Luxuria*, die zunächst gar nicht wirklich als Laster wahrgenommen wird (vv. 328–343) – so thematisiert Prudentius auch im letzten Kampf durch *Discordia*s Auftreten als scheinbare Tugend das Problem der Täuschung und des sicheren Erkennens einer Tugend (vgl. Nugent 1985: 57).

629–643: Die Feinde sind scheinbar alle vertrieben. Nun herrscht Frieden und die Kämpfer des Tugendheeres kleiden und bewegen sich froh und heiter wie sorglose Zivilisten. Auch die Szenerie ändert sich: Der Himmel wird nun wolkenlos und klar, die Sonne strahlt ‚purpurfarben'. Die Kämpfer spüren, dass Christus sich über ihren Sieg freut (vgl. Schwen 1937: 30).

629–631 His dictis curae emotae, Metus et Labor et Vis | et Scelus et placitae fidei Fraus infitiatrix | depulsae uertere solum: Prudentius imitiert hier Verg. *Aen.* 6, 382–383 „*his dictis curae emotae pulsus*que parumper | corde   d o l o r   tristi" (vgl. Bergman 1897: 58, Dexel 1907: 5–6 u.

Schwen 1937: 106) und führt das Motiv weiter aus, indem er statt eines Patiens wie bei Vergil gleich fünf zu *depulsae* nennt, nämlich die Begleiter der *Auaritia*: *Metus, Labor, Vis, Scelus* und *Fraus*.

Metus ‚Furcht' findet sich schon bei Verg. *Aen.* 6, 276 personifiziert neben den *Curae* und zahlreichen anderen Schreckensgestalten, die am Eingang des Totenreiches hausen (vgl. *Aen.* 2, 73–281); daneben auch bei Apul. *met.* 10, 31 zusammen mit *Terror* als Begleiterin der Minerva und bei Sen. *Herc. f.* 694 findet sie sich in Gesellschaft von *Sopor, Fames, Pudor, Pauor, Funus, Dolor, Luctus, Morbus, Bella* und *Senectus* (vgl. Sen. *Herc. f.* 691–697) in Theseus' Beschreibung der Unterwelt (vgl. Stoll 1894–1897: 2942).

Labor ‚Mühsal' findet sich personifiziert auch bei Sen. *Oed.* 652 zusammen mit *Letum, Lues, Mors, Tabes* und *Dolor* (vgl. Höfer 1894–1897a: 1776).

Vis ‚Gewalt' wird von Cicero (*Caecin.* 5) als Gegenbegriff zu *ius* verstanden (vgl. Nippel 2003).

placitae fidei Fraus infitiatrix (v. 630) ‚*Fraus*, die Leugnerin des anerkannten Glaubens'. *infitiatrix*, das weibliche *nomen agentis* zu *infitiari* ‚leugnen' bzw. ‚nicht anerkennen', ist nirgendwo anders als hier in der *Psychomachia* belegt (vgl. Lease 1895: 73 § 152 u. ThLL VII,1: 1450 Z. 40–41 s. v. īnfitiātor). *placitus* wird hier in der Bedeutung ‚anerkannt' gebraucht, wie es auch für Gott bzw. für Götter üblich ist (vgl. ThLL X,1: 2270 s. v. placitus 1.a u. 2).

Fraus ‚Betrug' ist nach Cic. *nat.* 3, 17, 44 eine Tochter des *Erebos* und der *Nox*; bei Mart. Cap. 1, 51 begleitet sie Mercurius (vgl. Steuding 1884–1890: 1558). Bergman erklärt, dass sie zu den Begleitern der *Auaritia* zähle, weil Hoffnung auf Reichtum und Furcht vor Armut für viele Christen ein Beweggrund gewesen sei, dem christlichen Glauben abzuschwören (vgl. Bergman 1897: 58). Siehe auch S. 252.

Diese Laster stehen in Zusammenhang mit den beiden Aspekten der *Auaritia*: Gier und Geiz. *Metus* ist die Furcht, etwas von seinem Besitz zu verlieren; *Labor, Vis, Scelus* und *Fraus* helfen dem *auarus*, seinen Besitz zu mehren und zusammenzuhalten.

631–632 Pax ...| ... alma abigit bellum: ‚die segensreiche *Pax* verjagt den Krieg'. Prudentius personifiziert *Pax* ‚Frieden' zwar ansatzweise (vgl. z. St. ThLL I: 876 Z. 19–20 s. v. pāx[1] cap. tert. II), indem er das Abstraktum zum Subjekt macht, führt diese Personifikation jedoch nicht weiter fort. Vgl. *placidae Pacis* (v. 668). *almus* ‚gütig / segensreich' wird sowohl als Epitheton für (weibl.) Gottheiten verwendet als auch als Attribut zu Abstrakta (vgl. ThLL I: 1703–1704 s. v. almus I–II). Es ist also genauso gut möglich, dass Prudentius *pax* nicht personifiziert verstanden wissen will.

Zur Rolle der *Pax* in der Dichtung des Prudentius vgl. Evenepoel 2010, zur *Psychomachia* bes. 73–76.

632–634 discingitur ... exfibulat ilia zonis ... uestis ... defluit: Soldaten trugen einen Gürtel, um ihre Kleidung zu raffen, damit die Beine beim Laufen und Kämpfen nicht behindert werden. Wenn nun die Kämpfer ihre Gürtel ablegen, ist das ein Zeichen, dass sie nicht mehr mit weiteren Kämpfen rechnen und sich stattdessen wie Zivilisten kleiden und von der Bewegungseinschränkung durch das bis zu den Füßen herabwallende Gewand keinen Nachteil befürchten (vgl. Bergmann 1897: 58 u. Lavarenne 1933: 252).

632–633 discingitur omnis | terror: ‚aller Schrecken wird entwaffnet'; *discingere* ‚den Gürtel ablegen' hat im militärischen Kontext die Bedeutung ‚abrüsten' bzw. ‚entwaffnen', weil das Schwert o. ä. Waffen am Gürtel getragen werden (vgl. ThLL V,1: 1315 s. v. discingo 1 [z. St. Z. 82–83]). Prudentius gebraucht diese Bedeutung hier übertragen, denn *terror* bleibt abstrakt und wird nicht personifiziert.

633 auulsis exfibulat iliā zonis: ‚befreit die Unterleiber von den abgerissenen Gürteln' (vgl. ThLL VII,1: 325–326 s. v. īle B.1), nämlich bei jedem einzelnen Kämpfer.

exfibulare ‚die Klammer / Spange lösen' ist eine Wortschöpfung von Prudentius, die nur hier belegt ist (vgl. ThLL V,2: 1401 s. v. exfibulo, Lease 1895: 73 § 152, Bergman 1897: 58 u. Lavarenne 1933: 101 § 219 u. 252). Da Prudentius *discingere* ‚entgürten / entwaffnen' bereits direkt davor in übertragener Bedeutung verwendet hat, benötigt er nun einen neuen Ausdruck, um den eigentlichen Vorgang des Entgürtens und Abrüstens auszudrücken. Zugleich lenkt er mit der ungewöhnlichen Wendung *exfibulat ... zonis* ‚löst die Spangen von den Gürteln' die Aufmerksamkeit des Lesers auf den Vorgang. Das Subjekt zu *exfibulat* muss dem Sinn nach *Pax* (v. 631) sein, auch wenn syntaktisch *terror* das Subjekt ist. Das ist wohl so zu verstehen, dass der Schrecken nach seiner Entwaffnung bzw. seinem Ende dann der Grund für das Ablegen der Waffengürtel ist. *ilia* ist nicht Akkusativobjekt, sondern *acc. limit.*, um anzugeben, wo Spangen gelöst werden, da der Wortbestandteil *fibula* eher an eine Gewandspange als an eine Gürtelschnalle denken lässt. Dies wird nur im Zusammenhang mit *ilia* als dem Körperbereich, auf dessen Höhe sich die Spange befindet, und mit *zonis* ‚Gürtel' (vgl. Arévalo 1862: 69) klar.

635 temperat et rapidum privata modestia gressum: ‚und zivile Mäßigung zügelt den schnellen Schritt'. Prudentius stellt hier den schnellen Schritt des Soldaten dem langsameren und gemäßigteren Gehtempo des normalen Bürgers gegenüber (vgl. Bergmann 1897: 58 u. Lavarenne 1933: 252).

638 suda redit facies liquidae sine nube diei: ‚heiter kehrt das Antlitz eines hellen, wolkenlosen Tages zurück'. *sudus* ‚klar / heiter' wird für den Himmel und das Wetter verwendet, die hier durch *facies liquidae sine nube* *diei* ausgedrückt werden (vgl. Bergman 1897: 58). Die durch nichts getrübte Wolkenlosigkeit und Klarheit des Himmels wird hier gleich dreifach bezeichnet, durch *suda* ‚heiter', durch *sine nube* ‚wolkenlos' und durch *liquidae* ‚klar / wolkenlos', und drückt dadurch aus, dass absolut gar nichts den Frieden zu gefährden scheint (vgl. die Glosse bei Arévalo 1862: 69).

639 purpuream ... lucem: ‚das strahlende Licht'. Prudentius gebraucht *purpureus* hier ohne die eigentliche Farbbedeutung, sondern in der Bedeutung ‚glänzend / strahlend' (vgl. ThLL X,2: 2712 s. v. purpureus B.2.a.α.(11) [z. St. Z. 20], Bergman 1897: 58 u. Lavarenne 1933: 252).

640–641 agmina casta super uultum sensere Tonantis | adridere hilares pulso certamine turmae: = *turmae pulso certamine hilares sensere uultum Tonantis agmina casta super adridere* ‚die über den Sieg im Kampf frohen Scharen fühlten, dass das Antlitz des Donnerers [=Gottes] den frommen Truppen von oben zulächelt' (vgl. dagegen Lavarenne 1933: 252).

Das Adjektiv *castus* ‚rein' gebraucht Prudentius hier nicht in der speziellen Bedeutung ‚keusch' (vgl. ThLL III: 566–569 s. v. castus[1] II.B), sondern in der allgemeineren religiösen Bedeutung ‚fromm / gläubig' (vgl. ThLL III: 565–566 castus[1] I.A.2–3 [z. St. 565 Z. 83]).

Prudentius gebraucht das Epitheton *Tonans* ‚Donnerer', das im paganen Kultus für Jupiter verwendet wurde, mehrfach für Gott (*cath.* 6, 81; 12, 83; *apoth.* 171; *ham.*376; 669 u. *perist.* 6, 98) (vgl. Bergman 1897: 58, Lavarenne 1933: 252 u. Deferrari–Campbell 1932: 750), einige Male aber auch für Jupiter (*perist.* 10, 222 u. 277). Der christliche Gebrauch von *Tonans* findet sich auch bei anderen christlichen Autoren (vgl. Lavarenne 1933: 252 u. Burton 2004: 44). Diese Übertragung des Epithetons für den höchsten Gott des paganen Kultus auf den einzigen Gott des Christentums passt in Prudentius' Strategie hinein, das Christentum den noch verbliebenen heidnischen Römern durch Betonung von Gemeinsamkeiten und Ähnlichkeiten sowie durch Umwidmung paganer Begriffe leichter näher zu bringen, wie er es u. a. in *c. Symm.* 2, aber auch durch die Auswahl der Tugenden in der *Psychomachia* tut (vgl. Nugent 1985: 58–59).

pulso certamine ist *abl. abs.* und gibt den Grund für die Freude der Kämpfer an (vgl. z. St. ThLL VI,3: 2787 Z. 69–70 s. v. hilarus / hilaris I.A.1.a.α u. Burton 2004: 44); wörtlich bedeutet der Ausdruck ‚weil der Kampf vertrieben worden ist' (vgl. ThLL X, 1: 1014–1016 s. v. pello[2] I.B), d. h. beendet und sozusagen aus der Welt geschafft worden. *certamen* ‚Kampf / Streit' steht hier über seine eigentliche Bedeutung hinaus vielleicht auch übertragen für die Widersacher im Kampf, nämlich die Laster, die im Kampf besiegt und vertrieben worden sind (vgl. v. 683 *pulsa culparum acie* sowie Bergman 1897: 58 u. ThLL X,1: 1010–1011 s. v. pello[2] I.A.2.b).

Triumphzug / Discordia vs. Concordia & Fides (vv. 629–725) 361

642 Christum gaudere suis uictoribus: *suis uictoribus = uictoria suorum* (Lavarenne 1933: 252).

643 ac patrium famulis aperire profundum: ‚den Dienern die himmlischen Höhen des Vaters öffnet'. *profundum* ‚Tiefe' steht hier für die unendlichen und fernen Weiten des Himmels in religiöser Bedeutung (vgl. ThLL X,2: 1751 s. v. profundus I.B.1.a.α u. Bergman 1897: 59). Zu *famulis* siehe den Kommentar zu *famulos famulasue Dei* (v. 56).

644–664: Auf das Signal der *Concordia* hin formieren sich die Truppen des Tugendheeres für den Rückmarsch ins Lager. Prudentius beschreibt diesen Rückmarsch als einen noch nie dagewesenen Triumphzug, der zugleich an eine Prozession erinnert (vgl. Gnilka 2001 f: 172): Infanterie und Reiterei marschieren in präziser Formation unter einem Wechselgesang aus Psalmen und Hymnen. Diese Prozession der Tugendkämpfer vergleicht Prudentius mit dem Marsch des siegreichen Volkes Israel durch das geteilte Rote Meer beim Auszug aus Ägypten. Die eigentliche Beschreibung der beiden Marschkolonnen des Tugendheeres (vv. 644–649 u. 663–664) wird unterbrochen durch einen Vergleich mit dem jubelnden Volk Israel nach der erfolgreichen Flucht vor den Ägyptern (vv. 650–662).

644–649: Beschreibung der Marschordnung des Tugendheeres.

644 dat signum felix Concordia reddere castris | uictrices aquilas atque in tentoria cogi: ‚die glückliche *Concordia* gibt das Signal, die siegreichen Legionsadler ins Lager zurückzubringen und sich in den Zelten zu versammeln'. *Concordia* gibt mithilfe eines militärischen Signals das Kommando zum Rückmarsch ins Lager und zum Sammeln in den Zelten (vgl. Arévalo 1862: 69 u. Bergman 1897: 59). *felix* bedeutet hier ‚erfolgreich' im militärischen Sinne und bezeichnet das Waffenglück der Kämpfer (vgl. ThLL VI,1: 442 s. v. fēlīx[1] III.A.2.c u. Bergman 1897: 59).

aquila ‚Adler' steht in militärischer Bedeutung für die adlerförmigen Feldzeichen der Legionen (vgl. Arévalo 1862: 69 u. Burton 2004: 44). *aquilas* steht metonymisch für die Truppen des Tugendheeres selbst, insofern ja *uictrices* nur von den Kämpfern bzw. der Einheit selbst sinnvoll gesagt werden kann (vgl. Bergman 1897: 59 mit Verweis auf ähnlichen Gebrauch bei Lucan. 5, 238 u. Hirt. *bell. Hisp.* 30).

647 bifida agmina: ‚zweifache Marschkolonnen', nämlich einerseits die Fußtruppen (v. 648: *peditum caterua*), andererseits die Reiterei (v. 649: *equitum*) (vgl. Bergman 1897: 59, Burnam 1905: 65, Burnam 1910: 109 u. Gnilka 2001 f: 172).

648 peditum psallente caterua | … equitum resonantibus hymnis: ‚unter dem Psalmengesang der Fußtruppen, … unter dem Klang der Hymnen der Reiterei'; *abl. abs.* in modaler Sinnrichtung. *psallĕre* ‚die Kithara zupfen' bzw. ‚zur Kithara singen' (vgl. ThLL X,2: 2395 s. v. psallo I) heißt hier im christlichen Sinne ‚Psalmen singen', was nicht ausschließt, dass dies mit Begleitung durch Instrumente geschieht (vgl. ThLL X,1: 2395–2398 s. v. psallo II.A u. Bergman 1897: 59 u. Lavarenne 1933: 253). *hymnus* bezeichnet einen ‚Lobgesang auf einen Gott', hier in christlichem Sinne (vgl.ThLL VI,3: 3144 s. v. hymnus A.1 u. A.2.a [z. St. 3144 Z. 71–72] sowie Passow II,2: 2047–2048 s. v. ὕμνος). Die Beschreibung der abwechselnden Psalmen und Hymnen erinnert an die Liturgie von Messe und Tagzeitengebeten und verstärkt den Prozessionscharakter dieses Triumphzuges (vgl. auch Gnilka 2001 f.: 179–181 u. 187–191). Das gemeinsame Singen der Psalmen und Hymnen und der Wechselgesang von Fußvolk und Reiterei veranschaulichen die *concordia* des Tugendheeres (vgl. Gnilka 2001 f: 179). Gnilka erwägt auch, ob es sich nicht sogar um dieselbe Liedgattung handelt und „jede Liedart des christlichen Kults" damit gemeint sei (Gnilka 2001 f: 184–185), kommt aber schließlich auch zu dem Schluss, dass es sich um einen Wechselgesang zweier Chöre handle (vgl. Gnilka 2001 f: 185–191).

650–662: Vergleich mit dem Lobgesang des Volkes Israel nach dem Durchzug durch das Rote Meer (*Ex* 15, 1–21). Dieser Vergleich passt hervorragend, da auch dort zwei Chöre im Wechsel singen, zuerst Mose und die – wohl männlichen – Israeliten (*Ex* 15, 1–19), dann die Frauen unter der Führung der Prophetin Mirjam, der Schwester Aarons (*Ex* 15, 20–21) (vgl. Lavarenne 1933: 253, Nugent 1985: 57, Mastrangelo 1997: 98 u. Burton 2004: 44). Es handelt sich um den einzigen vollständig durchgeführten Vergleich in der *Psychomachia*, markiert durch *non aliter* (v. 650) und *sic* (v. 663) (vgl. Mastrangelo 1997: 172 u. Burton 2004: 44).

Gnilka vermutet, dass Prudentius bei der Schilderung dieser Szene „wohl die Prachtentfaltung spätrömischen Heerwesens vor[schwebte]" und er sich vielleicht auch von der „Parade der heimkehrenden Truppe" bei Claud. *Rufin.* 2, 351–355 „anregen ließ" (Gnilka 2001 f: 172–173).

652–653 litora ... | ulteriora: ‚die jenseitigen Ufer'; gemeint ist das Ufer auf der anderen Seite des Roten Meeres, das die Israeliten nach dessen Durchquerung erreichen (vgl. Bergman 1897: 59).

654–655 nigrosque ... | ... Nilicolas: ‚und die schwarzen Nilanwohner' bezeichnet entweder die Ägypter selbst oder die äthiopischen Soldaten des Pharao (vgl. Arévalo 1862: 70, Bergman 1897: 59, Burnam 1910: 109 u. Lavarenne 1933: 253). Die Wortschöpfung *Nilicola* ‚Nilanwohner' findet sich ansonsten nur noch *c. Symm.* 2, 494 (vgl. Bergman 1897: 60 u. Deferarri–Campbell 1932: 456) sowie bei Greg. Tur. *Franc.* 1, 10 (vgl. Lavarenne 1933: 102 § 221).

656–657 iam redderet unda natatum | piscibus: ‚schon ermöglichte die Welle den Fischen wieder das Schwimmen'. *natatus* bezeichnet eigentlich den Vorgang des Schwimmens (vgl. ThLL IX,1 130–131 s. v. natātus [z. St.

130 Z. 66–67 s. v. natātus I.A.1.a]), hier allerdings heißt es soviel wie ‚die geeignete(n) Umgebung / Bedingungen zum Schwimmen' (vgl. Bergman 1897: 60 u. Lavarenne 1933: 100 § 215).

662 suspensosque globos potuisse teneri: ‚und dass die schwebenden Massen gehalten werden konnten', nämlich die Wellen des Wassers (vgl. Burnam 1905: 65). *globus* ‚kugelförmige Masse' bzw. ‚Klumpen' kann nicht nur für Feststoffe verwendet werden, sondern auch für gasförmige oder flüssige Stoffe (vgl. ThLL VI,2: 2050–2054 s. v. globus I u. 2056–2057 s. v. globus II.B.1.c [z. St. 2057 Z. 7–8] u. Bergman 1897: 60 mit Verweis auf Verg. *georg.* 1, 475 u. Ov. *met.* 12, 238). *potuisse* betont die Tatsache, dass der beschriebene Vorgang normalerweise nicht möglich ist (Burton 2004: 45).

663–664: Wiederaufnahme und Zusammenfassung der Beschreibung der Marschordnung des Tugendheeres.

663–664 … Vitiorum … | … Virtutum …: Der Gegensatz von Tugenden und Lastern wird dadurch hervorgehoben, dass die Begriffe *Vitiorum* und *Virtutum* jeweils in der Mitte zweier aufeinanderfolgender Verse stehen, und zwar jeweils nach der Penthemimeres und vor der bukolischen Dihärese und somit von den jeweils einzigen Pausen im Vers umrahmt.

resultant | mystica dulcimodis Virtutum carmina psalmis: ‚die mystischen Lieder der Tugenden hallen mit lieblich klingenden Psalmen wider'. *resultare* ‚zurückspringen' wird hier übertragen in der Bedeutung ‚widerhallen' verwendet (vgl. Bergman 1897: 60 mit Verweis auf Verg. *georg.* 4, 50; *Aen.* 5, 150 u. 8, 305).

dulcimodus ‚auf liebliche Weise klingend' ist eine Wortschöpfung von Prudentius, die nur an dieser Stelle vorkommt (vgl. ThLL V,1: 2187 s. v. dulcimodus, Bergman 1897: 60 u. Lavarenne 1933: 102 § 221).

psalmus ‚Lied' bzw. ‚Gesang' (< griech. ψαλμός ‚zum Saitenspiel gesungenes Lied') kommt im Lateinischen nur in christlicher Bedeutung als ‚Psalm' vor (vgl. ThLL X,2: 2400–2404 s. v. psalmus [z. St. 2403 s. v. psalmus II.A.2] u. Bergman 1897: 60). Vgl. *psallente caterva* (v. 648) u. *resonantibus hymnis* (v. 649).

665–725: Eigentlicher letzter Kampf der *Psychomachia*. Dieser Kampf lässt sich in sieben Abschnitte einteilen: (1) Beschreibung der Szenerie und Ankündigung des Attentats (vv. 665–669); (2) Beschreibung des Attentats (vv. 670–680); (3) Vorstellung der Angreiferin (vv. 681–691); (4) Wirkung des letztlich erfolglosen Angriffs (vv. 691–693); (5) Reaktion des Opfers (vv. 694–699); (6) Gefangennahme und Verhör der Angreiferin (vv. 700–714) und (7) Bestrafung der Attentäterin (vv. 715–725).

665–693: Gnilka vermutet, dass Prudentius „der Gedanke, die *Discordia* alias *Heresis* nach der offenen Feldschlacht ein heimtückisches Attentat verüben zu lassen […], aus der Lektüre des Eingangskapitels zu Cyprians Traktat *De catholicae ecclesiae unitate* aufstieg (Cypr. *unit. eccl.* 1)" (Gnilka 2007c: 434). Vgl. auch die von Gnilka herausgearbeiteten Cypriananklänge in vv. 640–664 u. 685–688 (vgl. Gnilka 2007c: 434–435).

665–669: Einleitung des letzten Kampfes. Die Truppen des Tugendheeres sind inzwischen am Eingang des Lagers angelangt, der mit seinem Tor einen Engpass bildet. Das bevorstehende Attentat wird angekündigt.

665 uentum erat ad fauces portae castrensis: ‚man war zu den engen Zugängen des Lagertores gekommen'. Die Wendung *uentum erat ad* – meist am Versanfang – findet sich nicht nur bei Vergil (*Aen.* 6, 45; ähnlich 8, 362: *uentum ad*), sondern auch Ov. *fast.* 3, 13, Stat. *Theb.* 2, 65 und anderswo (vgl. Schwen 1937: 121 u. Dexel 1907: 31); allerdings findet man nur bei Verg. *Aen.* 6, 201 *„uen*ere *ad fauces"* (vgl. Dexel 1907: 31). Mastrangelo weist darauf hin, dass der Kontext bei Verg. *Aen.* 6, 45–47 u. 6, 201 dem hier vorliegenden ähnlich ist und Prudentius die Spannung und Ungewissheit dieser Stellen nutzt, um hier eine ähnliche Stimmung aufzubauen (vgl. Mastrangelo 2008: 31).

fauces, eigentl. ‚Schlund', bezeichnet i. w. S. jede Art von enger Öffnung und steht hier für die ‚Zugänge' zum Lager (vgl. ThLL VI,1: 397 s. v. faux II.A.1 [z. St. Z. 35–36]). Obbarius und Bergman deuten die *fauces portae castrensis* als Eingang der *porta praetoria*, des Hauptzugangstores (vgl. Obbarius 1845: 129 u. Bergman 1897: 60). Mastrangelo meint, *fauces* sei inhaltlich aufgeladen und spiele auf die Kehlen der Laster – wie z. B. der *Auaritia* (v. 592–593) – an, die von den Tugenden zerquetscht werden (vgl. Mastrangelo 2008: 31–32).

667–668 nascitur hic inopina Mali lacrimabilis astu | tempestas: ‚hier entsteht durch die List eines beweinenswerten Übels ein unerwarteter Aufruhr'. *Malum* ‚Übel' ist Synonym für *uitium* ‚Laster' und bezieht sich auf *Discordia*, die erst in v. 684 namentlich genannt wird. *lacrimabilis* ‚beweinenswert' bzw. ‚Tränen erregend' (vgl. ThLL VII,2: 843–844 s. v. lacrimābilis 1) kann sich syntaktisch und semantisch sowohl auf *Mali* beziehen als auch auf *tempestas*; es steht zwar näher an *Mali*, zugleich aber auch genau in der Mitte der durch *inopina ... tempestas* gebildeten Klammer und wird wohl ἀπὸ κοινοῦ verwendet. *tempestas* bezeichnet hier einen ‚gewaltsamen Zwischenfall' bzw. einen ‚Kampf'. Eine ma. Glosse deutet *tempestas* hier als Synonym für *discordia* ‚Zwietracht', die durch das Attentat der personifizierten *Discordia* verursacht wird (vgl. Burnam 1905: 65). *astus* wird dichterisch häufig als Synonym für *astutia* ‚List' verwendet, und zwar vor allem – wie auch immer bei Prudentius (vgl. *cath.* 6, 140 u. *ham.* 145) – adverbiell im Ablativ Singular (vgl. ThLL II: 983–984 s. v. astus [z. St. 984 Z. 54–55], ThLL II: 985–986 s. v. astūtia I, Arévalo 1862: 70 u. Deferrari–Campbell 1932: 52).

668 placidae turbatrix invida Pacis: ‚die missgünstige Störerin des ruhigen Friedens'; bezieht sich inhaltlich auf das Laster, das den Aufruhr verursacht (v. 667 *Mali*), syntaktisch handelt es sich jedoch um eine Apposition zu *tempestas* (v. 668). Das stützt die Deutung, dass *tempestas* ‚Aufruhr' die *Zwietracht* beschreibt, die als Resultat aus dem Handeln der personifizierten *Discordia* entsteht (siehe den Kommentar zu vv. 667–668).

turbatrix ‚Störerin' ist außer hier nur noch bei Stat *Theb.* 4, 369 belegt, und zwar als Attribut der *Fama* (vgl. Bergman 1897: 61 u. Lavarenne 1933: 100 § 213 u. 254). Zur Verwendung des *gen. obi.* nach den Verbalsubstantiven auf *-tor* und *-trix* bei Prudentius vgl. Lease 1895: 18 §43.

Ob *Pax* hier tatsächlich personifiziert verstanden werden soll, lässt sich nicht abschließend klären, da Prudentius die Personifikation nicht weiter ausführt. Vgl. *Pax ... alma abigit bellum* (vv. 631–632.)

670–680: Beschreibung des Attentats: Gerade als *Concordia* das Tor durchschreitet und aufgrund der Enge des Eingangs und der Kämpfer um sie herum nicht ausweichen kann, wird sie mit einem Dolch an der linken Seite verwundet. Zwar ist sie durch einen Kettenpanzer geschützt, der ein tiefes Eindringen der Waffe verhindert, doch kann die Spitze an einer undichten Stelle trotzdem eindringen. Mastrangelo sieht in den Ausdrücken des Eindringens und der Abwehr des Angriffs in vv. 672 u. 676–677 einen Hinweis auf Lucretius' Verteidigung der Epikureischen Lehre, dass die Seele den Tod des Körpers nicht überlebe (Lucr. 3, 417–829); Prudentius nutze dieses Modell bewusst und übertrage es auf die Tugenden und Laster: Die Seele sei unkörperlich, unsterblich und unverletzlich, wenn sie über Tugenden verfüge und Christus und seine Lehren anerkenne; sie sei aber sterblich und verwundbar, wenn die Laster in ihr vorherrschen und sie die christliche Lehre ablehne (vgl. Mastrangelo 2008: 149).

671 stipata: ‚dicht umringt', nämlich von den anderen Kämpfern des Tugendheeres, die gerade vor, neben und hinter *Concordia* den Lagereingang betreten (vgl. Arévalo 1862: 70 u. Bergman 1897: 61). Vgl. auch *multo stipata satellite* (v. 405).

672–673 excipit ... | mucronem laeuo in latere: ‚empfängt eine Spitze in der linken Seite', d. h. sie erleidet einen Stich mit einer spitzen Waffe, einem Dolch oder einem Schwert (vgl. ThLL V,2: 1255 s. v. excipio II.S.1.c, ThLL VIII: 1555–1556 s. v. mucro A.1.a u. B, Arévalo 1862: 71 u. Bergman 1897: 61).

Concordia empfängt die Verwundung *laeuo in latere* ‚auf der linken Seite', d. h. auf der ‚ungünstigen' bzw. ‚unheilvollen' Seite, also der Seite, auf der sie schwach und verwundbar ist, weil ihr Kettenhemd dort eine Schwachstelle hat (vv. 678–680). Eine ma. Glosse bezieht *laeuuo in latere* auf die Häresien, welche den Schwachpunkt der Kirche darstellen (vgl. Burnam 1910: 109).

673–688: Malamud erkennt in den Beschreibungen von *Concordias* Rüstung und *Discordias* Kleidung eine ikonographische Repräsentation der auf Chrysipp zurückgehenden, für Prudentius typischen und in der spätlateinischen Dichtung verbreiteten Vorstellung von der kosmischen Bindung bzw. kosmischen Harmonie: *Concordias* engmaschig geknüpftes Kettenhemd verkörpert das Ideal dieser Bindung, *Discordias* zerrissene Kleidung verkörpert die Auflösung ebendieser Bindung (vgl. Malamud 1989: 72–78).

673–674 squalentia ...| texta catenato ferri subtegmine: ‚schuppenförmige Gewebe aus zu Ketten verbundenem Eisengespinst'. *squalentia* ‚schuppig' heißt hier mit dem *abl. materiae* zugleich soviel wie ‚von etw. starren / strotzen' bzw. ‚mit etw. überdeckt'. Bereits bei Statius findet sich der Ausdruck „*squalentia texta* thoracum" (Stat. *Theb.* 5, 354–355) wie hier für einen Ketten- bzw. Schuppenpanzer als Teil einer Rüstung (vgl. Bergman 1897: 61 u. Burton 2004: 46).

subtegmen bezeichnet hier entweder einen einzelnen Faden oder ein ganzes Gewebe (vgl. Bergman 1897: 61 mit Verweis auf Verg. *Aen.* 3, 483, Tib. 4, 1, 121 u. Stat. *Theb.* 7, 656). *ferri subtegmen* heißt demnach entweder ‚Eisenfaden' oder ‚Eisengewebe'. *catenatus* bedeutet ‚mit Ketten befestigt / verbunden' oder ‚kettenförmig angeordnet' (vgl. Bergman 1897: 61 u. Lavarenne 1933: 254). *squalentia texta catenato ferri subtegmine* bezeichnet also einen eisernen Kettenpanzer oder einen Schuppenpanzer aus kleinen Eisenplättchen, die mit Metallfäden miteinander verbunden sind.

Das in den Mss. überlieferte *subtegmine* bzw. *subtemine* ist nicht zu beanstanden. Dass Bergman in seiner Ausgabe von 1926 – im Gegensatz zu seinem Kommentar von 1897 – *sub tegmine* in den Text setzt, ist vermutlich nur ein Setzfehler (vgl. Bergman 1897: 61, Bergman 1926: 201 u. Lavarenne 1933: 254). Dennoch ließe sich *sub tegmine* als Konjektur rechtfertigen: *tegmen* bezeichnet eine ‚Abdeckung' und kann auch für Teile der Rüstung verwendet werden. *catenato ferri sub tegmine* hieße demnach ‚unter einer aus Ketten gefertigten Schutzschicht aus Eisen' oder aber ‚unter einer mit Ketten befestigten Schutzschicht aus Eisen'.

679–680 politae ... | ... tunicae: entweder Genitiv zu *squama* = ‚des feinen Kettenpanzers' oder Dativobjekt zu *ligat* = ‚dem feinen Kettenpanzer'. *tunica* wird hier übertragen für das ‚Kettenhemd' der *Concordia* verwendet (vgl. Lavarenne 1933: 254). *politus* ‚fein' hat hier vielleicht die Konnotation ‚vollendet' (vgl. ThLL X,1: 2532–2533 s. v. polītus 1–2.b) und muss dann in Bezug zur kleinen Schwachstelle des Kettenhemdes (v. 677 *tenui puncto*) gesehen werden; *politae tunicae* hieße dann ‚des ansonsten vollkommenen Kettenpanzers'.

681–691: Vorstellung der Angreiferin: *Discordia* wird als heimtückisch charakterisiert. Sie hatte sich nämlich nach der Niederlage der übrigen Laster in die Reihen des Tugendheeres eingeschlichen und sich als Tugend ausgegeben, indem sie ihr verräterisches zerschlissenes Gewand und ihre aus mehreren Schlangen bestehende Geißel weggeworfen und stattdessen ihre Haare mit einem Ölzweig, dem Zeichen des Friedens, bekränzt hatte. Unter der Kleidung jedoch hatte sie einen Dolch verborgen, um die Tugend *Concordia* gezielt anzugreifen.

681–682 pugnatrix sobdola uictae | partis: ‚die heimtückische Kämpferin der besiegten Partei'. *pugnatrix* ‚Kämpferin' findet sich bereits bei Amm. 23, 6, 26 (vgl. Krenkel 1884: 3 u. Bergman 1897: 62). *uictae partis* ist *gen. part.* und bezieht sich auf *pugnatrix* (vgl. Lease 1895: 18 § 43 u. Bergman 1897: 62). *pars* ‚Seite' bezeichnet hier im militärischen Sinn eine ‚Partei' eines Streits. *pugnatrix uictae partis* steht für *Discordia*, die dem Heer der Laster angehört hat, das inzwischen besiegt ist (vgl. Burnam 1910: 109).

684 sociam mentita figuram: ‚die eine verbündete Gestalt vorgetäuscht hatte' bzw. ‚die das Aussehen einer Verbündeten angenommen hatte', d. h. das Laster *Discordia* hatte die Gestalt einer Kämpferin des Tugendheeres angenommen.

685–688: Dass die Verkleidung der *Discordia* nicht nur durch Verg. *Aen.* 8, 702–703 (vgl. Lease 1895: 68 § 149.a, Bergman 1897: 62, Mahoney 1934: 60, Schwen 1937: 30–31, Gnilka 1963: 73 u. Lühken 2002: 47), sondern auch durch Cypr. *unit. eccl.* 3 angeregt sein könnte, macht Gnilka dadurch plausibel, dass „es dort um dieselbe Gefahr geht" (Gnilka 2007 c: 435), nämlich Täuschung und Betrug durch die Häresien. Vgl. auch die von Gnilka herausgearbeiteten Cypriananklänge in vv. 640–664 u. 665–693 (vgl. Gnilka 2007 c: 434–435).

685–686 scissa … pallā structum et serpente flagellum | multiplici: ‚der zerrissene Mantel und die aus einer vielfachen Schlange zusammengesetzte Peitsche'; beides Attribute der *Discordia*, die ihr Wesen gut veranschaulichen, da sie ja selbst die Menschen voneinander trennt und auseinanderreißt (vgl. Burnam 1910: 109, Gnilka 1963: 73 u. Burton 2004: 47). Die Schlange, mit der *Discordia* hier in Verbindung gebracht wird, erinnert zugleich an die Versuchung im Garten Eden (*Gn* 3, 1–5; vgl. Nugent 1985: 58). *serpente multiplici* steht wohl für ‚viele Schlangen'.

Bei Vergil verteilen sich allerdings die beiden Attribute *scissa palla* und *flagellum* auf *Discordia* und *Bellona*, die Prudentius hier offenbar in einer Person zusammenfasst: „et *scissa* gaudens vadit Discordia *palla*, quam cum sanguineo sequitur Bellona *flagello*" (*Aen.* 8, 702–703). Auch Petron (*sat.* 124) kennt das zerrissene Gewand als Attribut der *Discordia*, die darüber hinaus auch noch zerfetztes Haar hat (vgl. Gnilka 1963: 72–73). Zu den Vergil- und Petronanklängen dieser Stelle vgl. Lease 1895: 68 § 149.a, Bergman 1897: 62 u. Lühken 2002: 47.

686 media camporum in strage: ‚mitten im Gemetzel der Schlachtfelder'; *strages* ‚Gemetzel' bezeichnet hier wohl konkret die Hinterlassenschaften oder ‚Überreste' der Kämpfe auf dem Schlachtfeld: Leichen, Waffen, Rüstungsteile, die nach dem Ende des Gemetzels zurückgeblieben sind (vgl. Bergman 1897: 62 u. Burnam 1910: 109). Die abschließende Bewertung der Kämpfe als blutiges Gemetzel greift deren in der *praefatio* vorweggenommene Bewertung wieder auf (vgl. *pr.* 13). Vgl. auch v. 538 *strage*.

Dass Prudentius sich für den Plural anstelle des Singulars entscheidet (vgl. Lavarenne 1933: 98 § 205), verwundert nicht, hat er doch ganz konkret die einzelnen Schlachtfelder der sechs bisher beschriebenen Kämpfe vor Augen, auch wenn diese alle zu einem großen zusammenhängenden Kriegstheater bzw. Kriegsschauplatz gehören.

687 redīmitos olea frondente capillos: ‚die mit einem belaubten Ölzweig bekränzten Haare'. *ŏlĕā* ‚mit Laub vom Olivenbaum' verwendet Prudentius wohl aus metrischen Gründen anstelle von *ŏlīuā* für ‚mit einem Olivenzweig'. Der Ölzweig ist ein Symbol des Friedens, und indem *Discordia* ihr Haar mit dem Ölzweig bekränzt, gibt sie vor, eine der den Frieden feiernden Tugenden zu sein (vgl. Bergman 1897: 62, Wissowa 1897–1909: 1722 u. Burnam 1910: 110).

Zur fehlerhaften Prosodie von *redimitos* vgl. Krenkel 1884: 12–13, Bergman 1897: 62 u. Lavarenne 1933: 107 § 240.

689 sed sicam sub ueste tegit: ‚aber sie verbirgt einen Dolch unter ihrem Gewand'; *sica* bezeichnet einen krummen, sichelartigen Dolch, der in Rom als „typisch für Banditen und Mörder" galt (Gross 1975: 161–162; vgl. Burnam 1905: 66 u. Burnam 1910: 110). Die Gefahr, die von diesem verborgenen Dolch ausgeht, und die Hinterhältigkeit der mit Schlangen assoziierten *Discordia* unterstreicht Prudentius durch das lautmalerische Zischen der Alliteration *sed sicam sub*, ergänzt um das *-s-* in dem folgenden Wort *ueste*. Vgl. v. 673 *mucronem*.

689–690 te, maxima Virtus, | te solam ... Concordia: ‚Dich, größte Tugend, Dich allein ... *Concordia*'. Die direkte Anrede der Tugend durch den Erzähler durchbricht die sonst durchgehaltene Erzählperspektive. Direkte Anreden von Akteuren finden in der *Psychomachia* sonst nur durch andere Akteure statt. Durch die doppelte direkte Anrede und das Attribut *maxima* erreicht Prudentius hier enormes Pathos (vgl. Burton 2004: 47). Bergman meint, Prudentius verwende den Vokativ nur, um *Concordia* metrisch im Vers unterbringen zu können (vgl. Bergman 1897: 63). Dass er jedoch dazu über zwei Verse hinweg einen solchen Aufwand betreibt, ist unwahrscheinlich. Das Attribut *maxima uirtus* ist wie das weitere Miteinander von *Concordia* und *Fides* ein Indiz dafür, dass Prudentius *Concordia* mit der theologischen Tugend *Caritas* ‚Liebe' identifiziert (vgl. Burton 2004: 47).

691–693: Beschreibung der Wirkung des erfolglosen Angriffs: Es sind keine lebenswichtigen Organe der Tugend verletzt, der Stich hat nur eine oberflächliche Wunde an der Haut verursacht, aus der nur wenig Blut rinnt.

691–692 sed non uitalia rumpere sacri | corporis est licitum [sc.]: ‚aber es ist [ihr = *Discordia*] nicht erlaubt, lebenswichtige Organe des heiligen Körpers zu verletzen' (vgl. Lavarenne 1933: 254).

est licitum (v. 692) ist hier im Umfeld der im (dramatischen) Präsens gehaltenen Schilderung des Angriffs gleichbedeutend mit *licet* (vgl. dagegen Burton 2004: 47, die es mit *licuit* gleichsetzt). Diese Wendung findet sich seit Plautus über die klassische Prosa Ciceros und die Dichtung Vergils bis in die Spätantike sowohl für das in der Gegenwart Erlaubte als auch für das in der Vergangenheit Erlaubte, also mal gleichbedeutend mit *licet*, mal mit *licuit* (vgl. Neue–Wagener 1897 III: 661–663 § 95 u. Lease 1895: 8 § 2). Prudentius gebraucht *est licitum* bzw. *licitum est* insgesamt fünfmal (*apoth.* 112; *psych.* 692; *c. Symm.* 1, 337 u. 604 sowie *perist.* 11, 180), davon dreimal für die Gegenwart, zweimal für die Vergangenheit; demgegenüber stehen 23 Belege für *licet* und vier Belege für *licuit* (vgl. Deferrari–Campbell 1932: 379–380). Alle vier Formen eignen sich problemlos für den Hexameter, doch *est licitum* lässt sich sehr gut an den Versanfang stellen sowie vor Konsonanten gut vor eine Zäsur plazieren (− ⏑ ⏑ −), was sich gut kombinieren lässt und so eine besonders starke Betonung durch Anfangsstellung und Trithemimeres ermöglicht; *licitum est* (⏑ ⏑ −) lässt sich gut vor einer Zäsur positionieren. Somit eignen sich diese beiden Wendungen besser als *licet* oder *licuit*, um eine Erlaubnis bzw. ein Verbot zu betonen.

Der ‚heilige Körper' der *Concordia* (v. 692 *sacri corporis*) steht für die Institution der Kirche (vgl. Gnilka 1963: 73). *uitalia* steht auf der Bildebene sehr abstrakt für die inneren Organe (vgl. Arévalo 1862: 72), auf der Deutungsebene für die wesentlichen Lehren der Kirche. Es kommt Prudentius nicht darauf an, ein bestimmtes Organ hervorzuheben, zumal dieses dann wie z. B. das Herz unnötig weitere Konnotationen mit ins Spiel brächte. Es geht darum auszudrücken, dass der Angriff der Häresie der Einheit der Kirche und des Christentums und der Einheit der christlichen Lehre keinen vernichtenden Schaden zufügen kann.

692–693 summo t e n us extima tactu | laesa cutis t e n uem signauit sanguine riuum: ‚nur an der Oberfläche zeigt die verletzte Haut ein kleines Rinnsal aus Blut'. Die Präposition *tenus* ‚bis zu' steht hier einschränkend i. S. v. ‚nur bis zu' (vgl. Bergman 1897: 63 u. Lavarenne 1933: 91 § 180 mit ihren Verweisen auf Cic. *leg.* 3, 14, Verg. *Aen.* 1, 737 u. Ov. *fast.* 2, 145). Schwen vermutet, dass Prudentius sich hier an Verg. *Aen.* 1, 737 „*summo tenus* attigit o r e" orientiert, das an derselben Position am Ende des Hexameters steht (vgl. Schwen 1973: 86).

tactus ‚Berührung' bzw. ‚Tastsinn' steht hier übertragen für die ‚berührbare Oberfläche' der Haut (vgl. Bergman 1897: 63). Normalerweise verwendet Prudentius *tactus* im Wortsinn (vgl. Deferrari–Campbell 1932: 727). *summo tenus extima tactu laesa cutis* ist demnach tautologisch und heißt ganz wörtlich ‚die nur an der äußersten Oberfläche verletzte äußerste Hautschicht'.

Prudentius betont die Zeichenwirkung des Blutes durch die Alliteration *signavit sanguine*, die den christlichen Leser vielleicht an das Blut Christi erinnert, das dieser als Zeichen des neuen Bundes für die Menschen vergossen hat, und dessen Hinweis darauf beim letzten Abendmahl (vgl. *Mt* 26, 28; *Mc* 14, 24 u. *Lc* 22, 20) bzw. generell an die Zeichenwirkung des Blutes in der Bibel, wie z. B. als Zeichen des Bundes, den Gott mit dem Volk Israel schließt (vgl. *Ex* 24, 8). Die Tugend *Concordia* ist tatsächlich die einzige Tugend, die in den Kämpfen der *Psychomachia* verletzt wird und Blut vergießt. Sie wird somit zur ersten Märtyrerin und das Ende der *Psychomachia* zu einer Vorschau auf den *Peristephanon liber*, in dem christliche Märtyrer besungen werden.

Zudem spielt Prudentius mit der Nähe der Präposition *tenus* (v. 692) zum ähnlich klingenden Adjektiv *tenuis* (v. 693), die beide jeweils vor einer Zäsur stehen und somit betont sind, um die ohnehin schon überdeutliche Betonung der Oberflächlichkeit der Verletzung noch stärker hervorzuheben. Die Aussage in vv. 692–693 ist damit schon fast absurd stark markiert. Noch deutlicher kann Prudentius nicht machen, für wie wirkungslos er den Angriff der *Discordia* und für wie gering er zugleich die Gefahr durch die verschiedenen realen Häresien hält.

694–699: Reaktion des Opfers: Die verletzte *Concordia* äußert ihre Bestürzung darüber, dass nach dem scheinbar endültigen Sieg über die Laster mitten im Frieden eine Tugend angegriffen und verletzt werden kann.

695 prospera nostra: ‚unser Glück'; *prospera* (neutr. Pl.) steht für ‚glückliche Umstände', hier als das ‚Kriegsglück' bzw. den ‚Erfolg im Kampf' (vgl. Bergman 1897: 63 mit Verweis auf ähnlichen Gebrauch bei Lucan. 5, 782; 7, 107; 7, 708 u. Tac. *hist.* 3, 15).

698 sanctum Vitiis pereuntibus omne receptum: ‚dass das gesamte Heiligtum durch den Untergang der Laster wiedererobert worden [ist]'. Bergman deutet *sanctum omne* als Sammelbegriff für die Tugenden, ähnlich Lavarenne, der darunter das gesamte Tugendheer versteht (vgl. Lavarenne 1933: 254 u. Bergman 1897: 63). Wahrscheinlich ist aber, dass Prudentius mit *sanctum omne* genau das meint, worum die Tugenden mit den Lastern gekämpft haben, nämlich den ganzen Menschen, in dem schließlich der Tempel errichtet werden soll.

uitiis pereuntibus ist hier nicht – bzw. nicht unbedingt – vorzeitig gebraucht, wie Lavarenne erklärt, sondern vielleicht gleichzeitig instrumental-modal

i. S. v. ‚beim Untergang der Laster' bzw. ‚unter Ausnutzung des Untergangs der Laster' (vgl. Lavarenne 1933: 94 § 208 u. LHS 2: 386–387 § 207.a) und kann sich durchaus zeitgleich abspielen: Mit jedem Teilsieg wird ein Stück wiedererobert, mit dem Untergang des letzten Lasters ist dann das ‚ganze Heiligtum' in der Hand der Tugenden. Dieser Zustand hält danach an.

700–714: Gefangennahme und Verhör des Lasters. Die übrigen Tugenden schauen nach *Concordias* Ausruf zu ihr hin und erblicken die Wunde. *Discordia* fühlt sich sofort ertappt und verrät sich durch ihre Blässe, die als schuldbewusst gedeutet wird, und die zitternde Hand als Täterin. Die gesamte Legion der Tugenden umzingelt die Attentäterin mit gezogenen Waffen und verhört sie. Das Laster ist vor Furcht kraftlos und verwirrt und beantwortet widerstandslos die Fragen nach Namen, Herkunft, Glauben und Auftraggeber, wobei sie vor allem ihren spielerischen Umgang mit Gott betont, den sie sich je nach Laune gerade so ‚macht', wie es ihr gefällt.

702–703 pallor in ore | conscius audacis facti: ‚die Blässe im Gesicht, der frechen Tat bewusst'; *conscius* gebraucht Prudentius hier in doppeltem Sinne: zum einen in der Bedeutung ‚schuldbewusst' (vgl. Bergman 1897: 63–64 mit Verweis auf *cath.* 4, 23, Sen. *Herc. f.* 692 u. Verg. *Aen.* 4, 167), zum anderen ergänzt um die Angabe des Gegenstandes der Mitwisserschaft in der Bedeutung ‚mitwisserisch' bzw. ‚eingeweiht [in ein Verbrechen]' (vgl. Lavarenne 1933: 255).

703 dat signa reatus: ‚gibt Zeichen des Angeklagtseins' bzw. ‚gibt Zeichen der Schuld', d. h. ‚verrät die Schuld' bzw. ‚verrät, dass sie sich angeklagt fühlt' (vgl. Bergman 1897: 64 u. Lavarenne 1933: 255 mit Verweis auf *cath.* 11, 104; 7, 115 sowie Apul. *met.* 7, 9; Tert. *adv. Marc.* 2, 15 u. Aug. *retract.* 1, 14, 3).

704 deprensa ... manus: ‚die ertappte Hand'; *deprensa* kongruiert zwar mit dem näherstehenden *manus*, bezieht sich aber auch auf *color albens* (vgl. Burton 2004: 48), denn die Blässe wurde schon in vv. 702–703 als verräterisches Zeichen des Schuldbewusstseins bzw. des Sich-ertappt-Fühlens bezeichnet.

705–714: Schwen arbeitet deutlich die Ähnlichkeiten des Verhörs der *Discordia* mit dem Beginn der Sinonszene im zweiten Buch der *Aeneis* heraus: (1) „der als Gegner erkannte Gefangene ist umstellt [...] von einer Truppe" (vgl. *psych.* 705 u. *Aen.* 2, 66–67), (2) der Gefangene „ist verwirrt [... und] ist wehrlos" (vgl. *psych.* 705 u. 709 u. *Aen.* 2, 66), (3) der Gefangene „wird nach seiner Herkunft befragt" (vgl. *psych.* 706 u. *Aen.* 2, 74); (4) der Gefangene „gibt [...] Auskunft" (vgl. *psych.* 709–714 u. *Aen.* 2, 66–67) (Schwen 1937: 31).

705–706 circumstat propere strictis mucronibus omnis | Virtutum legio: ‚es umzingelt [sie] mit schnell gezückten Schwertern die ganze Legion der Tugenden'. *circumstat* steht hier intransitiv i. S. v. ,es steht rings umher', obwohl wir in diesem Kontext vielleicht eher transitiven Gebrauch i. S. v. ,umzingelt' mit Angabe des umstellten Feindes, nämlich der *Discordia* erwarten würden. Grund dafür ist, dass Prudentius hier nicht den Vorgang des Umzingelns der Angreiferin und des Zückens der Schwerter in den Vordergrund stellt. Das Umzingeln ist bereits geschehen, indem sich die in der Schlachtordnung vor, hinter und neben der *Concordia* befindlichen Kämpfer in vv. 699–700 zu ihr umgedreht haben; das Zücken der Schwerter ist die dann logische Reaktion auf das, was sie hören und sehen. Vielmehr geht es Prudentius darum, das Resultat dieser beiden Handlungen als Ausgangslage für das weitere Geschehen zu beschreiben.

Virtutum legio ,die Legion der Tugenden' führt das Bild des militärischen Triumphzuges weiter aus. Vgl. auch v. 36 *uictrix legio* für die Legion der tausend Märtyrer, die *Fides* unterstützen, und v. 406 *cum legione sua* für die Begleiter der *Luxuries*.

706–708 exquirens ... | et genus et nomen, patriam sectamque, Deumque | quem colat et missu cuiatis venerit: ,fragend nach ... Abstammung und Namen, Heimat und Bekenntnis, welchen Gott sie verehre und von woher geschickt sie gekommen sei'. Die Frage nach Name, Herkunft und Abstammung sowie Vorhaben oder Auftraggeber ist durchaus typisch bei der Beschreibung einer Gefangennahme im Epos, so etwa Verg. *Aen.* 2, 74–75 „hortamur fari, q u o s a n g u i n e c r e t u s quidue ferat, memoret, quae sit fiducia capto", aber auch allgemein bei der Begegnung mit einem Fremden wie bei Hom. *Od.* 14, 187–189 „τίς πόθεν εἰς ἀνδρῶν· πόθι τοι πόλις ἠδὲ τοκῆες·| ὁπποίης τ' ἐπὶ νηὸς ἀφίκεο· πῶς δέ σε ναῦται | ἤγαγον εἰς Ἰθάκην· τίνες ἔμμεναι εὐχετόωντο", Plaut. *Poen.* 992–993 „adi et appella, quid uelit, quid *uenerit*, | q u i sit, *cuiatis*, u n d e s i t" u. *Poen. prol.* 108–110 „rogitat postibi,| u n d e s i t, *cuiatis*, captane an surrepta sit, | q u o g e n e r e n a t a, q u i p a r e n t e s f u e r i n t" (vgl. Bergman 1897: 64 u. Schwen 1937: 31). *genus* steht hier für die ,Abstammung'.

Im Kontext eines christlichen Epos, in dem die Tugenden u. a. gegen die Laster *ueterum Cultura deorum* und die *Discordia* kämpfen, ist die Ergänzung der Fragen nach dem Gott und der Glaubensrichtung nur folgerichtig (vgl. Mastrangelo 1997: 101). *secta* ,Lehrtradition' bzw. ,[philosophische] Schule' steht hier für die theologische Lehre, der jemand folgt (vgl. Arévalo 1862: 72), durchaus im Sinne von ,Sekte' bzw. ,Häresie'.

Das Fragepronomen *cuias* ,woher stammend' verwendet Prudentius hier in der Form *cuiatis*, die sowohl eine archaische Nebenform für den Nominativ ist (vgl. Bergman 1897: 64, Burton 2004: 48 u. Neue–Wagener II: 27 mit Verweis auf zahlreiche Stellen bei Plautus sowie Ennius bei Cic. *Balb.* 22, 51 sowie mehrere Belege für Apul. *met.*) als auch der Genitiv (vgl. Lease 1895: 76 § 154, Burnam 1905: 66, Lavarenne 1933: 84 § 160 u. 255). Die Verwendung im Zusammenhang mit *missu* ‚im Auftrag' bzw. ‚durch Sendung' = ‚gesendet' (vgl. Bergman 1897: 64) ist nicht ganz klar: Da *missu* gewöhnlich mit *gen. subi.* – oder seltener *gen. obi.* – steht (vgl. ThLL VIII: 1142–1143 s. v. missus² C), deutet Lavarenne *cuiatis* als Genitiv i. S. v. ‚eines von woher Stammenden'; weil aber der Genitiv des Pronomens nur als Attribut zu einem Substantiv im Singular syntaktisch Sinn ergibt, muss Lavarenne ein solches sinngemäß ergänzen und deutet daher *missu cuiatis* als ‚auf Befehl des Fürsten welches Landes?' (vgl. Lavarenne 1933: 84 § 160 u. 255, ebenso ThLL VIII: 1143 s. v. missus² C.1 [z. St. Z. 4]). Versteht man *cuiatis* als Nominativ, so heißt *missu cuiatis* ‚woher kommend auf Befehl', wobei jedoch die Angabe des Auftraggebers ausbleibt. Sinngemäß muss *missu cuiatis* in beiden Fällen soviel heißen wie ‚von woher geschickt' (vgl. auch die Glosse bei Arévalo 1862: 72 u. Bergman 1897: 64)

Möglicherweise verwendet Prudentius *cuiatis* hier aber auch i. S. v. *cuius*, so dass *cuiatis missu* ‚auf wessen Geheiß' bedeuten würde.

709 cognomento Hĕresis: ‚mit dem Beinamen *Häresie*'. *cognomentum* anstelle von *cognomen* findet sich u. a. schon bei Plautus häufiger, z. B. *Persa* 60 u. *Pseud.* 976, sowie bei Sen. *suas.* 2, 17 u. Tac. *ann.* 12, 55 (vgl. Bergman 1897: 64 u. Lavarenne 1933: 100 § 214).

Zur Kürzung der ersten Silbe von *heresis* für *haeresis* bei Prudentius (*Praef.* 39; *ditt.* 72; *ham.* 64) vgl. ThLL VI,3: 2501 Z. 78 s. v. haeresis, Bergman 1897: 64 u. Lavarenne 1933: 107 § 238.

Deus est mihi *d*iscolor: ‚Gott ist für mich verschiedenartig'; *discolor* ‚verschiedenfarbig / bunt' gebraucht Prudentius hier im übertragenen Sinne (vgl. ThLL V,1: 1336 s. v. discolor II.A [z. St. Z. 65–66] u. Bergman 1897: 64). Damit betont er, dass *Discordia* Gott nicht ernst nimmt, sondern als „Spielzeug" betrachtet (vgl. v. 713 *quoties volo ludere numen*). *Discordia* drückt damit aus, dass sie nicht nur eine einzige häretische Lehre repräsentiert, sondern viele (vgl. Obbarius 1845: 130).

711 nunc minor aut maior, modo duplex et modo simplex: ‚bald geringer oder größer, bald zweifach und bald einfach' bezieht sich auf *Deus* (v. 710) und spielt auf mehrere Häresien an: *nunc minor aut maior* bezieht sich auf den Arianismus, der lehrt, dass Gott-Sohn geringer sei als Gott-Vater (vgl. Obbarius 1845: 130, Bergman 1897: 64–65, Burnam 1910: 110, Lavarenne 1933: 255 u. Thomson 1949: 329 Anm. a mit Verweis auf *apoth.* 255, wo Prudentius von Christus sagt: „nec enim minor aut Patre dispar" u. Burton 2004: 48). *simplex* spielt auf den Sabellianismus an, der behauptet, dass Gott-Vater, Sohn und Hl. Geist eine Person ohne irgendwelche Unterschiede seien (vgl. Bergman 1897: 65, Burnam 1910: 110, Lavarenne 1933: 255, Thomson 1949: 329 Anm. a mit Verweis auf *apoth.* 178–320 u. Burton 2004:

48). *duplex* bezieht sich wahrscheinlich auf den Marcionismus, der einen Dualismus mit einem bösen Schöpfergott und einem guten Erlösergott annimmt (vgl. Lavarenne 1933: 255, Thomson 1949: 329 Anm. a mit Verweis auf *ham.* 1–16 u. Burton 2004: 48), den Manichäismus mit dem Dualismus von Licht und Finsternis (vgl. Obbarius 1845: 130) oder aber auf Häresien, die zwar Gott-Vater und Gott-Sohn anerkennen, nicht jedoch den Hl. Geist (vgl. Burnam 1910: 110 u. Lavarenne 1933: 255).

712 aëriūs et de phantasmate uisus: ‚luftig und eine Erscheinung eines Trugbildes'. *aerius* ‚luftig' hat in verschiedenen Kontexten eine Vielzahl unterschiedlicher Bedeutungen: es wird sowohl für ‚substanzlose', ‚nicht-körperliche' Dämonen verwendet als auch für ‚nichtige' oder ‚nicht-reale' Dinge sowie für ‚himmlische' oder ‚göttliche' Erscheinungen oder einfach für etwas ‚in der Luft Befindliches' (vgl. ThLL I: 1061–1063 s. v. āerius). Prudentius misst – vielleicht wegen der folgenden Trithemimeres – die letzte Silbe von *aerius* lang, obwohl kein Konsonant folgt und die Silbe nicht geschlossen ist (vgl. Krenkel 1884: 19).

de mit dem Ablativ wird hier anstelle des *abl. materiae* gebraucht (vgl. Bergman 1897: 65 u. LHS 2: 261 § 146). *phantasma* ‚Erscheinung' wird oft von nicht-körperlichen bzw. bloß eingebildeten Gestalten gebraucht, d. h. im Sinne von ‚Gespenst' oder ‚Trugbild' (vgl. ThLL X,1: 2004–2007 s. v. phantasma I–II), wie auch in der biblischen Erzählung von Jesus, der auf dem Wasser geht und von den Jüngern im Boot für ein Trugbild gehalten wird (*Mt* 24, 26). Die Vulgataübersetzung gebraucht hier wie ihre griechische Vorlage das Wort *fantasma*. *de phantasmate uisus* wirkt insofern wie ein Pleonasmus, als *uisus* hier wohl nicht den tatsächlichen Anblick meint, sondern vielmehr eine übernatürliche Erscheinung oder ein Traumbild.

aërius et de phantasmate uisus bezieht sich auf *Deus* (v. 710) und spielt auf Häresien und gnostische Vorstellungen an, die lehren, dass Christus nicht wirklich Mensch aus Fleisch und Blut geworden sei, sondern nur eine substanzlose menschliche Gestalt angenommen habe (vgl. Obbarius 1845: 130 mit Verweis auf *apoth.* 952–958, Bergman 1897: 65 mit Verweis auf *ham.* 59 u. Tert. *adv. Marc.* 2, 7, Burnam 1905: 66, Burnam 1910: 110, Burton 2004: 48 u. ThLL X,1: 2005–2006 s. v. phantasma I.B).

713 innata anima: ‚die angeborene Seele' bzw. ‚die eingeborene Seele' (vgl. ThLL VII,1: 1694 s. v. innātus[1] u. ThLL VII,1: 1690–1692 s. v. innāscor I.4.b [z. St. 1692 Z. 11–12]). Damit lässt Prudentius *Discordia* auf pantheistische Vorstellungen anspielen (vgl. Lavarenne 1933: 256 u. Burton 2004: 48). Ma. Glossen erklären den Ausdruck *innata anima* als Bezeichnung für die mit dem Leib zugleich geschaffene Seele, die diesem innewohnt, und sehen darin einen Hinweis auf verschiedene Häresien, die teils behaupten, die Seelen würden mit dem Körper geboren, teils aber auch lehren, dass die Seelen bereits bei der Erschaffung der Welt miterschaffen worden seien und später in die jeweiligen Körper hineingegeben werden (vgl. Burnam 1910: 110). Dafür spricht, dass *innatus* im philosophischen und religiösen Sprachgebrauch häufig in der Bedeutung ‚nicht gezeugt' bzw. ‚ungeboren' gebraucht wird (vgl. ThLL VII,1: 1694 s. v. innātus[2]). Auch Prudentius verwendet *innatus* sonst so (vgl. *apoth.* 80 u. 246), allerdings haben wir nur zwei weitere Belege, die alle im Kontext der Beschreibung des Wesens Gottes bzw. Christi stehen (vgl. Deferrari–Campbell 1932: 332).

So finden sich auch verschiedene Deutungen in den modernen Übersetzungen: Thomson übersetzt *innata anima* als „the soul within us" und versteht darunter entweder die Seele jedes einzelnen Menschen oder das, was in allen einzelnen Menschen wirkt (Thomson 1949: 329), er sieht darin eine Anspielung auf die Häresie, mit der sich Prudentius in *apoth.* 820–824 [usf.] auseinandersetzt, nach der die Seele des Menschen ein Teil Gottes sei (vgl. Thomson 1949: 329 Anm. a); Lavarenne und Engelmann dagegen verstehen darunter eindeutig die Weltseele im platonischen Sinne (vgl. Plat. *Tim.* 34a–37c), wenn sie *innata anima* als „l'âme immanente du monde" (Lavarenne 1933: 190) bzw. als „die natürliche Seele der Welt" (Engelmann 1959: 79) übersetzen, und folgen damit offenbar der Erklärung von Bergman (vgl. Bergman 1897: 65).

quotiens uolo ludere numen: ‚sooft ich mit der Gottheit spielen will' bzw. ‚sooft ich Gott verspotten will' (vgl. Lavarenne 1933: 86 § 167) oder aber ‚sooft ich Gott spielen will'. Bergman deutet die Stelle so, dass *Discordia* vortäusche, zu glauben, dass Christus Gott sei, und dazu behaupte, dass er die Weltseele sei (Bergman 1897: 65).

714 praeceptor Belia mihi, domus et plaga mundus: ‚mein Lehrer [ist] Belial, meine Heimat und mein Land [ist] die Welt'.

praeceptor Belia mihi beantwortet die Frage nach *sectam* aus v. 707 (vgl. Burton 2004: 48) und vielleicht auch *missu cuiatis* aus v. 708; denn *praeceptor* steht sowohl für den ‚Lehrer' bzw. eine ‚gelehrte Autorität' als auch für jemanden, der Anweisungen gibt.

Bēlīa verwendet Prudentius auch in *ham.* 520 – wie auch Priscill. *tract.* 1, 7 u. 20 – (vgl. Lavarenne 1933: 80 § 150) anstelle der eigentlichen Form *Bĕlĭal* für den im Griechischen als Βελιάρ transkribierten hebräischen Namen (vgl. ThLL II: 1804 s. v. Belial [zur Prosodie bei Prudentius Z. 22–25] u. Lavarenne 1933: 106 § 236). *Belial* bezeichnet einen Dämon oder Teufel oder eben *den* Teufel (vgl. ThLL II: 1804 s. v. Belial, Burnam 1910: 110 u. Burton 2004: 48). *Discordia* handelt also auf Geheiß bzw. unter dem Einfluss der Lehre eines Dämons bzw. des Teufels.

Discordias Antwort macht deutlich, dass sie nicht nur im kleinen, sondern auch im großen Maßstab wirkt, was man als Anspielung auf ihre politische Dimension verstehen kann (vgl. Malamud 1989: 70–72 u. Mastrangelo 1997: 173).

Mastrangelo macht auf die Nähe zu Paulus' Frage „quae autem conventio Christi ad *Belial* aut quae pars fideli cum infidele?" in II *Cor* 6, 15 aufmerksam (vgl. Mastrangelo 1997: 100). Anders als von Paulus gefordert, halten sich die Kämpfer der Tugendheeres – allen voran *Fides* – im Folgenden nicht von der ungläubigen bzw. häretischen *Discordia* fern, sondern berühren und zerreißen sie (vgl. Mastrangelo 1997: 101).

Prudentius lässt *Discordia* die Frage nach ihrer Heimat aus v. 707 auf zweifache Weise bezeichnen: *domus* ‚Haus' steht hier für den Wohn- oder Geburtsort bzw. das Land, in dem jemand geboren ist oder wohnt, *plaga* eine ‚Gegend' oder ein ‚Land' mit Bezug auf die Ausdehnung (vgl. ThLL X,1: 2297–2298 s. v. plaga² I.C.1 [z. St. 2298 Z. 71–72], Bergman 1897: 65, Lavarenne 1933: 256 u. Burton 2004: 49). Vgl. *plaga lucida* (v. 830).

715–725: Bestrafung des Lasters. *Fides*, die Anführerin des Tugendheeres, kann die Gotteslästerungen, die *Discordia* vorbringt, nicht ertragen und bereitet diesen ein schnelles Ende, indem sie den Mund des Lasters mit einem Wurfspieß durchbohrt. Das Laster wird von den Anwesenden in Stücke gerissen, die sie überall hin in die Lüfte und die Kloaken verstreuen und den wilden Tieren zum Fraß vorwerfen, den Hunden, Raben, ja sogar den Seeungeheuern, so dass nichts von der Häresie übrig bleibt.

Die Bestrafung der *Discordia* enthält, wie Gnilka zeigt „das Prinzip der Wiedervergeltung abermals in doppelter Form" (Gnilka 1963: 74): Da die Zunge das Organ ist, mit dem die Häresie ihre Irrlehren verbreitet, wird diese durchbohrt, so dass *Discordia* daran erstickt und keine Häresien mehr verbreiten kann. Weil das Zerreißen und Trennen von Bindungen die Wirkung der *Discordia* ‚Zwietracht' ist, wird auch sie zerrissen (vgl. Gnilka 1963: 72–73 u. Nugent 1985: 59).

715 blasphemia monstri: ‚die Gotteslästerungen des Scheusals'. *blasphemia* ist hier Neutrum Plural von *blasphemium*, einer Nebenform zu *blasphemia*, die sich bei Kirchenschriftstellern, in der *Vetus Itala* und der *Vulgata* mehrfach findet (vgl. Bergman 1897: 65, Lavarenne 1933: 83 § 157 sowie ThLL II: 2045 s. v. blasphēmium u. ThLL II: 2043 s. v. blasphēmia [z. St. Z. 23]). *blasphemium* bzw. *blasphemia* ‚Lästerung' stehen in christlichem Kontext für ‚Gotteslästerung' (vgl. ThLL II: 2043–2044 s. v. blasphēmia [z. St. 2044 Z. 16]). Zur Bezeichnung *monstrum* für das Laster vgl. *monstri* (vv. 30, 275 u. 466) u. ähnlich v. 20 *portenta* (vgl. Bergman 1897: 65 u. Deferrari–Campbell 1932: 431).

716 uirtutum regina Fides: *Fides*, die Königin der Tugenden'. *regina* wird in der *Psychomachia* dreimal als Attribut der *Fides* verwendet (vv. 37, 716 u. 823), aber nur hier wird der Herrschaftsbereich der *Fides* explizit genannt. Doch auch andere Tugenden erhalten bei Prudentius den Titel *regina*, und zwar *Pudicitia* (v. 53) und *Mens humilis* (vv. 199 u. 267). (Zur Bedeutung von *regina* bei Prudentius siehe den Kommentar zu v. 37.) Hier, bei der Bestrafung der Häresie, wird der *Fides* – dem Glauben – als erster der göttlichen Tugenden ganz zu Recht der Titel einer Anführerin der Tugenden verliehen, weil sie sozusagen den *Weg zur Sapientia* (vgl. Evenepoel 1981: 327) darstellt.

717–718 uocis claudit spiramina pilo, | ... transfigens ... linguam: ‚verschließt die Atemwege der Stimme mit einem Wurfspieß, indem sie die ... Zunge ... durchbohrte', d. h. *Fides* beendet die gotteslästerlichen Reden der *Discordia*, indem sie dafür sorgt, dass diese nicht mehr atmen und somit auch nichts mehr sagen kann. Die Spitze ihres Wurfspeers durchbohrt die Zunge und schiebt diese so in den Rachen, dass das Laster erstickt. Das Durchbohren der Zunge und das Ersticken daran ist ein „besonders klares Beispiel für die Talion des sündigen Gliedes", nämlich der „Lästerzunge" der *Discordia* (Gnilka 1963: 71). Für das Motiv des Erstickens des Lasters vgl. vv. 421–422 den Tod der *Luxuria* u. 594–595 den Tod der *Auaritia* (vgl. Bergman 1897: 65).

719 carpitur innumeris feralis bestia dextris: ‚die unheilvolle Bestie wird von unzähligen Händen in Stücke gerissen'. *carpere* bedeutet hier ‚zerreißen' (vgl. Bergman 1897: 65 u. Lavarenne 1933: 256). Das Resultat dieser Handlung wird dann in v. 720 durch *frustatim* deutlich gemacht. *feralis* verweist in seiner Bedeutung ‚todbringend' bzw. ‚Verderben bringend' (vgl. Bergman 1897: 65 u. Lavarenne 1933: 256) auf die besonderen Gefahren, die von der *Discordia* ausgehen. Siehe auch v. 565 *ferale monstrum* (vgl. Lavarenne 1933: 256).

722–723 inmundis caeno exhalante cloacis | quod trudat: ‚was er / sie in die schmutzigen Kloaken mit ihrem stinkenden Schlamm hineinstößt'. *cloaca* bezeichnet einen unterirdischen Entwässerungsgraben für die Abwässer und Latrinen (vgl. Arévalo 1862: 73–74). *trudere* ‚stoßen' steht hier – wie bei spätantiken Dichtern häufiger, z. B. bei Claud. *Eutrop*. 1, 130 – mit dem Dativ der Richtung bzw. des Ziels (vgl. LHS 2: 100–101 § 70, Bergman 1897: 66, Lavarenne 1933: 88 § 172 u. Burton 2004: 49).

exhalare ‚[Gerüche] ausdünsten' gebraucht Prudentius hier intransitiv i. S. v. ‚stinken' (vgl. Arévalo 1862: 73, Burnam 1905: 66 sowie Bergman 1897: 66 u. Lavarenne 1933: 256 mit Verweis auf ähnlichen Gebrauch bei Stat. *Theb*. 10, 108). Der Ablativ *caeno exhalante* gibt entweder die Ursache für den Schmutz der Kloaken an (vgl. Bergman 1897: 66 u. Burton 2004: 49), so dass *inmundis caeno exhalante cloacis* wörtlich ‚durch stinken Schlamm schmutzige Kloaken' bedeutet, oder aber die Begleitumstände i. S. v. ‚die schmutzigen Kloaken mit ihrem stinkenden Schlamm'.

Prudentius verwendet an dieser Stelle gezielt Wörter, die auch im moralischen Sinne Unreinheit ausdrücken: So kann *immundus* ‚schmutzig / dreckig' auch übertragen i. S. v. ‚moralisch unrein' verwendet werden, ebenso kann *caenum* ‚Schlamm / Schmutz' mit der Konnotation moralischer Unreinheit versehen sein.

723 quod mandet habere: ‚was er zum Besitzen anvertraut'; *habere* ist hier finaler Infinitiv bei *mandare*, wie bei Sil. 13, 480–481: „quid, qui saevo sepelire profundo | exanimos mandant Libycis Nasamones in oris?" (vgl. Lavarenne 1933: 95 § 196, Burton 2004: 49, ThLL VIII: 267 s. v. mando[1] [z. St. Z. 21–22] u. LHS 2: 346 § 191.I.C, dagegen fälschlich Bergman 1897: 66).

Siegesrede (vv. 726–822)

Nur in Ms. M hat die Siegesrede der *Fides* und der *Concordia* eine eigene Überschrift, nämlich „fides et concordia post acceptam uictoriam plebem allocuntur sacram". Ms. C hat mehrere kleine Teilüberschriften, so zu Beginn „uirtutes aedificant tribunal", die sich auch in E und K als Bildunterschrift findet. Weitzius titelt „Communitio fidei et concordiae". Andere Ausgaben verzichten auf einen Titel, da sie den Abschnitt wohl entweder dem siebenten Kampf – so etwa Obbarius – oder ganz allgemein dem Schlussteil der *Psychomachia* zurechnen.

Die Siegesrede lässt sich in vier Teile einteilen: Im ersten Teil wird die Tribüne errichtet und von *Fides* und *Concordia* betreten (vv. 726–739). Im zweiten Teil versammeln sich die Kämpfer des Tugendheeres vor der Tribüne (vv. 740–748). Im dritten Teil spricht *Concordia* und ruft ihre Kameraden zur Einheit auf (vv. 749–798). Im vierten Teil spricht *Fides* und ruft zum Bau eines Tempels auf (vv. 799–822).

Nachdem mit der *Discordia* auch das letzte Laster endgültig besiegt worden und der Frieden gesichert ist, wird in der Mitte des Lagers auf einem höher gelegenen Gelände eine Tribüne errichtet, von der aus man ringsum alles gut beobachten kann. *Fides* und *Concordia* begeben sich gemeinsam auf diese Tribüne, stellen sich deutlich sichtbar auf und befehlen allen, sich vor der Tribüne zu versammeln. Alle kommen dieser Aufforderung sofort nach. Die Vorhänge der Zelte werden zurückgezogen, damit niemand darin versehentlich zurückbleibt. Gespannt warten die Tugenden darauf, was *Fides* und *Concordia* ihnen zu sagen haben und welche Anweisungen sie erhalten werden. Als erste spricht *Concordia*. Sie gibt eine Beschreibung der Lage: Zwar haben die Tugenden und ihre Mitstreiter sich durch die Auslöschung der Laster große Verdienste erworben, doch besteht weiterhin die Gefahr von Uneinigkeit und Spaltung. Deshalb fordert sie alle auf, darauf zu achten, keine Uneinigkeit und keine Glaubensspaltung aufkommen zu lassen. Vielmehr sollen alle, in Liebe und Frieden vereint, untrennbar zusammenstehen. *Concordia* betont die Wichtigkeit des Friedens: Ohne Frieden – also mit Hass, Zorn, Eifersucht und Neid im Herzen – sind alle Opfer bei Gott sinnlos, selbst das Martyrium. Vor allem aber warnt *Concordia* vor den Gefahren verborgener Häresien. Das versammelte Volk erinnert sich an die gerade erst überstandene Bedrohung durch die *Discordia* und seufzt erschüttert auf. Da schaltet sich *Fides* ein und erinnert daran, dass *Concordia* aus dieser Bedrohung heil hervorgegangen ist und über ihre oberflächlichen Verletzungen nur lachen kann. Deshalb gebe es nun keinen Grund mehr zu Trauern. Doch eine letzte Anstrengung stehe nun nach dem Sieg noch bevor: die Errichtung eines Tempels, so wie auch Salomon im Frieden nach den Schlachten, die sein Vater David schlagen musste, Gott einen Tempel errichtet hat. Ein strahlender Tempel im von den Sünden gereinigten Leib soll den Menschensohn empfangen, wenn er von Himmel herabsteigt.

Da die beiden Hauptakteure, *Fides* und *Concordia*, bereits eingeführt sind, gibt Prudentius innerhalb der Darstellung der Siegesreden nur wenige neue Informationen über die beiden: So erhält *Fides* zwei neue Attribute: v. 734 *sincera* ‚rein' bzw. ‚unverfälscht', was als Forderung nach der Einheit der kirchlichen Lehre zu verstehen ist, und v. 799 *generosa* ‚ehrwürdig'. *Concordia* wird in v. 747 als *princeps* bezeichnet und damit als eine Fürstin und eine der Oberbefehlshaberinnen des Tugendheeres. Man erfährt zudem in vv. 734–735, dass sie die Schwester der *Fides* ist und die beiden in unverbrüchlicher Treue zueinander stehen und sich gegenseitig hoch schätzen. Es werden also Glaube und Einigkeit aufeinander bezogen und es wird somit der Eintracht der Christen und der Einigkeit im Glauben schon in der Charakteristik der Akteure die herausragende Bedeutung zugemessen (vgl. Thraede 1994: 280–281), die ihr in der Rede der *Concordia* dann in ganz besonderem Maße zugesprochen wird. Dies wird nach den Reden noch dadurch verstärkt, dass *Fides* die *Concordia* als ihr *sola salus* ‚einziges Heil' bezeichnet. Nur in der Einheit kann also der Glaube Bestand haben. Der Hinweis in vv. 801–802, dass *Concordia* die ihr durch das Attentat der *Discordia* zugefügten Wunden verlacht, zeigt – bei aller Warnung vor Zwietracht und Häresien in den Reden – doch, dass das Christentum in der Lage ist, die durch Häresien bereits zugefügten Spaltungen und Streitigkeiten zu überwinden.

Die im Lager versammelten Kämpfer des Tugendheeres werden nur sehr grob beschrieben: Es sind offenbar sehr viele, die schnell herbeieilen (vv. 739–740), um *Concordia* und *Fides* aufmerksam zuzuhören (vv. 746–748). Nach der Warnung der *Concordia* vor Häresien und Zwietracht seufzen sie betroffen (vv. 797–798). Von einer Reaktion auf die Rede der *Fides* erfahren wir dagegen nichts.

Zur *Fides* als Personifikation des ‚christlichen Glaubens' und der altrömischen ‚Treue' siehe den Kommentar zum ersten Kampf, S. 178, zum siebenten Kampf, S. 356, und zum Tempelbau, S. 402.

Zur Personifkation der *Concordia* siehe den Kommentar zum siebenten Kampf, S. 354, sowie zum Tempelbau, S. 403. In Bezug auf die Verbindung von *Concordia* und *Fides* vgl. auch Thraede 1994: 280–281.

Die Siegesreden knüpfen sowohl auf der Bildebene als auch thematisch direkt an den vorhergehenden siebenten Kampf mit den Themen dogmatischer, politischer und innerseelischer Einheit an (vgl. Mastrangelo 1997: 174) und dienen der Vorbereitung und Begründung des im Anschluss dargestellten Tempelbaus. Darüber hinaus entstehen durch die Thematisierung der Dreifaltigkeit in vv. 764–768 u. 820 aber auch Bezüge zu vv. 3–4 der *invocatio* und zu vv. 45 u. 63 der *praefatio* zur *Psychomachia*. Zu Beginn wird auch noch einmal deutlich auf die Lagermetaphorik Bezug genommen (vv. 727–728, 730 u. 742–745), die bereits im siebenten Kampf angeklungen war (vv. 670–671).

Auffällig ist an den Siegesreden der beiden Tugenden, dass immer wieder vor Häresien gewarnt wird, obwohl doch die *Discordia cognomento Haeresis* als Personifikation der Häresien bereits in vv. 715–725 getötet, zerissen und den Hunden und Vögeln zum Fraß vorgeworfen worden war. Offenbar handelt es sich bei ihr um ein Laster, das so gefährlich ist, dass man es nicht nur töten und zerfetzen muss, sondern von dem man sogar fürchten muss, dass es dennoch wiederaufersteht.

Das Thema Frieden und Einheit steht dabei im Mittelpunkt nicht nur der Rede *Concordias*, sondern des gesamten Abschnitts (vgl. Nugent 1985: 59–60).

Adressaten der Rede sind zwar auf der Bildebene die Angehörigen des Tugendheeres, zu denen, wie wir im Verlauf der Kämpfe gesehen haben, auch Menschen gehören, darüber hinaus richten sich die Reden aber natürlich an den Leser und jeden einzelnen Christen (vgl. auch Thraede 1994: 281).

726–739: Vorbereitungen für die Siegesreden: Beschreibung der Lage nach der Vernichtung der *Discordia* (vv. 726–729), Errichtung einer Tribüne (vv. 730–733), Besteigung dieser Tribüne durch *Fides* und *Concordia* (vv. 734–739).

726–729: Die Rahmenlage, innerhalb derer der Bau der Tribüne stattfindet, wird beschrieben. Allerdings sind die vv. 727–729 in drei verschiedenen Fassungen überliefert.

726–727 conpositis igitur rerum morumque secundis | in commune bonis: ‚nachdem sich also nun allgemein gute und glückliche Umstände in Bezug auf Sitten und Verhältnisse eingestellt haben'.

Auch wenn diese anderthalb Verse einheitlich überliefert sind, ist diese Stelle problematisch: *conpositis ... secundis ... bonis* ist syntaktisch und semantisch schwer verständlich (vgl. Lavarenne 1933: 256–257 u. Burton 2004: 49). Burton schlägt – wohl angeregt durch Lease – vor, diesen Ausdruck als *abl. abs.* bestehend aus dem Partizip *conpositis*, substantiviertem neutr. Pl. *bonis* und Adjektivattribut *secundis* zu *bonis* zu verstehen, wobei freilich *secundis bonis* pleonastisch ist (vgl. Burton 2004: 49 sowie Lease 1895: 49 § 121.a u. Lavarenne 1933: 257). Bergman paraphrasiert den Ausdruck folgendermaßen: „cum igitur bona rerum morumque ([=] bonae res bonique mores) ita ordinata, constituta essent, ut secunda in commune forent ([=] ut publicae utilitati servirent)" (Bergman 1897: 66). Lavarenne erklärt die Stelle im Bewusstsein der syntaktischen und semantischen Unstimmigkeiten im vorliegenden Kontext so, dass nun die Situation der Seele in jeder Hinsicht gut geworden sei, nachdem die Tugenden einen vollständigen Sieg errungen haben (vgl. Lavarenne 1933: 257).

727–730: Es sind drei verschiedene Fassungen dieser Stelle überliefert (siehe den textkritischen Apparat zur Stelle für nähere Informationen, vgl. auch Obbarius 1845: 131, Bergman 1897: 66 u. Thomson 1949: 330):

(a) Die Fassung der Mss. AVR, NMS (*mg. aliter*), E mg., der lediglich Bergman 1897, Bergman 1926, Lavarenne 1933 u. Lavarenne 1948/2002 folgen und der ein Vers gegenüber der herkömmlichen Zählung fehlt:

> in commune bonis, tranquillae plebis ad unum (727)
> sensibus in tuta valli statione locatis (728/9)
> exstruitur ... (730)

(b) Die Fassung des Haupttextes von Ms. E, der die Mehrzahl der Herausgeber der vergangenen Jahrhunderte gefolgt ist und die auch wir zugrundelegen:

> in commune bonis, postquam intra tuta morari (727)
> contigit ac statione frui ualloque foueri (728)
> pacificos sensus, et in otia soluere curas (729)
> exstruitur ... (730)

(c) Die Fassung der Mss. CDK, VMN mg., der kein Herausgeber gefolgt ist und die aufgrund einer Vermischung der beiden anderen Varianten einen zusätzlichen Vers gegenüber der herkömmlichen Zählung aufweist:

> in commune bonis, tranquillae plebis ad unum (727)
> contigit ac statione frui ualloque foueri (728)
> pacificos sensus, et in otia soluere curas (729 a)
> sensibus in tuta valli statione locatis (729 b)
> exstruitur ... (730)

Leider ist Ms. B für diese Stelle nicht verfügbar, da dort die vv. 668–892 fehlen. Letztlich ist nicht entscheidbar, welche Fassung die ursprüngliche ist. Wahrscheinlich handelt es sich aber bei Fassung (c) um den Versuch einer Synthese aus (a) und (b).

730–733: Die Tribüne der *Fides* und der *Concordia* wird inmitten des Lagers (v. 730) und an einem höher gelegenen Punkt errichtet, damit die beiden Tugenden von dort aus das gesamte Lager ringsum ungehindert einsehen können und ihnen nichts verborgen bleibt. Vgl. auch das Öffnen der Zelte in vv. 743–745.

731–732 tumulus quem uertice acuto | excitat in speculam: ‚die ein Hügel mit hohem Gipfel sich zu einem Beobachtungsplatz erheben lässt'. *quem* bezieht sich auf *loco* (v. 731). *specula* bezeichnet hier einen höher gelegenen Aussichtsposten, von dem aus man das umliegende Gelände einsehen kann (vgl. Bergman 1897: 67, Burnam 1905: 66 u. Burnam 1910: 111).

733 inoffenso ... aëre: ‚mit ungehinderter Luft', also ‚mit freier Sicht', ohne Nebel oder Hindernisse, die den Blick versperren, weil sich nach dem Sieg über die Laster der Himmel wieder aufgeheitert hatte (vgl. v. 638 *suda redit facies liquidae sine nube diei*).

734–739: *Fides* und *Concordia* besteigen die neu errichtete Tribüne. Prudentius betont, dass die Sicht von dieser Tribüne aus völlig ungehindert ist, weil sie oben auf einer ohnehin schon hohen Erhebung errichtet worden ist. *Fides* und *Concordia* stehen damit weit über allen anderen Dingen und Akteuren und können nun, da der Himmel nach dem Sieg über die Laster heiter ist, ungehindert alles sehen. Sie haben nun eine Reinheit und ein Wissen erreicht, das die anderen Tugenden und die Menschen erst noch erlangen müssen (vgl. Mastrangelo 1997: 176). Besonders betont Prudentius die notwendige enge Verbindung von Glaube und Eintracht, die durch die Darstellung der *Fides* und *Concordia* als unzertrennliche, in der Liebe Christi und durch ein unverbrüchliches Bündnis miteinander verbundene Schwestern versinnbildlicht wird.

734 sincera Fides, simul et Concordia, sacro | foedere iuratae Christi sub amore sorores: ‚die reine *Fides* (Glaube) und die *Concordia* gemeinsam, auf einen heiligen Bund eingeschworene Schwestern in der Liebe Christi'. *Fides* und *Concordia* – Glaube und Eintracht – sind untrennbar in der Liebe Christi miteinander verbunden, weil sie beide Christus lieben und von ihm geliebt werden.

Fides wird hier, im Zusammenhang mit dem Sieg über die Häresie und die Warnung vor Spaltungen, als *sincera* ‚rein' und ‚ohne Falschheit' bezeichnet, d. h. der personifizierte Glaube ist nicht durch Häresien oder Vermischung mit heidnischen Kulten „verunreinigt".

sub heißt hier soviel wie ‚in' bzw. ‚unter der Wirkung / Herrschaft von' (vgl. LHS 2: 279 § 157, Lavarenne 1933: 91 § 183 u. Burton 2004: 50).

Zum Gebrauch von *amor* ‚Liebe' mit gen. obi. in der *Psychomachia* vgl. Henderson 1999: 117. Meines Erachtens spielt Prudentius hier aber mit der Doppeldeutigkeit von *amor Christi* und lässt die Wendung sowohl als *gen. obi.* als auch als *gen. subi.* stehen: Nach christlichem Glauben werden die Menschen und hier die personifizierten Tugenden auch von Christus geliebt.

736 mox et sublime tribunal | par sanctum carumque sibi supereminet aequo | iure potestatis: ‚bald überragt das heilige und einander teure / liebe Paar mit gleichem Recht der Macht sogar die hoch aufragende Bühne'.

et steht hier i. S. v. ‚sogar', um zu betonen, dass die beiden Tugendfürstinnen sogar die vorher mehrfach als hoch und herausragend beschriebene Tribüne auf der hohen Erhebung inmitten des Lagers (vgl. vv. 730–734) noch überragen, d. h. darauf stehen und somit deutlich von überall zu sehen sind.

par wird hier substantivisch gebraucht, wobei aber vielleicht in *par sanctum* die adverbielle Bedeutung i. S. v. ‚gleich heilig' mitschwingt, auch wenn sie grammatisch hier nicht passt. Immerhin stellt Prudentius dar, dass es keinen Rangunterschied zwischen *Fides* und *Concordia* gibt, indem er sie gemeinsam und gleichberechtigt (*aequo iure potestatis*) ihre Siegesreden bzw. eine zweiteilige Siegesrede halten lässt. *carumque sibi* drückt die Wechselseitigkeit der Wertschätzung und Liebe aus, die *Fides* und *Concordia* füreinander empfinden (vgl. Lavarenne 1933: 257).

740–748: Versammlung des Tugendheeres vor der Tribüne. Alle laufen vor der Tribüne zusammen (v. 740), niemand bleibt träge in seinem Zelt zurück (vv. 741–745). Das Lager wird als Allegorie für den Leib, die Angehörigen des Tugendheeres als Bestandteile der Seele erklärt (vv. 741–743). Dabei wird der Aspekt des Überblicks über das gesamte Lager aufgenommen und als Einblick in alle Winkel des Lagers bis in das Innere der Zelte hinein variiert (vv. 741–745). Betont wird zusätzlich die angespannte und aufmerksame Erwartung der Tugendkämpfer auf das, was *Fides* und *Concordia* ihnen zu verkünden haben (vv. 746–748). Das Zusammenströmen der Tugendkämpfer nimmt dabei die im Folgenden von *Concordia* angemahnte Einheit vorweg (vgl. Mastrangelo 1997: 176 Anm. 139). Der Hinweis darauf, dass niemand träge zurückbleibt, verweist auf die Gefahr der Sünde *Acedia* ‚Trägheit' für den Menschen und für den Fortbestand der Einheit der Kirche.

741–743 nulla latet pars mentis iners, quae corporis ullo | intercepta sinu per conceptacula sese | degeneri languore tegat: ‚kein Teil der Seele bleibt untätig im Verborgenen, so dass er sich in irgendeinem Winkel des Körpers durch unterbrochene / abgetrennte Gefäße mit entarteter Trägheit verstecken würde'.

mens bezeichnet hier die ‚Seele' bzw. das geistig-seelische Innenleben des Menschen, ähnlich wie v. 6 *mens armata*, v. 729 *pacificos sensus* u. v. 767 *mentisque ... actu* (vgl. ThLL VIII: 733 s. v. mēns II.B.1.b, Bergman 1897: 67, Lavarenne 1933: 257 u. Gnilka 1963: 10–12). Bergman sieht in *pars mentis* einen Hinweis darauf, dass Prudentius hier – mikrokosmisch – verschiedene Teile der Seele als Truppenteile des Tugendheeres allegorisiert, zugleich aber auch – makrokosmisch – Scharen von Christen (vgl. Bergman 1897: 67 und die Gegenüberstellung von mikrokosmischer und makrokosmischer Bedeutung bei Gnilka 1963). Lavarenne deutet diese Beschreibung so, dass der Körper das Lager darstellt und die Gefühle die Soldaten, er weist allerdings darauf hin, dass die Allegorie fließend ist und in dieser mystischen Poesie keine strenge Konsistenz der Symbole besteht (vgl. Lavarenne 1933: 257–258 u. Gnilka 1963: 16), so wie Prudentius in seiner Dichtung ja auch keine einheitliche Terminologie verwendet (vgl. Gnilka 1963: 10).

Die Seele ist nach Prudentius' Auffassung offenbar über den gesamten Körper verteilt (vgl. Bergman 1897: 67, Lavarenne 1933: 258, Mastrangelo 1997: 176 u. Burton 2004: 50), wie auch schon die Rede der *Superbia* gezeigt hat (vv. 218–219).

iners wird hier prädikativ verwendet (vgl. Lavarenne 1933: 99 § 211 u. Burton 2004: 50)

conceptaculum bezeichnet ein Gefäß oder einen Platz, so dass *intercepta per conceptacula* i. S. v. ‚durch die unterbrochenen Gefäße' den Eindruck eines unterbrochenen Blutflusses in den Adern erweckt, vielleicht aber auch so etwas wie ‚abgetrennte Schlupfwinkel' bezeichnet (vgl. Bergman 1897: 67 mit Verweis auf Gell. 18, 10 u. Gnilka 1963: 2 Anm. 3 und 15–16).

languor ‚Trägheit' (hier in Nähe zu *iners* ‚untätig') entspricht der Sünde *acedia* spätantiker Lasterkataloge bzw. des Katalogs der sieben Todsünden Gregors des Großen.

743 tentoria apertis | cuncta patent uelis, reserantur carbasa: ‚die Zelte stehen offen mit geöffneten Vorhängen, die Tücher werden geöffnet'.

uelum und *carbasa* ‚Segel' bzw. ‚Segeltuch' bezeichnen hier synonym den ‚Vorhang' des Zelteinganges oder ein darübergespanntes Sonnensegel (vgl. Arévalo 1862: 75, Bergman 1897: 67 mit Verweis auf Cic. Verr. 7, 12 *tabernacula carbaseis intenta uelis* u. Suet. Claud. 10 *inter praetenta foribus uela se abdicit* u. Burnam 1905: 66). *reserare* ‚zurückziehen' beschreibt hier das Zurückschlagen des Zelteingangs und hat zugleich die Konnotation des Sichtbarmachens. Prudentius betont also das Öffnen der Zelte, damit ihr Inneres sichtbar wird, durch zwei redundante Aussagen, die inhaltlich völlig deckungsgleich sind.

746 auribus intentis expectant contiŏ: ‚die Versammelten warten mit gespitzten Ohren', d. h. sie warten aufmerksam, was *Concordia* und *Fides* gleich sagen werden (vgl. Burnam 1910: 111). *expectant contio* ist *constructio ad sensum* mit Blick auf die Vielzahl der Versammelten. Die *contio* ‚Versammlung' bezeichnet hier die zusammengerufenen Angehörigen des Tugendheeres (vgl. Arévalo 1862: 75–76 u. Burnam 1905: 66). Zur Kürzung des *-o* in der Endsilbe von *contio* vgl. Krenkel 1884: 17.

748 quam uelit ... Fides uirtutibus addere legem: ‚was für ein Gesetz *Fides* den Tugenden dazugeben wollte'. Eine ma. Glosse vermutet, dass *addere legem* bedeutet, dass die die versammelten Angehörigen des Tugendheeres zuvor ein anderes Gesetz hatten (vgl. Burnam 1910: 111). Das passt sehr gut zu dem Eindruck, dass Prudentius in der *Psychomachia* wie auch in *Contra Symmachum* versucht, den noch dem heidnischen Kultus anhängenden Angehörigen der römischen Oberschicht das Christentum nahezubringen. Dass *Fides* nun den Tugenden ein neues Gesetz geben will, erhärtet auch den Eindruck, dass Prudentius gezielt auch Tugenden kämpfen lässt, die – teilweise mit anderer Bedeutung wie *Fides* selbst – bereits im paganen römischen Kultus Tugenden waren, nun aber spezifisch christlich umgewidmet worden sind. Vielleicht spielt Prudentius hier aber auch auf den Unterschied zum mosaischen Gesetz der Juden an, der schon in v. 67 *sub umbra legis* anklang.

749–798: Rede der *Concordia*: Aufforderung zur Einheit (vv. 749–797); und ihre Wirkung auf die Versammelten (vv. 797–798).

Nach ihrem Auftritt (v. 749) fasst *Concordia* zunächst die Erfolge des Tugendheeres zusammen und versichert den Versammelten, dass sie nun sicher seien (vv. 750–756). Allerdings müssten sie immer zusammenhalten und dürften sich weder vom Hass noch von fremden Lehren hinreißen lassen (vv. 756–761). Dabei mahnt sie zur Liebe und verweist auf die Einheit zwischen Gott und Menschen durch Jesus als Mittler (vv. 762–766). Zugleich warnt sie: Ohne Frieden nimmt Gott keine Opfer an, solange jemand hasst oder zornig ist, nützt ihm kein Opfer – nicht einmal das Martyrium; denn Bedingung und Ziel jedes Verdienstes ist eben der Frieden (vv. 767–778). Es folgen Verweise auf Gleichnisse aus den Evangelien, den Paulusbriefen und der Apostelgeschichte (I *Cor* 13, 4–8; *Eph* 4, 26; 5,2; *Mt* 7, 15; 10, 16; *Act* 20, 29), die diese Lehre illustrieren sollen, nachdem bereits vorher immer wieder auf biblische Passagen angespielt worden war (*Mt* 5, 24; 12, 25; I *Cor* 1, 10; 1, 18; 13, 3; *Hbr* 12, 22). Zum Abschluss ihrer Rede weist *Concordia* unter Hinweis auf die zeitgenössischen Häresien des Arius und des Photinus noch einmal warnend auf die Wunde hin, die ihr *Discordia* gerade erst zugefügt hat (vv. 794–795). Die Zuhörer reagieren mit tiefer Erschütterung (vv. 797–798).

Kernthema der Rede ist die Bedeutung des Friedens und der Einheit der Gläubigen (vgl. Nugent 1985: 59–60)

Die Bibelverweise innerhalb des Hauptteils der Rede beziehen sich auf verschiedene Aspekte der Einheit: Versöhnung, Übereinstimmung der religiösen Überzeugungen und Einheit der christlichen Lehre sowie die Vermeidung von Stillstand und Untätigkeit, die sowohl die Verhältnisse zwischen einzelnen Individuen als auch innerhalb von Gruppen betreffen sowie das Verhältnis zwischen Mensch und Gott. Besonders wichtig scheint Prudentius dabei die Warnung davor zu sein, Hass in sich aufkommen zu lassen. Vgl. Mastrangelo 1997: 102, vor allem zu vv. 756–774.

Das Bild des Zeltlagers, in dem sich das Tugendlager befindet, wird durch den Vergleich mit Jerusalem (besonders vv. 752–754) in das Bild einer *urbs* transformiert, wobei diese beiden Bilder sich jedoch überlappen bzw. „durcheinander" gehen (Gnilka 1963: 16–17 Anm. 18).

Concordia gebraucht in ihrer Rede zahlreiche Synonyme für *discordia* ‚Zwietracht' bzw. ‚Häresie' und deren Wirkung: *scissura domestica* (v. 756), *exotica secta* (v. 759), *fissa voluntas* (v. 760), *arcana biformia* (v. 761) sowie im Bereich der Wirkung *turbat ... titubatque ... dissidet* (vv. 756–757).

752–753 saeua | barbaries: ‚die schreckliche Barbarei', d. i. das Wüten der Laster sowohl auf der Bildebene als auch mikrokosmisch im Innern des Menschen (vgl. Burnam 1905: 66 u. Lavarenne 1933: 258), makrokosmisch – historisch und heilgeschichtlich – die Herrschaft des Heidentums im römischen Reich (vgl. Arévalo 1862: 76, Bergman 1897: 68).

755–756 publica ... requies priuatis rure foroque | constat amicitiis: ‚die öffentliche Ruhe bleibt auf dem Land und in der Stadt durch persönliche Freundschaften bestehen'.

Wir finden hier zwei Gegenüberstellungen: öffentliche Ruhe, also Frieden in der Gesellschaft, gegenüber privaten bzw. persönlichen Freundschaftsbeziehungen sowie Stadt gegenüber Land, denn *forum* steht hier *pars pro toto* für die gesamte Stadt (vgl. Arévalo 1862: 76, Bergman 1897: 68 u. Burton 2004: 51). Das heißt, sowohl in der Stadt als auch auf dem Land sind gute und freundschaftliche persönliche Beziehungen der Menschen untereinander Garant für den öffentlichen Frieden.

Prudentius verwendet, vielleicht aus metrischen Gründen, den Ablativ *rūrĕ* hier anstelle des Lokativs *rūrī* (vgl. Lavarenne 1933: 85 § 162 mit Verweis auf Hor. *epist.* 1, 7, 1 u. Neue–Wagener II: 648).

756–757 scissura domestica turbat | rem populi, titubatque foris quod dissidet intus: ‚ein häusliches Zerwürfnis stiftet Unruhe im Staat, und es wankt nach außen, was innen uneins ist'.

scissura ‚Teilung / Spaltung' verwendet Prudentius hier übertragen i. S. v. *discordia* ‚Zwietracht' (vgl. Bergman 1897: 68 mit Verweis auf I *Cor* 1, 18 u. Lavarenne 1933: 258 mit Verweis auf Aug. *serm.* 358, 3).

res populi ist gleichbedeutend mit *res publica* ‚Staat' (vgl. Burton 2004: 51) – vielleicht sogar in direkter Anspielung auf Cic. *rep.* 1, 39 *est igitur res publica res populi.*

dissidere ‚uneins sein' bzw. ‚in Zwietracht leben' ist ein weiteres Wort, mit dem Prudentius innerhalb dieses Abschnitts den Themenreich Zwietracht variiert.

Diese Formulierung paraphrasiert Jesu Warnung in *Mt* 12, 25 „omne regnum diuisum contra se desolatur, et omnis ciuitas uel domus diuisa contra se non stabit".

758 ergŏ: Zur Kürzung des auslautenden *-o* vgl. Krenkel 1884: 18 sowie Lavarenne 1933: 108 § 240 mit Verweis auf Verg. *Aen.* 1, 46 u. Ov. *epist.* 5, 59.

759–760 ne secta exotica tectis | nascatur conflata odiis: ‚damit nicht – angefacht durch verborgenen Hass – eine fremde Glaubensrichtung entstehe'.

exoticus steht hier wohl einfach synonym für ‚fremd', bedeutet aber vielleicht wirklich im Wortsinne ‚aus anderen Gegenden stammend', insofern die Abscheu gegenüber Häresien und Sekten häufig mit einer allgemeinen Abneigung und Furcht gegenüber Fremdländischem einherging, oder ‚heidnisch' (vgl. Arévalo 1862: 77, Bergman 1897: 68, Burnam 1905: 66, Lavarenne 1933: 258 u. 102 § 222).

secta steht hier – wie auch in v. 707 – für eine theologische Lehre, der jemand folgt (vgl. Arévalo 1862: 72), im Sinne von ‚Sekte' bzw. ‚Häresie'.

Lavarenne erklärt *secta exotica* als ‚falsche Überzeugungen' (vgl. Lavarenne 1933: 258), gemeint sind damit wohl vor allem die verschiedenen christlichen Häresien.

conflatus ‚angefacht' bzw. ‚geschürt' verwendet Prudentius hier i. S. v. ‚entstanden' bzw. ‚verursacht' (vgl. Bergman 1897: 68). *odiis tectis* ist Agensangabe zu *conflata* oder *abl. causae*.

Natürlich führt nicht einfach Hass zwischen Menschen direkt zu Glaubensspaltungen, wohl aber kann unerbittliche und unversöhnliche Uneinigkeit in Glaubensfragen zu einem solchen Hass führen, dass sich neue Sekten abspalten.

760–761 quia fissa uoluntas | confundit uariis arcana biformia fibris: ‚weil ein gespaltener Wille die zwiegestaltigen Geheimnisse in den unbeständigen Herzen verwirrt'.

fissa uoluntas ‚gespaltener Wille' ist eine ungewöhnliche Formulierung (vgl. Arévalo 1862: 77 u. Bergman 1897: 68) und steht wohl für Uneinigkeit in Entscheidungsfragen.

Das Adjektiv *arcanus* bezeichnet etwas ‚vor der Öffentlichkeit Verborgenes', also Privates oder Geheimes, oder aber etwas, das zur Geheimhaltung dient; das Substantiv *arcanum* bezeichnet ein ‚Geheimis' oder ein ‚geheimes Versteck'. Hier sind also entweder geheime Gedanken bzw. Gesinnungen der Gläubigen gemeint oder aber die ‚Schlupfwinkel in der Seele', in denen solche Gedanken verborgen sind (vgl. Burton 2004: 52). Vgl. auch v. 841 *arcana recondita*. *biformis* ‚zwiegestaltig' ist ein weiteres Synonym für ‚gespalten' bzw. ‚uneinig' (vgl. Arévalo 1862: 77).

fibra ‚Faser' bzw. ‚Eingeweide' steht hier metaphorisch für das Innere des Menschen, insbesondere das Herz als Sitz der Gefühle und Gedanken bzw. der Seele (vgl. Arévalo 1862: 77, Bergman 1897: 68–69, Lavarenne 1933:

258–259 u. Burton 2004: 52). *uariis fibris* ist analog zu *fissa uoluntas* gebildet: Es geht wohl nicht darum, dass die *arcana* an ‚verschiedenen' Orten im Leib des Menschen versteckt wären, sondern vielmehr darum, dass das Herz als Sitz der Seele bzw. Gefühle ‚unbeständig' und ‚sprunghaft' ist und mal dieses, mal jenes glaubt und fühlt.

Der Ausdruck *uariis arcana biformia fibris* erinnert an Persius 5, 29 „quod latet *arcana* non enarrabile *fibra*", wo die *arcana fibra* ebenfalls das tiefste Innere des Herzens als Sitz der Gefühle bzw. der Seele bezeichnet.

762–763 quod sapimus, coniungat amor, quod uiuimus uno | conspiret studio: ‚was wir wissen, möge die Liebe verbinden; wie wir leben, folge einem einheitlichen Bestreben'. *amor* bezeichnet hier die Liebe innerhalb der Familie bzw. Gemeinschaft (vgl. Henderson 1999: 118) – auf der Bildebene des Tugendheeres, im übertragenen Sinne der Christen bzw. der Kirche.

763 nil dissociabile firmum est: ‚nichts Gespaltenes hat Bestand'. Prudentius verwendet *dissociabilis* ‚unvereinbar' hier gleichbedeutend mit *dissociatus* ‚getrennt / gespalten', ähnlich wie Hor. *carm.* 1, 3, 22 *Oceano dissociabili* (vgl. Breidt 1887: 17), bzw. i. S. v. ‚was sich trennen lässt' (vgl. ThLL V,1: 1493 s. v. dissociābilis 2 [z. St. Z. 36–37] mit Verweis auf Claud. 5, 238 „non dissociabile corpus coniunctumque sumus").

765–768: Prudentius flicht in die Aufforderung zu Liebe und Einheit zugleich ein dogmatisches Bekenntnis zur Lehre von der Dreifaltigkeit ein (vgl. Mastrangelo 1997: 177–178). Vgl. auch auch die *invocatio* vv. 3–4 *unum namque deum colimus de nomine utroque, non tamen et solum, quia tu deus ex patre Christe* sowie *psych. praef.* 45 u. 63 und *apoth.* passim.

764 utque homini atque deo mediūs interuenit Iesus: ‚und wie mitten zwischen Mensch und Gott Jesus erscheint'. *utque* ‚und wie' korrespondiert zusammen mit *ut* in v. 766 mit *sic* ‚so' in v. 767.

medius ‚in der Mitte' ist hier gleichbedeutend mit *mediator* ‚als Mittler', da Jesus gemäß dem Dogma des Konzils von Chalcedon 451 n. Chr. „θεὸν ἀληθῶς καὶ ἄνθρωπον ἀληθῶς" ‚wahrer Mensch und wahrer Gott' ist (vgl. Burnam 1910: 111). Siehe dazu auch den Kommentar zu vv. 78–81. Zur Längung der Endsilbe in *medius* aus metrischen Gründen vgl. Krenkel 1884: 19, Bergman 1897: 69 u. Lavarenne 1933: 111 § 248.

Der Name *Iesus* wird hier – Ἰησοῦς – zweisilbig, also mit sonantischem *i*, gemessen wie immer bei Prudentius (*cath.* 1, 81; 7, 178; *apoth.* 222; 417; 502; 770; 935; 991; 1057; *psych.* 777; *perist.* 7, 56; *ditt.* 101; 142) (vgl. Passow I,2: 1470 s. v. Ἰησοῦς, Krenkel 1884: 10 u. Bergman 1897: 69 mit Verweis auf Ennod. *epigr.* 2, 34).

interuenire ‚zwischen etw. erscheinen' bzw. ‚sich zwischen etw. / jmd. befinden' steht hier mit dem Dativ zur Angabe der Objekte (vgl. Lavarenne 1933: 88 § 171).

765–766 ne carnea distent | spiritui aeterno sitque ut deus unus utrumque: ‚damit nicht das Fleischliche vom ewigen Geist getrennt sei, und damit beide ein einziger Gott seien'. Zu diesem Hinweis auf die Natur Christi vgl. auch vv. 3–4 u. 70–85 sowie Bergman 1897: 69 u. Burnam 1905: 66. Eine ma. Glosse erkennt in *unus utrumque* den Wunsch nach gegenseitiger Liebe und verweist dazu auf die Worte Jesu über die Menschen im Hohepriesterlichen Gebet im Johannesevangelium „ut ipsi sunt *unu*m sicut e t n o s u n u m sumus" (*Io* 17, 21; vgl. Burnam 1910: 111).

sitque ut = *utque sit* (vgl. Burton 2004: 52).

767 mentisque et corporis: ‚der Seele und des Körpers'. Die Verbindung *...-que et ...* anstelle von *et ... et ...* oder einfachem *et* findet sich bei Prudentius häufiger: *apoth.* 72; *perist.* 2, 288; 2, 269; 10, 50; 10, 224; 10, 910 u. 10, 962 (vgl. Lease 1895: 35 § 92.b)

Zur Bedeutung von *mens* an dieser Stelle siehe den Kommentar zu vv. 741–743.

769–786: Lavarenne erkennt in diesem Lobpreis des Friedens auch eine Ähnlichkeit zur Lobrede auf den Frieden in Aug. *civ.* 19, 10–14, die allerdings erst gut zwanzig Jahre nach der *Psychomachia* erschienen ist und somit nicht Prudentius zur Inspiration gedient haben kann, so dass er vermutet, dass (a) entweder Augustinus von dieser Prudentiusstelle inspiriert worden sein könnte oder (b) beiden Stellen dieselbe Quelle zugrundeliegt oder aber (c) die Ähnlichkeit bloßer Zufall ist (vgl. Lavarenne 1933: 259–260).

769–771: In der Beschreibung des Friedens paraphrasiert Prudentius I *Cor* 13, 7 aus dem Hohelied der Liebe, wobei er die Liebe hier durch den Frieden substituiert (vgl. Bergman 1897: 69, vgl. auch vv. 779–781).

772–778: Prudentius, der doch immerhin mit dem *Peristephanon liber* ein ganzes Buch über Märtyrer verfasst hat, lässt *Concordia* warnen, dass nicht einmal das Martyrium Gott gefällt, wenn der Märtyrer Hass in seinem Herzen trägt.

772 nil placitum sit sine pace deo: ‚nichts ist Gott gefällig ohne Frieden'. Schon eine ma. Glosse verweist zu dieser Stelle auf I *Cor* 13, 3: „et si ... caritatem autem non habuero, nihil mihi prodest" im Hohelied der Liebe (vgl. Bergman 1897: 69, Burnam 1910: 112 sowie Burton 2004: 53).

773–774 turbida ... | mens: ‚eine aufgewühlte Seele', d. h. von Zorn oder Hass bewegt (vgl. Bergman 1897: 69).

775–776 si flammicomis ... | ignibus insilias: ‚wenn Du in die flammenden Feuer hineinspringst'. *flammicomis ignibus* ist Dativobjekt zu *insilias* (vgl. Burton 2004: 53). *flammicomus* ‚flammende Haare habend', dichterisch für ‚flammend' kommt außer an dieser Stelle nur noch bei Avien. *orb. terr.* 1089 vor, wo es als Attribut für die Sonne gebraucht wird (vgl. ThLL VI,1: 872 s. v. *flammicomus* u. Bergman 1897: 69; zur Wortbildung vgl. Lavarenne 1933: 102 § 221). Gleichbedeutend ist das ebenso seltene *flammicomans*, das Prudentius in *apoth.* 495 *puerorum flammicomantum* gebraucht und sonst nur bei Iuuenc. 4, 201 *flammicomantum taedarum* verwendet wird (vgl. ThLL VI,1: 872 s. v. flammicomāns u. Bergman 1897: 69). Prudentius scheint nach metrischen Gesichtspunkten zwischen beiden Wortschöpfungen zu wählen.

Die Alliteration in Verbindung mit der Assonanz der zahlreichen *i*-Laute in *ignibus insilias* erweckt klanglich den Eindruck von Schreien der verbrennenden Märtyrer.

776–777 seruans inamabile uotum | bile sub obliqua: ‚einen unangenehmen Wunsch in verstecktem Zorn bewahrend'. *seruare* bedeutet hier soviel wie ‚aufrecht erhalten' oder ‚weiter verfolgen'. *inamabilis* heißt eigentlich ‚was man nicht lieben kann' bzw. ‚dem man nicht zustimmen kann' und bedeutet in diesem Kontext ‚was der Liebe fern ist', *inamabile uotum* ist demnach ein Wunsch, der nicht mit der *caritas* bzw. *pax* in Einklang steht (vgl. ThLL VII,1: 816 s. v. inamābilis [z. St. Z. 76–77] u. Bergman 1897: 70).

bilis bezeichnet eigentlich das Sekret der Leber, also Galle, und steht dann übertragen für den nach der Säftelehre damit verbundenen Affekt des Zorns (vgl. Arévalo 1862: 78, Burnam 1905: 66 u. Burnam 1910: 112. *sub* heißt hier – wie auch in v. 734 *sub amore* – ‚in' bzw. ‚unter der Wirkung / Herrschaft von' (vgl. LHS 2: 279 § 157, Lavarenne 1933: 91 § 183 u. Burton 2004: 50). *bile sub obliqua* ‚unter Einwirkung versteckten Zorns', bedeutet also soviel wie ‚im zornigen Herzen' (vgl. Arévalo 1862: 78, Burnam 1910: 112 u. Bergman 1897: 69).

777 Iesu: Dativ wie in *Mt* 8, 34 (vgl. Lavarenne 1933: 84 § 160); zur Prosodie siehe den Kommentar zu v. 764.

778 meriti quia clausula pax est: ‚weil der Höhepunkt einer verdienstvollen Tat der Friede ist'. *clausula* bezeichnet hier entweder das ‚angestrebte Ende' also das ‚Ziel' oder aber den ‚Höhepunkt' bzw. die ‚Vollendung' gleichbedeutend mit *summa* oder griech. τέλος (vgl. ThLL III: 1326 s. v. clausula II.A [z. St. Z. 65–66] u. Lavarenne 1933: 260).

Prudentius setzt hier *pax* sinngemäß mit der *caritas* aus I *Cor* 13, 3 gleich (vgl. Burnam 1910: 112 u. Burton 2004: 53).

779–781: Prudentius führt die Gleichsetzung von *pax* und *caritas* fort, indem er den Anklang an das Hohelied der Liebe – sinngemäß entspricht dieser Stelle I *Cor* 13, 4–7 – weiter ausführt (vgl. Bergman 1897: 69 u. Burton 2004: 53).

781 cuncta offensacula donat: ‚verzeiht alle Kränkungen'. *donare* wird hier i. S. v. ‚entschuldigen' bzw. ‚vergeben' verwendet (vgl. Burton 2004: 53). *offensaculum* ‚Anstoß' bzw. ‚Hindernis' ist sehr selten; außer bei Apul. *met.* 9, 9 finden wir es einmal bei Lact. *opif.* 1,8 und dreimal bei Prudentius: *psych.*

484; 781 u. *apoth. praef.* 33 (vgl. ThLL IX,2: 496 s. v. offēnsāculum, Bergman 1897: 48, Lavarenne 1933: 101 § 215 u. Deferrari–Campbell 1932: 484).

782–787: Zu den Reminiszenzen an *Eph* 4, 26 durch den Aufruf zur Versöhnung in vv. 782–783 und an *Eph* 5, 2 mit der Erinnerung daran, dass Christus sein Leben für die Menschen geopfert hat als ein Opfer, dass Gott gerne annahm, durch vv. 784–787 vgl. Mastrangelo 1997: 105–106 u. Mastrangelo 2008: 116.

782–783 occasum lucis uenia praecurrere gestit, | anxia ne stabilem linquat sol conscius iram: ‚Verzeihung wünscht, dem Sonnenuntergang vorauszugehen, weil sie fürchtet, dass die Sonne als Zeuge den beständigen Zorn zurücklasse', d. h. dass der Zorn des Tages auch nach Sonnenuntergang weiter besteht. Diese Aussage bezieht sich auf Paulus' Mahnung, die Sonne nicht über dem Zorn untergehen zu lassen, sondern diesen vielmehr vor Ende des Tages verrauchen zu lassen (*Eph* 4, 26).

784 quisque litare deo mactatis uult holocaustis: ‚wer auch immer Gott mit Schlacht- und Brandopfern opfern will'. *quisque* ‚jeder' gebraucht Prudentius hier i. S. v. *quisquis* bzw. *quicumque* ‚jeder, der' oder ‚wer auch immer' (vgl. Lavarenne 1933: 92 § 187 u. Burton 2004: 54).

litare + *Dat.* steht allgemein für ‚jmdm. opfern'. *mactare* heißt ‚rituell schlachten' bzw. ‚opfern'. *holocaustum* bezeichnet ein Opfer, das gemäß *Lv* 1, 3–17 auf dem Altar vollständig verbrannt wird, und entspricht den griechischen Wörtern ὁλόκαυτον in *Lv* 6, 6 und ὁλοκαύτωμα in *Hbr* 10, 6 (vgl. ThLL VI,3: 2828–1229 s. v. holocaustum 2.a [z. St. 2859 Z. 12–13], Passow II,1: 449 s. v. ὁλόκαυτον u. s. v. ὁλοκαύτωμα sowie Bergman 1897: 70). *holocaustum* verwendet Prudentius auch in *apoth.* 537.

Die Wendung *mactatis ... holocaustis*, wörtl. ‚mit geschlachteten Brandopfern' ist ein Hysteron-Proteron: Natürlich werden die Opfertiere erst geschlachtet und dann verbrannt. Zugleich erinnert die Formulierung an die Kollokation „Schlachtopfer und Brandopfer", die man in der Hl. Schrift mehrfach findet, und zwar besonders in dem Kontext, dass Gehorsam Gott gegenüber oder auch Gerechtigkeit wichtiger ist als Brandopfer und Schlachtopfer: *Ex* 10, 25; I *Sm* 15, 22; *Os* 6, 6; *Ps* 51, 18–21; *Ier* 7, 22; *Mt* 9, 13; 12, 7; *Mc* 12, 33; inhaltlich ähnlich: *Is* 1, 11.

788–791 sed tamen et niueis tradit deus ipse columbis | pinnatum tenera plumarum ueste colubrum | rimante ingenio docte internoscere mixtum | innocuis auibus: ‚aber dennoch gibt es Gott selbst auch den schneeweißen Tauben, die gefiederte Schlange, die sich mit zartem Federkleid unter die unschuldigen Vögel gemischt hat, auf gelehrte Art und Weise mit erforschendem Verstand zu unterscheiden'.

trado ‚übergeben' verwendet Prudentius hier im Sinne von ‚lehren' (vgl. Arévalo 1862: 78 u. Bergman 1897: 70). *columbae* ‚Tauben' symbolisieren

Siegesrede (vv. 726–822) 393

hier wie schon in Jesu Gleichnis in *Mt* 10, 16 die Christen, vielleicht auch die Tugenden (vgl. Arévalo 1862: 78). *niueus* ‚schneeweiß' symbolisiert deren Reinheit.

coluber ‚Schlange' verwendet Prudentius hier als Symbol des Bösen (vgl. Arévalo 1862: 78 u. Burnam 1905: 66–67), obwohl die Schlange in der biblischen Vorlage *Mt* 10, 16 positiv als Zeichen der Klugheit konnotiert wird, wenn Jesus die Menschen auffordert: „estote ergo prudentes sicut s e r p e n - t e s et s i m p l i c e s sicut *columbae*" ‚seid also klug wie die Schlangen und aufrichtig wie die Tauben'. Dass die Schlange sich mit Federn tarnt, ist eine Erfindung von Prudentius, wohl um das Bild parallel zu dem vom Wolf im Schafspelz zu konstruieren (vgl. Burton 2004: 54).

791–792 latet et lupus ore cruento | lacteolam mentitus ouem sub uellere molli: ‚es verbirgt sich auch der Wolf mit blutigem Maul, indem er vortäuscht, ein milchweißes Schaf mit weichem Vlies zu sein', spielt auf Jesu Warnung vor den falschen Propheten in *Mt* 7, 15 u. 10, 16 an, die wie Wölfe in Schafspelzen zu den Menschen kommen, aber in ihrem Inneren reißende Wölfe sind (vgl. Obbarius 1845: 132 u. Bergman 1897: 70).

lacteolus ‚weiß wie Milch' ist klassisch nur bei Catull. 55, 17 für die zarte weiße Haut junger Mädchen belegt, ansonsten bei Prudentius *perist.* 11, 245 für ein Lamm, *perist.* 3, 165 für den Geist der Eulalia und *ditt.* 115 vom Blut unschuldiger Kleinkinder (vgl. ThLL VII,2: 851 s. v. lacteolus u. Deferrari–Campbell 1932: 365). Es darf somit als typisch prudentianisches Wort gelten und entspricht wohl *niueus* ‚schneeweiß' als Zeichen für äußerste Reinheit. Vgl. v. 788 *niueis columbis*.

Die für das Ende des Hexameters passende Wendung *ore cruento* ‚mit blutbeflecktem Maul' — ᴗ ᴗ — — ist von Vergil entlehnt, der die Formulierung in *Aen.* 1, 296; 9, 341, 10, 489 u. 12, 8 jeweils an derselben Versstelle verwendet (vgl. Schwen 1937: 111).

794 hac sese occultat Photinus et Arrius arte: ‚mit dieser Kunst verbirgt sich ein Photinus und ein Arrius', i. S. v. ‚verbergen sich Leute wie Photinus und Arrius'.

hac arte ‚durch diese Kunst', gemeint ist durch Verstellung wie die gefiederte Schlange unter den Vögeln (vv. 788–791), wie der Wolf im Schafspelz (vv. 791–793) oder eben wie *Discordia* unter den Tugenden (vv. 683–688), also indem sich Häretiker unter die „rechtgläubigen" Christen mischen und dort ihre Lehren verbreiten.

Photinus und Arrius, gewöhnlich Arius geschrieben, stehen hier exemplarisch für Häretiker des 3. und 4. Jh. Arius, ein Kleriker aus Alexandria, war der Begründer des nach ihm benannten und weitverbreiteten Arianismus, der lehrte, dass Gott-Vater und Gott-Sohn nicht wesensgleich seien und Gott-Sohn erst vom Gott-Vater geschaffen worden sei, während Photinus aus Ancyra, später Bischof von Sirmium in Pannonien, lehrte, dass Jesus nur ein Mensch gewesen sei, der von Gott gleichsam als Sohn adoptiert worden sei. Beide stellten also die Trinitätslehre in Frage. Die Lehren des Arius wurden auf dem ersten Konzil von Nizäa als häretisch verurteilt, wirkten aber noch das gesamte 4. Jh. hindurch – und teilweise darüber hinaus – in verschiedenen Ausprägungen. Photinus' Lehren wurden auf den Synoden von Antiochia, Mailand und Sirmium ebenfalls als häretisch verurteilt, seine Lehre wirkte bis ins 5. Jh. trotz mehrerer gesetzlicher Verbote nach (vgl. Bergman 1897: 70, Lavarenne 1933: 261 u. Burton 2004: 55).

795–797 discrimina produnt | nostra recensque cruor, quamuis de corpore summo, | quid possit furtiua manus: ‚unsere Bedrängnisse und unser kürzlich vergossenes Blut, wenn auch nur an / von der Oberfläche des Körpers, zeigen, was eine verstohlene Schar vermag'.

discrimina bezeichnet hier ‚gefährliche Situationen' (vgl. Burnam 1905: 67 u. Bergman 1897: 70) und bezieht sich auf das Attentat der *Discordia* mitten im Triumphzug, nachdem schon alle Laster besiegt zu sein schienen.

prodere heißt hier ‚deutlich machen' bzw. ‚ans Tageslicht bringen' (vgl. Arévalo 1862: 79 u. Burton 2004: 55). *nostra* ‚unser' ist zwar zunächst ein *pluralis modestiae* im Munde der von dem Attentat direkt betroffenen *Concordia* (vgl. Burton 2004: 55), bezieht sich aber dennoch im eigentlichen Sinne auf alle Kämpfer des Tugendheeres und alle Christen und spricht sogar den Leser mit an.

nostra recensque cruor ‚und unser frisch vergossenes Blut' bezieht sich auf die oberflächliche Verletzung der *Concordia* durch *Discordia* in vv. 691–693, vor allem v. 692–693 *summo ... tactu | laesa cutis* (vgl. Obbarius 1845: 132 u. Bergman 1897: 70). *cruor* bezeichnet das ‚aus einer (im Kampf erhaltenen) Wunde vergossene Blut'. *de* gibt hier die Stelle an, von der das Blut herabgeflossen ist (vgl. Lavarenne 1933: 261)

furtiua manus bezeichnet ‚eine verstohlene Schar', die heimlich, sozusagen im Untergrund oder verdeckt, operiert oder sich sogar getarnt unter die Tugenden eingeschlichen hat wie *Discordia* in vv. 683–688 (vgl. Arévalo 1862: 79).

799–822: Rede der *Fides*: Aufforderung zum Tempelbau. *Fides* geht als erstes auf die Reaktion der Hörer auf *Concordias* Rede ein: Man solle nun gerade nicht mehr seufzen, denn es gebe keinen Kummer mehr (vv. 799–803). Dann beginnt sie einen langen Spannungsbogen, eingeleitet durch die Ankündigung, dass noch eine einzige Aufgabe ausstehe (v. 804), fortgeführt über die biblische Parallele, dass Salomon nach den Kämpfen, die sein Vater geführt hatte, auch einen Tempel als Stätte für die Bundeslade und Heim Gottes errichtet habe (vv. 805–813), abgeschlossen durch die explizite Aufforderung, auch im Lager des Tugendheeres einen Tempel zu errichten (vv. 814–

815). Denn ohne einen solchen Tempel im menschlichen Leib wäre der Sieg über die Laster fruchtlos (vv. 816–819). Nach dem Kampf solle man sich nun eilends an die Errichtung des Tempels machen (vv. 820–822).

Prudentius lässt *Fides* die Bedeutung der Reinigung und der Reinheit des Körpers und der Seele für die Errichtung des Tempels gleich dreifach ausdrücken: v. 809 *sanguine terso*, v. 818 *purgati corporis urbem* u. v. 821 *toga candida* (vgl. Mastrangelo 1997: 112–113 u. Mastrangelo 2008: 126–127).

Die Rede der *Fides* ist als ein Netz von biblischen Anspielungen als Rahmen für die Errichtung des Tempels konstruiert: So erinnern vv. 805–806 an Salomon als Erben Davids in III *Rg* 5, 1–5 u. I *Par* 28, 2–6; v. 810 erinnert an die Vergoldung des Tempels in III *Rg* 6, 21–22 sowie v. 813 an die Aufstellung der Bundeslade im Tempel in III *Rg* 8, 6 u. 8, 21 (vgl. Mastrangelo 1997: 111–112). Insgesamt klingt die Geschichte der Errichtung, Einrichtung und Einweihung des Tempels durch Salomon an, wie sie in III *Rg* 5–6 u. III *Rg* 8, 1–21 geschildert wird. Dabei dient die Einflechtung der Geschichte des biblischen Tempelbaus wohl dazu, einerseits die alttestamentarische Erzählung auf die christliche Gegenwart zu beziehen, andererseits aber auch beide klar voneinander zu unterscheiden, indem deutlich gemacht wird, dass es nun für die Christen an der Zeit sei, einen *eigenen* Tempel zu errichten, nachdem sie sowohl auf der Bildebene über die Laster als auch historisch durch die Etablierung des Christentums in Rom gesiegt haben (vgl. Mastrangelo 1997: 112 u. vgl. Gnilka 1963: 90–91).

Fides betont die Notwendigkeit des Tempelbaus und stellt sogar die Bedeutung des Sieges in Frage, solange er nicht im Bau des Tempels seinen Abschluss findet (vgl. Nugent 1985: 60).

Der Tempel als Ort, um Christus würdig zu empfangen (vv. 814–819), nimmt dabei das Konzept des Menschen und der menschlichen Seele als Tempel Gottes auf, das sich in Paulus' Briefen an die Gemeinde von Korinth dreimal findet (I *Cor* 3, 16; 6, 19; II *Cor* 6, 16) und das Prudentius auch in *cath*. 4, 16–27, *perist*. 10, 346–365 u. *c. Symm*. 2, 249–255 aufnimmt und weiterentwickelt (vgl. Lavarenne 1933: 261–262).

799 generosa Fides: ‚die edle Fides'; *generosus* ‚edel', ‚von edler Herkunft', aber auch ‚von edler Gesinnung' nimmt den Aspekt der Königlichkeit der *Fides* aus vv. 37, 716 u. 823 wieder auf. Siehe dazu den Kommentar zu v. 37.

802 germanam comitata Fidem: ‚ihre Schwester *Fides* begleitend'. Das Partizip Perfekt von *comitari* ‚begleiten' wird hier aktivisch gebraucht, während Prudentius es in v. 163 *egregio comitata uiro* passivisch verwendet hatte (vgl. Bergman 1897: 71).

803 nihil hac mihi triste recepta: = *hac recepta nihil mihi triste* [sc. *uidetur*] ‚nachdem ich diese [unversehrt] wiedergewonnen habe' (vgl. Bergman 1897: 71). Der *abl. abs. hac recepta* bezieht sich auf die Verwundung und Rettung der *Concordia* in vv. 670–693.

804–807 unum opus ... restat ... | o proceres, regni quod tandem pacifer heres | belligeri, armatae successor inermus et aulae, instituit Solomon: ‚ein Werk steht noch aus, oh Vornehmste, das schließlich auch Salomon, der friedensbringende Erbe des kriegerischen Reiches und waffenlose Nachfolger am bewaffneten Hofe, errichtete'.

unum opus restat [sc. *nobis*] ‚eine Aufgabe bleibt [für uns] übrig' (vgl. Arévalo 1862: 80) bedeutet soviel wie: Eins müssen wir Tugenden bzw. Tugendkämpfer noch tun, nämlich das, was Salomon einst übernahm. *opus instituere* heißt hier zugleich ‚ein Bauwerk errichten' als auch ‚eine Aufgabe in Angriff nehmen'.

Die Anrede *o proceres* ‚o Edle' bzw. ‚Vornehmste', mit der sich *Fides* an die siegreichen Tugenden wendet, ist ungewöhnlich, sie ist wohl als eine Art Ehrentitel als Auszeichnung für den Sieg über die Laster gedacht (vgl. Lavarenne 1933: 261). *proceres* bezeichnet üblicherweise die Führer eines Staates oder die führenden Vertreter einer Kunst. An die bauspezifische Bedeutung ‚herausragende Enden' eines Balkens dürfte hier – trotz Bezug zum Tempelbau – nicht zu denken sein.

regni ist wahrscheinlich *gen. obi.* zu *heres*. Dagegen beziehen Bergman, allerdings erst in seiner Gesamtausgabe von 1926, und Engelmann *belli* auf *proceres* (Bergman 1926 z. St. u. Engelmann 1959: 83). Es wäre aber doch sehr ungewöhnlich, wenn *Fides* hier die Angehörigen des Tugendheeres als ‚Erste des Reiches' oder ‚Fürsten des Reiches' anspräche, zumal von einem Reich der Tugenden sonst nirgends die Rede ist.

regni belligeri ‚eines kriegerischen Reiches' und *armatae aulae* ‚eines bewaffneten Hofes' verweist auf die vielen Kriege, die Israel unter seinem vorherigen König David geführt hatte (vgl. Arévalo 1862: 80, Burnam 1905: 67 u. Burnam 1910: 113).

pacifer heres ‚der friedensbringende Erbe' ist Attribut zu v. 806 *Solomon* (vgl. Lease 1895: 15 § 27, Bergman 1897: 71 u. Burnam 1905: 67), ebenso *successor inermus*.

Solomon = *Salomon*; zur Orthographie vgl. Lavarenne 1933: 81 § 150.

Prudentius lässt *Fides* hier einen scharfen Kontrast zwischen dem Vater David, dem kriegerischen König, und dem Sohn Salomon, dem friedlichen und waffenlosen Erben des Reiches und Erbauer des Tempels, als Analogie für die Notwendigkeit des Tempelbaus nach den erbitterten Kämpfen gegen die Laster und dem Sieg über diese konstruieren.

807–808 quoniam genitoris anheli | fumarat calido regum de sanguine dextra: ‚weil die Rechte des keuchenden Vaters vom warmen Blut der Könige geraucht hatte'.

genitoris anheli ‚des keuchenden Vaters' bezieht sich auf Salomos Vater David, der durch die Kämpfe angestrengt war (vgl. Arévalo 1862: 80, Bergman 1897: 71 u. Burton 2004: 55).

dextra fumarat ‚die rechte Hand hatte geraucht' erinnert daran, dass David durch die Tötung der Könige – bis zu einer Entsühnung (vv. 808 *sanguine ... terso*) – rituell unrein geworden war und somit bis dahin keinen Tempel errichten konnte (vgl. Bergman 1897: 71 mit Verweis auf III *Rg* 8, 16–19 u. I *Par* 28, 3 sowie Burton 2004: 55). Lavarenne geht weiter und erklärt, dass David aufgrund der Kriege, mit denen er beschäftigt war, gar keine Zeit zum Tempelbau hatte (vgl. Lavarenne 1933: 261).

809 sanguine nam terso templum fundatur: ‚denn nachdem das Blut abgewischt worden ist, wird der Grundstein für den Tempel gelegt'. Das historische Präsens *fundatur* erklärt Burton damit, dass Prudentius durch die Verwendung des Präsens, hier auf den historischen bzw. biblischen Tempel in Jerusalem bezogen, erreicht, dass der Leser neben der historischen Erzählung auch den vorzubereitenden allegorischen Tempelbau vor Augen hat (vgl. Burton 2004: 55, Lavarenne 1933: 261, Mastrangelo 1997: 112–113 u. Mastrangelo 2008: 126–127) – und somit vielleicht sogar den gegenwärtig, zu jeder Zeit, von jedem Christen in sich selbst, in seiner Seele, zu schaffenden Tempel für Gott bzw. Christus.

Mastrangelo verweist zudem auf das Bild der Reinigung und Reinheit, das durch *sanguine terso* – sowie v. 818 *purgati corporis* und v. 821 *toga candida* (vgl. Mastrangelo 1997: 112–113 u. Mastrangelo 2008: 126–127).

811–812 tunc Hĭērūsălem templo inlustrata quietum | suscepit iam *d*iua *d*eum: ‚dann nahm das durch den Tempel verherrlichte und nun [selbst] göttliche Jerusalem den zur Ruhe gekommenen Gott in Empfang'.

Hierusalem ist Nom. Sg. fem. ‚Jerusalem' wie auch bei Paul. Nol. *carm.* 24, 497 u. *epist.* 18, 5 und anderen Kirchenschriftstellern; sonst gewöhnlich *Ierusalem* (vgl. Obbarius 1845: 133, Bergman 1897: 71 u. Lavarenne 1933: 80 § 150). In den Mss. dominieren die Varianten *Hierusalem* und *Ierusalem*, lediglich Ms. A bietet *Hierusales*; fast alle Herausgeber folgen der Mehrheit der Mss., nur Bergman – in seiner Gesamtausgabe von 1926 – und in dessen Nachfolge Lavarenne übernehmen im Vertrauen auf Ms. A *Hierusales* (siehe textkritischen Apparat z. St.). Prosodisch wird *Hierusalem* hier, ebenso wie bei Paulinus von Nola, *Hĭērūsālem* gemessen, hingegen bei Ps.-Lact. *pass. Dom.* 25 und bei Drepan. Flor. *hymn.* 32 *Hĭērūsălem*, sonst auch ⏑ ⏑ — ⏑ ⏑ (vgl. Obbarius 1845: 133, Bergman 1897: 71 u. Lavarenne 1933: 107 § 236).

iam diua ‚nun göttlich' drückt aus, dass Jerusalem als Ort des Tempels nun selbst ‚gottgeweiht' bzw. ‚heilig' geworden ist, wobei Prudentius *diuus* synonym mit *diuinus* gebraucht, denn *diuus* wird eigentlich nur für Götter oder Personen verwendet, die im paganen Kultus in den Rang von Göttern erhoben werden (vgl. Arévalo 1862: 81).

quietum deum ‚den ruhigen Gott' wirkt ungewöhnlich, soll aber im Zusammenhang mit vv. 812–813 wohl ausdrücken, dass Gott – nach der Zeit der Wanderung und nachdem die Bundeslade zuvor an wechselnden Orten aufbewahrt worden war – im Tempel von Jerusalem nun einen dauerhaften Ort der Verehrung gefunden hat und somit ‚zur Ruhe gekommen' ist (vgl. Obbarius 1845: 133 mit Verweis auf I *Rg* 4, 7, Bergman 1897: 71 u. Burton 2004: 56).

Durch die weite Sperrung von *Hierusalem ... diua* und *quietum ... deum* gelingt Prudentius die Betonung der Göttlichkeit Jerusalems durch Alliteration und Stellung zwischen Trithemimeres und Hephthemimeres: ... ‖ *iam diua deum* ‖ ... Hier klingt zugleich Verg. *Aen.* 12, 139 an, auch alliteriert, aber zwischen Versanfang und Trithemimeres positioniert: *diua deam* ‖ (vgl. Lavarenne 1933: 261).

812–813 circumuaga postquam | sedit marmoreis fundata altaribus arca: ‚nachdem die umherschweifende Bundeslade – auf marmorne Altäre gegründet – zur Ruhe kam'.

arca ‚Kiste' bezeichnet hier die Bundeslade der Israeliten. *circumuaga arca* ‚die umherschweifende Lade' erinnert daran, dass die Bundeslade mit den Gesetzestafeln zunächst von den Israeliten auf ihren Wanderungen von Lagerplatz zu Lagerplatz mitgeführt und danach erst von David auf den Berg Zion, dann von Salomon in den Tempel von Jerusalem überführt wurde, wo sie schließlich ihren endgültigen Platz fand (vgl. Burnam 1910: 113, Lavarenne 1933: 261 u. Burton 2004: 56 mit Verweis auf III *Rg* 8, 1–21).

marmoreis altaribus ‚auf marmornen Altären' erklären Bergman und Lavarenne zu Recht als Anachronismus, da hier wohl die Tempel-/Kirchenarchitektur aus Prudentius' eigener Zeit auf die Zeit Salomons übertragen worden ist, denn in der Beschreibung der Baumaterialien des Tempels in III *Rg* 5, 20–32 und der Beschreibung des Baus III *Rg* 6, wird kein Marmor erwähnt (vgl. Bergman 1897: 71 u. Lavarenne 1933: 261). Zwar ist von Steinen die Rede, doch werden diese im Inneren des Tempels mit Zedernholz verblendet, was man wohl mit kostbarem Marmor kaum tun würde.

815 sanctorum sancta: ‚das Allerheiligste' des Tempels, in dem die Bundeslade aufbewahrt wurde (vgl. Bergman 1897: 72 u. Burton 2004: 56 mit Verweis auf III *Rg* 8, 6).

816–817 terrigenas ... phalangas | culparum: ‚die erdgeborenen Schlachtordnungen der Sünden', und zwar im Gegensatz zu Christus und den Tugenden, die ihren Ursprung im Himmel haben (vgl. Burton 2004: 56).

817 hominis ... filius: ‚der Menschensohn', d. i. Christus, der vom Propheten Daniel so genannt wird (*Dn* 7, 13) und sich in den Evangelien fast immer selbst (insgesamt 82-mal, so z. B. *Mt* 8, 20 u. *Mc* 2, 10; indirekt in einem Zitat *Lc* 24, 7; in einer Frage an Jesus *Io* 12, 34) so bezeichnet und vom Hl. Stephanus in der Apostelgeschichte (*Act* 7, 56) so bezeichnet wird (vgl. Arévalo 1862: 81, Burnam 1905: 67, Lavarenne 1933: 262 u. Burton 2004: 56).

818 purgati corporis urbem: ‚die Stadt des [von den Sünden] gereinigten Körpers', nämlich nach dem Sieg der Tugenden (vgl. Lavarenne 1933: 262, Mastrangelo 1997: 112–113 u. Mastrangelo 2008: 126–127).

820 alternis sudatum est comminus armis: ‚und es wurde mit wechselnden Waffen im Nahkampf gekämpft'. *sudare* ‚schwitzen' heißt in diesem Zusammenhäng soviel wie ‚angestrengt kämpfen' (vgl. Arévalo 1862: 81 u. Burnam 1905: 67). *alternus* ‚abwechselnd' oder ‚wechselseitig' kann von Dingen oder Worten gesagt werden, die von zwei Parteien ausgetauscht werden oder aber auch aufeinander folgen, aber auch von Dingen, die hin und her bewegt werden. Demnach kann *alternis armis* dreierlei bedeuten: (a) ‚mit abwechselnden Waffen', in dem Sinne, dass die Waffen der Tugenden und der Laster gemeint sind, die gegeneinander eingesetzt wurden, (b) ‚mit aufeinanderfolgenden Waffen' für die Waffen der einzelnen Tugenden, die – wie es den Anschein hat – nacheinander gegen die ihnen entgegengesetzten Laster gekämpft haben, oder (c) ‚mit hin und her geschwungenen Waffen', um den angestrengten Einsatz dieser Waffen zu betonen.

Vgl. vv. 18–20 *comminus ... notare*.

821 munia nunc agitet tacitae toga candida pacis: ‚und ihre Pflichten erfülle nun die weiße Toga des ruhigen Friedens'.

munia agitare ‚die Pflichten erfüllen' steht hier wohl aus metrischen Gründen anstelle des üblichen *munia facere / obire / seruare / sequi / implere* (vgl. Lavarenne 1933: 262).

Die *toga candida* bezeichnet nicht einfach die schlichte weiße Toga des erwachsenen Bürgers, die „bis in die Spätantike offizielles Staatsgewand" war (Hurschmann 2002, vgl. Gross 1975: 879–880 u. Bergman 1897: 72), sondern die mit Kreide strahlend weiß gefärbte Toga eines Bewerbers um ein politisches Amt (vgl. Titin. *com.* 167; Liv. 39, 39, 2; Val. Max. 3, 5, 1 u. Plin. *nat.* 7, 120 sowie Hurschmann 2002). Burton sieht in *toga candida* hier nur eine Bezeichnung für ein bürgerliches Gewand im Gegensatz zur militärischen Tracht (vgl. Burton 2004: 56). Lavarenne meint, *toga candida* bedeute hier, dass die Toga nicht vom Staub und Blut der Schlacht beschmutzt sei (vgl. Lavarenne 1933: 262), was allerdings keinen Sinn ergibt, da ohnehin niemand zu einer Schlacht eine Toga angelegt hätte. Lewis macht darauf aufmerksam, dass die Farbe Weiß hier auch im christlichen Sinne Reinheit und Tugendhaftigkeit ausdrückt (vgl. Lewis 2002: 91 sowie Mastrangelo 1997: 112–113 u. Mastrangelo 2008: 126–127).

Auffällig ist auch der Wechsel von der Kampfmetaphorik hin zu einer städtisch-römischen Metaphorik, in der aus den Tugenden, die eben noch christliche Soldaten waren, christliche römische Bürger und Beamte werden (vgl. Lewis 2002: 91), so dass der auf der Bildebene folgende Tempelbau darauf hindeutet, dass Prudentius nicht nur auf mikrokosmischer Ebene die Erschaffung eines Tempels für Gott im einzelnen Christen vorschwebt, sondern auch auf makrokosmischer Ebene außer der Etablierung nicht nur des Christentums als römischer Staatsreligion, die ja zur Abfassungszeit der *Psychomachia* schon stattgefunden hat, auch die Etablierung des Christentums und christlicher Tugendhaftigkeit in der teilweise noch paganen senatorischen Oberschicht Roms, der er sich auch in *Contra Symmachum* widmet.

822 atque sacris sedem properet discincta iuuentus: ‚und die Jugend entgürte sich und errichte eilig das Haus Gottes'. *sedes* bezeichnet hier – wie v. 730 *sede castrorum* – einen ‚Ort / Platz' für etw. *sacrum* steht für alles, was Gott geweiht ist, unter seinem Schutz steht oder zu den rituellen Handlungen und Gegenständen gehört, aber auch für alles Göttliche und Himmlische. *sedes sacris* ist daher ein Ort für religiöse Zeremonien, geweihte Gegenstände und Gott selbst.

properare ‚eilen' wird hier transitiv in der Bedeutung ‚sich beeilen, etw. fertigzustellen' gebraucht. Somit heißt *sacris sedem properare* ‚eilig das Haus Gottes errichten' (vgl. Bergman 1897: 72).

iuuentus ‚Jugend' bezeichnet hier die jungen, waffenfähigen Männer und wird offenbar für die Kämpfer des Tugendheeres verwendet, die nun ihre Waffen und Rüstung abgelegt haben. Zur Bedeutung des Entgürtens siehe den Kommentar zu vv. 632–634 *discingitur ... defluit*.

Der Aufruf der *Fides* erinnert an *Eph* 2, 21–22: „in quo omnis aedificatio constructa crescit in templum sanctum in Domino, in quo et uos coaedificamini in habitaculum in Spiritu" (vgl. Lavarenne 1933: 262).

Tempelbau (vv. 823–887)

Eine Überschrift für den Tempelbau findet sich nur in wenigen Mss.: So titeln C, E und K „fides et caritas metiuntur locum ubi templum domini aedificetur", fügen allerdings später noch einzelne Teilüberschriften ein. M betitelt den Abschnitt mit „fides et concordia construunt templum quadrangulum et triangulum quod mystica ex subsequenti inttelegitur lectione", wohl durch die Formulierungen in vv. 826–829 irritiert. Weitzius und eine weitere Ausgabe aus dem 17. Jh. geben dem Abschnitt die Überschrift „Aedificium fidei et concordiae". Alle späteren Ausgaben verzichten auf einen Titel, da sie den Abschnitt wohl entweder dem siebenten Kampf – so etwa Obbarius – oder ganz allgemein dem Schlussteil der *Psychomachia* zurechnen.

Die Beschreibung des Tempelbaus lässt sich in vier Teile gliedern: Im ersten Teil wird geschildert, wie *Fides* und / oder *Concordia* mit der Vermessung beginnt (vv. 823–829). Im zweiten Teil werden der Grundriss und die Eingänge des Tempels ausführlich beschrieben (vv. 830–867). Der dritte Teil ist den Kristallsäulen im Inneren des Tempels und der Dachkonstruktion mit der von *Fides* gestifteten Perle gewidmet (vv. 868–874). Im vierten Teil wird die *Sapientia* vorgestellt und ihr immergrünes Zepter beschrieben (vv. 875–887).

Am Schluss des narrativen Teils der *Psychomachia* wird – gemäß der Aufforderung der *Fides* in ihrem Teil der Siegesrede – der Tempel gebaut. Der Ort dafür ist auf der Bildebene offenbar das Lager des Tugendheeres, an dessen Eingang der Überfall der *Discordia* stattgefunden hatte und in dem *Concordia* und *Fides* ihre Siegesrede von der eigens dafür errichteten Tribüne aus an die versammelten Kämpfer des Tugendheeres gerichtet hatten. Der Bau selbst wird nur knapp angedeutet, während den Großteil dieses Abschnitts der *Psychomachia* Beschreibungen ausmachen, die eher aus der Perspektive eines Betrachters des fertigen Tempels geschrieben zu sein scheinen. *Fides* und *Concordia* steigen nach ihrer Rede gemeinsam von der Tribüne herab, um den Bauplatz für den Tempel zu vermessen und den Grundstein bzw. das Fundament zu legen. Dazu verwenden sie einen goldenen Stab, um sicherzustellen, dass die Außenseiten des Tempels und dessen Winkel stimmen und alle Maße harmonisch sind. Mehr wird über den Bau selbst nicht berichtet. Der Tempel ist nach den vier Haupthimmelsrichtungen ausgerichtet. Die Beschreibung der Außenseiten folgt dem Lauf der Sonne. Zuerst wird die Ostseite beschrieben, dann die Südseite, anschließend die Westseite und zuletzt die Nordseite. Auf jeder Seite befinden sich jeweils drei Tore, die nicht gemauert, sondern jeweils aus einem einzigen behauenen Edelstein errichtet worden sind. Die zwölf Torbögen tragen jeweils den Namen eines Apostels. Auch die Mauern sind aus Edelsteinen errichtet worden, und zwar so, dass das Licht der verschiedenen, aneinandergrenzenden Edelsteine sich wechselseitig beeinflusst. In diese Beschreibung wird kurz eingeflochten, dass die unermesslich großen Edelsteine mit Hilfe einer Seilwinde oder einer Art Kran an ihre Plätze gebracht werden. Im Inneren des Tempels befinden sich sieben Säulen, die offenbar dazu dienen sollen, das Tempeldach abzustützen. Während das Dach des Tempels nirgends beschrieben wird, widmet Prudentius den Säulen große Aufmerksamkeit. Die Säulen bestehen aus Kristall und sind jeweils im Ganzen aus einem gläsernen Felsen gehauen. Ihre Kapitelle werden abgeschlossen durch eine kegelförmig zugeschnittene Perle, die unten in Form einer Muschel gestaltet worden ist. Diese Perle – hier bricht das Bild, denn eigentlich müssten es ja sieben Perlen sein – hat *Fides* für die ungeheure Summe von tausend Talenten erworben, die sie durch den Verkauf ihres gesamten Vermögens erzielt hatte. Auf dem Thron, der sich im Tempel befindet, sitzt die *Sapientia*, die von dort aus regiert und sich um den Schutz der Menschen sorgt. In ihren Händen hält sie ein wundersames Zepter aus immergrünem, belaubtem Holz, an dem weiße Lilien und rote Rosen blühen, die niemals abfallen.

Die schon aus den vorherigen Kämpfen und der Siegesrede bekannten Akteure werden im Verlaufe des Tempelbaus kaum noch weiter beschrieben: *Fides* wird zu Beginn des Tempelbaus erneut als Königin bezeichnet (v. 823). Zum Ende erfährt man, dass sie selbst ihre gesamte Habe versteigert hat, um die Perle zu erwerben (vv. 872–874). Sie wird also indirekt als selbstlos, über alle Maßen großzügig und gottesfürchtig charakterisiert. Explizit wird sie als *animosa* ‚beherzt' bzw. ‚mutig' beschrieben (v. 874). Über *Concordia* erfahren wir nur, dass sie gemeinsam mit *Fides* die Bauleitung für den Tempel innehat (v. 824). Ob nun *Fides* oder *Concordia* oder beide zusammen den Bauplatz für den Tempel einmessen, wird nicht eindeutig klar (vv. 823–825). Über die *Sapientia* selbst erfahren wir wenig, sie wird im Wesentlichen indirekt über ihr Zepter charakterisiert. Sie ist mächtig (v. 875), ordnet und plant alles (v. 875–876) und sinnt darüber nach, durch welche Regeln der Mensch bzw. die Menschheit geschützt werden können (vv. 875–876). Ihr Zepter gleicht dem Stab Aarons (vv. 884–887) und besteht aus immergrünem, lebendigem Holz, das nicht nur Laub, sondern auch Blüten trägt (vv. 878–883). Zur Darstellung der *Sapientia* im Abschlussgebet der *Psychomachia* siehe S. 427.

Zur *Fides* siehe den Kommentar zum ersten Kampf, S. 178, zum siebenten Kampf, S. 356, und zur Siegesrede, S. 380.

Siehe zur *Concordia* auch den Kommentar zum siebentem Kampf, S. 354, sowie zur Siegesrede, S. 380.

In der griechischen Philosophie verstand man unter σοφία ‚Weisheit' zunächst eine „überlegene Fertigkeit und Sachkunde, welche den Fachmann und Künstler [...] auszeichnet" bzw. „praktische Meisterschaft" und „Lebensklugheit" (Volpi 2002: 436–437). Sokrates und Platon verstehen σοφία als eine Weisheit, die im eigentlichen Sinne nur Gott zukommt, während der Mensch nur als φιλόσοφος danach streben könne (vgl. Volpi 2002: 438 mit Verweis auf Plat. *Phaidr.* 278 d u. *symp.* 204 a). Bei Aristoteles dagegen wird die Weisheit als höchste Stufe des Wissens der praktischen Klugheit gegenübergestellt (vgl. Volpi 2002: 438). Die Stoa versteht darunter „nicht nur theoretische Erkenntnis, sondern zugleich Disposition [...], d. h. ethisches Grundverhalten" und erkennt darin eine Grundtugend (Volpi 2002: 439). In den spätantiken Philosophenschulen wird die *sapientia* mit der Kardinaltugend *prudentia* ‚Klugheit' gleichgesetzt (vgl. Volpi 2002: 439–440).

Im Judentum verstand man unter Weisheit „das aus Erfahrung gewonnene Wissen, das ein Zurechtfinden im Leben allgemein oder in einem speziellen Fachbereich ermöglicht" (Heimgartner 2002: 440). Zugleich findet sich die Tendenz zur Personifikation der Weisheit (vgl. Heimgartner 2002: 442 mit Verweis auf Philon von Alexandria).

Die Weisheitsliteratur hat eine lange Tradition als literarische Gattung im Judentum, in Mesopotamien und in Ägypten. Sie ist gekennzeichnet durch Sentenzen, Anweisungen, Fabeln, Geschichten, Allegorien, Gleichnisse und Maximen (vgl. Cambronne 2002: 456–457 sowie Böck 2002, Quack 2002 u. Hollender 2002 b). Cambronne sieht als Gemeinsamkeit der verschiedenen Traditionen der Weisheitsliteratur die Verbindung von Wissen und Handlungsmaximen zur Selbstkontrolle bzw. Selbstbeherrschung des Menschen und für das richtige zwischenmenschliche Verhalten in familiären, gesellschaftlichen und politischen Kontexten (vgl. Cambronne 2002: 457 Anm. 62).

Im Neuen Testament schließlich wird die Achamoth als *Sophia / Sapientia* mit dem *Logos / Verbum* und der Person Christi identifiziert (vgl. Cambronne 2002: 457). So wird Christus in I *Cor* 24 u. 30 als Weisheit (Gottes) bezeichnet; in *Phil* 2, 6–12, *Col* 1, 15–20, *Hbr* 1, 1-44 u. *Io* 1, 1–18 „werden Wesensmerkmale der hypostasierten Weisheit, nämlich Präexistenz und Schöpfungsmittlerschaft auf Jesus Christus übertragen [... und] damit [...] die Bedeutung des Auferstandenen und Erhöhten in den Uranfang der Schöpfung zurückprojiziert (Heimgartner 2002 a: 443).

Ob Prudentius sich der Entwicklung der Weisheitsvorstellung in der jüdisch-christlichen Tradition im Detail bewusst war, ist unklar; sicher ist, dass *Sophia* bzw. *Sapientia* im frühen Christentum einer der Namen für Christus ist (vgl. Cambronne 2002: 457, ferner Mastrangelo 2008: 126). Deutlich ist jedenfalls, dass Prudentius sich auf die alttestamentliche Weisheitsliteratur bezieht, wo in *Prv* 8, 14 u. 9, 1 die „Weisheit ebenfalls von Tugenden umgeben ist" und das Haus der Weisheit ebenfalls auf sieben Säulen errichtet ist (Oser-Grote 1999: 227–228).

Auch in der neutestamentlichen Vorlage, die Prudentius benutzt, findet sich die *sapientia*: Denn in *Apc* 13, 18 heißt es „Hic sapientia est!" und die *sapientia* ist in *Apc* 5, 12 eines der Attribute des Lamms, also Christi (vgl. Smith 1976: 201).

Auch in der Tempelbauszene der *Psychomachia* finden sich einige Reminiszenzen an Vergils *Aeneis*, die allerdings eher unterschwellig einfließen. So erkennt Smith im Bau des Tempels, den er als Bekenntnis zur Konversion des vormals heidnischen Rom zum Christentum deutet, u. a. subtile Anspielungen auf das trojanische Pferd, das in *Aen.* 2, 235–238 den Untergang Trojas einleitet, in der Beschreibung des Krans und auf die Beschreibung Didos als Königin Karthagos in der Beschreibung der *Sapientia* (vgl. Smith 1976: 297–298). Auch kann man Aeneas' Ziel bzw. Auftrag wiedererkennen: die Gründung einer neuen Stadt (vgl. Nugent 1985: 61).

Auf der Bildebene bleiben Unklarheiten bestehen: Prudentius spricht von zwölf Edelsteinen (v. 851–853), aus denen das Gemäuer errichtet ist, nennt und beschreibt aber nur zehn davon explizit (vv. 854–865). Darüber hinaus führt die Beschreibung der Perle zur Verwirrung, da man anhand der Beschreibung auf den ersten Blick zunächst glauben könnte, das sich auf dem Kapitell jeder Säule jeweils eine Perle befindet, dann aber nur eine riesige Perle beschrieben wird, so dass man nicht gleich erkennt, dass die Perle zu einer einzigen Dachkonstruktion gehört, die auf allen sieben Säulen aufliegt. Schwer vorstellbar bleibt auch, dass diese Perle den Thron der *Sapientia* bildet, so dass die Vorstellung entsteht, *Sapientia* throne auf dem Dach des Tempels und nicht – wie zu erwarten wäre – in seinem Inneren.

Prudentius beendet den narrativen Teil der *Psychomachia* mit der Beschreibung des Tempels als Allegorie der Seele: Mastrangelo zeigt, dass Prudentius den Tempel eben gerade nicht als Metapher für den Leib als Haus für die Seele gestalte, sondern vielmehr den Tempel als Metapher für die Seele, die in sich eine „monarchic authority", nämlich die *Sapientia* als „emanation for Christ" beherberge (Mastrangelo 2008: 126).

Das Motiv der Seele als Tempel verwendet Prudentius nicht nur in der *Psychomachia*, sondern mehrfach auch in anderen Gedichten, so z. B. *cath.* 4, 13–18 u. 25–27 sowie *perist.* 10, 346 (vgl. Thomson 1930: 109)

Das Konzept vom Bau des Tempels innerhalb der Seele geht auf Paulus zurück (*Eph* 2, 20–22), während die Details der Beschreibung sich am Himmlischen Jerusalem in *Apc* 21, 10–27 orientieren (vgl. Thomson 1930: 109

sowie Lewis 2002: 91, ferner Lavarenne 1933: 262, Nugent 1985: 62 u. Burton 2004: 56). Allerdings führt Prudentius dabei explizit römische Elemente ein: So macht er die Apostel zum ‚apostolischen Senat' (v. 839) und lässt *Sapientia* sich in typisch römischer Weise der Regierung widmen (vgl. Lewis 2002: 92). Auf diese Weise repräsentiert der Tempel letztendlich ein neues – christianisiertes – Rom (vgl. Lewis 2002: 92 sowie Smith 1976: 297–298). Ein weiterer wesentlicher Unterschied zwischem dem Himmlischen Jerusalem der Apokalypse und dem Tempel der Weisheit in der *Psychomachia* ist, dass in *Apc* 21, 10 die Stadt als „pre-fabricated structure" aus dem Himmel als Geschenk Gottes herab auf die Erde kommt (Lewis 2002: 92), während in der *Psychomachia* die Tugenden den Tempel erst errichten müssen, damit Christus aus dem Himmel herabsteigen kann, um in dem Tempel zu wohnen.

Das durch den Tempel repräsentierte neue Rom ist ein Symbol des christlichen Triumphes, kann aber zugleich nur Wirklichkeit werden, wenn ein jeder Christ willens ist, diesen Tempel in sich selbst, in seiner eigenen Seele zu errichten, wie Lewis betont (vgl. Lewis 2002: 92)

Der Abschluss des narrativen Teils der *Psychomachia* durch den Bau des Tempels der *Sapientia* kann aus der Verbindung sowohl paganer als auch christlicher Geschichtsvorstellungen verstanden werden (vgl. Nugent 1985: 60–62). Darüber hinaus lässt er sich im Sinne des traditionell ‚vierfachen Schriftsinns' verstehen (vgl. Nugent 1985: 61–62): als Weihe des einzelnen Christen zum Tempel für Christus nach dem Sieg über die persönlichen Laster, heilsgeschichtlich als Sieg der Tugenden über die Laster und damit als Sieg Gottes bzw. Christi, kirchengeschichtlich vielleicht als Etablierung des Christentums als römischer Staatsreligion unter Theodosius, einem frommen und weisen christlichen Herrscher. Zwar findet sich kein „ausdrücklicher Hinweis auf den Tempel der Kirche", doch könne man „angesichts der fortwährenden Doppelung des psychologischen und ekklesiologischen Aspekts innerhalb der Kampfschilderungen auch dem Tugendtempel die Existenz im Makrokosmos nicht absprechen" (Gnilka 1963: 125; vgl. auch 125–128 in Auseinandersetzung mit Cotogni 1936: 456–460; vgl. ferner Oser-Grote 1999: 227, die den Weisheitstempel als „Symbol für die ganze Kirche" deutet).

Oser-Grote sieht den Tempel der *Sapientia* in Anlehnung an Ludwigs These vom „Supergedicht" des Prudentius „nicht nur [als] Abschluß der *Psychomachie*" und damit als „Endpunkt des Seelenkampfes", „sondern [...] in einem noch weiteren Kontext [...] zugleich auch [als Abschluss] der gesamten Lehrepen des Prudentius" (Oser-Grote 1999: 227–228 mit Verweis auf Ludwig 1977).

Thomson erkennt im Motiv des Seelentempels Prudentius' Wunsch auszudrücken, dass der Sieg über die Laster nur eine notwendige, aber noch nicht hinreichende Voraussetzung für das Seelenheil sei (vgl. Thomson 1930: 109, ferner auch Oser-Grote 1999: 227–228).

Gnilka deutet den Tempel abschließend als „Tempel der Kirche, der sich im Menschenherzen erhebt" (Gnilka 1963: 128).

823–829: Beginn der Vermessung des Bauplatzes für den Tempel. *Fides* und *Concordia* steigen von der Tribüne herab, um den Platz für den Tempel aufzumessen und das Fundament zu errichten, wobei – abhängig davon, worauf man *metatura* bezieht – entweder *Fides* oder *Concordia* die Hauptfunktion zukommt (vv. 823–825). Mit einem goldenen Messrohr misst die Tugend akkurat die quadratische Grundfläche auf, damit nicht die kleinste Abweichung auftritt (vv. 826–829).

Prudentius beschreibt den Grundriss zunächst nur als rechtwinkliges Viereck (vv. 827–829); erst im folgenden Abschnitt wird durch die symmetrische Anordnung der Tore deutlich, dass es sich – wie in der Vorlage *Apc* 21, 16 – um ein Quadrat handeln muss (vgl. Gnilka 1963: 95). Gnilka verweist dazu auf die „Symbolik des Vierecks", das „ingesamt drei sittliche Qualitäten ausdrücken [kann] […]: Sicherheit, Festigkeit u. ä., Idee der Gerechtigkeit und Gleichheit", weshalb er im viereckigen Grundriss des Tempels ein „Sinnbild einträchtigen Friedens" erkennt (Gnilka 1963: 95).

823–824 gradibus regina superbis | desiluit: ‚stieg die Königin mit erhabenen Schritten herab'. Das Attribut *regina* verwendet Prudentius in der *Psychomachia* dreimal für *Fides* (vv. 37, 716 u. 823), einmal für *Pudicitia* (v. 53) und zweimal für *Mens humilis* (vv. 199 u. 267). Zur Bedeutung dieses Attributs siehe den Kommentar zu v. 37; vgl. auch Arévalo 1862: 81, Lavarenne 1933: 262 u. Gnilka 1963: 93.

desilire, wörtl. ‚herunterspringen', gebraucht Prudentius hier in der Bedeutung ‚herabsteigen', wie z. B. von einem Wagen bei Cic. *Mil.* 29; Ov. *ars* 1, 560 u. Tac. *ann.* 15, 28, von einem Pferd wie bei Verg. *Aen.* 11, 500 *ab equo regina ... desiluit*, was hier wohl wörtlich anklingt, oder eben von einer Tribüne wie bei Curt. 9, 3, 18 *desiluit ex tribunali* (vgl. ThLL V,1: 721–722 s. v. dēsilio 1.a). Gnilka erkennt darin vor allem einen Hinweis auf die Geschwindigkeit der Bewegung und sieht in dieser Wortwahl daher im Zusammenhang mit v. 822 *properet* und v. 874 *animosa Fides* einen Hinweis auf das „Temperament der Fides, von der das *desiluit* zunächst gesagt ist" (Gnilka 1963: 93). Da er das *desilire* als „rasche Bewegung" auffasst, hält Gnilka die Übersetzung ‚mit stolzen Schritten' für *gradibus superbis* für unpassend, da man ja „nicht mit stolzen Schritten [springt], [sondern] schreitet", weshalb er *superbus* sinngemäß „auf die Höhe des Tribunals" bezieht (Gnilka 1963: 93). Da aber erstens das *desilire* nicht zwingend eine schnelle Bewegung ausdrücken muss, sondern auch schlicht die Abwärtsbewegung von einem höheren Standort oder Fortbewegungsmittel herab auf den Boden oder einen anderen Standort bezeichnen kann (vgl. ThLL V,1: 721–722 s. v. dēsilio 1.a) und zweitens *superbus* auch in Bezug auf Orte und Gebäude eben nicht ‚groß' oder ‚hoch', sondern in Bezug auf deren Pracht und Aussehen ‚erhaben' bzw. ‚prächtig' bedeutet (vgl. Arévalo 1862: 81), ist Gnilkas These zumindest schwer zu belegen.

824 Concordia *con*sors: Die Wiederholung des gleichen Präfixes aufeinanderfolgender Komposita findet sich bei Prudentius mehrfach; „hier scheint allerdings dem poetischen Ornat eine tiefere Bedeutung zuzukommen, insofern die Wiederholung der Silbe *con-* den Gehalt des Begriffes unterstreicht" (Gnilka 1963: 93–94).

825 metatura nouum iacto fundamine templum: ‚um nach der Grundsteinlegung den neuen Tempel abzumessen'. *metatura* bezieht sich wohl auf *Concordia*. Gnilka macht auf den „tiefen Sinn" aufmerksam, der darin liegt, „daß gerade *Concordia* für die Maße des künftigen Tempels verantwortlich ist", da sie ja schließlich die Harmonie verkörpert (Gnilka 1963: 94; vgl. auch Cambronne 2002: 461). Allerdings wäre es syntaktisch auch möglich, *Fides* oder beide Tugenden als Subjekt zu *metatura* aufzufassen.

fundamen bezeichnet hier den ‚Grundstein' oder das ‚Fundament' für ein Bauwerk (vgl. ThLL VI,1: 1549 s. v. fundāmen I.A.2 [z. St. Z. 64–65]), darüber hinaus verwenden manche Kirchenschriftsteller *fundamen* auch übertragen für die Kirche als ‚Grundlage' des Christentums (vgl. ThLL VI,1: 1549 s. v. fundāmen II.3). Zu Prudentius' Vorliebe für Komposita auf *-men* statt auf *-mentum* aufgrund der besseren Eignung für daktylische Versmaße vgl. Bergman 1897: 29 u. Gnilka 1963: 95.

nouum templum erinnert an das Neue Jerusalem der Offenbarung des Johannes (*Apc* 3, 12 u. 21, 2). Der unausgesprochene Gegensatz zu diesem ‚neuen Tempel' ist der gedachte „Tempel des Alten Bundes" (Gnilka 1963: 94), den die Kirche als Gemeinschaft des Neuen Bundes ablöst und den Prudentius mehrfach als ‚alten Tempel' bezeichnet, so *cath.* 12, 185–188, v. a. 187–188 „dominaeque rex ecclesiae,| *templ*i et n o u e l l i et pristini" und *ditt.* 121–124, v. a. 121 „*templ*i ueteris" (vgl. Gnilka 1963: 94). *nouum templum* verweist zudem über den miskrokosmischen – individuell seelischen – Aspekt des Tempelbaus hinaus auf die makrokosmische Ebene des „Tempel[s] der Kirche" (Gnilka 1963: 125).

827 *quad*rent ut *quat*tuor undique frontes: ‚damit sich die vier Außenwände auf allen Seiten ins Geviert fügen'. *quadrare* ‚viereckig sein' bzw. ‚eine rechteckige / quadratische Form bilden' heißt hier soviel wie „sich ins Geviert fügen"; Gnilka erklärt dazu: „Die vier Seiten passen, aber so, daß sie sich ins Viereck fügen" (Gnilka 1963: 95). *frons* bezeichnet hier die ‚Vorderseite' bzw. ‚Außenseite' des Bauwerks. Burton sieht in dieser Wortwahl noch eine tiefere Bedeutung: Da das Bauwerk ein perfektes Quadrat mit je drei Türen an allen vier Seiten bildet, sehe jede der Seiten wie die Vorderseite aus (Burton 2004: 57).

Prudentius hebt die Bedeutung der Zahl Vier und ihrer Symbolik hier durch die pleonastische Figura etymologica *quadrent ... quattuor* hervor.

828–829 ne commissuris distantibus angulus impar | argutam mutilet per dissona semetra normam: ‚damit kein falscher Winkel in klaffenden Fugen das deutliche Winkelmaß durch unebenmäßige Abweichungen verstümmele'.

commissura ‚Verbindung' bezeichnet hier die Fugen bzw. Ecken zwischen den einzelnen Teilen des Gemäuers (vgl. Arévalo 1862: 82). (Vgl. vv. 678–679 *rara commissura* für die Verbindung innerhalb des Kettenpanzers der *Concordia*.) *distans* bedeutet hier wohl nicht so sehr ‚voneinander entfernt' als vielmehr ‚unterschiedlich' (vgl. Arévalo 1862: 82) oder ‚schlecht passend', wobei Lücken entstehen (vgl. Burton 2004: 57). *commissuris distantibus* heißt demnach entweder lokativisch ‚in unterschiedlichen Fugen / Verbindungen', modal ‚mit unterschiedlichen Fugen / Verbindungen' oder kausal ‚durch unterschiedliche Fugen / Verbindungen'.

angulus impar ‚ungleicher Winkel' heißt zugleich ‚nicht rechter Winkel', denn wenn einer der Winkel kein rechter Winkel ist, kann auch die gesamte Figur der Wand oder des Bodens kein Rechteck oder Quadrat mehr sein, so dass hier vielleicht ‚falsch gemessener Winkel' gemeint ist (vgl. Gnilka 1963: 97–98 u. Burton 2004: 57).

angulus impar und *commissuris distantibus* „sind sachlich dasselbe" (Gnilka 1963: 96).

semetra ist wohl substantiviertes Neutrum Plural zu *sēmeter* (< *se* + *metrum*) ‚ohne gehöriges Maß' (vgl. Georges II: 2584 s. v. *sēmeter* z. St., Lease 1895: 49 § 121.a u. Lavarenne 1933: 263) und bezeichnet hier ‚Abweichungen vom richtigen Maß' (vgl. auch Burton 2004: 57). *dissonus* ‚unharmonisch' heißt hier ‚abweichend' bzw. ‚aus verschiedenen Teilen zusammengesetzt' (vgl. Arévalo 1862: 82 u. Burnam 1905: 67). *per dissona semetra* ist also pleonastisch, wobei Prudentius sich sowohl musikalischer als auch geometrischer Metaphorik bedient.

norma bezeichnet das Werkzeug, mit dem Bauleute ‚rechte Winkel' abmessen und wird hier metonymisch für diese ‚rechten Winkel' oder allgemeiner ‚das richtige Maß' gebraucht (vgl. Burton 2004: 57). *argutus* heißt in Bezug auf Formen soviel wie ‚sauber' (= ‚richtig ausgeführt') bzw. ‚klar umgrenzt'. *norma arguta* bedeutet also ‚sauberer Winkel' oder ‚richtiges Maß'. Diese Junktur ist „singulär" und „hebt jedenfalls den Wert der quadratischen Form hervor" (Gnilka 1963: 98).

Der ganze Finalsatz in vv. 828–829 hebt in seiner enormen Redundanz die Bedeutung des rechten Maßes für den Tempel hervor.

830–867: Beschreibung des Grundrisses, der Eingänge und des Mauerwerks des Tempels: Die Mauern sind exakt nach den Haupthimmelsrichtungen ausgerichtet. Auf allen vier Seiten befinden sich jeweils drei Eingänge, die jeweils aus einem einzigen riesigen Edelstein herausgearbeitet worden sind (vv. 830–837). Über jedem dieser zwölf Eingänge prangt der Name eines Apostels (vv. 838–850). Die Mauern sind aus zwölf Arten von Edelsteinen errichtet worden, die abwechselnd verlegt sind (vv. 851–865). Zur Erklärung, wie die Mauern und Tore aus den Edelsteinen aufgerichtet wurden, wird ein Kran beschrieben, der die unermesslich großen Edelsteine leicht und schnell in die Höhe gehoben und an den vorgesehenen Platz bewegt hat (vv. 866–867).

Vorbild für die Ausrichtung der Mauern nach den Himmelsrichtungen und die symmetrische Anordnung der zwölf Tore sind *Apc* 21, 13 u. *Ez* 48, 30–35, wobei die Reihenfolge der Himmelsrichtungen in der Beschreibung „weder mit Ezechiel noch mit Johannes [...] übereinstimmt", wohl weil „Prudentius [...] jetzt schon die spätere Deutung der vier Himmelrichtungen auf die vier Lebensalter im Auge [hat]" (Gnilka 1963: 98; vgl. Cambronne 2002: 462 u. Burton 2004: 57). Cambronne vergleicht den Tempel und seine Ausrichtung und überdies auch mit dem Tempel Salomons in III *Rg* 6–7 (vgl. Cambronne 2002: 462–463). Eine ma. Glosse deutet die Reihenfolge der Tore so: Die drei Tore im Osten stehen für diejenigen, die sofort nach Annahme des Glaubens an die Dreifaltigkeit ins Himmelreich gelangen, indem sie kurz nach der Taufe sterben; die Tore im Süden für diejenigen, die glühend ihren Glauben vertreten; die Tore im Westen für diejenigen, die nach langem Leiden und Qualen zu Gott gerufen werden; die Tore im Norden für diejenigen, die die Kälte der Versuchung und der Laster ertragen haben (vgl. Burnam 1910: 114).

Zur Beschreibung des Krans verweist Gnilka auf die „verschiedene[n] Arten von Hebemaschinen", die bei Vitr. 10, 1, 1 beschrieben werden, und die Beschreibung der „Zugmaschine [zur] Errichtung von Tempeln und staatlichen Gebäuden" in Vitr. 10, 3 (Gnilka 1963: 114–115). Er deutet die *funalis machina* als Allegorie für „das Kreuz Christi" und verweist dazu auf die Verwendung dieses Bildes bei anderen „frühen christlichen Autoren" wie Ign. Eph. 91, 1; Hippol. *de antichr.* 59 u. Iren. frg. 26 sowie bei Gregor dem Großen (*moral.* 6, 58 u. 5, 55) und merkt an, dass Prudentius hier – anders als sonst bei der Beschreibung des Tempelbaus – die Verwendung des Krans detailliert beschreibt und sogar „das realistische Motiv der knarrenden Seilwinde" anbringt (Gnilka 1963: 114).

Zur Zahlensymbolik in der Beschreibung des Tempels vgl. Gnilka 1963: 107 u. Cambronne 2002: 461–462.

830–831 Aurorae de parte: ‚auf der Seite des Sonnenaufgangs', also auf der Ostseite. Schon eine ma. Glosse sieht in der Sonnenumlaufmetaphorik einen Hinweis auf die vier Lebensalter des Menschen (vgl. Arévalo 1862: 82).

830–831 plaga lucida: ‚eine glänzende Seite', gemeint ist wohl – übertragen – der nach Osten ausgerichtete Teil des Tempels (vgl. Lavarenne 1933: 263 u. Gnilka 1963: 98–99).

830–833 tribus ... triplex ... tris ... trina ... totiens: kunstvolle Variation der Anapher (vgl. Gnilka 1963: 99).

831–832 triplex aperitur ad austrum | portarum numerus: ‚eine dreifache Anzahl Tore öffnet sich nach Süden hin'. *triplex portarum numerus = tres portae* ‚drei Tore' (vgl. Lavarenne 1933: 264). *auster* ‚Südwind' steht hier metonymisch für die Himmelsrichtung ‚Süden' (vgl. Arévalo 1862: 82).

832–833 tris occidualibus offert | ianua trina fores: ‚drei Eingangstüren bietet ein dreifaches Tor dem Westen dar'.

tris fores ist Akk. Pl. (vgl. Lavarenne 1933: 84 § 159 u. Burton 2004: 57).

occidualis ‚westlich' ist eine spätantike Wortschöpfung und findet sich außer bei Prudentius (*c. Symm.* 2, 598 u. *psych.* 832) nur bei Firmicus Maternus (*math.* 2, 8, 1) und Jordanes (*Rom.* 249) (vgl. ThLL IX,2: 353 s. v. occiduālis). Der Dativ Pl. *occidualibus* ist entweder Substantivierung i. S. v. ‚dem Westen' oder aber elliptisch für *occidualibus partibus* ‚der westlichen Seite' – als poetischer Plural – oder für *populis occidualibus = populis occidentis* ‚den westlichen Völkern / Leuten' (vgl. Lavarenne 1933: 98 § 207 u. 101 § 217, Bergman 1897: 72, Gnilka 1963: 99 u. Burton 2004: 57).

Um die scheinbare Tautologie dieses Satzes aufzulösen, differenziert Lavarenne zwischen *ianua* als ‚Eingang' bzw. ‚Durchgang' und *fores* als ‚Türflügel', wobei allerdings eine solche Differenzierung auch genau umgekehrt möglich ist (vgl. Lavarenne 1933: 264).

833–834 alta domus: ‚das hohe Haus' hebt nun nach allen Hinweisen auf die horizontale Ausdehnung des Tempels auch dessen Höhe hervor (vgl. Gnilka 1963: 99).

834–836 nullum illic structile saxum,| sed caua per solidum multoque forata dolatu | gemma relucenti limen complectitur arcu: ‚dort umschließt kein gemauerter Stein, sondern ein massiver, gewölbter und durch vieles Behauen durchbohrter Edelstein die Schwelle mit einem strahlenden Bogen'. Die Torbögen sind also nicht aus Steinen gemauert, sondern jeweils aus einem großen Edelstein herausgearbeitet (vgl. Burnam 1910: 114 u. Lavarenne 1933: 264 zu *per solidum*). *dolatus* (< *dolare* ‚behauen') ist ein Hapax legomenon und bezeichnet die Handlung des Behauens (vgl. ThLL V,1: 1819 s. v. dolātus, Bergman 1897: 72, Lavarenne 1933: 264 u. Gnilka 1963: 99).

837 uestibulumque lapis penetrabile concipit unus: = *uestibulumque unus lapis penetrabilis concipit* ‚und die Vorhalle bildet ein einziger durchschreitbarer Stein' (vgl. Gnilka 1963: 100).

lapis bezeichnet hier sowohl den ‚Stein' als Baumaterial als auch einen ‚(Halb-)Edelstein'.

uestibulum ‚Eingangshalle' oder ‚Vorhalle' kann hier wohl nur eine Halle im Inneren des Tempels, nämlich hinter den drei Toren einer Seite, bezeichnen (vgl. Gnilka 1963: 100).

penetrabilis bedeutet hier ‚passierbar', also so, dass man hindurchschreiten kann (vgl. Lavarenne 1933: 264 u. Gnilka 1963: 100). Bei *penetrabile uestibulum* liegt wohl eine Enallage vor: Das Attribut *penetrabile* bietet keine wirklich sinnvolle Zusatzinformation über die Vorhalle, schließlich ist es der Zweck einer Vorhalle, dass man sie durchschreiten kann, um in das Gebäude zu gelangen. Es gehört daher sinngemäß wohl zu *lapis*, denn dass man den riesigen Stein, aus dem die Vorhalle besteht, durchschreiten kann, ist ja die geradezu unglaubliche Information, um die es Prudentius hier geht (vgl. Gnilka 1963: 100).

839 nomina apostolici ... bis sena senatus: ‚die zweimal sechs Namen des apostolischen Senats', gemeint sind die Namen der zwölf Apostel (vgl. Arévalo 1862: 83, Bergman 1897: 73 u. Lavarenne 1933: 264; zur Umschreibung der Zahl vgl. auch Lease 1895: 52 § 130). Gnilka sieht in der Formulierung *apostolici senatus* eine „Erneuerung des Glanzes des Namens Senat durch christliche Deutung" (Gnilka 1963: 101). Burton dagegen versteht *senatus* hier in seiner etymologischen Bedeutung (< *senis* bzw. *senex*) als ‚Ältestenrat' (vgl. Burton 2004: 58).

Prudentius adaptiert das Motiv der Apostelnamen auf den Grundsteinen der Tore in *Apc* 21, 14, indem er diese – wohl der besseren Sichtbarkeit und damit der Bedeutung des Neuen Testaments wegen – ganz oben auf die Torbögen verlegt, wo in *Apc* 21, 2 die Namen der zwölf Stämme Israels stehen (vgl. Gnilka 1963: 100–101 u. Mastrangelo 2008: 58).

840–850: Prudentius deutet die vier Seiten des Tempels v. a. durch ihre Zuordnung zu den vier Haupthimmelsrichtungen und deren Charakteristika (vv. 845–850) als Symbole für die vier traditionellen Lebensalter des Menschen (vgl. Arévalo 1862: 82, Gnilka 1963: 105–106 u. Burton 2004: 58).

840–841 spiritus his titulis arcana recondita mentis | ambit et electos uocat in praecordia sensus: ‚Der Geist umgibt mit diesen Namen die verborgenen Geheimnisse der Seele und ruft die auserwählten Gefühle in die Herzen'.

spiritus steht – wie z. B. auch in *psych. praef.* 64; *apoth.* 164; 435; 572; *cath.* 7, 75; 9, 6 – für den ‚Heiligen Geist'; hier hat Prudentius angesichts der Anspielungen auf das Himmlische Jerusalem vielleicht besonders *Apc* 1, 10

u. 22, 7 vor Augen, wo der Geist Gottes Johannes ergreift (*Apc* 1, 10) und alle Menschen zu sich ruft (*Apc* 22, 17), wie zuerst Bergman vermutet hat (vgl. Burnam 1910: 114; Bergman 1897: 73 u. Lavarenne 1933: 264 jeweils mit Verweis auf *Apc* 22, 17 sowie Gnilka 1963: 102).

his titulis ‚mit diesen Inschriften' bzw. ‚mit diesen Namen' bezieht sich auf die in vv. 838–839 genannten Namen der Apostel, die über den zwölf Eingängen angebracht sind (vgl. Arévalo 1862: 83, Burnam 1910: 114 u. Burton 2004: 58).

Die pleonastische Formulierung *arcana recondita mentis* ‚die verborgenen Geheimnisse der Seele' nimmt v. 761 *uariis arcana biformia fibris* wieder auf (vgl. Arévalo 1862: 83 sowie); zur Bedeutung siehe dort.

ambire ‚um etw. herumgehen', bzw. hier mit dem *abl. instrumenti* wörtl. ‚etw. mit etw. umgeben', kann auch ‚etw. untersuchen', ‚sich um etw. bemühen', ‚etw. begreifen / verstehen' oder aber ‚etw. [verteidigend] mit etw. umgeben' bedeuten (vgl. Mastrangelo 1997: 115). *spiritus his titulis arcana recondita mentis ambit* heißt hier also (a) ‚der Geist umgibt die verborgenen Geheimnisse der Seele [schützend] mit diesen Namen' oder (b) ‚der Geist bemüht sicht mit diesen Namen um die verborgenen Geheimnisse der Seele', was Bergman so versteht, dass der Geist die verborgenen Geheimnisse zu verstehen versucht (vgl. Bergman 1897: 73), was man aber auch so verstehen könnte, dass der Geist Gottes durch die Apostel, also durch die Kirche, welche die Lehre Jesu und seiner Jünger vermittelt, um die Seelen der Menschen und deren Geheimnisse wirbt, was sehr gut zu *Apc* 22, 17 passt.

electos sensus ‚die auserwählten Gefühle / Einstellungen', nämlich die Gefühle bzw. spirituellen Empfindungen (vgl. Burnam 1905: 67), die von Gott erwünscht sind, bezeichnet wohl die Haltung, die der Geist Gottes und die „Braut", Jesus, in *Apc* 22, 17 in den Menschen wecken wollen, wenn sie sagen: „Veni!" und Johannes erklärt: „et qui audiat, dicat: ‚ueni', et qui sitit, ueniat, qui uult accipiat aquam uitae gratis". *electos uocat in praecordia sensus* ‚ruft die auerwählten Gefühle / Einstellungen in die Herzen' bedeutet wohl, dass der Ruf des Geistes dafür sorgt, dass aus der Gesamtheit aller verborgenen Wünsche und Gefühle, die im Innern verborgen sind, die ‚richtigen' an die Oberfläche, d. h. in das Herz als Sitz der Gefühle emporgehoben werden. Vgl. v. 10 *furiis inter preacordia mixtis* und in gleicher Bedeutung v. 761 *fibris* sowie für die Bedeutung von *sensus* vv. 315 u. 729.

Mastrangelo deutet diese Stelle so, dass der Hl. Geist und die Apostel das sonst unsichtbare, verborgene Innere der Seele sehen, das nun von *Sapientia* bewohnt wird (vgl. Mastrangelo 2008: 112).

842–843 quam corpore toto | quadrua uis animat: ‚welche im ganzen Körper die vierfache Kraft beseelt'.

quam bezieht sich auf *hominis natura* (v. 842).

toto corpore ‚im ganzen Körper' im Gegensatz v. 843–844 *aram cordis*, da der „Altar ... den Sammelpunkt für die *natura* des ganzen *corpus* dar[stellt]", weil der Tempel Christi im Menschen errichtet wird (Gnilka 1963: 103 mit Verweis auf *cath.* 4, 27.

quadrua uis ‚die vierfache Kraft' deuten ma. und moderne Kommentatoren auf verschiedene Weise: Manche ma. Glossen erkennen darin die vier Kardinaltugenden *prudentia, temperantia, fortitudo* und *iustitia* (vgl. Burnam 1905: 67 u. Burnam 1910: 114), manche dagegen die vier Elemente Feuer, Luft, Erde und Wasser (vgl. Arévalo 1862: 83). Bergman und Lavarenne deuten *quadrua uis* mit Bezug auf vv. 845–848 als die vier Lebensalter der Menschen (vgl. Bergman 1897: 73 u. Lavarenne 1933: 264).

animare bedeutet ‚Leben einhauchen' oder ‚beseelen'. Hier heißt es wohl, dass die vierfache Kraft – seien es nun die Kardinaltugenden, die Elemente oder auch die Lebensalter – das Wesen des Menschen ausmachen.

843–844 trinis ingressibus aram | cordis adit: ‚durch die je drei Zugänge tritt sie an den Altar des Herzens heran'. Das Subjekt ist die *natura hominis* (v. 842). *trinis ingressibus* ‚je drei Zugänge', auf der Bildebene die je drei Tore an allen vier Seiten des Tempels, deuten ma. Glossen als Anspielung auf die Dreifaltigkeit (vgl. Burnam 1905: 67 u. Arévalo 1862: 83) oder einen Hinweis darauf, dass die Natur des Menschen dreigestaltig sei, nämlich „rationabilis, concupiscibilis, irascibilis" ‚vernunftbegabt, begierig, leicht erzürnbar' (vgl. Arévalo 1862: 83).

845–846 seu pueros sol primus agat, seu feruor ephebos | incendat nimius: ‚sei es, dass der Sonnenaufgang den Knaben lenkt, sei es, dass die Hitze die Jünglinge allzu sehr entflammt'.

sol primus, wörtlich ‚die erste Sonne', bezeichnet den ersten Sonnenstrahl des Tages, also den ‚Sonnenaufgang' als Beginn des Tages, hier metaphorisch für die Kindheit als Beginn des Lebens (vgl. Bergman 1897: 73, Burnam 1910: 114–115 u. Gnilka 1963: 105 mit Verweis auf Iuv. 2, 133 und Sen. *Herc. O.* 487).

feruor nimius, die ‚allzu große Hitze', steht hier für das Jugendalter und ihre Leidenschaften und ist in der Antike fester Bestandteil ihrer Typologie (vgl. Burnam 1905: 67, Gnilka 1963: 105 mit Verweis auf Aristot. *rhet.* 2, 12, 1389 a 19, Hor. *ars* 115–116, Ov. *met.* 15, 209, Sen. *Tro.* 251 u. Prud. *c. Symm.* 2, 320 sowie Burton 2004: 58).

846–847 seu consummabilis aeui | perficiat lux plena uiros: ‚sei es, dass das volle Licht die Männer des reifen Alters vollendet'.

consummabilis ist außer hier nur noch einmal bei Seneca belegt (*epist.* 92, 27: *ratio ... consummabilis*) und bedeutet ‚was vollendet / vervollkommnet werden kann' (vgl. ThLL IV: 594 s. v. cōnsummābilis, Bergman 1897: 73, Lavarenne 1933: 264, Gnilka 1963: 105–106 u. Burton 2004: 58).

lux plena ‚das volle Licht' steht für das Mannesalter (vgl. Burnam 1905: 67 u. Lavarenne 1933: 264–265).

847–848 siue algida Borrae | aetas decrepitam uocet ad pia sacra senectam: ‚sei es, dass die kalte Zeit des Nordwinds das altersschwache Greisenalter zu frommen Gottesdiensten ruft'.

Die äußerst seltene verkürzte Form *Borrae*, latinisierter Genitiv zur attischen kontrahierten Form βορρᾶς anstelle von βορέας, verwendet Prudentius aus metrischen Gründen statt der üblichen Form *Borreae* (vgl. Bergmann 1897: 73, Burnam 1905: 67, Lavarenne 1933: 83 § 155 mit Verweis auf Paul. Nol. *carm.* 17, 245 u. Burton 2004: 59).

Wie die Hitze für das Jugendalter, so „[gehört] die Kälte des Greisenalters zur Charakteristik dieser Altersklasse" (Gnilka 1963: 106 mit Verweis auf Aristot. *rhet.* 2, 13, 1389 b 30–31).

849–850 occurit trinum quadrina ad compita nomen, | quod bene *discipulis disponit rex duodenis:* ‚es begegnet ein dreifacher Name an den vierfachen Zugängen, den der König den zwölf Jüngern gut bestimmt hat'.

compitum bezeichnet zunächst einen Ort, wo sich mehrere Wege treffen, also einen ‚Kreuzweg' oder ‚Scheideweg', oder aber den ‚Ort, an dem eine Entscheidung getroffen werden muss', ein ‚Gebäude an einer Wegkreuzung' oder einfach jegliche Art von ‚Weg' oder ‚Zugang' (vgl. ThLL III: 2075–2077 s. v. compitum I.A–B u. II).

Gemeint sind wohl die vier Seiten, von denen aus man den Tempel – über je drei Eingänge, über denen jeweils ein Apostelname als Inschrift prangt – betreten kann (vgl. Bergman 1897: 73, Lavarenne 1933: 265 u. Gnilka 1963: 107). Thomson dagegen versteht unter *compita* das Areal, auf dem sich der Tempel befindet, einschließlich des Tempels selbst (vgl. Thomson 1949: 338–339 Anm. b).

quod bezieht sich auf *trinum nomen* (v. 849), also die dreimal vier Namen der Apostel, die Christus in die Welt ausgesandt hat (vgl. Arévalo 1862: 84). *rex* steht für Christus, obwohl doch eigentlich – die sonst als *regina* bezeichnete – *Fides* die Baumeisterin des Tempels ist; Grund dafür ist nach Lavarenne, dass man mit den Aposteln, um die es hier geht, sofort Christus in Verbindung bringt und nicht *Fides* (vgl. Lavarenne 1933: 265, Gnilka 1963: 107 u. Burton 2004: 59).

Prudentius verwendet die Distributivzahl *duodenis* an Stelle der Kardinalzahl *duodecim* (vgl. Lease 1895: 52 § 131). Gnilka versteht diese Stelle „als Darstellung des zahlensymbolischen Wertes der Zwölf" (Gnilka 1963: 107).

Die Alliteration ***discipulis disponit*** betont eine Namenszuweisung an die Apostel durch Christus, die so eigentlich nur zu Simon Petrus passt, dem Jesus den Beinamen πέτρος ‚Fels' gegeben hat, weil er auf ihm als Grundstein seine Gemeinde aufbauen wollte (*Mt* 16, 18). Vielleicht spielt der Ausdruck aber auch auf die Aussendung der Jünger durch Jesus an (*Mt* 10, 5–15; *Mc* 6, 7–13; *Lc* 9, 2–6).

851–867: Prudentius gestaltet das Motiv des Gemmenkatalogs aus *Apc* 21, 19-20 dichterisch aus, indem er nicht einfach dieselben Steine aufzählt, sondern „den Übergang von einem [...] zum andern [...] durch das Motiv der Farbenmischung [gewinnt]" (Gnilka 1963: 107). Außerdem lässt Prudentius das Äußere des Tempels ganz aus Edelsteinen bestehen, während in der Vorlage in *Apc* 21, 19 nur die zwölf Grundsteine mit Edelsteinen verziert sind (vgl. Gnilka 1963: 110). Zur Verwendung der Edelsteine und ihreρ Aufteilung auf die Verse vgl. Gnilka 1963: 107–108.

Vgl. auch *c. Symm.* 2, 249–253 die Beschreibung des aus den Tugenden erbauten *templum mentis* (vgl. Gnilka 1963: 110).

Dass Prudentius später im Schlussgebet die Edelsteine als Symbol für die Tugenden deutet (vv. 910–911), leuchtet zwar konzeptionell und inhaltlich ein und ist auch „den Christen geläufig", birgt aber das Problem, dass dann „Bauleute und Baumaterial" identisch wären (Gnilka 1963: 108 mit Verweis auf Hermann 1959: 458 ff. sowie u. a. auf Lact. *inst.* 5, 8, 4, Clem. Al. *paed.* 3, 35, 2, Aug. *serm.* 75, 2, Hier. *epist.* 64, 16; vgl. ferner Sauer 1924: 392).

851–852 quin etiam totidem gemmarum insignia textis | parietibus distincta micant: ‚ja es funkeln sogar ebensoviele unterschiedliche Symbole aus Edelsteinen an den [daraus] zusammengefügten Mauern'.

totidem ‚ebensoviele' bestimmt *gemmarum* näher, wobei Prudentius hier auf die zwölf Edelsteine in *Apc* 21, 19–20 anspielt (vgl. Burton 2004: 59), und „leitet steigernd zu einer dritten Zwölfzahl über" (Gnilka 1963: 109).

Die Mauern des Tempels sind ganz und gar aus Edelsteinen der zwölf in vv. 854–865 näher benannten und beschriebenen Arten zusammengefügt (vgl. Burnam 1910: 115 u. Burton 2004: 59).

In *părĭĕtĭbus* verwendet Prudentius *i* aus metrischen Gründen konsonantisch wie auch Vergil in *Aen.* 2, 442; 5, 589 u. *georg.* 4, 297 (vgl. Lavarenne 1933: 111 § 247).

852–853 animasque colorum | uiuentes liquido lux euomit alta profundo: ‚und das Licht aus der Tiefe [der Steine] bringt aus [deren] klarer Tiefe die lebenden Seelen der Farben hervor'.

animasque colorum uiuentes ‚und die lebenden Seelen der Farben' steht vermutlich metaphorisch für das je nach Lichteinstrahlung unterschiedliche Schimmern der einzelnen Edelsteine, was den Eindruck erweckt, als lebten sie bzw. als hätten sie eine Seele (vgl. Arévalo 1862: 84, Burnam 1910: 115, Lavarenne 1933: 265, Gnilka 1963: 109 u. Burton 2004: 59). Gnilka verweist dazu auch auf die „antike Vorstellung von der Beseeltheit der Edelsteine" (Gnilka 1963: 109 mit Verweis auf Manilius 5, 509).

Während die modernen Übersetzungen *lux alta* als ‚das Licht aus der Höhe' bzw. ‚das Licht, das von oben hereinfällt' verstehen (so etwa Thomson 1949: 339 „the light from on high" oder Lavarenne 1933: 201 sowie Lavarenne 2002: 79 „et la lumière, qui tombe d'en haut" oder Engelmann 1959: 87 „das Licht aus der Höhe"), erklärt Gnilka mit Verweis auf Plinius *nat.* 37, 93 *carbunculos ex alto lucidos* und Stat. *silv.* 3, 3, 85 überzeugend, dass damit das „Licht in der Tiefe (der Edelsteine)" gemeint sei und hier bei Prudentius wie „überall" in der Antike „die Vorstellung vom selbstleuchtenden Feuer der Edelsteine" anklinge (Gnilka 1963: 109–110 mit Belegen für den Chrysopras, den Smaragd und den Jaspis; vgl. auch Burton 2004: 59).

Nur zu diesem Verständnis von *lux alta* passt *euomit* ‚speit aus' inhaltlich, wie Gnilka mit Verweis auf den Gebrauch von *euomere* in Bezug auf den „Glanz der Edelsteine" bei Arnobius 6, 3 und den Gebrauch von *uomere* „im gleichen Zusammenhang" bei Sidonius *carm.* 11, 24 zeigt (Gnilka 1963: 110).

854 ingens chrysolithus, natiuo interlitus auro: ‚der gewaltige Chrysolith, durchzogen mit natürlichem Gold'. *chrysolithus*, wörtl. ‚Goldstein' bezeichnet einen goldfarben funkelnden Edelstein und entspricht wohl unserem Topaz (vgl. Bergman 1897: 73, Burnam 1905: 67, Burnam 1910: 115, Lavarenne 1933: 265 u. Burton 2004: 59). *natiuo interlitus auro* ‚überzogen mit natürlichem Gold' bedeutet, dass der Goldglanz des Edelsteins zu seiner natürlichen Beschaffenheit gehört und nicht nachträglich von Menschenhand aufgetragen wurde.

Prudentius hebt hier wie auch in v. 873 *margaritum ingens* und v. 867 *immensas gemmas* die „wunderbare Größe der einzelnen Steine" hervor (Gnilka 1963: 110).

855 hinc sibi sapphirum sociauerat, inde beryllum: ‚auf der einen Seite hatte er sich mit einem Sapphir verbunden, auf der anderen mit einem Beryll'.

sapphirus bezeichnet einen blauen Edelstein mit Goldpunkten und entspricht wahrscheinlich unserem heutigen Lapislazuli (vgl. Burnam 1905: 67, Gnilka 1963: 110 sowie Burton 2004: 59)

sociare bedeutet hier ‚ein Material mit einem anderen verbinden'.

beryllus ‚Beryll' ist ein meergrüner Edelstein, ähnlich dem Smaragd, nur matter. Prudentius misst běryllum; ebenso frei verfährt er in der Beschreibung weiterer Edelsteine: v. 857 *chalcedŏn*, v. 858 *cyānea*, v. 861 *sardīus*, v. 862 *smāragdina*, v. 873 *margarītum* (vgl. Meyer 1932: 343 Anm. 55, Lavarenne 1933: 107 § 238, Lavarenne 1933a: 141–143 u. Gnilka 1963: 110).

856 distantesque nitor medius uariabat honores: ‚und der Glanz in der Mitte veränderte die verschiedenen Zierden'. Gemeint ist damit, dass sich die Farbwirkung der einzelnen Edelsteine in der Verbindung bzw. Wechselwirkung miteinander durch den Kontrast verändert.

distantes bezeichnet hier – wie schon ähnlich in v. 828 – wohl nicht die beiden durch einen in der Mitte befindlichen dritten Stein ‚von einander entfernten' Edelsteine, sondern bezieht sich auf deren Unterschiedlichkeit (vgl. Lavarenne 1933: 265 u. Burton 2004: 59).

nitor medius ‚der Glanz in der Mitte' bezieht sich auf den Glanz des Chrysolith in der Mitte zwischen Sapphir und Beryll (vgl. Burnam 1910: 115). Gnilka versteht *medius* als „neutral" und erklärt, dass der Chrysolith „durch seinen Glanz die verschiedene Färbung der beiden anderen Steine hervortreten" lasse (Gnilka 1963: 110).

honores ‚Ehren' bzw. ‚Zierden' steht hier für die ‚Schönheit' bzw. ‚Würde' der angrenzenden Edelsteine, des Sapphirs und des Berylls (vgl. Arévalo 1862: 84, Lavarenne 1933: 265 u. Burton 2004: 59).

857–859: Die genaue Bedeutung der vv. 857–859, vor allem der Formulierung *cyanea propter stagna*, ist umstritten. Lavarenne ordnet „nam lapis cohibens stagna cyanea fulgebat forte propter, ostro aquoso" und versteht den Satz so, dass der Stein die azurblauen Wellen reflektiert (Lavarenne 1933: 266). Gnilka dagegen deutet den Satz so, dass hier „ein matter Stein [...] von der Lichtflut eines besonders leuchtkräftigen Steines übergossen" werde (Gnilka 1963: 110; vgl. auch Meyer 1938: 377).

Eine ausführliche Diskussion der Probleme findet sich bei Meyer 1938. Im Wesentlichen hängen die Unstimmigkeiten im Verständnis der Stelle an der Frage, ob *propter* (v. 858) Präposition oder Adverb ist. Meyer erklärt, dass bei der Auffassung von *propter* als Präposition *stagna* (v. 859) unverständlich sei, weil nirgends „blaue Wasser genannt [werden], in deren Nähe der *hyacinthus* wäre" und dann ferner „*cohibens* (v. 859) nicht zu deuten" sei (Meyer 1938: 377 gegen Bergman 1987: 74). *propter* als Adverb i. S. v. ‚in der Nähe' aufzufassen (so zuerst Lavarenne 1933: 266), beseitige alle Verständnisschwierigkeiten: *cohibens* bedeute dann ‚enthaltend' und habe *stagna* in der Bedeutung ‚Farbe / Glanz des Wassers' zum Objekt (vgl. Meyer 1938: 378–379). Man müsse dann also verstehen: ‚Denn der Stein, der die Farbe meerblauen Wassers in sich trägt, glänzte zufällig in der Nähe'.

857–858 hic chalcedon hebes perfunditur ex hyacinthi | lumine uicino: ‚hier wird ein matter Chalcedon gefärbt vom benachbarten Licht eines Hyazinthen'.

chalcedon ist wohl verkürzt für *Chalcedonius (lapis)*, einen Edelstein, der aus der Gegend von Chalcedon in Kleinasien stammt (vgl. ThLL II: 73 s. v. Calchedōnius mit Verweis auf Plin. *nat.* 37, 72). Bergman erklärt, es handele sich um einen milchfarbenen Edelstein (vgl. Bergman 1897: 74); eine ma. Glosse erklärt, der Stein spiegele mattes Lampenlicht wieder und glänze nur unter freiem Himmel (vgl. Burnam 1905: 67), eine andere ma. Glosse erklärt, es handele sich um einen Stein von matt blauer Farbe, der purpurfarben strahle (vgl. Burnam 1910: 115); Burton meint, damit sei der Achat gemeint (vgl. Burton 2004: 59). Einigkeit besteht darüber, dass nicht die heute so genannten Chalcedone damit gemeint sind, da „diese in der Antike anders hießen" (Gnilka 1963: 111).

Zur Prosodie *chalcedŏn* statt *chalcedōn* vgl. Meyer 1932: 343 Anm. 55, Lavarenne 1933: 107 § 238, Lavarenne 1933 a: 141–143 u. Gnilka 1963: 110). Zur Orthographie vgl. ThLL II: 73 s. v. Calchedōn u. Gnilka 1963: 110–111.

hyacinthus bezeichnet einen blauen bzw. blauvioletten, ins dunkle tendierenden Edelstein, wahrscheinlich unseren heutigen Saphir (vgl. Bergman 1897: 1897: 74, Burnam 1905: 67, Lavarenne 1933: 265 u. Burton 2004: 60).

Zur Alliteration *hic ... hebes ... hyacinthi* vgl. Meyer 1938: 377 Anm. 1 u. Gnilka 1963: 110.

857–858 cyanea propter | stagna: ‚nahe meerblauen Wassern'. *cyaneus* ist ‚dunkelblau' bzw. ‚meerblau' (vgl. Plin. *nat.* 10, 89; 22, 45; 37, 120; Burnam 1910: 115–116 u. Gnilka 1963: 112). Zur prosodischen Variation *cy̆ānea* hier vgl. Lavarenne 1933: 107 § 239. *stagnum* bezeichnet meist ein ‚stehendes Gewässer'. *propter* gebraucht Prudentius hier gleichbedeutend mit *prope* (vgl. Bergman 1897: 74).

859 ostro ... aquoso: ‚von kristallklarem Purpur' (vgl. Lavarenne 1933: 266 u. Gnilka 1963: 112 mit Verweis auf Plin. *nat.* 37, 125, Prop. 4, 3, 52, Tert. *de an.* 9, 6 u. Isid. *orig.* 16, 13, 1).

860–861 sardonicem pingunt amethystina, pingit iaspis | sardium iuxta adpositum pulcherque topazon: ‚einen Sardonix färben Amethyste, es färbt ein Jaspis und ein schöner Topaz den daneben angeordneten Sardius'.

sardonyx ist ein Edelstein, der seinen Namen aus der Zusammensetzung von Onyx, dessen weißen Schimmer er aufweist, und Sardius, dessen rote Farbe er ebenfalls aufweist, erhalten hat; neben diesen beiden Farben weist er außerdem einen schwachen schwarzen Farbton auf; Burton dagegen setzt den Sardonyx mit dem Onyx gleich (vgl. Burnam 1905: 68, Burnam 1910: 116 u. Burton 2004: 60).

amethystina ist substantivierter Nom. Plur. neutr. des Adjektivs *amethystinus* ‚amethystfarben' und steht hier anstelle des Substantivs *amethystus* (vgl. Gnilka 1963: 112 mit Verweis auf Iuv. 7, 136 gegen den fälschlichen Bezug auf *stagna* in ThLL I: 1887 s. v. amethystinus [z. St. Z. 66–67]). Der Amethyst ist ein blauvioletter Edelstein.

Der Name *iaspis* bezeichnet einen grünen Edelstein.

Der Edelstein *sardius*, bzw. *sardius lapis*, hat seinen Namen wohl von der Stadt Sardis, der Hauptstadt Lydiens; der Name findet sich nur in der Vulgata (*Ex* 20, 17; 39, 10; *Apc* 4, 3) und bei Tert. *adv. Marc.* 2, 10 sowie bei Hieronymus *in Isai.* 15, 54, 11–12 (vgl. Lavarenne 1933: 266). Burton setzt den Stein mit dem Karneol gleich (vgl. Burton 2004: 60).

Die Form *topazon* für den *topazus* ‚Topaz' ist sonst nicht belegt; es handelt sich dabei um eine Art Chrysolith (vgl. Lavarenne 1933: 266–267, Gnilka 1963: 112 u. Burton 2004: 60).

862–863 has inter species smaragdina gramine uerno | prata *u*irent *u*ol*u*itque *u*agos lux herbida fluctus: ‚zwischen diesen Anblicken schimmern smaragdene Wiesen wie von frühlingshaftem Gras und (gras)grünes Licht sprudelt unstete Fluten hervor'. *species* ‚Anblicke' bezieht sich auf die Farbenpracht der Edelsteine (vgl. Arévalo 1862: 85).

smaragdina gramine uerno prata ‚smaragdfarbene Wiesen wie von frühlingshaftem Gras' stehen für Smaragde, die in den Tempelwänden verbaut sind. Der Vergleich der Smaragde mit kräftig grünenden Wiesen liegt aufgrund der Farbe nahe (vgl. Arévalo 1862: 85, Burnam 1910: 116, Burton 2004: 60 u. Gnilka 1963: 113 mit Verweis auf Heliod. *Aeth.* 2, 30, 3). Prudentius misst, vielleicht aus metrischen Gründen, falsch *smāragdina* (vgl. Lavarenne 1933: 107 § 237).

Das Adjektiv *herbidus* ‚in der Art von Gras' steht hier für ‚grasgrün' (vgl. Lavarenne 1933: 267 mit Verweis auf Plin. *nat.* 12, 56 u. Claud. *Rufin.* 2, 100 sowie Burton 2004: 60).

Dem Bild der grünen Wiese folgt die von Prudentius durch die Alliteration *uirent uoluitque uagos* wirkungsvoll hervorgehobene Vorstellung, dass das Licht der Smaragde wie Wasser hervorsprudelt und durch die Wiesen mäandert (vgl. Gnilka 1963: 113 mit Verweis auf Plin. *nat.* 37, 62–63 u. 80 sowie Mart. Cap. 1, 66 u. Burton 2004: 60).

864–865 te quoque …, ardens chrysoprase: ‚auch Dich, glühender Chrysopras'. Diese Apostrophe belebt die „katalogartige Aufzählung" der Edelsteine und bewirkt „eine wirkungsvolle Steigerung im letzten Gliede des Katalogs" (Gnilka 1963: 113). Der Chrysopras ist ein Edelstein von goldener und grüner Farbe (vgl. Bergman 1897: 75, Burnam 1905: 68 u. Burnam 1910: 116).

865 et *s*idus *s*axis *s*tellantibus addit: ‚und fügt den Sternensteinen ein Gestirn hinzu'. *sidus* bezieht sich inhaltlich auf vv. 864–865 *ardens chrysoprase*, wobei dieser Vergleich mit einem Stern „durch *saxis stellantibus* auf die übrigen Steine übertragen und so der Katalog durch einen Rückverweis auf die Gesamtheit der edlen Steine abgeschlossen [wird]", betont noch durch die Alliteration (Gnilka 1963: 113).

866 funalis machina: ‚die Seilmaschine', gemeint ist ein ‚Kran', um die Steine emporzuheben (vgl. ThLL VI,1: 1545 s. v. fūnālis [z. St. Z. 45], Arévalo 1862: 86, Bergman 1897: 75, Lavarenne 1933: 267, Gnilka 1963: 114 u. Burton 2004: 60). Vgl. v. 293 *funali … stridore* für das Zischen, das von der Schleuder Davids verursacht wird.

867 immensas rapiens alta ad fastigia gemmas: ‚die unermesslichen Edelsteine schnell zum hohen Giebel hinaufschaffend'. *rapere* bedeutet hier ‚schnell ergreifen' und zugleich ‚emporheben' (vgl. Bergman 1897: 75). *fastigium* ‚Gipfel' steht hier für die oberen Teile des Gebäudes, die Giebel und das Dach (vgl. Arévalo 1862: 86 u. Burton 2004: 60).

868–874: Beschreibung der Kristallsäulen im Inneren des Tempels (vv. 866–872) und des Kaufs der Perle durch *Fides* (vv. 872–874). Prudentius bezieht sich hier zum einen auf *Prv* 9,1, zum anderen auf *Mt* 13, 45–46 (vgl. dazu ausführlicher Mastrangelo 1997: 118–119 u. Mastrangelo 2008: 112).

Nachdem Prudentius zunächst detailliert das Äußere des Tempels, nämlich den Grundriss, die Tore und die Wände beschrieben hat, wendet er sich nun sehr knapp den Säulen und der Dachkonstruktion im Inneren des Tempels zu (vgl. Gnilka 1963: 114). Im Inneren des Tempels befinden sich sieben Säulen, die eine muschelförmige Dachkonstruktion tragen, in der sich eine unermesslich große Perle befindet, die *Fides* von dem Erlös aus der Versteigerung ihres Vermögens gekauft hat.

Den Grund für die knappe Beschreibung sieht Gnilka darin, dass das Vorbild des Neuen Jerusalem in *Apc* 21 eben eine Stadt ist, in der es explizit keinen Tempel gibt (*Apc* 21, 22) und Prudentius somit die Vorlage für das Tempelinnere fehle (vgl. Gnilka 1963: 114).

Die von *Fides* durch den Verkauf all ihrer Habe erworbene Perle deutet Gnilka als „Inhalt des Glaubens" (Gnilka 1963: 118–119).

868–870 at domus interior septem subnixa columnis | crystalli algentis uitrea de rupe recisis | construitur: ‚aber das Innere des Gebäudes wird so errichtet, dass es sich auf sieben Säulen aus eisigem Kristall stützt, die aus einem gläsernen Felsen geschnitten worden waren'.

domus ‚Haus' steht hier für den Tempel (vgl. Smith 1976: 298 u. Burton 2004: 60). *domus interior* ‚das Innere des Tempels' wird unterschiedlich gedeutet: (a) als Allerheiligstes des Tempels (vgl. Lavarenne 1933: 267), (b) als Repräsentation Christi, und zwar (α) als Leib Christi in Verbindung mit dem Hl. Geist (vgl. Burnam 1905: 68 u. Burnam 1910: 116) und (β) als Christus, der zugleich die christliche Seele im Frieden mit Gott verkörpert (vgl. Smith 1976: 298).

Die sieben Säulen übernimmt Prudentius aus der Beschreibung des Hausbaus der *Sapientia* in *Prv* 9, 1, doch lässt sich „die Frage nach dem allegorischen Sinn des Motivs […] nicht so leicht […] beantworten", da eine Gleichsetzung der sieben Säulen mit den sieben Tugenden hier auszuschließen ist, weil die Tugenden im Schlussgebet ja mit den Edelsteinen gleichgesetzt werden und *Fides* die Baumeisterin des Tempels ist (Gnilka 1963: 115; vgl. Burton 2004: 60 u. Mastrangelo 2008: 58).

Gnilka nennt „traditionelle allegorische Interpretationen" zu *Prv* 9, 1: Das Haus der *Sapientia* steht entweder für den Leib Christi (vgl. Cypr. *test.* 2, 2 u. Aug. *civ.* 17, 20) oder für die Kirche (vgl. Aug. *civ.* 17, 4); die sieben Säulen sind „Ausdruck einer gewissen Vollkommenheit" und stehen in Bezug zu den *septem spiritus* vor dem Thron Gottes (*Is* 11, 2–4 u. *Apc* 1, 4) oder stellen ein „Symbol des Hl. Geistes" (vgl. Ambr. *epist.* 44, 3 u. Aug. *civ.* 11, 31) dar (Gnilka 1963: 115). Er rät jedoch dazu, sich für die vorliegende Stelle „mit dem Hinweis auf die allgemeine Bedeutung der Siebenzahl zufriedenzugeben" (Gnilka 1963: 115).

crystalli algentis ‚aus eisigem Kristall' bzw. ‚aus Eiskristall', gemeint ist Bergkristall, von dem man in der Antike glaubte, dass es aus Eis entstanden wäre (vgl. Bergman 1897: 75, Burnam 1910: 116–117, Lavarenne 1933: 267, Gnilka 1963: 116 mit Verweis auf Strab. 2, 3, 4; Diod. Sic. 2, 52, 2; Sen. *quaest. nat.* 25, 12; Plin. *nat.* 37, 23; Isid. *orig.* 16, 13, 1 und auf mehrere Belege bei Dichtern und Kirchenschriftstellern sowie Burton 2004: 60). Auch in der Offenbarung des Johannes, deren Neues Jerusalem ja die Folie für den Tempel der *Sapientia* in der *Psychomachia* darstellt, kommt der Kristall vor: *Apc* 4, 6 verglichen mit dem Meer; *Apc* 21,11 verglichen mit der Herrlichkeit Gottes u. *Apc* 22, 1 verglichen mit dem Strom des lebendigen Wassers, der von Gottes Thron ausgeht (vgl. Gnilka 1963: 116).

Der Bezug des Kristalls zum Glas findet sich in der Antike ebenfalls häufig: neben *Apc* 4, 6 z. B. Plin. *nat.* 36, 192 u. 198; Aug. *in ps.* 147, 2; Isid. *orig.* 16, 16, 4 (vgl. Gnilka 1963: 116). Ausschlaggebend für Prudentius dürfte hier aber *Apc* 4, 6 gewesen sein.

In vv. 868–870 „beutet [Prudentius] vergilisches Versgut fast nach der Art der Centonen aus" (Gnilka 1963: 114; vgl. auch Smith 1976: 296): So entnimmt er die Wendung *at domus interior ... construitur* Verg. Aen. 1, 637–638 „*at domus interior* ... i n s t r u i t u r" und „*at domus interior*" in Verg. Aen. 2, 486 (vgl. Dexel 1907: 6, Schwen 1937: 113, Gnilka 1963: 114–115, Smith 1967: 298 sowie Lühken 2002: 65 Anm. 87 u. 69). In der Wendung *septem subnixa columnis* in vv. 868–869 erkennt Gnilka aufgrund der „Alliteration *septem subnixa columnis* | *crystalli* nach dem Schema a a b b" eine eindeutige Reminiszenz an Verg. Aen. 7, 170 (Gnilka 1963: 114–155), während Schwen darin mit Verweis auf Stat. *silv.* 4, 2, 18 „epischen Allgemeinbesitz" sieht (Schwen 1937: 119).

870–872 quarum tegit edita calculus albens | in conum caesus capita et sinuamine s u b ter | s u b ductus conchae in speciem: ‚deren herausgehobene Kapitelle eine weiße Perle bedeckt, die in Kegelform geschnitten ist und darunter mit einer Krümmung nach unten in die Gestalt einer Muschel gezogen ist'.

quarum geht auf v. 868 *septem columnis* (vgl. Arévalo 1862: 86 u. Burton 2004: 61).

calculus bezeichnet gewöhnlich einen kleinen Stein, auch wenn hier „die Deminutivbedeutung des Wortes [...] offenbar nicht empfunden [wird]", da der Stein, gemeint ist v. 873 *margaritum ingens*, „ja riesenhafte Dimensionen" hat (Gnilka 1963: 116; vgl. Arévalo 1862: 86, Burnam 1910: 117 u. Burton 2004: 61). Vgl. auch *ham.* 271 *concharum calculus albens*.

sinuamine subter conchae in speciem subductus ‚nach unten in Gestalt einer Muschel heruntergezogen', d. h. „in Gestalt einer Muschel gewölbt" (Gnilka 1963: 117).

Die meisten Übersetzer und Kommentatoren sehen hierin eine Beschreibung der jeweils einzelnen Kapitelle der sieben Säulen, die sie als dorisch identifizieren, so z. B. Bergman 1897: 75. Doch läge dann eine gewaltige Perle direkt auf sieben muschelförmigen Säulenkapitellen auf. Richtig erklärt dagegen Gnilka, dass es sich um eine Beschreibung der außergewöhnlichen Dachkonstruktion des Tempels handelt: Auf den Kapitellen der sieben Säulen liegt eine muschelförmige Dachkonstruktion auf, die nach unten gewölbt ist und nach oben hin die riesenhafte Perle enthält (vgl. Gnilka 1963: 117–118 mit Verweis auf Stettiner 1895: 396–397).

Gnilka macht als Argument für die nur in Ms. E überlieferte und nur von Chamillard, Cellarius und Teoli übernommene Lesart *quadrum ... in conum* „die Beobachtung der sachlichen Differenz" stark und argumentiert, dass Prudentius „ja den allergrößten Wert auf die viereckige (quadratische) Form des Tempels" lege und das „Quadrat und die Zahl Vier [...] zu den konstitutiven Elementen der Tempelallegorie" gehören; *quadrum in conum* bezeichnet dann also einen ‚Kegel über einem quadratischen Grundriss' (Gnilka 1963: 116–117 mit Verweis auf Illustrationen bei Stettiner 1895: 397 u. Woodruff 1929 Abb. 47). Das stärkste Argument gegen diese Lesart bleibt allerdings, dass in allen Mss. außer E und vor allem auch in den ältesten Mss. überall das grammatisch und sachlich unanfechtbare *quarum ... in conum* überliefert ist.

Besonders auffällig markiert Prudentius die Beschreibung der Form durch die Alliteration der *c* und *s* in vv. 871–872 *conum caesus capita, sinuamine subter | subductus* „nach dem Schema a a a / b b b" (Gnilka 1963: 117; vgl. auch Bergman 1897: 75).

872–874 quod mille talentis | margaritum ingens opibusque et censibus hastae | addictis animosa Fides mercata pararat: ‚diese gewaltige Perle hatte für tausend Talente und nachdem das Vermögen und der Besitz versteigert worden waren die beherzte *Fides* durch Kauf beschafft'.

margaritum ingens ‚eine gewaltige Perle' ist Akk. Sg. neutr. und beschreibt v. 870 *calculus albens* näher (vgl. Arévalo 1862: 86, Burnam 1910: 117 u. Lavarenne 1933: 83 § 157). Prudentius spielt hier – zusammen mit *opibusque et censibus hastae addictis* – auf *Mt* 13, 44–46 (besonders 13, 45–46) an (vgl. Bergman 1897: 75 u. Burton 2004: 61). Prudentius misst hier falsch *margārītum* (vgl. Lavarenne 1933: 107 § 237).

hasta steht hier für die ‚Lanze', die bei einer öffentlichen Auktion als Zeichen in den Boden gerammt wurde, und somit metonymisch für die Auktion selbst (vgl. Burnam 1905: 68, Gnilka 1963: 119 u. Burton 2004: 61). Die Wendung *hastae addicere* ‚der (Auktions-)Lanze zusprechen / zuerkennen' i. S. v. ‚versteigern' oder ‚verkaufen' ist allerdings nirgendwo anders belegt, üblich wäre stattdessen *sub hasta uendere* oder in Verbindung mit dem Dativ *hastae subicere* oder *hasta supponere* (vgl. Lavarenne 1933: 267 u. Gnilka 1963: 119).

opibusque et censibus ist ein Hendiadyoin für ‚das gesamte Vermögen' (vgl. Lavarenne 1933: 267 u. Burton 2004: 61).

874 animosa Fides: ‚die beherzte / mutige Fides'. *animosus* bedeutet sowohl ‚lebhaft' bzw. ‚energisch' als auch ‚edel'. Hier geht es jedoch nicht um eine Variation der Ausdrücke für die Hoheit und Würde der *Fides*, sondern um die Charakterisierung des beherzten und nie zögernden Verhaltens, das *Fides* stets an den Tag legt, wie besonders vv. 30–37 u. vv. 715–717 beweisen (vgl. Gnilka 1963: 119). Der Edelmut der *Fides* wird durch *animosa* insofern mit ausgedrückt, als sie ‚großmütig' ihr gesamtes Vermögen für den Kauf der Perle zum Schmuck des *Sapientia*-Tempels veräußert hat (vgl. Gnilka 1963: 119).

875–887: Vorstellung der *Sapientia* (vv. 875–877) und Beschreibung ihres immergrünen Zepters (vv. 878–887).

875–877 Prudentius beschreibt *Sapientia* als mächtige Herrscherin, welche die Geschicke der Menschen ordnet und lenkt. Gnilka erkennt darin das „Bild des himmlischen Basileus", das sich „seit Konstantin verbreitet [und] gerade in theodosianischer Zeit durch Motive des höfischen Zeremoniells bereichert [wird]" (Gnilka 1963: 119–120). Der Beschreibung des thronenden Lammes und des Lebensbaumes in *Apc* 22, 1–4 entsprechen in der *Psychomachia* die thronende *Sapientia* als Verkörperung des „Christus rex" und ihr immergrünes, blühendes Zepter (Gnilka 1963: 119).

Die Darstellung der *Sapientia* erinnert an die Beschreibung der im Tempel residierenden Dido in Verg. *Aen.* 1, 505–507 (vgl. Gnilka 1963: 120 u. Smith 1976: 298).

Sapientia ist hier im neutestamentlichen Sinne wie bei Prudentius auch sonst in *ham.* 164; 345 u. *cath.* 10, 132 eine Repräsentation Christi (vgl. Arévalo 1862: 87, Lavarenne 1933: 267 u. Gnilka 1963: 120 mit Verweis auf I *Cor* 1, 24).

875 hoc residet solio: ‚residiert auf diesem Thron'. Gnilka macht in neuerer Zeit als einziger auf die Problematik dieses „hart[en] Übergang[es]" aufmerksam: Zuvor war schließlich die Rede von der Dachkonstruktion und nicht von einem Thron, so dass der Bezug zu *hoc solio* zu fehlen scheint. Gnilka erkennt die Lösung dieses Problems in einem Kommentar von Nebrissensis, der *hoc solio* als *templo in quo est solium* erklärt. Vgl. Gnilka 1963: 120 mit Verweis auf Abbildungen illustrierter Mss., in denen *Sapientia* als auf dem Dach thronend dargestellt wird, in Stettiner 1895: 398 u. Abb. 196, 27.

876–877 consilium regni ... | tutandique hominis leges: ‚den Plan für das Reich ... und die Gesetze zum Schutz des Menschen'. *leges* bezeichnet hier im weiteren Sinne die ‚notwendigen Bedingungen' bzw. ‚Regeln' (vgl. Bergman 1897: 75 u. Lavarenne 1933: 91 § 183).

Gnilka weist darauf hin, dass zwar bei strenger Ausdeutung der „Allegorie des *templum pectoris* [...] als ‚Reich' der *Sapientia* de[r] Einzelmensch an[zu]sehen" sei, man aber „gerade hier versucht [sei], den Rahmen weiter auszudehnen und *homo* als kollektiven Sg. zu fassen: *Sapientia* regiert die ganze Menschheit" (Gnilka 1963: 120 unter Berufung auf Chamillardus 1687 u. Faguet 1883: 44 sowie mit Hinweis auf das „Motiv der Rosen und Lilien, das ziemlich eindeutig über den individuellen Bereich hinausweist").

878–887: Beschreibung des Zepters der *Sapientia* in Anlehnung an die Beschreibung des ebensowenig von Menschenhand gemachten und ebenso immergrünen Aaronstabes in *Nm* 17, 8 und *Hbr* 9,4 (vgl. Mastrangelo 1997: 121 u. Mastrangelo 2008: 117). Das Zepter der *Sapientia* ist nicht nur übernatürlich und göttlichen Ursprungs, sondern auch eine Quelle der Tugenden und verfügt über unermessliche Macht (vgl. Mastrangelo 1997: 210 u. Mastrangelo 2008: 117–118 mit Verweis auf v. 886 *spe pubescente* sowie Smith 1976: 205–206). Durch das Zepter wird „das Bild des göttlichen Basileus [vervollständigt]" (Gnilka 1963: 121 mit Verweis auf die Übertragung „nahezu alle[r] Attribute des weltlichen Herrschers auf Christus" auch in *ditt.* 20).

878–880 in manibus dominae sceptrum non arte politum | sed ligno *ui*uum *ui*ridi est, quod stirpe reciso | ... | fronde tamen *ui*ret incolumi: ‚in den Händen der Herrin befindet sich ein Zepter, nicht von Menschenhand angefertigt, sondern lebendig aus grünem Holz, das zwar, nachdem der Trieb abgeschnitten worden ist, keine Feuchtigkeit eines irdischen Wurzelballens nährt, das aber dennoch von unversehrtem Laub grünt'.

domina ‚Herrin' steht für die *Sapientia*, deren pagane Personifikation bei den Stoikern ebenfalls als *domina* tituliert wird (vgl. Arévalo 1862: 87 u. Gnilka 1963: 121 mit Verweis auf Cic. Mur. 30 u. Sen. *epist.* 85, 32).

Die Wendung *non arte politus* ist *Culex* 86 entlehnt (vgl. Fletcher 1933/34: 204 u. Gnilka 1963: 121): Hier dient sie der Unterscheidung des immergrünen, lebendigen Zepters von den normalerweise von Menschenhand kunstvoll verzierten, oft goldenen Zeptern weltlicher Herrscher (vgl. Arévalo 1862: 87).

Prudentius unterstreicht das Wunder des immergrünen Zepters durch die Alliteration des *uiuum uiridi ... uiret* (vgl. Bergman 1897: 76), in der zugleich die *figura etymologica* des *uiridi ... uiret* steckt.

stirpe reciso ist *abl. abs.* und bedeutet wörtlich ‚nachdem der Trieb abgeschnitten worden ist'. *stirps* steht bei dieser Lesart in der Tradition von Ms. A also für das Zepter selbst. Liest man – wie die Mehrheit der Mss. und der Herausgeber *stirpe recisum*, bezieht sich *recisum* auf *sceptrum ... quod* und *stirps* bezeichnet dann ‚Stamm', von dem der als Zepter dienende Trieb angeschnitten worden ist, so dass *stirpe recisum* dann ‚vom Stamm abgeschnitten' hieße. Gerade dass Prudentius nicht wörtlich „de *stirpe recis*um" aus Verg. *Aen.* 12, 208 übernimmt, sondern variiert, könnte ein Beleg für die Lesart *stirpe reciso* der ältesten Handschrift sein (vgl. zur Reminiszenz Dexel 1907: 16, Schwen 1937: 111 und Gnilka 1963: 121 sowie zur Reminiszenz und zur Textkritik Lavarenne 1933: 267–268).

881–883: tum sanguine tinctis | intertexta rosis candentia lilia miscet | nescia marcenti florem submittere collem: ‚dann mischt es hineingeflochtene weiße Lilien, die keine Blüte von einem kraftlosen Stengel verlieren können, mit blutroten Rosen'.

Über das Wunder hinaus, dass ein abgeschnittener Ast nicht nur kurzzeitig, sondern dauerhaft neue Blüten und Früchte treibt wie in *Nm* 17, 23, fügt Prudentius das Wunder hinzu, dass an ein und demselben Ast die Blüten zweier verschiedener Blumen, nämlich der in der antiken Dichtung besonders beliebten Rosen und Lilien, blühen (vgl. Burton 2004: 62 u. Gnilka 1963: 121–123 mit Verweis auf Hor. *carm.* 1, 36, 16; 2, 3, 13–14; Mart. 1, 43, 6 u. Val. Flacc. 6, 492–494).

Der Aspekt der Vermischung von Rosen- und Lilienblüten wird pleonastisch sowohl durch *intertexta* ‚hineingewebt' bzw. ‚durch Flechten miteinander verbunden' als auch durch *miscet* ‚mischt bei' ausgedrückt (vgl. ThLL VII,1: 2290 s. v. intertexo 1.a [z. St. Z. 67] u. ThLL VIII: 1078–1098 s. v. misceo I.A.2.a.α).

884–887: Vergleich des Zepters der *Sapientia* mit dem Aaronstab, der in *Nm* 17, 7–8 beschrieben wird. Gnilka verweist dazu auf die „Deutung des Aaronstabes als Präfiguration des Zepters Christi" (Gnilka 1963: 123) bei Origenes (Orig. *in Num. hom.* 9, 7–9) und Ps.-Augustinus *serm.* 31, 1; Gnilka zeigt, dass Prudentius „dieser Exegese nicht nur hier, sondern auch *cath.* 12, 51–52" folgt und vermutet, dass Prudentius „ebenso wie Origenes […] im Zepter Christi näherhin das Kreuz" sieht (Gnilka 1963: 123).

886 spe pubescente: ‚mit heranreifender Hoffnung', und zwar auf die Früchte, die aus den Blüten hervorgehen werden (vgl. Lavarenne 1933: 268 u. Gnilka 1963: 124).

887 inque nouos ... tumuit ... fetus: ‚und in neue Triebe ausbrach'. Gnilka weist darauf hin, dass hier keinesfalls nur die Aussage aus v. 885 *germina ... trudens* variiert wiederholt wird, sondern dass diese hier vielmehr – genau wie in *Nm* 17, 8 – in der „Reihenfolge Gründen, Blühen, Reifen" gesteigert wird (Gnilka 1963: 124 mit Verweis auf *Nm* 17, 8 und Ruf. *Orig. in Num. hom.* 9, 9).

Dankgebet (vv. 888–915)

Prudentius beendet die *Psychomachia* so, wie er sie begonnen hat, mit einem Gebet an Christus. Eine solche Rahmung eines hexametrischen Gedichts finden wir bei Prudentius nur in der *Psychomachia* (vgl. Ludwig 1977: 312). Durch diesen Rahmen wird das Epos formal und inhaltlich eingeklammert; dem Dankgebet kommt dabei die Funktion einer abschließenden Zusammenfassung zu (vgl. Kirsch 1989: 245).

In den Handschriften finden sich für den Schluss des Gedichts mit kleinen Variationen die Titel „(Prudentius) gratias agit deo" (z. B. in Mss. C, P, E u. K), „redduntur hic grates communes omnium christo" (Ms. M) und „gratiarum actio" (Berolinus ham. 542), was auch spätere Editoren (wie z. B. Obbarius und Bergman) übernehmen.

Prudentius beginnt das Gebet direkt mit dem Dank an Christus dafür, dass er sein Vorhaben, die Gefahren für die Seele sichtbar zu machen, ermöglicht hat. Prudentius nimmt das Thema des Anrufungsgebets zu Beginn des Gedichts wieder auf und führt es neu aus. Er schließt das Gebet mit der Feststellung, dass nun die Tugenden nach dem Sieg über die Sünden als Edelsteine am Thron der *Sapientia*, also Christi, in der Seele erstrahlen werden. Prudentius verbindet das Dankgebet am Ende auch mit dem vorhergehenden Tempelbau durch den Rückgriff auf die *Sapientia*. (Zur Bedeutung der *Sapientia* siehe den Kommentar zum Tempelbau, S. 403.)

888–892: Einleitung des Dankgebets: Prudentius dankt und ehrt Christus für die Möglichkeit, die Gefahren zu erkennen, die im Fleisch verborgen lauern, und die Widrigkeiten, denen die Seele in ihrem Kampf ausgesetzt ist. Ermöglicht hat Christus diese Erkenntnis dadurch, dass er das Gebet des Prudentius erhört hat und dessen Werk gewogen war, so dass dieser die Kämpfe der Tugenden mit den Lastern darstellen und auf diese Weise deutlich zeigen konnte, wie man die Laster besiegen kann (vgl. vv. 1–20).

888–890 reddimus aeternas ... grates ... meritosque sacramus honores | ore pio: Neben der direkten Anrede charakterisiert die Wahl stark religiös aufgeladener Begriffe direkt zu Beginn dieser Passage den Schluss der *Psychomachia* ganz eindeutig als Gebet.

888 indulgentissime doctor: ‚gütigster Lehrer'. *doctor* ‚Lehrer' ist in der Hl. Schrift und in der christlichen Literatur ein Epitheton für Christus oder Gott (vgl. ThLL V,1: 1774–80 s. v. doctor I.B.6.δ); im militärischen Sprachgebrauch kommt *doctor* auch als Titel für militärische Führer vor, so. z. B.

doctor fabrum und *doctor equitum ac peditum* (vgl. ThLL V,1: 1774 s. v. doctor I.B.4). Möglicherweise spielt Prudentius hier mit den Wortbedeutungen: Im konkreten Kontext ist natürlich der ‚Lehrer' gemeint, doch klingt die Wortbedeutung ‚Führer/Anführer' für den Leser am Ende der Schlachtallegorie sicher mit an. Prudentius gebraucht die Anrede *doctor indulgens* für Christus ebenfalls in *cath.* 8, 18. Die Bezeichnung *doctor* gebraucht Prudentius für Christus auch in *cath.* 7, 71, ebenso *magister* in *apoth.* 707 u. *cath.* 6, 78; 7, 197 u. 8, 17 (vgl. dazu auch Castelli–Prosperi 2000: 134 Anm. 239 u. Lavarenne 1933: 268).

888–889 aeternas ... grates: ‚ewigen Dank'. *grates, -ium* ist der ‚Dank', den man einem Gott abstattet.

889 meritosque sacramus honores: *meritos honores* ‚die gebührenden Ehren'; *honor* bedeutet hier die ‚Ehre, die man einem Gott erweist'.

Es klingen hier mehrere *Aeneis*-Passagen an: zunächst *Aen.* 3, 118 „sic fatus *meritos* aris mactauit *honores*" – Anchises opfert auf Delos dem Neptun und dem Apoll je einen Stier, dem Hiems ein schwarzes Lamm und dem Zephyrus ein weißes Lamm als ‚gebührendes Opfer', um die Winde zu versöhnen und so nach Kreta segeln zu können und zugleich Apoll für seinen Rat zu danken (vgl. *Aen.* 3, 84–120) –; dann auch *Aen.* 8, 188–189 „saeuis, hospes Troiane, periclis | seruati facimus *meritosque* nouamus *honores*." – Der arkadische König Euander erklärt hier den Trojanern die Gründe für die Feiern, die als ‚gebührende Ehren' für Herkules veranstaltet werden (vgl. *Aen.* 8, 184–279) –, und möglicherweise auch *Aen.* 3, 264: „numina magna uocat *meritosque* indicit *honores*" sowie *Aen.* 5, 652 „[...] nec *meritos* Anchisae inferret *honores*" (vgl. Lühken 2002: 128; Mahoney 1934: 59 u. Schwen 1937: 115).

Bei Vergil bezeichnen die *meriti honores* Opfer und Kulthandlungen, während sie in der *Psychomachia* das Dankgebet bezeichnen, welches das Gedicht, sozusagen als „geistiges Opfer", abschließt und so „die heidnische Welt des sprachlichen Vorbilds auf subtile Weise in Frage" stellt (Lühken 2002: 127–129).

890 uitiorum stercore sordet: *sordere* ‚unsauber sein', der Ablativ *stercore* gibt den Grund dafür an; *stercus* ‚Kot/Mist' bezeichnet zunächst die Exkremente von Haus- und Nutztieren und muss hier wohl im übertragenen Sinne verstanden werden. Prudentius führt dieses Bild jedoch nicht weiter aus, so dass unklar bleibt, was genau wir unter *uitiorum stercus* ‚Unflat der Sünden' zu verstehen haben (vgl. dazu auch v. 907 *sordes*).

891–892 tu nos ... voluisti agnoscere ...: ‚du wolltest, dass wir ... erkennen'. Indem Christus es Prudentius ermöglicht hat, die Kämpfe zwischen Tugenden und Lastern darzustellen, ermöglicht er es, die Gefahren des Leibes für die Seele zu erkennen. *uelle* ‚wollen/bestimmen' deutet hier darauf hin, dass nach Prudentius' Verständnis Christus sein Vorhaben nicht nur unterstützt hat, sondern sogar ursächlich dafür war. Vgl. dazu vv. 18–20..

891 corporei latebrosa pericula operti: *opertum* bedeutet ‚versteckter / abgelegener Ort' oder ‚Geheimnis' (vgl. ThLL IX,2: 688 s. v. opertum II); *corporei latebrosa pericula operti* sind demnach ‚verborgene Gefahren, die im Leib versteckt sind' oder ‚verborgene Gefahren, die aus dem Geheimnis des Fleisches resultieren'.

892 luctantisque animae ... casus: ‚und die Wechselfälle der kämpfenden Seele', d. h. die ‚Gefahren' bzw. das ‚ungewisse Kriegsglück', denen die Seele in ihrem Kampf ausgesetzt ist. Vgl. vv. 19–20 *conluctantia ... portenta*.

Die Formulierung *animae luctantis* stützt eindeutig die These, dass es sich bei der *Psychomachia* um den Kampf *der* Seele handelt, die Seele also selbst Akteur des Kampfes ist.

893–907: Zusammenfassung von Ursachen und Verlauf des immer wiederkehrenden Kampfes zwischen Fleisch und Seele im Menschen.

893–898: Prudentius erklärt, dass die Gefühle des Menschen unstet sind, ihrer Natur nach zwar einerseits heilbringend, andererseits aber auch zur Sünde geneigt. Diese beiden Aspekte ringen ständig mit wechselndem Erfolg miteinander.

893 nebuloso in pectore: *nebulosus* ‚neblig / trübe' kann auch übertragen im Sinne von *obscurus* gebraucht werden. In diesem Sinne deutet auch eine mittelalterliche Glosse *nebuloso* an dieser Stelle als „obscuro uitiis" (Burnam 1905: 68, vgl. Arévalo 1862: 88) ‚dunkel von Sünden' oder ‚verdunkelt durch die Sünden'.

895 dextra: Bergman, Lavarenne und Cunningham behaupten irrtümlich, dass in den Mss. B u. N zunächst *dextram* gestanden hätte, das dann erst nachträglich in *dextra* korrigiert worden wäre. Die *recensio* dieser beiden Handschriften anhand der Mikrofilme, die Cunningham für seine Ausgabe benutzt hat, zeigt jedoch nicht die geringste Spur einer *correctio*. Vielmehr ist das Ms. an dieser Stelle völlig unbeschädigt und *dextra* ohne jegliche Verschmutzung oder Überschreibung klar zu lesen.

Der Grund für diesen Irrtum ist anscheinend folgender: In Ms. B finden sich die Handschriften zweier verschiedener Schreiber, da Teile des ursprünglichen Ms. fehlen und im 9./10. Jh. von anderer Hand ergänzt worden sind. B[1] (*pr.* vv. 1–68 u. vv. 1–667 u. 893–915) verwendet keine Abkürzungen, während B[2] Abkürzungen gebraucht. So hat möglicherweise zuerst Bergman einen kleinen waagerechten länglichen Fleck über dem letzten *a* von *dextra* versehentlich als Abkürzung für *m* aufgefasst. Lavarenne und Cunningham scheinen diese Angabe einfach in ihre textkritischen Apparate übernommen zu haben. In N findet sich über dem *ra* von *dextra* ein kleiner waagerechter Strich (genau über dem Ende des *r* und dem Beginn des *a*), der jedoch nicht die Abkürzung für ein *m* darstellt, das in diesem Ms. durchgehend ausgeschrieben wird, sondern zu einer Glosse gehört, die von anderer Hand später am Rand ergänzt wurde.

896–897 ad iuga uitae | deteriora trahi: ‚unter das allzu widrige Joch des Lebens gezerrt werden'. Zugrunde liegt hier wohl die Sitte, die im Kampf besiegten gegnerischen Feldherrn und Soldaten symbolisch unter das Joch zu führen, um sie zu demütigen (so gedeutet von Burton 2004: 63; vgl. Livius 9, 6, 1–4). Vielleicht ist das Joch hier auch viel allgemeiner Symbol der Unfreiheit (vgl. Hor. *sat.* 2, 7, 91) und Knechtschaft. So deutet Bergman *iuga uitae deteriora* als „*seruitutem corporis et uitae terrenae turpem*" (Bergman 1897: 77).

Mittelalterliche Glossen deuten *iuga* als „uitia" und *trahi* medial als „inclinari" (vgl. Burnam 1905: 68), verstehen also *ad iuga uitae deteriora trahi* als ‚sich den übleren Lastern des Lebens zuwenden', was dann bereits sehr deutlich auf das direkt folgende *seseque addicere noxis turpibus* vorausweisen würde.

Burtons Vermutung einer Anspielung auf *Mt* 11, 30: „Iugum enim meum suaue est …" (vgl. Burton 2004: 63), ist unzureichend begründet und wird erst nachvollziehbar, wenn man *Mt* 11, 28–30 im Kontext betrachtet: Jesus will die Leidenden und Beladenen sich wieder erholen lassen und heißt sie dazu, *sein Joch* auf sich zu nehmen und so Ruhe zu finden; denn weil er „mitis … et humilis corde" (*Mt* 11, 29) ist, ist das „Joch", das er ihnen auferlegt, angenehm und die Last, die er ihnen zu tragen gibt, leicht. Prudentius hätte demnach das *iugum Christi* als Gegenbild zu den *iuga uitae* vor Augen.

898 iacturam ferre: *iactura* sowohl aktivisch ‚die Aufgabe' bzw. ‚das Aufgeben' als auch passivisch ‚der Verlust', wie es mittelalterliche Glossen erklären (vgl. Burnam 1905: 68 mit Hinweis auf Vergil *Aen.* 2, 646). Ganz allgemein ist *iactura* also wohl ein Verlust, den man selbst auf irgendeine Weise verschuldet oder zu verantworten hat. In diesem Sinne muss wohl auch die Bedeutung ‚Verlust' im militärischen Sprachgebrauch verstanden werden: Indem man sich auf einen Kampf einlässt, nimmt man mögliche Verluste in Kauf. Diese militärische Bedeutung klingt hier möglicherweise mit an.

iacturam ferre heißt somit einerseits ‚den Verlust ertragen' bzw. ‚auf sich nehmen', andererseits zugleich aber auch ‚den Verlust verursachen'. Letztere Bedeutung ist an dieser Stelle wahrscheinlicher, da die *sensus* sich ja aktiv den *noxis turpibus* hingegeben haben (vgl. vv. 897–898).

propriae … salutatis: ‚des eigenen Heils'; *proprius* erfüllt hier, wie auch öfter bei Prudentius und in der Spätantike allgemein, die Funktion des Possessivpronomens (vgl. Lavarenne 1933: 92 § 185 u. 269).

899–907: Prudentius beschreibt die Erfahrung des Seelenkampfes: Bald – wenn die Tugenden die Oberhand gewinnen und die Sünden weichen müssen – entbrennt die Seele ganz für Gott; bald – wenn die Sünden wieder die Oberhand über die Tugenden erringen – weicht dieses Gefühl wieder hässlichem Ärger. Dieser Wechsel der Gefühle, dieser Kampf zwischen Fleisch und Seele tobt heftig im Menschen aufgrund seiner zweifachen Natur (vgl. vv. 893–898).

899-901 o quotiens ... quotiens: Diese Anapher betont nicht nur die ständige Wiederholung des Kampfes zwischen Gut und Böse (vgl. dazu Gnilka 1963: 34), sondern verstärkt auch noch den Gegensatz zwischen dem *incaluisse Deo* (v. 900) und dem *taetro cessisse stomacho* (vv. 901–902).

899–900 O quotiens animam, uitiorum peste repulsa,| sensimus incaluisse Deo!: *uitiorum peste repulsa* (temporaler, vielleicht auch kausaler *ablativus absolutus*) ‚nachdem der Pesthauch der Sünden vertrieben worden ist'. *Deo* ist auf *incaluisse* zu beziehen, entweder als *abl. instrum.* wie bei Ovid *met.* 2, 641 „*incaluit*que *deo*, quem clausum pectore habebat" – *incaluisse Deo* heißt dann ‚durch Gott entbrannt sein' oder *incaluisse Deo* ist hier gleichbedeutend mit *incaluisse amore Dei* ‚durch die Liebe zu Gott entbrannt sein'. Es könnte sich aber auch um einen *dat. comm.* handeln, *incaluisse Deo* hieße dann ‚für Gott entbrannt sein', d. h. ‚in Liebe zu Gott entbrannt sein'.

902–909: Prudentius bringt hier den Grundgedanken der *Psychomachia* abschließend noch einmal auf den Punkt: Der „Seelenkampf" wird zwischen dem irdischen und lasterhaften *Leib* und der aus klarem Hauch geborenen und himmlischen *Seele* ausgetragen. Die Akteure der in der *Psychomachia* geschilderten Kämpfe stehen für diese beiden widerstreitenden Aspekte des Menschen – die personifizierten Tugenden für die Seele und das Licht, die personifizierten Laster für den Leib und die Finsternis (vgl. Gnilka 1963: 4–7).

902–907: Prudentius betont vv. 903–905 – wie auch in *cath.* 10,22; *ham.* 90–92; 847–851 u. *perist.* 6, 70–72; 13, 63–64 – den philosophischen Topos vom Körper als „Gefängnis der Seele" und macht ganz deutlich, dass es sich beim Kampf zwischen Tugenden und Lastern um einen Kampf zwischen Seele und Körper handelt (vgl. Lühken 2002: 144, Kah 1990: 253–272 sowie Gnilka 1963: 1–8).

902–903: Eine prosodische Besonderheit bei Prudentius ist, dass *cl, cr, fr, gl, pr, sc, sp, spl, sq, st* und *str* zu Beginn eines Wortes eine kurze Silbe am Ende des vorangehenden Wortes verlängern. So ist in v. 902 *cessisse stomacho* – – – ⏑ ⏑ – zu lesen, *inclusa fremit* in v. 903 als – – – ⏑ ⏑ (vgl. Manitius 1890: 491, Bergman 1897: 77 u. Lavarenne 1933: 111 § 249).

902–903 feruent bella horrida, feruent | ossibus inclusa: Die Anapher *feruent ..., feruent ...* betont die Intensität des Kampfes zwischen Tugenden und Lastern, der hier gemeint ist (vgl. Arévalo 1862: 89, Burnam 1905: 68 u. Burnam 1910: 117).

Die Phrase *bella horrida* ‚schreckliche Schlachten' lässt sich nicht eindeutig nur auf Vergil zurückführen, auch wenn man sie in *Aen.* 6, 86 „[...] *bella, horrida bella*" und *Aen.* 7, 41 „[...] dicam *horrida bella*" findet und gerade diese mehrfache Verwendung bei Vergil in Zusammenhang mit Prudentius' Vorliebe für Vergilreminiszenzen in der *Psychomachia* hier durchaus dafür sprechen. Die Wendung *bella horrida* findet sich auch bei Statius *Theb.* 4, 601 und 6, 457. Das liegt wohl daran, dass *horridus* ‚schrecklich, entsetzlich' nicht nur Kampfhandlungen hervorragend charakterisiert, sondern auch noch bestens in den Hexameter passt (− ⌣ ⌣). Dafür sprechen auch *georg.* 2, 282–283 „[...] necdum *horrida* miscent | p r o e l i a" und *ecl.* 10, 23 „[...] perque *horrida* c a s t r a secutast" (vgl. Dexel 1907: 46 u. 51 sowie Schwen 1937: 116–117).

ossibus inclusa [sc. *humanis*] (vgl. Arévalo 1862 Sp. 89) ‚eingeschlossen in den menschlichen Gebeinen / Eingeweiden', d. h. im menschlichen Leib. Die Kämpfe finden also nicht in der Seele, sondern im Körper des Menschen statt, innerhalb dessen die Seele sich befindet. Hier klingt das neuplatonische Konzept des Körpers als Gefängnis der Seele deutlich an (vgl. dazu auch Castelli–Prosperi 2000: 135 Anm. 246).

903 discordibus armis: ‚mit zwieträchtigen Waffen', eine Phrase, die hervorragend für den Abschluss des Hexameters geeignet ist: − − ⌣ ⌣ − −, weshalb sie nicht eindeutig nur auf Vergil *georg.* 2, 459 zurückgeführt werden kann (vgl. Dexel 1907: 46 u. 51 u. Schwen 1937: 108). *discors* ‚uneinig' oder ‚entgegengesetzt / verschieden' kann einerseits einfach nur die Verschiedenheit bzw. Ungleichheit voneinander bezeichnen, andererseits aber auch das Im-Widerspruch-zueinander-Stehen. *discordia arma* sind demnach entweder ‚unterschiedliche Waffen' – in diesem Falle würde Prudentius also die Unterschiede in der Kampfweise und der Wahl der Mittel von Tugenden und Lastern betonen –, oder aber ‚gegeneinander eingesetzte Waffen' – dann würde er einfach nur das Motiv des Kampfes zwischen Tugenden und Lastern erneut aufgreifen.

Zugleich spielt Prudentius hier mit den Worten *discors* und *discordia*, so dass für den Leser der Kampf mit der *Discordia, cognomenta Haeresis* (vv. 629–725) anklingt.

904–906: Hier spielt Prudentius auf *Gn* 2, 7 „Formauit igitur Dominus Deus hominem de *limo* terrae et inspirauit in faciem eius spiraculum uitae." an und begründet so die Ursache des Seelenkampfes – die *duplex substantia* (v. 909) bzw. *non simplex natura hominis* (v. 904) bereits in der Schöpfung selbst, wobei er in neuplatonistischer Tradition den Leib als Gefängnis der Seele betrachtet (*carcere* v. 906) (vgl. dazu auch Castelli–Prosperi 2000: 135 Anm. 246).

904 non simplex natura hominis: ‚die nicht einfache Natur des Menschen' gleichbedeutend mit *duplex substantia* (v. 909) ‚das zwiefache Wesen'. Das Wesen des Menschen ist *non simplex* bzw. *duplex*, weil es einerseits himmlisch und göttlich, andererseits aber irdisch und fleischlich ist (vgl. Bergman 1897: 77) und diese beiden einander widersprechenden Aspekte in sich enthält. *simplex* ‚einfach' wird hier also in der Bedeutung ‚einheitlich' gebraucht (vgl. Burton 2004: 63).

904–905 uiscera limo | effigiata: *uiscera* (neutr. Pl.) sind nicht nur die ‚Eingeweide' und das ‚Fleisch' im rein anatomischen Sinne, sondern auch besonders die männlichen und weiblichen Geschlechtsorgane, aber auch das ‚Innere' als Sitz der Gedanken und Gefühle des Menschen. Prudentius gebraucht *effigiare* ‚darstellen / abbilden' in der zu seiner Zeit sonst unüblicheren (Grund-)Bedeutung ‚formen / eine Gestalt geben' (vgl. ThLL V,2: 184 s. v. effigiō I.A) im Sinne von ‚erschaffen', so auch *cath*. 10, 4; *apoth*. 807; *ham*. 118, während er es in *perist*. 11, 16 in der Bedeutung ‚abbilden / bildlich darstellen' gebraucht (vgl. ThLL V,2: 184 s. v. effigiō I.b) und in *ham*. 745 die Bedeutung zwischen ‚formen / zu etwas machen' und ‚darstellen / abbilden' oszilliert (vgl. Bergman 1897: 77 u. Lavarenne 1933: 269, der allerdings *ham*. 745 und *perist*. 11, 126 als gleichbedeutend mit den anderen versteht).

905–907 contra ille ...aestuat et ...recusat: *contra ille* ‚jener dagegen' stellt die Handlungen des *animus* denen der *uiscera* (vv. 904–905) gegenüber. *ille* bezieht sich auf *animus* (v. 905) ‚Geist / Seele'.

905–906 sereno | editus adflatu: ‚durch reinen Hauch hervorgebracht'; *serenus* ‚rein / klar / unbewölkt' wird in klassischer Zeit auch als Epitheton für Jupiter und in christlichem Gebrauch für Gott verwendet (vgl. Bergman 1897: 77), so dass hier die Konnotation ‚göttlich' mitschwingt.

907 et sordes arta inter uincla recusat: ‚weist [...] in enge Fesseln' oder ‚wehrt in engen Fesseln [...] ab'. Gemeint ist hier wohl, dass die Seele die *sordes* abwehrt und fesselt; denkbar wäre es aber durchaus auch, dass *arta uincla* das *nigrantis carcere cordis* (v. 906) wieder aufnimmt und die Seele also, obwohl sie im Kerker des Herzens in engen Fesseln liegt, doch die *sordes* abzuwehren vermag. *inter* kann sowohl den Standort auf die Frage *Wo?* angeben als auch – gleichbedeutend mit *intra* – die Richtung bzw. das Ziel auf die Frage *Wohin?*. Diese Vermischung der Präpositionen *inter* und *intra*, die sich in Ansätzen bereits bei Vergil zeigt (z. B. *Aen*. 10, 709; *ecl*. 2, 3), geht im Spätlatein so weit, dass *inter* zuweilen gleichbedeutend mit *ad* und *in* + Akk. verwendet wird (vgl. LHS 2: 232–235 § 162.β).

Die *sordes* (v. 907) ‚Unreinheiten' stehen nicht nur für jegliche Art von Schmutz, sondern insbesondere für charakterliche und moralische Schlechtigkeit. So ist die personifizierte *Sordes* ‚Gemeinheit', aber auch ‚Habsucht / Geiz', in v. 465 eine der Sünden aus dem Gefolge der *Luxuria*, die nach deren

Niederlage hilflos und Hals über Kopf die Flucht ergreifen. Bergman deutet die *sordes* an dieser Stelle als „corpus terrenum" (Bergman 1897: 78). Vgl. v. 890 *uitiorum stercore sordet* u. vv. 526–527 *sordet christicolis rutilantibus fulua monetae | effigies*.

908–915: Prudentius zeigt Christus als Schutz und Ausweg aus dem immer wiederkehrenden Seelenkampf.

Dieser Ausblick auf das ersehnte Ende des Kampfes zwischen den beiden Wesensaspekten des Menschen und auf den Sieg der Tugenden bleibt metaphorisch: Christus reinigt den Thron der *Sapientia* ‚Weisheit' und fügt die Tugenden – gleichsam als schmückende Edelsteine – an diesem Thron zusammen. Er errichtet einen – *den* – Tempel und schmückt die Seele mit den Sitten. Danach kann die *Sapientia* vom durch Christus gereinigten und – nun für ewig – zum Glänzen gebrachten Thron aus herrschen.

908 spiritibus ... uariis: ‚auf unterschiedliche Weise'. *spiritus* ‚Geist', aber auch ‚Seele', ist zunächst einfach der nicht-körperliche Teil einer Person, es kann darüberhinaus aber auch für den ‚göttlichen Hauch' stehen, für ‚das Wesen' bzw. eine wesentliche Eigenschaft sowie für einen Antrieb, der eine Person dazu bringt, auf eine bestimmte Art und Weise zu handeln. Die Verwendung des Plurals *spiritibus* deutet darauf hin, dass hier weder der Geist noch die Seele oder gar der göttliche Hauch gemeint ist, sondern vielmehr das Wesen des Lichts auf der einen Seite und das Wesen der Finsternis auf der anderen Seite, die eben grundverschieden sind.

909 duplex substantia: ‚das zwiefache Wesen', gleichbedeutend mit *non simplex natura hominis* ‚die nicht einfache Natur des Menschen' (v. 904). (Siehe oben; vgl. dazu Gnilka 1963: 1–8 u. Gnilka 2000 f: 322 Anm. 65).

910 Christus Deus: *deus* ist Apposition zu *Christus*. Prudentius nimmt hier wieder den christologischen Aspekt der Trinität auf (vgl. vv. 3–4).

910–914 donec ... adsit et ... conponat ... atque ... texat ...: Prudentius gebraucht *donec* ‚bis' sehr häufig mit dem Konjunktiv (vgl. Deferrari–Campbell 1932: 197, Bergman 1897: 78 u. LHS 2: 629 §339). Der Konjunktiv tritt im Spätlatein häufig ohne ersichtlichen Grund für den Indikativ ein, bei manchen Autoren ausschließlich, bei anderen in wahllosem Wechsel mit dem Indikativ; manchmal wird *donec* mit dem Konjunktiv final (gleichbedeutend mit *ut*) verwendet (vgl. LHS 2: 629–630 § 339.b). An dieser Stelle ist eine solche finale Bedeutung jedoch keinesfalls denkbar, vielmehr gibt *donec* hier lediglich temporal den Endpunkt der Kämpfe an.

910–911 omnes | uirtutum gemmas: ‚alle Edelsteine der Tugenden'. *uirtutum* ist *gen. inhaerentiae* bzw. *identitatis* zu *gemmas* und weist damit beide Nomina als synonym aus; *uirtutum gemmas* bedeutet also soviel wie ‚die Edelsteine' – nämlich die Tugenden. Der *gen. inhaerentia* ist im Spätlatein häufig; Prudentius ist einer der Autoren, die ihn besonders oft gebrauchen (vgl. LHS 2: 63 § 54 Zus. b). *gemmas* weist zugleich zurück auf die Beschreibung des Tempelbaus (vv. 823–887).

911 conponat: *componere*, eigentlich ‚zusammenstellen / zusammenfügen / anordnen', bedeutet im militärischen Sprachgebrauch ‚die Schlachtreihe anordnen' (vgl. ThLL III: 2115 s. v. componere I.B.2.b), es kann jedoch auch ‚beruhigen / befrieden' bedeuten (vgl. ThLL III: 2117–2118 s. v. componere II.A.2 sowie Burnam 1905: 68 mit Verweis auf Verg. *Aen.* 1, 135).

Es ergeben sich für die vorliegende Stelle also folgende Bedeutungen: (a) Auf der direkten Bildebene fügt Christus Edelsteine als Schmuck am Thron der *Sapientia* zusammen. Diese Edelsteine werden mit den Tugenden identifiziert, womit der Schlüssel zum Verständnis dieser Metapher geliefert wird. (b) Auf der metaphorischen Ebene heißt das zunächst einfach, dass Christus die Tugenden aufstellt, damit sie den Sitz der Weisheit schmücken. Dabei klingen jedoch zwei Konnotationen mit an: Einerseits schwingt die Bedeutung mit, dass Christus die Tugenden, die vor kurzem noch in heftigen Schlachten gekämpft haben, wieder zur Ruhe bringt. Andererseits schwingt im Rahmen der Schlachtallegorie die Bedeutung mit, dass Christus die Tugenden in Schlachtordnung aufstellt, damit sie in der Lage sind, diesen Thron zu verteidigen.

913 spectamine morum: *spectamen* entweder ‚Kennzeichen', gleichbedeutend mit *specimen*, oder ‚Anblick', gleichbedeutend mit *spectaculum*. *spectamen morum* bedeutet also ‚Kennzeichen der Sitten' (so gedeutet bei Burton 2004: 64) oder ‚Anblick der Sitten'. Georges schlägt für *spectamen morum* die Bedeutungen ‚Bewährung der Sitten' oder ‚Erprobtsein der Sitten' vor (vgl. Georges II: 2750 s. v. spectāmen I.a), ebenso Bergman, der *spectamine* mit *proba* und *experimento* erklärt (vgl. Bergman 1897: 78).

Die Wahl des Nomens *spectamen* mag auf Prudentius' Vorliebe für Nomina auf *-amen* gegenüber denen auf *-imen* und *-umen* zurückgehen (vgl. Manitius 1890: 488), die sicherlich oft metrische Gründe hat; so passte im vorliegenden Falle *specimine morum* ⏑ ⏑ ⏑ ⏑ — ⏑ unmöglich in den Hexameter, ebensowenig *spectaculo morum* — — ⏑ — — ⏑.

914–915 quibus … regnet: Relativsatz mit finalem Nebensinn (vgl. Lease 1895: 389 u. Burton 2004: 64). *quibus* bezieht sich wohl auf die *aurea templi atria* (vv. 912–913) und die *ornamenta animae* (vv. 913–914). Der Tempel wird errichtet und verziert, *damit* die *Sapientia* einen angemessenen Ort hat, von dem aus bzw. an dem sie herrschen kann.

915 aeternum: hier adverbiell gebraucht; aufgrund seiner Stellung wohl eindeutig auf *decoro … solio* (vv. 914–915) zu beziehen, auch wenn ein Bezug auf *regnet* ebenso denkbar ist – sowohl inhaltlich als auch wegen der Stellung zu Beginn des Verses 915, der mit *regnet* endet. Also entweder *decoro aeternum solio* ‚auf ewig glänzendem Thron' oder *aeternum regnet* ‚damit sie ewig herrschen möge'. Inhaltlich ist der Bezug auf *regnet* wahrscheinlicher, so dass hier entweder eine Enallage vorliegt oder die Beziehung bewusst in der Schwebe gelassen wird, *aeternum* also sowohl auf *decoro solio* als auch auf *regnet* bezogen gedacht werden muss.

Teil IV.

Anhang

Bibliographie

Die Abkürzungen der lateinischen Autoren und ihrer Werke folgen dem *Thesaurus Linguae Latinae*, diejenigen der griechischen Autoren und ihrer Werke dem *Neuen Pauly*. Die Zählung, Benennungen und Abkürzungen der biblischen Bücher folgen der *Vulgata*-Ausgabe von Weber–Gryson 2007.

Ausgaben, Übersetzungen, Kommentare

Prudentius (in chronologischer Reihenfolge)

Aldus 1501	Prudentii poetae opera, Venetiis apud Aldum 1501.
Sichardus 1527	Ioannes Sichardus (ed.), Aurelii Prudentii Clementis uiri consularis, Psychomachia, Cathemerinon, Peristephanon, Apotheosis, Hamartigenia, Contra Symmachum praefectum urbis libri duo, Enchiridion noui et ueteris testamenti, Basileae 1527.
Nebrissensis 1546	Antonius Nebrissensis (ed.), Aurelii Prudentii viri consularis opera, Antverpiae 1546.
Giselinus 1562	Victor Giselinus (ed.), Aurelii Prudentii Clementis uiri consularis opera, Parisiis 1562.
Weitzius 1613	Ioannes Weitzius (ed.), Aurelii Prudentii Clementis V. C. opera, Hanouiae 1613.
Heinsius 1667	Nicolaus Heinsius (ed.), Aurelii Prudentii Clementis quae exstant, Amstelodami 1667.
Chamillardus 1687	Stephanus Chamillardus (ed.), Aurelii Prudentii Clementis opera, Parisiis 1687.
Cellarius 1703	Christophorus Cellarius (ed.), Aurelii Prudentii Clementis quae exstant, Halae Magdeburgicae 1703.
Arévalo 1788/1789	Faustinus Arevalus (ed.), M. [*sic*!] Aurelii Clementis Prudentii V̄. C̄. Carmina. Vol. I, Romae 1788. Vol. II, Romae 1789.
Silbert 1820	Aurelius Prudentius Clemens, Feyergesänge, heilige Kämpfe und Siegeskronen. Metrisch übersetzt und mit Noten begleitet von Johann Peter Silbert, Wien 1820.

Obbarius 1845	Theodor Obbarius (ed.), Aurelii Prudentii Clementis Carmina, Tubingae 1845.
Arévalo 1862	Faustinus Arevalus (ed.), M. [*sic!*] Aurelii Clementis Prudentii V̄. C̄. Carmina. Editio emendata cur. Jaques Paul Migne. Vol. I, Parisiis 1862 (*Patrologia Latina*; vol 59). Vol. II, Parisiis 1862 (*Patrologia Latina*; vol. 60).
Dressel 1860	Albertus Dresselius (ed.), Aurelii Prudentii Clementis quae exstant carmina, Lipsiae 1860.
Bergman 1897	Ioannes Bergman (ed.), Aurelii Prudentii Clementis Psychomachia, rerum et verborum copia explicata, codicibus Casinensi 374 et Vaticano Reginensi 2078 in lucem prolatis illustrata, Upsaliae 1897.
Burnam 1905	John M. Burnam (ed.), Glossemata de Prudentio. Edited from the Paris and Vatican Manuscipts, Cincinnati 1905 (*University Studies of the University of Cincinnati*; ser. II vol. I nr. 4).
Burnam 1910	John M. Burnam (ed.), Commentaire aonyme sur Prudence, d'après le manuscrit 413 de Valenciennes, Paris 1910.
Bergman 1926	Ioannes Bergman (ed.), Aurelii Prudentii Clementis carmina, Vindobonae/Lipsiae 1926 (*Corpus Scriptorum Ecclesiasticorum Latinarum*; vol. 61).
Lavarenne 1933	Prudence, Psychomachie, ed. Maurice Lavarenne, Parisiis 1933.
Lavarenne 1943–1951	Prudence. Texte établi et traduit par Maurice Lavarenne. [Reprint 2002] Tome I: Cathemerinon liber, Paris 1943. Tome II: Apotheosis; Hamartigenia, Paris 1945. Tome III: Psychomachia; Contra Symmachum, Paris 1948. Tome IV: Peristephanon liber; Dittochaeon; Epilogus,
Thomson 1949–1953	Prudentius. With an english translation by Henry John Thomson. Vol. I: Cambridge, Mass./London 1949. [Reprint 2000] Vol. II: Cambridge, Mass./London 1953. [Reprint 2005].
Guillen 1950	Jorge Guillen (ed.), Obras completas de Aurelio Prudencio, Madrid 1950.
Engelmann 1959	Ursmar Engelmann (Hrsg.), Die Psychomachie des Prudentius. Lateinisch-deutsch. Mit 24 Bildtafeln nach Handschrift 135 der Stfstbibliothek zu St. Gallen. Basel/Freiburg Wien 1959.

Cunningham 1966	Maurice P. Cunningham (ed.), Aurelii Prudentii Clementis Carmina, Turnholti 1966 (*Corpus Christianorum, Series Latina*; vol. 126).
Rapisarda 1962	Emanuele Rapisarda (ed.), Prudenzio, Psychomachia. Testo con introduzione e traduzione, Catania 1962.
Rivero García 1997	Prudencio, Obras. Introducción, tradducción y notas de Luis Rivero García, Madrid 1997 (*Biblioteca Clásica Gredos*; vol. 240–241). 2 voll.
Castelli-Prosperi 2000	Prudenzio, Psychomachia. Introduzione di Giovanni Castelli, traduzione e commento di Carlo Prosperi, Aqui Terme 2000.
Burton 2004	Rosemary Burton, Prudentius, *Psychomachia*, Bryn Mawr (Pennsilvania) [2]2004 (*Bryn Mawr Commentaries*).
Becker 2006	Maria Becker, Kommentar zum Tischgebet des Prudentius (cath. 3), Heidelberg 2006.
Fels 2011	Prudentius, Das Gesamtwerk. Eingeleitet, übersetzt und kommentiert von Wolfgang Fels, Stuttgart 2011 (*Bibliothek der mittellateinischen Literatur*; Bd. 9).

Bibel

Nestle–Aland 1993	Novum Testamentum Graece, post Eberhard et Erwin Nestle editione vicesima septima revisa communiter ediderunt Barbara et Kurt Aland, Johannes Karavidopoulos, Carlo M. Martini, Bruce M. Metzger; apparatum criticum novis curis elaboraverunt Barbara et Kurt Aland una cum Instituto Studiorum Textus Novi Testamenti Monasterii Westphaliae, Stuttgart [27]1993.
Rahlfs–Hanhart 2006	Alfred Rahlfs / Robert Hanhart (edd.), Septuaginta: id est vetus testamentum Graece iuxta LXX interpretes; duo volumina in uno, Stuttgart [2]2006.
Weber–Gryson 2007	Biblia Sacra iuxta Vulgatam versionem, adiuvantibus B. Fischer, I. Gribomont, H. F. D. Sparks, W. Thiele recensuit et brevi apparatu critico instruxit Robert Weber; editionem quintam emendatam retractatam praeparavit Roger Gryson, Stuttgart [5]2007.

Volltextdatenbanken

Bibliotheca Augustana	Bibliotheca Augustana: www.hs-augsburg.de/~harsch/augusta.html

BTL online	Bibliotheca Teubneriana Latina online: http://www.degruyter.com/view/db/btl
CSL	Corpus Scriptorum Latinorum: www.forumromanum.org/literature/index.html
Die-Bibel.de	Die-Bibel.de – Das Bibelportal der Deutschen Bibelgesellschaft: www.die-bibel.de
DCO	Documenta Catholica Omnia: http://www.documentacatholicaomnia.eu/
Latin Library	The Latin Library: http://www.thelatinlibrary.com/
LLT	Library of Latin Texts: http://clt.brepolis.net/lltadfg/Default.aspx/
Perseus	Perseus Digital Library: http://www.perseus.tufts.edu/hopper/
ThLL online	Thesaurus Linguae Latinae online: http://www.degruyter.com/view/db/tll
TLG	Thesaurus Linguae Graecae: http://stephanus.tlg.uci.edu/

Hilfsmittel: Grammatiken, Wörterbücher, Konkordanzen, Sachlexika

Grammatiken

Kühner–Holzweißig	Raphael Kühner / Friedrich Holzweißig, Ausführliche Grammatik der lateinischen Sprache. Erster Teil: Elementar-, Formen und Wortlehre. Hannover ²1912. [Reprint Darmstadt 1994]
Kühner–Stegmann	Raphael Kühner / Carl Stegmann, Ausführliche Grammatik der lateinischen Sprache. Zweiter Teil: Satzlehre. Hannover ⁵1976. [Reprint Darmstadt 1994]
LHS	Manu Leumann / Johann Baptist Hofmann / Anton Szantyr, Lateinische Grammatik (*Handbuch der Altertumswissenschaften* II, 2). Bd. I: Manu Leumann, Lateinische Laut- und Formenlehre. München ⁵1926–1928. Bd. II: Johann Baptist Hofmann, Lateinische Syntax und Stilistik, neubeabeitet von Anton Szantyr. München 1972.

Menge–Burkard–Schauer	Hermann Menge, Lehrbuch der lateinischen Syntax und Semantik, völlig neu berarb. v. Thorsten Burkard u. Markus Schauer, Darmstadt 2000.
Nägelsbach	Karl Friedrich von Nägelsbach, Lateinische Stilistik, Nürnberg ^{9}1905. [Reprint Darmstadt 1967]
Neue–Wagener	Friedrich Neue, Formenlehre der lateinischen Sprache, bearbeitet von C. Wagener. Bd. I: Das Substantivum, Leipzig ^{3}1902. Bd. II: Adjectiva, Nunieralia, Pronomina, Adverbia, Präpositionen, Konjunktionen, Interjektionen, Leipzig ^{3}1892. Bd. III: Das Verbum, Leipzig ^{3}1897. Bd. IV: Register mit Zusätzen u. Verbesserungen, Leipzig ^{3}1905.
Sommer	Ferdinand Sommer, Handbuch der lateinischen Laut- und Formenlehre. Eine Einführung in das sprachwissenschaftliche Studium des Lateins, Heidelberg 1902 (*Sammlung indogermanischer Lehrbücher: I. Reihe: Grammatiken*; Bd. 3).

Wörterbücher

Buck–Petersen	Carl Darling Buck / Walter Petersen, A Reverse Index of Greek Nouns and Adjectives. Arranged by terminations with brief historical introductions, Hildesheim ^{2}1984. [Nachdruck der 2. Aufl. 1945]
Chantraine	Pierre Chantraine, Dictionnaire étymologique de la langue Grecque. Histoire des mots, Paris 1968–1980.
Georges	Ausführliches Lateinisches Handwörterbuch, aus den Quellen zusammengetragen und mit besonderer Bezugnahme auf Synonymik und Antiquitäten unter Berücksichtigung der besten Hilfsmittel, ausgearbeitet von Karl Ernst Georges, bearbeitet von Heinrich Georges. Hannover ^{8}1913–1919. [Reprint Darmstadt 1998]
Lampe	G. W. H.Lampe, A Patristic Greek Lexicon, Oxford 2000.
Lewis–Short	C. T. Lewis / C. Short, A Latin Dictionary, Oxford 1958.
Liddell–Scott	Henry George Liddell / Robert Scott, A Greek-English Lexicon, Oxford ^{10}1996.
OLD	Oxford Latin Dictionary, edited by P. G. W. Glare. Oxford ^{2}1996.
Pape	Wilhelm Pape, Handwörterbuch der griechischen Sprache. Griechisch-deutsches Handwörterbuch, bearbeitet von Max Sengebusch, Braunschweig ^{3}1880.

Passow	Franz Passow, Handwörterbuch der griechischen Sprache. Leipzig ⁵1841–1857. [Reprint Darmstadt 2008]
Souter	Alexander Souter, A Glossary of Later Latin to 600 A. D., Oxford 1949.
ThLL	Thesaurus Linguae Latinae, editus iussu et auctoritate consilii ab academiis societatibusque diversarum nationum electi, Leipzig 1900 ff.

Konkordanzen und Spezialwörterbücher

Bergman 1894	Lexicon Prudentianum, confecit atque prolegomenis instruxit Ioannes Bergman. Upsaliae 1894. [unvollendet, nur 1. Faszikel erschienen: „a – adscendere"]
Deferrari–Campbell 1932	Roy Joseph Deferrari / James Marshall Campbell, A Concordance of Prudentius. Cambridge, Mass. 1932.

Sachlexika (in chronologischer Reihenfolge; in Angaben zur Sekundärliteratur mit Sigle, Band und Spalten-/Seitenzahl zitiert)

Roscher	Ausführliches Lexikon der griechischen und römischen Mythologie, hrsg. v. Wilhelm Heinrich Roscher, Leipzig 1884–1937.
RE	Paulys Realencyclopädie der classischen Altertumswissenschaft. Neue Bearbeitung begonnen von Georg Wissowa, fortgeführt von Wilhelm Kroll und Karl Mittelhaus, unter Mitwirkung zahlreicher Fachgenossen herausgegeben von Konrat Ziegler, Stuttgart / München 1893–1980.
RAC	Reallexikon für Antike und Christentum. Sachwörterbuch zur Auseinandersetzung des Christentums mit der antiken Welt, hrsg. v. Theodor Klauser, Stuttgart 1950 ff.
KlP	Konrat Ziegler / Walter Sontheimer / Hans Gärtner (Hrsgg.), Der Kleine Pauly, München 1964–1975. [Ndr. München 1979]
LAW	Carl Andresen / Hartmut Erbse / Olof Gigon / Karl Schefold / Karl Friedrich Stroheker / Ernst Zinn (Hrsgg.), Lexikon der Alten Welt, Zürich 1965.
DNP	Hubert Cancik / Helmut Schneider (Hrsgg.), Der Neue Pauly, Stuttgart 1996–2010.

Sekundärliteratur

Adriani 1956	Maurilio Adriani, ‚Traditio' romana e culto della ‚Fides', in: *Studi romani* 4 (1956), 381–389.
Ahl 1993	Frederick Ahl, Form Empowered: Lucan's Pharsalia, in: A. J. Boyle (ed.), Roman Epic, London / New York, 125–142.
Alexander 1936	Ferdinand Alexander, Beziehungen des Prudentius zu Ovid, in: *Wiener Studien* 54 (1936), 166–173.
Alfonsi 1959	Luigi Alfonsi, Sulla ‚ Militia' di Prudenzio, in: *Vigiliae Christianae* 13 (1959), 181–183.
Anderson 1993	William S. Anderson, Form Changed: Ovid's Metamorphoses, in: A. J. Boyle (ed.), Roman Epic, London / New York, 108–124.
Argenio 1960	Raffaele Argenio, La Psychomachia di Prudenzio, in: *Rivista di Studi Classici* 23 (1960), 267–280.
Argenio 1973	Raffaele Argenio, Roma immaginata e veduta dal poeta cristiano Prudenzio, in: *Studi romani* 21 (1973), 25–37.
Atherton 1997	Mark Atherton, The Image of the Temple in the *Psychomachia* and Late Anglo-Saxon Literature, in: *Bulletin of the John Rylands University Library of Manchester* 79 (1997), 263–285.
Aubineau 1966	M. Aubineau, Les 318 serviteurs d'Abraham (Gen. 14, 14) et le nombre des Pères au concile de Nicée (325), in: *Revue d'Histoire Ecclésiastique* 61 (1966), 5–43.
Axtell 1907	Harold L. Axtell, The Deification of Abstract Ideas in Roman Literature and Inscriptions, New Rochelle (New York) 1907.
Baltrusch 2010	Ernst Baltrusch, s. v. Luxus II (Luxuskritik), in: *RAC* 23 (2010), 711–738.
Bardy 1926	Gustave Bardy, Melchisédech dans la tradition patristique, in: *Revue biblique* 35 (1926), 496–509.
Bardy 1927	Gustave Bardy, Melchisédech dans la tradition patristique (Suite), in: *Revue biblique* 36 (1927), 25–45.
Bardzell 2004	Jeffrey Bardzell, Speculative Grammar and Stoic Language Theory in Medieval Allegorical Narrative: From Prudentius to Alan of Lille, Diss. phil. Indiana University 2004.
Barié 1993	Paul Barié, Von der Textparaphrase zur Interpretation, in: *Der Altsprachliche Unterricht* 36.4–5 (1993), 23–36.

Bartalucci 1961	Aldo Bartalucci, Il carme del cod. Paris. 8084 e i problemi della trasmissione antica delle opere di Prudenzio, in: *Studi classici e orientali* 10 (1961), 161–178.
Basile 2007	Bruno Basile, Alain de Lille e la Psychomachia, in: Bruno Basile (ed.), Aurelio Prudenzi Clemente: Psychomachia. La lotta die vizi e delle virtù. Roma 2007 (*Bibliotheca medievale*; vol. 112), 121–123.
Bastiaensen 1993	Antonius A. R. Bastiaensen, Prudentius in recent literary criticism, in: J. den Boeft/A. Hilhorst (edd.), Early Christian poetry. A collection of essays, Leiden/New York/Köln, 101–134.
Bauer 1923	Theodor Bauer, Die Tugenden und Laster in den frühchristlichen Denkmälern, Diss. phil. Heidelberg 1923.
Baumeister 1885–1888	Karl August Baumeister, Denkmäler des klassischen Altertums zur Erläuterung des Lebens der Griechen und Römer in Religion, Kunst und Sitte, München/Leipzig 1885–1888.
Bayer 1965	Erich Bayer, s. v. phalerae, in: *LAW* 2 (1965), 2282.
Beatrice 1971	Pier Franco Beatrice, L'allegoria nella Psychomachia di Prudenzi, in: *Studia Patavina* 18 (1971), 25–73.
Becker 1969	Carl Becker, s. v. Fides, in: *RAC* 7 (1969), 801–839.
Bein 1990	Thomas Bein, Textkritik. Eine Einführung in Grundlagen der Edition altdeutscher Dichtung, Göppingen 1990 (*Göppinger Arbeiten zur Germanistik*; Bd. 519).
Bergman 1908	Johan Bergman, De codicum Prudentianorum generibus et uirtute, in: *Sitzungsberichte der philosophisch-historischen Klasse der kaiserlichen Akademie der Wissenschaften* 157 (1908), 1–64.
Bergman 1912	Johan Bergman, Emendationes Prudentianae, in: *Eranos* 12 (1912), 111–149.
Bergman 1921	Johan Bergman, Aurelius Prudentius Clemens, der größte christliche Dichter des Altertums, Dorpat 1921.
Blasquez 1981	José Maria Blasquez, Die Rolle der Kirche in Hispanien im 4. und 5. Jahrhundert, in: *Klio* 63 (1981), 649–660.
Bloch 1997	René Bloch, s. v. Concordia, in: *DNP* 3 (1997), 116–117.
Bloch 1997a	René Bloch, s. v. Discordia, in: *DNP* 3 (1997), 692.
Bloch 2001	René Bloch, s. v. Spes, in: *DNP* 11 (2001), 811.
Bloomfield 1952	Morton W. Bloomfield, The Seven Deadly Sins. An Introduction to the History of a Religious Concept, with Special Reference to Medieval English Literature, East Lansing (Michigan) 1952.

Bloomfield 1972	Morton W. Bloomfield, in: *Allegory as Interpretation*, in: *New Literary History* 3 (1972), 301–317.
Bloomfield 1981	Morton W. Bloomfield, Allegory, Myth, and Symbol, Cambridge (Massachusetts) / London 1981 (*Harvard English Studies*; vol. 9).
Böck 2002	Barbara Böck, s. v. Weisheitsliteratur I, in: *DNP* 12,2 (2002), 444–446.
Brakman 1920	C. Brakman, Quae ratio intercedat inter Lucretium et Prudentium, in: *Mnemosyne*, N. F. 48 (1920), 434–448.
Brandt 1894	Samuel Brandt, De Lactantii apud Prudentium vestigiis, Heidelberg 1894.
Breidt 1887	Hermann Breidt, De Aurelio Prudentio Clemente Horatii imitatore, Diss. phil. Heidelberg 1887.
Brockhaus 1872	Cl. Brockhaus, Aurelius Prudentius Clemens in seiner Bedeutung für die Theologie und Kirche seiner Zeit, Leipzig 1872.
Brožek 1954–1955	Mieczyslav Brožek, De Prudentio – Pindaro Latino, in: *Eos* 47 (1954–1955), 107–141.
Brožek 1957–1958	Mieczyslav Brožek, De Prudentio – Pindaro Latino, in: *Eos* 49 (1957–1958), 123–157.
Brožek 1970	Mieczyslav Brožek, De Prudentii praefatione carminibus praefixa, in: Walter Wimmel (ed.), Forschungen zur römischen Literatur. FS zum 60. Geburtstag von Karl Büchner, Wiesbaden 1970, 31–36.
Brown 1961	Peter Robert Lamont Brown, Aspects of the Christianization of the Roman Aristocracy, in: *Journal of Roman Studies* 51 (1961), 1–11.
Brox 1986	Norbert Brox, s. v. Häresie, in: *RAC* 13 (1986), 248-297.
Brugmann 1997	Karl Brugmann, Das Nominalgeschlecht in den indogermanischen Sprachen, in: Heinz Sieburg (Hrsg.), Sprache – Genus / Sexus, Frankfurt a. M. / Berlin / Bern / New York,/ Paris / Wien 1997 (*Dokumentation Germanistischer Forschung*; Bd. 3), 22–43.
Brugmann 1997 a	Karl Brugmann, Zur Frage der Entstehung des grammatischen Geschlechts, in: Heinz Sieburg (Hrsg.), Sprache – Genus / Sexus, Frankfurt a. M. / Berlin / Bern / New York / Paris / Wien 1997 (*Dokumentation Germanistischer Forschung*; Bd. 3), 62–68.
Buchheit 1985	Vinzenz Buchheit, Prudentius über Gesittung durch Eroberung und Bekehrung, in: *Würzburger Jahrbücher für Altertumswissenschaft* N. F. 11 (1986), 189–223.

Buchheit 1986	Vinzenz Buchheit, *Resurrectio carnis* bei Prudentius, in: *Vigiliae Christianae* 40 (1986), 389–396.
Buchheit 1990	Vinzenz Buchheit, Glaube gegen Götzendienst (Prud. psych. 21 ff.), in: *Rheinisches Museum* 133 (1990), 389–396.
Büchli 2001	Jörg Büchli, s. v. Spes II, in: *DNP* 11 (2001), 811–812.
Burnam 1900	John Miller Burnam, Prudentius Commentaries, in: *American Journal of Archaeology* 4 (1900), 293–302.
Bzdak 2001	Michael J. Bzdak, Wisdom and Education in the Middle Ages. Images and Traditions, Diss. phil. New Brunswick (New Jersey) 2001.
Cambronne 2002	Patrice Cambronne, Métamorphoses de la terre promis. Le temple d l'Âme dans la Psychomachia de Prudence, in: *Revue de Etudes anciennes* 104 (2002), 445–474.
Cameron 1977	Alan Cameron, Paganism and Literature in Late Fourth Century Rome, in: Christianisme et formes littéraires de l'antiquité tardive en occident, ed. Fondation Hardt Genf (*Entretiens sur l'antiquité classique*; vol. 23), 1–40.
Campbell 1999	J. Brian Campbell, s. v. Manipulus, in: *DNP* 7 (1999), 821–822.
Cannon 1989	Michael White Cannon, Prudentius' Psychomachia. Allegorical Roots and Influence on English Morality Plays, Master's thesis El Paso 1989.
Chadwick 1962	Henry Chadwick, s. v. Enkrateia, in: *RAC* 5 (1952), 343–365.
Chadwick 1966	Henry Chadwick, Les 318 Pères de Nicée, in: *Revue d'Histoire Ecclésiastique* 61 (1966), 808–811.
Charlet 1988	Jean-Louis Charlet, Aesthetic Trends in Late Latin Poetry (325-410), in: *Philologus* 132 (1988), 74–85.
Charlet 2003	Jean-Louis Charlet, Signification de la préface à la *Psychomachia* de Prudence, in: *Revue des études latines* 81 (2003), 232–251.
Charney 1988	Sara Beth Charney, Ariosto and the Visual Arts. An Iconographical Study of Avarice, Diss. phil. Toronto 1988.
Clow 1984	William Hammond Clow jr., A Computer Analysis of the Latin Poetry of the Fourth Century', Diss. phil. University of Washington 1984.
Coşkun 2003	Altay Coşkun, Die Programmgedichte des Prudentius: praefatio und epilogus, in: *Zeitschrift für antikes Christentum* 7 (2003), 212–237.

Coşkun 2008	Altay Coşkun, Zur Biographie des Prudentius, in: *Philologus* 152 (2008), 294–320.
Corbier 1999	Mireille Corbier, s. v. Luxus, in: *DNP* 7 (1999), 534–536.
Corsano 2004	Mariella Corsano, Sul secondo combattimento della Psychomachia di Prudenzio, in: Anna Maria Taragna (ed.), La poesia tardoantica e medievale. Atti del II convegno internazionale di studi Perugia, 15–16 novembre 2001, Allessandria 2004 (*Centro internazionale di studi sulla poesia greca e latina in età tardoantica e medievale; Quaderni* 2), 95–107.
Cotogni 1936	Laura Cotogni, Sovrapposizione di visioni e di allegorie nella Psychomachia die Prudenzio, Roma 1936 (*Rendiconti della R. Accademia Nazionale dei Lincei, classe di scienze morali, storiche e filologiche*, serie sesta; vol. 12).
Cunningham 1958	Maurice P. Cunningham, Some Facts about the Puteanus of Prudentius, *Transactions and Proceedings of the American Philological Association* 89 (1958), 32–37.
Cunningham 1960	Maurice P. Cunningham, A Critical Edition of the Text of Prudentius for the Series Corpus Christianorum, in: *Year Book of the American Philosophical Society* (1960), 601–605.
Cunningham 1962	Maurice P. Cunningham, A Preliminary Recension of the Older Manuscripts of the Cathemerinon, Apotheosis and Hamartigenia of Prudentius, in: *Sacris Erudiri* 13 (1962), 5–59.
Cunningham 1967	Maurice P. Cunningham, s. v. Prudentius, in: New Catholic Encyclopedia, vol. 11, New York / St. Louis / San Francisco / Toronto / London / Sidney 1967, 928–929.
Cunningham 1968	Maurice P. Cunningham, The Problem of Interpolation in the Textual Tradition of Prudentius, in: *Transactions and Proceedings of the American Philological Association* 99 (1968), 119–141.
Cunningham 1971	Maurice P. Cunningham, Notes on the Text of Prudentius, in: *Transactions and Proceedings of the American Philological Association* 102 (1971), 59–69.
Cunningham 1976	Maurice P. Cunningham, Contexts of Prudentius' Poems, in: *Classical Philology* 71 (1976), 56–66.
Curtius 1993	Ernst Robert Curtius, Europäische Literatur und lateinisches Mittelalter, Tübingen / Basel [11]1993.

Cutino 2010	Michele Cutino, Les phrases du combat spirituel dans la Psychomachia de Prudence, in: *Revue des Études Anciennes* 112 (2010), 37–53.
Delisle 1867	Léopold Delisle, Note sur le manuscrit de Prudence no. 8084 du fonds Latin de la Bibliotheque Imperial, in: *Bibliotheque de L'Ecole de Chartres* 6.3 (1867), 297–303.
De Rossi 1868	Giovanni Battista De Rossi, Il culto idolatrico in Roma nel 394. Notizie raccolte da un inedito carme scoperto in Parigi, in: *Bulletino di Archeologia Cristiana* 6 (1868), 49–58 u. 61–75.
Desy 2005	Philippe Desy, Prudence, lecteur de la correspondance de Cicéron (Cic., Att. 14, 9, 2 et Prud., Psych. 98–99), in: *Latomus* 64 (2005), 170–171.
Dexel 1907	Franz Dexel, Des Prudentius Verhältnis zu Vergil, Landshut 1907.
Dihle 1950	Albrecht Dihle, s. v. Ethik, in: *RAC* 1 (1950) 646–796.
Dihle 1957	Albrecht Dihle, s. v. Demut, in: *RAC* 3 (1957), 735–778.
Dihle/Studer/Rickert 1991	Albrecht Dihle / Basil Studer / Franz Rickert, s. v. Hoffnung, in: *RAC* 15 (1991), 1159–1250.
Dobbelstein 1897	Grégoire Dobbelstein, De carmine christiano cod. Paris. 8084 contra fautores paganae superstitionis ultimos, Diss. phil. Kath. Univ. Lovain 1897.
Doherty 1967	R. Doherty, s. v. Patience, in: New Catholic Encyclopedia vol. 10, New York / St. Louis / San Francisco / Toronto / London / Sidney 1967, 1086–1087.
Dolch 1858	Otto Dolch, Geschichte des deutschen Studententhums von der Gründung der deutschen Universitäten bis zu den deutschen Freiheitskriegen: Ein historischer Versuch, Leipzig 1858.
Dölger 1958	Franz Joseph Dölger, Beiträge zur Geschichte des Kreuzzeichens, in: *Jahrbuch für Antike und Christentum* 1 (1958), 5–19.
Döpp 1988	Siegmar Döpp, Die Blütezeit lateinischer Literatur in der Spätantike (350–430 n. Chr.). Charakteristika einer Epoche, in: *Philologus* 132 (1988), 19–52.
Döpp 1998	Siegmar Döpp, s. v. Prudentius, in: Siegmar Döpp / Wilhelm Geerlings (Hgg.), Lexikon der antiken christlichen Literatur, Freiburg / Basel / Wien 1998, 522–525.
Dorfbauer 2010	Lukas J. Dorfbauer, Die *praefationes* von Claudian und von Prudentius, in: Victoria Zimmerl-Panagl / Dorothea

Bibliographie 451

	Weber (Hrsgg.), Text und Bild. Tagungsbeiträge, Wien 2010 (*Sitzungsberichte der Österreichischen Akademie der Wissenschaften: philosophisch-historische Klasse*; Bd. 813 / *Veröffentlichungen der Kommission zur Herausgabe des Corpus der lateinischen Kirchenväter*; H. XXX), 195–222.
Dorfbauer 2012	Lukas J. Dorfbauer, Claudian und Prudentius: Verbale Parallelen und Datierungsfragen, in: *Hermes* 140 (2012), 45–70.
Doubleday 1970	James F. Doubleday, The Allegory of the Soul as Fortress in Old English Poetry, in: *Anglia* 88 (1970), 503–508.
Dunsch 2007	Boris Dunsch, *Regere* oder *movere*? Textkritische und exegetische Untersuchungen zu Ovid, „Ars amatoria" 1, 1–10, in: *Hermes* 135 (2007), 314–333.
Ebert–Krüger 1905	A. Ebert / G. Krüger, s. v. Prudentius, Aurelius Clemens, in: Albert Hauck (Hrsg.), Realencyklopädie für protestantische Theologie und Kirche, Bd. 16, Leipzig 1905, 184–186.
Ellis 1868	Robinson Ellis, On a Recently Discovered Latin Poem of the Fourth Century, in: *Journal of Philology* 1 (1868), 66–75.
Encuentra Ortega 2000	Alfredo Encuentra Ortega, El hexámetro de Prudencio. Estudio comparado de métrica verbal, Logron 2000 (*Filología*; vol. 10).
Engelhard 1881	Robert Engelhard, De personificationibus quae in poesi atque arte Romanorum inveniuntur, Diss. phil. Göttingen 1881.
Eriksson 1934	Nils Eriksson, Studien zu den Annalen des Tacitus, Diss. phil. Lund 1934.
Erzgräber 1978	Willi Erzgräber, Zum Allegorie-Problem, in: *Zeitschrift für Literaturwissenschaft und Linguistik* 8 (1978), 105–121.
Esch 1960	Arno Esch, Structure and Style in Some Minor Religious Epics of the Seventeenth Century, in: *Anglia* 78 (1960), 40–54.
Evenepoel 1981	Willy Evenepoel, Prudentius: Ratio and Fides, in: *L'Antiquité Classique* 50 (1981), 318–327.
Evenepoel 1982	Willy Evenepoel, La présence d'Ovide dans l'oeuvre de Prudence, in: Raymond Chevallier (ed.), Colloque Présence d'Ovide, Paris 1982, 165–176.

Evenepoel 1997	Willy Evenepoel, s. v. Prudentius, in: Gerhard Müller (Hrsg.), Theologische Realenzyklopädie, Bd. 27, Berlin/New York 1997, 604–607.
Evenepoel 2010	Willy Evenepoel, The theme of *concordia/pax* in the works of the poet Prudentius, in: *Sacris erudiri* 49 (2010), 67–80.
Faguet 1883	Aemilius Faguet, De Aurelii Prudentii Clementis carminibus lyricis, Burdigalae 1883.
Fehrle 1937	E. Fehrle, s. v. Voluptas, in: *Roscher* 76 (1937), 371.
Felgentreu 1999	Fritz Felgentreu, Claudians Praefationes. Bedingungen, Beschreibungen und Wirkungen einer poetischen Kleinform, Stuttgart/Leipzig 1999 (*Beiträge zur Altertumskunde*; Bd. 130).
Fleischmann 2006	Petra Fleischmann, Die *praefatio* zum *Aeneis*kommentar des Servius und die Tradition der Auslegung, in: Ulrich Schmitzer (Hrsg.), Suus cuique mos. Beiträge zur paganen Literatur des lateinischen Westens im 4. Jahrhundert n. Chr., Göttingen 2006 (*Vertumnus*; Bd. 1), 59–114.
Fletcher 1933–1934	G. B. A. Fletcher, Imitationes vel loci similes in poetis latini: Prudentius, in: *Mnemosyne* 1 (1933–1934), 201–208.
Fraenkel 1916	Eduard Fraenkel, Zur Geschichte des Wortes *fides*, in: *Rheinisches Museum* N. F. 71 (1916), 187–199.
Frank 1986	Karl S. Frank, s. v. Habsucht (Geiz), in: *RAC* 13 (1986), 226–247.
Freytag 1971	Hartmut Freytag, Die Bedeutung der Himmelsrichtungen im himmlischen Jerusalem, in: *Beiträge zur Geschichte der deutschen Sprache und Literatur* 93 (1971), 139–150.
Fuhrmann 1968	Manfred Fuhrmann, Die Funktion grausiger und ekelhafter Elemente in der lateinischen Dichtung, in: Hans Robert Jauss (Hrsg.), Die nicht mehr schönen Künste. Grenzphänomene des Ästhetischen, München 1968 (*Poetik und Hermeneutik*; Bd. 3), 23–66.
Fuhrmann 1968 a	Manfred Fuhrmann, Die Romidee in der Spätantike, in: *Historische Zeitschrift* 207 (1968), 529–561.
Fuhrmann 1986	Manfred Fuhrmann, Vom Übersetzen aus dem Lateinischen, Freiburg i. Br./Würzburg 1986.
Furtwängler 1884	Adolf Furtwängler, s. v. Eros, in: *Roscher* 1 (1884), 1339–1372.

Garrison 1997	Roman Garrison, The Graeco-Roman Context of Early Christian Literature, Sheffield 1997 (*Journal for the Study of the New Testament. Supplement Series*; vol. 137).
Gärtner 2004	Thomas Gärtner, Die Musen im Dienste Christi. Strategien der Rechtfertigung christlicher Dichtung in der lateinischen Spätantike, in: *Vigiliae Christianae* 58 (2004), 424–446.
Gavigan 1943	John J. Gavigan, Precious Stones and Mediaeval Symbolism, in: *Classical Weekly* 37 (1943), 55–56.
Giovini 2005	Marco Giovini, Rosvita drammaturga e l'emulazione stilistica di Prudencio, in: *Maia* 57 (2005), 557–597.
Glau 2000	Katherina Glau, Allegorie als Reflex der Origenischen Hermeneutik in der Psychomachia des Prudentius, in: Andreas Haltenhoff / Fritz-Heiner Mutschler (Hrsgg.), Hortus litterarum antiquarum. FS für Hans Armin Gärtner zum 70. Geburtstag, Heidelberg 2000, 161–175.
Gnilka 1963	Christian Gnilka, Studien zur Psychomachie des Prudentius, Wiesbaden 1963 (*Klassisch-philologische Studien*; H. 27).
Gnilka 1965	Christian Gnilka, Zwei Textprobleme bei Prudentius, in: *Philologus* 109 (1965), 246–258.
Gnilka 1966	Christian Gnilka, Notizen zu Prudentius, in: *Rheinisches Museum* 109 (1966), 84–94.
Gnilka 1968	Christian Gnilka, Rezension zu: Reinhardt Herzog, Die allegorische Dichtkunst des Prudentius, in: *Gnomon* 40, 361–370.
Gnilka 1985	Christian Gnilka, Theologie und Textgeschichte. Zwei Doppelfassungen bei Prudentius, psychom. praef. 38 ff., in: *Wiener Studien* 19 (1985), 179–203.
Gnilka 1986	Christian Gnilka, Zwei Binneninterpolamente und ihre Bedeutung für die Geschichte des Prudentiustexts, in: *Hermes* 114 (1986), 88–98.
Gnilka 1988	Christian Gnilka, Eine Spur altlateinischer Bibelversion bei Prudentius, in: *Vigiliae Christianae* 42 (1988), 147–155.
Gnilka 1990	Christian Gnilka, Satura Tragica. Zu Juvenal und Prudentius, in: *Wiener Studien* 103 (1990), 145–177.
Gnilka 1994	Christian Gnilka, Die frühe Kirche und die antike Kultur. Zu einem neuen Prudentiusbuch, in: *Historische Zeitschrift* 258 (1994), 397–415.

Gnilka 1994 a	Christian Gnilka, Verkannte Genitive bei Prudentius, in: *Illinois Classical Studies* 19 (1994), 253–260.
Gnilka 2000	Christian Gnilka, Kritische Bemerkungen zu Prudentius' Hamartigenie, in: Christian Gnilka (Hrsg.), Prudentiana. Bd. I: Critica, München/Leipzig 2000, 68–89. [Zuerst abgedruckt in: *Hermes* 112 (1984), 333–352.]
Gnilka 2000 a	Christian Gnilka, Eine interpolatorische Ehrenrettung Davids, in: Christian Gnilka (Hrsg.), Prudentiana. Bd. I: Critica, München/Leipzig 2000, 90–101. [Zuerst abgedruckt in: Vivarium. Festschrift für Th. Klauser = *Jahrbuch für Antike und Christentum* Suppl. 11 (1984), 136–143.]
Gnilka 2000 b	Christian Gnilka, Theologie und Textgeschichte, in: Christian Gnilka (Hrsg.), Prudentiana. Bd. I: Critica, München/Leipzig 2000, 101–125. [Zuerst abgedruckt in: *Wiener Studien* 98, N.F. 19 (1985), 179–203.]
Gnilka 2000 c	Christian Gnilka, Zwei Binneninterpolamente und ihre Bedeutung für die Geschichte des Prudentiustexts, in: Christian Gnilka (Hrsg.), Prudentiana. Bd. I: Critica, München/Leipzig 2000, 126–137. [Zuerst abgedruckt in: *Hermes* 114 (1986), 88–89]
Gnilka 2000 d	Christian Gnilka, Eine Spur altlateinischer Bibelversion bei Prudentius, in: Christian Gnilka (Hrsg.), Prudentiana. Bd. I: Critica, München/Leipzig 2000, 158–166. [Zuerst abgedruckt in: *Vigiliae Christianae* 42 (1988), 147–155]
Gnilka 2000 e	Christian Gnilka, Antike Götter beim echten und beim unechten Prudentius, in: Christian Gnilka (Hrsg.), Prudentiana. Bd. I: Critica, München/Leipzig 2000, 228–290. [Zuerst abgedruckt in: *Frühmittelalterliche Studien* 30 (1996), 103–149]
Gnilka 2000 f	Christian Gnilka, Doppelter Gedichtschluss, in: Christian Gnilka (Hrsg.), Prudentiana. Bd. I: Critica, München/Leipzig 2000, 291–356.
Gnilka 2000 g	Christian Gnilka, Falscher Marcion, in: Christian Gnilka (Hrsg.), Prudentiana. Bd. I: Critica, München/Leipzig 2000, 357–363.
Gnilka 2000 h	Christian Gnilka, Flickverse, in: Christian Gnilka (Hrsg.), Prudentiana. Bd. I: Critica, München/Leipzig 2000, 364–372.
Gnilka 2000 i	Christian Gnilka, Erweiterte Kataloge, in: Christian Gnilka (Hrsg.), Prudentiana. Bd. I: Critica, München/Leipzig 2000, 385–433.

Gnilka 2000 j	Christian Gnilka, Zu Paulinus Nolanus, in: Christian Gnilka (Hrsg.), Prudentiana. Bd. I: Critica, München/ Leipzig 2000, 434–458.
Gnilka 2000 k	Christian Gnilka, Unechtes in der Apotheosis, in: Christian Gnilka (Hrsg.), Prudentiana. Bd. I: Critica, München/Leipzig 2000, 459–647.
Gnilka 2000 l	Christian Gnilka, Addenda, in: Christian Gnilka (Hrsg.), Prudentiana. Bd. I: Critica, München/Leipzig 2000, 648–690.
Gnilka 2001 a	Christian Gnilka, Notizen zu Prudentius, in: Christian Gnilka (Hrsg.), Prudentiana. Bd. II: Exegetica, München/Leipzig 2001, 9–19. [Zuerst abgedruckt in: *Rheinisches Museum* 109 (1966), 84–94]
Gnilka 2001 b	Christian Gnilka, Lynchjustiz bei Catull, in: Christian Gnilka (Hrsg.), Prudentiana. Bd. II: Exegetica, München/ Leipzig 2001, 20–31. [Zuerst abgedruckt in: *Rheinisches Museum* 116 (1973), 254–269]
Gnilka 2001 c	Christian Gnilka, Interpretation frühchristlicher Literatur. Dargestellt am Beispiel des Prudentius, in: Christian Gnilka (Hrsg.), Prudentiana. Bd. II: Exegetica, München/Leipzig 2001, 32–90. [Zuerst abgedruckt in: Impulse für die lateinische Lektüre. Von Terenz bis Thomas Morus, hrsg. v. Heinrich Krefeld, Frankfurt a. M. 1979, 138–180]
Gnilka 2001 d	Christian Gnilka, Die Natursymbolik in den Tagesliedern des Prudentius, in: Christian Gnilka (Hrsg.), Prudentiana. Bd. II: Exegetica, München/Leipzig 2001, 91–141. [Zuerst abgedruckt in: Petas. Festschrift für Bernhard Kötting = *Jahrbuch für Antike und Christentum* Suppl. 8 (1980), 411-446]
Gnilka 2001 e	Christian Gnilka, Exegetische Bemerkungen zu Prudentius ‚Hamartigenie', in: Christian Gnilka (Hrsg.), Prudentiana. Bd. II: Exegetica, München/Leipzig 2001, 142–169. [Zuerst abgedruckt in: *Hermes* 111 (1983), 338–362]
Gnilka 2001 f	Christian Gnilka, Ein Zeugnis doppelchörigen Gesangs bei Prudentius, in: Christian Gnilka (Hrsg.), Prudentiana. Bd. II: Exegetica, München/Leipzig 2001, 170–191. [Zuerst abgedruckt in: *Jahrbuch für Antike und Christentum* 30 (1987), 58–73]
Gnilka 2001 g	Christian Gnilka, Prudentiana, in: Christian Gnilka (Hrsg.), Prudentiana. Bd. II: Exegetica, München/Leip-

	zig 2001, 192–200. [Zuerst abgedruckt in: Roma renascens. Beiträge zur Spätantike und Rezeptionsgeschichte. Ilona Opelt von ihren Freunden und Schülern zum 9.7.1988 in Verehrung gewidmet, hrsg. v. Michael Wissemann, Frankfurt a. M. / Bern / New York / Paris 1988, 78-87]
Gnilka 2001 h	Christian Gnilka, Prudentius über die Statue der Victoria im Senat, in: Christian Gnilka (Hrsg.), Prudentiana. Bd. II: Exegetica, München / Leipzig 2001, 263–317. [Zuerst abgedruckt in: *Frühmittelalterliche Studien* 25 (1991), 1–44]
Gnilka 2001 i	Christian Gnilka, Verkanntes quod bei Prudentius, in: Christian Gnilka (Hrsg.), Prudentiana. Bd. II: Exegetica, München / Leipzig 2001, 318–321. [Zuerst abgedruckt in: *Hermes* 120 (1992), 382–385]
Gnilka 2001 j	Christian Gnilka, Der Gabenzug der Städte bei der Ankunft des Herrn. Zu Prudentius, Peristephanon 4, 1–76, in: Christian Gnilka (Hrsg.), Prudentiana. Bd. II: Exegetica, München / Leipzig 2001, 364–427. [Zuerst abgedruckt in: Iconologia Sacra. Mythos, Bildkunst und Dichtung in der Religions- und Sozialgeschichte Alteuropas. Festschrift für Karl Hauck, hrsg. v. Hagen Keller und Nikolaus Staubach, Berlin / New York 1994 (*Arbeiten zur Frühmittelalterforschung*; Bd. 23), 25–67]
Gnilka 2001 k	Christian Gnilka, Verkannte Genitive bei Prudentius, in: Christian Gnilka (Hrsg.), Prudentiana. Bd. II: Exegetica, München / Leipzig 2001, 431–439. [Zuerst abgedruckt in: Studies in Honor of Miroslav Marcovich, vol. 2 = *Illinois Classical Studies* 19 (1994), 253–260.]
Gnilka 2001 l	Christian Gnilka, Addenda, in: Christian Gnilka (Hrsg.), Prudentiana. Bd. II: Exegetica, München / Leipzig 2001, 522–598.
Gnilka 2004	Christian Gnilka „Falsae pietatis imago". Quellenstudien zu einer Szenenfolge der „Psychomachie" des Prudentius, in: Gert Partoens / Geert Roskam / Toon van Houdt (edd.), Virtutis imago. Studies on the Conceptualisation and Transformation of an Ancient Ideal, Leuven 2004, 339–367.
Gnilka 2004 a	Christian Gnilka, Humor bei Prudentius, in: Jens Peter Clausen / Wilfried Lingenberg / Thomas Riesenweber (Hrsgg.), Iubilet cum Bonna Rhenus. Festschrift zum 150jährigen Bestehen des Bonner Kreises, Berlin 2004, 127–146.

Gnilka 2007	Christian Gnilka (Hrsg.), Philologische Streifzüge durch die römische Dichtung, Basel 2007, 425–428.
Gnilka 2007 a	Christian Gnilka, „Falsae pietatis imago". Quellenstudien zu einer Szenenfolge der „Psychomachie" des Prudentius, in: Christian Gnilka (Hrsg.), Philologische Streifzüge durch die römische Dichtung, Basel 2007, 425–428.
Gnilka 2007 b	Christian Gnilka, Patristische „Quellen" der „Psychomachie", in: Christian Gnilka (Hrsg.), Philologische Streifzüge durch die römische Dichtung, Basel 2007, 430–435.
Gnilka 2007 c	Christian Gnilka, Talio analogica, in: Christian Gnilka (Hrsg.), Philologische Streifzüge durch die römische Dichtung, Basel 2007, 435–437.
Gnilka 2007 d	Christian Gnilka, Ein verräterisches Pronomen, in: Christian Gnilka (Hrsg.), Philologische Streifzüge durch die römische Dichtung, Basel 2007, 437–440.
Gnilka 2008	Christian Gnilka, Nota Prudentiana, in: *Zeitschrift für Papyrologie und Epigraphik* 165 (2008), 65–66.
Gnilka 2008 a	Christian Gnilka, Die Bedeutung der *Psychomachie* im Gesamtwerk des Prudentius, in: Béatrice Jakobs / Volker Kapp (Hrsgg.), Seelengespräche, Berlin 2008 (*Schriften zur Literaturwissenschaft*; Bd. 31), 19–40.
Goldhill 1999	Simon Goldhill, Wipe Your Glosses, in: Glenn W. Most (Hrg.), Commentaries – Kommentare, Göttingen 1999 (*Aporemata*; Bd. 4), 380–425.
Graf 1997	Fritz Graf, s. v. Bellona, in: *DNP* 2 (1997), 556.
Grebe 2008	Sabine Grebe, How to Attract the Pagan Aristocracy of Rome to Christian Poetry. Poetology in Prudentius' Psychomachia, in: Roger Wright (ed.), Latin vulgaire – latin tardif. VIII. Actes du VIIIe colloque international sur le latin vulgaie et tardif. Oxford, 6–9 septembre 2006, Hildesheim / Zürich / New York 2008, 204–214.
Gross 1969	Walter Hatto Gross, s. v. Mitra, in: *KlP* 3 (1969), 1365.
Gross 1975	Walter Hatto Gross, s. v. Sica, sicarius, in: *KlP* 5 (1975), 161–162.
Gross 1975 a	Walter Hatto Gross, s. v. Toga, in: *KlP* 5 (1975), 879–880.
Guillén 1950	Jorge Guillén, Prudencio y la mitologia, in: *Helmantica* 1 (1950), 273–299.
Gumbrecht 1999	Hans Ulrich Gumbrecht, Fill up Your Margins! About Commentary and Copia, in: Glenn W. Most (ed.), Commentaries – Kommentare, Göttingen 1999 (*Aporemata*; Bd. 4), 443–453.

Gumbrecht 2003	Hans Ulrich Gumbrecht, Die Macht der Philologie. Über einen verborgenen Impuls im wissenschaftliche Umgang mit Text. Aus dem Amerikanischen von Joachim Schulte, Frankfurt a. M. 2003.
Haines-Eitzen 1997	Kim Haines-Eitzen, Literacy, Power and the Transmitters of Early Christian Literature, Diss. phil. Chapel Hill 1997.
Hajdu 1998	Péter Hajdu, Prudentius Psychomachia, in: *Acta antiqua academiae scientiarum Hungaricae* 38 (1998), 297–307.
Hammond 1933	Mason Hammond, Concilia Deorum from Homer through Milton, in: *Studies in Philology* 30 (1933), 1–16.
Hanley 1962	Stella Marie Hanley, Prudentius and Juvenal, in: *Phoenix* 16 (1962), 41–52.
Hanna 1977	Ralph Hanna, The Sources and the Art of Prudentius' Psychomachia, in: *Classical Philology* 72 (1977), 108–115.
Hannemann 2008	Dennis Hannemann, Poetische Strukturelemente der *Psychomachia* in der allegorischen Dichtung Anne Bradstreets und Edward Taylors, in: Béatrice Jakobs / Volker Kapp (Hrsgg.), Seelengespräche, Berlin 2008 (*Schriften zur Literaturwissenschaft*; Bd. 31), 165–182.
Harries 1984	Jill Harries, Prudentius and Theodosius, in: *Latomus* 43 (1984), 69–84.
Hauser 2004	R. Hauser, s. v. Keuschheit, in: Joachim Ritter / Karlfried Gründer (Hrsgg.), Historisches Wörterbuch der Philosophie, Bd. 4, Basel / Stuttgart, 817–818.
Haworth 1980	Kenneth R. Haworth, Deified Virtues, Demonic Vices and Descriptive Allegory in Prudentius' Psychomachia, Amsterdam 1980.
Heimgartner 2002	Martin Heimgartner, s. v. Weisheit II.A, in: *DNP* 12,2 (2002), 440–441.
Heinemann 1949	Isaak Heinemann, Die wissenschaftliche Allegoristik der Griechen, in: *Mnemosyne* 4 (1949), 5–18.
Heinemann 1952	Isaak Heinemann, Die Allegoristik der hellenistischen Juden außer Philon, in: *Mnemosyne* 5 (1952), 130–138.
Heinisch 1935	Klaus J. Heinisch, Prudentius-Glossen aus Freiburg, in: *Zeitschrift für deutsches Altertum und deutsche Literatur* 72 (1935), 207–208.
Heinz 2007	Carsten Heinz, Mehrfache Intertextualität bei Prudentius, Frankfurt a. M. 2007 (*Studien zur Klassischen Philologie*; Bd. 165). Zugleich Diss. phil. Heidelberg 2006.

Bibliographie 459

Heinze 1957	Richard Heinze, Virgils epische Technik, Darmstadt ⁴1957.
Heinze 1960	Richard Heinze, Fides (1929), in: Erich Burck (Hrsg.), Vom Geist des Römertums. Ausgewählte Aufsätze, Darmstadt ³1960.
Hench 1924	A. L. Hench, Sources of Prudentius' Psychomachia, in: *Classical Philology* 19 (1924), 78–80.
Henderson 1999	William John Henderson, "Amor" and Related Words in Prudentius, in: *Acta Patristica et Byzantina* 10 (1999), 104–127.
Henderson 2000	William John Henderson, Mythological Imagery in Prudentius. Geographical Localities, in: *Acta Patristica et Byzantina* 11 (2000), 117–136.
Henriksson 1956	Karl-Erik Henriksson, Griechische Büchertitel in der römischen Literatur, Helsinki 1956 (*Annales Academiae Scientiarum Fennicae*; vol. 102).
Hermann 1959	Alfred Hermann, s. v. Edelsteine, in: *RAC* 4 (1959), 505–552.
Hermann 1977	John P. Hermann, Psychomachia 423–26 and Aeneid 5.468–70, in: *Classical Bulletin* 54 (1977), 88–89.
Herzog 1966	Reinhardt Herzog, Die allegorische Dichtkunst des Prudentius, München 1966 (*Zetemata*; Bd. 42).
Herzog 2002	Reinhardt Herzog, Spätantike. Studien zur römischen und lateinisch-christlichen Literatur. Mit einem Beitrag von Manfred Fuhrmann, hrsg. v. Peter Habermehl Göttingen 2002 (*Hypomnemata. Supplementreihe*; Bd. 3).
Herzog 2002 a	Reinhardt Herzog, Rom und Altes Testament. Ein Problem in der Dichtung des Prudentius, in: Reinhardt Herzog, Spätantike. Studien zur römischen und lateinisch-christlichen Literatur. Mit einem Beitrag von Manfred Fuhrmann, hrsg. v. Peter Habermehl, Göttingen 2002 (*Hypomnemata. Supplementreihe*; Bd. 3), 179–202.
Hoefer 1895	Otto Hoefer, De Prudentii poetae Psychomachia et carminum chronologia, Diss. phil. Marburg 1895.
Höfer 1890–1894	Otto Höfer, s. v. Karteria, in: *Roscher* 2 (1890–1894), 968–969.
Höfer 1894–1897	Otto Höfer, s. v. Iocus, in: *Roscher* 2 (1894–1897), 283–284.
Höfer 1894–1897 a	Otto Höfer, s. v. Labor, in: *Roscher* 2 (1894–1897), 1776.

Höfer 1894–1897 b	Otto Höfer, s. v. Luxus, in: *Roscher* 2 (1894–1897), 2163.
Höfer 1902–1909	Otto Höfer, s. v. Patientia, in: *Roscher* 3 (1902–1909), 1683.
Höfer 1902–1909 a	Otto Höfer, s. v. Petulantia, in: *Roscher* 3 (1902–1909), 2173.
Höfer 1909–1915	Otto Höfer, s. v. Sophrosyne, in: *Roscher* 4 (1909–1915), 1214–1215.
Höfer 1909–1915 a	Otto Höfer, s. v. Spes, in: *Roscher* 4 (1909–1915), 1295–1297.
Höfer 1909–1915 b	Otto Höfer, s. v. Superbia, in: *Roscher* 4 (1909–1915), 1603.
Hofmann 1988	Heinz Hofmann, Überlegungen zu einer Theorie der nichtchristlichen Epik der lateinischen Spätantike, in: *Philologus* 132 (1988), 101–159.
Holder 1878	Alfred Holder, Die bouloneser angelsächsischen Glossen zu Prudentius, in: *Germania* 23 (1878), 385–403.
Hollender 2002	Elisabeth Hollender, s. v. Weisheit II.B, in: *DNP* 12,2 (2002), 441–443.
Hollender 2002 a	Elisabeth Hollender, s. v. Weisheit III, in: *DNP* 12,2 (2002), 443–444.
Hollender 2002 b	Elisabeth Hollender, s. v. Weisheitsliteratur IV, in: *DNP* 12,2 (2002), 451–453.
Homburger 1962	Otto Homburger, Die illustrierten Handschriften der Burgerbibliothek Bern. Bern 1962.
Hübner 2005	Sabine Hübner, Der Klerus in der Gesellschaft des spätantiken Kleinasiens, Diss. phil. Jena 2005.
Hurschmann 2002	Rolf Hurschmann, s. v. Toga, in: *DNP* 12,1 (2002), 654–655.
Irvine 1981	Martin Irvine, Cynewulf's Use of Psychomachia Allegory: The Latin Sources of Some „Interpolated" Passages, in: Morton W. Bloomfield (ed.), Allegory, Myth, and Symbol, Cambridge (Massachusetts) / London 1981 (*Harvard English Studies*; vol. 9), 39–62.
Jackson 1990	Michael J. Jackson, Psychomachia in Art from Prudentius to Proust, in: *British Journal of Aesthetics* 30 (1990), 159–165.
Jakobs 2008	Béatrice Jakobs, Die Motivik der Unentschlossenheit in der *Psychomachie* und deren Verselbständigung im frühen Musikdrama, in: Béatrice Jakobs / Volker Kapp

	(Hrsgg.), Seelengespräche, Berlin 2008 (*Schriften zur Literaturwissenschaft*; Bd. 31), 57–80.
Jakobs–Kapp 2008	Béatrice Jakobs / Volker Kapp (Hrsgg.), Seelengespräche, Berlin 2008 (*Schriften zur Literaturwissenschaft*; Bd. 31).
James 1999	Paula James, Prudentius' Psychomachia. The Christian arena and the politics of display, in: Richard Miles (ed.), Constructing Identities in Late Antiquity, London / New York 1999, 70–94.
Jannaconne 1948	Silvia Jannaconne, Le Par. 8084 de Prudence et la recensio de Mavortius, in: *Revue des études latines* 26 (1948), 228–234.
Jauss 1965	Hans Robert Jauss, Form und Auffassung der Allegorie in der Tradition der Psychomachia (von Prudentius zum ersten Romanz de la Rose), in: Hans Robert Jauss / Dieter Schaller (Hrsgg.), Medium Aevum Vivum. FS für Walther Bulst, Heidelberg 1965, 179–206.
Kantecki 1874	Ant. Erasm. Kantecki, De Aurelii Prudentii Clementis genere dicendi quaestiones, Diss. phil. Münster 1874.
Käppel 1998	Lutz Käppel, s. v. Häresie, in: *DNP* 5 (1998), 66–67.
Kennedy 1972	William J. Kennedy, Irony, Allegoresis, and Allegory in Virgil, Ovid and Dante, in: *Arcadia* 7 (1972), 115–134.
Kent 1979	David Allan Kent, Keats and the Allegorical Tradition, Diss. phil. Toronto 1979.
Kirsch 1982	Wolfgang Kirsch, Probleme der Gattungsentwicklung am Beispiel des Epos, in: *Philologus* 126 (1982), 265–288.
Kirsch 1989	Wolfgang Kirsch, Die lateinische Versepik des 4. Jahrhunderts, Berlin 1989 (*Schriften zur Geschichte und Kultur der Antike*; Bd. 28).
Kirsch 1989 a	Wolfgang Kirsch, Die spätantike Gesellschaft und die Literatur, in: *Philologus* 133 (1989), 128–146.
Klein 1972	Richard Klein, Der Streit um den Victoriaaltar. Die dritte Relatio des Symmachus und die Briefe 17, 18 und 57 des Mailänder Bischofs Ambrosius, Darmstadt 1972 (*Texte zur Forschung*; Bd. 7).
Klein 2003	Richard Klein, Zur heidnisch-christlichen Auseinandersetzung in Rom um die Wende vom 4. zum 5. Jahrhundert: Prudentius in Rom, in: *Römische Quartalsschrift für christliche Altertumskunde und Kirchengeschichte* 98 (2003), 87–111.

Klingner 1930	Friedrich Klingner, Rez. zu: Aurelii Prudentii Clementis carmina ed. Bergman, in: *Gnomon* 6 (1930), 39–52.
Kohl 2007	Katrin Kohl, Metapher, Stuttgart / Weimar 2007 (*Sammlung Metzler*; Bd. 352).
Krenkel 1884	Franz Krenkel, Epilegomenorum ad poetas Latinos posteriores particula prima: de Aurelii Prudentii Clementis re metrica', Diss. phil. Rudolstadt 1884.
Kreuz 2010	Gottfried E. Kreuz, Raum und Nichts: Zur Konzeption der Psychomachie des Prudentius, in: Victoria Zimmerl-Panagl / Dorothea Weber (Hrsgg.), Text und Bild. Tagungsbeiträge, Wien 2010 (*Sitzungsberichte der Österreichischen Akademie der Wissenschaften: philosophisch-historische Klasse*; Bd. 813 / *Veröffentlichungen der Kommission zur Herausgabe des Corpus der lateinischen Kirchenväter*; H. XXX), 237–254.
Kurfeß 1957	Alfons Kurfess, s. v. Prudentius, in: *RE* 23,1, 1040–1071.
Lana 1962	Italo Lana, Due capitoli Prudenziani, Roma 1962 (*Verba Seniorum, N. S.*; vol. II).
Lavarenne 1933 a	Maurice Lavarenne, Étude sur la langue du poète Prudence, Paris 1933.
Lease 1895	Emory Bair Lease, A Syntactical, Stylistic and Metrical Study of Prudentius, Baltimore (Md.) 1895.
Lee 1966	G. M. Lee, Prudentius Psychomachia 310–311, in: *Studii Clasice* 8 (1966), 229.
Levine 1991	Robert Levine, Prudentius' Romanus: The Rhetorician as Hero, Martyr, Satirist, and Saint, in: *Rhetorica* 9 (1991), 5–38.
Lewis 2000	Jessamyn Eva Lewis, Gender and Violence in Prudentius' Psychomachia', Diss. phil. Los Angeles 2000.
Lewis 2002	Jessamyn Eva Lewis, Reading Rome in Prudentius' Psychomachia, in: *New England Classical Journal* 29 (2002), 82–93.
Ludwig 1977	Walther Ludwig, Die christliche Dichtung des Prudentius und die Transformation der klassischen Gattungen, in: Christianisme et formes littéraires de l'antiquité tardive en occident, ed. Fondation Hardt, Genf 1977 (*Entretiens sur l'antiquité classique*; vol. 23), 303–372.
Lühken 2002	Maria Lühken, Christianorum Maro et Flaccus. Zur Vergil- und Horazrezeption des Prudentius, Göttingen 2002 (*Hypomnemata*; Bd. 141). Zugleich Diss. phil. Göttingen 2000.

Luque Moreno 1978	Jésus Luque Moreno, La versificación de Prudencio, Granada 1978.
Maas 1960	Paul Maas, Textkritik, Leipzig ⁴1960.
Mahoney 1934	Albertus Mahoney, Vergil in the works of Prudentius, Ann Arbor (Michigan) 1934 (*Patristic Studies*; vol. 39). Zugleich Diss. phil. Catholic University of America, Washington D. C.
Malamud 1985	Martha A. Malmud, The Labyrinth and the Willow Crown. Prudentius and Roman Mythology, Ann Arbor (Michigan) 1985. Zugleich Diss. phil Cornell University.
Malamud 1989	Martha A. Malmud, A Poetics of Transformation. Prudentius and Classical Mythology, Ithaca / London 1989.
Malamud 1990	Martha A. Malmud, Making a Virtue of Perversity. The Poetry of Prudentius, in: *Ramus* 19 (1990), 64–88.
Manitius 1890	Max Manitius, Zu Juvencus und Prudentius, in: *Rheinisches Museum* 45 (1890), 485–491.
Manser 1936	Anselm Manser, s. v. Prudentius, Aurelius Clemens, in: Michael Buchberger (Hrsg.), Lexikon für Theologie und Kirche, Bd. 8, Freiburg i. Br. ²1936, 531–533.
Manser-Kurfeß 1963	Anselm Manser / Alfons Kurfess, s. v. Prudentius, Aurelius Clemens, in: Lexikon für Theologie und Kirche, Bd. 8, ²1963, 845–846.
Markschies 1999	Christoph Markschies, Origenes und die Kommentierung, in: Glenn W. Most (ed.), Commentaries – Kommentare, Göttingen 1999 (*Aporemata*; Bd. 4), 66–94.
Marouzeau 1970	Jules Marouzeau, Das Latein. Gestalt und Geschichte einer Weltsprache, München 1970.
Mastrangelo 1997	Marc Mastrangelo, The Psychomachia of Prudentius: A Reappraisal of the Greek Sources and the Origins of Allegory, Diss. phil. Brown University Providence (Rhode Island) 1997.
Mastrangelo 2008	Marc Mastrangelo, The Roman Self in Late Antiquity. Prudentius and the Poetics of the Soul, Baltimore 2008.
Meinhold 1911	Johannes Meinhold, 1. Mose 14. Eine historisch-kritische Untersuchung, Gießen 1911 (*Beihefte zur Zeitschrift für die alttestamentliche Wissenschaft*; H. 22).
Melardi 1900	Antonio Melardi, La Psychomachia di Prudenzio, Pistoia 1900.
Meritt 1959	Herbert Dean Meritt (ed.), The Old English Prudentius Glosses at Boulogne-sur-mer, Stanford 1959.

Merkle 1896	Sebastian Merkle, Neue Prudentius-Studien, in: *Theologische Quartalsschrift* 78 (1896), 251–275.
Meyer 1932	Gustav Meyer, Prudentiana, in: *Philologus* 87 (1932), 249–260 u. 332–357.
Meyer 1939	Gustav Meyer, Zu Prudentius, in: *Philologus* 93 (1939), 377–403.
Micaelli 1984	C. Micaelli, Note di teologia prudenziana, in: *Vetera Christianorum* 21 (1984), 83–112.
Mickel 1970	Emanuel J. Mickel, Parallels in Prudentius' „Psychomachia" and „La Chanson de Roland", in: *Studies in Philology* 67 (1970), 439–452.
Miles 1999	Richard Miles, Introduction: Constructing Identities in Late Antiquity, in: Richard Miles (ed.), Constructing Identities in Late Antiquity, London / New York 1999, 1–15.
Mommsen 1870	Theodor Mommsen, Carmen codicis Parisini 8084, in: *Hermes* 4 (1870), 350–363.
Morel 1868	Charles Morel, Recherches sur un poème latin du quatrième siècle, in: *Revue Archeologique* 17 (1868), 450–459.
Morison 1951	L. J. Morison, Prudentius and the Beginning of Christian Latin Poetry, in: *Church Quarterly Review* 51 (1951), 199–212.
Müller 1894	Lucian Müller, De re metrica, St. Petersburg / Leipzig 1894.
Müller-Goldingen 2007	Christian Müller-Goldingen, Xenophon. Philosophie und Geschichte, Darmstadt 2007.
Nagy 2002	Àgnes A. Nagy, Superstitio et Coniuratio, in: *Numen* 49 (2002), 178–192.
Neumann 1975	Alfred Richard Neumann, s. v. phalerae, in: *KlP* 4 (1972), 699–670.
Neumann 1975	Alfred Richard Neumann, s. v. Triarii, in: *KlP* 5 (1975), 943–944.
Newbold 1979	R. F. Newbold, Boundaries and Bodies in Late Antiquity, in: *Arethusa* 12 (1979), 93–114.
Newbold 1984	R. F. Newbold, Personality structure and response to adversity in early Christian hagiography, in: *Numen* 31 (1984), 199–215.
Newhauser 1993	Richard Newhauser, The Treatise on Vices and Virtues in Latin and the Vernacular, Turnhout 1993 (*Typologie des Sources du Moyen Âge Occidental*; vol. 68).

Nippel 2003	Wilfried Nippel, s. v. Vis, in: *DNP* 12,2 (2003), 250–251.
Nugent 1985	S. Georgia Nugent, Allegory and Poetics. The Structure and Imagery of Prudentius' „Psychomachia", Frankfurt a. M. / Bern / New York / Nancy 1985 (*Studien zur klassischen Philologie*; Bd. 14).
Olsen 1885	Waldemar Olsen, Arator und Prudentius als Vorbilder Otfrids, in: *Zeitschrift für deutsches Altertum und deutsche Literatur* 29 (1885), 342–347.
Oostenbroek 1992	Lucette M. Oostenbroek, Prudentius, Psychomachia 310–385, in: D. den Hengst (ed.), Van Homerus tot van Lennep. Griekse en latijnse literatuur in Nederlands vertelling, 170–179.
Opelt 1967	Ilona Opelt, Der Christenverfolger bei Prudentius, in: *Philologus* 111 (1967), 242–257.
Opelt 1970	Ilona Opelt, Prudentius und Horaz, in: Forschungen zur römischen Literatur. FS zum 60. Geburtstag von Karl Büchner, Wiesbaden 1970, 206–213.
Openshaw 1993	Kathleen M. Openshaw, Weapons in the Daily Battle: Images of the Conquest of Evil in the Early Medieval Psalter, in: *Art Bulletin* 75 (1993), 17–38.
Orth 2008	Eva-Maria Orth, ‚Conscience, turned tyrant, held Passion by the throat'. Zur Tradition der Psychomachie im englischen Roman, in: Béatrice Jakobs / Volker Kapp (Hrsgg.), Seelengespräche, Berlin 2008 (*Schriften zur Literaturwissenschaft*; Bd. 31), 201–212.
Oser-Grote 1999	Carolin Oser-Grote, *Virtus Romana* und *Virtus Christiana*. Die Rezeption und Transformation eines römischen Wertbegriffs bei Prudentius. Für Wolfgang Kullmann zum 70. Geburtstag, in: Therese Fuhrer / Michael Erler (Hrsgg.), Zur Rezeption der hellenistischen Philosophie in der Spätantike. Akten der 1. Tagung der Karl-und-Gertrud-Abel-Stiftung vom 22.–25. September 1997 in Trier, Stuttgart 1999 (*Philosophie der Antike*; Bd. 9), 213–228.
Otto 1909	Walter Otto, s. v. Fides, in: *RE* 6,2 (1909), 2281–2283.
Otto 1909–1915	Walter Otto, s. v. Sobrietas, in: *Roscher* 4 (1909–1915), 1120.
Pelosi 1940	Pietro Pelosi, La doppia redazione delle opere di Prudenzio, in: *Studi Italiani di Filologia Classica* 17 (1940), 137–180.
Peschke 1997	Karl-Heinz Peschke, Christliche Ethik. Grundlegungen der Moraltheologie, Trier 1997.

Peter 1884–1890	Rudolf Peter, s. v. Concordia, in: *Roscher* 1 (1887–1890), 914–922.
Peter 1909	Rudolf Peter, s. v. Pudicitia, in: *Roscher* 3 (1909), 3273–3277.
Petersen 1939	Leiva Petersen, Zur Geschichte der Personifikation in griechischer Dichtung und bildender Kunst, Würzburg-Aumühle 1939.
Pfeiffer 1977	K. Ludwig Pfeiffer, Struktur- und Funktionsprobleme der Allegorie, in: *Deutsche Vierteljahrsschrift für Literaturwissenschaft und Geistesgeschichte* 51 (1977), 575–606.
Philonenko 1991	Marc Philonenko, Humilitas et Superbia. Note sur la Psychomachie de Prudence, in: *Revue d'histoire et de philosophie religieuse* 71 (1991), 115–119.
Pietsch 2001	Christian Pietsch, Aeterna temptare vias. Zur Romidee im Werk des Prudentius, in: *Hermes* 129 (2001), 259–275.
Pillinger 2010	Renate Pillinger, Allegorische Darstellungen der Tugenden in der Dichtung des Prudentius und in der frühchristlichen Kunst, in: Victoria Zimmerl-Panagl / Dorothea Weber (Hrsgg.), Text und Bild. Tagungsbeiträge, Wien 2010 (*Sitzungsberichte der Österreichischen Akademie der Wissenschaften: philosophisch-historische Klasse*; Bd. 813 / *Veröffentlichungen der Kommission zur Herausgabe des Corpus der lateinischen Kirchenväter*; H. XXX), 143–150.
Pollmann 2017	Karla Pollmann, The Baptized Muse. Early Christian Poetry as Cultural Authority, Oxford 2017.
Proksch 1884–1890	August Procksch, s. v. Bellona, in: *Roscher* 1 (1884–1890), 774–777.
Puech 1888	Aimé Puech, Prudence, Paris 1888.
Quack 2002	Joachim Quack, s. v. Weisheitsliteratur II, in: *DNP* 12,2 (2002), 447–448.
Radke 1959	Gerhard Radke s. v. Pudicitia, in: *RE* 23,2 (1959), 1942–1945.
Radke 1972	Gerhard Radke, s. v. Pudicitia, in: *KlP* 4 (1972), 1240–1241.
Raible 1995	Wolfgang Raible, Arten des Kommentierens – Arten der Sinnbildung – Arten des Verstehens, in: Jan Assmann / Burkhard Gladigow (Hrsgg.), Text und Kommentar, München 1995 (*Archäologie der literarischen Kommunikation*; Bd. 4), 51-73.

Rapisarda 1948	Emanuele Rapisarda, Prudenzio e la lingua Greca, Catania 1948 (*Miscellanea di Studi di Lett. crist. antica*; vol. 2).
Rapisarda 1950	Emanuele Rapisarda, Influssi Lucreziani in Prudenzio, in: *Vigiliae Christianae* 4 (1950), 46–60.
Rapisarda 1951	Emanuele Rapisarda, Introduzione alla Lettura di Prudenzio, vol. I: Influssi lucreziani, Catania 1951.
Renaud 2002	François Renaud, s. v. Tugend, in DNP 12,1 (2002), 894–896.
Reinhardt 1960	Karl Reinhardt, Personifikation und Allegorie, in: Karl Reinhardt, Vermächtnis der Antike. Gesammelte Essays zur Philosophie und Geschichtsschreibung, hrsg. v. Carl Becker, Göttingen 1960, 7–40.
Rentmeister 1976	Cäcilia Rentmeister, Berufsverbot für die Musen. Warum sind so viele Allegorien weiblich? In: *Ästhetik und Kommunikation* 25 (1976), 92–112.
Rentmeister 1976 a	Cäcilia Rentmeister, Berufsverbot für die Musen. Warum sind so viele Allegorien weiblich? In: Frauen und Wissenschaft. Beiträge zur Berliner Sommeruniversität für Frauen, Juli 1976, Berlin 1977, 258–297. [Langfassung von Rentmeister 1976]
Rivière 1934	Jean Rivière, Trois cent dix-huit. Un cas de symbolisme arithmétique chez saint Ambroise, in: *Recherches de theologie ancienne et medievale* 6 (1934), 439–367.
Robert 1884	Ulysse Robert, Notice paléographique sur le manuscrit de Prudence No. 8084 du Fonds Latin de la Bibliothèque Nationale, in: Mél (ed.), Melanges Graux. Recueil de travaux d'érudition classique dédié a la memoire de Charles Graux, Paris 1884, 405–413.
Rodriguez-Herrera 1936	Isidoro Rodriguez-Herrera, Poeta Christianus. Prudentius' Auffassung vom Wesen und von der Aufgabe des christlichen Dichters, Speyer 1936. Zugleich Diss. phil. München.
Roesler 1886	Augustin Roesler, Der katholische Dichter Aurelius Prudentius Clemens, Freiburg i. Br. 1886.
Rohmann 2003	Dirk Rohmann, Das langsame Sterben der Veterum Cultura Deorum. Pagane Kulte bei Prudentius, in: *Hermes* 131 (2003), 235–253.
Roscher 1884–1890	Wilhelm Heinrich Roscher, s. v. Apatae, in: *Roscher* 1 (1884–1890), 388.

Roscher 1884–1890 b	Wilhelm Heinrich Roscher, s. v. Discordia, in: *Roscher* 1 (1884–1890), 1179.
Ross 1992	Jill Ross, Corporeality and Textuality in Selected Medieval Hispanic Texts, C. A. 400–1350, Diss phil. Toronto 1992.
Rubiés 2006	Jean-Paul Rubiés, Theology, Ethnography, and the Historization of Idolatry, in: *Journal of the History of Ideas* 67 (2006), 571–596.
Runia 1998	David T. Runia, s. v. Hairesis, in: *DNP* 5 (1998), 83–85.
Salvatore 1958	Antonio Salvatore, Studi Prudenziani, Napoli 1958 (*Collana di Studi Latini*; vol. 1).
Sauer 1924	Joseph Sauer, Symbolik des Kirchengebäudes und seiner Ausstattung in der Auffassung des Mittelalters. Mit Berücksichtigung von Honorius Augustodunensis, Sicardus und Durandus, Freiburg i. Br. ²1924.
Schanz 1914	Martin Schanz, Aurelius Prudentius Clemens, in: Martin Schanz (Hrsg.), Geschichte der römischen Literatur bis zum Gesetzgebungswerk des Kaisers Justinian', München ²1914 (*Handbuch der Altertumswissenschaft*; 8. Abt., 4. Teil, Bd. 1).
Schetter 1986	Willy Schetter, Inter dispersa reperies. Zu einigen metrischen Definitionen der Prudentiusüberlieferung, in: Ulrich Justus Stache / Wolfgang Maaz / Fritz Wagner (Hrsgg.), Kontinuität und Wandel. Lateinische Poesie von Naevius bis Beaudelaire. FS für Franco Munari, Hildesheim 1986, 320–334.
Schmid 2008	Ulrich Schmid, Psychomachie, Figuration und Erzählstruktur. Darstellungsformen des komplexen Bewusstseins bei Dostoevskij, in: Béatrice Jakobs / Volker Kapp, Seelengespräche, Berlin 2008 (*Schriften zur Literaturwissenschaft*; Bd. 31), 213–228.
Schmid 1953	Wolfgang Schmid, Die Darstellung der Menschheitsstufen bei Prudentius und das Problem seiner doppelten Redaktion, in: *Vigiliae Christianae* 7 (1953), 171–186.
Schmitz 1889	Matthias Schmitz, Die Gedichte des Prudentius und ihre Entstehungszeit, Leipzig 1889. Programmschrift Aachen.
Schöllgen 2001	Georg Schöllgen, s. v. Jungfräulichkeit, in: *RAC* 19 (2001), 523–592.
Schrot 1967	Gerhard Schrot, s. v. Elektron, in: *KlP* 2 (1967), 241–242.

Schumacher 2002	Leonhard Schumacher, s. v. Triarius 1, in: *DNP* 12,1 (2002), 792.
Schweighaeuser 1795	Johannes Schweighaeuser, Lexicon Polybianum, Weidmann, Leipzig 1795.
Schwen 1937	Christian Schwen, Vergil bei Prudentius, Diss. phil. Leipzig 1937.
Schwind 2005	Johannes Schwind, Sobrietas und König Pentheus. Kreative Ovid-Rezeption in Prudentius' „Psychomachia", in: Sabine Harwardt / Johannes Schwind (Hrsgg.), Corona coronaria. FS für Hans-Otto Kröner zum 75. Geburtstag, Hildesheim 2005, 321–331.
Shackleton Bailey 1994	D. R. Shackleton Bailey, Homoeoteleuton in Latin Dactylic Verse, Stuttgart / Leipzig 1994 (*Beiträge zur Altertumskunde*; Bd. 31).
Shanzer 1989	Danuta Shanzer, Allegory and Reality: Spes, Victoria and the Date of Prudentius' Psychomachie, in: *Illinois Classical Studies* 14 (1989), 347–363.
Shapiro 1993	Harvey Alan Shapiro, Personifications in Greek Art. The Representation of Abstract Concepts 600–400 B.C., Kilchberg / Zürich 1993.
Sixt 1892	Gustav Sixt, Des Prudentius Abhängigkeit von Seneca und Lucan, in: *Philologus* 51 (1892), 501–506.
Sjökvist 2008–2009	Peter Sjökvist, Prudentius in Sweden. Reception in a Medal Device, in: *Eranos – Acta Philologica Suecana* 105 (2008–2009), 44–52.
Smith 1976	Macklin Smith, Prudentius' Psychomachia. A Reexamination, Princeton 1976.
Smolak 2001	Kurt Smolak, Die „Psychomachie" des Prudentius als historisches Epos, in: Marcello Salvadore (ed.), La poesia tardoantica e medievale. Atti del I Convegno internazionale die studi Macerata. 4–5 maggio 1998, Allessandria 2001 (*Centro internazionale di studi sulla poesia greca e latina in età tardoantica e medievale*. Quaderni 1). 125–148.
Spanneut 1976	Michel Spanneut, s. v. Geduld, in: *RAC* 9 (1976), 243–294.
Steidle 1971	Wolf Steidle, Die dichterische Konzeption des Prudentius und das Gedicht „Contra Symmachum", in: *Vigiliae Christianae* 25 (1971), 241–281.
Steinmeyer 1873	Elias Steinmeyer, Glossen zu Prudentius, In: *Zeitschrift für deutsches Alterthum und deutsche Literatur* 16 (1873), 1–109.

Stern 1988	Barbara B. Stern, Medieval Allegory: Roots of Advertising Strategy for the Mass Market, in: *Journal of Marketing* 52 (1988), 84–94.
Stettiner 1895	Richard Stettiner, Die illustrierten Prudentiushandschriften, Berlin 1895. Zugleich Diss. phil. Straßburg.
Steuding 1884–1890	Hermann Steuding, s. v. Fraus, in: *Roscher* 1 (1884–1890), 1558.
Stoll 1890–1894	Heinrich Wilhelm Stoll, s. v. Ira, in: *Roscher* 2,1 (1890–1894), 317.
Stoll 1890–1897	Heinrich Wilhelm Stoll, s. v. Metus, in: *Roscher* 2,2 (1890–1894), 2942.
Stowasser 1885	Josef Maria Stowasser, Zu des Prudentius Psychomachie, in: *Wiener Studien* 7 (1885), 343–344.
Strzelecki 1930–1931	Ladislaus Strzelecki, Prudentiana, in: *Eos* 33 (1930–1931), 490–502.
Summers 2012	Kirk Summers, Prudentius Psychomachia 317, in: *Vigiliae Christianae* 66 (2012), 426–429.
Thomson 1930	Henry John Thomson, The Psychomachia of Prudentius, in: *Classical Rewiev* 44 (1930), 109–112.
Thraede 1965	Klaus Thraede, Studien zu Sprache und Stil des Prudentius, Göttingen 1965.
Thraede 1968	Klaus Thraede, Rez. zu Aurelii Prudentii Clementis carmina ed. Cunningham, in: *Gnomon* 40 (1968), 681–691.
Thraede 1994	Klaus Thraede, s. v. Homonoia (Eintracht), in: *RAC* 16 (1994), 177–289.
Tiefenbach 2003	Heinrich Tiefenbach, Die altsächsischen Glossen zur Psychomachie des Prudentius im Pariser Codex lat. 18554, in: *Sprachwissenschaft* 28 (2003), 57–85.
Verdoner 2006	Marie Verdoner, Cultural negotiations in the „Psychomachia" of Prudentius, in: David Brakke / Anders-Christian Jacobsen / Jörg Ulrich (edd.), Beyond „reception". Mutual Influences between Antique Religion, Judaism, and Early Christianity, Bern / Frankfurt a. M. 2006, 227–243.
Vögtle 1950	Anton Vögtle, s. v. Achtlasterlehre, in: *RAC* 1 (1950), 74–79.
Vollkommer 1994	Rainer Vollkommer, s. v. Pudicitia, in: Lexicon Iconographicum Mythologiae Classicae (LIMC), 589–592.
Vollmann 1999	Benedikt Konrad Vollmann, s. v. Prudentius (Aurelius Clemens), in: Walter Kasper (Hrsg.), Lexikon für Theologie und Kirche, Bd. 8, Freiburg i. Br. / Basel / Rom / Wien ³1999, 682–683.

Volpi 2002	Franco Volpi, s. v. Weisheit I, in: *DNP* 12,2 (2002), 436–440.
Wacht 1986	Manfred Wacht, s. v. Güterlehre, in: *RAC* 13 (1986), 59-150.
Wakefield 1797	T. Lucretii Cari De rerum naturalibus libros sex, ad exemplarium mss. fidem recensitos, longe emdendatiores reddidit, commentariis perpetuis illustravit, indicibus instruxit Gilbertus Wakefield; et cum animadversionibus Ricardi Bentleii non ante vulgatis, London 1797. 2 voll.
Wardle 2001	David Wardle, s. v. Pudicitia, in: *DNP* 10 (2001), 585.
Wenzel 1968	Siegfried Wenzel, The Seven Deadly Sins: Some Problem of Research, in: *Speculum* 43 (1968), 1–22.
Weyman 1891	Carl Weyman, Seneca und Prudentius, in: Eduard Woelfflin (ed.), Commentationes Woelfflinianae, Leipzig 1891, 281–287.
Wieland 1983	Gernot Rudolf Wieland, The Latin GLosses on Arator and Prudentius in Cambridge University Library, Ms Gg.5.35, Toronto 1983 (*Studies and Texts*; vol. 61).
Wieland 1994	Gernot Rudolf Wieland, The Prudentius Manuscript cccc 223, in: *Manuscripta* 38 (1994), 211–228.
Wilamowitz 1925	Ulrich von Wilamowitz-Moellendorff, Was ist Übersetzen?, in: Ulrich von Wilamowitz-Moellendorff (Hrsg.), Reden und Vorträge, Bd. 1, Berlin 1925, 1–36.
Wilamowitz 1963	Ulrich von Wilamowitz-Moellendorff, Was ist Übersetzen?, in: Hans Joachim Störig (Hrsg.), Das Problem des Übersetzens, Darmstadt 1963 (*Wege der Forschung*; Bd. 8), 139–169.
Wilcox 2006	Miranda Wilcox, Vernacular Biblical Epics and the Production of Anglo-Saxon Cultural Exegesis, Diss. phil. Notre Dame (Indiana) 2006.
Wilpert 1954	Paul Wilpert, s. v. Begierde, in: *RAC* 2 (1954), 62–78.
Wilson 1995	Andrew Wilson, Reflections on ekphrasis in Ausonius and Prudentius, in: Doreen Innes / Harry Hine / Christopher Pelling (edd.), Ethics and rhetoric. Classical essays for Donald Russel on his seventy-fifth birthday, Oxford 1995, 149–159.
Winstedt 1903	Eric Otto Winstedt, The Double Recension in the Poems of Prudentius', in: *Classical Review* 17 (1903), 203–207.
Winstedt 1904	Eric Otto Winstedt, Notes on the MSS. of Prudentius, in: *Journal of Philology* 29 (1904), 166–180.

Winstedt 1904 a	Eric Otto Winstedt, The Spelling of the Sixth Century MS. of Prudentius', in: *Classical Review* 18 (1904), 45–48.
Winstedt 1904 b	Eric Otto Winstedt, Mavortius' copy of Prudentius, in: *Classical Review* 18 (1904), 112–115.
Winstedt 1907	Eric Otto Winstedt, Mavortius and Prudentius, in: *Classical Quarterly* 1 (1907), 10–12.
Wissowa 1897–1909	Georg Wissowa, s. v. Pax, in: *Roscher* 3 (1897–1909), 1719–1722.
Wissowa 1909–1915	Georg Wissowa, s. v. Spes, in: *Roscher* 4 (1909–1915), 1295–1297.
Witke 1968	Charles Witke, Prudentius and the Tradition of Latin Poetry, in: *Transactions and Proceedings of the American Philological Association* 99 (1968), 509–529.
Woodruff 1929	Helen Woodruff, The Illustrated Manuscripts of Prudentius, Cambridge (Mass.) 1929.
Zarini 2005	Vincent Zarini, Les discours dans la „Psychomachie" de Prudence. Quelque données et réflexions, in: Yves Lehmann / Gérard Freyburger / James Hirtein (ed.), Antiquité tardive et humanisme. De Tertullien à Beatus Rhenanus. FS für François Heim zum 70. Geburtstag, Turnhout 2005, 275–294.
Zimmerl-Panagl 2010	Victoria Zimmerl-Panagl, *Prudentius in musica* – eine Spurensuche, in: Victoria Zimmerl-Panagl / Dorothea Weber (Hrsgg.), Text und Bild. Tagungsbeiträge, Wien 2010 (*Sitzungsberichte der Österreichischen Akademie der Wissenschaften: philosophisch-historische Klasse*; Bd. 813 / *Veröffentlichungen der Kommission zur Herausgabe des Corpus der lateinischen Kirchenväter*; H. XXX), 333–356.

Stellenverzeichnis

Die Abkürzungen der lateinischen Autoren und ihrer Werke folgen dem *Thesaurus Linguae Latinae*, diejenigen der griechischen Autoren und ihrer Werke dem folgen im Wesentlichen dem *Neuen Pauly*. Die Zählung, Benennungen und Abkürzungen der biblischen Bücher folgen der *Vulgata*-Ausgabe von Weber–Gryson 2007.

Prudentius

praef. = *Praefatio* — *cath.* = *Cathemerinon liber* — *apoth.* = *Apotheosis* — *ham.* = *Hamartigenia* — *psych.* = *Psychomachia* — *c. Symm.* = *Contra Symmachum* — *perist.* = *Peristephanon liber* — *ditt.* = *Dittochaeon / Tituli* — *epil.* = *Epilogus*

praef.: 11–14, 18, 36, 44–45, 47–50, 54–55, 59, 62
1–3: 13, 15
7–8: 12
8–9: 12
13–15: 12
16–18: 12
19–21: 12
22–33: 13
24–25: 11, 13, 15
33–34: 13
36: 13
37–38: 13
39: 13, 357, 373
40–41: 13
42: 13
43–45: 13

cath.: 13–14, 39, 44–50, 52–55, 59, 62
1, 16: 163, 165
1, 70: 330
1, 81: 389
1, 86: 173
2, 21: 270
2, 32. 310
2, 42: 327
2, 53: 347
2, 105: 326
3, 56: 173
3, 70: 291
3, 112: 292
3, 171: 211
4, 13–18: 404
4, 16–27: 395
4, 23: 371
4, 25–27: 404
4, 27: 413
4, 56: 211
4, 60: 184
5, 1: 173, 295
5, 29: 216
5, 48: 327
5, 89: 302
5, 95: 307
5, 112: 347
5, 125–136: 222
5, 133: 330
5, 135–136: 223
5, 154: 326
5, 156: 299
6, 7: 172

6, 30: 173
6, 73: 347
6, 78: 428
6, 81: 360
6, 103–104: 214
6, 128: 299
6, 129–138: 307
6, 140: 364
7, 27: 161
7, 69: 184
7, 71: 428
7, 75: 411
7, 153: 257
7, 178: 389
7, 197: 428
7, 205: 229
7, 211: 217
8, 7: 211
8, 17: 428
8, 18: 428
8, 80: 173
9, 4–6: 161
9, 6: 411
9, 18: 330
9, 70–78: 222
9, 71: 330
9, 107: 171
10, 4: 433
10, 18: 211
10, 22: 431
10, 36: 173
10, 57: 173
10, 91: 347
10, 95: 213
10, 132: 423
10, 165: 173
10, 166: 211
11, 50: 216
11, 52: 218
11, 112: 330
12, 28: 298
12, 51–52: 425
12, 83: 360
12, 92: 330
12, 185–188: 407

apoth.: 13–14, 17, 44–50, 52–55, 59, 62, 149
praef. 33: 392
praef. 12 270
praef. 35 313
1–320: 218
20: 326
72: 390
79–80: 221
112: 369
164: 411
171: 360
182: 221
222: 389
255: 373
335: 326
417: 389
435: 411
479–480: 348
485: 173
493: 307
502: 389
503: 239
572: 411
609: 298
620: 299
621: 257
638: 330
670: 211
707: 428
761: 326
770: 389
781: 223
803: 196
807: 433
820–824: 375
834: 326
935: 389
952–958: 374
991: 389
1045: 349
1057: 389

ham.: 13–14, 17, 35, 44–50, 52–54, 59, 62, 149
1–16: 374

37: 221
59: 374
64: 373
80: 211
90–92: 431
118: 433
145: 364
164: 423
202: 162
215: 349
271: 422
309: 326
345: 423
376: 360
390–425: 17
411: 295
425–426: 330
461: 334
520: 375
533: 221
669: 221, 360
745: 433
769: 239
785: 184
809: 292
824: 330
833: 223
847–851: 431
852–854: 181
869: 326
882: 330
900: 326
958: 330

psych.
praef.: 23–24, 149, 153
praef. 1: 152, 154
praef. 1–10: 152
praef. 1–14: 150–151
praef. 1–68: 24
praef. 2: 153
praef. 2–4: 152
praef. 3: 153
praef. 4: 153
praef. 5: 153–154
praef. 6: 153

praef. 6–8: 153–154
praef. 7: 153–154
praef. 8: 152–154
praef. 9: 154
praef. 9–14: 151
praef. 10: 154
praef. 10–14: 152
praef. 11: 154, 167
praef. 11–13: 154
praef. 11–14: 154
praef. 13: 155–156, 167, 368
praef. 14: 155–156
praef. 15: 156
praef. 15–49: 150, 156
praef. 16: 156–157, 159
praef. 17: 156–157
praef. 18: 157
praef. 19: 157
praef. 20–21: 157
praef. 21: 158
praef. 22: 158, 165
praef. 24: 158
praef. 27: 158–159
praef. 28: 159
praef. 29: 159
praef. 30: 159
praef. 30–31: 159
praef. 31: 159
praef. 33: 160
praef. 34: 160
praef. 36–37: 160
praef. 38: 161
praef. 38–44: 160–161
praef. 39: 161, 166
praef. 41: 162, 166
praef. 41–42: 161
praef. 43–44: 161, 166
praef. 45: 162, 381, 389
praef. 47: 162
praef. 47–48: 162
praef. 49: 162
praef. 50: 163, 165
praef. 50–51: 162
praef. 50–68: 150, 162
praef. 51: 163

praef. 52: 152, 163
praef. 52–58: 163
praef. 53: 163, 166
praef. 56–58: 158, 163–165
praef. 57: 158, 165
praef. 58: 158, 163, 165
praef. 59–63: 165
praef. 60: 165–166
praef. 61: 161, 166
praef. 62–63: 165
praef. 63: 381, 389
praef. 64: 167, 411
praef. 64–65: 167
praef. 65: 167
praef. 66: 167
praef. 67: 153, 167
praef. 68: 167
1–2: 170–171
1-4: 170
1–11: 170
1–20: 24, 169, 182, 427
2: 171–172
3: 172
3–4: 172, 381, 389–390, 434
4: 170, 172
5: 28, 180, 172
5–6: 22, 28
5–11: 172
5–19: 194
5–20: 172, 187
6: 30, 172–173, 384
7: 173
7–9: 30
8: 172
9: 28, 173, 222
10: 30, 172–173, 338
10–11: 28
11: 170, 173
11–17: 173
12: 28
13: 30, 172–173, 224, 332
14: 28, 173
14–15: 173
15: 173
15–16: 28

16: 172, 174
16–17: 28, 174, 203
17: 174
18: 174
18–20: 174, 399, 429
19–20: 30, 174–175, 429
20: 156, 172, 175
21: 26, 182–183, 202, 324, 343
21–22: 180–182, 187–188
21–27: 177, 180, 184
21–29: 177
21–35: 196
21–39: 24, 177, 199
22: 183–184
22–23: 183, 203
23: 185, 287
24: 185–186
24–25: 183, 186
24–29: 185–186
25: 186
25–27: 203
26: 185–187
26–28: 185
27: 183, 186–187
28: 187–188
28–29: 177, 183, 187
29: 181, 184, 188
30: 185, 189–191
30–31: 190
30–35: 177, 180, 189–190
30–37: 423
31: 183, 189, 192
31–32: 192–193, 209
31–34: 191–193
32: 192, 295
32–33: 189, 192–193
33: 189, 193, 210
33–35: 193
34: 189, 193–194
35: 194–195
36: 187, 189, 195, 227, 372
36–37: 195–197, 290
36–39: 177, 195–196
37: 196, 210, 259, 272, 376, 395, 406
38: 197

Stellenverzeichnis 477

38–39: 196
39: 197–198, 205, 258, 263, 329
40: 26, 201–202
40–41: 199, 201–202
40–52: 199
40–108: 24, 199
41: 202–203, 206
42: 203–206, 208, 224
42–45: 199, 208
42–47: 223
42–52: 203
43: 206, 224, 329
43–44: 204–205
44: 206, 208, 224
44–45: 205, 238
45: 205–206, 224
46: 206, 224, 323
46–47: 206–208, 224, 308
46–48: 199, 203, 206
47: 202, 207–208
48: 207–208, 224
49: 202, 207–209
49–50: 209, 215, 227
49–52: 199, 203, 208, 224
50: 210
50–51: 209
50–52: 193
51: 209–210
51–52: 209–210
53: 196, 210–211, 227, 259, 377
53–54: 211
53–57: 199, 210
53–97: 199, 210, 274
56: 211, 215, 361
56–57: 211
57: 211–212
58–59: 212–213
58–90: 199, 212
59: 213
60–61: 213
60–65: 213
62: 213
64: 213–214
65: 214
66–67: 214

67: 214–215, 386
68: 215
69: 215
70–71: 26, 214–216
70–75: 215, 217
70–85: 390
72: 216
73: 216–218
74: 214, 216–217
75: 217
76: 217–218
78–79: 2176-218
78–81: 217, 220, 389
78–84: 217, 220
79: 218–220
79–81: 218
80: 218
80–81: 218–219
81: 219
82: 219
82–83: 219–220
82–84: 217, 219–220
82–85: 219
83: 219–220
83–84: 220
84: 219–220
85: 219
85–86: 220
86: 220
86–87: 220–221
87: 220–221
88: 220–221
89: 221–222
89–93: 221
89–97: 330
91: 223
91–93: 222
91–97: 199, 210, 222–223
92: 202, 207–208
92–93: 223
94–95: 222–224
95: 205
96: 173, 224, 323, 338
96–97: 222
97: 224

98: 226, 269
98–104: 209, 224–225
98–108: 199, 209, 224–225
98–99: 225–226
99: 202, 226–227
99–100: 209, 225–226
100: 226–229, 301
102: 225–227
102–103: 209, 227
103: 210, 226–228
103–104: 209, 228
104: 225, 229
104–105: 226
104–108: 24, 228, 230–231
105: 209, 225, 228–230
105–106: 225
106: 226, 229–230
107: 225
107–108: 225, 229–231
108: 231
109: 237
109–110: 242
109–112: 26, 233–234, 237
109–117: 233, 237
109–177: 24, 233
110: 237
111–112: 238
112: 237
113–117: 233, 235, 237–239
115: 234, 239, 259
116: 239
118: 234, 239, 247
118–120: 233, 235, 239
118–144: 233, 239
120: 239–240
121–122: 235, 238
121–123: 239
121–124: 240
121–131: 239–240
121–144: 233
125: 234, 272
125–127: 234, 240
128–129: 240–241, 246
128–131: 234, 240
129: 246

131: 241, 244
132: 235
132–136: 235
132–144: 239, 241
133: 235
133–134: 241
134: 241
135: 241
136: 241
137: 241
138–139: 241–242
140: 242
140–141: 242
140–143: 234–235
140–144: 246
141: 243
143: 234
143–144: 242–243
145: 243
145–150: 243
145–154: 233, 243
146: 243
148–149: 243
148–150: 235
151–154: 243
153: 295
155: 244
155–161: 233, 244, 274
155–177: 233, 244
156–157: 244
157–159: 234, 244
157–161: 241
158: 323
159: 242
160–161: 235, 244
162: 234
162–173: 233, 244–245
163: 235, 395
163–164: 235, 245
163–168: 246
164: 235
165: 235, 245
166: 235, 245
167–168: 235, 245–246
169: 246

170–171: 246
172–173: 234
173: 241, 246–247
174: 247
174–177: 233, 235, 244, 246–247
176: 247
176–177: 26
177: 247–248
178: 250, 258
178–197: 255–256
178–202: 249, 255
178–309: 249
179–180: 250, 256
180: 256–257
181: 257
182: 258
183–185: 185, 250, 257–258
186–189: 250
189: 258
190–191: 250
190–193: 269
191: 197, 258, 263
191–193: 256
192–193: 258
194: 250, 259
194–197: 255
195–196: 191, 259
196: 250, 259
197–198: 251
197–199: 259
197–200: 259
197–202: 255, 259
199: 196, 210, 272, 377
199–200: 250, 259–260
200: 260
201: 250
201–202: 251, 276
203–205: 260–261
203–252: 249, 260–261
204–205: 250–251
205: 250
206–207: 261
206–215: 260–261
206–252: 261
207–208: 262

208: 262, 267
209: 261
209–210: 262
210–215: 260
211: 262
213: 261–262
214: 197, 258, 261–263
215: 263
216–227: 260, 263
218: 263–264
218–219: 385
219: 264
221–222: 264
223: 264
224–225: 264–265
224–227: 263
226: 265
227: 265
228: 266
228–230: 260
228–234: 260, 265
229: 261
231–234: 261, 265
233: 266
235: 266
235–237: 261
235–252: 260, 266
236: 266
238: 266–267
238–248: 266
239: 266
240: 262, 266–267
242: 267
243: 266–267
244: 266–267
245: 266, 268
245–246: 266, 268
247–248: 266, 268
249: 268
252: 268
253–254: 250, 268–269
253–256: 268
253–283: 249, 268
254: 269
255: 250, 269, 273

256: 269
257: 270
257–258: 250, 270
257–273: 269–270, 274
257–283: 249
258: 270
259–260: 250
260: 270, 272
260–261: 270–271
260–266: 250
261: 271
262: 271
262–263: 271
262–266: 269
263–256: 249
264: 271
265: 271
266: 272
267: 196, 210, 250, 259, 270, 272–273, 377, 406
269: 272
270–271: 272
270–273: 269
271: 272
272–273: 272–273
274: 273
274–275: 273
274–278: 250
274–283: 249, 268, 273
278–279: 251
280–283: 251, 269, 272
281: 273
282: 250
282–283: 273–274
283: 270
284: 251
284–304: 249, 274
285–287: 275
285–304: 251
286: 274
287: 274
288: 274–275
289–290: 274
291–301: 274
293: 275, 419

296: 275
297: 275
298: 275
299: 183
300: 275
300–304: 275
303: 276
303–304: 274
303–306: 260
304: 276
305–306: 251
305–309: 249, 276
306: 202
306–309: 251
307–308: 276
308: 276
309: 276
310: 278, 285–287, 324
310–315: 278
310–320: 285
310–327: 277, 285
310–453: 24, 277
311: 278, 285, 287
312: 278, 285, 287, 292, 307
312–320: 279, 287
313–315: 279, 285
314: 287–288
314–315: 287–288
315: 288, 412
316: 288–289
316–317: 279
316–318: 289
316–319: 288
316–320: 289
316–327: 278
317: 161, 288–289
317–318: 266, 289
318: 281
318–319: 289, 301
318–320: 279
319: 289
319–320: 288
320: 279
321: 289
321–322: 289

Stellenverzeichnis 481

321–327: 277, 285, 289–290, 293
322: 26, 30, 280, 290
322–343: 280, 289-290
323: 290
323–325: 289
323–327: 279
324–325: 290
325: 291
326–327: 288–289
327: 280, 290–291
328: 290–292
328–331: 280, 291
328–343: 277–279, 291, 295, 357
329: 299
330: 292–293
332–333: 291
334–339: 291
334–343: 280
335: 292
335–339: 288
336: 292
337–338: 292
338: 292
338–339: 292–293
340: 290, 311
340–341: 292–293
342: 293
343: 288, 293–294
344: 290, 294
344–346: 294
344–350: 277, 294
344–406: 294
345: 294–295
345–346: 294
346: 280, 295, 299
347: 280
347–348: 294–295
348: 280, 295
349: 295–296
349–350: 294
349–355: 294
351–370: 296
351–406: 277, 294, 296
352: 296
353: 297, 311

354: 297
354–355: 288, 297
354–370: 279
356: 280
356–357: 297
358: 290, 297
358–359: 288
359: 297
360: 281, 298
360–361: 299
361: 298
362: 299
363: 288, 299
364: 299–300, 332
364–365: 281, 300
364–366: 181
365–366: 300–301
367–368: 288
370: 269, 301
371: 301–302
371–376: 290
371–373: 301
371–380: 296, 301
372: 165, 302
373: 302
374: 302
374–375: 302
374–376: 290, 301
376: 302
377: 288
377–380: 279, 301
378: 279, 288, 302
379: 290
379–380: 26, 295, 299
381: 283, 290
381–385: 296, 302
382–383: 303
382–388: 335
383: 349
383–385: 303
385: 303
386–387: 303
386–391: 295
386–393: 296, 303
388–389: 303

389–390: 303–304
390: 304
394–395: 304
394–396: 304
394–402: 296, 304
397: 304
397–398: 304–305
397–402: 304
399–400: 305
400: 305
402: 305–306
403: 306
403–406: 281, 296, 306
404: 290
405: 306, 365
407: 281
407–408: 307
407–409: 306
407–426: 277, 306
407–431: 277, 306
407–449: 278
408: 307
409–410: 307
410–412: 306
413: 279, 287, 307
413–414: 306
414: 307
415–416: 306
416: 307
417–418: 206–207, 306, 308
417–422: 281, 308
419: 308
419–426: 306
420: 308
421–422: 377
423–426: 309
424: 308
425: 308
425–426: 309
427: 309–310
427–429: 279, 288
427–431: 274, 277, 281, 309
428: 202
429: 309–310
430: 309

431: 309–310
432–433: 279
432–449: 320, 322
432–453: 277, 310
433: 310–311
433–435: 280
435: 311
436: 294, 297
436–438: 280, 311
439–440: 280, 311
440–442: 280
441: 312
442: 280, 312, 357
443–446: 280
446: 312
447–449: 280, 310
448: 191
448–449: 312–313
450–452: 281
452: 313
454: 321
454–455: 26
454–456: 320
454–458: 316
454–460: 320
454–463: 319–320
454–479: 315, 319
454–500: 316
454–628: 24, 315
455–456: 316, 321
457: 316
458–459: 320–321
458–462: 316
460: 321
461–462: 321
461–463: 316, 337
463: 322, 324
464: 322–324
464–466: 316
464–469: 319, 322–323
465: 230, 318, 322–323, 433–434
466: 317, 322–323, 338
467–469: 316
468: 322
468–469: 323–324

469: 322–323
470–479: 317, 319, 324, 337–338
470–496: 340
474: 182, 324
474–476: 182
477: 323–324
479: 324
480: 227
480–482: 324
480–485: 316
480–492: 324
480–500: 315, 324
482–485: 324
482–489: 325, 338
484: 392
486–489: 316
487: 325
488–489: 325
489: 325
490–496: 317, 323
491: 325
492: 325–326
492–496: 324, 332
493: 316
493–495: 326–327
493–500: 324, 326
494: 326–327
495–496: 325
496: 326
496: 327, 330–331, 345
497: 327
497–500: 283, 316, 326
500: 327
501–504: 317
501–510: 315, 327
502: 327
502–503: 328
502–504: 327
503–504: 328
504: 328
505: 202, 341
505–506: 329
505–508: 327
506–507: 328–329
508: 295, 317

508–510: 327
510: 317, 329
511: 330
511–516: 330
511–525: 324
511–528: 329–330
511–550: 315, 329
512–514: 317
517–519: 316
517–523: 330
518: 330, 332
520: 330–331
520–521: 330–331
520–522: 330
520–523: 317, 323, 332
521: 331
521–523: 331
522: 331
523: 331
524–525: 331
524–528: 330
526: 173, 224, 283, 332
526–527: 434
529: 332
529–535: 332
529–546: 329, 332
530: 332–333
531: 333
532–533: 333
534–535: 333–334
535: 317, 333
536–546: 332–335
537: 327, 334
538: 334, 368
540: 334
541: 335
542–544: 335
543: 335
545: 335
545–546: 335
546–550: 329
547–548: 335
547–550: 335
547–572: 317
549: 263, 336

550: 336
551: 317, 323, 329
551–552: 316–317, 337
551–563: 336–337
551–572: 315–316, 336, 357
551–628: 336
553: 337
554: 318, 337
556: 337–338
557: 266, 317, 328, 337–338
558: 317
559–560: 316, 338
559–561: 338–339
559–562: 337
561: 317, 323
563: 339
564: 338
564–567: 338–339
564–572: 336, 338
565: 317, 377
565–566: 317
566: 323, 338–339
567: 318, 323, 339
568: 338–339
568–572: 339
569–570: 339–340
570: 340
571–572: 340
573: 339, 341–342
573–575: 339
573–576: 317, 340
573–583: 340
573–628: 315, 340
574: 342
575: 12, 317, 340–343, 345
575–576: 342
576: 343
577: 341
577–578: 317, 340
577–581: 317
577–583: 340, 345
578: 341
579: 340–341, 343
580: 343–344
580–581: 340

581: 341
582: 317, 340, 344
582–583: 317
583: 340, 344
584–588: 344
584–603: 340, 344–345
586–588: 345
587–588: 327
589: 317
589–595: 344–345
590: 345
594–595: 377
596–597: 344
598–600: 344
598–602: 344
598–603: 317
599: 318
600–601: 344–346
602: 227
604: 347
604–605: 346
604–628: 317, 340, 346–347
606: 347
606–608: 346
607–608: 347
608: 347
609: 346
609–610: 347
609–628: 346
612: 347
613: 347
613–616: 300
613–618: 346
615–624: 300
616: 348
617–618: 348
617–624: 346
622: 348
624: 346
625: 348–349
625–628: 346
626: 346, 349
627: 346, 349
629: 351
629–631: 252, 354, 356

629–633: 352
629–643: 351–352, 357–358
629–644: 351–352
629–666: 351
629–725: 24, 351–352
630: 358
631: 359
631–632: 354, 358–359, 365
631–643: 354
632–633: 359
632–634: 359, 400
633: 359
633–637: 352
635: 359
637: 353
637–643: 352
638: 359–360, 383
638–639: 353
639: 360
640–641: 360
640–664: 364, 367
642: 361
643: 211, 361
643–644: 352
644: 351, 361
644–645: 352–353
644–649: 361
644–664: 352
645: 227
646–649: 354
646–664: 352
647: 12, 361
648: 361, 363
649: 361, 363
650: 362
650–662: 361–362
652–655: 362
656–657: 362–363
662: 363
663: 362
663–664: 354, 361, 363
664: 165
665: 351–352, 364
665–666: 353
665–669: 363–364

665–671: 353
665–693: 363–364, 367
665–725: 283, 351–352, 363
667: 351, 365
667–668: 354, 364–365
667–693: 353
667–725: 351
668: 354, 358, 365
668–892: 382
670–671: 354, 381
670–673: 354
670–680: 363, 365
670–693: 396
670–915: 351
671: 365
672: 365
672–673: 365
673: 368
673–674: 366
673–680: 354
673–688: 366
676–677: 365
677: 366
678–679: 408
678–680: 365
679–680: 366
681–682: 354, 367
681–688: 357
681–691: 363, 366–367
683: 360
683–688: 393–394
683–689: 354
684: 364, 367
685–686: 364, 367
686: 368
687: 368
689: 354, 368
689–690: 368
691–692: 369
691–693: 363, 369, 394
692: 369–370
692–693: 369–370, 394
693: 370
694–699: 353–354, 363, 370
695: 370

697: 323
698: 370–371
699–700: 354, 372
700–714: 353, 363, 371
701–704: 354
702–703: 371
703: 371
704: 371
705–706: 371–372
705–708: 354
705–714: 371
706: 372
706–708: 372
707: 376, 388
708–714: 354
709: 373
710: 373–374
711: 373–374
712: 374
713: 373–375
714: 375–376
715: 376
715–717: 423
715–718: 179, 354
715–719: 181
715–725: 353, 357, 363, 376, 381
716: 196, 210, 259, 272, 354, 376–377, 395, 406
717–718: 377
718: 295
719: 377
719–725: 354
720: 377
722: 353
722–723: 377–378
723: 378
725–728: 381
726–727: 381–382
726–729: 381
726–739: 379, 381
726–822: 24, 379
727: 382
727–730: 382–383
728: 382
729: 382, 384, 412

730: 381–382, 400
730–733: 381–383
730–734: 384
731–732: 383
732: 326
733: 383
734: 380, 383, 391
734–735: 380
734–739: 354, 381, 383
736: 384
739–740: 380
740: 384
740–748: 379, 384
741–743: 34, 384, 390
741–745: 384
742–745: 381
743: 385
743–745: 383
746: 385
746–748: 380, 384
747: 380
747–750: 354
748: 385–386
749: 386
749–797: 386
749–798: 379, 386–387
750–756: 386
752–754: 387
755–756: 387
756: 387
756–757: 387
756–761: 386
756–774: 386
758: 388
759: 387
759–760: 388
760: 387
760–761: 388–389
761: 387, 412
762–763: 389
762–766: 386
763: 389
764: 389, 391
764–768: 172, 381
765–766: 390

765–768: 389
766: 384, 389–390
767–778: 386
769–771: 390
769–786: 390
772: 390
772–778: 390
773–774: 390
775–776: 390–391
776–777: 391
777: 389, 391
778: 391
779–781: 390–391
781: 391–392
782–783: 392
782–787: 392
784: 392
788: 393
788–791: 392–393
791–792: 393
791–793: 393
794: 393–394
794–795: 386
795–797: 394
797–798: 386
799: 380, 395
799–803: 394
799–822: 181, 379, 394–395
800–803: 354
801–802: 380
802: 395
803: 395–396
804: 394
804–807: 396
805–806: 395
805–813: 394
807–808: 396–397
808: 397
809: 395, 397
810: 395
811–812: 397–398
812–813: 398
813: 395
814–815: 394–395
814–819: 395

815: 398
816–817: 398
816–819: 395
817: 398–399
818: 395, 397, 399
820: 381, 399
820–822: 395
821: 397, 399–400
822: 400, 406
823: 196, 210, 259, 272, 376, 395, 402, 406,
823–824: 406–407
823–825: 402, 406
823–829: 401, 406
823–887: 24, 401, 435
824: 402, 407
824–825: 354
825: 407
826–829: 401, 406
827: 407–408
827–829: 406
828: 407
828–829: 408
830: 376
830–831: 410
830–832: 410
830–833: 410
830–837: 409
830–867: 401, 409
832: 410
832–833: 410
833–834: 410
834–836: 410
837: 411
838–839: 412
838–850: 409
839: 411
840–841: 411–412
840–850: 411
841: 173
841: 388
842: 412–413
842–843: 412–413
843–844: 413
845–846: 413

846–847: 413–414
847–848: 414
849: 414
849–850: 414–415
851–852: 415
851–853: 404
851–865: 409
851–867: 415
852–853: 415–416
854: 416
854–865: 404, 415
855: 416
856: 416–417
857: 416
857–858: 417–418
857–859: 417
858: 416–417
859: 417
861: 416
862: 416
862–863: 419
864: 329
864–865: 419
865: 419
866: 419
866–867: 409
867: 416, 420
868: 422
868–869: 421
868–870: 420–421
868–874: 401, 420
870: 422–423
870–872: 421–422
871–872: 422
871–874: 181
872–874: 402, 420, 422–423
873: 416, 422
874: 402, 406, 423
875: 402, 424
875–876: 402
875–877: 423
875–887: 401, 423
876–877: 424
878–880: 424–425
878–883: 402

878–887: 423–424
881–883: 425
884–887: 402, 425
885: 426
886: 424, 426
887: 426
888: 427–428
888–889: 428
888–890: 427
888–892: 427
888–915: 24, 169, 427
889: 428
890: 30, 428, 434
891: 30, 429
891–892: 174, 428–429
892: 22, 429
893: 429
893–898: 429
893–907: 429
895: 429–430
896–897: 430
897–898: 430
898: 430
899: 30
899–900: 22, 431
899–901: 431
899–907: 430–431
901–902: 431
902: 431
902–903: 431–432
902–907: 431
902–909: 431
903: 431–432
903–905: 431
904: 432–434
904–905: 433
904–906: 432
905: 433
905–906: 433
905–907: 433
906: 432–433
907: 230, 428, 433–434
908: 434
908–915: 434
909: 432–434

910: 434
910–911: 415, 434–435
910–914: 434
910–915: 28
911: 28, 435
912: 30
912–913: 435
913: 435
913–914: 435
914–915: 435
915: 435–436

c. Symm.: 13–15, 17–18, 45, 47–50, 52–
 55, 59, 62, 149, 400

1 praef. 79: 173
1 praef. 84: 221
1 praef. 85: 270
1, 26: 330
1, 36: 11
1, 44: 184
1, 141: 298
1, 161–162: 298
1, 172: 162
1, 192: 11
1, 331: 221
1, 337: 369
1, 343: 211
1, 346: 191
1, 357: 330
1, 368: 323
1, 370: 330
1, 417: 171
1, 481: 173
1, 494: 12
1, 531: 330
1, 586: 298
1, 586: 299
1, 604 369
2: 360
2 praef. 41: 211
2, 10: 327
2, 6: 292
2, 123–160: 17
2, 184–269: 17
2, 249–253: 415
2, 249–255: 395

2, 299: 298
2, 320: 413
2, 433: 12
2, 494: 362
2, 585: 171
2, 598: 410
2, 693: 295
2, 859: 292
2, 892: 292
2, 971: 162
2, 981: 221
2, 1000: 184
2, 1094–1095: 191

perist.: 11, 13–15, 17, 39, 45–50, 52–
 55, 59, 62

1–5, 142
1, 36: 307
1, 46: 160
2. 13
2, 17: 181
2, 149: 299
2, 269: 390
2, 288: 330, 390
3, 27: 211
3, 28: 173
3, 35: 185
3, 66–70: 17
3, 165: 393
3, 205: 291
5, 131: 185
5, 153–172: 17
5, 200: 330
5, 489: 308
6, 25: 173
6, 47: 211
6, 70–72: 431
6, 98: 360
6, 119: 211
7, 56: 389
9, 3–4: 13
10, 50: 390
10, 64: 185
10, 71: 185
10, 222: 360
10, 224: 390

10, 251: 165
10, 277: 360
10, 346: 404
10, 346–365: 395
10, 351–360: 181
10, 352: 202
10, 353: 298
10, 475: 330
10, 600: 172
10, 803: 212
10, 910: 390
10, 962: 390
10, 1013: 191
10, 1063: 165
11, 1–18: 13
11, 16: 433
11, 39: 173
11, 61: 211
11, 69: 239
11, 80: 173
11, 126: 433
11, 179–180: 13
11, 180: 369
11, 186: 326
11, 231–234: 13

11, 243–246: 13
11, 245: 393
12, 34: 299
12, 65–66: 13
13, 63–64: 431
13, 75: 185
13, 82: 173
14, 16: 292

ditt.: 13–15, 43, 48, 50, 52–55, 59, 62
20: 424
34: 211
45: 302
72: 373
82: 196
101: 389
115: 393
121–124: 407
142: 389
170: 223

epil.: 12–15, 45, 47–50, 52–55, 59, 62
1–4: 342
2: 342
5–6: 342
7–10: 342

Antike und mittelalterliche Autoren

Ambr.

Abr.
1, 3: 164
2, 7: 164

epist.
44, 3: 421

fid.
1: 164
1, 18, 121: 164

in Luc.
6, 17: 164

myst.
2, 7: 287

off.
1, 39, 193: 116, 334, 194–195
1, 143–174: 342
2, 26, 129: 116, 334

vid.
23: 201

Amm.

23, 6, 26: 367
29, 5, 20: 341
31, 1, 1: 338

Apul.

met.: 372
5, 30: 283
7, 9: 371

9, 9: 391
10, 31:358

Aristot.
   eth. Eud.
   3, 5, 1233 a: 251

   eth. Nic.
   2, 5, 1105 b 20–28: 318
   3, 11, 1117 a 9: 254
   4, 1, 1119 b 27–29: 318
   4, 7, 1123 b: 251
   4, 8, 1124 a: 251
   9, 4, 1166 a 25: 254

   pol.
   5, 10, 1312 a: 281

   rhet.
   2, 12, 1389 a 19:413
   2, 13, 1389 b 30–31:414

Arnob.
   nat.
   5, 32: 184
   6, 3: 416

Aug.
   civ.
   11, 31:421
   14, 3: 252
   14, 13: 253
   14, 24: 173
   17, 4: 421
   19, 10–14:390
   21, 16: 269

   conf.
   4, 19: 253
   10, 29: 201
   10, 59:252

   in evang. Ioh.
   25, 16: 253

   in psalm.
   33, 1, 4: 253
   88, 1, 17: 253

147, 2:421

   pat.
   9: 236

   praed. sanct.
   7: 188

   quaest. hept.
   7, 37: 164

   retract.
   1, 14, 3: 371

   serm.
   48, 2: 229
   61, 2: 348
   75, 2: 415

Avien.
   orb. terr.
   1089: 390

Caes.
   Gall.
   1, 9, 1–6: 252
   1, 31, 12: 252
   1, 33, 5: 252

Cass. Dio
   50, 10, 3: 254

Cassian.
   conl.
   24, 5, 1: 256

Cassiod.
   Ios. c. Ap.
   1, 11: 334
   1, 1999: 334

Catull.
   55, 17: 393

Cic.
   Arat.
   282 (48): 100

   Att.
   14, 9, 2: 84, 225–226

Balb.
22, 51: 372

Caecin.
5: 358

fin.
1, 18, 60: 254

har. resp.
44: 297

inv.
2, 163: 254

leg.
2, 28: 253–254
2, 61: 254
3, 14: 369

Manil.
11: 252

Mil.
29: 406

Mur.
30: 424

nat. deor.
2, 61: 253, 283
3, 17, 44: 252, 358
3, 47: 253

prov.
11: 252

rep.
1, 39: 387

Tusc.
4: 318
4, 26: 318
4, 80: 254

Verr.
2, 2, 9: 252
7, 12: 385

Claud.

1 (*Prob. Olybr.*), 87: 78

1 (*Prob. Olybr.*), 176: 104
2 (*Rufin.* 1), 29–30: 283, 356
2 (*Rufin.* 1), 35: 282
2 (*Rufin.* 1), 262: 96
3 (*Rufin.* 2), 100: 419
3 (*Rufin.* 2), 351–355: 362
5 (*Rufin.* 4), 238: 389
9 (*epithal. Hon.* 1), 80–81: 311
10 (*epithal. Hon.* 2), 85–91: 140
10 (*epithal. Hon.* 2), 89: 140
11 (*fescenn.* 1), 11: 268
15 (*Gild.*), 44–445: 100
18 (*Eutrop.* 1), 130: 377
18 (*Eutrop.* 1), 311: 132
19 (*Eutrop.* 2), 373–376: 338
19 (*Eutrop.* 2), 438–439: 96
22 (*Stil.* 2), 248–249: 104
carm. min. 30 (*Seren.*), 12: 134
carm. min. 30 (*Seren.*), 205: 78
carm. min. 53 (*Gig.*): 20

Clem. Al.

Paid.: 282
3, 35, 2: 415

strom.
6, 11: 164

Colum.

10, 273: 223
12, 18, 2: 322

Curt.

9, 3, 18: 138, 406

Cypr.

hab. virg.: 282

mortal.
10: 236

patient.
14: 237
18: 236–237
20: 247
1416: 247

testim.
2, 2: 421

unit. eccl.
1: 363–364
3: 367

Cypr. Gall.

Ios.
549: 216

Diod.

2, 52, 2: 421

Diog. Laert.

8, 9: 281

Dion. Hal.

ant.
9, 24, 4: 254

Drepan. Flor.

hymn.
32: 397

Enn.

ann.
225–226 283, 356
454: 332

Ennod.

carm.
2, 34: 389

Euagr. Pont.

de octo spiritibus malitiae tractatus: 34–35

Firm.

math.
2, 8, 1: 410

Gell.

1, 24, 3: 282
18, 10: 385

Gennad.

vir. ill.
13: 11–13, 18, 20, 39, 45, 47, 50, 62

Greg. M.

in evang.
2, 35: 237

moral.
5, 55: 409
6, 58: 409

past.
3, 9: 237

Greg. Naz.

carm.
1, 2, 29: 283

Heliod.

Aeth.
2, 30, 3: 419

Hes.

erg.
96–99: 253

theog.
149: 251
224: 252
225: 283

Hier.

adv. Iovin.
1, 47: 283

epist.
64, 16: 415
130, 7, 13: 90, 257

in Is.
13, 11: 269
15, 54, 11–12: 418

interpr. Iob: 236

vir ill.: 15 A. 24

Hippol.
> *de Christo et Antichristo*
> 59: 409

Hirt.
> *bell. Hisp.*
> 59: 361

Hom.
> *Il.*: 186
> 12, 161: 308
> 3, 15–110: 261
> 3, 245–383: 261
> 5, 171: 290
> 7, 270: 308
> 24, 14–17: 222
>
> *Od.*
> 14, 187–189: 372

Hor.
> *ars*
> 115–116: 413
>
> *carm.*
> 1, 2, 34: 282, 311
> 1, 3, 22: 132, 389
> 1, 3, 24: 223
> 1, 4, 15: 254
> 1, 5, 2: 134
> 1, 6, 6: 88
> 1, 8, 7–8: 92
> 1, 11, 6–7: 254
> 1, 12, 37: 287
> 1, 14, 3: 348
> 1, 14, 3–4: 122
> 1, 28, 7: 116
> 1, 34, 12: 98
> 1, 35, 18–19: 322
> 1, 36, 16: 425
> 2, 2, 15: 40
> 2, 3, 13–14: 425
> 2, 11, 16: 297
> 2, 18: 318
> 3, 1, 40: 323
> 3, 2, 12: 86
> 3, 5, 58: 182
> 3, 10, 14: 311
> 3, 23, 12–13: 106
> 4, 2, 19–20: 122
> 4, 7, 7–8: 254
> 4, 14, 12: 116, 333
>
> *carm saec.*
> 55–56: 251-252
>
> *epist.*
> 1, 1, 5: 228
> 1, 1, 36: 98
> 1, 2, 7: 182
> 1, 2, 46: 318
> 1, 2, 56: 318
> 1, 4, 12–13: 254
> 1, 7, 1: 387
> 1, 12, 4–6: 122
> 1, 19, 12: 118
> 2, 1, 131: 332
>
> *epod.*
> 5, 59: 297
> 7, 1: 102
> 12, 9: 128
>
> *sat.*
> 1, 1: 318
> 1, 1, 76: 323
> 1, 1, 92–99: 323
> 1, 2, 62–63: 336
> 1, 2, 65: 347
> 1, 3, 24: 340
> 1, 4, 109: 122, 348
> 1, 9, 72: 212
> 2, 3, 118: 346
> 2, 4, 83: 212
> 2, 5, 42: 122, 348
> 2, 7, 91: 430

Hyg.
> *fab.*
> *praef.* 1: 282–283, 311, 356
> *praef.* 3: 236, 251
> 220: 323

Iambl.
    v. P.
    17: 281

Ign.
    Eph.
    91, 1: 409

Iord.
    Rom.
    249: 410

Iren.
    frgm. 26: 409

Isid.
    orig.
    16, 13, 1: 418, 421
    16, 16, 4: 421
    16, 24, 2: 293

Iust.
    7, 3: 116

Iuv.
    2, 133: 140, 413
    3, 260: 130
    6, 292–305: 285
    7, 136: 418
    7, 196: 94
    8, 88–89: 318
    8, 148: 108
    8, 229: 299
    12, 118: 190
    14, 107–108: 318
    14, 109–111: 118
    14, 109–112: 337
    14, 303: 323
    14, 303–304: 323

Iuvenc.
    1, 588: 172
    2, 561: 138
    2, 693: 122
    3, 176: 138

Lact.
    inst.
    3, 29: 82
    5, 8, 4: 415
    6, 6, 10–11: 336
    6, 7, 2–3: 118
    6, 12, 24: 118, 120, 341
    6, 12, 36–40: 120, 336
    6, 17, 1–14: 336
    6, 17, 15–20: 120, 336
    6, 17, 18–19: 120
    6, 17, 20: 118
    6, 18, 32: 247

    opif.
    1, 8: 391

Ps.-Lact.
    pass. Dom.
    25: 397

Liv.
    1, 24–25: 261
    2, 51, 2: 254
    4, 33, 7: 256
    8, 8, 3–13: 341
    8, 8, 11: 341
    9, 6, 1–4: 430
    21, 62, 4: 254
    24, 47, 15: 254
    25, 7, 6: 254
    39, 8, 8: 311
    39, 10, 7: 311
    39, 39, 2: 399
    42, 58, 9: 208
    44, 42, 2: 208

Lucan.
    3, 573: 80
    4, 776: 86
    5, 238: 124, 361
    5, 782: 370
    6, 424: 86
    7, 107: 370
    7, 708: 370

Lucr.
    1, 21–23: 170
    1, 78–79: 80, 193
    1, 1112: 84
    3, 417–829: 365
    3, 969: 288
    3, 1088: 192
    5, 373: 84

Lukian.
    Tim.
    31: 235

Macr.
    Sat.
    5, 6, 11: 223
    6, 2, 6: 182

    somn.
    1, 10, 11: 223

Manil.
    5, 509: 415

Mart.
    1, 43, 6: 425
    4, 31, 4: 240
    5, 58, 2: 348

Mart. Cap.
    1, 51: 252, 358
    1, 66: 419

Min. Fel.
    28, 3: 344

Mod.
    dig.
    48, 3, 14, 2: 341

Ov.
    am.
    1, 2, 15: 92
    2, 8, 1: 257
    3, 14, 48: 349
    8, 406: 287

ars
1, 280: 268
1, 560: 406
1, 729–732: 311
2, 261: 122
3, 172: 102
3, 779: 98, 274

epist.
5, 59: 388
9, 80: 331

fast.
1, 675: 138
2, 145: 369
2, 361: 268
3, 13: 364
3, 231: 128
3, 519: 80, 202
3, 861: 190
4, 457: 88
5, 308: 325

met.
1, 662: 84
1, 723: 140
2, 107–111: 102
2, 306: 216
2, 582: 120
2, 641: 144, 431
3, 59: 108, 308
3, 290–291: 114
3, 311: 114
3, 487: 130
3, 531–563: 102, 296
4, 97: 86
4, 147–148: 243
4, 531: 171
4, 753: 325
5, 292–293: 102, 291
5, 384: 290
5, 91: 86
7, 403: 116
9, 100: 96
9, 163: 88
10, 203: 102
10, 697: 84

11, 367–368: 86
11, 368: 86
11, 57: 227
11, 527: 98
12, 238: 363
12, 270: 80
12, 364: 110
13, 215: 122
13, 478: 330
13, 643: 80, 191
15, 209: 413
15, 385: 140

Pont.
1, 1, 52: 325
1, 1, 72: 346
3, 2, 75: 80, 190–191

rem.
114: 343

trist.
3, 11, 31 92

Paul. Nol.

carm.
1, 3–66: 342
2, 9–12:-342
17, 245: 414
18, 260: 171
21, 230: 216
24, 497: 397

epist.
18, 5: 397
32, 3: 342

Pers.

5, 29: 132, 389
5, 132–137: 318

Petron.

124: 367
124, 256: 338

Plat.

apol.
29 ab: 254
40 c: 254
41 d: 254

leg.: 281
1, 644 c: 254
12, 906 c: 318

Men.
90 a: 251

Phaidr.
278 d: 403

rep.: 281
1, 330 d/1 a: 254
1, 349 e – 350 d: 318
4, 440 c/d: 236

symp.
204 a: 403

Tim.
34 a – 37 c: 375

Plaut.

Aul.: 318

Bacch.
111: 311
893: 253

Cist.
670: 253

Merc.
867: 253

Mil.
201: 245
248: 332

Most.
350–351: 253
842–843: 253

Persa
60: 373

Poen.
prol. 108–110: 327
992–993: 372

Pseud.
709: 253
976: 373

Rud.
231: 253

Trin.
1: 282
3–22: 282

Plin.
   nat.
   2, 14: 253
   7, 120: 399
   8, 171: 256
   10, 89: 418
   12, 56: 419
   22, 45: 418
   31, 27, 2: 122
   33, 22, 1: 293
   36, 4, 5: 343
   36, 192: 421
   36, 198: 421
   37, 23: 421
   37, 62–63: 419
   37, 72: 417
   37, 93: 416
   37, 120: 418
   37, 125: 418

Pol.
   1, 59, 6: 19–20, 22
   6, 23, 16: 341
   6, 33, 10–12: 341

Priscill.
   tract.
   1, 7: 375
   1, 20: 375

Prop.
   2, 10, 15: 102, 296

2, 25, 8: 228
4, 3, 52: 418
4, 7, 32: 297

Quint.
   inst.
   2, 2, 3: 275
   8, 6, 44–53: 37
   9, 2, 46–47: 37
   10, 1, 19: 309

Ruric.
   epist.
   1, 3: 229

Sall.
   Iug.
   5, 1 252
   64, 1: 252

Sen.
   suas.
   2, 17: 373

Sen.
   Ag.
   607: 223
   944: 256

   dial.
   3, 5, 8: 86
   9, 2, 7: 255
   9, 2, 10: 255
   9, 10, 5: 255
   10, 15, 5: 255

   epist.
   5, 6–9: 255
   6, 2: 255
   10, 2: 255
   82, 24: 108, 308
   85, 32: 424
   90, 2–5: 318
   90, 36–39: 318
   92, 27: 413

   Herc. f.
   691–697: 358
   692: 371

475: 299
680: 223

Herc. O.
487: 140, 413

nat.
25, 12: 421

Oed.
423: 299
652: 358

Thy.
686: 190

Tro.
251: 413

Sidon.

carm.
11, 24: 416

epist.
2, 9, 4: 39

Sil.

1, 493–494: 94
2, 72: 268
4, 231: 268
4, 436: 338
7, 684: 268
8, 4: 86
8, 187: 92
10, 235–237: 308
11, 187: 84
11, 379: 344
12, 578: 208
13, 338: 268
13, 480–481: 378
13, 571: 223
14, 324: 322

Stat.

Ach.
1, 277: 256
1, 944: 102, 296
2, 141: 108, 308

silv.
1, 6, 6: 282, 311
2, 4, 18: 349
3, 3, 85: 416
4, 2, 18: 421

Theb.
1, 644: 94
2, 65: 364
2, 598: 102
2, 673: 227
3, 424: 236
4, 369: 365
4, 601: 144, 432
4, 657: 256
5, 354: 126
5, 354–355: 366
5, 559–561: 308
5, 561: 108, 308
6, 457: 144, 432
6, 700: 331
7, 137: 268–269
7, 656: 366
8, 240: 116
8, 539: 268–269
9, 832: 236
10, 108: 377
11, 100: 144
11, 535–536: 108

Stob.

4, 1, 80: 281

Strab.

2, 3, 4: 421

Suet.

Claud.
10: 385
30: 86

Symm.

rel.
3: 15

Tac.

ann.
1, 4, 3: 252

2, 29: 254
2, 49: 254
4, 33, 4: 336
4, 69: 96
12, 55: 373
15, 28: 406
16, 14: 270

hist.
2, 22: 108, 308
3, 15: 370

Tert.

anim.
9, 6: 418

adv. Iud.
11: 164

adv. Marc.
2, 10: 418
2, 7: 374
2, 15: 371
3, 18: 108, 307
3, 19: 307
3, 22: 164
4, 9, 6: 188

adv. Val.
3: 287

carn.
16: 228

cult. fem.: 282
1, 1, 2: 84, 222
2, 7: 90, 257

patient.
8, 7: 237
11, 5 — 12, 10: 247
14: 236, 244
14, 6: 86, 237
15: 90, 247

spect.
29, 3: 80, 192-193

virg. vel.: 338

Tib.
1, 1, 1: 332
1, 10, 33: 102
2, 2, 7: 297
3, 6, 63: 297
4, 1, 121: 366
4, 1, 209: 100
4, 3, 7: 102

Titin.
com.
167: 399

Val. Fl.
1, 233: 100
1, 776: 190
1, 816: 84, 224
2, 204: 283, 356
4, 231: 84
5, 163: 216
6, 65: 328
6, 492–494: 425

Val. Max.
3, 5, 1: 399

Ven. Fort.
carm. praef. 6: 229

Verg.
Aen.
1, 8–20: 169
1, 37: 140, 212
1, 37–49: 114, 329
1, 46: 388
1, 97: 212
1, 105: 126
1, 115: 108
1, 135: 435
1, 142: 86
1, 296: 134, 393
1, 313: 86
1, 320: 90
1, 404: 124
1, 428: 140
1, 474–478: 108
1, 475: 116

1, 476–478: 108
1, 494–495: 102
1, 495: 102
1, 505–508: 142
1, 522–523: 251
1, 536: 223
1, 591: 140
1, 597: 171
1, 637–638: 140, 421
1, 688: 102
1, 697: 138
1, 737: 128, 369
2, 66: 371
2, 66–67: 371
2, 66–80: 130
2, 67–78: 128
2, 73–281: 358
2, 74: 371
2, 74–75: 372
2, 133: 80, 190
2, 142: 106, 304
2, 156: 190
2, 157: 106
2, 235–238: 405
2, 253: 94
2, 274–276: 112
2, 277: 80
2, 283–284: 90
2, 386–430: 116
2, 387–391: 114, 329
2, 390: 118, 337
2, 412: 118
2, 442: 415
2, 486: 140, 421
2, 552–553: 88
2, 621: 84
2, 646: 430
2, 661: 84
2, 679: 96
2, 705: 84
2, 722: 90, 256
2, 790: 138
3, 22: 90
3, 80: 74
3, 84–120: 428

3, 118: 142, 428
3, 203–204: 112
3, 252: 84, 224
3, 264: 428
3, 286: 142
3, 332: 112
3, 467: 86
3, 483: 366
3, 658: 112
4, 13: 96
4, 30: 108
4, 73: 290
4, 135: 92
4, 148: 120
4, 167: 371
4, 201: 80
4, 215: 297
4, 216: 108
4, 230: 106, 303
4, 238: 84
4, 243: 223
4, 276–280: 100, 276
4, 331: 84
4, 499: 229
4, 564: 120
4, 637: 191
4, 663: 84
4, 693–694: 195
4, 694: 80
5, 45: 126
5, 111: 197
5, 150: 363
5, 178–182: 126
5, 201: 126
5, 232–233: 114
5, 259: 86
5, 259–260: 86
5, 282: 122
5, 282–283: 122
5, 287: 80, 202
5, 351–352: 90
5, 361: 122
5, 394: 98
5, 414: 94
5, 421: 120

5, 437: 86
5, 455: 94
5, 468–470: 108
5, 477: 94
5, 499: 114
5, 589: 415
5, 642–643: 88
5, 652: 428
5, 654–663: 100, 276
5, 670: 102
5, 694: 86
5, 700: 136
5, 734: 223
5, 869: 136
6, 45: 364
6, 45–47: 364
6, 55–76: 170
6, 56: 78, 170
6, 68–69: 144
6, 86: 432
6, 93: 122
6, 127: 84
6, 156: 86
6, 156–157: 86
6, 173: 114
6, 201: 364
6, 209: 102
6, 273–281: 322–323
6, 273–681: 112
6, 274: 322–323
6, 275: 322
6, 276: 322, 358
6, 276–277: 122
6, 277: 323, 340
6, 278–279: 322-323
6, 279: 323
6, 280: 283, 322–323, 356
6, 360: 318
6, 381–382: 122
6, 382: 124
6, 382–383: 357
6, 495: 192
6, 503–504: 116
6, 550–551: 84, 222
6, 591: 268

6, 605: 84, 224
6, 628: 138
6, 640–641: 124
6, 665: 191
6, 682: 90
6, 784: 116
6, 826: 80, 203
6, 836–837: 116
6, 851–853: 251
6, 881: 257
7, 26: 297
7, 41: 432
7, 41–42: 144
7, 170: 421
7, 292–322: 114, 329
7, 323: 138
7, 329: 118
7, 356: 118
7, 376–377: 86
7, 399: 86
7, 415–416: 118, 337
7, 415–419: 118, 128, 337
7, 417: 118
7, 417–419: 118
7, 419: 118
7, 422: 92
7, 422–425: 92
7, 447: 118
7, 454–457: 203
7, 456: 108
7, 461: 80
7, 465–466: 80
7, 471: 138
7, 496: 98
7, 499: 122
7, 531: 114
7, 541–542: 96
7, 636: 122
7, 639: 86
7, 641–644: 170
7, 647–648: 78
7, 655–666: 112
7, 673: 114
7, 706: 86
7, 779: 268

7, 817: 102
8, 177: 90
8, 184–279: 428
8, 187: 188
8, 188–189: 428
8, 189: 142
8, 219: 86
8, 250: 108, 308
8, 259–261: 80, 120, 191–192, 345
8, 260–261: 80, 120
8, 261: 80
8, 262: 138
8, 305: 363
8, 327: 112
8, 362: 364
8, 390: 102
8, 402: 293
8, 541: 138
8, 552–553: 90
8, 614: 106
8, 633: 98
8, 633: 274
8, 683: 102, 108
8, 702: 283, 356
8, 702–703: 128, 367
9, 14: 100
9, 14–15: 100
9, 14–24: 100, 276
9, 50: 308
9, 68–78: 203
9, 109: 80, 203
9, 114: 122
9, 171: 98
9, 176: 98
9, 197: 98
9, 227: 142
9, 244: 325
9, 257: 136
9, 262: 136
9, 341: 134, 393
9, 358–359: 112
9, 358–364: 112
9, 414: 80
9, 415: 122

9, 417: 88
9, 432: 122
9, 438–439: 128
9, 455: 162
9, 455–456: 74
9, 549: 122
9, 569: 207
9, 569–570: 308
9, 580: 108
9, 595: 114
9, 595–597: 92
9, 595–620: 92
9, 598: 92
9, 599–600: 92
9, 600: 92
9, 601: 92
9, 602–604: 94
9, 614–618: 94
9, 620. 94
9, 655–663: 100, 276
9, 665: 100
9, 698–700: 86
9, 801: 128
9, 808–809: 88
10, 3: 216
10, 19: 100
10, 170–171: 80, 203
10, 232: 132
10, 322: 86
10, 322–323: 108
10, 330: 88
10, 362–379: 102
10, 365–368: 102
10, 368: 92, 102
10, 369: 102
10, 369–378: 102
10, 372–373: 106
10, 381: 207
10, 386: 112
10, 415: 80, 207
10, 415–416: 108
10, 440: 90
10, 446–447: 120
10, 469: 134
10, 489: 134, 393

10, 490: 88
10, 535–536: 98, 274
10, 538: 191
10, 554: 98, 274
10, 557–560: 84, 222
10, 570–574: 108
10, 591: 92
10, 602: 112
10, 633: 138
10, 644: 86
10, 651: 96
10, 661: 106
10, 698–699: 108
10, 699: 207
10, 709: 433
10, 770: 80
10, 776–778: 86
10, 778: 122
10, 870–871: 144
10, 903: 106, 304
11, 121: 128
11, 193: 122
11, 282: 94
11, 336–375: 275
11, 351: 98, 275
11, 415: 88
11, 480: 122
11, 487: 86
11, 487–488: 86
11, 500: 138, 406
11, 505: 80
11, 535: 100
11, 590: 98
11, 599–601: 92
11, 644: 96
11, 664: 82, 213
11, 697: 190
11, 727–744: 102
11, 730: 102
11, 732: 102
11, 732–740: 102
11, 746: 128
11, 749: 108
11, 755: 190
11, 762: 110

11, 768: 90
11, 768–777: 90
11, 769: 80, 203
11, 770–771: 90
11, 772–777: 90
11, 775: 90, 92
11, 775–776: 90
11, 776: 90
11, 800: 128
11, 854: 80, 203
11, 868–871: 110
11, 891–896: 98
11, 903: 98
12, 1–215: 261
12, 8: 134, 393
12, 81: 138
12, 126: 90
12, 139: 136, 398
12, 165: 86
12, 206–211: 142
12, 208: 142, 425
12, 224: 86
12, 229: 92
12, 229–237: 92
12, 261: 92, 94
12, 263: 94
12, 265: 92
12, 267: 90, 100
12, 289: 108
12, 296: 82, 210
12, 298: 203
12, 303: 80, 120, 192
12, 304: 86
12, 313: 102
12, 336: 112
12, 341: 114 A
12, 356: 120
12, 359–361: 108, 309
12, 364: 98
12, 371–373: 108
12, 441: 138
12, 493: 86
12, 511: 112
12, 511–512: 98
12, 531: 207

12, 531–532: 308
12, 531–534: 108
12, 556: 126
12, 662–663: 128
12, 668: 94, 267
12, 683: 90
12, 697–952: 261
12, 705: 128
12, 728–741: 88
12, 731: 88
12, 731–734: 88
12, 789: 186
12, 819: 102
12, 856: 100
12, 867: 120
12, 896–898: 108
12, 896–907: 308
12, 897–898: 207
12, 901–902: 190
12, 902: 80
12, 907: 330

ecl.
2, 3: 433
2, 44: 332
2, 45–47: 102, 291
7, 26: 122
9, 65: 120
10, 23: 432
10, 49: 110

georg.
1, 1–40. 169
1, 5–23: 170
1, 109–110: 104
1, 180: 120

1, 475: 363
1, 508: 86
2, 190: 331
2, 243: 106
2, 253: 331
2, 282–283: 432
2, 297–298: 92
2, 335: 142
2, 365–366: 318
2, 459: 114, 144, 432
2, 74–77: 142
3, 32: 82
3, 59: 104
3, 112: 98
3, 242–243: 112
3, 246–247: 90
3, 250: 122, 348
3, 391: 114
3, 480: 114
3, 522: 182
3, 533: 134
4, 50: 363
4, 82: 86
4, 90: 114
4, 236–237: 102
4, 297: 415
4, 313: 100
4, 448: 94
4, 451: 86
4, 483: 110
4, 495: 102

Vitr.
10, 1, 1: 409
10, 3: 409

Bibel

Vetus Testamentum

Gn: 149, 152, 156–159
1: 265
1, 26–27: 348
1, 27: 346
2: 265

2, 7: 144, 432
3, 1–5: 367
3, 21: 94, 265
3, 24: 265
13, 10–12: 72, 157
13, 13 72, 156

14: 150, 162
14, 5: 153
14, 8–11: 158
14, 11: 159
14, 12: 72, 156–157
14, 12–16: 72, 156
14, 13: 157
14, 13–14: 72
14, 14: 72, 158, 163–164
14, 15: 72
14, 16: 74, 159–160
14, 17–19: 74, 160
14, 18 74
14, 20–23: 160
15, 5–6: 72, 153
15, 6: 72
16: 155
17: 153
17, 4: 72
17, 4–8: 152
17, 5–6: 72
17, 21: 153
18: 162
18, 1–15: 74, 156
18, 1–2: 74
18, 10–13: 162
18, 10–15: 74
18, 11: 162
18, 16–22: 203
19, 1–29: 80, 203
19, 4–9: 72, 157
19, 9: 72
19, 12–27: 203
19, 24 203–205
21, 2: 72, 74, 156
21, 5: 72, 153
22, 1–19: 72
22, 2: 72, 154
22, 16: 72, 154
22, 18: 72, 153

Ex
7, 19–20: 302
10, 25: 392
14: 124
15, 1–19: 362

15, 1–21: 124, 362
15, 1–22: 126
15, 20–21: 362
15, 22–23: 104, 301
16: 104, 301
16, 14–35: 104, 302
17, 1–3: 104
17, 1–6: 104, 301
17, 5–6: 104, 302
17, 6: 302
20, 17: 418
24, 8: 370
25, 6: 298
28–29: 335
32, 32: 164
35, 28: 298
37, 29: 298
39, 10 418

Lv
1, 3–17: 392
6, 6: 392
8–10: 335
8: 328
8, 30: 298

Nm
3: 328
3, 6–10: 116
10, 1–10: 327
17, 23: 425
17, 7–8: 425
17, 8: 142, 424, 426
18, 2–7: 328
33, 11–12: 104

Dt
8, 3: 104, 302
8, 14: 252
8, 17: 252

Ios
6–7: 116
6, 4–20: 114, 327
6, 16–19: 333
6, 17: 335
6, 17–18: 335

6, 20: 116
7: 116
7, 1: 116, 334–335
7, 16: 116
7, 16–18: 334–335
7, 18–21: 334
7, 21: 116
7, 24–25: 334
7, 24–26: 334
7, 25: 116
23, 13: 313

I *Sm*
4, 7: 136, 138
8, 13: 298
14, 24–28: 305
14, 24–30: 106
14, 24–45: 304
14, 27: 304–305
14, 27–30: 106
14, 28–30: 305
14, 32: 303
14, 43–45: 106
14, 44–45: 106
15: 106, 303
15, 9: 303
15, 22: 392
15, 33: 106
18, 21: 313

III *Rg*
2, 25: 84, 225
5, 1–5: 136, 395
5, 2–5: 136
5, 20–32: 398
5–6: 395
6: 398
6, 21–22: 395
6, 22: 136
6–7: 409
8, 1–21: 395, 398
8, 6: 136, 395, 398
8, 16–19: 397
8, 21: 136, 395

IV *Rg*
20, 12: 298

I *Par*
2, 7: 116
9, 30: 298
28, 2–3: 136
28, 2–6: 395
28, 3: 397

II *Par*
16, 3: 355
16, 14: 298

Idt
5, 1: 313
8, 1–4: 214
8–10: 213–214
9–12: 214
10–13: 213
12, 9: 214
12, 17: 82, 213–214
13: 82
13, 3: 214
13, 3–9: 82
13, 6: 214
13, 9: 82, 213, 215
13, 10–31: 82
16, 23: 334

Est
13, 4–5: 355

Iob
1–3: 90, 244
1, 6 – 2, 10: 246
1, 6 – 2, 13: 244
1, 12 – 2, 10: 246
2, 7: 245
3–31: 246
3–37: 244
25, 2: 355
38–41: 244
41, 22: 298
42: 246
42, 1–6: 244
42, 10: 244, 246

Ps
7, 16–17: 96, 269

9, 16: 96, 269
51, 18–21: 392
57, 7: 96, 269
69, 22: 313
110, 4: 76
118, 22–23: 207
132, 2: 298

Prv
8, 14: 404
9, 1: 140, 404, 420–421
16, 18: 96, 269, 274
26, 7: 96, 269
27, 9: 298

Ecl
7, 2: 298
10, 1: 298
10, 8: 96, 269

Ct
1, 2: 298
4, 10: 298
4, 14: 298

Sap
2, 7: 298
18, 9: 355

Sir
10, 6–18: 252
25, 2: 355
27, 29: 96, 269

Is
1, 11: 392
2, 4: 263
7, 14: 82, 217
11, 2–4: 421
28, 16: 207
39, 2: 298
59, 9: 298

Ier
7, 22: 392
18, 21: 84, 225

Ez
36, 26: 82, 216

48, 30–35: 409

Dn
7, 13: 398
10, 3: 298

Os
6, 6: 392

Ioel
4, 10: 263

Am
6, 6: 298

Mi
4, 3: 263

Novum Testamentum

Mt
1: 106, 303
1, 1–17: 334
1, 2–3: 334
1, 18: 216
1, 18–19: 216
1, 18–25: 82
1, 22–23: 217
1, 25: 217
3: 84, 227
4, 1–11: 301
4, 1–4: 104
5, 3: 252
5, 24: 134, 386
5, 28–29: 205
5, 43–48: 180
6, 11: 122, 348
6, 19: 120, 122, 344–347
6, 19–20: 346
6, 19–21: 346
6, 20: 92, 124, 348
6, 24–34: 346
6, 25: 346
6, 25–34: 122, 300
6, 26: 122, 346
6, 26–34: 124, 348–349
6, 34: 122, 346
7, 15: 134, 136, 386

Stellenverzeichnis

8, 20: 399
8, 34: 391
9, 13: 392
10, 5–15: 300, 414–415
10, 9–10: 300, 346
10, 10: 122, 300, 347
10, 16: 134, 386
10, 29: 122
10, 29–31: 122, 346
11, 8: 252
11, 28–30: 430
11, 29: 253, 430
11, 30: 430
12, 7: 392
12, 25: 132, 386–387
13, 44–46: 142, 423
13, 45–46: 420
13, 46: 142
14, 20: 116
16, 18: 207, 414
18, 4: 252
18, 7: 313
19, 20–21: 343
19, 21: 92, 120, 337, 344
19, 29: 120, 344
19, 30: 274
20, 16: 274
20, 28: 253
21, 42–44: 207
23, 12: 98, 252, 274
24, 26: 374
25, 1–13: 82, 212
25, 31–46: 318
26, 7: 298
26, 7–9: 298
26, 12: 298
26, 14–15: 116
26, 14: 332-333
26, 17–29: 333
26, 23: 116, 333
26, 28: 370
27, 3–10: 333
27, 5: 333
27, 6–8: 333
29, 20–21: 120

Mc
1, 5–9: 84, 227
1, 12–13: 104, 301
2, 10: 399
6, 7–13: 300, 346, 414–415
6, 8: 347
6, 8–9: 122
6, 9: 300
7, 22: 318
12, 33: 392
14, 3–5: 298
14, 8: 298
14, 10: 332–333
14, 18–25: 333
14, 20: 116, 333
14, 24: 370

Lc
1, 27: 216
1, 27–35: 82
1, 35: 82
1, 52: 98, 274
3, 3–22: 84, 227
3, 23–28: 106, 303, 334
3, 29: 334
3, 33: 334
4, 1–13: 301
4, 1–4: 104
6, 20–21: 346
6, 24–25: 346
7, 37–38: 298
7, 38: 104
7, 46: 298
9, 1–6: 346
9, 2–6: 300, 414–415
9, 3: 122, 300, 347
10, 1–12: 346
10, 4: 122, 347
10, 7: 347
12, 6–7: 346
12, 15: 318
12, 33: 92, 122, 346
12, 36: 255
14, 11: 98, 274, 318
17, 1: 313
18, 14: 252

18, 17: 252
18, 22: 346
21, 19: 90, 248, 255
22, 3: 332–333
22, 14–23: 333
22, 20: 370
22, 27: 253
23, 56: 298
24, 7: 399

Io
1, 1–18: 403
1, 14: 82
3, 22–26: 84, 227
3, 23–26: 227
4, 1–2: 227
6, 31: 104, 302
6, 65: 221
12, 3: 104, 298
12, 3–5: 298
12, 6: 116
12, 7: 298
12, 34: 399
13, 2–30: 333
13, 12–17: 253
13, 26–27: 116
14, 6: 152
17, 21: 390
19, 39–40: 298

Act
1, 18: 116
1, 18–19: 116, 333
4, 11: 207
5, 30: 307
7, 65: 399
8, 36–39: 227
13, 29: 307
20, 29: 134, 136, 386

Rm
1, 18–32: 252
1, 29: 318
1, 29–31: 33
2, 23: 252
3, 27: 252
4, 18: 255

6, 19: 201
8, 13: 216
11, 9: 313
11, 16–24: 252
12, 16: 253
13, 12: 300
13, 12–14: 301
13, 13: 300
13, 14: 300
14, 13: 313
15, 4: 255
16, 17: 313

I *Cor*
1, 10: 132, 386
1, 18: 132, 386–387
1, 24: 423
1, 27–29: 252
3, 16: 395
5, 10: 318
6: 318
6, 16: 395
6, 19: 395
9, 14: 122
10: 318
10, 3: 104, 302
10, 6: 82
10, 11: 82
11, 5–6: 338
11, 7: 348
13, 3: 134, 386, 390–391
13, 4–7: 134, 301
13, 4–8: 134, 386
13, 7: 255, 390
13, 13: 255
14, 49: 348
24: 403
30: 403

II *Cor*
1, 21: 298
1, 21–22: 104
1, 22: 298
2, 11: 318
3, 4: 255
3, 12: 255

3, 18: 348
6, 15: 130, 376
7, 2: 318
7, 6: 253
9, 5: 318
12: 253

Gal
3, 9: 72
3, 13: 307
3, 27: 299
3, 27: 301
5, 1: 201
5, 17: 144
5, 19–21: 33
5, 19: 201
5, 21: 201
5, 23: 201
6, 8: 82, 216

Eph
1, 15–19: 255
2, 12: 255
2, 20: 207
2, 20–22: 404
2, 21–22: 138, 400
4, 2: 253
4, 4: 255
4, 19: 318
4, 21–24: 216
4, 24: 82, 216
4, 26: 134, 386, 392
5, 2: 134, 386, 392
5, 3: 318
6, 11–17: 163
6, 16: 78

Phil
1, 20: 255
2, 3–11: 253
2, 6–12: 403

Col
1, 15–20: 403
2, 17: 82
2, 18–23: 253
3, 1–2: 92

3, 2: 346
3, 5: 318
3, 5–9: 33
3, 9–10: 82, 216
3, 10: 348

I *Th*
1, 3: 255
4, 3–7: 201
4, 6: 318

I *Tim*
2, 8: 106, 303, 326
4, 10: 255
5, 5: 255
6–11: 347
6, 8–11: 122
6, 17–19: 124, 349
6, 19: 346

II *Tim*
3, 10: 255

Hbr
1, 1–44: 403
6, 12: 255
7, 1: 74
7, 1–3: 160
7, 11–19: 336
7, 26–28: 336
7, 3: 74, 161
8, 5: 82
9, 4: 142, 424
10, 1: 82
10, 6: 392
10, 36: 90, 248
12, 22: 132, 386
13, 4: 209

Iac
3, 9: 348
4, 1: 78
4, 6: 98
5, 7: 90, 248
5, 14: 298

I *Pt*
2, 21: 253

2, 24: 307
2, 4–8: 207
3, 8: 253
5, 2: 326

II *Pt*
2, 14: 205

I *Io*
2, 27: 104, 298
3, 19–22: 255
5, 4: 78, 186

Apc
1, 4: 421
1, 10: 411–412
2, 23: 84, 225
3, 12: 138, 407
3, 18: 120
3, 21: 124
4, 3: 418
4, 6: 140, 421
5, 5: 334
5, 12: 404
9, 18: 120
13, 18: 404
17: 285
18, 13: 298
21: 420
21, 2: 138, 407, 411
21, 10: 405
21, 10–27: 404
21, 11: 421
21, 13: 138, 409
21, 14: 143, 411
21, 15–17: 138
21, 16: 406
21, 19–20: 140, 415
21, 22: 420
21 – 22, 5: 124, 349
22, 7: 412
22, 17: 412

Namens- und Ortsverzeichnis

Hier sind sowohl reale historische als auch mythologische und biblische Namen und Orte verzeichnet. Die Namen von Personifikationen sind kursiv gedruckt. Diejenigen Abstrakta, die als Akteurinnen und Akteure in der *Psychomachia* vorkommen, sind in Klammern mit der Übersetzung versehen, die in der Übersetzung des Textes verwendet wird.

A

Aaron 118–119, 142–143, 302, 335–336, 362
Abel 14
Abraham / Abram 72–75, 149–157, 160, 162–165, 303
Achamoth 403
Achar 116–117, 315, 332–335
Adam 94–95, 265
Aeneas 190, 256, 404
Aether 251
Ägypten 290, 296, 301, 352, 361
Alanus ab Insulis 40
Alcimus Avitus 39
Aldus Manutius 62
Allecto 337
Ambrosius 201, 236, 244, 287
Amor (Trieb) 32, 110–111, 278–280, 282, 294, 310–311
Amsterdam 63
Anastasius Sinaita 19
Anchises 428
Ancyra 393–394
Antiochia 286
Anxietas (Ängstlichkeit) 112–113, 316, 322
Apollo 171, 428
Arévalo, Faustino 3, 12, 63, 172, 202, 216–217, 230, 286, 299, 319
Aristoteles 235–236, 254, 281, 318
Arius / Arrius 136–137, 393–394
Athanasius 19
Auaritia (Habgier) 23–24, 26–27, 29, 31, 36, 110–115, 120–121, 173, 182, 283, 315–341, 343–347, 351, 354, 356–358
Augustinus 236, 253, 255, 390
Augustus 200, 254, 355

B

Babylon 286
Bacchus 296
Balbulus 39
Bardzell, Jeffrey 151
Basel 62
Becker, Maria 3
Beda Venerabilis 39
Belial 130–131, 375–376
Bellona 94-95, 118–119, 266, 328, 337–338
Bentley, Richard 39
Bergman, Johan 3, 5, 9, 12, 21, 39, 43–51, 53–57, 59–62, 64–66, 159–161, 165–166, 174, 177, 195–196, 199, 212, 218, 231, 239, 243, 245, 249, 260, 267, 270, 277, 286, 302, 325, 331, 339, 351, 358, 364, 366, 370, 381, 396, 413, 427, 429–430, 434–435
Bern 50
Bethlehem 298
Bloomfield, Morton 35
Bologna 62

Bongars, Jacques 50
Britannien 46
Buchheit, Vinzenz 184
Bunyon, John 40
Burton, Rosemary 66, 157–158, 238, 240, 335, 342, 352, 381, 397, 399, 418, 430

C
Cacus 191–192, 345
Caesar 226
Caesaraugusta (Saragossa) 11
Calagurris (Calahorra) 11
Calybe 337
Cambridge 45, 50, 61, 66
Cambronne, Patrice 409
Camilla 190, 213
Campbell, James Marshall 66
Caritas 246, 368
Cassiodor 334
Castelli, Giovanni 66, 222
Catander, Andreas 62
Cellarius, Christophorus 9, 63, 164, 177, 199, 249, 277, 351, 422
Chalcedon 389
Chamillard, Stephen 63, 304, 422
Charlet, Jean-Louis 65, 151, 161
Christus (siehe Jesus Christus)
Chrysipp 366
Cicero 226, 254, 318, 358, 369
Claudian 20, 149, 231, 282–283, 356
Claudius 254
Commenta (Lüge) 112–113, 316, 322
Commodianus 240
Concordia (Eintracht) 23–24, 26, 29–31, 35–36, 124–129, 132–133, 136–139, 181, 246–247, 351–356, 361, 365–368, 370–372, 379–387, 390, 394, 401–403, 406–407
Confidentia 253
Coroebus 329
Corruptela (Bestechung) 112–113, 316, 322
Crimina (Verbrechen) 322–323
Cultura ueterum deorum (Verehrung der alten Götter) 23–24, 26, 30, 37, 80–81, 177, 179–185, 187–188, 210, 353, 372
Cunningham, Maurice P. 5, 9, 44–49, 51, 58–60, 65, 320, 351, 429
Cupido 282, 311
Cura (Sorge) 112–113, 316, 322–323
Curae (Sorgen) 358
Curtius, Ernst Robert 40
Cynewulf 40
Cyprian 236–237, 253, 255, 364, 367

D
Daniel 211, 398
David 106–107, 250, 274–275, 290, 296, 298, 303, 380, 395–398, 419
Deferrari, Roy Joseph 66
Delos 428
Deutschland 53
Deventer 61
Dido 195, 404, 423
Dis 331
Discordia (Zwietracht) 23–24, 27, 30–31, 35–36, 110–111, 128–131, 179, 278–280, 283, 310, 312, 318–319, 323, 338, 349, 351–354, 356–357, 363–377, 380–381, 386, 394, 401
Dolor (Schmerz) 358
Dolus (List) 112–113, 316, 322
Dressel, Albert 12, 64, 286
Durham 46

E
Eberhard der Deutsche 39
Egmond (Abtei) 48
Elzevir, Daniel 63
Engelmann, Ursmar 4, 21, 65, 257, 287, 343, 352, 375, 396
England 52–53
Ennius, Q. 372
Ephesos 216
Epikur 254
Erebus 252, 282–283, 311, 356, 358
Erinys / Erinyen 323, 338–339
Esquilin 253
Euagrios Pontikos 34–35

Euander 428
Eumeniden 112–113, 316, 322–323, 339
Eva 265
Evenepoel, Willy 319

F
Famis / Fames (Hunger) 112–113, 316, 322, 324, 358
Fels, Wolfgang 4, 65
Fides (Glaube) 23–26, 29–30, 35–37, 78–81, 104–105, 130–133, 136–137, 142–143, 177–190, 192–196, 199–200, 202–203, 210, 234, 246–247, 259, 266, 272, 281, 290, 300, 328, 351, 353–356, 368, 372, 376–377, 379–386, 394–396, 400, 401–402, 406, 414, 420, 422–423, 426
Flavius Josephus 334
Formido 338
Fortuna 200, 253
Frankreich 47, 52
Fraus (Betrug) 96–97, 124–125, 250, 252, 269–272, 354, 357-358
Fredegar 344
Fructuosus (Märtyrer) 211
Frugi (Sparsamkeit) 118–119, 315–319, 336–340, 343–344, 357
Funus 358
Furia 323
Furien 338–339
Furores 323

G
Gallien 355
Garten Eden 265–266
Gennadius von Massilia 11, 18, 20, 39, 45–47, 49–50
Georges, Karl Ernst 435
Giselinus, Victor 62, 207, 286
Glau, Katherina 37–38
Gnilka, Christian 3, 5, 17, 21–22, 37–39, 161, 166, 183–185, 188–189, 205, 219–220, 244, 247, 268, 283, 287, 319–320, 334, 336, 341–342, 362–364, 367, 376, 406–407, 409, 411, 415–417, 420–422, 424–425
Goethe, Johann Wolfgang von 8
Goliath 98–99, 250, 274–275
Gomorrha 72–73, 157–159, 203
Gregor der Große 34, 237, 257
Gumbrecht, Hans-Ulrich 4

H
Haeresis / Heresis 353, 363, 373, 381
Hagar 155
Halle (Saale) 63
Hanau 62
Hanna, Ralph 149, 228
Haworth, Kenneth R. 21
Heinsius, Nicolaus 63, 161
Henderson, William John 223, 330
Henke, Rainer 166
Henriksson, Karl-Erik 18, 20–22
Herkules / Herakles 191, 236, 345, 428
Herzog, Reinhardt 5, 28, 37, 352
Hesiod 253, 283
Hiems 428
Hieronymus 15, 257, 346
Himmlisches Jerusalem / Neues Jerusalem 349, 404–405, 407, 420–421
Hiob / Iob 90–91, 233, 236, 244–246
Höfer / Hoefer, Otto 21
Hölle 327, 330–331
Holofernes 82–83, 212–214
Homer 308
Honestas (Ehrbarkeit) 94–95, 266
Horatius Pulvillus 253
Horaz 9, 40, 45, 254
Horeb (Berg) 302
Hübner, Sabine 294, 326
Hygin 236, 282–283, 311, 356

I
Idololatria / Idolatria 26, 35, 178–179, 183, 187–190, 192–196, 202
Ieiunia (Fasten) 96–97, 266–267
Insomnia (Schlaflosigkeit) 112–113, 316, 322–323
Iocus (Scherz) 32, 110-111, 278–280, 282, 310–311

Ira (Zorn) 23–24, 26, 31, 35, 86–89, 104–105, 173, 233–244, 247
Iris 195
Isaak 153-155
Ismael 153, 155
Italien 48
Iustitia (Gerechtigkeit) 94–95, 266

J
Jannaconne, Silvia 57
Jericho 116–117, 327, 333–335
Jerusalem / Hierusalem (siehe auch Himmlisches Jerusalem) 136–137, 387, 397
Jesaia 217
Jesus Christus 14–15, 17, 28, 35,38, 76–79, 82–83, 98–99, 104–107, 124–125, 132–135, 142–145, 150, 152, 161, 164–165, 167, 169–174, 181, 197, 199, 207, 209, 211–212, 216–218, 220, 224, 226, 248, 250, 252, 282, 285, 296, 298, 300–303, 307, 315, 332, 334–335, 343–348, 357, 365, 370, 373–374, 383, 386–387, 389–390, 392–393, 398–399, 403, 405, 409, 412, 414, 420-421, 423, 425, 427–430, 434–435
Johannes (Evangelist) 412
Johannes der Täufer 226–227
Jonathan 106–107, 296, 304–305
Jordan 84–85, 200, 224–227
Joseph 303
Josua 333–334
Juda 106–107, 116–117
Judas Iskarioth 116–117, 315, 332–335
Judith 82–83, 212–215
Juno 195, 329
Jupiter 178, 216, 360
Juvenal 285

K
Kain 14
Karthago 404
Klingner, Friedrich 56–57, 60–61, 64
Kohl, Katrin 37

Konrad von Hirsau 39
Konstantin 423
Konstantinopel 286

L
Labor (Mühe) 124-125, 354, 357–358
Lanfranchius, Vincentius 64
Laurentius 181
Lavarenne, Maurice 3, 5, 9, 21, 47, 49, 65 161, 163–164, 182, 197, 207, 238, 240, 243, 246, 257, 264, 287, 429, 300, 305, 311–312, 319, 321, 327, 333, 339, 341–342, 352, 370, 373, 375, 382, 390, 399, 413, 417
Lee, G. M. 286–287
Leiden 48
Leipzig 64
Letum 358
Lewis, Jessamyn Eva 209, 286, 399, 405
Libido (siehe *Sodomita Libido*)
Livius 208, 341
London 61
Loth 72–75, 150–151, 156–158, 163, 203
Luctus 358
Ludwig, Walther 149, 405
Lues 358
Lühken, Maria 180, 222
Lukan 318
Lukrez 221, 365
Luxuria / *Luxuries* / *Luxus* (Genusssucht) 23–24, 26–27, 29, 31–32, 36, 100–107, 110–111, 181, 277–293, 296–297, 301, 306–307, 309–310, 312, 316, 318–320, 322, 324, 339, 353, 356–357, 433
Lydien 418

M
Mailand 46
Malamud, Martha A. 22–23, 366
Malum 354, 364
Maria (Mutter Jesu) 212, 215–216, 221, 303
Maria (Schwester Marthas) 298

Marius 341
Marlowe, Christopher 40
Mars 261, 267, 328, 338
Martha 298
Mastrangelo, Marc 151, 225, 265, 274, 304, 319, 328, 349, 365, 397, 404, 412,
Melchisedech 74–75, 150–151, 155, 160–161, 165, 336
Mens humilis (Demut) 23–24, 26, 29–30, 35–36, 92–93, 96–97, 196, 249–251, 255, 259–261, 265–270, 272–274, 377, 406
Mercurius 358
Metus (Furcht) 112–113, 124–125, 316, 322–323, 338, 354, 357–358
Meyer, Gustav 57, 60, 64, 159, 165, 417
Migne, Jacques Paul 63
Minerva 328, 358
Mirjam (Schwester Aarons) 362
Monte Cassino 48
Morbus 358
Mors 358
Moses 290, 301–302, 362

N
Nebrissensis, Antonius 286
Neptun 428
Neues Jerusalem (siehe Himmlisches Jerusalem)
Nicaea 164
Nil 302
Nox 252, 282–283, 311, 356, 358
Nugent, S. Georgia 225, 228, 261, 279, 323–324, 341, 352, 357
Numanus 261

O
Obbarius, Theodor 9, 64, 199, 249, 277, 286, 351, 364, 379, 401, 427
Operatio (Barmherzigkeit) 23–24, 26, 29–30, 36, 120–121, 266, 300, 315–317, 319, 327, 336, 339–347, 349
Origenes 38, 253, 425

Orléans 51
Orosius 50
Orsilochus 190
Oser-Grote, Carolin 240, 244, 405
Ovid 9, 190, 192, 257, 296

P
Pafraet, Richard 61
Palinurus 321
Pallor (Blässe) 112–113, 316, 322
Pandora 253
Paris 44, 47–48, 62–63
Parma 63
Patientia (Geduld) 23–24, 26–27, 29–30, 35, 86–91, 233–247
Paulinus von Nola 240, 342, 397
Paulus 15, 150, 201, 216, 255, 299–300, 338, 349, 355, 376, 392, 395, 404
Pavor 338, 358
Pax (Friede) 36, 124–125, 354–356, 358–359, 365
Pelosi, Pietro 161, 166
Periura (Meineid) 112–113, 316, 322
Petron 367
Petrus 15, 207, 414
Petulantia (Ausgelassenheit) 110–111, 278–280, 282–283, 311
Philodem 251
Photinus 136–137, 393–394
Pietas 94–95, 266
Plantinus, Christopher 62
Platon 221, 235–236, 254, 281–282, 317–318, 331, 372–373, 403,
Pluto 331
Polybios 19–20
Polybios 22, 341
Pompa (Prunksucht) 110–111, 278–280, 282–283, 310–311
Prosperi, Carlo 66, 222, 351
Pudicitia (Keuschheit) 23–24, 26, 29–30, 35–36, 80–81, 94–95, 196, 199–203, 205–212, 214–215, 220, 222–229, 236, 259, 266–267, 272, 338, 377, 406
Pudor (Scham) 96–97, 266, 268, 358
Pullmannus, Theodor 62

Puy, Jacob du 44
Pythagoras 281

R
Ratio (Vernunft) 23–24, 26, 29–30, 36, 114–115, 266, 315, 317, 319, 327–330, 341
Rohmann, Dirk 186, 189, 193–194
Rom 13, 17, 63, 200, 261, 286, 400, 405
Romanus 185
Rotes Meer 362

S
Sachs, Hans 242
Salia 11
Salomon 274, 298, 380, 394–398, 409
Salus 253, 355
Samuel 290, 296, 303–304
Sapientia / Sophia (Weisheit) 142–145, 377, 401–405, 412, 423–424, 427, 434–435
Sara / Sarra 74–75, 150–151, 155, 162, 167
Sardis 418
Satan 245–246, 349
Saul 296, 303, 305, 310
Scelus (Verbrechen) 124–125, 354, 357–358
Schloß, Sören vom 242
Schweiz 53
Schwen, Christian 189, 228, 241, 260, 294, 309, 352, 371
Sedulius 51
Seneca 254–255, 413
Senectus 358
Sichardus, Johannes 62
Simplicitas (Einfachheit) 96–97, 266, 268
Smith, Macklin 182, 187, 225
Sobrietas (Enthaltsamkeit) 23–24, 26, 29–31, 36, 94–97, 102–103, 106–111, 181, 202, 266–267, 277–278, 280–281, 283–285, 290, 294–296, 300–304, 306–310, 313, 335
Sodom 72–73, 157–160, 203
Sodomita Libido (Wollust) 23–24, 26, 31, 35, 80–81, 199–201, 203–212, 215, 220, 222–229, 236, 329, 338
Sokrates 347, 403
Salomon / Solomon 136–137
Sophia (siehe *Sapientia / Sophia*)
Sopor 358
Sordes (Niedertracht) 112–113, 316, 322, 433
Spanien / Hispanien 286, 355
Spenser, Edmund 40
Spes (Hoffnung) 23–24, 29–30, 35–36, 98–99, 202, 246, 249–251, 253–255, 259–261, 265, 273–274, 276
St. Gallen 49, 60, 66
Steinmeyer, Elias 51
Stephanus 399
Stettiner, Richard 51–52
Styx 114–115, 330–331
Sidonius Apollinaris 39
Summers, Kirk 288
Superbia (Hochmut) 23–24, 27, 29, 31, 90–93, 249–251, 255–270, 272–274
Symmachus 14–15, 286

T
Tabes 358
Tarraco (Tarragona) 11
Tartarus 221, 330–331
Teoli, Johannes 63, 286, 422
Terenz 221
Terra 251
Terror 358
Tertullian 163, 201, 222, 236–237, 244, 253, 255, 258, 287
Theodosius 12, 15, 405
Thompson, Henry John 12, 65, 231, 271, 351, 405
Thraede, Klaus 60–61, 65, 320
Troja 404
Tübingen 64
Turin 64
Turnus 190, 267, 275

U
Upsala 65–66

V
Vatikan 47, 50
Venantius Fortunatus 39
Venedig 62
Venulus 190
Venustas (Schönheit) 110–111, 278–280, 282, 310, 312
Vergil 9, 12, 40, 158, 171, 186, 190, 224, 236, 246, 255, 296–297, 323, 348, 358, 364, 367, 369, 404, 428, 432–433,
Veterum Cultura deorum (siehe *Cultura ueterum deorum*)
Vettius Agorius Basilius Mavortius 45

Vis (Gewalt) 124–125, 354, 357–358
Voluptas (Lust) 110–111, 278–280, 310

W
Wakefield, Gilbert 288–289
Weitzius, Johannes 9, 62, 164, 172, 177, 199, 249, 277, 351, 379, 401
Weyman, Carl 22
Wien 64
Winstedt, Eric Otto 51–52

Z
Zephyrus 428
Zeus 253

www.ingramcontent.com/pod-product-compliance
Lightning Source LLC
Chambersburg PA
CBHW020738020526
44115CB00030B/151